어떤 **복지국가**인가?

한국형 복지국가의 모색

이 도서의 국립중앙도서관 출판시도서목록(CIP)은 서지정보유통지원시스템 홈페이지(http://seoji.nl.go.kr)와 국가자료공동목록시스템(http://www.nl.go.kr/kolisnet)에서 이용하실 수 있습니다(CIP제어번호: CIP2013021442).

The South Korean Welfare State: A Quest for a New Social Model

어떤 **복지국가**인가?

| 한국형 복지국가의 모색 |

이종오·조흥식 외 지음

한울
아카데미

차례

서문 9

제1부 왜 복지국가인가

제1장 민주주의 개혁과 복지국가 모색 _이종오 ················ 25
1. 서론 ················ 25
2. 민주주의와 복지국가 ················ 27
3. 한국의 이해와 과제 ················ 41
4. 결론 ················ 60

제2장 포용적 성장, 복지국가와 사회적 대화 _이정우 ················ 66
1. 서론 ················ 66
2. 포용적 성장과 복지국가 ················ 71
3. 사회적 협약 ················ 78
4. 네덜란드 모델 ················ 81
5. 새로운 사회협약의 필요성 ················ 85
6. 결론 ················ 87

제2부 어떤 복지국가인가

제3장 젠더레짐과 복지국가의 설계 _장지연 ················ 95
1. 서론 ················ 95
2. 복지국가를 젠더 관점에서 보기 ················ 97

3. 노동시장, 가족, 국가복지의 결합양식 ………………………………… 106
  4. 결론: 어떤 복지국가인가? ……………………………………………… 118

제4장 한국 가족정책의 현황과 과제:
      OECD 가족정책 비교와 이인소득자 모델 _신필균 ……………… 125
  1. 서론 ……………………………………………………………………… 125
  2. 복지국가와 가족정책 …………………………………………………… 127
  3. 한국의 가족정책과 과제 ………………………………………………… 143
  4. 결론: 어떤 복지국가인가? ……………………………………………… 166

제5장 수준 높은 교육복지 향유와 계층이동성 강화 _김용일 ………… 173
  1. 서론 ……………………………………………………………………… 173
  2. 통합적 접근을 통한 수준 높은 교육복지 향유 ……………………… 175
  3. 계층이동성 강화와 복지의식 확대 재생산 기지화 ………………… 184
  4. 결론 ……………………………………………………………………… 193

제6장 한국형 고용 모델의 탐색 _최영기 ………………………………… 198
  1. 글로벌 경제위기와 한국형 자본주의 ………………………………… 198
  2. 기업 중심 고용시스템의 와해와 노동개혁의 한계 ………………… 200
  3. 한국형 고용 모델을 위한 노동시장 구조개편 ……………………… 215
  4. 결론: 사회적 파트너십의 구축 ………………………………………… 228

제7장 이중적 노동시장을 넘어 _은수미 ………………………………… 233
  1. 서론 ……………………………………………………………………… 233
  2. 한국의 비정규직: 규모와 특징 ………………………………………… 235
  3. 비정규 노동의 문제점 …………………………………………………… 243
  4. 대기업과 사내하도급 …………………………………………………… 251
  5. 복지국가와 노동시장 …………………………………………………… 263

제8장 한국의 연금과 젠더레짐 _석재은 ·· 270
  1. 서론 ··· 270
  2. 젠더레짐, 연금정책, 여성의 연금권 ··· 274
  3. 한국의 연금제도 궤적에 투영된 젠더레짐과 연금정책 ················ 288
  4. 젠더통합을 향한 한국의 연금개혁 방안 ····································· 301

제9장 돌봄과 사회서비스 정책 _조흥식 ·· 315
  1. 서론 ··· 315
  2. 복지국가와 돌봄 및 사회서비스 정책 ······································· 318
  3. 복지국가와 사회서비스 정책의 쟁점 ·· 336
  4. 복지국가를 향한 한국 사회서비스 정책의 발전과제 ···················· 351

제3부 어떻게 만들어갈 것인가

제10장 체제전환의 요구와 복지민주주의연합 _정해구 ····················· 377
  1. 문제제기: 체제전환의 징후들 ·· 377
  2. 체제전환의 시대적 과제 ··· 380
  3. 체제전환의 정치적 기반: 복지민주주의연합의 구축 ··················· 386

제11장 복지지향적 경제정책을 위한 구상 _김호균 ··························· 398
  1. 서론 ··· 398
  2. 경제위기와 신자유주의의 위기 ··· 401
  3. 복지지향적 경제정책의 원리 ·· 410

제12장 변화하는 복지국가와 시민사회의 재구성 _김윤태·배선휘 ········ 432
  1. 복지국가인가, 복지사회인가? ··· 432
  2. 사회복지 전달체계의 이데올로기와 담론 ·································· 434
  3. 복지혼합의 확산과 공공부문의 변화 ·· 439

4. 복지국가와 비영리부문의 관계 ·· 448
5. 복지국가와 시민사회의 미래 ·· 457

제13장 한국의 복지정치: 복지동맹 구축 전망과 과제 _주은선 ···················· 464
1. 서론 ··· 464
2. 한국 복지정치의 특성 ·· 468
3. 한국 복지동맹의 현재와 전망 ·· 479
4. 결론 ··· 500

[보론] 유럽연합 가입 15년과 스웨덴 복지 모델 _유아킴 팔메 ···················· 505
1. 스웨덴과 유럽의 복지 모델 ·· 506
2. 유럽연합에의 경제적·사회적 통합 ·· 512
3. 복지정치의 변화 ··· 517
4. 결론 ··· 527

서문

　산업화와 민주화 이후 오랫동안 한국사회는 뚜렷한 미래지향점을 설정하지 못하고 표류하는 모습을 보였다. 민주화와 민주주의는 새로운 무엇을 의미하기보다는 그저 과거와는 다른 무엇이라는 막연하고 추상적인 모습을 지니고 있었다. 이러한 한국 민주주의의 모호성 속에서 일면으로는 권위주의 체제하에서 억압되고 통제되었던 각종 사회적 요구가 극심한 사회적 갈등을 빚는 양상을 보였고 다른 면으로는 역시 통제되지 않는 시장화와 세계화의 요구가 사회경제적 양극화의 확대라는 결과로 나타났다.

　한국사회가 지금 명확한 미래지향점을 설정하지 못한다면 이러한 혼란상은 지속될 수밖에 없고 이는 결국 질 나쁜 민주주의 혹은 보수주의로 귀결될 가능성이 크다.

　다행히 2012년의 양대 선거에서 한국의 주요한 정치세력은 다 같이 '보편적 복지국가'와 '경제민주화'라는 보편적이고 선진적인 사회경제적 가치와 지향성을 제시했다. 이제 정치적 민주주의와 아울러 사회경제적 민주주의가 한국정치의 중심으로 진입하게 된 것이다. 그러나 일찍이 형식적·제도적 민주주의의 틀을 도입했음에도 불구하고 그 내용을 채우지 못해 과거 정치적 민주주의가 실패한 것처럼 사회경제적 민주주의 역시 한국의 현실을 제대로 파악하고 이에 걸맞은 형식과 내용을 채우지 못한다면 향후 길고 값비싼 시행착오를 거듭할 위험성이 있다. 그런 의미에서 복지국가의 초기에 진입한 지금은 매우 중요한 시기이며 냉정한 현실 파악과 바람직한 대안모색에 성공하여 역사적 낭비를 피하는 것은 정책연구자들의 중요한 임무라고 할 수 있다.

2012년에 복지국가와 경제민주화의 담론이 출현하긴 했지만 양대 선거에서 여야는 경쟁적으로 포퓰리즘적 프로그램을 쏟아냈으며, 이는 단기적이고 즉흥적이며 인기 위주로서 총선과 대선이 끝난 지금 많은 부분은 폐기처분될 처지에 놓여 있다. 현재 필요한 것은 복지국가를 설계하는 것이지 전망이 불투명한 복지 프로그램을 계속 남발하는 것이 아니다. 그리고 이러한 복지국가를 설계하고 건설하는 과정은 정치, 경제, 사회 전반을 아우르는 작업이 되어야지 사회복지라는 국한된 전문 분야에서 이루어져야 할 일은 아닌 것이다.

이런 의미에서 복지국가의 완성은 한국 민주주의의 내용을 채우는 것으로 민주화의 완성 작업으로 볼 수 있으며, 또한 해방 이후 계속된 근대국가의 완성으로 볼 수도 있다. 이를 종합하면 복지국가의 완성은 한국역사에서의 근대성(modernity)의 완성을 의미하는 것이며 이른바 선진국과 동등한 위치에 진입하는 것이다.

복지국가란 '요람에서 무덤까지' 모든 것이 보장되는 이상사회는 아니다. 복지국가는 보편적 인권의 구현으로서의 근대적 사회권을 바탕으로 하여 시장, 가족, 국가가 공생하며 지속가능한 발전을 모색하는 체계(system)라고 할 수 있다. 개인과 집단 간의 물질적 이해관계는 기본적으로 시장에서 조절되고 결정된다. 그러나 통제되지 않은 시장의 무질서는 궁극적으로 시장과 사회 자체를 파괴할 수 있다는 점에서 시장의 사회적 통제는 복지국가의 전제라고 할 수 있다. 이런 면에서 복지국가와 경제민주화는 동전의 양면과 같은 관계에 놓여 있다고 할 수 있다. 복지국가는 이러한 통제의 범위와 내용을 결정하고 집행하며 또한 이에 관한 사회적 동의를 도출해낸다. 이러한 사회적 의사결정의 형성과 집행에 모든 사회구성원이 배제되지 않고 참여할 때 그 사회는 민주주의적 정치공동체를 이룬다. 이런 복지국가의 민주주의적 원리는 선진 복지국가에 공통된 것이며 한국도 예외가 될 수 없다.

근대 복지국가는 해당 국가의 역사와 문화에 따라 몇 가지 중요한 형태로 나눌 수 있으며, 가장 중요하게는 선별주의적 사회유형과 보편주의적 사회유형으로 나눌 수 있다. 이것은 사회의 소외되고 낙후된 부분을 여타 사회가 돌보느냐 혹은 모두가 모두를 책임지는 사회를 선택하느냐의 문제이다. 모두가 모두를 책임지는 사회, 즉 사회적 연대성을 더욱 강조하는 보편주의적 사회유형이 선별주의적 사회유형에 비해 사회적 격차의 정도, 복지 수준, 정치적 안정성이라는 면에서 뚜렷이 우위를 점하고 있다는 것은 역사적 사실이다. 이 책에서는 보편주의 중에서도 가장 보편적인 유형으로서의 포괄주의적 모형을 제시한다.

인류 역사는 경제적인 면에서 끊임없는 성장의 역사였다. 이러한 성장이 과연 언제까지 가능하며 바람직한가라는 근본적인 질문에 대하여 지금 확실하게 답할 수는 없다. 다만 모든 성장이 가능한 것도 아니며 바람직한 것도 아니라는 사실은 자명하다. 그러면 어떤 민주주의인가, 어떤 복지국가인가에 이어 어떤 성장인가라는 질문이 필요하며 중요하다고 할 수 있다. 민주주의와 시장이 인간적이고 사회적이어야 하는 것처럼 성장도 인간적이고 사회적 가치와 배치되어서는 아니 될 것이다. 그런 면에서 이 책에서 제시한 '포용적 성장'의 의미에 관한 성찰은 매우 중요한 시사점을 제공한다고 할 수 있다.

이 책은 공동체의 구성원 모두가 자유롭고 평등하게 정치적 의사결정에 참여하는 '공동체 민주주의', 모든 사회성원을 서로가 책임지는 '포괄주의적 복지' 그리고 생태적·사회적으로 지속가능한 '포용적 성장'을 한국형 복지국가의 가장 중요한 가치와 원리로 제시하며, 이것이 총체적으로 어울린 체계를 한국형 복지국가로 상정한다.

이제 한국의 구체적 현실과 이에 대응하는 정책수단을 고민해보고자 한다. 한국의 가장 시급한 사회 문제를 확대되는 사회경제적 격차(양극화), 일자리의 양과 질 그리고 저출산·고령화의 문제로 압축하고자 한다. 이런 문제에 대한 전통적 정책수단과 아울러 이 책에서 특별히 강조하고자 하는 바는 가족정책의 새로운 발견이다. 여성은 빈곤과 실업, 사회적 차별의 가장 중요한 대상이다. 이 문제는 전통적 성역할 분담과 이에 기반을 둔 가족구조를 떠나서 생각할 수 없다. 가족 문제는 과거 계급과 민족이 가장 중요했던 민주화운동의 담론에서 부차적으로 취급되었으며 전반적으로 잊힌 문제였다. 민주화 이후 한국사회의 개혁에서 우리는 새로운 가족정책, 여성정책을 통해서만 한국사회의 가장 시급한 사회 문제의 해결책을 발견할 수 있을 뿐 아니라 진정한 선진성을 이룰 수 있다고 확신한다. 이 책에서 기존의 복지담론과 가장 뚜렷한 차별성을 지적하라면 주저 없이 새로운 가족정책을 통한 복지국가의 구현이라고 답할 수 있다.

사회적 양극화 현상은 심화되고 있을 뿐만 아니라 대물림되고 있다. 이러한 사회적 지위의 영속화, 즉 한국사회의 재봉건화를 차단하고 모든 사람이 평등한 생의 기회를 가지는 공평한 사회는 복지국가의 핵심적 가치를 이룬다. 이런 면에서 교육에서의 평등성과 민주성을 구현하는 것은 복지국가를 향한 여정에서, 특히 한국에서 지극히 중요한 과제로 다루어지는 것이 마땅하다.

그다음으로 생활을 위한 소득을 창출하는 가장 중요한 수단인 노동과 일자리의 문제는 가장 시급하고 긴박한 동시에 근본적인 사회 문제를 이룬다. 한국의 이중적 노동시장의 문제와 나아가 한국형 고용 모델을 고민하는 것은 복지국가로 나아가는 데 가장 심각한 정책사안의 하나로서, 이는 비단 소득창출의 수단뿐만 아니라 사회정의와 사회통합의 문제라고 할 수 있다. 모두에게 공평하고 공정한 일자리의 기회와 노동에 대한 대가가 주어질 때 복지국가는 비로소 완성된다고 할 수 있다.

앞서 열거한 정책영역 중에서도 특히 가족정책과 노동시장정책은 복지국가를 이루는 두 개의 기둥이라고 할 수 있다. 이 두 기둥을 중심으로 소득보전정책과 사회서비스 제도가 씨줄과 날줄처럼 잘 엮여 있는 모델(신필균, '제4장')하에서만 사회경제적 격차의 축소와 지속가능한 사회가 비로소 가능하다는 것은 이 모델을 채택하고 발전시킨 북구 복지국가의 지난 50년의 역사가 보여주고 있다.

이러한 문제의식에 따라 이 책은 제1부 '왜 복지국가인가'에서 복지국가의 역사와 가치를 다루고 있으며 '공동체 민주주의', '포괄적 복지국가', '포용적 성장'을 제시하고 있다. 제1장(「민주주의 개혁과 복지국가 모색」, 이종오)에서는 왜 복지국가가 필요하며, 그러한 복지국가를 만들기 위해서는 '공동체 민주주의'의 기반이 확고해야 함을 강조한다. 그리고 성숙한 '공동체 민주주의'의 달성을 위한 국가적 수단을 다양한 사회정책으로 보고, 사회정책이 얼마나 포괄적이며 합리적으로 체계화되어 있느냐에 따라 그 성과를 달리한다는 점을 중시한다. 즉, 정책 목표를 효과적으로 달성하기 위해서는 반드시 행정개혁이 전제되어야 하며, 행정서비스 또한 '국민의(of the people)'라는 공동체 민주주의의 일환으로 보아야 한다는 것이다. 따라서 한국사회가 지향해야 할 점은 우선적으로 노동시장을 위시한 시장에서의 경제민주화로 일차적 분배 효과를 발휘해야 하며, 적극적 노동시장정책으로 노동의 기회를 최대한 확대하면서 보편적 복지를 실현시키는 것으로서 소득보장체계의 강화와 함께 사회서비스의 공공성 확대가 필요함을 강조하고 있다. 그리고 보편적 복지는 단순한 무상시리즈나 좋은 정책의 나열에 그치는 것이 아니라 주요 복지정책이 서로 연결되어 상승효과를 가져올 수 있도록 체계적으로 구성되어 안전성과 효율성을 보장하는 포괄적 복지국가(encompassing welfare state)가 되어야 한다고 주장한다. 다시 말하여 포괄적 복지국가로서의 한국형 복지는 복지예산의 대폭 확대와 증세를 통해 자동적으로 이루어지는 것이 아니라 사회정책의 구체적 성과가 확인되고 평가되어 끊임없이 진화하는 현대적 시스템으로서, 이러한 포괄적 복지국가를 건설하는 것이야말로 공동체 민주주의의 기반을 공고히 할 수 있다는 것이다.

제2장(「포용적 성장, 복지국가와 사회적 대화」, 이정우)에서는 성장과 복지의 상호 연관성을 살피면서 한국이 처해 있는 저성장을 탈출하기 위해서는 포용적 성장, 사회적 대화, 복지국가의 중요성을 새로 인식할 필요가 있음을 강조하고 있다. 구체적으로는 포용적 성장의 개념과 전략, 복지국가와 최저임금 문제, 사회적 대화 모델로서의 네덜란드 모델 등을 통해서 성장을 보는 새로운 관점을 제시하고 한국의 대안적 성장 모델을 제안한다. 다시 말해 대안적 성장 모델로서

포용적 성장을 제시하고 있는데, 포용적 성장은 신뢰라는 사회적 자본을 토대로 하는 포용적 정치경제체제하에서만 가능하다는 점을 강조한다. 그리고 사회협약을 통한 복지국가 형성이야말로 대안적 성장 모델의 한 가지 유력한 방법이 될 수 있다는 것이다. 그런 면에서 네덜란드의 사회협약은 많은 시사점을 주고 있는데, 우리가 진정 네덜란드에서 배워야 할 것은 고용률을 높이기 위해 파트타임을 늘리는 것이 아니고 노사정이 인내심을 갖고 국민경제의 어려운 숙제를 같이 풀어가는 자세로 힘들지만 지금부터 과감히 실천해나가야 함을 주장하고 있다.

제2부 '어떤 복지국가인가'에서는 젠더와 가족의 새로운 발견을 통해 한국형 복지국가의 미래를 제시한다. 제3장「젠더레짐과 복지국가의 설계」, 장지연)에서는 노동의 관점뿐만 아니라 젠더 관점까지를 포함하는 시각에서 복지국가를 바라보고 설계해야 한다고 강조하고 있다. 복지국가는 일차적으로 노동의 관점에서 그 성격과 성취를 바라보게 되는 것이 당연하지만, 복지국가의 형성기부터 현대에 이르기까지 복지국가는 그 사회의 젠더관계의 특성을 반영하고 있는데도 불구하고 이 점이 간과되어왔음을 강하게 지적하면서 페미니스트 연구자들의 비판을 수용하여 젠더 관점이 반영된 복지국가의 모습을 제시하고 있다. 이러한 젠더 관점이 반영된 분석틀은 노동시장과 국가의 관계에 주목하면서 노동시장-가족-국가라는 삼자관계의 특성에 기초하여 복지국가의 성격을 규정하고 있다. 즉, 한국 복지국가의 특성을 이중구조화된 노동시장, 계층화된 남성생계부양자형의 가족, 그리고 이중구조가 암묵적으로 제도화된 국가복지라는 트라이앵글로 설명하면서, 향후 복지국가는 성별을 불문하고 모든 성인이 함께 임금노동과 돌봄노동에 참여하는 이인소득자-이인돌봄자 모델의 젠더레짐에 기반을 두고 고용보호를 강화하고, 보편적 사회서비스를 제공하는 국가복지를 더욱 확대해 나가야 함을 주장하고 있다.

제4장「한국 가족정책의 현황과 과제: OECD 가족정책 비교와 이인소득자 모델」, 신

필균)에서는 복지국가의 모색과 설계는 모든 사회 문제의 저변에 깔려 있는 여성 문제, 곧 가정과 사회의 관계 유지, 재생산에 핵심적 역할을 수행하는 여성 문제 등에 대한 이해와 고민 없이 성공할 수 없다고 간주하면서, 가족정책이 사회정책의 핵을 이루는 한 기둥이 되어야 하는 이유를 설명한 후, 대안으로 이인소득자 모델을 내용으로 한 가족정책의 필요성을 주장하고 있다. 다시 말해 일반적·보편적 가족정책의 역사적 배경과 변천, 가족정책의 개념과 범주를 설명하고 가족정책의 유형을 OECD 국가 중심으로 비교 분석하며, 향후 우리가 추구해야 할 가족정책의 바람직한 재편방향과 과제를 제시하고 있다. 특히 가족정책이 지향하는 목표가 성평등은 물론 소득불평등 해소, 그리고 이러한 제반 조건이 갖추어질 때 비로소 가능한 출산율 제고로 설정되어야 함을 전제로 한 후, 최근 유럽대륙 국가들의 가족정책도 과거와 달리 성인지적 관점이 잘 담긴 북구형 '이인소득자 모델'을 지향하고 있음을 여러 자료를 통해 보여주면서 향후 이런 복지국가가 되어야 함을 주장한다.

제5장「수준 높은 교육복지 향유와 계층이동성 강화」, 김용일)은 복지국가가 사회정책은 물론 경제·조세·재정정책 등을 포괄하는 국가 모델이라는 점에서 교육에서 그 답을 찾으려는 시도는 지극히 자연스러운 일이며, 교육 문제를 빼놓고 복지국가를 말한다는 것은 현실적으로 불가능하다는 전제에서 출발한다. 특히 한국사회의 지속가능성을 담보하기 위해서는 수준 높은 교육복지를 향유하는 삶이 가능한 복지국가를 만드는 게 급선무라고 보고, '수준 높은 교육복지'를 실현시키기 위한 기제로서 교육복지 개념의 재구성을 시도하고 있다. 선택적 접근에 갇혀 있던 교육복지의 개념을 보편적 접근으로까지 확장한 통합적 접근을 통한 교육복지 개념의 재구성을 통해 무상교육 실현, 교육여건 개선, 사회통합적 학교정책 등이 복지국가 설계에서 핵심 과제로 다루어질 수 있음을 제시하고 있다. 특히 교육의 계급화가 가속화되어온 현실을 타파하기 위해서는 계층이동의 기제로서 학교와 대학의 역할을 회복 및 강화하는 일이 교육복지정책에서 매우

중요하다는 점을 강조하고 있다. 그런 점에서 학교정책, 대입제도의 간결화 등 교육의 공정성을 확보하는 노력도 함께 해야 한다고 주장한다.

제6장(「한국형 고용 모델의 탐색」, 최영기)은 복지국가의 이상적인 고용복지 모델이 구축되려면 기업의 울타리에 갇혀 있던 고용 모델은 개방적인 시장경제질서에 맞게 유연하지만 공정하고 안전한 보편적인 고용 모델로 전환되어야 하고, 국가 차원의 정책디자인과 노사정 간의 협의와 조정을 필요로 하는 사회적 협의가 없으면 달성되기 어렵다는 것을 전제로 출발하고 있다. 따라서 노동시장 구조개혁을 하려면 초기업 수준의 직무형 노동시장을 만들어가고 직무와 숙련에 기초한 임금이 결정될 수 있도록 기초인프라를 구축해나가야 하며, 노동시장에서 보편적으로 통용되는 임금결정 기준의 확립이 필요한데, 이를 위해서는 노사와 정부의 협의와 공조가 필수적이라는 것이다. 그리고 사각지대에 있는 근로자들을 포괄하기 위해서는 정부의 재정적 역할 강화와 함께 사회보험료 경감과 같은 조치가 함께 강구되어야 하며, 이것 역시 노사와의 협의가 필요한 사안이므로 복지국가의 고용복지 모델의 개혁 방향은 기업의 울타리를 넘어서 지역과 업종, 국가 차원의 노동시장으로 보편화해야 한다고 주장한다. 그리고 이 전환과정 자체가 노사정 간의 긴밀한 조정과 협의를 필요로 하며, 이런 의미에서 새 고용복지 모델의 거버넌스는 사회적 파트너십으로서 노사협치형이 되어야 함을 주장한다.

제7장(「이중적 노동시장을 넘어」, 은수미)에서는 비정규직과 저임금근로로 요약되는 '이중적 노동시장'이 존재하는 한 복지국가는 불가능하며, 따라서 복지국가를 이루기 위해서는 이중적 노동시장을 극복해야 한다는 점에서 종합적인 정책대안이 필요함을 강조한다. 그리고 그러한 이중적 노동시장을 극복하는 정책대안으로 첫째, 이윤중시 성장 모델에서 소득중시 성장 모델로의 전환, 둘째, 고용률·노동권·노동소득을 높이는 3대 높이기 노동정책전략의 실천을 제시하고 있다. 셋째는 비정규직과 저임금근로 개선에 가장 걸림돌이 되는 간접고용의 근

절대안으로서 파견법에 불법파견과 적법도급 판단조항의 삽입, 「직업안정법」의 개정, 고용승계(혹은 사업이전)의 제도화, 적절한 임금 및 근로조건 확보를 위한 사용자 책임, 공동교섭제도 등 단체교섭에서의 사용자 책임 등 강화, 하나의 사업이 아닐 경우에는 일반적인 도급계약으로 간주하여 규율, 대기업과 중소기업 간의 불공정 거래행위를 규제할 수 있는 실효성 있는 대책 모색, 기업집단법의 도입 등을 제시하고 있다. 마지막으로 정부의 일관된 정책 및 의지가 중요한데, 민간시장의 이중화를 넘어서기 위해서는 공공부문에서의 모범 사례, 모델 확대가 필요하며, 이는 정부의 정책 의지로 충분히 실현가능함을 주장하고 있다.

다음에는 사회복지의 두 영역인 소득보장정책과 사회서비스 정책에 대한 한국의 실태와 대안을 제시하고 있다. 제8장(「한국의 연금과 젠더레짐」, 석재은)에서는 한국사회에서 어떻게 젠더평등한 연금권 보장을 확보함으로써 노령여성들이 안정적 소득보장을 누리게 할 수 있을 것인가에 초점을 두고 '노동시장'에서 남녀 모두 유급노동자로 일하면서 동시에 '가정'에서는 남녀가 함께 돌봄을 담당하는 진정한 젠더평등을 이루는 젠더통합 모델로서 보편적인 소득자-양육자 모델을 제시하고 있다. 이는 남녀 관계없이 모든 개인이 소득자이면서 돌봄제공자로서 역할을 하는 것을 원칙으로 하는 것이다. 그리고 이러한 젠더차이 및 젠더동등 전략을 넘어서는 구체적인 젠더통합적 전략으로 첫째, 보편적 소득자-양육자 젠더레짐 실현에 필수적인 연금제도의 조건이 1인 1연금의 보편적인 기초보장을 제도적으로 구축하는 것, 둘째, 돌봄노동에 대한 사회적 보상을 하되, 남녀 구분이 없이 보상하며, 더 나아가 구체적인 돌봄 성과에 따라 보상을 하기보다는 시민권과 거주에 입각하여 보상을 하는 것을 제도화해야 함을 제안하고 있다.

제9장(「돌봄과 사회서비스 정책」, 조흥식)은 저출산·고령화, 가족해체 현상의 심화는 노동력 재생산과 돌봄의 위기, 여성의 위기를 가속화시키고 있으며, 이에 대해 복지국가의 사회서비스 정책은 국가나 사회 전체가 돌봄을 조직하고 제공하는 사회화 체계를 구축해야 한다는 전제에서 출발하고 있다. 복지국가를 향한

사회서비스 정책이 발전하려면 서비스 욕구 충족이 기본적인 시민권으로서 인정되어야 하며, 그러기 위해서는 사회서비스가 첫째, 서비스 비용이 기본욕구 충족의 걸림돌로 작용하지 않도록 국가와 사회가 책임지고 보장하는 보편적 복지의 하나로서 서비스 접근권이 보장되어야 하며, 둘째, 서비스의 질이 보장되어야 한다고 강조한다. 따라서 이 둘을 모두 적절히 충족시키기 위해서는 국가가 어떤 서비스를 누구에게 어떻게 공급할 것인가에 관한 사회서비스 정책계획을 반드시 수립하여 실행에 옮겨야 한다는 것이다. 즉, 무엇을 사회서비스의 기본 수준으로 볼 것인가 하는 국가 기준을 설정하여 긴급한 서비스 욕구를 표적화해야 하며, 또한 서비스 질 제고를 위한 신뢰성 있는 품질관리체계를 구축하는 것과, 적정 전문인력을 양성하고 관리하며 서비스 관련 정보의 생산과 공유가 반드시 필요함을 주장한다.

마지막으로 제3부 '어떻게 만들어갈 것인가'에서는 정치개혁과 새로운 경제정책, 시민사회의 문제, 그리고 복지정치를 다루었다. 제10장(「체제전환의 요구와 복지민주주의연합」, 정해구)에서는 향후 한국에서 정치와 사회의 체제전환이 요구된다면 새 체제가 지향해야 할 시대적 과제는 무엇인가를 확인함으로써 새로운 체제가 지향하는 사회를 전망해보고 있다. 아울러 체제전환이 도래한다면 그 전환을 가능하게 해줄 정치적 동력으로서 새로운 정치연합은 어떻게 구축될 수 있는가를 살피고 있다. 즉, 정당정치 차원, 사회운동과 운동정치의 차원, 풀뿌리운동과 생활정치의 차원에서 사회경제적 민주화를 위한 복지민주주의연합이 제대로 구축되었을 때, 그들의 결집된 목소리는 특히 전국 선거의 과정에서 좀 더 적극적으로 표출될 수 있음을 주장하고 있다. 복지민주주의연합을 구축하기 위해서는 정당연합이 필수적이지만, 그것만으로 그 구성이 완전해질 수 있는 것은 아니고 사회운동의 차원, 그리고 이에 바탕을 둔 운동정치의 차원에서도 복지민주주의를 위한 연합이 구성되어야 한다는 것이다. 아울러 복지민주주의연합의 정당이 집권하게 되었을 때 그들의 사회경제적 민주화의 공약은 좀 더 잘 실천

될 수 있을 것임을 주장하고 있다. 그리고 그러한 집권이 누적되었을 때 결국 복지국가 구축이라는 사회경제적 민주화의 최종적인 목표를 달성할 수 있을 것이라는 점을 강조한다.

제11장(「복지지향적 경제정책을 위한 구상」, 김호균)에서는 복지국가가 제대로 되려면 새로운 경제정책 원리에 기초하는 '새로운 성장 모델'이 구축되어야 하는데, 경제뿐만 아니라 정치, 사회, 문화, 환경, 복지 등 사회 전체가 시장논리에 복속되는 '시장사회'가 아니라 시장이 모든 인간의 행복 증진에 기여하는 '사회적 시장'이 건설되어야 함을 주장하고 있다. 그것은 시장의 두 축인 공급과 수요의 관계를 공급 중심에서 수요 중심으로, 자본 중심에서 인간 중심으로 재설정하자는 것이다. 즉, 새로운 성장 모델은 먼저 글로벌 금융위기를 초래한 금융시스템의 개혁에서 출발해야 하므로, 금융 주도 자본주의, 신자유주의 성장 모델에 대한 대안을 시급히 마련할 것을 촉구한다. 새로운 성장 모델은 완전고용, 소득 및 재산의 공정한 분배, 지속가능성을 목표로 하여 수출 주도형 성장을 뒷받침하는 비용절감 자체보다 혁신을 통한 생산성 향상과 소득 증대를 전면에 부각시켜야 하며, 이를 통해 내수를 증진시킴으로써 글로벌 불균형 해소 노력을 병행해야 함을 주장한다.

제12장(「변화하는 복지국가와 시민사회의 재구성」, 김윤태·배선희)에서는 학문적 논쟁을 넘어 현재 세계적으로 중요한 사회적·정치적 논쟁이 된 복지국가, 시장, 시민사회의 관계에 대한 것으로서 복지국가와 시민사회는 어떤 상호관계를 설정해야 하는가에 초점을 두어 글을 전개하고 있다. 다시 말하여 복지국가의 전달체계에 대한 역사적 과정과 이론적 논쟁을 살펴보면서 탈산업사회가 등장한 이후 발생한 사회경제적 변화에 적합한 새로운 발전 모형을 검토하고 있다. 특히 1980년대 이후 정부, 시장, 비영리부문이 서로 협력하며 경쟁하는 복지혼합이 등장하는 과정과 결과를 자세히 분석한 후, 국가와 비영리부문의 관계 가운데 가장 주목을 끌고 있는 사회적 기업 또는 비영리부문의 역사적 배경과 주요

특징을 고찰함으로써 국가의 효율성의 강화와 국가 기능에 대한 시민들의 신뢰의 강화, 그리고 비영리부문의 자발적 서비스가 동시에 확대되어야만 국가와 시민사회가 서로 균형을 이루며 지속가능한 복지국가로 발전할 수 있음을 규명하고 있다.

제13장(「한국의 복지정치: 복지동맹 구축 전망과 과제」, 주은선)에서는 아직 한국 사회에 본격적인 복지동맹이 형성되어 복지국가를 향한 동력으로 역할하고 있지는 않지만, 복지동맹의 작동 배경으로서 한국 복지정치의 특징을 민주주의의 문제를 중심으로 살펴본 후 새로운 복지정치의 주체로서 복지동맹의 형성 가능성과 과제를 살펴보고 있다. 즉, 각 집단의 복지국가에 대한 입장과 지향, 정치적 태도를 통해 계급 간, 사회집단 간 제휴 가능성을 살펴보고, 이를 통해 한국 복지국가 발전을 뒷받침할 만한 복지정치 재구축에 관한 함의를 도출하고 있다. 이러한 복지동맹은 과거 사민당과 노동운동이 복지에 부여했던 가치지향과 함께, 보편적 수혜구조 형성을 통한 중산층까지 복지국가에 동의하게 만드는 이해관계의 포괄성이 모두 필요하며, 또한 사안마다 중심 주체가 달라지는 다중심성을 강조하고 있다. 다시 말해 기존 노동운동과 정당 중심의 운동, 그리고 복지운동에서 핵심 역할을 수행하고 있는 시민사회운동뿐만 아니라 청년유니온, 학교비정규직노조 등 신생 노조, 다양한 부문별 운동, 지역운동이 복지동맹으로 결합하여 사안별로 중심을 형성할 수 있도록 개방성을 갖는 게 중요하다는 것이다.

보론 「유럽연합 가입 15년과 스웨덴 복지 모델」은 스웨덴의 세계적 복지학자 유아킴 팔메(Joakim Palme)가 2011년 '경제사회포럼'에서 발제한 글로서 이 책을 엮어나가는 데 많은 아이디어와 지적 자극을 제공했다. 또한 현대 북구 복지국가 모델을 이해하고 연구하는 데 큰 도움이 되고 있다.

복지국가의 완성이 한국 민주주의의 완성이라고 본다면 민주화 이후 민주주의의 과제가 무엇인가는 자명하다. 이제는 한국의 민주주의 운동이 복지국가의 건설이라는 뚜렷한 사회적 과제를 설정하고 이를 실현해나가는 실천 민주주의의 모습을 보여야 하겠다. 이를 통하여 대중의 구체적 문제와 요구를 하나하나 해결해나가는 모습을 보여야 하며, 이것만이 한국 민주주의를 공고화하고 더욱 발전시키는 길이라 여겨지며 이 책이 이런 과정의 한 역할을 담당하길 바란다.

마지막으로 이 책이 완성되기까지 기획과 토론에 참여해주신 필자들의 노고에 심심한 사의를 드리며, 이 책이 나오는 데 큰 도움을 주신 도서출판 한울 관계자들께도 감사의 말씀을 드린다.

2013년 10월
경제사회포럼 이사장 이종오
편집위원장 조흥식

The South Korean Welfare State: A Quest for a New Social Model

제1부 왜 복지국가인가

제1장 민주주의 개혁과 복지국가 모색 _이종오
제2장 포용적 성장, 복지국가와 사회적 대화 _이정우

제1장
민주주의 개혁과 복지국가 모색

이종오 | 경제사회포럼 이사장

1. 서론

　산업화와 민주화 이후 한국사회의 시대적 과제는 복지국가의 건설이다. 2010년 학교 무상급식을 둘러싼 주민투표 이후 복지논쟁은 처음으로 한국정치의 중심에 자리 잡았으며 2012년의 총선과 대선에서는 경제민주화와 보편적 복지라는 양대 화두가 여야를 막론하고 핵심 쟁점을 이루었다. 이것이 갖는 의미는 한국선거에서 처음으로 사회정책이 정치의 중심과제로 부상했다는 점이다. 2012년의 양대 선거가 모두 보수정당의 승리로 귀결되었으나 그렇다고 하여 한국이 복지국가로 나아간다는 기본 방향에 본질적 변화가 생긴 것은 아니다.

　세계 10위권에 육박하는 경제력을 가진 한국의 사회적 현실은 경제사회적 격차의 심화와 중산층 붕괴 그리고 세계 최하위권의 출산율로 특징지어진다. 여기에 부언하면 OECD 국가 중 최악의 노인 문제와 자살현상 등을 들 수 있다. 저출산·고령화 현상과 빈부 격차의 심화 등은 OECD 국가 일반에 공통된 문제이나 한국의 상황은 특히 심각하며 이러한 문제는 이제 모두 공공정책에 의한 공적개입 이외에는 해결할 수 없는 사회 문제임이 자명하게 되었다. 이를 해결하기 위해서는 경제정책과 사회정책을 포괄하는 경제사회정책이 수립되어야 하며 이에 관해 여야, 기업과 노조 등 사회적 이해당사자의 협의와 합의가 있어야 한다. 세부정책으로는 기업정책과 아울러 노동시장정책, 노인·아동·여성정책을 포괄하는 가족정책, 이를 재정적으로 뒷받침하기 위한 조세정책과 예산정책이 고안되어야 하고 또한 정책효과를 극대화할 수 있는 총괄적 정책조정기능이 있어야 할 것이다. 또한 이를 받쳐주는 입법체계와 사회적 분쟁을 조정하기 위한 사법체계도 마련되어야 한다. 결국 해결책은 새로운 국가적 체계로서의 복지국가의 건설이다.

문제는 복지국가로 나아간다고 하더라도 과연 어떤 복지국가의 내용을 갖추는가가 중요하다. '어떤 복지국가인가'라는 물음은 다른 말로 복지국가의 유형을 특성화하고 이를 해석하는 것이다. 이는 당면한 한국사회의 문제를 진단하고 해석하는 데 있어서 올바른 방향과 방법을 찾아야 한다는 말이다. 최근 사회적 이슈가 되었던 국민기초노령연금의 예를 보더라도 정책담당자들 간의 정책 오해가 사안의 본질을 왜곡시켰다. 복지국가에 관한 해석이 여야 정당 사이에서뿐만 아니라 여야 내에서도 각각이며, 시민사회, 학계 내에서도 다양한 주장과 해석이 존재하는 한 어떤 결정에도 큰 틀의 사회적 합의를 이끌어내기 힘들다. 야권에서 일관되게 주장한 '보편적 복지국가론'도 각론과 실행단계에 들어가서는 빈 공간이 너무 많다고 하겠다.

그러나 2013년이 향후 상당 기간 지속될 한국 사회정책의 큰 틀이 형성되는 시기라면 이때 올바른 방향을 제시하고 선택하는 일은 지극히 중요하다. 초기에 한번 형성된 모델은 그것이 성공적일 경우 매우 장기간 지속하는 '경로의존성'을 갖기 때문이다. 한국사회는 복지국가의 초기 설계단계를 맞고 있다. 시행착오를 예방할 수 있는 귀중한 시점에 놓여 있으며 소중한 기회이다. 시들어가고 있는 복지국가 논의를 재점화하여 역사적 시간을 낭비하지 않는 노력이 소중하다고 하겠다. 새로 잘 세우는 것이 나중에 고치는 것보다 대개 훨씬 경제적이기 때문이다.

한국의 산업화와 민주화는 유럽과 북미의 모방이며 학습의 성과였다. 선진 산업국가의 작품인 복지국가를 건설함에 있어서도 일차적으로 모방과 학습 그리고 한국 현실에 맞는 현지화 전략이 유용하다고 보며, 이 점에서 한국은 세계 최선진 복지국가를 도입할 수 있는 후발주자의 이점을 활용할 수 있다.

이제 우리는 이 장에서 기존의 복지논의를 한 단계 진전시켜 과연 어떤 복지국가를 추구할 것인가에 관한 논의를 전개하고자 한다. 이 논의는 민주주의의 의미를 재조명하며 또한 복지국가란 과연 어떤 가치를 기반으로 한 국가인가에 관한 것이다. 이 둘의 관계를 선진 복지국가의 유형을 소개하는 가운데 다시 살펴보며, 이것이 국민 삶의 구체적 문제 해결을 위한 어떠한 사회정책으로 반영되었는지를 살펴본다. 이 글은 먼저 민주주의와 복지국가에 대한 논의를 전개하고 그 다음 한국사회의 현황과 진단을 통해 지속가능한 사회를 위한 한국형 복지국가와 한국 민주주의의 방향을 제시하는 것을 내용으로 한다.

2. 민주주의와 복지국가

1) 어떤 민주주의인가

(1) 민주주의의 세계화

근대 민주주의는 권력의 불평등함을 지양하자는 철학과 가치에서 나왔다고 할 수 있다. '인간은 자유롭고 평등하다'는 인본주의적 기본 전제에서 출발하여 모든 개인과 집단의 특권적이고 불평등한 지위를 부정하는 데서 근대 민주주의는 출발했다. 여기에서 개인은 누구나 최고의 존귀한 존재라는, 따라서 개인의 자유를 어떤 권위나 이유로도 억압하거나 제한할 수 없다는 개인주의적 자유권의 개념이 출현했다. 이 인간의 보편적 권리에 기초한 자유권의 개념은 이후 다양한 형태로 세계를 변화시켰으며 도처에서 폭정과 전체주의를 붕괴시켰다.

마침내 20세기는 민주주의의 승리의 시대였다. 민주주의 성취는 약 한 세기를 두고 세계 곳곳에서 점진적으로 혹은 급격하게 이루어짐을 볼 수 있는데, 이는 일찍이 1940년대 2차 세계대전에서 패배한 파시즘의 몰락을 시작으로 한다. 전후에 일찍이 근대 민주주의를 이룬 서구와 북미지역에서는 1950·1960년대 민주주의의 활성화와 동시에 역사상 유례가 없는 경제사회적 번영의 시대가 도래했다. 1980년대 하반기부터 라틴아메리카와 아시아의 권위주의 정권이 붕괴하기 시작했으며 그 자리에 민주체제가 들어섰다. 칠레와 아르헨티나 등에서 군부정권이 퇴진했고 한국과 필리핀의 민주화운동이 승리를 거두었다. 소련과 동구의 전체주의 정권은 1990년대에 들어서며 붕괴되었고, 동유럽 전체는 민주주의로 향하는 새로운 여정에 들어선다. 한편 이 시기에 아프리카에서는 남아프리카공화국의 백인정권의 퇴장이 이루어졌다. 21세기에 들어서서는 중동의 이집트와 리비아 등 전통적 독재국가에서 민주주의 혁명이 발생하고 있다. 중국은 1978년 개혁개방에 들어가면서 과거의 공산주의와 단절했다. 물론 중국은 아직 민주주의 국가로 분류할 수는 없지만 자유, 인권, 시민사회의 맹아가 보인다는 점에서 의미 있는 변화와 발전의 와중에 놓여 있다.

(2) 민주주의의 역설

현재 민주주의와 시장에 대한 대안이나 경쟁체제는 출현하지 않고 있으나, 민주주의와 시장체제의 승리 이후에 세계는 오히려 심각한 사회경제적 문제와 도전에 직면하고 있다. 민주주의의 발원지라고 할 수 있는 유럽과 북미에서 현재 발생하고 있는 2차 세계대전 이후 최악의 경제위기는 사회적 위기로 이어지고 있으며, 이는 다시 정치적 위기로까지 전파될 조짐을 보이고 있다. 동구와 중동의 많은 신생 민주주의 국가는 경제적·사회적 위기로 불안정한 상태를 지속하고 있으며 지속되는 정치적·종교적 갈등 속에서 보편적 인권과 자유권의 확립은 요원한 듯 보이며 오히려 원래 존재했던 공동체적 유대와 연대의 문화마저 흔들리고 있다.

민주주의를 승리로 이끈 20세기는 다른 한편 세계화와 시장화의 시대였다. 민주주의의 역설은 개인의 자유가 시장의 자유로 이어져 재산과 소득의 불평등으로 이어지고, 이러한 경제적 불평등은 다시 정치적·사회적 권력의 불평등으로 이어지는 현상이다. 이를 방치했을 때 사회는 극단적으로 양극화·양분화될 위험성이 있음을 고전 사상가와 이론가들은 일찍이 간파했다. 이 문제는 이미 19세기 유럽 산업화 시대에 출현한 것이며 이에 대처하기 위한 각종 사회정책이 이 시기에 출현했다. 이러한 문제는 사라진 과거의 문제가 아니라 오히려 20세기 말, 21세기 초에 20 : 80 사회 혹은 1 : 99 사회라는 형식으로 더욱 극단화된 형태로 나타나고 있다. 민주주의의 승리, 즉 개인주의적 자유권의 승리는 도처에서 이어졌으나 사회경제적 불평등의 문제를 해결하는 데 있어서 현대 민주주의는 도처에서 실패하고 있음을 이는 보여준다. 그리고 민주주의의 경제적·사회적 실패는 결국 정치적 민주주의의 실패로 이어질 수 있음을 과거와 현재의 경험은 보여주고 있다.

이러한 현상은 자유권을 기본으로 하는 자유민주주의가 사회경제적 평등권의 문제를 동시에 인정하지 않을 때 발생할 수 있는 민주주의의 지속불가능성에 대한 경고라고 볼 수 있다. 마셜(Marshall, 1949)은 일찍이 민주주의하에서의 사회경제적 문제의 중요성을 파악했으며 이를 '사회적 시민권(social citizenship)'으로 명명했다. 현대 민주주의는 국가마다 역사와 전통에 따라 다양하게 발전했지만 여기에서 민주주의의 유형을 두 가지로 분류할 수 있다. 하나는 개인의 자유와 책임을 좀 더 강조하는 '자유주의적 민주주의' 유형이며, 다른 하나는 개인의 이익보다는 공동체적 책임과 연대를 좀 더 중시하는 '공동체 민주주의' 유형이다(필자 정의).

현재 이 두 유형을 비교할 때는 두 유형이 출현한 역사적 근거뿐 아니라 현재의 성취, 즉 두 유형의 민주주의의 정치적·사회적 능력을 살펴야 한다. 현대 민주주의의 능력은 어느 사회가 국가 전체로서가 아니라 국민 개개인의 삶의 문제를 얼마나 성공적으로 해결하고 있느냐는 측면에서 살펴볼 수 있다. 이를 정리하면 첫째, 얼마나 삶에 필요한 부를 누리고 있는가, 둘째, 얼마나 삶의 가능성과 기회를 누리고 있는가, 그리고 더 나아가 이러한 부와 기회가 보편적이며 공정하게 주어지고 있는가 등으로 측량할 수 있다. 이는 경제적 성장과 분배적 정의의 실현이라는 말로 표현할 수 있으며, 또한 절대적 부(빈곤)와 상대적 부(빈곤)라는 개념을 사용하여 표현할 수도 있다.

(3) 민주주의와 연대성

잘 작동하는 민주주의 사회는 성장과 분배가 균형을 이루는 혹은 절대적 빈곤과 상대적 빈곤의 문제를 다 같이 해결하는 사회라고 할 수 있다. 우선 한 사회를 유지하기 위해 필요한 물질과 부가 생산되고 유통되는 것은 경제 혹은 시장의 영역이다. 그리고 경제 혹은 시장의 영역에서 필연적으로 발생하는 불평등과 불균등의 문제를 수정하거나 보완하는 것은 시장 외적인 문제이며 이는 국가 혹은 시민사회의 과제라 할 수 있다. 이 중에서 특히 국가의 정치적 역할이 중요할 수밖에 없는데 이는 현실적으로 국가가 동원할 수 있는 자원과 권한이 시민사회에 비해 막강하기 때문이다. 이러한 시장 외적인 국가개입, 즉 분배와 재분배 정책 그리고 삶의 기회의 평등을 추구하는 일을 사회정책 혹은 광범하게 복지국가라고 부른다. 그러므로 시장경제가 발달할수록 사회정책 혹은 복지국가 필요성이 증대하는 것은 필연이라고 할 수 있다. 이런 의미에서 "모든 현대 산업국가는 복지국가다(Every modern industrial state is a welfare state)"(Gutmann, 1988)라는 주장이 가능하다.

근대 민주주의가 자유와 평등이라는, 어떤 측면에서는 모순처럼 보이는 이상을 추구하는 가운데 제3의 요소로서 연대성(solidarity) 혹은 형제성(fraternity)이 등장하게 된다. 박애 혹은 형제성은 1789년의 프랑스 혁명의 인권선언에 이어 1948년 유엔의 「세계인권선언(Universal Declaration of Human Rights)」의 제1조에서 명시된 바 있다.[1]

연대성이라는 개념은 좀 더 현대적인 개념으로 사회민주주의적 용어라고 할 수 있다. 괴스타 에스핑-안데르센(Gøsta Esping-Andersen)은 "새롭게 출현할 사회민주주의 국가는 가족 간의 자연스러운 연대와 본능적인 상호부조가 이루어지는 집과 같아야 한다. '국민의 집'은 계급을 넘어서는 국민적 연대의 이미지를 전하고 있다"라고 말한 바 있다(신필균, 2011: 46 재인용). 또한 스웨덴 사민당의 전 대표 모나 살린(Mona Sahlin)은 21세기의 인류가 요구하는 연대를 '녹색국민의 집'으로 표현하면서 사회적 연대는 "세대 간뿐만 아니라 이웃 국가 간의 새로운 연대를 요구하고 있다"라고 강조했다(신필균, 2011: 54). 이런 의미에서 연대성은 자유, 평등과 아울러 현대 민주주의를 이루는 삼각형의 한 축이며 이 중에 어느 한 축이 모자라더라도 민주주의는 불안정해질 수밖에 없다.

산업화 과정에서 매우 빠른 속도로 전통적 공동체가 해체되는 반면에 경제발전 속도에 비해 매우 뒤처져 있는 시민적 덕성(civic virtue)과 시민사회를 특징으로 하는 국가에서 사회적 연대성은 향후 사회의 유지 및 발전과 통합에 필수적인 요소라고 하지 않을 수 없다. 한국과 중국은 이런 유형의 사회 중에서 대표적인 사례라고 할 수 있다.

민주주의의 삼각형을 이루는 자유, 평등, 연대성이라는 이상과 아울러 이를

---

[1] 1948년 제정된 유엔 「세계인권선언」 제1조는 다음과 같이 규정하고 있다. "인간은 이성과 양심을 가지고 있으며 서로에 대해서 형제애의 정신으로 행동하여야 한다(They are endowed with reason and conscience and should act towards one another in a spirit of brothehood)."

튼튼하게 하는 또 하나의 보완적 요소가 있다. 그것은 각 개인이 누리는 자유, 평등의 권리와 사회 윤리적 의무로서의 연대성과 아울러 적극적 시민으로서의 권리이며 동시에 의무로서의 참여성이다. 이는 정치적·경제적·사회적 결과물과 그 결과물을 만들어내는 기회에 대한 분배적 요구로서의 참여권과 아울러 더욱 중요하게 이러한 과정에 직접 개입해 들어갈 수 있는 권리와 의무로서의 참여이다. 이는 모든 시민들이 시민적 권리와 의무에 좀 더 깊숙이 개입해 들어가는 '행동하는 시민', '적극적 시민', 혹은 '책임지는 시민'의 덕성이라고 할 수 있다. 민주주의가 시민들에게 좀 더 넓은 참여의 가능성을 제공할수록 이러한 유형의 민주주의는 건강해진다고 하겠다.

(4) '공동체 민주주의'의 가능성

민주화 이후 한국 민주주의는 국가의 통제에서 점차 벗어난 시장질서가 만들어낸 사회적·경제적 문제의 해결에 그리 유능하지 못했다. 그 결과 한국사회에는 시장논리의 숭배와 아울러 민주주의에 관한 편협한 자유주의적 이해가 범람했다. 민주화 이후 한국사회에는 '낮은' 수준의 평등주의와 역시 '낮은' 수준의 자유주의가 끝없는 정치적·사회적 갈등과 대립을 만들어냈다고 보인다. 이것이 세계적 수준에서 보아도 풍요하고 민주주의를 이룬 성공한 모델로 대한민국이 각광을 받으면서도, 다른 한편 '모든 사람이 불행하고 모든 사람이 불만에 차 있는' 이해할 수 없는 현상에 관한 하나의 설명이라고 할 수 있다. 모든 면에서 변화의 속도가 가장 빠르며 그런 만큼 혼란스러운 한국사회가 당면한 과제는 이제 거북이의 걸음을 통해서 한 차원 '높은' 수준의 평등주의와 역시 한 차원 '높은' 수준의 자유주의를 이루는 것이다. 현 단계에서 유지가능하고 지속가능한 국가와 사회를 이루는 길은 자유, 평등, 연대성과 아울러 참여성이 공존하는 정치적 이상으로서의 '공동체 민주주의'를 실현하는 것이며, 이는 한국형 복지국가의 유형을 만드는 길이라고 할 수 있다.

최장집 교수는 그의 저서 『민주주의의 민주화』(2009)에서 "공동체적 시장경제", "시장의 가치와 공동체의 가치의 균형", 나아가서 "동아시아의 공동체" 등 공동체 담론에 관해서 언급한 바 있다. 민주주의의 성격이라는 것이 그 국가가 가진 역사와 문화에 깊이 영향을 받는다면 '공동체 민주주의' 담론은 한국과 친화성이 높다. 그러나 이는 개인주의적 자유권을 존중한다는 서구식 근대화 담론과 반드시 균형을 맞추는 속에서 이루어져야 한다. 그럼으로써 자유주의적이고 개인주의적인 한국의 젊은 세대와 좀 더 전통적인 가치를 내면화한 기성세대 모두에게서 호응을 받을 수 있다. '공동체 민주주의'는 지나간 전통사회의 공동체적 가치로 복귀하자는 것이 아니라 탈산업사회에서 개인과 공동체의 새로운 균형을 창출하자는 것이다.

이러한 공동체가 함께 더불어 잘살기 위해서 동시에 개개인이 처한 개별적 문제를 해결하기 위한 국가적 수단이 사회정책이다. 사회정책을 선구적으로 발전시킨 독일을 위시한 유럽대륙 국가들은 초기 산업사회에서 발생하는 노동자 가족의 문제를 해결하기 위해 조합주의적 복지국가를 발전시켰으며, 이에 더하여 북유럽은 보편주의를 기반으로 한 포괄적 복지국가의 유형을 발전시켜왔다. 민주주의에 대한 이해와 더불어 아래에서는 복지국가에 관한 개념을 살펴본다.

2) 복지국가란 무엇인가?

(1) 복지국가에 대한 이해

복지국가는 산업화와 자본주의적 시장경제에서 발생하는 제반 사회 문제에 대처하기 위한 국가적 정책과 제도 혹은 아래로부터의 자발적 사회운동으로 시작되었다. 시기적으로 이는 19세기 중·후반의 일이며 도시 빈민과 부랑자에 대한 대책 그리고 노동자계급의 빈곤과 이로부터 발생하는 혁명적 계급운동에 대처하는 방안이었다. 이와 같이 복지정책 혹은 복지운동은 초창기에 있어서는 어느 나라나 일차적으로 빈민 혹은 노동자와 같은 표적집단을 상정하고 이를 대상으로 한 선별적 성격을 지녔다. 그러나 그 후 일부 유럽대륙과 스칸디나비아에서는 점차적으로 복지의 대상이 전 인구로 확대되는 보편주의를 기반으로 한 복지정책이 발전되어왔다.

우리가 주목해야 할 점은 유럽에서의 복지국가의 발전과정은 정치적 민주주의의 발전과정과 대체로 병행한다는 것이다. 즉, 보편적 선거권으로 나타나는 보편적 인권, 정치적 시민권의 확대로서의 사회권의 추구는 복지정당, 복지정책, 복지정치의 토대가 되었다.

산업화는 전반적인 사회현상이나 구조를 변화시켰으며 이로부터 발생하는 문제는 이미 사회 공동의 문제가 되어버렸다. 예를 들어 교육과 건강은 노동시장의 인적자원과 생산성에 직접적인 영향을 미치는가 하면 계속되는 출산율의 저하는 결국 경제성장에 저해를 가져오는 순환적 결과를 낳는다.

유럽 국가들은 다투어 사회정책과 경제정책을 발전시켜왔다. 그러나 이를 구상하는 기본 이념과 방식의 현저한 차이에 따라 상이한 복지국가의 유형이 발생했다. 예를 들어 스웨덴 모델이 사회민주당과 노동조합이라는 밑으로 부터의 대중적 기반을 가졌던 것에 비해, 독일의 비스마르크 모델은 위로부터의 관료제적 성격을 지녔다. 독일 모델 역시 장기적으로는 민주주의와 궤를 같이하나 2차 세계대전 당시까지는 '민주주의 없는 복지'라는 성격을 띠었다. 독일의 예가 특히 우리에게 주목되는 것은 한국에서의 국민의료보험과 국민연금으로 시작되는 복지국가의 시작 역시 위로부터의 관료제에 의한 보수적 성격을 지녔기 때문이다.

현재 한국의 복지정책과 현실 역시 북구식의 보편주의 혹은 포괄주의보다는 비스마르크적 조합주의와의 유사성을 더욱 가지고 있다. 보수적 성격의 박근혜 정부의 출범으로 인하여 한국에서 향후 '보수적 복지국가'가 출현할 가능성이 더욱 높아졌다면 한국의 복지논쟁은 '대륙형'이냐 '북구형'이냐를 중심으로 전개될 가능성이 크다고 할 수 있다.

복지국가는 구체적 사회 문제에 대응하기 위한 사회정책의 필요성에서 출발하여 이후 행정, 사법, 입법을 아우르는 국가적 체계로 발전된 것이며 동시에 노동시장을 위시한 비정부 분야를 아우르는 사회적 체계라고 할 수 있다. 복지국가는 한 국가영역 내에서 사회구성원 모두가 상대적으로 안전하고 풍요로우며 자유로운 삶을 누릴 수 있는 제도와 규칙 그리고 문화를 의미한다. 그러나 상대적으로 상이한 권력과 능력을 가지고 있는 사회 집단과 계층 사이에서 모두에게 안전하고 풍요롭고 자유로운 삶의 조건을 만들어내는 일은 전 사회적 부를 증대시키는 작업과 아울러 창출한 부를 공정하게 그리고 효율적으로 분배, 다시 재분배하는 과정을 거쳐야만 한다. 성장이라고 일컬어지는 전 사회적 부의 증가는 기술, 과학의 발전 그리고 효율적 경영을 통해 가능한데, 여기에 더하여 생태적 안정성을 파괴하지 않는 범위 내에서 추구되어져야 한다. 우리는 여기에서 화폐적 가치의 증가만이 아니라 생태적 지속가능성을 심중히 고려해야 하며 이는 이미 현대 복지국가의 새로운 가치와 목표가 되어 있다.

현대 복지국가는 일반적으로 '소득보장'과 '사회서비스'를 두 개의 가장 중요한 목표로 삼고 있으며, 이를 구현하기 위한 다양한 정책수단을 사용한다. 복지국가 유형 중 가장 효율적이고 선진적인 것의 하나로 평가되는 스웨덴 모델은 가족정책과 노동시장정책을 두 개의 기둥 혹은 중심정책으로 하여 이루어졌는데, 이는 한국의 복지설계에 있어서 깊이 주목해야 할 점이다.

다음에 '정의로운' 혹은 '공정한' 분배, '재분배'를 이루어야 할 것인가에 관한 사회적 합의를 어떻게 이루어낼 수 있는가는 경제성장을 이루어내는 것보다 훨씬 어려운 문제에 속한다. 이는 한국 산업화가 권위주의적·관료적 방식으로 이루어졌고 한국의 대의제 민주주의 역시 사회적 갈등을 조정·해결하는 데 있어서 유능함을 보여주지 못하고 있기 때문이다. 자본과 노동 사이의 분배뿐 아니라 세대 간, 사회집단 간의 부담과 분배를 이루어내는 방식과 원칙을 만들어내고 새로운 상황에 따라 끊임없이 이를 개선해나가는 것이 복지국가의 지속가능성을 유지하는 작업이라고 할 수 있다. 이는 노동시장과 같은 사회적 관계 속에서 그리고 정당, 의회와 같은 정치적 기구와 제도 속에서 이루어지는데 이것이 권위주의적 방식으로 혹은 대화와 합의의 민주주의적 방식으로 이루어지는가에 따라 복지국가의 정치적 성격이 결정된다고 할 수 있다.

세계의 가장 효율적이고 안정적 복지국가는 모두 대화와 합의를 존중하는 민주주의 문화를 가꾸어가고 있다. 또한 현대 복지국가는 민주주의와 생태주의적 가치를 추구하는 공통점을 지니고 있다. 우리가 추구하는 미래의 한국 복지국가도 여기에서 예외일 수는 없다. 한국은 산업, 기술의 발전에 있어서는 세계 선진국 수준에 이미 이르렀지만 대화, 협상, 합의와 같은 사회정치와 사회적 기술에 있어서는 아직도 낙후성을 극복하지 못했다. 기술적인 것과 사회적인 것의 불균형이 한국사회가 극복해야 할 시급한 시대적 과제이며 이것이 이루어져야 민주적·선진적 복지국가가 가능할 것이다.

(2) 복지국가의 유형

재언하건대 복지국가는 19세기 후반에서 20세기 전반기에 걸쳐서 형성된 유럽 근대의 산물이다. 근대의 특성은 ① 자본주의적 산업화, ② 근대 국민국가(관료화), ③ 근대 민주주의의 기초 위에 이루어져 있다. 자본주의적 산업화는 노동시장 내에서 활동하는 광범한 블루칼라, 화이트칼라 피고용자 집단을 산출했으며, 이후 이들은 가장 큰 사회집단으로서 복지의 기여와 수혜라는 면에서 복지 핵심계층을 이루게 된다. 근대 국민국가는 발달된 관료제에 의한 행정능력으로 고도로 복잡한 현대 복지행정체계를 기술적으로 가능하게 했다. 끝으로 근대적 민주주의는 시민의 정치적 권리를 경제적·사회적 권리로 확장하여 모든 사회성원이 경제적·사회적으로 기회의 평등과 아울러 소득재분배에 의한 결과의 평등을 지향하게 했다.

현재 세계의 가장 발달된 복지국가의 공통점은 고도의 산업국가, 잘 발달된 행정조직 그리고 평화롭고 안정적인 민주주의 국가라는 특징을 지니고 있다. 이러한 복지국가 유형의 배후에는 비스마르크 모델, 베버리지 모델, 국민의 집 모델이라는 각 지역(국가)에서 형성된 전형이 있으며, 이는 각 사회에서의 개별적 진화를 거쳐 현재의 3유형으로 정착되었다. 물론 이외에도 다른 특성을 지닌 복지국가 유형이 발생하거나 소멸하고 있는데, 예를 들어 남유럽, 라틴아메리카(예: 볼리비아) 등에서 형성된 개별적 유형을 들 수 있다. 복지국가가 형성되는 과정에서 그 대상을 결정하는 범위나 성격, 그리고 이를 둘러싼 정치적·사회적 이념을 바탕으로 팔메(Palme, 2011)는 이를 ① 조합주의 모델(Corporatist), ② 기초보장 모델(Basic Security), ③ 포괄적 모델(Encompassing)로 구분하고 있다. 아래에서는 이 세 가지 유형 중 우리에게 가장 관심 대상이 되고 있는 대륙형과 북유럽형을 중심으로 살펴본다.

① 대륙형 '조합주의 모델'

1800년대 중반기 비스마르크(Otto von Bismarck)에 의해 시작된 사회복지정책은 전 유럽에 영향을 미치었으나 그 동기는 평등주의와는 무관한 정책이었다. 초기 독일의 사회정책은 권위주의적이며 조합주의적인 성격을 지녔으며, 2차 세계대전 이후 복지국가로의 발전 또한 중도 우파와 기독교 민주당이 주도적 역할을 함으로써 보수성에서 크게 벗어나지는 못했다. 기독교 정당이 발달되지 않았던 프랑스는 가톨릭 사회의 신조가 그 대신 영향을 미치었다.

대륙형의 특징은 사회보험 위주의 복지체계이다. 수요 대상은 주로 노동자계급을 중심으로 소득자, 기여자 중심으로 되어 있어 최상위층이나 최하위층은 이에서 제외된다. 특히 사회보호가 직업적 계층에 따라 좌우되어 보험제도가 소득 재분배 효과를 누리는 대신 기존의 계급을 유지하는 것으로 공동체의 연대성은 존재하지 않는다. 소득이 없는 취약계층은 사회보험 대신 국가적 차원에서 최소한의 기초생활을 보장하는 급여가 제공되거나 보건의료의 경우 무상 의료서비스로 전통적 방식을 유지하고 있다. 대륙형이 영미형과 다른 점은 무조건 저소득층만을 대상으로 하지 않는 점이며, 다른 한편 북유럽과 다른 점은 보편성과 연대성에 의한 소득재분배 효과가 약한 점이라 할 수 있다. 유럽대륙의 복지국가는 기본적으로 사고, 질병, 장애, 노령, 실업 등이 발생할 경우 이에 대한 소득보장과 건강보장을 중심으로 한 사회보험이 강하며 사회서비스 체계가 대단히 약한 점이 특징이다.

이 모델은 완전고용을 목표로 한 산업사회 발전과정에서는 나름의 기능과 효과를 거두었다고 볼 수 있다. 그러나 대륙형 모델의 문제는 후기 산업사회에서 뚜렷이 나타난다. 예를 들면 탈산업화와 고실업에 대한 국가적 접근방식에 있어서 스칸디나비아 국가들은 공공부문의 고용창출과 적극적 노동시장전략을 제공하는 대신, 유럽대륙 국가들은 노동공급 감축을 통해 시장의 갈등을 완화시킨다. 남성노동자의 조기퇴직과 노동시간 감축을 통해 청년실업을 완화시키거나 여성노동의 억제를 유급 육아제도로 대체한다. 2000년 독일의 복지정책 개혁 내용 중 눈에 띄는 것은 높은 실업률에 대한 대응으로 여성들을 장기간의 유·무급 육아휴직으로 노동시장에서 물러나게 한 제도이다. 돌봄서비스 체계 대신 이들이 선택한 방법은 육아를 여성에게 전담시킴으로써 주 소득원인 남성에 대한 의존적 관계를 키움으로써 노동시장 참여를 요구하는 여성에게 또 하나의 사회적 갈등을 야기하고 있다. 독일은 유럽에서 가장 낮은 출산율(1.34)과 동시에 저출산의 장기화를 보이고 있어 이는 독일사회가 풀어야 할 중요한 과제로 남아있다. 에스핑-안데르센은 유럽대륙의 인구학적 문제는 노령화가 아니라 낮은 출산율과 낮은 고용률이라고 경고하며, 유럽대륙의 복지 모델을 복지국가-가족-노동의 삼각관계에서 "먹여주는 손을 먹어치우는 내재적인 경향을 갖고 있다"고 요약한다(에스핑-안데르센, 1996). 이러한 경향은 노동시장에 있어서 두 가지의 부정적 현상을 낳는데, 하나는 자영업의 증대이며 다른 하나는 지하경제(black economy)의 활성화이다. 이는 한국의 현상과 유사한 문제로서 복지국가를 설계함에 있어 시사하는 바가 크다.

② 북유럽 '포괄주의 모델'

산업화 초기 특히 스웨덴은 비스마르크와는 달리 평등주의를 바탕으로 한 '국민의 집'을 역설했다. 사회민주당이 주도적으로 이끈 복지국가 건설은 공동체 민주주의를 목적으로 하며 보편주의와 포괄적 방식을 특징으로 한다. 북구 유형의 특성은 가족정책과 노동시장정책의 두 기둥(two piller)을 중심으로 소득보장과 사회서비스가 포괄적으로 설계된 고유의 디자인이라는 점이다. 즉, 잘 발달된 가족정책 덕분에 북구 지역의 여성 취업률은 독일보다 현저히 높으며 이를 통한 이인소득자 모델은 빈곤 퇴치와 중산층화에 가장 중요한 기여를 했다고 할 수 있다. 또한 여성의 취업률 증가가 출산율 감소로 이어진다는 잘못된 상식과 달리 여성경제활동 증가는 오히려 안정적 출산율 증가로 이어졌음을 스웨덴의 사례가 보여준다.

최근 유럽연합(EU) 통계청은 2011년 최저생계비 이하에 속하는 빈곤층의 비율이 전년보다 0.8% 증가하여 전체의 24.2%를 기록하고 절대빈곤층도 8.8%에 이른다고 발표했다. 이런 가운데 세계에서 가장 빈곤율이 낮고 소득불평등지수가 낮은 나라는 주로 북구에 몰려 있다. 북구형 포괄주의 모델은 조합주의 모델보다 빈곤율을 감소시킨 것은 물론 소득불평등 수위를 축소시키는 데 성공했다고 볼 수 있다. 이 점에서 포괄주의 모델이 가지고 있는 특성을 주목할 필요가 있다. 여기에서 포괄주의란 사회정책이 담고 있는 사회급여의 범주가 국가가 제공하는 서비스나 급여의 모든 분야에 적용된다는 의미이다.

2010년 유럽연합 집행위원회의 『유럽의 빈곤에 관한 보고서』에 의하면 자신이 빈곤위험에 처해 있느냐는 질문에 독일인의 11%가 그렇다고 답한 반면, 북유럽 국가에서는 2~4%에 지나지 않았다(Sauer, 2013). 이러한 지표에는 향후 한국형 복지국가를 건설함에 있어서 무엇을 먼저 유념해야 하는가에 관한 함의가 담겨 있다. 밑으로부터의 대중적 기반에 세워진 스웨덴식 복지국가는 국민의 삶 자체를 향상시키는 데 중점을 두었음을 알 수 있다. 이것이 노동시장정책과 가족정책을 복지국가의 기둥으로 세운 그들의 생각이라고 할 수 있다. 이러한 북구의 사례를 한국에 원용할 때 다음과 같은 제언을 할 수 있다.

노동시장개혁은 현재의 경직된 고용구조를 유연한 상태로 전환하되 다만 경력자, 재취업자 시장을 활성화하여 종신고용구조가 사라진 이후의 피고용자의 불안감을 해소시킬 수 있어야 한다. 여기에는 당연히 국가의 대규모 투자에 의한 적극적 노동시장정책에 의한 근로자 재교육, 재훈련 비용과 이 기간의 실업급여에 대한 지원이 포함된다. 이를 통하여서만 조기퇴직자, 노동시장 퇴출자가 현재와 같이 영세자영업에서 활로를 찾는 자영업의 이상 비대화 현상을 방지할 수 있다. 다음에 '이인소득자 모델'로 지칭되는 여성인력의 경제활동화를 통한 빈곤가구의 탈빈곤화·중산층화를 목표로 하는 가족정책이 추진되어야 한다. 이는 인구구조의 현대화를 비롯한 제반 사회구조의 변화로 인하여 여성의 노동시장 참여가 바람직한 것이 아니라 불가피한 상황을 반영한 것이 되어야 한다.

한국사회가 당면한 국가적 어젠다를 생각할 때 주목되는 것은 보편적 포괄주의 모델로서의 북구형 혹은 스웨덴 모델이다. 복지국가의 설계는 무엇보다 소득평준화 효과로 인한 사회적 격차 축소, 중산층 중심의 사회 형성, 빈곤율의 최소화를 염두에 두고 이루어져야 한다. 이 점에서 어느 복지국가 유형이 가장 소득평준화를 달성하고 있는가, 빈곤율을 최소화하고 있는가, 덧붙여 성평등이 이루어지고 있는가는 가장 중요한 기준이 되어야 할 것이다.

③ 시사점

한국 복지국가의 가능한 경로를 탐색 및 설계하는 데 있어서 역사적 학습과정으로서 유럽 복지국가의 형성과 분화, 그리고 현재의 논쟁을 이해하는 것은 매우 유익하다. 특히 타국, 타 지역 간의 상이한 복지체제 간의 체제이전(Modeltransfer)과 상호작용이 어떻게 이루어졌느냐에 관한 경험적·이론적 이해가 필요하다. 이럴 경우에 '스웨덴 모델을 한국에서 추구하는 것은 비현실적이다'와 같은 다소 순진한, 그러나 아주 흔히 들을 수 있는 주장에 대하여 설득력 있는 반론을 펼칠 수 있다. 민주주의가 전 세계로 확산되어나가며 다양한 현지화를 이루어냈듯이 유럽 복지국가 역시 다양한 형태로 이미 전 세계적으로 전파되고 있다. 향후 아프리카에서 유럽형 복지국가 모델을 발견하더라도 놀랄 일이 아니라면 한국에서 북구형 복지국가가 실현되는 것 역시 당연한 발전과정의 하나라고 보아야 할 것이다.

3. 한국의 이해와 과제

1) 한국의 정치

한국의 정치사회 현실에 결정적 영향을 미치는 요인은 산업화, 민주화 그리고 분단현실이다. 이것은 다른 말로 표현하면 48년 체제(분단국가의 탄생), 61년 체제(산업화) 그리고 87년 체제(민주화)로 부를 수 있다(최장집, 2009). 이른바 87년 체제는 민주화라는 정치적 변화와 아울러 시장화, 세계화라는 대내외적 환경변화 속에서 형성된 현재의 정치사회적 제도와 문화의 총체를 의미한다. 이 3개의 체제는 시차적으로 하나가 다른 하나를 대체하면서도 하나 위에 다른 하나가 쌓여져왔다. 따라서 현재의 87년 체제는 48년 체제와 61년 체제를 내포하고 있다.

(1) 한국민주화의 보수적 성격

1961년 5·16 쿠데타에 의하여 시작되어 1987년 6월항쟁까지 지속된 군부권위주의 정권은 학생을 위시한 밑으로부터의 시민세력에 의하여 종식되었다. 그런 의미에서 1987년의 민주화는 1960년대 이래 약 4반세기에 걸쳐 진행된 시민혁명의 승리라고 할 수 있다. 이 시민혁명은 정치적으로 자유민주주의적 질서의 제도화, 경제적으로 민주노조운동의 허용, 사회적으로 시민사회운동의 활성화를 낳았다.

한편 경제영역에서 노조의 자유화가 이루어졌음에도 한국에 독특한 가족중심의 재벌, 대기업에 의한 경제력 집중과 산업의 독과점구조에는 어떤 본질적인 변화도 발생하지 않았다. 또한 시민사회운동은 서울, 대도시 중심의 지식중산층 계층에 국한된 것으로 사회적 영향력은 비교적 제한된 것이었다. 즉, 민주화는 기본적으로 정치영역에서 이루어진 것이었고 사회경제적 영역에서의 민주화란 매우 제한적이고 불충분한 것이었다. 이는 기업세계에서의 재벌지배 현상뿐 아니라 사회 각 영역에서 기득권세력이 의연히 온존되었으며 결과적으로 경제사회의 민주화와 개혁으로 이어지지 못한 아쉬움을 남겼다. 또한 행정, 사법 등의 국가 관료조직에서의 인적 청산도 거의 이루어지지 않았다. 한국 민주화를 이룬 동력이 기본적으로 가두의 시민세력에서 나왔음에도 불구하고 민주화로의 정치협상에서 이들 세력이 배제되는 가운데 이미 민주화의 보수적 성격이 규정된 바 있다. 한국 민주화는 평화적·점진적·보수적 성격으로 규정된다.

또한 민주화운동의 주요한 지지세력의 한 축이었던 중산층이 운동세력의 이념적 급진화에 거리를 둔 것이 한국 민주화의 보수적 성격을 규정한 한 요인이기도 하다. 반면에 민주화운동의 독자적 정치세력화는 현실정치의 벽 앞에서 좌절되었다. 이는 광범한 노동자층을 위시한 사회세력이 정치세력화에 실패함으로써 한국정치의 사회적 대표성이 매우 협애해졌음을 의미한다. 1987년과 1992년의 대통령선거에서 대치한 김대중-김영삼의 차이를 사회적·이념적 차원에서 파악하는가 혹은 지역적 차원에서 파악하는가의 논쟁에서 대부분의 유권자들은 이를 지역적 차이로 파악했다. 결국 민주화 이후의 한국의 주요 정당은 서구와 같이 사회적 균열선에 따라 발전하지 못하고 지역적 균열에 따라 존재했으며 이는 한국정치에서의 보수지역당 체제의 공고화를 가져왔다. 사회적 의제를 전면에 내세운 정치세력의 출현이나 성장은 이루어지지 못했다. 그 결과 '민주화 이후의 민주주의'의 사회적 내용은 공허했으며 과거 권위주의 시대의 발전국가와 차별성을 만들어내지 못했다. 이런 측면에서 '민주화 이후의 민주주의'의 좌절과 실패를 이야기할 수 있다.

(2) 한국정당의 보수 양당제

민주화 이후 한국의 정당이 기본적으로 지역당적 성격을 가졌으며 이들은 지역이익을 대표하려는 노력에 비해 전 사회적 문제, 즉 고용, 복지, 노후보장 등 복지국가적 의제를 부차화했다. 진보정당으로 규정되는 민중당, 민주노동당, 통합진보당, 진보신당 등은 물론 지역당이 아니었으나 이들 역시 복지정당이라고는 볼 수 없었다. 게다가 민중당은 원내진출에 실패했으며 원내에 진출한 민주노동당은 독자적 교섭단체 구성에 실패하여 이들은 모두 주류정당이 아닌 군소정당의 처지를 벗어나지 못했다. 또한 민주노동당과 통합진보당은 기본적으로 통일운동 정당이어서 이들 정당은 유럽식 사민주의 정당이 아니었으며 노동자 계층의 대표성을 주장하기에도 무리가 많다고 할 수 있다. 결론적으로 한국정치는 사회경제적 집단의 정치조직화와 사회경제적 의제를 대변하는 정당의 형성에 실패했다. 그러나 민주화 이후 특히 1997년의 외환위기 이후 경제적·사회적 의제가 분출하는 가운데 한국사회에서 이들 문제의 대부분은 법치주의, 의회주의 틀 내에서 해결되지 못하고 민중운동 혹은 시민운동적 방식에 의지하여 해결을 모색하게 되었다. 이는 불만에 찬 운동세력의 급진화와 동시에 이들의 소수, 고립화를 가져왔으며 결과적으로 한국 정당체제의 보수 양당화를 더욱 고착시키는 결과를 가져왔다. 현재 민주당의 틀 내에 모여 있는 정치세력은 기본적으로 민주화운동 온건파와 호남 정치세력의 연합체이며 새누리당은 관료엘리트와 영남 정치세력의 연합체이다. 이 두 개의 정치세력은 그간 선거 때마다 당의 명

칭을 변경하고 이합집산을 통해 새로운 정당으로의 변신을 꾀했으나 기본 성격에 변화를 가져오지는 못했다. 보수 양당제는 결국 지역과 인물론에 머물러 정당의 사회적 차이를 부각시키는 데 실패했으며 이에 실망한 대중으로부터 끊임없이 대안 정당, 대안 지도자에 대한 요구가 제기되었다. 한국의 보수 양당은 복지국가를 위한 정당이 아니었으며 진보정당 역시 복지정당적 역할을 수행하지 못했다. 민주화 이후 오늘날까지 25년이라는 세월이 경과했음에 불구하고 민주화의 사회적 내용을 채워줄 정책정당, 복지정당은 부재했다.

(3) 김대중·노무현 정부의 성취와 좌절

대한민국 정치사상 최초의 수평적 정권교체를 이룩했다는 김대중 정부가 외환위기의 와중에서 탄생해 시장주의적 개혁과제를 떠맡았다는 것은 아이러니하다. 시대적인 흐름은 보수적 개혁을 강요하고 있었고 김대중 정부가 이에 저항하는 데는 한계가 있었다. 노동시장에서의 고용의 유연화 정책을 관철한 것이 김대중 정부였고 한미 FTA를 추진한 것은 노무현 정부였다. 경제사회적 양극화는 계속 심화되었고 하층계층의 상향이동은 봉쇄되었다. 이와는 반대로 중산층의 하향이동은 열려 있었다.

이런 상황에서 김대중 정부는 「국민기초생활보장법」(이하 「기초생보법」)과 4대 사회보험의 기본 틀을 만들었으며, 첨예한 사회적 갈등을 감수하면서까지 의약분업을 성공시켰다. IMF체제하에서의 대량실업과 중산층의 몰락으로 이어지는 당시의 현실에서 절대빈곤층을 구제할 수 있는 「기초생보법」의 도입은 한국의 사회복지 역사의 획을 긋는 의미 있는 제도였다. 그러나 국민의 정부는 복지제도를 선보이면서도 복지국가에 대한 큰 그림은 없었을 뿐 아니라 복지의 나태병을 우려한 여전히 보수 성향을 띤 사회정책에서 크게 벗어나지는 못했다. 김대중 정부의 복지정책을 함축적으로 표현한 '생산적 복지'는 「기초생보법」이 남용되지 않도록 하는 일차적 목표 외에 노동시장정책을 활성화하는 내용은 부재했다. 전통적인 '남성부양자 모델'에서 가장의 경제적 몰락은 온 가족을 빈곤으로 내몰리게 하는 결과를 낳는데, 이때 맞벌이를 유인하는 노동시장 프로그램이 마련되었더라면 생산적 복지의 의미는 전혀 다른 철학과 내용을 지녔을 것이다. 그럼에도 불구하고 김대중 정부의 복지정책은 오늘날 보편적 복지국가를 운운할 수 있는 길을 마련했다는 점에서 큰 의미를 갖는다.

뒤를 이은 노무현 정권은 민주주의에 대한 새로운 희망을 주었다. '참여'를 강조하는 민주주의를 기초로 노무현 정부는 혁신적 지방분권정책과 평등주의적 교육개혁을 추진했다. 저출산·고령화의 문제제기를 포함하여 한국사회발전의 지속가능성을 염두에 둔 모처럼 만의 미래지향적 국가 대계를 설계하고 2006년 8월 '국가비전 2030'을 발표했다. '한국이 2010년대에 선진국에 진입하고 2020년대에 세계 일류국가로 도약한다'는 내용과 아울러 노무현 정부는 성장과 복지의 동반성장을 강조하고 2030년에는 1인당 국민소득 4만 9,000달러, 삶의 질 세계 10위를 달성할 것으로 전망했다. 또한 복지 분야 재정 비중이 2005년 25.2%에서 2030년 약 40%까지 높아져 복지 수준이 크게 개선될 것으로 예상했다.

그러나 문제는 재원 충당방식과 어떤 복지를 할 것인가 하는 구체적 청사진은 마련되지 못해 어느 정책 하나 전략적 시행이나 복지발전을 위한 인프라를 갖추는 일에 성공하지 못했다. 예를 들면 당시 가장 뜨거운 이슈였던 '저출산·고령화' 문제를 살펴보자. 2005년 한국의 출산율은 1.08로 세계에서는 물론 한국역사상 가장 낮은 출산율을 보였다. 출산율 증가에 목표를 둔 여성가족부는 보육정책에 예산을 투입하여 보육시설을 대폭 증가시켰다. 그러나 선진 복지국가가 사용한 가족정책의 기본 목표인 '일·가족 양립정책'을 통한 가구소득 증가, 성평등, 그리고 출산율 증가를 목표로 장기적인 안목으로 설계한 것이 아니라 단기적이며 시각적인 숫자에 지나지 않아 중요한 복지정책으로 자리 잡는 데는 실패한 사례이다.

또 하나의 지적으로 노인빈곤율과 자살률이 세계 1위이며 초고령사회로의 진입속도가 빠른 한국 실정에서 빈곤 해소에 가장 영향을 주는 연금제도 개혁은 말뿐 시도조차 하지 못한 채 참여정부는 끝이 났다. 당시에 도입된 바우처 방식이나 노인돌봄과 요양시설 등의 성과는 다소 인정할 수 있다 하더라도, 이 역시 장기적 목표하에 기본 틀을 마련한 것이 아니라 시설과 프로그램 도입에 급급한 것은 또 다른 후유증과 예산의 비효율성을 낳았다는 지적이 있다. 결국 비전 2030은 그 인프라를 마련하는 데 실패했다. 그러나 이러한 사회적 관심은 2007년 대선 당시 한나라당 이명박 후보로부터 '무상보육', '반값 등록금' 공약을 이끌어내었고, 2010년 민주당은 학교 무상급식 공약으로 지방선거에서 다수를 차지하는 결과를 만든 것도 사실이다. 이어 민주당이 2011년 무상급식, 무상의료 등 무상정책 시리즈로 승부수를 던졌고, 2012년 박근혜 후보가 '생애주기별 맞춤형 복지'를 내용으로 한 한국형 복지를 주장하는 데까지 영향을 미쳤다고 할 수 있다.

종합해보면 이 두 민주정권은 전통적이며 관료적 정치에서 '국민의 삶의 질 향상'을 꿈꾸는 복지국가라는 새로운 화두를 범국민적으로 심어놓은 것이 사실이며 국민으로 하여금 국민을 위한 정책정당을 요구하는 계기를 만들었다고 평가할 수 있다. 그러나 문제는 1987년 민주화의 보수적 성격과 보수양당제로 인하여 의회 내에서 개혁정권은 취약한 지지기반에 시달렸고 언론환경은 지극히 비우호적이었다는 데 있었다. 경제영역과 사회영역을 보수 세력이 의연히 장악하고 있는 가운데 간신히 50%에 근접하는 지지율로 당선된 양 정권은 과감한 개혁을 수행할 만한 정치적 에너지와 지지기반을 가질 수 없었다. 양 정권은 집권기간 내내 정치적 반대세력뿐 아니라 사회적 반대세력과 대치하는 데 에너지를 소진했고 보수적 비판뿐 아니라 또한 진보적 비판에 시달렸다. 보수세력이 수행해야 할 시장주의적 개혁을 개혁정권이 수행함으로 인하여 자신의 지지기반을 실망시키고, 그러나 그렇다고 하여 보수적 유권자 층으로부터 지지자를 끌어오지도 못한 것이 민주개혁 정권의 비극이었다.

김대중과 노무현, 이 두 민주정권은 「기초생보법」과 4대 사회보험의 확대 등 사회정책의 새로운 시도에도 불구하고 21세기의 신자유주의의 침투에는 속수무책이었으며 양극화 현상은 더욱 증폭했다. 현재 한국사회가 당면한 가장 큰 과제는 여전히 절대빈곤율의 감소와 점점 벌어지는 상대빈곤율을 최소화하는 문제이며, 다른 한편 청년실업의 증가와 경쟁 일변도에 지친 국민은 새로운 정당정치와 제도개선에 관심을 쏟고 있다.

2) 한국의 경제

(1) 경제성장과 빈곤

개발도상국 경제의 교과서적 성공사례로 꼽히는 한국의 산업화는 무엇보다 장기간에 걸친 지속적인 고도성장으로 특징된다. 1960년대 중반에 시작되어 1990년대 외환위기 발생 직전까지 30여 년간 지속된 개발연대를 통하여 국민소득은 1971년의 291달러에서 2010년의 2만 562달러로 증가했으며 경제의 전체 규모는 현재 세계 12위에 달한다. 그러나 많은 부문에서 선진국 수준에 이르렀다고 평가받는 한국사회의 내면에는 급속한 성장이 가져온 후유증으로 인한 불평등한 사회구조와 불안정한 경제구조가 자리 잡고 있다.

한국전쟁 이후 남한은 세계 최빈국의 하나로서 절대빈곤 상태에 놓여 있었다. 북한과의 체제경쟁 속에 놓여 있던 남한에서 기아와 빈곤의 문제는 사회경제적 문제 이전에 안보 차원의 문제였다. 1961년 한국의 군사정권은 이 문제를 해결하고자 경제개발에 착수했으며 최단기에 가장 효과를 극대화하는 군사주의적 방식을 채택했다. 이 방식은 단기간에 한국을 고도성장의 궤도에 진입시켰으며 이는 장기간에 걸치는 고도성장으로 이어졌다. 그러나 이 과정은 동시에 정치적·사회적 억압, 그리고 특혜와 불공평을 수반하는 것으로 오늘날까지 존재하는 극복되어야 할 기형적 유산을 도처에 남겼다.

이에 더하여 1997년 외환위기는 한국경제에 가장 큰 충격을 주었으며 한국사회 전반에 많은 변화를 가져왔다. 그중 하나가 가계소득 부진과 가계부채 문제로서 이는 자칫 미국과 같은 신빈곤화 현상을 초래할 수 있는 것이다. 한국경제는 고도성장기를 지나 이미 저성장시대에 진입하고 있지만 모든 영역에서 심화되어가는 양극화와 사회 문제를 볼 때 과연 그간의 성장은 무슨 의미를 지니고 있으며 현재의 경제·사회 문제는 과연 어떻게 극복할 수 있는 것인가를 생각하지 아니할 수 없다. 경제성장의 빛에 가려진 어두운 이면의 문제를 '불균등 발전', '경제력 집중', '노동의 양극화' 등 세 가지로 나누어 살펴본다.

(2) 불균등 발전과 산업 간 양극화

1960년대의 경제개발전략은 외국자본의 유치에 의한 세계시장을 겨냥한 수출공업화 산업의 육성이었다. 이에 따라 초기산업화 단계에서 대일청구권 자금을 위시한 해외자본이 수출산업의 육성에 집중 투입되었고 농업, 내수산업은 상대적으로 투자우선순위에서 밀려났다. 또한 유치된 해외자본은 대형프로젝트 중심으로 투자됨으로 인하여 중소기업 역시 이 과정에서 배제될 수밖에 없었다. 이런 수출공업화 전략에서의 대기업 위주 전략은 1960년대의 경공업화에서 1970년대 중화학공업화로 산업구조 고도화가 진행되면서 더욱 강화되었다. 조선, 자동차, 기계, 석유화학 등 거대 장치산업의 출현과정은 재벌이라고 불리는 한국의 독특한 대기업 집단이 급속히 성장하는 계기가 되었다.

① 수출 주도형 경제의 문제점

수출은 고도성장의 견인차 역할을 했으나 다른 면으로 많은 문제점을 남겼다. 부존자원이 없는 한국은 수출상품을 제조하기 위한 에너지와 원자재를 거의 전적으로 해외에 의존하는데 이러한 구조에서 수출의 증가는 자동적으로 수입수요를 유발시킨다. 따라서 국민경제의 무역의존도가 극단적으로 심화되었다.

2011년 기준으로 무역의존도는 GDP 대비 110.3%로 나타나 G20 국가 중 1위를 차지했다. 반면에 내수의 비중은 G20 국가 중 17위에 지나지 않는다. 한국과 비슷한 무역대국 일본의 무역의존도는 그러나 31.35%에 지나지 않는다(≪문화일보≫, 2013.4.29).

이러한 경제의 대외의존도 심화는 환율 등 대외변수에 따라 수시로 경제가 크게 요동치는 불안정한 구조를 낳고 있다. 다음에 이러한 대외의존형 발전은 농어업으로 대표되는 전통산업의 상대적 낙후를 가져오고 있다. 특히 농업이 국민경제에서 차지하는 비중은 현재 5% 이하로 축소되었고 더욱 심각한 것은 식량자급도의 문제다. 2012년에 식량자급도는 기록적인 22.6%까지 떨어졌다. 식량자급도는 1970년에는 한때 80.5%에 달한 적이 있었으나 꾸준히 하락하여 1990년에는 43.1%에 도달한 후 현재에 이르렀다. 한국의 식량자급도는 OECD 국가 중 최하위 수준으로 향후 기후변화 등으로 인한 세계적 식량수급의 불안정이 도래할 경우 한국은 매우 위험한 상황에 처할 수도 있다.

마지막으로 한국의 수출구조는 조선, 휴대전화, 석유화학, 자동차, 철강 등의 소수 주력 품목에 집중되어 있으며 중국과 같은 후발국과의 기술 격차를 유지하지 못할 때 국민경제에 큰 충격이 불가피하다. 따라서 수출품목의 다변화와 독자적 기술개발이 이루어지지 못할 때 국민경제는 항상 세계 경기변동에 따른 위험에 과다하게 노출되어 있다고 할 수 있다.

② 산업구조의 불균형

1960년대에서 1970년대 중반에 이르는 초기 산업화 과정에서 낙후한 농촌사회는 급속히 해체되었으며 이농 이주노동자는 공업과 도시 서비스업에 저임금 노동력을 무한정 공급하는 역할을 했다. 수출경쟁력 확보라는 논리하에서의 저임금구조를 유지하기 위해 자유로운 노조활동은 공권력으로 억압되었다. 1960~1970년대에 이르는 약 20년의 개발연대는 고도성장의 산물로서의 거대 재벌기업의 형성과 농촌사회의 해체, 도시화와 아울러 새로운 산업노동자집단의 형성을 이루었다.

1965년 전체 산업에서 1차산업(농업, 임업, 어업)이 차지하는 비율은 59.7%에 달했으며, 이 비중은 1985년에도 24.9%에 달했으나 2000년에는 4.6%에 지나지 않을 정도로 비중이 축소되었다. 이 중 한국농업의 문제는 전체 경제에서의 비중 축소보다 농업인구의 고령화, 영세소농구조, 기술적 낙후성 등으로 제조업과 달리 국제경쟁력을 갖추지 못하고 있다는 점을 들 수 있다.

중소기업은 서열화된 기업세계에서 대기업의 하청도급업자의 역할을 주로 담당했으며, 수출의 25%를 차지하는 독일을 위시한 유럽 국가의 예와 같이 독자적 기술을 확보하여 시장에서 독자적 지위를 확보하는 데 어려움을 겪어왔다. 중소기업의 총수출 비중(직수출+대기업을 통한 간접수출)은 2003년 53.1%에서 2008년 38.8%로 하락했다. 연간 수출액이 100만 달러 미만의 영세수출업체가 전체 수출에서 차지하는 비중은 2000년의 2.8%에서 2009년에는 1.5%로 하락했다.

수출대기업 위주 공업화 전략은 장기간의 고도성장에 의한 국민소득의 급속한 증대를 가져왔으나 산업 간, 기업 간 그리고 수도권과 지방 간의 극심한 양극화를 가져왔다. 이것은 한국 산업화가 초기부터 불균등과 차별화 전략을 의도적으로 채택한 결과라고 볼 수 있다. 오늘날 한국사회가 겪고 있는 사회경제적 양극화 현상은 이미 1960년대의 산업화 과정에 내재되어 있었으며 오늘 우리는 그 결과를 경험하고 있는 것이다.

③ 가계·기업 소득의 양극화

수출산업 위주 경제개발전략의 결과로 나타나는 또 하나의 부정적 현상은 대기업과 중소기업의 양극화와 아울러 기업과 가계 간에 발생하는 소득의 양극화 현상이다. 앞서 언급했듯이 특히 외환위기 이후 양자 사이의 불균형이 심화되고 있다. 기업이 창출한 수익 중 과거에 비해 점점 더 많은 부분이 기업 내에 유보되었으며 가계와 국가로 환류되는 부분은 상대적으로 감소했다. 결과적으로 이는 가계의 부실화, 내수부진, 내수기업의 불황이라는 악순환으로 이어지고 있다.

강두영·이상호(2012)는 「한국경제의 가계·기업 간 소득성장 불균형 문제」라는 연구보고서에서 외환위기 이전과 이후의 가계와 기업 간에 벌어지는 소득성장의 문제를 심각하게 제기하고 있다. 외환위기 이전 1975~1997년 기간에 가계소득이 연 8.1%, 기업소득이 연 8.2%씩 성장하여 동반성장의 모습을 보였으나, 외환위기 이후 2000~2010년 기간에 가계는 연 2.4% 성장한 것에 반해 기업은 연 16.4%씩 성장했다. 이러한 불균형 추세는 2006년 이후 더욱 가속화되고 있다.

이러한 가계소득의 침체는 일자리의 상실, 노동분배율의 저하, 자영업의 침체, 저금리 추세로 인한 이자소득 감소 등의 요인에 의하여 발생하며, 결국 가계부채의 증가와 가계의 부실화로 이어지고 있어 해당 인구가 신빈곤층으로 전락할 위험성을 내포한다고 하겠다. 이와 같은 가계와 기업 간 소득의 불균형 현상은 OECD 국가 중 헝가리를 제외하면 한국이 가장 심각한 수준이다. 최근의 매킨지 보고서(2013.4.13) 「제2차 한국보고서 신성장공식」 또한 한국 중산층의 55%는 적자상태에 있으며 그 주요인은 주택구입 대출금 상환과 세계최고 수준의 사교육비의 지출이라고 분석하고 있다.

외환위기 이후 시장에서 발생한 봉급생활자, 자영업자에 관한 소득분배상황의 악화를 사회정책을 통한 복지이전지출 등에 의한 2차 분배로 대응하지 못하고 있는 것이 현재의 불균형을 더욱 확대시키고 있다. 여기에서도 한국의 수출대기업 위주의 경제가 대다수 개인의 삶의 현실과 유리되어 있으며 국가는 적절한 균형자의 역할을 방기하고 있음이 드러난다.

(3) 경제력 집중과 경제민주화

한국경제 양극화의 심각성은 경제력 집중 면에서도 드러나고 있다. 2011년 10대 재벌그룹은 전체 상장사 매출의 52.27%를 차지했는데 이 비중은 2007년에 비해 6%가 상승한 것이다. 10대 그룹의 주식시장 시가총액은 2012년 1월 말 기준 전체의 52.8%를 차지하여 사상 최고를 이루었는데 이 비중은 2008년의 44.87%에 비해 약 8% 급증한 것이다. 즉, 2008년의 경제위기 이후 재벌그룹에 의한 경제력 집중도는 더욱 가속화되고 있는 것이다. 경실련 조사(2012.3.26)에 의하면 현재 사회적 논란이 많은 도소매업에서 30대 재벌 소속 상장사는 2007년 전체 매출의 73%, 전체 순익의 104%를 차지했으나 이 비중은 2010년 각각 86%, 111%로 증대했다. 그러나 이런 경제력 집중에 불구하고 대기업의 고용창출효과는 중소기업에 비하여 미미하다. 중소기업은 전체 고용의 88%를 차지하고 있으나 대기업은 12%에 지나지 않는다. 수출대기업의 세계시장에서의 약진에도 불구하고 고용창출능력이 저조한 것은 대기업이 채택하고 있는 자본·기술 집약형 생산체제로 인하여 생산과 매출의 증가가 추가적 노동수요를 발생시키는 효과가 크지 않은 이른바 '고용 없는 성장' 때문이다. 더구나 수출 비중이 매우 높은 전자, 자동차 산업의 경우 현지화 전략에 의하여 생산기지를 계속 해외로 이전하고 있기 때문에 이들 기업의 고용유발효과는 더욱 감소한다고 하겠다.

한국의 재벌기업은 가족이 소유와 경영을 전담하는 체제로서 이는 세계적으로 독특하다. 유럽의 선진 자본주의 국가에서 가족기업이라는 것은 기본적으로 중소기업과 같은 소경영체제에 고유한 것이며 일단 대기업으로 발전하면 소유와 경영의 분리가 발생하는 것이 일반적이다. 가족소유 형태의 재벌체제는 가족성원의 분가에 따라 끊임없이 사업영역과 계열사를 확장하는 경향이 있으며 이는 급기야 '동네빵집', '골목상권'의 영역에까지 재벌기업이 진출하는 문제를 야기했다. 또한 '황제경영'이라고 일컬어지는 그룹 내의 오너의 절대적 위치는 사주의 전횡 그리고 그룹이 승계되었을 때 후계자의 무능과 판단착오가 일순간에 그룹 전체를 위기로 몰아넣는 위험성을 안고 있다. 이런 위험성과 후진적 기업문화를 혁신하기 위하여 정치권과 시민사회에서 끊임없이 재벌개혁, 경제민주화의 요구가 제기되었다. 2012년의 대선에서 여야 양대 후보는 모두 '경제민주화'를 공약했으며 기업친화형으로 공인된 이명박 정부까지 '동반성장'을 내세운 바 있다. 이는 일부 대기업 연구소를 제외하고는 한국의 재벌 문제를 개혁해야 한다는 데 사회적 공감대가 형성되었음을 의미하나 그럼에도 불구하고 아직까지 의미 있는 기업지배구조 개선이나 경제력 집중을 완화할 수 있는 실효성 있는 조치는 취해지지 못하고 있는 실정이다.

(4) 노동의 양극화

다른 한편 산업화과정과 그 이후에 발생한 노동시장의 변화를 살펴보자. 1960년대의 노동집약적 경공업화 단계에서 노동자들은 저임금, 장시간 노동, 근로보호를 받지 못하는 지극히 열악한 초기 자본주의적 노동환경에 놓여있었다. 점차 한국의 노동시장은 1970년대 중화학공업화의 진전으로 인한 산업구조의 고도화로 인해 경공업화 단계의 여성근로자 중심에서 중화학공업분야의 남성근로자 중심으로 바뀌었다. 또한 노동력의 공급원이었던 농촌의 과잉인구는 1970년대 중반을 기점으로 하여 소진되어 한국사회에는 점진적으로 노동력 부족현상이 나타나게 되며 이는 1980년대에 활성화되는 노동운동과 아울러 임금상승의 압박요인으로 작용했다.

그러나 이러한 노조운동의 진전은 역설적으로 교섭력과 생산성에서 우월한 지위에 있는 대기업 노동자와 중소기업 노동자 사이의 임금 격차를 가속화하는 결과를 가져왔다. 이 결과 대기업과 중소기업 노동자의 임금 격차는 중소기업이 대기업의 84.2%(1980년)에서 49.9%(2002년)에 지나지 않을 정도로 확대되었다(정연승·성백남·이원영, 2005). 임금 격차의 문제는 또한 학력별·성별에 따라서도 심각하게 부각되고 있다.

한국 노동시장에 획기적인 변화를 가져오는 계기는 1987년의 민주노조운동과 아울러 1997년의 외환위기였다. 당시의 김영삼 정부뿐 아니라 유력한 대선 후보들마저 IMF의 고용의 유연화에 관한 요구조건을 수락했는데 이는 종신고용을 암묵적으로 전제하는 이제까지의 노동시장에서 구조조정을 쉽게 할 수 있는 유연한 체제로 전환한다는 내용이었다. 이는 결과적으로 기업이 신규 고용을 회피하고 노동수요를 비정규직, 임시직으로 대체하는 새로운 현상을 가져왔다. 비정규직의 급증은 노동시장을 정규직과 비정규직으로 이분화했으며 이로 인해 동일노동 동일임금의 상식이 통하지 않는 기형적 노동시장이 형성되었다.

오늘날 한국 노동시장의 문제 중 가장 심각한 것은 비정규직의 문제라 할 수 있다. 한국의 비정규직은 조사기관에 따라 차이가 있으며, 정부기준에 의하면 전체 근로자의 35%, 노동계의 기준에 의하면 55%에 달한다. 대략 전체 노동자의 절반을 차지하는 비정규직의 비율은 OECD 국가 중 스페인과 더불어 최상위를 차지한다. 더욱이 이들이 받는 노동에 대한 대가로서의 임금 수준은 정규직의 60%에 지나지 않으며 4대 사회보험 가입률도 30%에 그칠 정도로 열악한 처지에 놓여 있다. 또 이들 비정규직 노동자들이 1년 이내에 정규직으로 이동할 가능성은 주요 선진국의 경우 30%에 달하는 반면, 한국은 13%에 지나지 않는다.

한국 노동시장의 기형화로 나타나는 노동시장의 문제는 한진중공업, 쌍용자동차 사태에서 보여주는 극한적 노사대립, 청년실업, 노동시장의 양극화를 가져왔다. 대기업에 대한 경제민주화의 과제와 아울러 노동시장의 합리적 재조정은 한국경제가 당면한 가장 큰 구조적 과제에 속한다고 할 수 있다.

오직 성장에만 급급했던 권위주의 시대 이후의 한국경제가 당면한 과제는 민주화·세계화·정보화 시대에 적응하는 문제였다. 그러나 한국사회는 이러한 시대적 변화에 불구하고 사회경제구조 개혁에 실패하여 외환위기에 직면했으며 시장주의적 개혁을 강요당했다. 21세기 지식정보화 시대의 한국경제는 외형적인 성장과 성취에 불구하고 시장주의적 개혁에 따른 내부적 불평등구조가 심화되고 있으며 이는 사회경제적 양극화와 저출산·고령화 사회로 나타나고 있다. 이제 한국경제는 경제민주화와 양극화 해소를 통한 민주주의의 완성이라는 시대적 과제의 달성을 통하여서만 지속가능한 발전이 가능한 단계에 처해 있다.

3) 한국의 사회

앞서 살펴본 바와 같이 1960년대 이래의 성장지상주의적 발전전략은 경제부문 자체 내에서 그리고 사회계층 간의 심각한 불균형과 양극화를 초래했다. 이에 더하여 1997년의 외환위기 이후 또 다른 양상의 불균형과 양극화가 사회 전반에서 나타나고 있다.

(1) 중산층 축소와 일자리 문제

어느 사회나 잘 발달된 중산층이 절대 다수를 차지하고 있다면 이 사회는 민주적이고 평화로운 사회가 될 가능성이 높다. OECD 국가 중에서 중산층의 비중이 가장 큰 나라는 역시 정치적·사회적으로 안정된 모습을 보이는 노르딕 국가들인데, 이 중 덴마크, 스웨덴, 노르웨이는 전 인구의 75% 이상이 중산층으로 구성되어 있다. 이미 많은 연구자들이 지적한 바와 같이 현재 한국사회가 당면한 가장 큰 사회 문제의 하나는 중산층의 빠른 감소이다. 그리고 이 감소한 중산층의 다수는 저소득층으로 전락하고 일부만이 상류층에 편입된다. 중산층의 기준은 주관적인 자기평가와 객관적 지표가 있는데 객관적 지표로 흔히 쓰이는 것은 중위소득의 50~150%를 중산층으로 분류하는 OECD 기준이다. 이 기준을 적용한 통계청 통계에 의하면 2011년 기준 한국의 중산층은 64%를 점하며 중산층 소득은 월 175~525만 원 구간이다. 이 기준에 의하면 중산층의 하층과 상층 사이에서도 3배의 소득 격차가 발생하여 이들을 동일한 계층으로 볼 수 있느냐는 의문이 가능하다.[2] 현실적으로 가족을 부양하는 월 175만 원 수도권 거주자의 경우 자신을 중산층으로 느끼기는 쉽지 않다. 이러한 측면에서 주관적 자기규정에 의한 중산층은 64%보다 낮을 수 있다.

삼성경제연구소의 2010년 조사에 의하면 한국사회에서의 중산층 비중은 2003~2009년의 6년 사이에 4.9% 감소해 55.5%에 이른다. 통계청 통계와 현격한 차이가 발생하는 것은 이 조사가 통계청 원시자료를 동원해 독자적으로 중위소득을 산정했고 가구 가중치를 고려했기 때문이다. 또 다른 연구결과에 의하면 1990~2010년에 이르는 20년간 한국 중산층은 약 8% 축소되었으며(현대경제연구원), 같은 기간 저소득층은 7.1%에서 12.5%로 증가했다. 이것은 사회 불평등구조가 OECD 최하위권으로 악화된 것을 말한다. 이러한 조사결과는 조사주체에 따라 각각 상이한 수치를 보이나 공통적으로 1987년 민주화 이후 시기인 1990년대 초에 한국사회는 가장 상대적 소득배분이 평준했으며 외환위기 이후 분배구조의 악화와 중산층의 축소가 진행되고 있음을 보여준다. 따라서 민주화가 불평등을 야기했다는 추론은 가능하지 않으며 불평등의 심화는 1997년 이후 정권들의 정치, 정책, 행정능력에서 원인과 책임을 찾아야 할 것이다. 중산층의 감소와 빈곤층의 증가는 결과적으로 내수침체를 가져와 내수산업과 다시 전체 경제에 부정적 영향을 가져오는 악순환을 만들고 있다. 결과적으로 지나간 25년간, 이른바 87년 체제하에서 사회적 불평등도가 높아졌으며 민주주의의 사회적 기반이 축소되었다.

중산층이 축소된 원인으로 대부분의 연구자들은 무엇보다 중산층의 주된 소득원인 근로일자리, 특히 양질의 일자리가 사라진 것을 꼽고 있다. 좋은 정규직 일자리가 사라지고 이 자리를 비정규직과 영세자영업이 차지했다. 한국은 현재 비정규직과 자영업의 비중이 OECD 국가 중 가장 높은데, 이는 중산층 축소현

---

2 이러한 문제를 시정하기 위해서 다시 75~125%의 비교적 동질적인 구간을 설정해 이들을 핵심 중산층이라고 부른다.

상과 동전의 양면과 같은 관계라고 할 수 있다. 한국 중산층의 붕괴라고까지 표현되는 급속한 축소는 노동시장에서의 1차분배가 악화된 것과 아울러 주택, 교육 등에 관한 고비용구조가 존재하며 반면에 사회적 재분배 효과가 취약한 것이 종합적으로 작용한 결과라고 할 수 있다.

이와 대조적으로 중산층이 가장 두터운 노르딕 국가들을 살펴보면 공통적으로 복지정책을 통한 고도의 재분배 효과와 아울러 적극적 노동시장정책에 의한 근로소득 창출에 역점을 두고 있는 특징을 가지고 있다. 이 국가들의 사례는 한국 중산층을 복원하기 위한 노력에 시사하는 바가 크다.

(2) 사회이동성의 경직화

기획재정부의 「2011년 국가경쟁력 보고서」에 따르면 2008년 기준으로 한국의 소득분배 불균형지수(지니계수)는 0.315이다. 한국의 소득불평등 수준은 같은 해 OECD 평균(0.314)과 비슷했지만 조사 대상 34개국 가운데 20위로 중하위권에 속했다. 또 다른 불평등지표인 소득10분위 배율(상위 10%의 평균 소득을 하위 10%의 평균 소득으로 나눈 것)은 수치가 높을수록 불평등이 심하다는 것을 의미하는데, 한국의 10분위 배율은 10.3으로 OECD 평균 9.2보다 높게 나타나고 있으며 이는 OECD 국가 중 상위 7위를 차지하여 상대적으로 불평등도가 심한 것으로 나타나고 있다.

주목할 점은 이런 사회적 불평등도의 심화뿐 아니라 점차 사회적 계층이동이 경직화되어간다는 데 있다. 한번 늪에 빠지면 쉽게 나올 수 없는 사회적 여건 때문에 가난과 부의 대물림이 점차 고착화되고 있는 것이다.

한국보건사회연구원의 2010년도 연구보고서 「사회이동성의 현황과 과제」에 의하면 2003~2008년 사이의 빈곤층 도시근로자의 계층상승률은 31.1%로서 과거 1990~1997년 기간의 43.6%보다 12.5% 하락했다. 반면에 상류층의 계층 하락률은 26%에서 21.9%로 줄어들었다. 또한 학생의 학업성취도는 부모의 사회경제적 지위에 의해서 영향받는 것으로 나타나 교육이 사회적 지위의 대물림 통로로 작용하고 있음이 나타났다. 이런 불평등 현상의 심화는 1997년의 외환위기 사태 이후 비정규직의 양산 추세와 맞물려 있으며 이런 면에서 노동시장정책과 아울러 공적사회보험체계의 재정비 그리고 교육의 공공성 강화가 특히 시급한 과제로 부각된다고 할 수 있다.

과거엔 특히 교육이 계층이동의 통로가 되었으며 이런 면에서 하위계층도 최소한 다음 세대에 관하여서는 사회적 지위상승의 희망을 가질 수 있었으나 현재와 같이 사교육이 학업성취도에서 결정적 관건이 되고 있는 상황에서 이런 희망을 가지기는 점점 힘들어지고 있다. 부모의 소득 격차가 자녀의 교육 격차로 연결되는 속에서 한국사회는 점점 더 닫힌 사회로 가고 있다. 또한 결혼, 교우, 동창 관계 등 한국사회의 주요한 사회적 관계망이 보수화되는 추세 속에서 사회구조의 계층화는 더욱 강화되고 있다.

(3) 빈곤과 사회적 불안

중산층의 축소는 주로 저소득층 혹은 빈곤층의 증대로 이어졌다. 소득평준화 정도가 가장 양호했던 1990년대 초 7%대였던 빈곤층(가처분소득 중간값의 50% 이하)은 2012년에는 16.5%로 증가했다(2012년 통계청 자료). 65세 이상 노인계층에서는 빈곤율이 50%에 육박한다. 이러한 빈곤층의 증대는 기본적으로 외환위기 이후 정규고용시장에서 많은 근로자들이 퇴출된 것과 자영업의 몰락으로 시작되었다. 한국사회의 빈곤 문제는 노동시장 밖에 위치한 계층의 절대적 빈곤 문제와 아울러 노동시장 내에서의 근로빈곤계층(working poor)과 영세자영업자가 제기하는 상대적 빈곤 혹은 신빈곤의 문제가 있다. 이러한 상대적 빈곤의 원인으로는 이미 지적한 대로 대기업 위주의 경제구조에서 발생한 산업부문 간의 격차의 확대를 들 수 있다. 다른 한편 한국 노동시장의 특징인 구조조정과정에서 밀려난 인력이 자영업으로 몰리고 결국 이 부문에서의 과다경쟁이 가져온 자영업의 몰락을 들 수 있다.

따라서 이러한 현상을 방지하기 위해서는 일차적으로 노동시장과 자영업에 대한 적절한 보호와 규제책을 시행하며 적극적 노동시장정책을 통한 일자리 창출이 시급하다. 또한 가구소득의 증진을 위해서 부부가 같이 양질의 일자리에 종사할 수 있는 사회적 여건과 이를 위한 가족정책이 마련되어야 한다. 이것만이 가장 효율적인 중산층 육성책이며 탈빈곤책이라고 할 수 있다. 김대중 정부에서 도입된 국민기초생활보장제는 절대빈곤층에 대한 사회적 안전망을 구축했다는 점에서는 역사적 의미를 지니나 차상위계층의 문제와 기초보장 수급자가 구조적으로 빈곤함정(poverty trap)에서 탈출하기 어렵게 되어 있다는 점에서 이제는 좀 더 포괄적인 제도개선이 요구된다고 하겠다.

(4) 지방 문제와 사회적 불평등

한국사회에서 다양한 집단 간에 소득 양극화, 계층 양극화가 가파르게 진행되고 있음을 앞서 살펴보았는데 이러한 사회경제적 양극화 현상은 지리적·공간적 차원으로도 나타난다. 한국의 정치, 경제, 사회, 문화의 모든 측면에서 권력과 기회의 서울·수도권으로의 쏠림현상이 나타나고 있으며 국토면적의 11.8%를 차지하는 수도권에 전체 인구의 46% 이상이 운집하여 세계적으로 유례가 없는 초집중 현상을 보이고 있다. 이는 본질적으로 건국 이래 모든 권력과 자원이 서울로 집중되는 '권위주의적 중앙집권화'의 결과이며 민주화 이후 전면적 지방자치제의 실시, 노무현 정부의 분권화, 분산정책에도 불구하고 이 현상은 완화되지 않고 있다. 이 문제는 지방의 공동화를 초래하고 특히 교육의 서울 집중을 가속화한다는 점에서 심각하며 또한 고질적인 한국 부동산 문제의 근원이기도 하다. 서울·수도권으로의 과밀현상은 이 지역의 지가와 주택가격의 이상급등을 가져왔다. 이는 이 지역의 자산가치를 꾸준히 상승시켜 수도권과 지방의 자산 격차의 양극화를 가져왔다. 또한 지방 사이에도 분명한 개발 격차가 있으며 수도권 안에서도 강남이라는 핵심지역과 여타 지역으로 분명한 경제적·사회적 경계선이 존재한다. 수도권과 지방, 강남 대 비(非)강남은 지리적 경계선이며 동시에 사회적 경계선을 이룬다. 이렇게 작은 공간이 이렇게 분명한 사회적 경계선으로 분할되어 있는 것 역시 한국적 특성이며, 이는 한국사회가 불평등하고 불균등한 계층구조로 날카롭게 분할되어 있음을 다시 한 번 보여준다.

외환위기 이후 시장주의의 확산 속에서 개인주의와 경쟁주의가 공동체를 해체시키며 타인에 대한 몰이해와 무관심을 증폭시켜 이제 한국사회는 외관으로는 풍요한 그러나 내면적으로는 살벌한 시대로 진입하고 있다. 과거 군사권위주의 시대를 '공포의 시대'였다고 본다면 현재는 전 사회적으로 '불안의 시대'이며 이를 더 이상 견디지 못하는 사람들은 급기야 자살에서 탈출구를 찾고 있다. 노인과 청소년 자살 건수가 세계적으로 최고 수준에 도달한 것은 한국사회의 긴장과 불안이 극단적으로 높은 반면 이를 흡수할 수 있는 사회적 완충장치는 매우 불비한 상태에 있음을 단적으로 보여준다. 이런 면에서도 이를 사전에 방지할 수 있는 사회정책의 설계와 도입 그리고 이를 뒷받침하는 민주적 공동체주의의 착근이 시급하다고 하겠다.

4. 결론

한국사회가 지난 반세기 동안 이루어낸 산업화와 민주화의 성과에도 불구하고 현실이 제기하는 또 다른 문제와 과제들은 과거 이루어낸 성취의 외형에만 머물러 자족할 때가 아님을 보여주고 있다. 아직도 민주주의는 불완전하고 경제는 불안정하며 사회의 불평등구조는 심화되었고 계층 간 이동가능성은 더욱 어려운 상태다.

한국의 민주화는 권위주의적 군사정권을 종식시켰으며 개인적 자유를 획기적으로 증진시켰다. 그러나 민주주의의 또 다른 측면인 사회적 평등성이 민주화 이래 과연 얼마나 증진되었는가 하는 물음에 대해서는 부정적으로 답할 수밖에 없다. 자유와 인권을 억압하면서 진행되어온 권위주의 통치와 산업화 시대는 끝났으나 시장과 사회에서의 불평등과 격차는 민주주의하에서 오히려 더욱 확대되고 있다.

개인적 자유권과 사회적 평등권이 다 같이 희생할 수 없는 가치라면 자유와 평등의 양립과 조화를 이루는 길은 무엇인가? 그것은 사회적 연대성을 통하여 개체가 아니라 공동체 속에서 자유와 평등을 실현하는 것이다. 자유와 평등의 추구는 개인적 차원의 자기 이익의 실현만이 아니라 동시에 공동체의 이익을 존중하는 차원에서만 사회적 정당성을 지닐 수 있다. 한국사회는 이제 민주화·자유화의 시대에서 사회성, 공동체성의 실현을 과제로 하는 새로운 시대를 요구하고 있다. 이것이 향후 한국 민주주의의 핵심적 과제이며 이는 '공동체 민주주의'의 실현이다.

그런데 공동체 민주주의가 실현되기 위해서는 두 가지의 조건이 필요하다. 그것은 '공정한 룰'과 '연대'이다. 민주주의에 있어서 빼놓을 수 없는 개념이 '참여'인데, 이를 위해서는 모두가 공정한 기회와 아울러 능력을 갖추어야 하며 바로 이를 가능하게 하는 것이 교육이다. 따라서 민주주의를 위한 가장 기초적인 시민적 권리의 하나는 교육의 평등성이 사회구조적으로 주어지는 것이라 하겠다. 이와 아울러 건강권이나 주거권이 포함된 포괄적 사회서비스는 공공정책에 의해서 국민 개개인에게 기본적인 기회와 능력을 마련해주는 공정한 룰로서의 사회적 인프라를 갖추는 일이다. 모든 개인은 행복한 삶을 위하여 공정한 룰이 작동되는 민주주의 사회를 필요로 하기 때문이다. 그와 동시에 민주주의는 개개인이 만들어가고 지키는 것이지만 개인 간의 사회적 '연대성'이 반드시 필요하며 이를 위해서는 공동체적 가치관이 우선시되어야 한다. 한 개인의 양보와 희생이 공동체의 이익이 될 때 이는 결국 개인의 이익으로 다시 돌아온다고 믿을 수 있는 신뢰 사회를 함께 만들어가야 한다. 이것은 정치, 시장, 시민사회의 다양한 세력 사이의 사회적 합의를 필요로 한다.

종합하면 성숙한 '공동체 민주주의'의 달성을 위한 국가적 수단은 다양한 사회정책인데 이 글의 전반부 복지국가 유형 비교에서 설명한 바와 같이 이들이 얼마나 포괄적이며 합리적으로 체계화되어 있느냐에 따라 그 성과를 달리한다. 그리고 정책 목표를 효과적으로 달성하기 위해서는 반드시 행정개혁이 전제되어야 한다. 아무리 조세개혁을 통해 복지예산을 증가시킨다 하더라도 행정의 효율화 없이는 복지국가가 지속가능하지 않음을 서구의 역사적 경험에서 보아왔으며, 이 행정서비스 또한 '국민의(of the people)'라는 공동체 민주주의의 일환으로 보아야 한다.

한국사회가 지향해야 할 점은 우선적으로 노동시장을 위시한 시장에서의 경제민주화로 일차적 분배 효과를 발휘해야 하며, 적극적 노동시장정책으로 노동의 기회를 최대한 확대하는 것이다. 그리고 현재의 사회보험체계를 확대시켜 보편적 복지를 실현시키는 일이다. 무엇보다도 세계적으로 가장 빈곤율이 높은 한국의 노령인구를 위한 연금권 보장이 시급하며, 출산이나 질병에 대비하는 소득보장체계의 강화가 이루어져야 한다. 이에 더해 한국의 복지체계 중 발전되어야 할 것은 사회서비스의 공공성 확대이다. 이러한 체계는 노동시장정책 및 가족정책과 아울러 맞벌이가족에게 유리하도록 짜야야 한다.

보편적 복지는 단순한 무상시리즈나 좋은 정책의 나열에 그치는 것이 아니라 주요 복지정책이 서로 연결되어 상승효과를 가져올 수 있도록 체계적으로 구성되어 안전성과 효율성을 보장하여야 한다. 이러한 복지체계를 일명 포괄적 복지국가(encompassing welfare state)라 한다. 포괄적 복지국가로서의 한국형 복지는 복지예산의 대폭 확대와 증세를 통해 자동적으로 이루어지는 것이 아니라 사회정책의 구체적 성과가 확실히 확인되고 평가되어 끊임없이 진화하는 현대적 시스템을 의미한다.

공동체 민주주의의 이상은 포괄적 복지국가를 통하여 실현할 수 있으며, 포괄적 복지국가를 건설하고자 하는 것은 이를 통해 공동체 민주주의의 지반을 구축하고자 하는 것이다.

■ 보편주의(Universalism)와 포괄적 모델이란?*

　보편적 복지국가라 할 때 '보편주의'를 정의하는 다양한 기준이 학자들 사이에 있다. 이 중 대표적 기준으로는 한 사회가 지니고 있는 '신뢰성(Rothstein)', '사회적 자본(Kumin & Rothstein)' 그리고 '탈빈곤'의 가능성(Korpi & Palme) 등이 있다. 보편적 모델은 다양한 차원에서 종합적으로 고찰되어야 하며 양보다는 질적 평가를 중요시해야 한다. 예를 들면 사회적 목적에 기여하는 소득분배의 크기가 어느 정도이며, 현금부조 수준이 현실성을 지니고 있는가 하는 점이 중요하다. 또한 공적으로 운영되는 제도 모델(the institutional model)이 출산, 질병, 사고에 대한 소득보장을 포함한 제반 시민권을 시민 모두에게 골고루 적용하고 있는가와 서비스의 밀도가 얼마나 치밀한가 하는 것 등도 보편적 모델의 기준이 된다.

　발테 코르피(Walter Korpi)와 유아킴 팔메(Joakim Palme)는 국민 모두에게 주어지는 보편적 정액현금부조 정책과 개인 소득에 비례하는 사회보험 정책이 포괄적으로 이루어진 스웨덴의 복지정책을 '포괄적 모델(encompassing model)'이라고 정의한다. 이 모델은 시장의 민간보험을 배제시킬 수 있는 가장 큰 강점이 있으며, 동시에 가장 높은 소득재분배 효과를 달성할 수 있다고 강조한다. 포괄적 모델

---

* 안드레아스 버그(Andreas Bergh) 교수의 『보편적 복지국가: 이론과 스웨덴의 사례(The Universal Welfare State: Theory and the Case of Sweden)』의 발췌 요약이다.

은 다음의 세 가지 차원에서 보편주의를 지니고 있어야 한다.
① 보편적으로 사용할 수 있는 사회서비스의 공공화 정책
  - 보건의료, 교육, 육아와 노인돌봄제도
② 시민권으로서의 보편적 정액부조정책
  - 기초연금과 아동수당제도
③ 사회보험의 의무화 정책
  - 부모보험, 질병보험, 연금 등 소득비례 소득보장제도

이상을 다른 기준으로 표현하면
  - 조세에 의한 재분배
  - 연금소득의 분배와 보편적 노령연금
  - 전 국민에 대한 보편적 사회서비스
  - 주택보조에 의한 가족 단위의 분배정책이 최대한의 보편성을 지니고 있는 것을 말한다.

포괄적 모델이란 전 생애 동안 필요한 사회서비스와 소득보장이 이루어지는 복지체계는 물론이고, 정액의 보편적 현금부조(flat-rate benefit)와 개인소득에 비례한 소득보장(earning-related benefit)이 병행되어 최대한의 재분배 효과를 이루는 방식이다. 결과적으로 모든 국민이 받는 복지혜택의 공정성과 합리성을 최대한 보장하려는 것이다.

이러한 유형의 복지국가는 국제 비교에서 절대적 빈곤율과 상대적 빈곤율이 가장 양호하며 사회적 다양성과 성평등 측면에서도 가장 선진적인 것으로 평가받고 있다. 더욱이 21세기의 자유시장주의와 세계화의 물결 속에서도 높은 성장률, 높은 출산율, 높은 복지 수준을 유지하고 있다. 성장과 복지의 선순환이 잘 이루어지고 있는 스웨덴 복지국가는 포괄적 모델의 대표적 사례이다.

참고문헌

김미곤. 2006. 「한국사회의 빈곤실태와 개선방안」. ≪민주사회와 정책연구≫, 2006 상반기(통권 9호).
강두용·이상호. 2012. 「한국경제의 가계·기업 간 소득성장 불균형 문제: 현상, 원인, 함의」. 한국산업연구원.
백낙청. 2011.9.8. 「'2013년체제' 재론」. 6월민주포럼 '희망2012 기획' 연속토론모임 발제문.
이수연. 2012.1.30. 『한국사회분노의 숫자(3): 자살률 국제비교』. 서사연 보고서.
정연승·성백남·이원영. 2005. 『대·중소기업간 생산성 및 임금 격차에 관한 연구』. 중소기업연구원 연구보고서.
최장집. 2009. 『민주주의의 민주화』. 후마니타스.
팔메, 유아킴(Joakim Palme). 1997.8.20. 「스웨덴 사회복지의 유형과 그 발전상」. 크리스챤아카데미 사회교육원 발제문.
Bergh, Andreas. 2004. "The Universal Welfare State: Theory and the Case of Sweden." *POLITICAL STUDIES: 2004 VOL.52*. pp.745~766.
Esping-Andersen, Gøsta. 1990. *The Three Worlds of Welfare Capitalism*. Cambridge: Polity press & Princeton: Princeton University Press.
Gutmann, Amy(ed.). 1988. *Democracy and Welfare State*. Princeton University Press.
Marshal, T. H. 1948. *Citizenship and the Social Class*.
Palme, Joakim. 2009. "What Future for Social Investments?" research report of Institute for Future Studies.
_____. 2011.8.23. "The Swedish Welfare Model and 15 years of EU-Membership." 경제사회포럼 발제문.
Sauer, Stefan. 2013.3.28. "Wer ist arm? Kommt drauf an." Frankfurt Rundschau online.

제2장

포용적 성장, 복지국가와 사회적 대화

이정우 | 경북대학교 경제통상학부 교수

1. 서론

1993년 세계은행은 한국을 포함한 동아시아 경제를 '기적'이라고 찬사를 보냈다(World Bank, 1993). 높은 경제성장률과 상대적으로 평등한 소득분배라는 두 마리의 토끼를 동시에 잡았다는 사실이 찬사의 주요 근거였다. 그러나 불과 몇 년 뒤 한국경제는 외환위기를 맞으면서 급전직하 추락해서 세계은행의 찬사를 무색하게 만들었다. 1998년 이후 한국경제는 성장률 하락, 경기후퇴, 취업난, 비정규직 양산, 소득 양극화라는 중병을 동시에 앓고 있다. 외환위기로 한국경제가 쓰러진 지 15년이 지났지만 지금까지도 이 환자는 완치되지 못하고 있다.

<표 2-1>에서 보듯이 1960년대 초기 9%를 자랑하던 한국의 경제성장률은 그 뒤 단계적으로 하락을 거듭하여 지금은 3~4%대에 머물고 있다. 어떤 나라든지 경제발전의 초기에는 고성장을 하다가 뒤로 갈수록 성장률이 떨어지는 것은 공통적으로 발견되는 현상인데, 한국도 그 예외가 아니다. 인도, 중국도 현재 9%의 높은 성장률을 보이고 있으나 그것이 오래갈 수는 없고, 나중에는 결국 선

〈표 2-1〉 역대 정권하 경제성장률

단위: %

정권	이승만	박정희	전두환	노태우	김영삼	김대중	노무현	이명박
성장률	4.7	9.1	8.7	8.3	7.3	5.0	4.3	2.9

자료: 기획재정부.

진국처럼 2~3%대의 성장률로 떨어질 것이다. 한국의 현재 성장률 3~4%는 선진국에 비교하면 나쁘지 않지만 결코 자만할 수준은 아니다. 선진국은 경제의 성숙단계라서 3%만 성장해도 고성장이라고 자축하는 분위기이지만 한국은 아직 그런 단계에 도달한 것이 아니므로 성장률을 좀 더 높일 필요가 있다. 그리고 정책을 잘 마련하기만 하면 그럴 여력도 충분히 있다.

김대중·노무현 정부는 해방 후 처음으로 등장한 상대적 진보정부였다. 그렇기 때문에 그 전의 보수정권에 비해 경제적 성과가 좋을지 어떨지 관심을 끌지 않을 수 없었다. 두 정부의 성장률은 그 이전 정권에 비해 낮았는데, 그것은 일종의 시간적 추세이므로 불가피한 면이 있다. 분배, 복지에 대해서 보자면 두 정부는 역대 정부와는 비교가 안 될 정도로 적극적으로 복지제도를 확충하고 복지예산을 증액시킨 점에서 진보정부의 성격을 드러냈다. 그럼에도 불구하고 외환위기 이후 밀어닥친 구조조정, 대량실업, 양극화의 태풍을 막는 데는 역부족이었다. 복지 확충에 상당한 성과를 올렸으나 진보정권에서 기대되는 눈에 띄는 분배개선까지는 이르지 못했다는 점에서 진보정권의 공과가 함께 있었다고 평가해야 할 것이다.

경제를 살리겠다는 공약을 내걸고 집권한 이명박 정부는 낙수(trickle-down) 가설, 즉 부자가 먼저 돈을 벌면 결국 밑으로 국물이 떨어져 나중에는 중산층, 서민들까지 소득이 증가할 것이라는 가설을 근거로 부자 감세 82조 원, 이른바 '전봇대 뽑기'로 상징되는 규제완화 등 친기업정책으로 일관했다. 결정적인 실착은 한반도 대운하라는 황당한 공약에 대한 미련을 버리지 못하고 그것과 유사한 4

대강 사업에 무려 22조 원을 쏟아부은 점이다. 자연은 무한하고 정권은 유한한데, 이명박 정권은 오만하게도 수천 년 내려오던 금수강산에 시멘트를 들이부어 자연을 대량파괴하는 천추의 한을 남겼다. 이명박 정권의 다른 모든 업적을 다 합쳐도 자연파괴의 과오를 상쇄하지는 못할 것이다.

이명박 정권은 보수정권답게 노조를 적대시하고 친기업정책을 앞세웠다. 세상에 대통령 직통 전화번호를 기업인들에게만 알려주고 언제든지 애로가 있으면 대통령에게 전화하라고 부탁하는 대통령이 또 어디 있을까? 친기업을 해서 경제가 좋아진다면 그렇게라도 해야 할는지 모르지만 문제는 친기업정책이 경제를 살리지 못한다는 사실이다. 미국 역사를 보면 워런 하딩(Warren Harding), 존 쿨리지(John Coolidge), 허버트 후버(Herbert Hoover) 등 대표적인 친기업 대통령의 경제적 성과는 역대 평균에 미달하는 정도가 아니고 경제를 망친 장본인들로 지탄의 대상이 되고 있다.

한국도 다르지 않다. 경제를 살리겠다고 호언장담했던 이명박 정권의 성적은 초라하기 짝이 없다. 이명박 대통령의 대선공약은 원래 747이었다. 성장률 7%, 4만 달러 소득 달성, 그리하여 장기적으로 7대 경제강국에 들어가겠다는 장밋빛 공약의 결말은 허무할 뿐이다. 이 중 어느 공약도 달성하지 못했고 국민들 사이에 정치 불신만 더 키웠을 뿐이다. 물론 그 책임이 모두 이명박 정권에 돌아가는 것은 아니다. 책임의 일부는 이명박 정권의 잘못된 정책 선택에 있고, 또 일부 책임은 세계적 불황이란 불리한 환경에 있다. 이명박 정권의 임기 초인 2008년 가을에 닥친 미국 금융위기와 그 여파로서 나타난 세계적 불황은 747공약의 싹을 아예 잘라버렸다고 해도 지나친 말이 아니다. 그래서 747공약은 얼마 지나지 않아 슬그머니 사라졌고 그 대신 소리 없이 등장한 것이 '줄푸세' 정책이다. '줄푸세(세금 줄이고, 규제 풀고, 사회기강 세운다)'는 원래 2007년 대선 때 한나라당 박근혜 후보의 경제공약이었다. 그런데 결과적으로 이명박 대통령은 박근혜 후보의 줄푸세 공약을 임기 내 충실히 집행한 셈이다. 그러니 이명박 정권의 경제철학 제공자는 박근혜 후보라고 해도 좋다. 줄푸세의 원조라 할 수 있는 박근혜 대통령은 2012년 대선 과정에서 줄푸세와 정반대되는 개념인 경제민주화를 내세워서 사람들을 헷갈리게 했는데, 당선 뒤에는 눈에 띄게 경제민주화에서 후퇴하면서 줄푸세 철학은 여전히 신봉하고 있는 것으로 보인다. 따라서 앞으로 5년간의 경제정책도 상당 부분 줄푸세 기조를 벗어나지 않을 것으로 예상된다.

문제는 줄푸세 철학이 시대착오적일 뿐 아니라 지극히 위험하기조차 하다는 사실이다. 작은 정부, 부자 감세, 규제완화, 친기업, 반노조의 역사적 뿌리는 100년 전 미국에서 찾을 수 있다. 1920년대 미국에서 연이어 집권한 세 명의 공화당 대통령(하딩, 쿨리지, 후버)이 애용하던 경제정책이 바로 줄푸세였는데, 그 결과는 다 알다시피 1929년 대공황이라는 파국이었다. 역사는 반복되는가. 어처구니없게도 1920년대 정책과 쌍둥이처럼 똑같은 정책이 로널드 레이건(Ronald Reagan), 조지 부시(George Bush)에 의해 답습되었고, 그 결과가 2008년 미국 금융위기다.

역사적으로 줄푸세 철학은 경제를 망치고 민중을 도탄에 빠뜨린다는 사실이 두 차례나 증명되었다. 그것도 아주 대규모로, 그리고 파국적으로. 그럼에도 불구하고 이러한 위험한 철학을 가진 후보가 대통령에 당선되는 것이 한국의 현실이다. 앞으로 5년은 한국경제의 흥망이 달린 중요한 시기이므로 줄푸세 철학을 버리지 않으면 한국은 큰 위험에 빠질 것이므로 대안 마련이 절실하다.

물론 경제성장은 중요하고 필요하다. 한국에서는 흔히 진보 진영은 분배를 중시하고, 보수 진영은 성장을 중시한다는 인식이 있다. 그래서 진보 진영보다는 보수 진영이 집권할 때 경제성장을 더 잘할 것이라는 인식이 있으나 실상은 전혀 그렇지 않다. 미국의 2차 세계대전 후 경험을 보더라도 공화당 대통령들보다 민주당 대통령들이 더 높은 경제성장을 달성하고 소득분배도 더 잘 개선한 것이 밝혀지고 있다(Bartels, 2010). 미국만 그런 게 아니고 한국에서도 보수보다는 진보가 집권할 때 경제성장을 더 잘할 가능성이 농후하다. 다만 진보가 추구하는 경제성장은 보수의 경제성장과는 방향과 내용이 다르다는 사실이 중요하다.

보수 측에서 선호하는 전통적 성장패러다임 대신 진보 진영에서 제시할 만한 대안은 성장과 분배의 동행, 즉 동반성장이다. 지금까지 보수적 사고방식은 성장과 분배를 택일의 관계로 보았다. 그러나 그것은 낡은 생각이며 문제 해결에 도움이 되지 않는다. 이제는 성장과 분배를 통일된 하나의 순환체계로 파악하는 새로운 관점이 필요하다. 이런 관점을 통해서만이 난마처럼 얽힌 저성장, 일자리 부족, 분배 양극화 등을 풀 수 있다.

성장과 분배는 동행하는 관계다. 보수 측에서는 기를 쓰고 이 둘을 상극, 모순의 관계라고 우기지만 그것은 옳지 않다. 상식적으로 생각하더라도 분배가 잘되는 것이 시장에서 상품에 대한 구매력의 저변을 넓히므로 경기가 호전되고, 성장률이 높아질 것이라고 기대할 수 있지 않은가. 최근의 경제이론 동향을 보더라도 그런 가설이 지지받고 있다. 현실에 눈을 돌려 보더라도 분배가 평등한 북유럽 국가들이 현재 진행 중인 세계적 불황 속에서도 초연하게 비교적 건실한 성장을 유지하고 있다는 사실도 하나의 증거로 들 수 있다. 그 반면 북유럽보다 상대적으로 불평등한 분배를 가진 남유럽 국가들과 미국, 일본 등의 경제가 현재 고전을 면치 못하고 있다는 사실도 또 다른 증거다.

이런 사실을 바탕으로 우리도 이제 발상을 전환하여 성장을 보는 새로운 관점을 가져야 한다. 지금 한국은 양호한 분배가 고도성장을 가져올 수 있도록 경제를 재설계해야 할 역사적 전환기에 서 있다. 우리의 머리를 오랫동안 지배하던 보수파의 낡은 경제철학으로는 배를 띄울 수 없다. 배를 띄울 수 없는 정도가 아니고, 배가 침몰할 지경이다. 이제 우리가 저성장을 탈출하여 다시 배를 띄우기 위해서는 포용적 성장, 사회적 대화, 복지국가의 중요성을 새로 인식할 필요가 있다.

이 글은 그런 목적에서 쓴 글이다. 아래에서는 포용적 성장의 개념과 전략, 복지국가와 최저임금 문제, 사회적 대화 모델로서의 네덜란드 모델 등을 통해서 성장을 보는 새로운 관점을 제시하고 한국의 대안적 성장 모델을 제안하려 한다.

2. 포용적 성장과 복지국가

브라질의 룰라(Lula da Silva) 대통령이 두 차례 연임해 8년 임기를 마쳤는데, 퇴임 시 국민 지지율이 무려 87%였다. 룰라는 1945년 브라질 빈농의 8남매 중 일곱째로 태어나 초등학교 중퇴가 학력의 전부였다. 구두닦이를 하다가 금속공장에 취직했고, 노조에 가입해 노동운동가가 되었다. 사람들이 그에게 사회주의자냐 공산주의자냐고 물으면 그는 "나는 금속노동자"라고 대답했다.

1970년대 철강노조위원장으로서 노동운동을 주도했고, 1986년에는 연방 하원의원에 당선되었다. 그 뒤 노동자당 후보로 대선에 출마해 세 차례 고배를 마신 끝에 마침내 2002년 대선에서 승리함으로써 대통령이 되었다. 그러나 하원에서 노동자당의 의석은 18%밖에 되지 않아 좌파정책을 추진하기가 어려웠다. 좌우 타협적 정책을 추진할 수밖에 없는 정치구도 속에서 그는 대화와 소통을 통해 좌우를 뛰어넘는 유연한 경제·외교정책을 구사했다. 좌파 대통령이 등장하자 외국자본이 브라질을 떠나고 증시가 곤두박질쳤으나 룰라는 외채를 상환하고 긴축정책을 펴 국제사회의 신임을 얻고 좌파 우려를 불식시켰다. 그래서 일부 좌파로부터는 신자유주의 추종자라는 비난을 받기도 했다.

그는 좌우를 포용하는 실용적 태도를 견지했지만 그렇다고 좌파적 견지를 버린 건 아니었다. 2003년 1월 대통령으로서 처음 주재한 각료회의에서 룰라는 "사람들의 배고픔을 면하게 해주는 것이 모든 정책의 최우선"이라고 말했고 그 약속을 지켰다. 대표적 정책이 볼사 파밀리아(Bolsa Familia)라고 하는 가족수당 제도다. 이 제도는 아이들이 학교에 가고 예방주사를 맞는 것을 조건으로 아이 한 명당 매달 22헤알(약 1만 4,000원)을 지원해주는 제도다. 전국의 1,100만 가구가 이 제도의 혜택을 받았고, 룰라 집권 8년 동안 빈곤율이 30%에서 19%로 감소하고 소득불평등이 줄어든 것도 상당 부분 이 제도에 기인한다. 또 하나가 최저임금 인상이다. 그는 2002년 대선에서 자신이 대통령이 되면 4년 동안 최저임금을 두 배로 올리겠다는 공약을 내세웠는데, 집권 8년 동안 실제로 최저임금을 대폭 인상했다. 2002년 월 200헤알이던 최저임금은 현재 510헤알이다.

룰라의 정책은 포용적 성장의 표본이라 할 만하다. 저임금노동자와 서민들의 소득을 높여서 상품시장에서 새로운 수요를 창출시켜 경제성장을 촉진하는 모델이 바로 포용적 성장(inclusive growth)이다. 그런 점에서 포용적 성장은 낙수효과와는 반대 개념이라 할 수 있다. 실제로 낙수효과는 종종 이야기되지만 실제로 어떤 나라에서도 타당성이 입증된 적이 없다. 그 반면 포용적 성장은 룰라의 정책, 그리고 미국 민주당의 정책, 북구의 건실한 성장 등에서 성공사례를 찾을 수 있다.

이런 외국 사례를 참고해 우리도 포용적 성장을 통해 현재 고착 상태에 빠져드는 저성장의 늪을 탈출할 필요가 있다. 지금 우리에게 필요한 것은 낙수효과와 반대되는 포용적 성장의 개념이다. 포용적 성장은 분배와 성장이 동행하는 개념이다. 아랫목이 뜨거워지면 윗목도 언젠가 따뜻해지겠지라는 낙수효과와는 반대로 아랫목과 윗목을 함께 따뜻하게 데우는 정책이다. 부채에 기반을 두고 소비지출을 확대하는 부채 의존적 성장이 아니고 임금소득이 증가하게 해서 거기서 소비지출이 자연스럽게 생성되게 하는 정책이다. 그러므로 포용적 성장의 핵심 내용은 밑으로부터의 수요를 창출하기 위해 소득분배를 개선하고 복지를 확충하며, 지나치게 낮은 최저임금을 단계적으로 인상하는 것 등을 포함한다.

최저임금에 관한 미국의 사례를 보면 최저임금을 인상해야 한다는 여론이 미국 국민 사이에 압도적으로 높은 데도 불구하고 최저임금은 장기간 정체를 벗어나지 못해서 최근 버락 오바마(Barack Obama) 집권 이후 거듭 인상된 이후에도 여전히 실질 수준으로 따질 때 1960년대 수준에도 미치지 못한다(Bartels, 2008). 최저임금에 대해서 민주, 공화 두 정당의 차이를 보자면 공화당 집권기에는 최저임금이 정체하고, 민주당 집권기에는 최저임금이 빠르게 상승해왔다(Massey, 2007).

한국도 비슷한 현상이 나타나고 있다. <표 2-2>는 역대 정권하 물가상승을

〈표 2-2〉 역대 정권하 실질 최저임금 인상률

단위: %

정권	김영삼	김대중	노무현	이명박
연평균 실질 최저임금 인상률	3.3	5.5	7.7	1.9

주: 필자의 계산.

감안한 실질 최저임금 상승률을 나타내고 있다. 보수당 집권기에는 최저임금 인상이 느린 반면 김대중·노무현 정부 시기에 최저임금이 빠르게 상승했음이 뚜렷이 드러난다. 정권의 성격과 최저임금 상승 사이에는 밀접한 상관관계가 있음을 알 수 있다. 최저임금 인상에 소극적으로 임한 대표적 정권이 이명박 정권인데, 정권의 친기업·반노동 성격을 간파한 기업가들은 정권 초기부터 노골적으로 최저임금 인하(이런 전례가 없다), 혹은 동결을 요구해서 노사 간 협상이 좀처럼 타결되지 않고 장기 파행으로 치달았었다. 그 결과 이명박 정권 5년 동안의 최저임금 인상률이 가장 낮다는 초라한 성적표가 남아 있다. 이런 수치와 사건이 정권의 성격을 잘 보여준다 하겠다. 재계의 불만은 늘 있는 것이지만 실제로 한국의 최저임금은 노동자 전체 평균 임금의 30%에 지나지 않아 국제적으로 비교할 때 이렇게 낮은 나라가 별로 없다. 다른 나라들은 이 비율이 대개 40~50% 수준이다. 그러므로 최저임금을 인하하거나 동결하자는 재계의 요구는 설득력이 없다. 오히려 최저임금을 점진적으로 인상해서 저임금노동자층에서 상품에 대한 광범한 수요를 창출해낼 필요가 있는데, 이것은 포용적 성장의 중요한 내용이다. 과거 실적을 볼 때 앞으로 진보정권이 들어설 때만 최저임금의 실질적 인상을 기대할 수 있을 것이다.

노동자들의 임금을 올리고 분배를 개선하는 것이 경제성장을 촉진할 수 있다. 이를 소득 주도 성장(income-led growth) 혹은 임금 주도 성장(wage-led growth)이라 부른다. 1945~1973년까지를 자본주의 황금기(the golden age of capitalism)라고 부르는데, 이때는 노동-자본 간에 계급화해가 이루어지고 쌍방이 극단적 주

<표 2-3> 주요 국가의 경제성장률

단위: %

국가	1950~1960	1960~1973	1973~1981
캐나다	4.0	5.6	2.8
프랑스	4.5	5.6	2.6
서독	7.8	4.5	2.0
이탈리아	5.8	5.2	2.4
일본	10.9	10.4	3.6
영국	2.3	3.1	0.5
미국	3.3	4.2	2.3
가중 평균	4.4	5.5	2.3

자료: Pierson(2006: 134).

장을 자제한 채 경제의 선순환을 이룬 시기다. 임금이 빠른 속도로 상승해서 상품시장에 수요를 제공할 수 있었다. 그리하여 소득-분배-소비의 선순환이 이루어졌다(Marglin and Schor, 1990).

이 시기에 선진 자본주의 국가들은 비교적 안정적 고성장을 했고, 자본주의는 큰 위기 징후를 보이지 않은 채 순풍에 돛을 단 듯 순조로운 항해를 계속할 수 있었다. <표 2-3>에서 보듯이 자본주의 선진국들은 '자본주의 황금기'인 1950년대에는 4%대의 성장, 1960년대에는 5%대의 성장을 했는데, 이는 자본주의 역사상 전무후무한 기록이다.

경제이론에서 임금은 두 측면을 갖는다. 자본의 입장에서 보면 임금은 비용이고 최소화 대상이다. 그러나 다른 한편 임금은 소비지출의 원천이며, 자본이 만들어낸 제품에 대한 가장 큰 구매력의 원천이기도 하다. 그런 면에서 임금을 무조건 최소화하려는 것은 단견이며, 오히려 고임금과 고성장이 선순환을 이루던 자본주의 황금기를 교훈으로 삼을 만하다.

또한 이 시기는 복지국가의 황금기였다는 점도 언급될 필요가 있다. 정부의

〈표 2-4〉 주요 국가의 정부 사회지출 대 GDP 비율

단위: %

국가	1960	1975
캐나다	11.2	20.1
프랑스	14.4	26.3
서독	17.1	27.8
이탈리아	13.7	20.6
일본	7.6	13.7
영국	12.4	19.6
미국	9.9	18.7
가중 평균	12.3	21.9

자료: Pierson(2006: 131).

사회지출이 대폭 증가해서 소득분배가 개선되고 노동자들이 실직 등의 위협으로부터 보호받던 안정적 시기였다. <표 2-4>에서 보듯이 선진국에서 사회지출이 GDP에서 차지하는 비중은 1960~1975년 사이에 괄목할 만한 상승을 보였고 일반적으로 이때를 복지국가의 완성기라고 평가한다.

한국은 사회지출의 비중이 아직 10%에 머물고 있어서 선진국의 1960년 수준에도 미달이다. 그런데도 우리 주위에는 과잉복지를 걱정하고, 복지를 비용 측면에서만 보는 보수적 관점이 활개를 치고 있는데, 이런 생각이야말로 나라의 두통거리다. 우리는 선진 자본주의 국가에서 복지 확대-소비 활성화-경제성장-완전고용이라는 경제의 선순환이 성립 가능하다는 점을 증명한 시기가 바로 자본주의(복지국가) 황금기였다는 점을 주목할 필요가 있다. 한국처럼 복지국가의 발달이 지체되어 있으면서 '포퓰리즘' 운운하는 근거 없는 반복지 논리가 팽배한 나라에서는 이 점은 더욱 강조될 필요가 있다.

30년 가까이 진행되던 자본주의 황금기, 복지국가 황금기는 1970년대 들어 한풀 꺾였고, 1980년대 레이건, 마거릿 대처(Margaret Thatcher)의 등장 이후 경

제정책 기조가 근본적으로 변화하면서 종말을 고했다. 1970년대에 닥친 두 차례의 석유위기는 고성장, 완전고용 기조에 타격을 가했고, 세계적 스태그플레이션을 일으켰다. 더욱 결정적으로는 1979~1980년 이후 영국에 대처 총리, 미국에 레이건, 부시 정권이 들어서서 줄푸세로 요약할 수 있는 시장만능주의 정책을 채택하면서 자본주의 경제의 선순환구조는 깨어지고, 그 대신 저성장, 부채 증가, 저축여력 감소(0에 가까운 저축률)라는 악순환이 자리 잡게 되었다.

그리하여 미국에서는 1970년대 초 이래 40년간 노동자들의 실질임금이 정체 혹은 후퇴하는 사상 유례 없는 사태가 벌어지고 있다. 그리하여 아들 세대의 임금이 아버지 세대의 임금보다 낮다고 하는 사상초유의 사태가 벌어지고 있다. 노동자들이 낮은 임금으로 부족한 소득을 대출에서 메우기 때문에 가계부채가 급증했고, 이번 금융위기 과정에서 많은 가구가 파산 지경에 이르렀다. 말하자면 부채 주도 성장(debt-driven growth)이 한계에 도달한 것이다.

한국 역시 수출 주도적 성장, 부채 주도적 성장에 지나칠 정도로 의존해왔다. 전자는 현재와 같은 세계 불황기에는 위험하고 불안정하다는 단점이 있다. 후자는 이미 1,000조 원을 돌파한 가계부채에서 보듯 언제 터질지 모르는 시한폭탄 같은 형국이다. 우리가 미국 금융위기의 사례를 타산지석으로 삼아 우리의 성장 패러다임을 근본적으로 바꾸지 않으면 머지않은 장래에 시한폭탄이 터질지도 모른다. 그러므로 우리의 성장패턴을 부채 주도, 수출 주도에서 소득(임금) 주도, 내수 주도의 방향으로 전환해야 한다. 즉, 포용적 성장으로 전환해야 한다.

포용적 성장은 여러 나라에서 지지받고 있다. 2012년 OECD 각료이사회 성명서에서도 회원국의 새로운 경제 기조로 채택했다(2012.5.23, 프랑스 파리). 2010년 중국의 후진타오(胡錦濤) 주석도 사회적 양극화가 극심하게 진행되는 중국의 사회경제적 상황을 개선하기 위해 '포용적 성장' 기조를 천명한 바 있다(2010.9.16).

포용적 성장 개념이 등장한 배경은 그동안 양극화를 심화시키는 불균형 성장의 폐해가 누적되어온 상황이다. 1990년대 이후 선성장 후분배론을 정당화하는 소위 낙수효과가 소멸하고 고용 없는 성장, 분배 없는 성장의 패턴이 심화되어 왔다. 이로 인한 사회적 양극화의 확대 및 성장잠재력의 훼손은 더 이상 과거의 성장 패러다임에 의존할 수 없게 만들고 있다. 1 : 99 사회의 극복방안으로 분배와 복지의 강화를 통해 성장이 촉진되고, 동시에 성장의 과실이 폭넓게 분배되는 포용적 성장을 핵심 전략으로 추진하는 경향이 세계적으로 나타나고 있다. 그간 선성장 후분배론에 가로막혀 희생된 분배와 복지를 강화하여 수요 기반과 구매력 기반을 확충하고, 이에 기반을 두고 투자와 고용을 증진하려는 전략이다. 이 과정에서 성장과 분배의 역동적 선순환이 일어나고 노사 간, 계층 간, 지역 간 동반성장이 일어나도록 정책기조를 마련해야 한다.

포용적 성장은 종래의 성장 패러다임과 같이 대기업과 상층 집단만을 위한 성장이 아니라 모두를 위한 성장, 좋은 일자리를 많이 창출하는 성장, 지속가능한 성장, 성장과 분배가 선순환하고 사회통합에 이바지하는 성장이다. 그리하여 성장의 과실이 서민, 중산층, 중소기업, 소상공인에게 좀 더 많이 돌아가도록 분배체계를 개선할 필요가 있다. 그런 점에서 작년 대선 때 쟁점이었던 중소기업 및 골목상권 살리기, 경제민주화 역시 포용적 성장의 중요한 내용을 차지한다. 또한 사람에 대한 투자와 수요 기반 확대라는 관점에서 복지의 양적·질적 확대에 주안점을 둔다. 시장경제의 충격에서 공동체와 시민사회를 지키기 위한 사회적 경제를 확대하는 것도 여기에 포함된다. 2008년 런던시장에 당선된 보리스 존슨(Boris Johnson)이 제시한, 실질적 필요에 맞춘 최저임금 책정을 위한 생활임금(living wage) 개념도 포용적 성장에 조응하는 새로운 사고방식이라 할 수 있다.

이상의 논의를 요약할 때 포용적 성장이란 경제민주화의 실현과 소위 '갑을' 관계의 혁파, 보편적 복지의 확대 및 강화, 일자리 중심의 경제·산업정책 재편, 비정규직에 대한 임금 및 처우 차별 철폐, 최저임금의 인상, 사회적 경제의 확대 등을 포함하는 대단히 폭넓은 개념이다. 이것은 성장 패러다임의 근본적 변경이다. 이를 통해 종래의 낙수효과와는 반대로 서민, 중산층 등 밑으로부터의 수요

창출을 통해 경기를 활성화시키고, 일자리 창출, 경제성장을 가져옴과 동시에 경제적 양극화를 완화시키려는 다목적 전략이다.

지금 박근혜 정부가 들어선 지 3개월이 지났는데, 정부의 어느 정책결정자도 경제를 꾸려갈 청사진은 제시하지 않고 있고, 다만 한 가지 확실한 것은 경제민주화에 대한 대통령의 의지는 확실히 대선 때 비해 후퇴했다는 사실이다. 경제민주화 대신 등장한 것이 창조경제라는 정체불명의 개념인데, 이는 좋은 말이긴 하지만 귀걸이 코걸이식 개념이라서 정책의 방향을 가늠하기 어렵다. 자칫 잘못하면 김대중 정부 때의 벤처기업 무분별 지원으로 인한 벤처대란이 재연될 수도 있다. 당시 벤처대란의 거품 붕괴가 얼마나 한국경제에 큰 손실을 끼쳤는가를 생각하면 창조경제에 대한 접근도 대단히 신중하지 않으면 안 된다. 요술방망이 같은 이상한 개념에 현혹되지 말고 포용적 성장이라는 개념을 확립하고, 그 방향으로 매진하는 것이 필요한 시점이다.

3. 사회적 협약

최근 네덜란드 모델이 다시 사람들 입에 오르내리고 있다. 그 배경은 다음과 같다. 박근혜 후보의 대선공약 중의 하나가 고용률 70%였다. 현재 한국의 고용률은 64%로서 OECD 국가 중 하위권에 속한다. 한국은 실업률로 따지면 국제적으로 아주 양호한 쪽에 속하지만 고용률로 따지면 오히려 반대가 된다. 그만큼 노동시장에 일자리를 찾기 어렵고 일자리 찾기를 포기하고 일을 하지 않는 사람이 많다는 뜻이다. 현재의 고용률을 70%로 높일 수 있다면 당연히 청년실업 문제도 완화되고 경제성장도 높아질 것이므로 바람직한 목표라는 것은 누구나 인정할 수 있다.

문제는 고양이 목에 방울을 어떻게 다느냐 하는 것이다. 대통령의 눈치를 살피는 관료들이 손쉽게 고용률을 높이는 방책을 찾는 데는 오랜 시간이 걸리지 않았다. 풀타임 일자리를 마련하는 것은 어렵지만 파트타임 일자리를 마련하는 것은 어렵지 않을 것이다. 한국에 부족한 파트타임 일자리를 많이 마련하면 고용률은 단숨에 올라갈 것이다. 세계적으로 파트타임이 많기로 유명한 나라가 네덜란드이므로 네덜란드를 배우자 이렇게 된 것이다. 논리의 연결 고리가 즉흥적이고 단순하다.

박근혜 대통령은 2013년 5월 20일 "정부를 포함한 모든 경제주체들이 상호 신뢰와 자기 양보를 통해 더 많은 일자리를 만들어낼 수 있도록 노사정 대타협을 적극 추진해주기를 바란다"고 말했다. 박 대통령은 4월 15일에도 일자리 창출을 위해 노사정 위원회의 가동을 검토하라고 지시한 바 있다. 또한 박근혜 대통령은 독일과 네덜란드를 거론하며 "이런 선진국에서 약 5년 동안 5~6%의 고용률을 높여 고용률 70%를 달성할 수 있었던 것도 안정적인 노사관계와 노사정 대타협이 바탕이 되었다"고 강조했다(≪한겨레신문≫, 2013.5.21).

대통령이 말이 떨어지기를 기다렸다는 듯이 발 빠르게 움직인 정부 부처가 고용노동부다. 정권이 출범한 지 3개월도 안 되어 벌써 노사정 사회협약을 맺었다는 뉴스가 나와 사람들을 깜짝 놀라게 했다. 일사천리로 움직이는 것은 복지부동보다는 좋은 일이지만 중요한 것은 속도가 아니고 일이 성공하느냐다. 간디가 말했듯이 방향이 잘못되면 속도는 무의미하다.

문진국 한국노총 위원장, 이희범 한국경총 회장, 방하남 고용노동부 장관 등 노사정 대표들은 2013년 5월 30일 '고용률 70% 달성을 위한 노사정 일자리협약'을 체결했다고 발표했다. 4월 29일 경기침체에 따른 고용악화 문제를 논의하는 노사정 대표자회의를 구성한 지 불과 한 달 만이다. 고용률 70% 달성을 위한 로드맵에 포함될 핵심 정책인 시간제 일자리 확대와 정년 60세 연장을 위한 임금피크제 도입, 직무·성과 중심의 임금체계 개편에 노사정이 합의했다. 장시간 근로 관행을 개선해 노동시간을 줄이고, 대기업은 고임금을 받는 임·직원의 임금 인상을 자제하고 비정규직·협력사 노동자의 처우를 개선키로 했다. 또 2016년까지 공공기관 정원의 3% 이상을 청년으로 신규 채용하고, 대기업은 청년 채용을 계속 확대키로 했다. 또 시간제 일자리와 사회서비스 일자리를 대폭 확충키로 했다. 이를 위해 우선 공무원을 대상으로 양질의 시간제 근로를 확대하고, 직무컨설팅 등을 통해 공공·민간부문에서 시간제 일자리 창출을 유도할 방침이라고 한다.

대화에서 배제된 민주노총은 이 협약을 가리켜 "박 대통령 취임 100일을 맞아 급조된 정치적 쇼"라고 비난했다. 노동계가 강하게 반발해왔던 시간제 일자리 늘리기, 임금피크제 내용 등은 합의안에 포함된 반면 노동계가 계속 주장해왔던 통상임금의 범위를 넓히는 방안에 대한 논의는 이번 합의안에서 빠졌다. 양대 노총의 하나인 민주노총이 빠진 데다가 노동계가 강하게 반발해왔던 임금피크제 등이 포함되면서 '반쪽짜리 타협안'이라는 비난이 제기된 것은 당연하다. 민주노총은 노사정 일자리 협약식 직후 마련한 기자회견에서 "노동자가 얻을 것은 없고 기업의 이익만 반영되었다. …… 노동자 이해를 대변하는 내용이 없다는 점에서 나쁜 일자리만 양산될 가능성이 높다"고 강하게 반발했다.

비판은 한국노총에서도 나왔다. 한국노총 산하 산별연맹인 전국금융산업노조는 노사정 협약식 바로 다음날 발표한 성명서에서 "금융노조를 비롯한 한국노총 소속 산별연맹은 물론 산하 노동조합 간부와 조합원들은 노사정이 모여서 무엇을 논의하고 있는지도 몰랐다"며 비난했다. 금융노조는 "이번 노사정 협약은 양대 노총 중 한국노총만으로는 노동계 반쪽의 대표성밖에 가지지 못하는 데다, 한국노총이 현장을 철저히 배제함으로써 그나마 반쪽짜리 대표성마저 상실해버렸다"고 비판했다. 금융노조는 절차뿐 아니라 편향적 협약 내용도 비판했다. 금융노조는 "사용자단체의 오랜 숙원인 규제완화, 직무-성과급제 전면 도입, 임금 인상 자제, 풀타임 정규직 축소와 시간제 일자리 확대 등은 대거 포함된 반면, 노동자의 이해를 대변하는 내용은 사실상 없다"며 "특히 성과급제의 전면 도입은 산업 전반에 걸쳐 단기실적 추구, 노노 간 경쟁, 노동조합 말살을 초래하는 등 노동자 자신을 죽이는 비수가 될 수 있다는 점에서 결코 수용할 수 없다"고 강하게 반발했다. 노사정 대타협이 속도에만 치중하여 처음부터 틀을 잘못 짜는 바람에 전도가 지극히 불투명하게 되어버렸다.

4. 네덜란드 모델

최근 다시 주목받고 있는 네덜란드 모델을 이해하기 위해서는 네덜란드 경제의 특성과 사회적 대화가 등장한 배경을 알 필요가 있다. 네덜란드는 동서 180km, 남북 200km의 규모로 한국보다 작으며, 인구는 1,600만 명으로 이 중 10%는 1980년대부터 급격히 늘어난 모로코와 터키 등의 이민자들이 차지하고 있다. 산업부문에서 해외 의존도가 높은 특성을 보여 1980년대 GDP의 36%를 차지하던 수출의존도가 50% 수준으로 높아졌다.[1] 1980년대 이래 1인당 GDP는 꾸준히 증가하여 최근 4만 6,000달러다.

네덜란드는 1970년 이후 석유위기, 북해 유전의 발견으로 인한 호경기의 구가와 그 결과 발생한 환율 고평가로 인한 수출의 난조, 석유위기 이후의 세계적 불황으로 인한 수출 침체, 통제 불능에 가까운 임금 수준과 사회보장비 등으로 인한 재정적자로 인해 소위 '화란병(和蘭病, The Dutch Disease)'을 앓았다. 네덜란드 경제는 1980년대 초 고비용, 고실업, 방만한 재정이 고착화된 데다 제2차 석유위기의 충격이 가세함에 따라 최악의 스태그플레이션을 맞았다. 1980년대 초에 오면 위기는 최고조에 달해서 2년 연속 마이너스의 경제성장, 실업률은

---

[1] 네덜란드는 전통적으로 무역 및 상업 국가의 성격을 띠고 있다. 무역 및 상업은 기본적으로 상호 이득을 취하는 윈-윈 전략을 추구하는 경향을 가지고 있으며, 이런 특성이 폴더 모델의 주요한 역사적 배경이 되었다고 보는 시각이 있다(van der Horst, 2002).

8% 초과, 재정적자는 1982년 GDP의 6.2%로 커졌다. 네덜란드는 2차 세계대전 이후 한때 복지국가의 성공 모델로 평가받았는데 이 무렵에 와서는 유럽의 환자로 전락한 것이다.

이에 따라 새로운 경제질서의 확립과 개혁의 필요성에 대한 사회적 공감대가 점차 형성되어가던 중 경제위기 상황에 대응하여 1982년 정권교체로 출범한 뤼돌퓌스 뤼버르스(Rudolphus Lubbers) 연립내각하에서 노사 당사자는 상호 신뢰의 기반 위에 임금 삭감과 노동시간 단축 및 세제감면 등에 대해 협상을 하기 시작했고 마침내 협상은 타결되었다. 네덜란드 노사는 그해 11월 바세나르 협약(Wassenaar Accord)을 체결해서 1983년부터 경제·세제정책 전반과 노동시장 개혁을 본격 추진했다. 최악의 위기상황에서 극적인 사회적 대타협이 등장한 것이다. 이때 많은 노동자들로부터 배신자라고 욕을 먹으면서도 사회적 합의에 사인하는 용단을 내린 노조 측 대표는 빔 콕(Wim Kok)이었는데 그는 나중에 경제장관을 거쳐 총리에 올랐다.

네덜란드가 살아남기 위해서 마련된 전략은 가격경쟁력을 확보하기 위해서 파트타임 일자리 늘리기, 노동유연성 제고, 낮은 세금과 균형예산, 정보산업과 교육에 대한 투자 강화 등으로 요약되는데, 이는 큰 틀에서의 복지국가와 노동시장 개혁으로 볼 수 있다. 이른바 '폴더 모델(polder model)'[2]로 불리는 네덜란드의 사회협약을 이루게 된 배경은 1970년대 이후 발생하여 1980년대 초 절정에 달한 경제위기 상황이었다.

바세나르 협약을 통해 노사 양측은 소규모 개방경제인 네덜란드의 특성상 경

---

2 네덜란드 모델을 다른 말로 '폴더 모델'이라고 한다. '폴더'는 '간척'이라는 뜻인데, 네덜란드의 대부분이 해수면보다 낮아 약 1,500년 전부터 바다를 막고 땅을 메우는 간척사업이 이루어진 데서 그 유래를 찾을 수 있다. 강한 봉건제도 아래에서의 간척사업은 구성원들의 상호 협력을 필요로 했고, 이러한 역사적 조건에 폴더 모델의 기초가 있다는 분석도 있다.

제위기 해소의 돌파구를 기업경쟁력 제고에서 찾아야 한다는 인식을 공유하면서 임금 인상 자제(wage moderation)와 노동시간 단축을 통한 고용증대에 합의했다. 실제 협약문서에는 임금인상률의 인하만 들어가 있고 노동시간 단축은 제외되었는데, 그 이유는 사용자들의 반발을 무마하기 위해 사용자단체에서 구두로 협약을 맺을 것을 요구했기 때문이다. 스태그플레이션의 요인이 되었던 임금·물가연동제를 1983~1984년 중 유보함으로써 실질임금을 하향조정하는 한편, 1984년에는 공무원 봉급 3% 삭감, 주 40시간에서 38시간으로 노동시간 5% 단축 등을 실행에 옮겼다.

바세나르 협약을 계기로 노사정 간 사회적 합의에 기초한 협의방식이라는 네덜란드 특유의 사회적 대화 제도가 이때 확립되었다. 이에 따라 노사 양측 대표로 구성된 노동재단(Labor Foundation)이 하위단계의 단체협상에 적용될 가이드라인을 협의하는 등 네덜란드 '모든 협약의 어머니' 역할을 수행했다. 바세나르 협약 이후 약 10년간 200만 개의 추가적 일자리가 창출되었고, 실업률은 9%에서 5% 미만으로 떨어지는 등 경제위기 극복의 원동력이 된 것으로 평가받는다.

네덜란드 사회적 협약의 핵심은 크게 두 가지로 요약된다. 노동시간 단축과 조세 및 사회보장기여금의 감소를 통한 노조의 임금 인상 자제가 그 하나이고, 노동유연성 확보와 훈련 및 새로운 일자리 창출이 다른 하나이다. 일자리 창출은 파트타임 일자리 확대라는 방법을 채택했다. 그러나 피용자의 파트타임 선호는 자발적이어야 하며, 사용자는 노동자들이 파트타임을 요구할 경우 받아들이도록 했다는 점에서 한국이 안고 있는 비정규직 차별과 같은 문제는 없는 것으로 보인다. 실제로 네덜란드에서는 시간당 임금에서 파트타임과 풀타임 사이에 아무런 차별이 없다. 또 일자리를 늘리기 위해 평균 노동시간을 주당 32시간으로 낮추었는데, 이는 유럽에서 가장 짧은 노동시간이다.

한편 노동시장의 유연성을 확보하기 위한 전략으로서 정부는 노동시장정책을 위해 GDP의 4%를 정부예산에 배정했으며, 노동자의 훈련비용에 대한 조세

인센티브 제공, 훈련비용의 20%에 대한 특별세제 부여, 해고하는 경우에는 지역노동청의 승인을 얻도록 하고, 다양한 구직 클럽의 조직과 공공사업에 대한 청년실업자 채용보장 등의 정책적 지원이 뒤따랐다.

또한 바세나르 협약을 이행하는 구체적 내용들로 약 8%의 실질임금 감소 및 최저임금 수준 인하, 공무원 봉급의 3% 삭감으로 단위노동비용을 낮추고 통화가치를 평가절하했다. 그 결과 1982년의 56%의 조세부담률이 2001년에는 45%로 떨어졌고, 화란병을 상징하던 정부 예산적자는 1982년 5% 적자에서 2000년 2% 흑자로 돌아섰다.

노조의 임금 인상 자제에 따른 여유분(기업의 이익)은 민간부문의 일자리 창출에 사용되었다. 1984년부터 2000년까지 연평균 1.8%의 일자리 증가가 나타났다. 이 시기 일자리 증가는 모든 연령대에서 나타났지만, 특히 여성들의 파트타임 일자리가 많이 증가했다. 여성의 노동참가율은 1981년의 30%대에서 2003년에는 55%로 높아졌다. 여성들의 고용이 높고 특히 파트타임 노동이 다른 나라에 비해 압도적으로 많은 네덜란드의 고용구조는 세계적으로 독특한 사례다. 우리가 당면한 청년들의 취업난과 노동시장에서의 남녀 성차별의 현실을 감안할 때 시사하는 바가 크다고 할 것이다. 또 다른 노동시장의 변화는 고령자 취업이 증가했다는 점이다. 2003년에는 55~64세의 39%가 주당 최소 12시간 이상 일하고 있는 것으로 나타났는데, 이는 10년 전의 25%에 비해 크게 높아진 것이다.

잘 알려진 대로 네덜란드는 유럽 국가 중에서도 복지에 대한 투자를 많이 하는 나라다. 1980년대 초에 나타난 '복지병'에 대한 대책의 일환으로 정부지출의 감소와 시장개방은 네덜란드의 소득불평등을 약간 악화시켰다. 그럼에도 불구하고 복지국가는 건재하며, 저소득층의 절대적 구매력은 상승하고 있으며, 네덜란드의 소득불평등은 미국이나 영국과 같은 앵글로색슨 국가들보다는 훨씬 낮을 뿐 아니라 세계적으로 볼 때도 상대적으로 평등한 나라라는 점에는 의심의 여지가 없다.

5. 새로운 사회협약의 필요성

우리가 네덜란드에서 배워야 할 가장 중요한 내용은 사회협약의 내용뿐만 아니라 협약을 이끌어내는 각 주체의 부단한 노력과 대화의 과정이다. 또한 노사 간의 사회적 협약을 만들어낼 수 있는 토양으로서 노사 간의 신뢰뿐만 아니라 정부정책에 대한 신뢰가 매우 중요하다는 점, 그것이 우리가 해결해야 할 숙제라고 할 수 있다.

한국도 형식적으로는 논의의 파트너로서 민주노총과 한국노총, 그리고 경총과 전경련 등이 있어 어느 정도 모양새를 갖추고 있다. 또한 교섭의 단위도 확대되었고, 금속노조를 출발로 하여 최근 보건의료노조에 이르기까지 비록 기본협약이라는 큰 틀에서나마 산별교섭을 도출한 것은 큰 변화라 하겠다.

2003년 필자가 네덜란드 모델을 언급하면서 노사 간에 임금 인상을 자제하고 일자리를 만들되 제한된 범위 내에서 노동자들의 경영참가를 허용하는 것이 한 방법일 것이라는 말을 했을 때 보수언론은 한 달 내내 맹공을 퍼부었다. 경영계는 물론이고 심지어 노동계에서도 반대의 목소리를 높였다. 그 이유는 네덜란드 모델의 내용의 핵심은 '임금 인상 자제와 고용안정의 빅딜'이지 '임금 인상 자제와 경영참가 허용'이 아니라는 것이다. 물론 바세나르 협약 속에 경영참가란 말은 없지만 그런 사회적 대화가 가능한 배경이 바로 활발한 경영참가라는 점을 간과해서는 안 된다.

많은 사람들은 네덜란드 모델을 한국에 도입하지 못하는 이유로 한국의 노사 간의 신뢰가 없다는 점을 든다. 맞는 말이다. 또 어떤 사람은 네덜란드식이 아니라 한국식 노사대타협을 이끌어내야 한다고 한다. 좋은 말이긴 하지만 아직도 건설적 대안을 들어보지 못했다. 노사가 이런 타협의 선행조건으로 내세우는 신뢰는 하루아침에 만들어지는 게 아니다. 그렇다면 그러한 신뢰를 쌓기 위한 정책은 어떤 것이 있는지 반문하고 싶다. 나는 그 해답을 노동자의 경영참가라고 본다. 이 말을 두고 또 오해가 있을 것 같아 몇 가지 첨언해두고자 한다.

경영참가에는 여러 단계가 있고, 가장 기본적인 것은 정보에 대한 접근과 공유다. 그 다음이 협의이고, 마지막 단계가 의사결정에 대한 참가다. 나라에 따라 노동자의 참가의 수준과 내용은 다종다기하다. 예를 들면 의결권 없이 참관자 자격으로 노동자대표가 이사회에 참여하는 방법도 가능할 것이다. 이미「근로자참여 및 협력증진에 관한 법률」에 의해 노사동수로 노사협의회를 구성하여 생산성 향상과 성과배분, 근로자의 채용, 배치 및 교육훈련 등 종업원의 복지와 고용정책과 관련한 협조사항이 명시되어 있다. 더 나아가 한국에서도 투명한 일부 대기업에서는 이미 이사회에 노동자 대표가 참관자 자격으로 참여하기도 하는데, 이들 기업들은 비교대상이 되는 동종업종의 다른 기업들에 비해 월등한 생산성과 수익률을 보이고 있다는 점을 본다면 노동자의 경영참가가 경영에 결코 해로운 장치가 아니라는 사실을 알 수 있다.

경영참가가 기업성장이나 경제성장을 가로막는다는 논리는 유럽 선진국들이 한결같이 상당 수준의 경영참가를 하고 있다는 점에 비추어보건대 설득력이 떨어진다. 비민주적인 노동탄압이나 과도한 노동착취, 그리고 명예와 존경은 멀리 내다버린 재벌총수들의 각종 탈법, 반칙이 문제가 되었으면 되었지, 세상 어디에 자기 기업에 대한 정보를 잘 알고 있는 노동자들이 목숨과 같은 자기 직장을 내팽개치면서까지 회사 발전을 방해하는 활동을 하겠는가?

'양치기 소년의 거짓말'에 익숙하고 과거 독재 시절 혹독한 노동탄압을 경험한 한국 노동자들이 경영자를 쉽게 신뢰하지 않는다는 말도 있으나, 치열한 국제경쟁사회에서 살아남기 위해서는 기업 내부의 소모적 갈등을 더 이상 계속할 여유가 우리에게는 없다.

물론 노동계에서도 반성할 점이 있다. 노동시장의 내부자(insiders)로서 외부자(outsiders)인 비정규직에 대해 배타적 권리를 주장하면서 기득권에 안주하려 하는 일부 노조의 이기주의, 그리고 회사 사정과 국민경제의 어려움을 생각하지 않고 오로지 나 자신의 임금 인상만을 강조하는 단기적·경제주의적 행동은 지지받을 수 없다. 더구나 많은 청년들이 취업난의 고통에 시달리는 상황에서 이런 행동은 국민의 지탄을 받기에 충분하다. 또 보건의료 산별교섭에서 보는 바와 같이 어렵사리 타결된 산별교섭의 결과를 단위사업장에서 인정하지 않고 파업을 강행하는 등 상식적으로 납득할 수 없는 과도한 전투적 행동도 동의를 얻기 어렵다.

지금은 경제가 어렵고 저출산·고령화의 시한폭탄이 재깍재깍 돌아가고 있기 때문에 노사정이 결단을 내려야 할 시점이다. 노사정이 복지국가의 건설, 조세 및 경제정책, 비정규직 차별 철폐, 임금 및 경영참가, 중소기업 및 골목상권 문제 등을 포함하는 광범위한 주제를 놓고 머리를 맞대고 지혜를 짜내야 한다. 그래서 상호 균형이 있는 주고받기를 통해서 사회적 합의를 이끌어내고 그것을 통해 경제적 난관을 돌파하지 않으면 안 된다. 남은 시간이 많지 않다. 머뭇거리다가 고령화의 폭탄이 터져버리면 그때는 만사휴의, 어떤 처방도 환자를 살릴 수 없을 것이다.

6. 결론

과거 군사독재정부에서 가능했던 정부 주도적, 수량 위주의 성장은 세계화·민주화 사회에서 더 이상 불가능할 뿐만 아니라 많은 비효율의 온상일 수 있고, 그 자체 기업의 자율적 성장을 가로막는 장애물이 될 수 있다. 외환위기 이후 우리가 취해온 수출 주도적·부채 주도적 성장은 대기업과 중소기업 간, 그리고 계층 간 양극화를 극단적으로 심화시켜 더 이상 지속가능하지 않다. 이명박 정부가 신봉한 낙수효과는 성립하지 않는다는 것이 거의 증명되었다. 이제는 대안적 성장 모델을 찾아야 한다. 그것이 포용적 성장이며, 사회적 협약을 통한 복지국가 형성이 하나의 유력한 방법이 될 것이다. 이를 위해서는 우선 우리에게 부족한 신뢰라는 사회적 자본의 복원이 긴요한 과제다.

한국사회에는 참가의 기회가 너무나 부족하고 익숙하지 않아서 심지어 참가의 기회가 주어져도 잘 활용하지 못하는 경우가 있다. 참가는 단순한 지식공유에서부터 의사결정에 이르기까지 다양한 수준이 있다. 그리고 그 수준이 높아질수록 그에 따른 책임과 의무도 따른다. 그간 모든 부문에서 초래된 양극화도 상당 부분 배제와 박탈에 의한 결과이자 성장을 가로막는 요인이 되고 있으므로 참가를 통해서 문제를 해결해나갈 필요가 있다. 참가는 양극화의 처방일 뿐만 아니라 사회 각 부문에서 힘의 균형을 이루기 위해서도 필요하다.

한국사회가 안고 있는 성장과 분배의 선순환의 탈구현상을 들여다보면 성장과 분배 각각의 내부에서 발생하는 양극화라는 문제라는 또 다른 어려움을 가지고 있다. 성장에 있어서도 수출지향적인 대기업만 나 홀로 높은 성장을 보이지만 내수기반의 중소기업과 중소상권은 깊은 침체에 빠져 있고, 대기업과 중소기업 간의 격차, 정규직과 비정규직 간의 차별 등은 깊은 고질병에 빠져 있다.

모든 일에는 결과가 중요하지만 과정도 못지않게 중요하다. 왜냐하면 과정 속에는 여러 결과를 도출할 수 있는 무형의 힘이 내재되어 있어서 책임의 소재를 분명하게 하고, 결과에 승복하게 하기 때문이다. 정부 자체가 투명하지 않고서는 사회시스템의 투명성을 제고시키려는 노력을 할 수 없기 때문에 정부는 케케묵은 권위주의를 청산하고 사회적 대화의 주체로서 새롭게 태어나야 한다.

역사적으로 각 나라들은 여러 이유로 인하여 정치적·경제적 난국을 맞이하기도 하는데, 문제를 슬기롭게 극복하는 경우가 있는가 하면 파국으로 치닫는 경우도 있다(Acemoglu and Robinson, 2010). 결국 중요한 것은 포용적 경제정책이며, 그것을 가능케 하는 전제조건이 포용적 정치라는 점에서 포용적 정치과 경제, 그것이 일의 성패를 결정짓는 관건이다. 우리가 지향하는 포용적 성장도 포용적 정치·경제체제하에서만 가능할 것이다.

그런 면에서 네덜란드의 사회협약은 우리에게 많은 시사점을 주고 있다. 우리가 진정 네덜란드에서 배워야 할 것은 고용률을 높이기 위해 파트타임을 늘이는 것이 아니고 노사정이 인내심을 갖고 국민경제의 어려운 숙제를 같이 풀어가는 자세다. 이런 경험을 갖지 못한 우리에게는 이것은 정말 어려운 일이다. 일각에서는 한국의 노사문화가 네덜란드처럼 성숙하지 않았다는 이유로 네덜란드 모델 도입은 시기상조라고 평가한다. 그렇다면 적절한 시기란 어떤 때를 말하는가? 취업난과 장기적 경기침체, 경제 양극화를 겪으면서 아직까지 이 어려움을 극복할 능력을 갖추지 못했다고 피하기만 한다면 문제는 언제 해결되는가?

우리에게 지금 필요한 것은 노사정 당사자들이 현재의 위기 상황을 인식하고, 달성가능한 수준의 합의만이라도 도출해보려고 노력하는 자세다. 맹목적 이념 갈등은 멀리하고 구체적 정책에 대한 비판과 검토를 통해 대안을 모색해야 할 것이다. 그런 점에서 한국의 학계와 언론의 역할 역시 매우 중요하다. 일부 학자들과 언론이 고정관념에 사로잡혀 무조건 경제민주화를 반대하고, 맹목적으로 노사정 대타협을 반대하는 현실은 안타깝기 그지없다.

보수언론은 수시로 '경제를 망치는 노조', '파업망국론'과 같은 과격한 표현을 써가며 경제를 망치는 것이 노동자인 것처럼 주장한다. 민주화의 혜택을 고스란히 만끽하고 있는 언론은 어떤 경우에나 객관적이고 공정한 자세를 유지해야 한다. 현재 상황은 어떻게 보면 사용자가 직접 노조를 탄압하는 것이 아니라 보수언론이 제작하는 노동계에 적대적인 여론을 통해 자본·언론·정치의 보수대연합세력이 교묘하게 주도권을 장악 및 유지하는 형국이다. 광고에 전적으로 의존하는 언론은 재계에 영합하는 여론을 형성해서 스스로의 이익을 취하고 있다.

이제 우리 노사도 개별 기업 차원을 넘어서는 사회적 차원의 관심을 가져야 한다. 노사가 지향하는 목표도 집단이기주의가 아닌 좀 더 높은 수준의 국가발전이어야 한다. 현재 우리가 겪고 있는 저성장과 양극화 현상은 대기업의 독과점적 시장지배와 중소기업과의 종속적 하청관계, 그리고 노동자를 단순히 비용을 절감해야 할 생산요소로서만 인식하고 소비자의 역할을 부여하지 않는 데서 온다.

발상의 전환이 필요하다. 우리에게 필요한 것은 배제와 박탈의 경제가 아니라 포용과 공생의 경제다. 경제 전체에 만연한 탈구, 분절, 배제, 차별의 상황에서는 자본주의의 황금기에서 관찰되는 경제의 선순환은 이루어지지 않는다. 아무리 한국의 해외의존도가 높다 해도 세계적 불황 속에서는 한계가 있으므로 내수의 확대가 요구되고 있는데, 현재의 한국경제는 낙수효과 신화 속에서 박탈과 배제의 원리가 지배하고 있다. 종래의 수출 주도형·부채 의존형 성장은 조종을 울리고 있다. 내수침체에 따른 장기불황은 성장, 고용, 분배에 빨간불을 켜고 있다.

네덜란드의 ING그룹 알렉산더 리누이 칸(Alexander H. G. Rinnooy Kan) 아·태 지역 집행위원장은 2005년 한국 강연에서 한국경제의 성공 여부는 안정적인 노사관계에 달려 있으며, 한국과 네덜란드는 상황이 매우 비슷하여 네덜란드식 노사관계 모델을 한국에 도입할 경우 한국은 아시아의 거점으로 그 위상이 강화될 것이라고 주장했는데, 이는 우리에게 깊이 생각해볼 만한 시사점을 던져준다고 하겠다(Kan, 2005).

지금 우리에게 필요한 것은 국민의 잠재적 역량을 최대한 발휘할 수 있도록 하는 사회통합이며, 그 핵심은 신뢰라는 이름의 사회적 자본을 형성하는 일이다. 신뢰의 바탕 위에서 비로소 국민경제의 건전한 발전을 위한 사회적 합의를 도출할 수 있다. 지금 상황이 아주 어렵지만 노사정이 머리를 맞대고 작은 내용부터 합의를 이끌어내기 시작한다면 우리가 처한 사회경제적 어려움을 극복하는 것이 전혀 불가능한 일은 아닐 것이다. 노사정이 복지국가 건설을 향해 멀리 내다보고 참을성 있게 대화를 시작하기를 기대한다.

참고문헌

이원덕 외. 2004. 대통령자문 정책기획위원회.『노사관계와 국가경쟁력』. 나남.

이정우. 2004.8.「한국경제의 미래와 도전: 국가경쟁력 강화 방안」. ≪경제학연구≫. 한국경제학회.

한국노동연구원. 2004.『세계 각국의 사회협약』.

Acemoglu, D. and S. Robinson. 2012. *Why Nations Fail: The Origins of Power, Prosperity and Poverty*, Random House Inc(최완규 옮김. 2012.『국가는 왜 실패하는가?』. 시공사).

Bartels, Larry M. 2008. *Unequal Democracy: The Political Economy of the New Gilded Age*. Princeton University Press(위선주 옮김. 2012.『불평등 민주주의』. 21세기북스).

Kan, A. H. G. Rinnooy. 2005.「네덜란드의 노사관계 혁신경험과 경영자의 역할」. 한국 강연.

Marglin, Stephen A. and Juliet B. Schor(eds.). 1990. *The Golden Age of Capitalism: Reinterpreting the Postwar Experience*. Oxford University Press.

Massey, Douglas S. 2007. *Categorically Unequal: The American Stratification System*. Russell Sage Foundation.

Pierson, Christopher. 2006. *Beyond the Welfare State: the New Political Economy of Welfare*. Polity.

Sperling, Gene. 2005. *The Pro-Growth Progressive*. Simon & Schuster(홍종학 옮김. 2009.『성장 친화형 진보』. 미들 하우스).

van der Horst, Han. 2002. *The Low Sky: Understanding the Dutch*. Scripton(김용규 옮김. 2002.『낮은 하늘』. 박영사).

Visser, Jelle, and Anton Hemerijck. 1999. *A Dutch Miracle*. Amsterdam University Press(최남호·최연우 옮김. 2003.『네덜란드의 기적』. 따님).

World Bank. 1993. *The East Asian Miracle: Economic Growth and Public Policy*. Oxford University Press.

The South Korean Welfare State: A Quest for a New Social Model

제2부 어떤 복지국가인가

제3장 젠더레짐과 복지국가의 설계 _장지연

제4장 한국 가족정책의 현황과 과제: OECD 가족정책 비교와 이인소득자 모델 _신필균

제5장 수준 높은 교육복지 향유와 계층이동성 강화 _김용일

제6장 한국형 고용 모델의 탐색 _최영기

제7장 이중적 노동시장을 넘어 _은수미

제8장 한국의 연금과 젠더레짐 _석재은

제9장 돌봄과 사회서비스 정책 _조흥식

제3장
젠더레짐과 복지국가의 설계

장지연 | 한국노동연구원 연구위원

1. 서론

복지국가는 유럽에서 태동했고 장기간의 역사를 통해서 형성되어온 국가체제이다. 당초에 서구에서 복지국가가 추구했던 것은 무엇이었을까? 브릭스(Briggs, 1961)의 정의는 가장 명쾌하고도 함축적으로 이 질문에 답한다. "복지국가란 조직된 권력을 시장의 힘을 제어하려는 목적으로 사용하는 국가"이다. 복지국가는 정치적 권력에 의해 조절되고 제한되며, 사회적 필요에 종속되는 자본주의를 추구한 것이며 20세기 유럽은 그 가능성을 보여주었다고 간파한 버먼(Berman, 2010)도 같은 이야기를 하고 있는 셈이다. 자본주의 시장경제의 폐해를 정치권력을 통해서 제어하는 국가가 복지국가라는 결론이다.

자본주의의 폐해를 가장 직접적으로 경험하는 사람들은 당연히 임금노동자들이다. 복지국가의 완성도를 논하는 가장 중요한 기준이 노동의 '탈상품화'라는 점을 함께 주목해본다면(Esping-Andersen, 1990), 복지국가가 추구했던 것은 역사적으로 자본주의와 함께 등장한 임금노동자와 그 가족이 당면한 경제생활의 불안정 문제와 노동과 자본 간 분배 불균형의 문제를 해소하는 것이었다.

현대적 의미의 복지국가는 단순히 소득재분배 국가가 아니다. 복지국가는 모든 국민으로 하여금 일정한 수준 이상의 생활이 가능하도록 보장하는 국가인데, 이를 위협하는 사회적 위험에 대하여 다양한 제도를 동원하여 대응한다. 고령과 질병, 실직으로 인한 임금노동자의 소득단절이 오래된 사회적 위험이라면, 불안정한 고용, 그리고 가족 역할의 변화로 인한 돌봄의 공백은 새롭게 등장한 사회적 위험이다. 이러한 사회적 위험에 대응하는 제도는 크게 소득보장제도와 사회서비스라는 두 개의 기둥으로 구성된다. 여기까지는 복지국가의 기능과 역할에 관한 일반론이다.

이 글에서는 노동의 관점뿐 아니라 젠더 관점까지를 포함하는 시각에서 복지국가를 바라보고 설계해야 한다고 주장하고자 한다. 복지국가는 "본질적으로 상품이 될 수 없는 인간의 노동을 상품으로 의제하는"(폴라니, 2009) 자본주의의 성격으로 인하여 노동계급이 당면하게 되는 위험에 대응하는 국가체제이다. 따라서 우리는 노동의 관점에서 그 성격과 성취를 평가해왔다. 그러나 복지국가의 형성기부터 현대에 이르기까지 복지국가는 그 사회의 젠더관계의 특성을 반영하고 있는데, 우리는 자주 이 점을 간과해왔다.

페미니스트 연구자들의 비판이 있기 이전에 복지국가 이론가들은 주로 노동시장과 국가의 관계에 주목했다. 그러나 젠더 관점이 반영된 분석틀은 노동시장-가족-국가의 삼자관계의 특성에 기초하여 복지국가의 성격을 이해한다. 이 글은 한국 복지국가의 특성을 이중구조화된 노동시장, 계층화된 남성생계부양자형의 가족, 그리고 이중구조가 암묵적으로 제도화된 국가복지라는 트라이앵글로 설명하고자 한다.

이런 분석에 기초해 볼 때 우리가 지향하는 복지국가는 고용을 통해서 경제적 안정성을 누릴 수 있게 하는 고용보호(employment protection)를 강화하고, 보편적 사회서비스를 제공하는 국가복지를 더욱 확대할 필요가 있다. 이러한 보호체계는 성별을 불문하고 모든 성인이 함께 임금노동과 돌봄노동에 참여하는 보편적 소득자-양육자 모델(universal earnerl-carer model)의 젠더레짐에 기반을 두어야 한다는 것이 이 글의 핵심적인 주장이다.

2. 복지국가를 젠더 관점에서 보기

복지국가는 당초에 자본주의가 낳은 폐해를 교정하기 위한 것이었고, 노동계급이 주도하여 만들어온 제도이다. 따라서 노동의 관점에서 바라보면서 '탈상품화(decommodification)'를 얼마나 성취했는지 살펴보는 것은 당연하다. 이 글에서는 여기에 더하여 젠더 관점에서 바라볼 때 어떤 특징이 있는지 살펴보는 것이 필요하다는 점을 강조하고자 한다.

왜 젠더 관점이 필요한가? 첫째, 이론적인 이유이다. 젠더 관점은 전통적인 복지국가가 추구해온 사회적 시민권 보장의 개념을 확장한다. 시민의 정의에 여성을 포함시키고, 연대적으로 대응해야 할 사회적 위험에 소득의 단절뿐 아니라 돌봄의 공백을 포함시킨다. 복지국가를 바라보는 분석틀도 노동시장과 국가 간의 관계에서 노동시장-가족-국가의 삼자관계로 확대되었다. 즉, 여성과 남성의 사회적 관계와 역할의 규범이 어떻게 형성되어 있느냐에 따라 복지국가의 성격이 달라질 수 있다는 시각이 확립되었다. 둘째, 실천적인 이유에서다. 복지국가 레짐과 젠더레짐은 친화성이 높다. 남성생계부양자형의 구태의연한 젠더레짐을 그대로 유지하면서 복지국가의 기본 성격을 보편주의로 바꾸어가는 것은 불가능하다. 이 절에서는 이러한 주장의 근거를 하나씩 살펴보기로 한다.[1]

---

1 젠더레짐이라는 용어는 최근에 자주 사용되기는 하지만 여전히 낯선 것일 수 있어서 정의가 필요하다. 일반인들의 의식과 태도 등 문화적인 측면을 포함하여 한 사회에는 남녀 간의 사회적 관계와 역할의 규범이 형성되어 있는데, 이를 '젠더관계(gender arrangement)'

1) 사회적 시민권 개념의 확대[2]

복지국가는 누구든지 기본적인 생활이 가능해야 한다는 의미에서 사회권 보장을 추구하는 국가이다. 당초 사회권 개념을 제안한 마셜(Marshall, 1964; Stephens, 2010 재인용)에 따르면, 사회권이란 최소한의 경제적 복지와 안전에 대한 권리에서부터 사회적 자산을 공유할 권리, 그리고 사회가 제공하는 표준적인 시민적 삶을 살 권리까지를 모두 아우르는 개념이었다. 즉, 마셜은 사회권을 소득이전과 서비스를 넘어서 적극적 사회참여까지를 모두 포함하는 개념으로 폭넓게 정의했다. 그러나 마셜 저작의 곳곳에는 사회적 시민권의 주체인 '시민'을 남성노동자로 간주하는 듯한 부분들이 발견된다. 그에 따르면 "시민권은 공동체의 완전한 성원(full-membership)인 자들에게 주어지는 지위"라고 했다. 시장에서 자신의 노동을 내다팔지 않더라도 사회적으로 용인될 만한 생활을 영위할 수 있는 정도를 뜻하는 '탈상품화'가 사회권의 척도인 것도 같은 맥락이다.

이러한 개념은 일견 자명해보이지만, 페미니스트들은 그렇지 않다고 주장하면서 몇 가지 질문을 던졌다. 먼저 완전한 성원이란 누구를 일컫는 것인가?(Gordon, 1990) 이러한 질문을 제기하는 이유는 젠더중립적인 것처럼 보이는 가정하에서 정의되는 사회적 시민권은 여성들이 처해 있는 사회적 위치와 특수한 경험 때문에 사실상 여성들을 배제하는 개념이 되기 때문이다(Freedman, 2001).

자유주의적 시각에서 시민권의 핵심적 요소는 독립성(independence)이다. 독립성의 근거는 소득활동이고, 이것은 남성경험 중심적인 사고에서 나온 기준으로서 시민권 개념에서 여성을 배제하는 결과를 초래한다(Pateman, 1988). 경제적으로 독립된 인간만이 시민이라는 시각은 편향적인 시각일 수 있다. 전통사회에

라고 부른다. '젠더레짐(gender regime)'은 이런 젠더관계가 구체적인 현실 속에서 제도화된 모양을 의미하는 용어로 사용하고자 한다.
2 이 부분은 장지연(2004)의 일부를 수정했다.

서는 상당한 정도의 재산을 가진 남성만이 '독립적(independent)'이라고 여겨졌고, 다른 사람을 위해 일하는 남성은 여성이나 어린이와 마찬가지로 '의존적(dependent)'이라고 여겨졌다. 임금노동과 남성의 투표권이 보편화되면서 비로소 이들은 독립적이 되었다. 자본주의 사회에서 무보수 가사노동을 하는 여성은 의존적(따라서 종속적)이라고 하고 임금노동자인 남성은 독립적이라고 이해되어온 것도 논리적으로 이와 다르지 않다. 그러나 다시 생각해보면 여성의 가사노동은 남성의 '독립성'을 구성하는 일부이다(Gordon, 1990). 페미니스트 이론가들은 기존의 시민권 개념은 '공동체의 완전한 성원'의 범주에서 여성을 배제하는 개념이므로 이러한 시각은 교정되어 여성을 포함하는 시민권 개념으로 전환되어야 한다고 주장했다.

페미니스트 이론은 사회권의 개념을 확장시키는 데 기여했다(Fraser, 2000). 그 이후 사회적 시민권의 개념은 일정한 수준의 소비를 할 수 있어야 한다는 것을 넘어서 자기개발(self-development)의 권리까지 주목해야 한다는 견해로 점차 폭을 넓혀가게 된다(Stephens, 2010). 소득이전과 사회서비스로 사회적 시민권을 보장하는 것이 복지국가이다. 나아가 사회적 시민권은 만족스러운 일과 자기개발의 권리를 포함해야 한다. 최소한의 경제적 안정이 아니라 교육, 적극적 노동시장정책, 보건의료, 일·가족 양립정책에 이르기까지 시민권의 영역은 확장되어 왔다.

또한 페미니스트들은 주류 복지국가론자들이 복지국가를 시장과 국가 간의 관계 차원에서 논의하던 것을 시장과 국가, 그리고 가족이라는 삼자 간의 관계의 차원으로 확대하여 인식하여야 한다는 논리를 제시했다. 그렇다면 탈상품화 개념도 젠더 관점에서 새로이 수정되어야 한다. 탈상품화는 무급의 보살핌노동에 대한 인식이 포함될 수 없다는 점과 여성의 경우 일단 상품화가 되지 않았기 때문에 탈상품화를 논할 수 없다는 점이 문제가 된다. 탈상품화는 그 자체로 오류가 아니라 부분적이라는 점, 즉 일면의 진실만을 포착한다는 점 때문에 문제

〈표 3-1〉 성적으로 분화된 사회권 개념

		권리의 차원	
		적극적 권리	소극적 권리
노동의 종류	시장노동	유급노동권 (재상품화)	탈상품화
	(무급)돌봄노동	돌봄권 (재가족화)	탈가족화

자료: 장지연(2004)에서 수정하여 재인용.

가 되는 것이다.

성에 대해 미분화된 사회권 개념, 그리고 여성의 경험을 간과하는 분석틀을 젠더 관점에서 재조명해보면 <표 3-1>과 같이 확대할 수 있다. 첫째, 노동시장에서의 임금노동 그리고 가정에서의 무급양육노동은 동시에, 그러나 분석적으로 구분해서 다루어져야 한다. 유급노동은 남성의 노동으로, 무급노동은 여성의 노동으로 사전적으로 전제되어 분석될 필요는 없지만, 현재 남성의 경험과 여성의 경험을 이 틀에 비추어서 봄으로써 자연스럽게 그 특성이 대비되어 나타날 것이다. 둘째, 시민권적 권리의 차원은 적극적 권리와 소극적 권리로 구분되어 파악될 필요가 있다. 즉, 어떤 일을 할 수 있는 권리와 하지 않을 수 있는 권리가 모두 사회권이라는 것이다. 접근권은 유급노동이나 무급양육노동에 대한 적극적인 권리를 표현하고자 하는 개념인데, 유급노동에 접근할 수 있는 권리는 '유급노동권'으로, 무급의 보살핌노동에 대한 권리는 '부모권' 또는 '양육권'으로 명명할 수 있다. 소극적 권리는 유급노동이나 무급양육노동을 강제적으로 하지 않을 수 있는 권리를 표현하고자 하는 차원이다. 유급노동, 즉 시장의 힘으로부터 자유로울 수 있는 정도가 '탈상품화'로 개념화되고, 무급양육노동, 즉 가부장제의 힘으로부터 자유로울 수 있는 정도는 '탈가족화'로 개념화할 수 있다.

과거의 주류 복지국가론이 젠더 문제를 고려하지 않은 채 남성중심적 시각으로 복지국가를 바라보았다면, 현대적 의미의 복지국가는 탈상품화를 추구할 뿐만 아니라 탈가족화와 유급노동의 권리, 돌봄의 권리를 모두 포괄하는 폭넓은 의미의 사회권을 추구한다. 이러한 목표들이 실현되는 방식은 시장과 국가, 그리고 가족의 세 영역 간의 관계를 통해서 규정된다.

2) 복지국가레짐과 젠더레짐의 친화성[3]

페미니스트 이론가들은 유급노동 접근권과 돌봄권까지 확장된 사회권 개념에 기반을 두고 젠더레짐의 유형론을 제시했다. 복지국가 유형론이 자본주의적 시장과 국가의 관계를 '탈상품화' 개념을 기준으로 구별한 것이라면, 젠더레짐은 가부장제적 가족과 국가의 관계를 '성별분업양식'을 중심 개념으로 하여 유형화한 것이라고 볼 수 있다. 이 이론들은 기존의 복지국가이론들에 대하여 대안적인(또는 추가적인) 분석틀을 제안함으로써 복지국가의 유형이 간단하게 몇 가지로 묶일 수 있는 성질이 아니라는 메시지를 전달한 것이었다.

그러나 필자는 페미니스트 이론의 기여는 복지국가의 특성을 좀 더 다양한 유형으로 이해하도록 하는 데 머물지 않는다고 본다. 복지국가레짐과 젠더레짐이 어떤 관계에 있는 것인지를 살펴본 바에 따르면, 이 둘은 서로 친화성이 매우 높다. 따라서 서로 변화를 제약하기도 하고 한 쪽이 다른 한 쪽을 견인하기도 하는 양상이 관찰된다(장지연, 2009). 요컨대, 남성생계부양자형의 젠더레짐은 보편주의적 복지국가로의 발전에 제약이 될 가능성이 크다. 이 절에서는 이 점을 다시 한 번 살펴보고자 한다.

젠더레짐의 유형론도 복지국가 유형론과 마찬가지로 다양한 변형된 형태들이 존재하지만, 대체로 다음과 같은 네 가지 이념형적인 젠더레짐이 도출된다.[4]

---

[3] 이 부분은 장지연(2009)의 일부를 수정했다.
[4] 가장 대표적인 비교국가론은 세인즈버리(Sainsbury, 1999)의 것이다. 세인즈버리는 ① 남성생계부양자레짐(male-breadwinner regime), ② 성역할분리레짐(seperate gender roles

첫째는 여성이 피부양자의 지위에 머물면서 양육자의 역할을 전담하고 돌봄노동에 대해서 국가의 적극적인 개입이 없는 경우를 상정할 수 있는데, 이는 '남성생계부양자 모델(male breadwinner model)'로 불린다. 여성이 양육자의 역할을 전담하고 있다고 하더라도 여성의 돌봄노동의 가치를 사회적으로 인정하고 국가가 보상하는 경우, 따라서 이런 역할만으로도 여성의 독립적인 생활이 가능한 경우를 '양육자 동등 모델(caregiver parity model)'로 분류할 수 있다. 양육자라고 하더라도 임금노동자에 비하여 사회권의 측면에서 불리하지 않도록 보장되는 사회라는 뜻인데, 이것은 이념형(ideal-type)으로는 가능하고 일부 페미니스트가 지향하는 목표이기도 하지만 현실에서 발견되는 경우는 없다. 여성을 임금노동자로 보는 '이인소득자 모델(dual earner model)'은 다시 국가가 돌봄노동에 적극적으로 개입하여 공공서비스를 제공하는 경우와 시장을 통해서 개별적으로 조달할 수밖에 없는 경우로 나눌 수 있다.[5] 현실에서 발견되지 않는 양육자 동등 모델을 제외하면 세 가지 젠더레짐을 정의할 수 있는데, 이를 복지국가의 세 가지 유형

〈표 3-2〉 기존 복지국가 유형과 젠더레짐의 조응

	사민주의	보수주의	자유주의
이인소득자/공공 모델	스웨덴, 덴마크, 핀란드	프랑스(↓)	
남성생계부양자 모델	노르웨이(↑), 네덜란드(→)	독일, 이탈리아, 스페인	영국(?)
이인소득자/시장 모델			미국, 캐나다

자료: 장지연(2009).

regime), ③ 성역할공유체제(individual earner-carer regime)를 구분했다. 한편 고닉과 메이어즈(Gornick and Meyers, 2003)는 ① 남성부양자/여성양육자, ② 이인소득자/여성시간제노동자, ③ 이인소득자/국가양육자의 세 범주를 구분했다.

5 이인소득자 모델이라는 용어는 부부가구를 전제로 한다는 점에서 정상가족 이데올로기를 전파한다는 문제점이 있다. 최근에는 모든 성인은 적어도 잠재적으로는 노동자라는 의미에서 '성인노동자 모델(adult worker model)'이라는 용어로 대체되어 사용된다.

과 교차시키면 <표 3-2>와 같이 다양한 유형의 복지국가-젠더레짐 유형을 얻는다.[6]

페미니스트 이론가들이 이러한 젠더레짐 유형을 제기한 것은 복지국가론에 대하여 다양한 이해를 촉구했다는 의미를 갖는다. 그런데 우리는 여기에서 그치지 않고 다음 단계의 질문을 던지게 된다. 복지국가 유형과 젠더레짐의 유형 간에는 어떤 관계가 있는가?

<표 3-2>에서 음영처리한 대각선 셀에서만 실제 사례 국가가 발견된다면, 특정한 복지국가 유형과 특정한 젠더레짐 간에 친화성이 매우 높다는 뜻이 된다. 즉, 탈상품화의 수준이 높은 국가에서 탈가족화도 적극적으로 시행될 가능성이 높다. 국가와 시장의 관계에서 국가의 역할을 확대해온 경험이나 평등에 대한 이념적 지향성은 재생산 문제에 있어서도 가족의 역할을 전제하는 대신 국가의 책임을 강화하기 쉬울 것이다. 국가의 복지제공은 표적화된 소수에게만 해당되고 나머지는 시장기능에 맡겨지는 사회에서는 돌봄서비스 역시 시장을 통하여 구매하도록 설계될 것이다. 애초에 가족의 돌봄서비스 제공 기능을 전제로 하여 가족부양자의 소득을 보전하는 프로그램을 설계한 보수주의 복지국가는 남성생계부양자형의 강한 가족주의와 친화성이 높을 것이다. 이러한 견해는 에스핑-안데르센 외(Esping-Andersen et al., 2002)에 나타난다. 그는 페미니스트 비판을 적극적으로 수용하여 '탈가족화'를 중요한 판단기준으로 추가했지만, 결과적으로 기존의 유형론을 수정하지는 않았다.

한편 페미니스트 이론가들은 젠더관계에 있어서의 차이 때문에 기존의 분류체계로는 포괄되지 않는 특이한 사례들이 등장한다고 주장했다. 즉, 위의 표에서 대각선 셀을 벗어나는 위치에 들어가야 할 국가가 꽤 있다는 것이다. 기존 분

---

[6] 코르피(Korpi, 2000)도 이와 유사하게 계급불평등과 젠더불평등을 교차한 복지국가 분류체계를 제시한 바 있다. 젠더정책의 유형은 이인소득자형, 가족지원형, 시장지향형의 세 유형으로 명명했다.

류체계에서 하나의 유형으로 분류되던 국가 중에서 새로운 기준을 추가하여 적용했을 때 이질성을 띠게 되는 국가는 중요한 사례가 될 수 있으므로 주의하여 살펴볼 필요가 있다. 주목을 받아온 국가는 노르웨이, 네덜란드, 프랑스 등이다.

노르웨이는 여성이 남성의 소득에 의존하는 성향이 강한 편이고(Hobson, 1994), 영아보육이 다른 사민주의 국가에 비하여 지극히 협소하며 비공식보육이 만연해 있었다(Leira, 1992). 세인즈버리(Sainsbury, 1999)도 사민주의 복지국가의 일반 특성과는 달리 노르웨이는 남성은 부양자로, 여성은 양육자로 보고 수급권을 부여하는 성역할분리 모델에 해당한다고 주장하는 등 노르웨이의 이질적인 특성은 흔히 지적되었다(Ellinsaeter, 1999). 네덜란드의 경우는 소득보장제도의 특성을 기준으로 삼은 괴스타 에스핑-안데르센(Gøsta Esping-Andersen)의 분류에서는 사민주의형에 속하지만 젠더관계에 있어서는 1980년대까지 남성생계부양자 모델을 견지해왔다는 주장이 있다(Pfau-Effinger, 1999; Gambles et al., 2007). 이때까지 여성취업이 강조되지 않았고 보육시설도 거의 없었다는 것이다. 프랑스의 경우는 보수주의 복지국가임에도 불구하고 전형적인 남성생계부양자 모델이 나타나지 않는다는 관찰이 있었다. 프랑스에서는 전통적으로 '친가족주의성향(pro-family tendency)'과 '페미니즘'의 긴장관계가 높았다. 이는 결과적으로 가족지원정책의 지출확대와 높은 여성 경제활동참가율로 나타나게 됨으로써 이인소득자/공공 모델에 근접하는 양상을 보이는 것으로 평가되었다(Daune-Richard, 1998).

대각선 셀을 벗어나는 국가가 독특한 새로운 복지국가 유형을 의미하는 것일까? 이렇게 대각선 셀을 벗어나는 사례가 향후 어떤 변화를 겪게 되는지는 특별히 우리의 관심을 끈다. 이 사례들은 복지레짐과 젠더관계가 결합하는 방식을 통하여 새로운 유형의 복지국가레짐이 탄생할 수도 있다는 가능성을 보여주기 때문이다. 중요한 것은 '시간의 흐름에 따른 변화 추이'이다. 젠더레짐 측면에서 나타나는 특이성이 시간이 흘러도 여전히 그러한 상태로 유지되는지, 아니면 같은 복지국가 유형에 속한 다른 국가들의 특성과 유사한 형태로 수렴되는지의 여부가 중요하다. GDP에서 가족 관련 지출이 차지하는 비중의 변화나 가족정책 중에서도 강조점이 변화하는 내용을 살펴본 바에 따르면(장지연, 2009), 특정한 복지레짐과 젠더레짐 간에는 강한 친화성이 있는 것으로 보인다. 젠더관계와 복지레짐의 유형을 교차하면서 특이한 국가사례에 주목하여 살펴본 결과, 시간이 흐를수록 기존 복지국가 유형별 국가들 간의 격차는 커지고 같은 유형 내에 있는 국가들 간의 격차는 줄어드는 방식으로 수렴하는 경향성이 발견되었다. 이를 근거로 보면 특정한 복지레짐과 젠더레짐이 결합하여 새로운 유형의 복지국가 유형을 만들어내기보다는 기존 유형으로 수렴되는 것으로 판단할 수 있다.

복지레짐과 젠더레짐이 서로 강하게 의지하고 있다는 사실로 인하여 젠더관계의 특성이 복지국가의 발전경로에 영향을 미치는 것 또한 분명하다. 네덜란드의 사례는 강한 남성생계부양자형의 젠더레짐에 기초한 사회가 사민주의 복지국가의 발전경로를 지속하기는 어렵다는 것을 보여준다(Gambles et al., 2007; Dulk and Doorne-Huiskes, 2007).

한편 노르웨이는 사민주의 복지국가 중에서도 남성생계부양자형의 젠더레짐을 가지고 있었으나 최근 20여 년 동안 가장 크게 변화했다. 여성의 경제활동 참가 등 다양한 지표에서 드러나는 바에 따르면 남성생계부양자형의 젠더레짐을 극복하고 전형적인 사민주의 유형의 다른 국가들과 비슷한 모양이 되었다. 프랑스는 여성의 경제활동 참여가 부진해지면서 다른 보수주의 복지국가들보다도 더 낮은 여성참가율을 보이고 있다. 노르웨이와 프랑스는 젠더레짐이 복지국가 레짐을 따라가는 양상을 보여준다.

복지국가레짐과 젠더레짐은 어느 한쪽이 다른 한쪽에 일방적으로 영향을 미치는 관계에 있다고 볼 수는 없다. 그러나 이 둘 사이에 매우 높은 친화성이 있는 것만은 분명하다. 특정한 형태의 젠더레짐은 복지국가의 발전을 제약하기도 하고 견인하기도 한다는 점은 분명히 기억해야 한다. 한국의 경우에도 이러한 시사점은 그대로 적용된다. 우리는 고용불안정으로 인한 소득불안정에 대응하고 돌봄의 공백 문제에도 대응해야 하는 복지국가의 과제를 안고 있다. 이러한 복지국가 발전의 방향성은 남성생계부양자형의 젠더레짐과 함께 가기는 어렵다.

3. 노동시장, 가족, 국가복지의 결합양식

한국 복지국가의 특징은 사회보험을 통한 소득보장과 이중화된 노동시장의 결합에 있다고 알려져 있다. 이 때문에 제도의 구조상으로는 조합주의(보수주의) 복지국가의 성격을 가지고 있으면서 실제 보장 수준은 잔여적 복지국가를 벗어나지 못한다는 견해에 대체적인 동의가 있는 것으로 보인다. 그런데 이러한 한국 복지국가의 성격을 초래한 주요 요인의 하나로 젠더레짐의 특성, 즉 계층화된 남성생계부양자형의 젠더레짐의 영향을 간과할 수 없다.

복지국가의 성격을 파악하고자 할 때 젠더레짐을 고려해야 한다는 말의 의미는 가족의 역할이 국가복지를 대신하는 정도와 여성이 노동시장에 결합되는 양식을 반영해야 한다는 뜻이다. 한국 복지국가의 성격을 국가와 시장, 그리고 가족 사이의 관계를 중심으로 살펴보자.

한국의 노동시장은 이중구조화되어 있으며 시장소득의 양극화는 심화되고 있다. 국가복지는 가족책임주의를 벗어나지 못하고 사회지출 규모 자체가 적다는 점에서 자유주의형이고 주로 사회보험에 기반을 둔 복지체제를 구축했다는 점에서 보수주의형이 복합된 형태이다. 사회보험제도는 기여한 자만을 수혜대상으로 삼는데, 노동시장 이중구조의 하층에 위치한 집단은 사회보험의 수혜범위에도 들어가지 못하는 상황이다. 즉, 보편적인 소득보장제도가 발달하지 못했을 뿐 아니라 보편적인 사회서비스도 매우 위축되어 있는 상황이다. 국가복지를 통해서 노동시장 이중화의 문제를 극복하지 못하는 한계상황에 있다는 진단이 나온다. 여기까지는 국가와 시장의 관계이다.

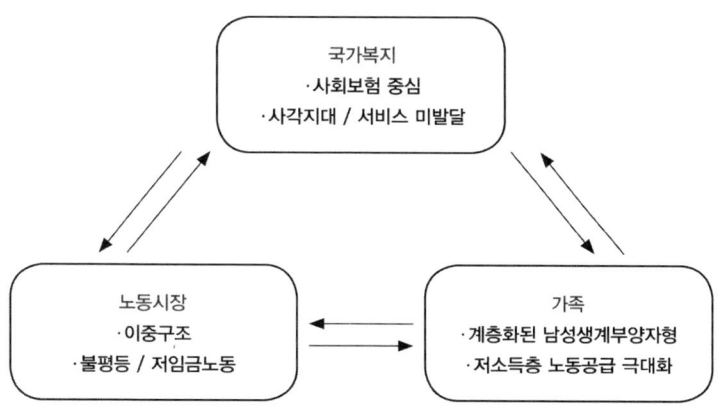

〈그림 3-1〉 노동시장, 가족, 국가복지의 관계

그런데 노동시장구조와 복지국가가 상호작용하는 방식은 그 사회에서 여성의 역할을 어떻게 정의하고 있느냐에 따라 크게 영향을 받는다는 사실에 주목할 필요가 있다. 한국의 젠더레짐이 계층화된 남성생계부양자형의 특성을 가지고 있다는 사실은 노동시장의 이중구조 속에서 취약한 저임금노동이 만연하게 되는 현실을 일정 부분 설명해준다. 또한 계층화된 남성생계부양자형의 젠더레짐은 제도로서의 사회보험방식 소득보장체계가 유지되고 국가가 제공하는 사회서비스가 미발달할 수밖에 없는 현실과 높은 상관관계가 있다.

1) 노동시장: 이중구조와 근로빈곤

한국 노동시장은 고용형태와 기업규모를 기준으로 이중구조화되어 있으며 비정규직과 영세기업 종사자들의 저임금 비율이 매우 높다. 저임금 노동의 결과는 근로빈곤으로까지 귀결된다. 한국 노동시장은 저임금근로자의 비율이 높다는 것 이외에도 고용률은 낮고 자영업자와 임시직근로자의 비율은 높으며 장시간 근로하는 특징을 보인다. 또한 소규모의 괜찮은 일자리(1차 시장)와 대규모의 나쁜 일자리(2차 시장)로 나누어지는데, 이들 1차와 2차 시장 간에 이동이 매우 제약되어 있어서 노동시장이 이중구조화되어 있다는 것이 일반적인 평가이다. 대규모의 2차 시장에는 비정규직과 비공식 노동, 영세사업장 종사자의 광범위한 풀이 형성되어 있다. 임금 수준을 기준으로 일자리를 나누어보면, 상위와 하위의 일자리는 증가하고 중간 일자리는 감소하는 일자리의 양극화 현상이 뚜렷하게 관찰된다(전병유·신동균, 2007). 문제는 노동시장 이중구조의 하층에 있는 많은 노동자들이 저임금과 고용불안정의 문제를 안고 있을 뿐 아니라 일자리를 통해 연결되어 있는 국가복지로부터도 배제되고 있다는 점이다.

노동시장의 불평등과 불안정이 국가복지(사회안전망)를 통해서 보충되고 교정된다면 이런 국가는 복지국가라고 할 수 있다. 그러나 이런 기제가 작동되지 않는 경우에 나타나게 되는 현상이 근로빈곤이다. 일할 능력과 의지가 있고, 더구나 생애 대부분의 기간을 일을 하고 있음에도 불구하고 자신과 그 가족이 빈곤 상태를 벗어나지 못하는 사람들이 전체 근로연령층 인구의 10%를 넘어섰다. 통계청 가계조사자료를 분석한 이병희(2011)에 따르면, 15~64세 근로연령층의 빈곤율은 1990년에 6.5%에서 2010년에는 10.2%로 증가했다. 빈곤층을 근로능력 여부와 취업 여부를 기준으로 그 구성을 살펴보면, 2009년 말 현재 중위소득 50% 미만의 빈곤층을 약 650만 명으로 추산할 때 근로능력 빈곤층은 약 250만 명으로 전체 빈곤계층의 38.5%에 달한다. 근로능력 빈곤층 중에서 빈곤기간 중 유급 일자리에 취업했던 적이 있는 사람이 60%이며, 다시 이 중에 절반은 심지어 1년 내내 취업했던 사람이다(이병희, 2011). 요컨대 한국에는 일할 능력이 있고 일할 의사가 있을 뿐 아니라 실제로도 생애 대부분의 기간을 일하고 있는데도 불구하고 빈곤을 벗어나지 못하는 근로빈곤층의 규모가 상당하며, 이 비율은 증가하는 추세에 있다.

근로빈곤의 문제, 나아가 빈곤의 문제는 단순히 일자리가 부족하기 때문에 생기는 문제가 아니다. 실직이 빈곤을 초래하는 주요 기제인 것은 사실이고, 취업을 함으로써 빈곤을 탈출하게 되는 사람이 많은 것도 사실이지만, 이런 사례를 들어 이들에게 '아무 일자리나' 제공하는 것으로 문제해결이 가능하다고 보는 것은 옳지 않다. 개별적인 사례로 볼 때 빈곤의 위험은 실직에서 오는 것일 수 있지만, 좀 더 정확하게는 빈곤의 위험을 초래하는 세 가지 원인은 고용불안정, 저임금, 그리고 일자리를 통해서 사회보험의 보호로 연결되지 않는 문제에서 찾아야 한다.

혹자는 한국 노동시장이 경직적이라고 주장하지만, 비교적 안정적인 고용지위를 누리고 있는 사람은 공공부문과 대기업의 일부 조직노동자들뿐이고, 이들도 해고로부터 자유로운 것은 아니다. 이들의 숫자라고 해봐야 얼마 되지 않기 때문에 결과적으로 한국 노동자의 고용불안정성은 OECD 국가들 중에서 최고 수준이다. 이를 지표로 살펴보면 현재 일자리에서 일한 지 1년 미만인 근로자의 비율은 36%로 OECD 국가들 중에서 가장 많으며, 반대로 10년 이상 된 사람의 비율은 17%로 가장 적다(OECD employment and Labor Market Statistics).

저임금의 문제도 심각하다. 근로빈곤으로 분류된 사람들을 보면, 일을 적게 해서 가난한 것이 아니라 일한 시간에 대한 임금이 너무 낮은 것이 문제였다. 이병희(2011)의 분석에 따르면 2009년에 취업을 한 적이 있는 사람 중에서 빈곤자와 비빈곤자의 연간 근로일수나 일일근로시간은 크게 차이가 나지 않았다. 차이는 시간당 근로소득에서 나타났다. 빈곤 여부를 설명하는 데 기여하는 비율을 따지자면 시간당 근로소득이 75.5%를 차지하는 데 비해, 연간 근로일수는 18.2%, 일일근로시간은 6.3%를 설명할 뿐이다. 법정 최저임금 미만을 받고 있는 근로자가 전체 임금근로자의 10%를 넘는 이런 문제를 해소하지 않고는 근로빈곤 문제를 해결할 수 없다는 것은 자명하다.

근로빈곤을 초래하는 또 하나의 중요한 요인은 일자리가 사회보장체계와 연결되지 않는 데 있다. 즉, 사회보험 미가입이다. 한국은 일을 하지 않는 시기 동안은 사회보험을 통해서 소득 수준을 일정하게 보장하겠다는 사회보장체계를 가지고 있다. 일을 해서 소득이 있는 동안에 사회보험에 가입이 되어 있다면, 일자리의 상실이 곧 빈곤으로 이어지지는 않는다는 것을 의미한다. 그러나 현실적으로 저임금 불안정 일자리가 사회보험에 가입된 일자리일 가능성은 매우 낮다. 취업해 있는데도 빈곤층으로 분류되는 사람들의 73.9%는 사회보험에 가입되어 있지 않은 비공식일자리에 취업하고 있다(이병희, 2011).

요약하자면 한국 노동시장은 1차 시장과 2차 시장으로 이중구조화되어 있고, 2차 시장에는 저임금 일자리가 편만해 있으며 이 일자리는 사회보험에도 가입되어 있지 않다. 일을 해도 가난한 사람이 많은데, 이들은 사회보험에도 가입되어 있지 않기 때문에 일이 없는 기간에 대한 소득보장도 당연히 불가능하다. 이렇게 질 낮은 일자리가 많은 노동시장 상황은 사회보험의 확대 자체를 어렵게 할 뿐 아니라, 나아가 사회보험 중심의 국가복지만으로는 불평등과 불안정을 해소하기 어려운 상황을 만들어낸다. 우리는 지금 정확히 이 지점에 서 있다. 그리고 이러한 노동시장의 특징은 가족 영역과 국가복지 영역의 특징과 긴밀하게 연결되어 있다.

2) 국가복지: 이중구조의 암묵적 제도화

한국 복지국가의 성격을 재원조달방식과 지출방식을 통해서 살펴보았을 때 두드러지는 특징은 사회보험과 법정 기업복지의 비중이 크다는 점이다(장지연, 2009). 2008년 기준으로 법정 기업복지지출은 전체 사회지출의 4분의 1에 육박하는데, 이 중에 상당 부분은 중규모 이상 기업에 속한 정규직 임금근로자에게 돌아가는 것으로 보아도 무방할 것이다. 사회보험은 약 50% 비중을 차지하고 있다. 물론 사회보험제도 자체가 특정집단을 배제하는 방식으로 설계되어 있는 것은 아니지만, 결과적으로 사회보험을 통해 소득보장을 받는 사람들은 상대적으로 안정적인 1차 시장에 속한 근로자들이다. 요컨대 기업복지와 사회보험이

<표 3-3> 비임금근로자의 국민연금 가입 또는 연금 수급

단위: %

	고용주	자영업자	전체
사업장(직장)사업자	40.3	6.7	15.4
지역가입자	33.2	34.7	34.3
수급(권)자(국민연금 또는 특수직역)	4.8	14.3	11.9
가입되지 않았음	21.8	44.3	38.4
전체(천 명, %)	1,493.7(25.9%)	4,265.9(74.1%)	5,759.6

자료: 통계청, 「경제활동인구조사 부가조사」, 원 자료(2009.8).

전체 복지에서 차지하는 비중이 높다는 것은 비교적 좋은 일자리에서 일하는 근로자만을 보호하게 되는 결과를 낳는다. 이러한 위험은 한국의 사회보험제도가 이중구조화된 노동시장과 결합되었기 때문에 발생한 것이다.

먼저 자영업자의 경우를 살펴보자(<표 3-3> 참조). 한국에서 전체 취업자 중 임금근로자가 차지하는 비율은 70% 정도이고 나머지 30%는 고용주와 자영업자, 무급가족종사자를 포함하는 비임금근로자이다. 사회보험에서 임금근로자(직장가입자)는 보험료를 사용자와 근로자가 절반씩 부담하지만 비임금근로자(지역가입자)는 혼자서 보험료를 모두 부담해야 하기 때문에 영세한 자영업자의 사회보험 미가입률이 높다. 통계청이 2009년에 실시한 경제활동인구조사 비임금근로자 부가조사에서는 국민연금 가입 여부를 질문했는데, 이 조사결과에 따르면 고용주 가운데 국민연금에 가입하지 않은 사람은 21.8%이고, 종업원을 고용하지 않은 자영업자 가운데는 44.3%가 가입하지 않고 있는 것으로 나타났다. 영세한 자영업자가 사회보험을 통한 안전망의 보호범위 밖에 놓여 있을 가능성이 매우 높다.

임금근로자라고 할지라도 사회안전망의 보호를 받지 못하는 사각지대는 존재한다. <표 3-4>는 임금근로자를 1차 시장과 2차 시장 소속으로 나누고, 임금수준별로 나누어서 각 범주의 고용보험 가입실태를 나타낸 것이다.[7] 임금근로자

〈표 3-4〉 임금근로자의 사회보험 가입률

단위: %

전체		국민연금(+특수직역)			고용보험			
		미가입	직장 가입자	지역 가입자	공무원등	가입	적용 제외	미가입
임금근로자		27.1	65.6	7.3	7.7	58.9	8.6	24.8
1차		1.4	98.3	0.3	18.6	78.3	0.2	3.0
2차		32.6	58.7	8.7	5.4	54.8	10.3	29.5
임금 계층	저임금	60.0	30.0	10.0	0.3	33.6	16.4	49.8
	중간임금	22.0	69.7	8.3	3.4	67.2	6.8	22.6
	고임금	4.4	92.6	3.0	21.5	69.5	4.0	5.1

주: 1. 임금계층은 시간임금이 중위값의 3분의 2 미만인 경우 '저임금', 3분의 2 이상을 '고임금', 그 중간을 '중간임금'으로 정의함.
2. 1차= 100인 이상 사업체 정규직, 2차는 그 외 임금근로자.
자료: 「경제활동인구조사」, 원 자료(2010.3).

전체를 놓고 볼 때 국민연금에 미가입한 사람은 27.1%이고, 고용보험 미가입자와 적용제외자를 합치면 33.4%이다. 그런데 이 수치는 앞서 정의한 1차 시장(100인 이상 사업장 정규직)에 속한 사람의 경우는 각각 1.4%와 3.2%로 거의 무시할 만한 수치인 데 비하여, 2차 시장에 속한 사람의 경우는 국민연금 미가입자는 32.6%, 고용보험 미가입(적용제외 포함)은 39.8%에 달하는 것으로 나타났다. 그렇지 않아도 고용이 불안정하고 임금 수준도 낮은 2차 시장 부문에서 사회보험을 통한 고용안전망은 매우 부실하게 작동하고 있다. 이러한 문제점은 임금 수준별, 사업체규모별, 고용형태별 사회보험 가입률에서도 유사한 방식으로 나타난다. 저임금계층일수록 임금소득이 단절되었을 때 국가복지로부터 사회안전망

---

7   고용보험의 경우, 공무원과 별정직 우체국직원 등은 고용보험 가입대상이 아니지만 실제로 다른 보호장치를 가지고 있는 직업집단이다. 한편 적용제외자는 단시간근로와 특수형태 근로자로 일어지는 비전형근로자 등 매우 불안정하고 열악한 조건에 처해 있는 근로자로서 고용보험에서 법적으로 적용제외로 규정되어 있는 집단이다. 따라서 실제로 고용안전망이 적용되지 않아서 문제가 되는 범주는 이 표에서 '적용제외'와 '미가입'이다.

의 도움을 받아야 할 필요성이 높을 것인데, 이들은 사회보험에 가입하지 못하고 있다는 것이 현실이다. 중위소득의 3분의 2 미만의 저임금근로자의 경우 국민연금에서 제외되어 있는 자는 60%에 달하며, 고용보험에서 배제된 경우는 66.2%에 달한다. 실제로 이러한 사회보험이 예방하고자 하는 사회적 위험, 즉 소득상실에 대한 대응이라는 본래 목적을 달성하는 것이 매우 어려운 형편이라는 점을 시사한다.

영세사업장 근로자와 비정규직 근로자는 고용의 불안정성이 높은 집단이다. 앞 절에서 살펴본 바와 같이 이들은 항상적으로 실업에 노출될 위험에 처해 있으므로, 고용안전망을 통한 보호가 가장 절실하게 필요한 집단임에도 불구하고 이들은 고용보험의 보호범위 밖에 방치되어 있다. 이들은 국민연금에도 가입하지 못하고 있는 비율이 높아서 노후생활의 빈곤도 우려되는 상황이다.

요약하자면, 한국 노동시장의 가장 중요한 특징이 이중구조이며 사회보장제도는 일자리에 연계된 사회보험에 크게 의존하고 있다. 대부분의 인구가 노동시장에 안정적으로 편입되어 있고 일자리를 통해서 사회보험에 가입할 수 있다면, 사회보험 중심의 사회보장제도가 크게 문제시될 이유가 없을 것이다. 반대로 사회보장제도가 시민권에 근거한 보편적 제도를 근간으로 설계되어 있다면 노동시장 이중구조가 삶의 질에 미치는 직접적인 영향은 일단 사회보장제도를 통하여 여과될 수 있을 것이다. 그러나 한국은 사회보험 기여금을 내고 이 제도에 편입된 사람들끼리 소득단절을 비롯한 사회적 위험에 대비하는 시스템인데, 2차 노동시장에 속하고 소득단절의 위험률이 높은 사람들은 사회보험제도의 수혜영역 밖에 놓여 있다는 것이 문제이다.

팔리에와 쎌렌(Palier and Thelen, 2010)은 비스마르크식 소득보장제도를 운영해온 유럽대륙 국가 사회보장체계가 경험하고 있는 최근의 변화추세를 노동시장의 이중구조화에 대해 주변적 노동력에게는 조세에 기반을 둔 사회부조나 보조금 제도로 지원하는 사회보장체계의 이중구조화로 설명한 바 있다. 정규직 임금노동이라는 근로계약과 사회보험제도를 통해서 전 국민을 하나의 사회적 보호틀 안에 포괄해왔던 유럽대륙 국가들이 노동시장의 이중구조화에 직면하여 자유주의적 복지국가의 성격을 일정하게 결합하는 방식으로 사회보장체계를 이중구조화하는 전략을 채택했는데, 이러한 현상을 '이중구조의 제도화(Institutionalization of Dualism)'로 개념화할 수 있다는 것이다.

노동시장 이중구조에서 하층에 해당하는 영역이 사회보험의 사각지대가 되고 있다는 점에서 우리도 비슷한 경험을 하고 있다. 다만 그 방식은 사회보험의 보호를 상층에서부터 하층으로 내려가면서 보호를 확대해가던 중에 전체를 커버하지 못하고 정지했다는 점에서 차이점을 발견할 수 있다. 모든 근로자를 대상으로 하는 제도를 도입하고도 실질적 가입 확대를 하지 못하고 사회보장의 사각지대를 방치한다는 점에서 '이중구조의 암묵적 제도화'라고 이해할 수 있다. 유럽의 경우 조세기반으로 저소득층 보호제도를 확대함으로써 빈곤 문제에 대해서는 어느 정도 대응을 했다고 평가되지만, 한국은 사회보험과 사회부조가 둘 다 적용되지 않는 커다란 영역이 있기 때문에 현재 상태로는 사회보험이 오히려 격차를 확대하는 결과를 초래할 가능성도 배제할 수 없다.

3) 가족: 계층화된 남성생계부양자 모델

한국의 젠더레짐은 남성생계부양자형에 속한다. 남성생계부양자형의 젠더레짐은 여성이 남성에 의존하면서 가족 내의 무급돌봄제공자의 역할을 하는 것이 전형적인 성별분업인 사회 유형이다. 그러나 실제로 한국의 소득보장체계에는 전업주부 여성에게 가사노동과 돌봄에 대한 보상의 의미를 갖는 급여제도가 거의 없으며, 노동시장에서도 생계부양자인 남성에게 가족을 부양하기에 충분한 급여를 주는 것이 아니므로 여성이 노동시장에서 일을 해야 하는 부담은 상존한다는 의미에서 '약한' 남성생계부양자형으로 불리기도 한다(장지연, 2009). 그러

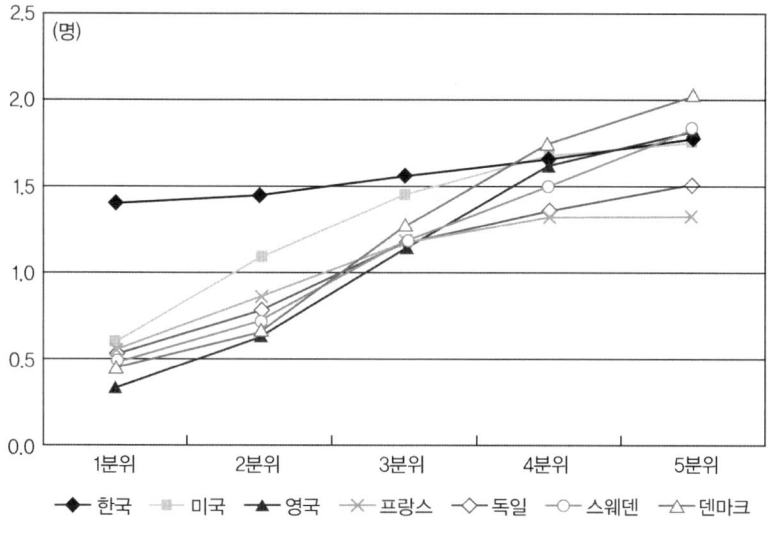

〈그림 3-2〉 소득분위별 가구당 평균 소득자 수

자료: LIS 2000년대 중반 기준.

나 김영순(2010)은 한국의 젠더레짐을 단순히 (약한)남성생계부양자형으로 분류하기보다는 '계층화된 남성생계부양자 모델'로 분류할 것을 제안했다. 이 제안은 매우 타당한데, 두 가지 근거를 덧붙일 수 있다. 첫째, 저소득층 여성의 경우 취업하지 않고 생계를 유지하기 매우 어려우므로 취업은 선택이 아니며, 이런 여성들의 비율이 상대적으로 높다. 둘째, 남성생계부양자 모델이 이데올로기적으로 보편화되어 있다면 여성이 임금시장에 진입하더라도 시간제로 진입하여 0.5소득자의 역할을 하는 경향이 발견될 것이나, 한국사회에서는 그런 모습이 보이지는 않는다.

한국 젠더레짐이 계층화된 남성생계부양자 모델임을 보여주는 통계지표는 소득계층별 취업자 수에서 확연하게 나타난다(<그림 3-2> 참조). 대부분의 선진국에서는 소득분위가 올라갈수록 가구당 근로소득자(취업자)의 수가 많아진다. 소득 하위 20%에 속하는 가구의 경우 소득자의 수는 평균 0.5명 내외이다. 즉,

저소득층 가구에서는 소득자가 1명이 있거나, 혹은 없는 경우도 절반가량 된다는 뜻이다. 선진국에서 가난한 가구는 가족 중에 일할 사람이 없는 경우가 많다는 뜻이다. 보통 가난한 가구는 노인도 많고 아픈 사람도 많으니 당연하다고 볼 수 있다. 그러나 한국은 이야기가 다르다. 저소득층이나 고소득층이나 가구당 취업자의 수는 크게 차이가 나지 않는다. 특히 소득 하위 20%에 속하는 가구에서도 소득자의 수가 평균 1.4명이나 된다. 한국에서 가구별 시장소득의 분포가 비교적 평등한 이유는 가구주(또는 주생계부양자)의 근로소득이 낮은 가구에서 2차소득자의 경제활동 참여가 활발하기 때문이다. 달리 말하자면 국가에 의한 소득보장이나 재분배정책이 거의 작동하지 않는 환경조건하에서 저소득가구는 가구원의 노동공급을 최대한 늘리는 방식으로 대응하면서 살고 있다는 뜻이다.[8]

계층화된 남성생계부양자형의 젠더레짐은 노동시장의 이중구조를 강화하는 방향으로 작동한다. 괜찮은 일자리에서 일하는 남성 가장은 가족을 부양할 수 있는 정도의 보수를 요구할 수밖에 없다. 중산층 여성의 경우 육아와 자녀교육에 전력을 다하는 것이 사회적 규범으로 자리 잡고 있기 때문이다. 반면에 저소득층 여성은 낮은 시장임금에도 불구하고 선택의 여지없이 노동시장에 들어갈 수밖에 없으며, 이로써 커다란 비정규직 저임금노동자의 풀을 형성하게 된다. 선진국에서는 취업하지 않음으로써 포기하게 되는 소득 때문에 고학력·고소득 여성의 경제활동참가율이 더 높은 데 비해서, 한국은 상대적으로 저소득층의 가구원이 노동시장 참여가 활발하다는 것이 앞서 살펴본 그래프에서 확인된다. 남성생계부양자형의 젠더레짐에서는 가족의 생계를 책임진 것으로 간주되는 장년층 남성노동자에 대한 우선적인 배려가 사회적으로 용인되면서 여성에 대한 배제와 차별은 점점 더 극복하기 어려워진다.

---

8 이 밖에도 한국의 경우 가구당 가구원의 수가 선진국보다 많은 점, 그리고 「가계조사」의 조사방식이 가계부 기장방식이기 때문에 사소한 일자리까지 포착될 가능성이 큰 점 등이 반영된 것이기도 하다.

젠더레짐과 국가복지의 관계도 긴밀한 연관성을 갖는다. 남성생계부양자형의 젠더레짐은 국가의 사회서비스 제공을 지체시키면서 여성의 노동시장 진입에 걸림돌이 된다. 저소득층 가족은 아동과 청소년, 노인에 대한 돌봄서비스가 꼭 필요한 형편이었지만, 중산층 가족은 돌봄서비스의 사회화를 강하게 요구하지 않는 현상이 오랫동안 지속되어왔던 것이다. 한국의 국가복지가 사회보험을 주축으로 한 소득보장에 치중하는 반면 사회서비스 제공에는 취약한 상태가 된 것은 남성생계부양자형의 젠더레짐과 연관성이 높다.

젠더레짐의 특징이 노동시장과 국가복지에 영향을 미치는 방향의 인과관계만 존재하는 것이 아니다. 그 역방향의 인과관계도 존재한다. 방대한 규모의 2차 시장이 유지되는 노동시장은 '계층별로 분화된' 젠더레짐을 강화한다. 여성이 노동시장에서 1차 시장에 진입하기 어려운 현실이기 때문에 많은 인적자본을 가지고 있는 고학력 여성은 오히려 상대적으로 경제활동에 덜 참여하게 되는 반면, 방대한 저임금노동자의 풀은 저임금 남성노동자와 역시 저임금노동자인 그 배우자로 채워질 수밖에 없다.

국가복지와 젠더레짐 간의 관계도 마찬가지로 상호적이다. 사회보험을 통한 소득보장은 서구의 역사에서도 '남성생계부양자 모델'을 기반으로 성장한 것이었다. 노동자와 '그 가족'의 생활수준을 보장하기 위하여 기존의 임금 수준에 연동하는 소득을 보장한다는 것이 밑바닥에 깔린 정신이었다. 일부 노동자만이 안정된 일자리와 사회보험을 통한 소득보장을 받는 구조에서는 '계층별로 분화된' 젠더레짐이 유지될 수밖에 없다. 돌봄서비스의 사회화 수준이 낮은 국가복지의 특징 역시 같은 결과를 강화한다. 돌봄노동이 사회화되어 있지 않은 상태라면 중산층 여성은 노동시장에 나가지 않는 선택을 하게 될 것이지만, 저소득층 여성은 자녀를 방치한 상태에서라도 노동시장에 나가지 않을 수 없을 것이다.

노동시장과 가족과 국가복지의 영역이 이렇게 서로 조응하면서 꽉 짜인 상태라는 것은 이 상태를 벗어나는 것이 그만큼 어렵다는 뜻이기도 하다. 어느 부분의 매듭에서부터 시작해서 전체적으로 엉킨 실타래를 풀 수 있을까? 당연히 한마디로 대답하는 것은 불가능하다. 오히려 강조해야 할 것은 어느 한쪽을 방치한 채로는 상호 연결된 이 문제를 풀 수 없다는 사실이다. 국가복지의 일부분만 들여다보아서는 발전된 복지국가를 기약할 수 없다. 한국에서 사회보험제도의 도입이 소득불평등을 해소하는 데는 역부족이었던 점이나, 최근의 돌봄서비스 확대가 여성고용의 증가로 이어지지 못한 경험이 주는 교훈은 크다. 불안정한 노동시장이나 성불평등 문제를 방치한 채로 복지국가에 다가서겠다는 것은 헛된 꿈일 수밖에 없다. 노동시장과 가족, 그리고 국가복지 영역의 문제점이 상호 긴밀하게 연결되어 있다는 사실을 인식하는 것이 새로운 복지국가 설계의 첫걸음이 될 것이다.

4. 결론: 어떤 복지국가인가?

복지국가는 단순히 재분배국가가 아니라 자본주의 경제체제에 기인하여 발생하는 사회적 위험에 연대적으로 대응하는 국가이다. 이 목적을 수행하는 두 축은 소득보장제도와 사회서비스이다. 사회서비스는 좁게는 돌봄서비스, 넓게는 교육과 의료 등을 포괄하는 개념인데, 한국에서는 앞으로 한참은 더 확대해 나가야 할 영역이다. 이 영역은 사회투자적 성격을 띨 뿐 아니라 고용을 촉진하는 데 기여하기도 한다. 사회적 위험을 최소화하는 효과적인 대응이며, 생활수준의 불평등을 실질적으로 완화하는 방안이기도 하다. 사회서비스를 누구나 접근할 수 있는 보편적인 서비스로 제공하는 것이 우리가 가야 할 방향이다.

복지국가의 소득보장체계는 사회보험방식과 보편적 수당방식, 그리고 잔여적 부조방식의 결합으로 구성된다. 한국의 소득보장제도는 사회보험제도를 중심으로 시행되고 있는데, 제도상으로는 보호대상이 넓게 설계되어 있지만 실제로는 고용이 불안한 저소득계층을 누락시키고 있어서 불평등완화효과나 소득단절 위험으로부터 보호가 불완전함을 지적한 바 있다. 소득보장체계는 우리가 쌓아온 노력이 있고, 제도의 경로의존성이 있어서 갑작스럽게 전적으로 다른 소득보장체계를 만들 수는 없다. 다만 어느 나라이든 소득보장원리는 다양한 제도의 조합으로 이루어져 있고 상황에 따라 약간의 변화를 주어가면서 적응해나가야 할 필요성이 있다. 우리도 원칙적으로 보험방식과 수당방식, 부조방식의 적절한 결합을 추구해야 한다.

사회보험은 실질적인 대상을 확대하는 것에 중점을 두어 발전시켜야 한다. 현재 제도가 잘못되어 있는 것이 아니라 대상을 위에서부터 아래로 확대해나가다 보니 한계에 직면하게 되었다. 사회보험료 지원제도 등을 포함해서 대상 확대 방안이 적극 가동되어야 한다. 특히 고용보험과 국민연금은 가입자들끼리 혜택을 나누는 제도이므로, 각종 추가적인 혜택을 늘리면서 보험료도 올리는 방식은 진입장벽을 높일 수 있으므로 지양하여야 한다.

노동시장이 이중구조화되어 있는 현실을 감안하면 지금처럼 사회보험방식에 주로 의존하여 소득보장체계를 구성하는 것은 한계가 있다. 기초(노령)연금이나 아동수당과 같은 보편적인 현금급여의 역할을 늘려나가야 하며, 저소득층을 대상으로 하는 부조제도도 지금보다 훨씬 보강될 필요가 있다.

안정적인 노동시장이 복지국가를 떠받치는 주춧돌임을 부인하는 사람은 없다. 복지국가의 재정은 조세와 사회보험 분담금으로 유지되는데, 기여자는 많고 수혜자는 상대적으로 적어야 이러한 연대가 안정적으로 유지될 수 있다. 그런데 한국은 많은 일자리가 불안정한 저임금 일자리인 데다가 일자리를 통해서 사회보험에도 가입되어 있지 않다 보니 일이 없는 기간에는 바로 빈곤층으로 떨어지게 되고 노후에도 가난 속에 허덕이지 않을 수 없다. 노동시장의 문제가 이렇게 크면 이를 국가복지가 모두 떠맡아서 해결하는 것이 불가능해진다.

노동시장에서 저임금 불안정 고용을 해소해나가는 것은 무엇보다 중요하다.

지난 정부에서 '일자리 창출'을 목표로 내걸었고 실제로 많은 일자리가 창출되었다고 하는데, 다른 한편에서 그만큼 빠르게 일자리가 사라졌기 때문에 고용률은 제자리걸음을 하고 있다. 고용이 심하게 불안정한 가운데 새로운 일자리가 많이 생긴다는 것 자체에 큰 의미를 두기는 어렵다. 고용률이 증가한다고 하더라도 일자리의 질이 낮으면 이 경우도 역시 복지국가에 부담이 된다. 유럽에서 1990년대와 2000년대에 고용률을 크게 증가시켰음에도 불구하고 가구소득 불평등과 빈곤율은 오히려 악화된 것을 목격한 바 있다(Marx et al., 2011; OECD, 2011). 요컨대 일자리의 질을 향상시킬 방도를 강구해야 한다.

이상에서 언급한 노동시장과 국가복지 개선방향에는 이미 남성생계부양자형의 젠더레짐을 해소한다는 원리가 상당히 반영되어 있다. 젠더레짐을 남성생계부양자형에서 이인소득자-이인양육자 모델로 전환시켜나가는 것은 복지국가 발전의 전제조건이기도 하다.

한국 노동시장에서 불안정한 저임금 일자리의 거대한 풀이 형성되어 있는 것과 저소득층 여성의 노동참여율이 높은 것은 동전의 양면이다. 돌봄서비스직과 판매직에서 여성일자리로 간주되는 일자리들은 불안정한 저임금 일자리로 자리잡았다. 시장가격으로 형성되는 임금 수준은 짧은 시일 내에 바뀌기 어렵겠지만, 문제는 정부가 실제로 임금 수준을 결정한다고 볼 수 있는 사회서비스직 일자리에서도 사정이 조금도 낫지 않다는 데 있다. 우리는 사회서비스부문에서 질 낮은 서비스와 낮은 임금 수준이 결합한 저진로(low-road) 함정에 갇혀 있다. 이렇게 해서는 남성생계부양자형의 젠더레짐을 해소하고 노동시장 이중구조를 완화하며 사회서비스의 수준을 향상시키는 일석삼조의 기회를 놓쳐버리고 말 것이다.

돌봄노동에 얼마나 가치를 부여하고 어떻게 재배치할 것인가에 깊은 고민이 필요하다. 돌봄노동의 시장화가 바람직하지 않은 것은 두말할 것도 없지만, 무턱대고 질 낮은 서비스를 많이 공급하는 것도 우려스럽다. 돌봄노동에 관한 정책은 남성의 돌봄참여에 영향을 미침으로써 성평등에 직접적인 영향을 미친다. 남녀가 모두 자유롭게 돌봄노동과 임금노동에 참여할 수 있도록 하는 것을 목표로 삼아야 할 것이다.

남성과 여성이 평등하게 노동시장에 참여할 수 있도록 기회를 제공하는 것은 여전히 그 중요성을 잃지 않고 있다. 성평등이냐 일·가족 양립이냐는 논리적으로 전혀 선택의 문제가 아니고 둘 다 함께 추구하여야 하지만, 일·가족 양립이 여성에게 주로 필요한 가치인 것처럼 취급되면서 오히려 성평등을 저해하는 기제로 작동하는 경향마저 보인다. 여성에게는 시간제 일자리가 필요하다는 논리가 대표적 사례이다. 성평등한 노동시장이 성평등한 가족을 만들고, 성평등한 가족이 성평등한 노동시장의 실현에도 기여한다.

참고문헌

김영순. 2010. 「비정규직 여성노동자의 사회권을 통해 본 한국의 젠더체제」. ≪한국사회보장연구≫, 제26권 1호, 1~23쪽.
버먼, 셰리(Sheri Berman). 2010. 『정치가 우선한다』. 김유진 옮김. 후마니티스(Berman, Sheri. 2006. *The Primacy of Politics*. Cambridge University Press).
윤홍식. 2006. 「복지패러다임의 전환과 사회서비스 정책의 과제: 가족 영역과 관련된 새로운 사회적 위험으로부터」. 안상훈 외 편. 『미래 한국의 경제사회정책의 쟁점과 과제』. 한국노동연구원.
이병희. 2011. 「근로빈곤 문제의 현황과 대책」. 노사정위원회 고용과 사회안전망 포럼 발표문(미간행).
장지연. 2004. 「복지국가에 대한 페미니스트 관점의 기여와 한계」. ≪한국사회학≫, 제38집 3호.
_____. 2009. 「한국사회 젠더레짐과 복지국가의 성격」. 정무권 편. 『한국복지국가 성격논쟁 II』. 인간과 복지.
_____. 2011. 「노동시장 이중구조와 사회보험 사각지대」. 한국노동연구원 국제심포지엄 "이중노동시장과 저임금근로에 대한 복지국가의 대응" 자료집.
_____. 2012a. 「사회보험 사각지대와 이중노동시장의 제도화」. 이병희 외. 『사회보험 사각지대 해소방안』. 한국노동연구원.
_____. 2012b. 「다양한 층위의 소득정의와 구성요소에 따른 불평등 수준」. ≪동향과 전망≫, 85호, 131~163쪽.
전병유·신동균. 2007. 『노동시장 양극화의 경제적 분석』. 한국노동연구원.
폴라니, 칼(Karl Polanyi). 2009. 『거대한 전환』. 홍기빈 옮김. 도서출판 길(Polanyi, Karl. 1944. *The Great Transformation. The Political and Economic Origins of Our Time*. Beacon Press.
Briggs, Asa. 1961. "The Welfare State in Historical Perspective." *European Journal of Sociology*, 2, pp.221~258.
Daune-Richard, Anne-Marie. 1998. "How does the 'societal effect' shape the use of Part-time work in France, the UK, and Sweden." in Fegan and O'Reilly(eds.). *Part-Time Prospects: An international comparison of part-time work in Europe, North America and the Pacific Rim*. Routledge press.
Dulk, Laura den and Anneke vn Doorne-Huiskes. 2007. "Social Policy in Europe: its Impact on

Families and Work." in Crompton, R., S. Lewis and L. Clare(eds.). *Women, Men, Work and Family in Europe*. Palgrave Macmillan.

Ellinsaeter, Anne Lise. 1999. "Dual Breadwinners between State and Market." in R. Crompton(ed.). *Restructuring Gender Relations and Employment: The Decline of the Male Breadwinner*. Oxford University press.

Esping-Andersen, Gøsta. 1990. *Three Worlds of Welfare Capitalism*. Polity Press.

Esping-Andersen, Gøsta. et al.(eds.) 2002. *Why We Need a New Welfare State*. Oxford Univ. Press.

Fraser, N. 2000. "After the Family Wage: a Postindustrial Thought Experiment." in B. Hobson(ed.). *Gender and Citizenship in Transition*. Macmillan Press.

Freedman, Jane. 2001. *Feminism* (이박혜경 옮김. 2001. 『페미니즘』. 이후).

Gambles, R., S. Lewis and R. Rapoport. 2007. "Evolutions and Appoaches to Equitable Divisions of Paid Work and Care in Three European Countries: Multi-level Challenge." in France, in R. Crompton, S. Lewis and C. Lyonette(eds.). *Women, Men, Work and Family in Europe*. Palgrave Macmillan

Gordon, Linda. 1990. "The New Feminist Scholarship on the Welfare State." in L. Gordon(ed.). *Women, the State, and Welfare*. The University of Wisconsin Press, pp.9~35.

Gornick, J. C. and M. K. Meyers. 2003. *Families that Work: Policies for Reconciling Parenthood and Employment*. New York: Russell Sage Foundation.

Hobson, B. 1994. "Solo Mothers, Social Policy Regimes and the Logics of Gender." in Diane Sainsbury(ed.). *Gendering Welfare States*. London.

Korpi, W. 2000. *Faces of Inequality: Gender, Class, and Patterns of Inequalities in Different Types of Welfare States*. Social Politics.

Leira, A. 1992. *Welfare States and Working Mothers: The Scandinavian Experience*. Cambridge Press.

Marshall, T. 1964. *Class, Citizenship and Social Development*. Garden City, NY: Doubleday.

Marx, I. et. al., 2011. "Can Higher Employment Levels Bring Down Poverty in the EU?" *GINI Discussion Paper* 15.

OECD Employment and Labour Market Statistics. http://www.oecd-ilibrary.org/employment/data/oecd-employment-and-labour-market-statistics_lfs-data-en

OECD. 2011. *Devided We Stand: Why Inequality Keeps Rising*. OECD.

Orloff, Ann Shola. 1993. "Gender and the Social Rights of Citizenship: the Comparative Analysis of Gender Relations and Welfare States." *American Sociological Review*, vol.53.

Palier, Brumo and Kathleen Thelen. 2011. 「이중구조화와 제도적 상보성: 프랑스와 독일

의 노사관계, 노동시장, 복지국가의 변화」. 한국노동연구원 국제심포지움 '이중노동시장과 저임금근로에 대한 복지국가의 대응' 자료집.

Pateman, Carole. 1988. "The Patriarchal Welfare State." in A. Gutmann(ed.). *Democracy and the Welfare State*. Princeton University Press, pp.231~260.

Pfau-Effinger, Birgit. 1999. "The Modernization of Family and Motherhood in Western Europe." in R. Crompton(ed.). *Restructuring Gender Relations and Employment: The Decline of the Male Breadwinner*. Oxford University press.

Sainsbury, Diane. 1999. "Gender and Social-Democratic Welfare States." in D. Sainsbury (ed.). *Gender and Welfare State Regimes*. Oxford Univ. Press.

Stephens, John. 2010. "The Social Rights of Citizenship." *The Oxford Handbook of The Welfare State*. Oxford University Press.

제4장
한국 가족정책의 현황과 과제
OECD 가족정책 비교와 이인소득자 모델

신필균 | 복지국가 여성연대 대표

1. 서론

보편적 복지국가의 상징인 북유럽 스웨덴의 사회정책은 가족정책과 노동정책의 두 기둥을 중심으로 소득보전정책과 사회서비스 제도가 씨줄과 날줄처럼 잘 연계되어 있다. 이러한 스웨덴 모델은 한국이 배워야 할 가장 바람직한 복지국가 유형의 하나로 꼽히고 있다. 그러나 지금까지 진행되어온 한국의 복지국가 논쟁에서 가족정책의 비중은 대단히 낮으며 더욱이 가족정책을 여성정책이나 저출산 문제 해결 차원에 국한하는 경향이 있다. 다른 한편 양극화 현상과 사회적 불평등, 중산층 몰락, 저출산·고령화 사회 등을 가장 심각한 당면 사회 문제로 보며 이를 해결하기 위하여 '어떤 복지국가인가?'라는 구체적 국가비전에 관한 논의를 제기하고 있다. 그런데 이러한 논의는 '어떤 가족정책인가?'라는 물음을 제외하고는 진행될 수 없다고 여겨진다.

21세기 시대적 과제인 지속가능한 사회발전을 위하여 가족정책이 지향하는 목표를 세 가지로 정리할 수 있다. 첫째, 심화되어가는 양극화를 해소하는 일이다. 빈부 격차의 심각성은 경제적 측면뿐만 아니라 사회문화적 면에서도 깊어져 이제는 한 사회 안에서 '서로 다른 국민'으로 살아갈 때 발생하는 사회정치적 갈등의 위험을 더 이상 방치할 수 없게 되었다(에스핑-안데르센, 1999). 소득불평등이 악화되는 것을 막기 위해서는 이 문제를 가족 단위에서부터 해결하는 사회정책이 뒷받침되어야 한다. 가족은 개인의 집합으로 이루어진 최소의 사회적 단위일 뿐 아니라 개인 삶의 기반이기 때문이다. 가족정책의 대상에는 자녀, 부·모(남성·여성), 그리고 선진국에서는 이미 독립된 대상이지만 변화의 과도기에 놓여 있는 한국에서는 여전히 노인 문제가 포함된다. 그리고 가족정책에 접근할 때 무엇보다 중요하게 고려되어야 하는 기준이 있다. 가족 소득의 원천인 노동정책을 위시하여 의료정책, 교육정책 등 핵심적인 사회정책을 포괄적으로 설계하고 실행하는 데 가족정책이 결정적인 정책허브역할을 한다는 사실이다. 여기에서 가족이란 전통적인 개념의 가족과 아울러 독신가족도 포함되나, 이 글에서는 주로 자녀를 부양하는 가족(한부모, 비혼모 포함)을 대상으로 한다.

둘째, 성평등형(젠더레짐) 복지국가로의 재편이다. 복지국가 건설을 주창함에 있어 진보, 보수를 떠나 대부분의 정책전문가들이 가장 우려하는 부분은 증가하는 빈곤층 문제와 출산력 저하로 인한 경제활동인구의 감소이다. 그럼에도 불구하고 현재의 한국 사회정책은 그 문제의 주체이자 가장 중요한 이해당사자인 여성의 문제를 여성 인권 차원으로 국한하거나 사회적 약자로 보아 지원 대상으로 여기는 수혜적 복지관을 기반으로 하고 있다. 이것은 지극히 전통적·남성적 접근방법이며 인본주의를 배제한 시장주의적 관점에 머무는 일이다. 이를 대체하는 새로운 성평등 관점은 사회통합과 성숙한 민주주의 발전에 가장 핵심적인 요소라 할 수 있다.

셋째, 출산력 증대 효과를 이끌어내는 일이다. 지속적인 출산율 저하는 곧 인구구조의 노령화로 이어지고, 노인인구에 비해 경제활동 연령 인구가 적으면 경제성장과 사회적 비용을 감당할 재원을 안정적으로 마련하기 어렵다. 결국 사회

발전의 지속가능성을 위협하는 총체적 문제가 제기되는 것이다. 이는 대부분의 OECD 가입 선진 국가가 이미 공유하고 있는 문제의식이다.

가족정책이 실현해야 할 위의 세 가지 목표를 보더라도 이제는 좀 더 포괄적 접근방법으로 복지국가라는 새로운 국가운영방식과 체계를 설계할 때이다. 그와 동시에 한국의 복지국가 재편과정에서 핵심적으로 논의되어야 하는 점은 가족정책의 전면 재편이다. 따라서 복지국가의 모색과 설계는 모든 사회 문제의 가장 저변에 자리 잡고 있는 여성 문제, 즉 가정과 사회의 관계 유지, 재생산에 핵심적 역할을 수행하는 여성 문제에 대한 이해와 대안 없이 성공할 수 없다고 본다.

이 글은 학술논문의 형식보다 상대적으로 자유롭게 여러 나라의 가족정책 지표를 묘사하는 형식(descriptive method)과 정책 중심의 사실을 비교 설명하는 방식을 활용했다. 글의 체계는 두 단락으로 나누어 첫 번째 단락에서는 일반적·보편적 가족정책의 역사적 배경과 변천, 가족정책의 개념과 범주를 설명하고 가족정책의 유형을 OECD 국가 중심으로 비교 분석하며, 향후 우리가 추구해야 할 가족정책의 바람직한 방향을 제시한다. 이를 토대로 두 번째 단락에서는 한국 가족정책의 실상과 문제점 그리고 앞으로의 재편방향과 과제를 다룬다.

2. 복지국가와 가족정책

1) 가족과 가족정책에 대한 이해

가족에 대한 이해는 서양과 동양이 현격한 차이를 보이는데, 특히 한국의 가족관은 독특하다. 서구에서 가족이란 부모와 자녀를 포함해 함께 사는 구성원의 집합을 의미하나, 한국에서는 가장을 중심으로 한 혈통적·귀속적 관계를 중시한다고 할 수 있다. 따라서 국가 입장에서 가족의 문제를 바라볼 때 서구에서는 개인, 시민의 문제지만 한국에서는 어느 집안(가문)의 문제로 보아 관여의 여지를 축소하는 전통을 지녔다. 1994년 유엔이 정한 '가족의 해' 이후 한국사회에도 가족구조의 변화와 다양성이 광범하게 진행되고 있으나 가족 문제를 바라보는 시각은 여전히 전통적이다. 그 대표적인 사례가 가족 구조의 변화를 '가족의 위기'로 인식하며 2003년에 도입된 「건강가족기본법」이며(윤홍식, 2004), 아동의 권리를 사회공동체가 지켜주지 못하는 「친족법(親族法)」 중 '친자권' 문제이다.

가족형태의 변형, 한부모가족의 증가, 저출산·고령화, 청소년의 사회적 일탈 문제는 OECD 국가가 현재 공통적으로 안고 있는 문제로, 선진국일수록 이를 해결하기 위해 가족정책의 비중을 크게 늘려나가고 있다. 20세기 후반 세계 각국의 가족정책의 발달은 괄목할 만하며, 가족정책이 담고 있는 내용과 추구하는 가치도 진화를 거듭하고 있다. 그러나 한국사회는 전통적 가족 개념에 따른 성별분업 사고가 여전히 지배적이며, 인구구조의 불균형이 야기할 수 있는 미래사회의 위험에 대한 장기적 대응책이 미약한 상태이다. 한국사회는 이 두 가지의 문제를 동시에 해결해야 하는 이중의 과제를 안고 있다.

여기에 유념해야 할 중요한 관점이 있다. 산업사회 이후 OECD 국가들의 가족정책 목표를 살펴보면 저출산 문제를 중요한 사회 문제로 여기면서도 출산율 증가 자체를 가족정책의 직접적인 목표로 삼은 나라는 없다(Thévenon, 2011). 이와는 달리 한국의 실태는 각 지자체가 앞다투어 내놓은 출산력 강화 대책들을 위시해서 중앙정부의 정책 등 단기적 정책들이 난무하다. 가족정책을 경제·사회적 목표를 달성하는 수단으로만 바라볼 때 가족 구성원, 특히 아동과 여성 등 개인의 존엄성이나 공정한 복지라는 원칙이 무너질 우려가 크며, 결국 지속가능한 사회발전과 무관하게 작용될 수 있다. 이는 또한 보편적 복지국가가 지향하는 이념과 철학과도 어긋난다고 하겠다.

이런 맥락에서도 가족정책에서 포괄주의를 강조하는 것이며, 이제는 이런 인식을 바탕으로 보편적 복지의 이해와 개념을 확장할 때가 되었다고 본다. 포괄적 가족정책이란 부모의 소득보장은 물론 사회적 권리의 보호와 자녀부양가족을 위한 주택보조, 그리고 교육과 의료를 포함한 돌봄 및 사회서비스의 확대 강화, 이와 연관된 제반 사회정책을 포함하는 말이다. 다른 한편 노동시장에서의 탄력적 근무시간, 노동환경 개선, 임금 개선 등 노동정책과의 밀접한 관계가 두루 포함되는 것을 뜻한다. 다시 말해 일과 가정이 양립되도록 철저히 짜인 포괄적 체계를 뜻한다.

선진 유럽 국가들이 공통적으로 운영하는 가족정책의 내용은 세 가지로 압축하여 설명될 수 있다. 출산과 관련된 '육아휴직 형태', '현금부조의 방식', '서비스 공급체계와 공급량'이 그것이다. 이 세 가지 지원수단이 단수형인가 혹은 복수형인가 하는 설계방식, 노동시장정책과 연계된 제도적 접근에 따라 각 나라가 취하고 있는 유형에는 큰 차이가 있다. 더욱이 성평등이라는 중요한 가치관 반영 여부와 아동권이 과연 중심인가 하는 문제도 복지국가를 이루는 주요 내용이다.

이런 관점에 대하여 사회정책을 다루는 많은 학자들은 유사한 연구결과를 발표했다. OECD 국가들의 가족정책을 비교 분석한 보고서를 중심으로 가족정책 목표의 다양성을 다룬 연구(Thévenon, 2011)도 있고, 이를 종합하여 팔메(Palme, 2011)는 서구 유럽형과 북구 유럽형의 차이를 '전통적 지원 모델'과 '이인소득자 모델'로 설명하기도 한다('보론' 참조). 아래에서는 OECD 국가들을 중심으로 가족정책의 주요 목표와 유형을 살펴본다. 이 글의 취지에 맞게 여기에서는 가족정책의 내용을 국가적 지원 프로그램으로 제한한다.

2) OECD 국가 가족정책의 다양성(diversity of aims)

올리비에 티베논(Olivier Thévenon)은 가족정책의 현대화가 시급한 상황에서도 모든 OECD 회원국들의 정책 다양성이 좀처럼 수렴되지 않는 현상에 주목하며,

〈표 4-1〉 OECD 회원국들을 중심으로 본 가족정책의 다양성

목적	정책의 주안점	주요 지표	해당 국가(유형별)
빈곤 해소	저소득 가족 소득지원 (선별적)	저소득 가족지원 비율(%)	영미권, 남유럽 일부, 한국
아동권 보호 및 자녀양육비 지원	유자녀 가구와 무자녀가구 간의 생활수준 격차 좁히기	0~2세까지의 아동돌봄 공공예산 비율(%)	북유럽, 대륙권
여성고용 촉진 및 성평등 증진	고용보장 및 출산·양육에 대한 부모보험	출산+양육유급휴가기간, 부성의 양육휴가기간	북유럽, 영미권[1]
유아기 성장 지원	아동양육에 대한 사회적 책임/인적자원 투자	GDP 대비 아이 1명당 소요되는 총비용(%), GDP 대비 아동돌봄에 투여되는 예산(%)	북유럽, 대륙권/영미권
출산장려	지속가능한 사회발전	출산율	OECD 대부분

자료: Thévenon(2011: 57~77) 요약.

그 차이를 규명하기 위한 기준으로 가족정책의 다양성과 각국의 정책 배합방식의 차이를 설명한다. 이를 요약하면 <표 4-1>과 같다. 표에서 보는 바와 같이 나라마다 가족지원정책의 다섯 가지 목표 배합방식이 다르고, 이에 따라 채용되는 정책 척도 또한 다르다. 그 결과 정책들은 기획에서뿐만 아니라 부모들의 일과 가정생활에 대한 지원내용의 일관성 정도에서도 차이를 보인다. 이는 선진 유럽 국가들이 공통적으로 운영하는 세 가지 정책수단들, 즉 '육아휴직 형태', '현금부조 방식', '서비스 공급체계와 공급량'의 배합방식 차이로 나타난다.

① 빈곤 감소와 소득 유지

이 모델은 저소득 자녀부양가족의 생활 유지를 지원하는 선별적 복지의 전형이다. 주로 영미권과 일부 남유럽 국가들이 취한 사회정책의 특징으로, 국가는 저소득층의 소득보전을 통해 빈곤화를 방지하는 것을 기본 목적으로 한다. 영미권과 달리 남유럽 국가들의 경우는 이 밖에 다양한 가족부조정책이 존재한다.

---

1 영미권 중 특히 미국은 부모보험은 매우 약하나 고용에 대한 보장 내지 배려는 강한 편이다.

② 자녀양육비용의 직접 보상

아동을 중심으로 한 자녀부양가족에 대한 가족정책으로서, 유자녀 가구와 무자녀 가구 간의 생활수준 격차를 좁히려는 목적이다. 실제로 가구소득과 상관없이 국가는 자녀 수에 따라 아동수당과 주택보조 등의 현금부조 수단을 사용한다. 이런 조치는 저소득 가구에만 해당되는 것이 아니기 때문에 전반적 소득불평등 문제를 해소할 수는 없다.

③ 여성고용 촉진과 성평등의 향상

최근 가족정책의 핵심 목적은 일과 가족을 양립시키려는 것이라 할 수 있다. 이는 소위 '이인소득자 모델'로 나타나며 북구의 가족정책이 대표적이다. 경제활동인구의 좀 더 높은 노동참여율은 복지국가의 경제적 혹은 재정적 지속가능성에 기여하고, 고급 여성노동력의 고용 증진은 생산성을 향상시키고 경제성장을 촉진시킨다고 분석되고 있다(에스핑-안데르센, 1999). 따라서 사회정책을 통해 부부가 공평하게 자녀돌봄을 포함한 유급 혹은 무급 노동을 나눌 수 있다고 보고 이를 목표로 한다. 또 출산 이후 직장 복귀를 보장하는 긴 육아휴가는 오히려 노동 단절을 예방하는 효과가 있다고 본다.

④ 유아기 성장 지원책

OECD 국가 대부분은 유아 성장기에 지원하는 것을 기본으로 가족정책을 설계했다. 주요 지원 내용으로 두 가지 요소를 들 수 있는데, 하나는 부모가 자녀를 돌보고 교육하는 데 투입하는 시간의 양에 관한 것, 또 다른 하나는 사회제도에 의한 아동돌봄서비스와 취학 전 돌봄시설에 투자되는 정부의 예산이다. 이런 공공서비스는 부모 모두 직업생활을 할 수 있는 기회를 제공하며, 부모의 동시 취업은 가구소득을 늘려 빈곤을 감소시킨다.

⑤ 출산율 증가

인구고령화의 원인이 되는 낮은 출산율은 대부분의 OECD 국가에서 큰 고민거리다. 이 현상이 장기적일 때 경제성장과 복지국가의 지속가능성을 어렵게 하기 때문이다. 그러나 어느 나라도 출산율 증가 자체를 가족정책의 핵심적 목표로 삼지는 않는다고 티베논은 설명한다. 2005년 유럽연합집행위원회(European Commission)에서는 인구노령화의 정책적 함의에 관한 토론이 전개되었는데, 여기에서 두 가지 관점이 고려 대상으로 부각되었다. 하나는 실제 출산율이 부모들이 원한다고 답한 자녀 수보다 떨어지는 문제를 해결하는 점으로(Thévenon, 2011 재인용), 그 원인을 사회제도와 경제적 여건의 문제로 보는 관점이다. 둘째는 출산율이 높은 국가가 여성고용률도 높은 사례를 기초로, 여성의 노동 참여를 출산의 장애로 볼 수 없다는 점이다. 물론 그 반대의 사례도 있으나 이 관점은 한국의 가족정책 설계에 있어서나 저출산 문제 해결과정에서 유념해야 할 중요한 내용이라고 본다.

3) 가족정책의 유형(family policy models)

(1) 특성별로 본 OECD 국가들의 가족정책

앞서 소개한 대로 목표를 중심으로 본 가족정책의 내용은 여러 유형으로 나뉜다. 이를 구분하는 지표를 몇 가지로 정리하면 다음과 같다. ① 출산과 관련된 부모보험(parental insurance)으로, 소득보전정책과 부모휴가(maternal leave)기간, ② 3세 미만의 영유아 가족(비혼모 포함)을 지원하는 공공예산의 규모, ③ 영유아 가족에 대한 소득 지원과 돌봄서비스, ④ 성평등 면에서 출산 이후 직장 복귀 보장 및 아버지의 육아휴가 참여도, ⑤ 여성의 일반적 경제활동참가율, ⑥ 출산율 변동 등이다. 이 결과 각국의 빈곤가족 지원방법과 지원책이 빈부격차 해소에 미치는 영향을 간접적으로 파악하려 한다. 이에 관한 수치를 <표 4-2>로 구성했다.

〈표 4-2〉 그룹별로 본 OECD 국가의 주요 가족정책 내용(2005~2007년)

	1인당 GDP 대비 아이 1인당 지출(%)	GDP 대비 아동 돌봄에 투여되는 예산(%)	0~2세 아동 돌봄비용(%)	출산+양육 유급휴가기간 FTE[1]	부성의 양육휴가 기간	저소득가족 지원 비율 (%)[2]
북유럽 모델	52.6	1.52	46	44.6	6.7	2.2
대륙형 모델	22.3	0.87	36	31.9	0.7	1.1
영미권 모델 (+스위스)	8.1	0.50	30	10.9	0.0	4.7
남유럽 모델, 일본+한국	12.5	0.57	28	27.8	0.7	3.6
(일본) (한국)[3]	(13.6) (1.0)	(0.5) (0.3)	-	(39.6) (57.3)	(0.0) (0.0)	-
OECD(28개국) 평균[4]	28.6	0.79	30	31.7	1.7	3.0

주: 1. FTE(Full-time equivalent)란 출산과 관련하여 각 국가가 정한 임금보상을 받는 휴가기간을 말함.
2. '이인소득자 가족(평균소득 가족)에 대한 자녀 지원비 총액' 대비 '소득 25% 이하 가족(저소득 가족)에 대한 자녀 지원비 총액'의 비율.
3. 그룹 안에서의 비교를 위해 일본과 한국을 별도로 처리했으며, 기본 자료는 2005년도에 해당됨.
4. OECD 평균에는 동유럽 국가들도 포함.
자료: Thévenon(2011: 67, 78, 79) 재구성.

① 북유럽형: '이인소득자 모델(dual earner model)'

북유럽의 가족정책은 성평등정책을 기본으로 여성의 노동권 보호와 장기간의 유급(임금의 70~100% 급여) '부모휴가'를 특징으로 한다. 일과 가정생활의 양립이 가능하도록 부모의 가사노동 참여를 전제로 부모휴가를 나누어 사용하도록 유도하며, 자녀의 병간호를 위한 임시 부모휴가가 제공되는데 이것은 노동시장정책, 보건의료정책과 연관되어 있다(신필균, 2011). 유자녀 가족의 생활 유지를 기본으로 한 소득보전정책으로는 아동수당, 현금보조, 주택보조, 소득에 비례한 시설이용료 등과 공공 영유아 돌봄서비스가 여타 모델들에 비해 가장 관대하다. OECD 국가 중 가장 눈에 띄는 제도는 역시 '부모보험제도'이다. 출산으로 인해 직장을 잃지 않는 것은 물론 유급의 부모휴가기간은 평균 44.6주나 된다(2009년 유급휴가기간은 스웨덴 62주, 덴마크 50주, 핀란드 52.7주, 노르웨이 47.4주이며, 아이슬란드가 10.4주로 가장 짧다).

<표 4-2>의 첫 번째 칼럼은 휴가비용과 육아서비스 비용 등을 포함해 영유아(0~3세) 1명당 투여되는 총비용을 GDP에 비교한 것이다. 북유럽은 평균 53%(스웨덴 59.4%)로 대륙형 국가들의 평균 비용 22%, OECD 평균 28.6%보다 월등하게 높은 것을 볼 수 있다. 북유럽의 또 다른 특징은 부성 육아휴가기간이 6.7주(스웨덴 10주)로, OECD 평균 기간 1.7주에 비해 4배나 길다. 이것은 육아와 가사노동에서 성평등을 유도하는 대목이다. 또 하나의 수단은 세금우대정책으로, 부부합산 소득액과 일인소득자 가족의 소득액이 같을 경우 이인소득자 가족에게 유리하게 적용하는 것을 들 수 있는데, 이는 여성의 경제활동을 유도하는 성평등정책이기도 하다. 또한 부모의 소득과 자녀 수에 비례한 각종 현금급여(장애아에 대한 별도의 특별수당 지급)와 일반적인 누진적 조세정책을 통해 상대적 빈곤을 최소화하고 있다. 이 모든 것을 포함하여 북구의 복지정책을 '포괄적 모델(encompassing model)'이라 일컬으며(Palme, 1997), '이인소득자 모델'의 대표적 유형이라 할 수 있다. 여기에는 핀란드, 스웨덴, 노르웨이, 덴마크 그리고 아이슬란드가 포함된다.

② 대륙형: '전통적 보조 모델(traditional support model)'

유럽대륙 국가들의 가족정책 특징으로는 전통적으로 자녀부양가족에 대한 높은 재정적 부조를 들 수 있다. 반면 일과 가정 양립을 위한 지원제도는 대단히 제한적이다. <표 4-2>와 같이 유자녀 가족을 위한 공적지원 수준은 OECD 국가들의 평균보다 높다. 일반적으로 가족에 대한 소득보전정책은 소득 수준보다 자녀의 유무를 더욱 중요시하며, 자녀 부양에 드는 비용을 보조하는 데 중점을 둔다. 이 결과 저소득가족 지원비율이 OECD 중 가장 낮게 나타난다. 독일의 경우는 '주부연금제도(Anerkennung eines Erziehungsjahres in der Rentenversicherung)'가 북구의 '부모보험'을 대신하고 있다. 이는 여성이 출산휴가나 자녀양육을 위해 직업을 중단하거나 포기할 경우 그 기간에 비례하여 연금을 산정하는 성격을 갖고 있다. 유럽대륙 국가들 또한 대부분 아동수당을 지급한다. 하지만 자녀양육 중심의 가족정책에도 불구하고 프랑스를 제외한 나머지 국가에서는 출산율 증가에 별 영향을 미치지 못하고 있다(<표 4-2> 참조). 이들 국가의 평균 부모휴가기간은 OECD의 평균 수준을 유지하지만 나라에 따라 큰 차이를 보인다. 프랑스 47주, 오스트리아 37.7주로 두 국가는 대체로 긴 편이고 정액의 유급휴가를 인정하고 있다. 독일은 최근 정액 지불의 긴 휴가제도에서 높은 급여의 단기간 휴가로 전환시켰다.[2] 프랑스 역시 육아비용 보조나 취업모성을 위한 육아와 가사지원 폭이 확대되는 변화 조짐을 보이지만 아직 여성 취업을 지원하는 정책과는 거리가 멀다(김혜경, 2006).

종합하면 유럽대륙 국가들은 자녀부양비용을 보조하는 '전통적' 가족정책에서 아직 벗어나지 못하고 있다. 여성이 일과 가정을 동시에 선택할 때 이를 뒷받침하는 정책적 보조가 미약하며, 조세정책도 맞벌이부부에게 결코 유리하게 짜여 있지 않다. 이런 점에서 성평등에 관한 한 '보수성'을 벗어나지 못하고 있으나(Thévenon, 2011), 그렇다고 저소득층만 지원하는 선별적 모델은 아니다. 유아킴 팔메(Joakim Palme)의 정의를 빌리면 대륙형 가족정책은 '전통적 보조 모델'이라고 할 수 있다. 이 모델은 프랑스, 독일, 룩셈부르크, 벨기에가 대표적이며 오스트리아, 네덜란드는 여러 면에서 대륙권의 평균치보다 낮은 수준이다.

---

[2] 정액의 긴 휴가제도는 여성으로 하여금 집안에 안주하게 하는 요인이 된다. 이런 면에서 독일의 개혁제도는 여성의 사회참여 기회를 활성화시키는 효과가 있다고 해석된다.

③ 영미형: '선별적 복지 모델(residual model)'

영미형 국가들의 가족정책은 북유럽형과 비교할 때 대척점에 속하는 유형이다. 북구에서는 가족의 문제를 개인 단독으로 해결할 수 없는 사회 문제로 보고 제도적 장치를 통한 보편적 접근방식인 반면, 영미권은 국가의 개입을 최소화하고 지원 대상을 빈곤층 가족이나 한부모가족으로 제한하는 전형적인 선별적 접근방식을 취한다. 앞의 <표 4-2>에서 보는 바와 같이 아이 1명당 투입되는 공적비용이나 영유아를 위한 공공서비스체계는 물론 개별적 지원방법도 OECD 다른 지역에 비해 가장 낮다. 그 대신 빈곤가족을 지원하는 비율이 가장 높고, 지원방법에서도 사회적 서비스체계보다는 현금부조방식을 취하고 있다. 특히 3세 미만의 영유아보다는 3세 이상 아동을 위한 조기교육과 교육서비스에 더 많은 비용을 투자한다. 영유아 돌봄을 개인의 영역으로 여기고, 3세 이상 아동 중심으로 특히 아동 발달에 필요한 교육제도 발전에 집중하는데, 이를 인적자원을 위한 국가 투자라고 설명한다.

영미권에 속한 국가들은 여느 그룹과 달리 지형적으로 분산되어 있다. 그와 동시에 이들의 정책 성향은 비슷하나 내용에는 큰 차이가 있음을 살펴볼 필요가 있다. 영국의 가족지원정책은 약 10%에 해당되는 저소득 가족에 대해서만 자녀 보육비의 80%를 보조해주는 반면 대부분의 유자녀 가족에게는 아동수당을 지급함으로써 미국과 달리 보편성을 지니고 있다. 출산과 관련된 부모휴가는 비교적 짧으며, 휴가 시 급여에 대한 규정 또한 분명하지 않다. 그러나 영국의 출산휴가기간은 26주에 임금의 60%를 주는 유급이다. 캐나다는 15주에 임금의 55%를 주는 유급, 미국은 12주에 무급이다.[3] 출산휴가는 여성의 고용 유지와 직결되는 사항으로 제도적으로 이를 보호하느냐 여부가 관건인데, 미국의 경우 짧은

---

3 미국의 출산휴가는 연방 수준, 무급의 12주를 기반으로 각 주(States)별 유·무급이 다르며 양 부모가 이를 사용할 수 있는 규정 또한 차이가 있다(예: 캘리포니아, 뉴저지 주는 부성 휴가 인정).

휴가와 임금 보전이 제대로 이루어지고 있지 않은데도 직장 복귀를 위한 보호장치가 강한 것은 매우 흥미로운 점이다. 미국의 여성 노동시장 참여율은 OECD 평균 수준이며, 3세 미만의 자녀를 둔 여성 비율 또한 대륙 국가들보다 높다(<표 4-2> 참조). 이 군에 속하는 국가들은 영국, 아일랜드, 미국, 캐나다, 뉴질랜드, 오스트레일리아를 비롯하여 스위스가 있다.

④ 남유럽과 일본·한국형: '정책부재형'

티베논이 남유럽과 일본·한국을 같은 그룹으로 묶는 이유는 가족정책 지원방식이나 국가 지원 수준 정도가 OECD 그룹에서 유사하기 때문이다. 그러면서도 OECD 국가 중 사회정책 전반적으로 정책체계나 예산 책정 면에서 가장 취약한 국가군에 속한다. 사회 문제 해결을 위한 정책 설계가 단기적이고 단순하며 비효율적 행정체계를 지닌 점도 유사하다. 이를 티베논은 보고서에서 '정책부재형('deficit' of policies)'으로 분류하고 있다. 오늘날 스페인, 그리스, 이탈리아 등의 남유럽 국가들은 재정위기를 맞고 있으며 이에 따라 복지체계가 더욱 불안해지고 있다. 포르투갈을 제외한 남유럽 국가들은 정치경제적 혼란 시기를 수차례 경험했다. 그런 면에서도 한국과 비슷하며 복지체계를 이루어온 역사도 짧은 편으로 양극화와 고령화 문제가 심각하다. 한편 사회문화적으로도 성평등에 대한 인지도가 가장 낮은 나라들이기도 하다. 이들은 영미권에 비해 가족정책의 복지적 혜택과 지원제도는 어느 정도 높은 편이나 빈곤가족을 지원하는 비율이나 소득이전 효과는 영미권보다 훨씬 낮음을 보여준다. <표 4-2>는 이러한 내용을 보여주고 있다.

특히 일본과 한국은 이러한 면에서 가장 빈약한 국가로 분류되며, 더욱이 한국은 이 중에서도 최하위 국가이다. 한국은 출산비용이나 영유아를 위한 공공지출 총액에서도 소속 그룹은 물론 OECD 국가 중 최저에 속한다. 심지어 육아휴가제도가 마련되어 있음에도 불구하고 실제 부모휴가 이용률이 가장 낮은 데다

부성이 이용하는 비율 또한 최하위이다. GDP 대비 아이 1명당 소요되는 국가의 총비용이나 아동 돌봄을 위한 공공지출은 여타 OECD 국가들과 비교조차 어려울 만큼 낮은 수치를 보여주고 있다. 한국은 출산율도 OECD 국가 중 최저이며[4], 여성노인빈곤율은 가장 높은 편에 속한다. 이 부문에서 일본은 한국과 달리 남유럽 그룹의 평균보다 높거나 비등하다.

남유럽 국가로는 포르투갈, 스페인, 이탈리아, 그리스가 이에 속한다. 이 그룹 역시 지원방법이나 수준이 다른 그룹에 비해 아주 큰 차이를 보이고 있음을 밝혀둔다.

(2) 가족정책 유형의 종합 비교

<표 4-2>에서는 여성의 직업 보장을 위한 출산휴가와 육아휴가, 이에 따른 소득보전정책, 가사와 육아에서의 성역할 분담제도 그리고 자녀부양을 위한 경제적 지원과 돌봄서비스 체계를 유형별로 비교 설명했다. <표 4-3>은 가족정책이 직·간접적으로 영향을 미치는 빈곤율, 출산율 그리고 여성의 고용상태를 보여주는데, 앞서 나눈 유형 중 가족정책의 내용이 비교적 대표성을 지녔거나 혹은 한국과 비교하기에 적합한 국가들을 중심으로 소개한다. 여기에서는 빈곤율 측정을 세 가지로 나누어 비교한다. <표 4-3>의 첫 번째 칼럼은 조세정책이나 여타 현금부조 혜택을 받기 이전의 개인소득에 따른 빈곤율이며, 두 번째 칼럼은 소득재분배 이후 가용한 부부합산 가처분소득을 기준으로 한 빈곤율이다. 세 번째 칼럼은 두 번째 칼럼과 같이 재분배 이후 한부모가족의 빈곤율을 측정한 것이다. 여성고용률도 세 가지로 분류하여 여성의 경제활동이 활발한 독신기를 포함한 25세에서 49세까지의 평균 고용률과 자녀를 둔 여성 가운데 다시 17

---

4 한국의 합계출산율은 2005년에 1.08명으로 최저치를 보이다 2012년에는 1.30명으로 증가했다.

〈표 4-3〉 가족정책의 특성과 관련된 빈곤율, 출산율, 여성고용률

	빈곤율(%)			출산율(%)	고용률(%)		
	빈곤율[1] (소득재분배 이전)(2000년 중반)	부부가족 빈곤율[2] (2000년 중반)	한부모 가족의 빈곤율[2] (2000년 중반)	출산율 (2005)	여성 고용률 (25~49세) (2007)	16세 이하 자녀를 둔 여성고용률 (2007)	3세 미만 자녀를 둔 여성고용률 (2007)
스웨덴	26.7	2.8	7.9	1.77	79.8	82.5	71.9
독일	33.6	8.6	41.5	1.34(1.94)[3]	73.3	68.1	28.5
미국	26.3	13.6	47.5	2.05(1.8)[4]	71.2	66.7	54.2
그리스	32.5	11.7	26.5	1.28	61.6	58.7	49.5
일본	26.9	10.5	58.7	1.26	64.3	52.5	28.5
한국	17.5	8.1	26.7	1.08	60.0	(56.3)[5]	(36.5)[6]
OECD평균	23.7	8.4	30.4	1.6	72.0	67.9	50.5

주: 1. 경상소득을 기준으로 한 중위소득 50% 이하의 상대빈곤율.
2. 조세 및 현금급여에 의한 재분배 이후의 가처분소득 기준.
3. ( ) 프랑스의 출산율.
4. ( ) 영국의 출산율.
5. ( ) 7~18세 자녀를 둔 여성고용률, 김혜원(2009).
6. ( ) 6세 이하의 자녀를 둔 여성고용률, 김혜원(2009).
자료: Thévenon(2011: 81~82), 김혜원(2009).

세 미만 자녀와 3세 미만 자녀를 둔 여성의 고용률로 나누어 살펴본다.

첫째로 가족정책이 영향을 미친 빈곤율을 비교하면, 소득재분배 이전의 빈곤 상태는 국가 간 큰 차이를 보이지 않는다. 스웨덴과 미국이 비슷하고, 독일과 그리스가 OECD 평균을 상회하며 비슷하다. 눈에 띄는 부분은 한국의 빈곤율이 OECD 국가 중 가장 낮고(17.5%)[5], 미국과 독일의 빈곤율이 의외로 높다는 점이다. 그러나 소득재분배 이후 가처분소득을 중심으로 살펴보면 한부모가족의 국가 간 빈곤율 차이는 대단히 커진다. 한부모가족의 빈곤율이 가장 높은 나라는

---

5 가처분소득을 중심으로 한 2011년 OECD 중위소득 미만 가구의 빈곤율은 스웨덴 8.4, 독일 8.9, 미국 17.3, 한국 15.0이며 OECD 평균은 11.1로 나타난다.

일본과 미국, 독일 순이며 한국과 그리스는 비등하다. 영미형은 빈곤층과 한부모가족을 대상으로 집중투자하는 정책을 유지하고 있음에도 빈곤층 비율이 낮아지지 않음을 볼 수 있다. 이것은 계층이동이 어려운 선별적 모델의 특징이라 하겠다. 가처분소득을 중심으로 한 스웨덴의 빈곤율은 여타 국가와 비교가 안 될 정도로 낮고, 더욱이 양부모가족과 한부모가족 간 차이가 적다. 그만큼 재분배가 가져온 효과를 보여주는 대목이다.

<표 4-3>에서 가장 중요한 점은 소득재분배 효과 발생 전과 후의 실질 소득수준의 차이다. 각 나라가 취하고 있는 사회정책에 따라, 여기서는 가족정책 프로그램의 내용이나 제도의 폭이 계층 간 격차를 어느 정도 축소하는 데 성공했는가를 가늠할 수 있다.

다음으로 OECD 국가들의 공통적인 관심사인 저출산 문제에 대한 해결책과 이와 관련된 여성의 노동시장 참여도이다. <표 4-3>에서 보이는 출산율은 각국의 빈곤율 패턴과 달리 미국(2.05)과 영국(1.8) 그리고 대륙형 중 프랑스가 가장 높다. 스웨덴 역시 바람직한 수치다. 대륙국가들의 출산율은 1.7명 내외인데 유독 독일이 1.34로 낮은 정도를 보인다. 이처럼 독일과 프랑스는 가족정책의 내용이 비교적 유사함에도 출산율 차이는 꽤 크다. 이는 가족정책과 출산율에 미치는 영향 사이에 직접적인 상관관계가 있다고 단언하기 어려운 것으로 해석할 수 있다.

여기에서 스웨덴을 주목할 필요가 있다.[6] 스웨덴은 자녀가 있는, 특히 영유아를 둔 여성과 일반 여성의 고용률 차이가 10%에 그친다. 그러나 여타 국가들을

---

6   아동양육정책이 발달한 국가의 경우, 여성 경제활동참가율이 출산율에 긍정적인 영향을 미치며, 여성 경제활동참가율이 1%p 증가함에 따라 합계출산율이 평균적으로 약 0.0168명 늘어난다고 해석된다. 아동양육정책이 발달하지 않은 국가의 경우는 반대로 여성 경제활동이 출산율에 부정적인 영향을 미친다. 아동양육정책의 수준에 따라 여성 경제활동참가율은 출산율에 상반된 영향을 미친다(김혜경, 2006).

보면 영유아를 둔 여성의 고용률이 16세 미만의 자녀를 둔 여성은 물론 50세 미만 여성의 평균 고용률보다 확연히 낮다. 한국은 유감스럽게도 OECD 국가 중 가장 낮은 출산율[7]과 최하위의 고용률을 기록하고 있다. <표 4-3>에 의하면 출산율이 낮은 국가가 유자녀 여성의 고용률도 낮고, 출산율이 높은 나라는 여성 고용률 또한 높다. 이것은 장기간의 유급 부모휴가와 직장 복귀에 대한 보장, 가족의 수요 욕구에 부응하는 육아서비스와 시설 그리고 조세정책 등이 포함된 '이인소득자 모델'의 효과를 보여주는 좋은 사례라고 하겠다.

그런데 스웨덴(북구형)과 미국(영미형)을 비교하면 흥미로운 부분을 발견할 수 있다. 두 나라 모두 비교적 높은 출산율과 고용률을 보이는 점이다. 3세 미만 영유아를 둔 여성고용률은 미국이 스웨덴보다 많이 떨어지지만 여타 국가에 비해서는 높은 편으로, 일단 경제활동 참여도가 높다고 인정된다. 미국의 출산율과 고용률에 대한 배후 설명은 가족정책 외에 여러 요소가 있기 때문에 여기서는 생략한다. 가족정책의 효과 면에서, 다시 빈곤율까지 포함하여 비교할 경우 두 유형은 선명한 차별성을 드러낸다. 결과적으로 북구형, 즉 '이인소득자 모델'이 모든 면에서 우위를 차지한다는 것을 알 수 있다.

4) 우리에게 주는 시사점

지금까지 OECD 국가를 중심으로 각 사회가 당면 문제를 해결하려는 목표와 방식을 가족정책의 유형과 특성을 통해 살펴보았다. 초기 산업사회의 가족정책은 산업화에 의한 가족의 해체와 빈곤 문제를 해결하려는 목적에서 시작되었고, 이 과정에서 각국의 가족정책은 자국의 문화, 경제, 정치적 이해관계를 반영하

---

[7] 한국의 출산율은 2001년 1.30명으로 하락하기 시작하여 2005년 1.08명으로 최저치를 기록했고 그 후 2008년 1.19명, 2011년 1.24명, 2012년 1.30명으로 증가하는 추세이다.

며 발전되어왔다. 그 결과 가족정책의 내용과 성격은 개별 국가와 사회성에 따라 대단히 다양하다. 그럼에도 불구하고 21세기 가족정책은 OECD 국가들 내에서 일정한 공통의 문제와 공동의 과제를 배경으로 하고 있다. 그것은 한 사회 안에서 벌어지는 소득불평등의 심각성과 출산율 저하로 인한 사회발전의 지속가능성 문제, 그리고 이 두 요소에 직접적인 영향을 미치는 성평등적 가치와 제도의 문제이다.

아직 한국 가족정책의 문제와 내용이 충분히 정리되지 못한 시점이지만 현 가족정책의 목표와 방향은 장기적으로 한국사회의 지속가능한 발전의 길을 모색하는 것이어야 하며, 단기적으로는 이를 위한 당면 과제를 해결하는 국가적 조치나 수단의 발굴이어야 한다. OECD 국가들이 취하고 있는 다양한 가족정책을 목표별로 정리하면 다시 빈곤 해소, 성평등사회 구축, 그리고 출산율 증가에 영향을 주는 것으로 요약할 수 있다. 이런 문제의식의 핵심에 여성의 경제활동 참여 여부가 놓여 있다고 「스톡홀름 유럽연합(EU) 보고서」는 강조한다. 여성의 경제활동은 가족의 빈곤을 막을 뿐 아니라 빈곤에서 벗어나는 수단이 되며, 이에 더하여 성평등을 위한 제반 조치는 통합사회와 공정사회를 지향하는 민주주의의 기본 조건을 이룬다. 우리가 주목할 부분은 이인소득자 모델과 아동권 보호에 기반을 둔 포괄적 가족정책, 노동시장에서의 철저한 성평등 원칙이 지속가능한 복지국가의 전제라는 것이다.

다음 단락에서는 서론에서 밝힌 가족정책의 세 가지 목표를 중심으로 한국 가족정책의 실태와 향후 방향, 그리고 당면한 과제를 다룬다.

3. 한국의 가족정책과 과제

1) 배경

(1) 변천과정

한국 가족정책의 출발은 1961년 제정된 「생활보호법」이라 할 수 있다. 빈곤가족을 단순히 국가의 보호대상자로 분류해 돕는 수준이었지만 제도적으로 마련된 첫 공적지원제도이기 때문이다. 저출산이 심각한 사회 문제인 오늘날과 정반대로 1970년대에는 출산율을 억제하기 위한 인구정책이 '가족계획사업'이라는 이름으로 추진되었다. 농경사회에서 산업사회로 급격히 변화하는 시기였던 1960년부터 1970년대까지 가족정책은 주로 극빈층을 대상으로 하는 구빈적 성격이라 구분할 수 있다.

1981년 아동이 건강하고 안전하게 성장하도록 보장하는 「아동복지법」이 제정되었지만 현대적 의미의 가족에 대한 복지정책의 태동은 1989년부터로 보는 것이 타당할 것이다. 이 해에 저소득 모자가정을 대상으로 이들의 생활 안정과 복지를 위한 「모자복지법」(현 「한부모가족지원법」)이 제정되고, 다음해인 1990년 동법을 추진하는 행정체계로 당시 보건사회부(현 보건복지부)에 가정복지국이 설치되었다. 경제성장과 함께 기혼여성의 경제활동 참여가 증가함에 따라 1991년 보육서비스 전반을 아우르는 「영유아보육법」이 제정되었고 아동보육서비스에 대한 공적지원과 공급이 본격적으로 시작되었다. 다른 한편 1997년 제정된 「가정폭력방지 및 피해자보호 등에 관한 법률」은 사적영역으로 간주되어 가족 내부의 문제로 인식되었던 가정 내 폭력에 대해 국가의 공적개입을 가능하게 하여 가족 구성원의 인권을 보호하는 계기를 만들었다.

2000년대 한국의 가족정책은 좀 더 틀을 갖추는 모습이다. 2001년 산전후 유급출산휴가가 기존 60일에서 90일로 확대(「근로기준법」, 「고용보험법」)되면서 여성근로자의 모성 보호가 강화되는 계기가 되었고, 이후 1년 유급 육아휴직제 등 부모보험이 발전했다. '여성부' 출범은 한국 가족정책의 역사에서 중요한 계기였다. 2001년「정부조직법」개편으로 탄생한 여성부는 2005년 "가족의 기능을 강화하고 가족의 문제를 정부 차원에서 개입하고 보호하기 위해" 여성가족부(Ministry of Gender Equality & Family)로 확대 개편되었다. 1988년 '정무제2장관실', 1998년 대통령 직속 여성특별위원회를 거치며 여성정책 총괄·조정기구로 발전해온 여성부는 특히 대한민국 가족법에서 혼인관계는 물론 가족관계, 나아가 친족관계, 상속관계에까지 광범위하게 영향을 끼친 전근대적 호주제를 2005년 폐지시키는 데 기여했다.

한편 한국사회를 뿌리부터 뒤흔든 IMF 사태 이후 급증한 가족 해체, 2000년대 이후 1인 가족 등 새로운 형태의 가족이 늘면서 가족정책에도 변화가 요구되었다. 하지만 2004년 제정된「건강가정기본법」은 현대사회의 가족 변화와 특성을 제대로 반영하지 못하고 있다는 비판이 높다. 그리고 2006년부터 2010년까지 제1차 건강가정기본계획이 수립 및 시행되었다. 이 과정에서「가족친화사회환경의 조성촉진에 관한 법률」(2007년),「결혼중개업의 관리에 관한 법률」(2007년),「다문화가족지원법」(2008년) 등이 입안되는 한편 150여 개의 건강가정지원센터, 200여 개의 다문화가족지원센터 등 가족정책 인프라도 늘어나고 있다. 2012년부터는 양육서비스의 질을 관리하는 법적 체계로 '아동돌봄서비스'가 시행되고, 0~2세 및 5세 누리과정이, 2013년부터는 3~4세 누리과정이 도입되는 등 육아서비스가 확대되고 있다.

(2) 가족구조의 변화

지난 30년간 도시화, 산업화, 정보화 등의 영향으로 한국사회의 가족구조도 많이 바뀌었다. 경제사회적 환경의 변화에 따라 핵가족 비중의 증가(1970년 71.5%에서 2010년 82.3%), 3세대 이상 가구의 감소(1970년 18.8%에서 2010년 6.2%) 현

〈표 4-4〉 2010년 대한민국 인구 및 가족 구성 현황

인구 구성	14세 이하 유소년	15~64세	65세 이상	총인구 수
	787만 명 (16%)	3,522만 명(73%)	548만 명(11%)	4,858만 명
혼인 형태별 가구주	유배우	미혼	사별	이혼
	1,155만 가구(67%)	250만 가구(14%)	202만 가구(12%)	127만 가구(7%)
가구 수	1인 가구	2인 가구	3인 가구	4인 가구	5인 이상	총 가구 수
	23.9%	24.3%	21.3%	22.5%	8.1%	1,734만 가구

자료: 통계청, 『인구동태통계연보』(2010).

상이 뚜렷해진 것이다. <표 4-4>에서 보듯 2010년 1인 가구 비율은 23.9%로, 2005년 20.0%와 비교하면 3.9%나 늘어 증가폭이 가장 큰 가구 형태가 되었다. 1세대 가구는 16.2%에서 17.5%로 늘었고, 2세대 가구는 55.4%에서 51.3%로 감소했다. 또 1세대 가구 중 부부가족 비율의 증가, 3세대 이상 가족 비율의 지속적 감소 등 가족 형태의 다양화가 꾸준히 진행되어왔고, 특히 1인 가구 및 1세대 가구의 증가 현상은 '남성부양자·여성돌봄자'로 대표되는 가부장적 성역할 규범을 근간으로 한 근대적 핵가족 모델의 변화를 보여주는 것으로 해석할 수 있다.

다른 한편 가족 환경에서는 출산율 저하와 함께 노인인구가 늘면서 부양 부담 또한 높아졌고 이혼율 증가, 혼인율 감소, 여성경제활동 증가 등의 변화가 두드러졌다. 30대 미혼율은 29.2%(남 38%, 여 20%), 모의 평균 출산 연령은 31.26세로 높아졌다.

이와 함께 글로벌 경제위기 이후 한국사회는 생산체계와 노동시장의 변화, 저출산·고령사회로의 급격한 진전, 젠더관계의 변화 등 가족정책에 근본적인 변화를 요구하는 커다란 도전에 직면해 있다.

2) 가족정책의 현황과 과제

한국의 가족정책은 급속한 경제사회적 변화와 가족구조 변동에 적절하게 대응하고 있지 못하다. 이에 다음에서는 가족정책의 세 가지 의제라고 할 수 있는 성평등사회 구축, 소득불평등 해소, 그리고 인구구조의 균형을 위한 출산율 회복을 중심으로 주요 가족정책의 내용과 실태, 그리고 각 정책의 문제점과 향후 과제에 대해 살펴보려 한다.

(1) 성평등사회 구축

최근 한국사회에도 서구사회와 유사한 가족정책들이 등장하고 있다. 기본적인 모성보호제도와 노후 보장, 건강과 고용안정을 위한 사회보장제도 등 가족구성원의 삶의 질 개선을 위한 기본적인 장치들이다. 최근에는 이인소득자 모델을 이루기 위한 돌봄의 사회적 분담, 일과 가족의 양립 등이 주요 과제로 대두되고 있다. 특히 정부의 일·가족 양립 지원정책은 여성들의 임금노동 참여가 높은 나라일수록 출산율은 높고 빈곤율이 낮다는 연구결과에 주목한 것으로, 여성들의 고용률과 출산율을 동시에 개선한 선진 복지국가들의 가족정책에 힘입은 바 크다.

① 부모보험: 출산휴가 및 육아휴직제

부모보험이란 부모가 임신부터 출산 그리고 자녀를 양육하는 데 필요한 물적·사회적 제반 여건을 보장해주는 제도적 장치를 말한다. 특히 모성에게 출산 이후 직장 복귀를 보장하며, 규정된 출산·육아휴가 기간과 그동안의 소득대체임금을 제도적으로 보장하는 것을 내용으로 한다.

한국은 2012년 개정된「남녀고용평등과 일·가정 양립 지원에 관한 법률」[8]로 <표 4-5>와 같이 여성의 산전후휴가와 배우자 출산휴가제도를 명시하고 있다.

〈표 4-5〉 2006년 출산 여성 산전후휴가 등 '부모보험' 사용 실태

	정규직 여성노동자	비정규직 여성노동자
산전후휴가 사용 비율	63.4%	37.4%
산전후휴가 사용 기간(평균)	79.0일	66.7일
출산 후 직장 복귀 비율	40.4%	14.2%
유급 휴가 비율	79.5%	54.0%
건강검진 휴가 사용 비율	26.2%	10.8%
유·사산 휴가 사용 비율	10%	2.0%
조사 참여 인원	500명	500명

자료: 박선영 외(2011).

출산한 여성은 3개월간의 산전후휴가를, 출산휴가가 끝난 여성은 1년간의 육아휴직을 제도적으로 보장받을 수 있다. 또 '부성'에 대한 사회적 공감대가 확산되면서 2012년 8월부터 300인 이상 사업장에 대해 무급 3일이던 배우자 출산휴가가 최대 5일(3일 유급)로 확대되었으며, 법정 육아휴직도 1년을 보장받는다. 이 제도는 2013년 2월부터 300인 미만 사업장으로 확대 적용되고 있다. 육아휴직제는 남성도 여성과 동일하게 1년을 부여받는다.

문제는 제도의 효과를 떨어뜨리는 매우 저조한 활용률이다. 무엇보다 한국의 출산휴가와 육아휴직은 고용보험에 가입되어 있는 사업장의 정규직 여성노동자를 대상으로 한다. 한국고용정보원에 따르면 이 대상자는 2011년 전체 여성노동자의 38.2%에 지나지 않는다. 고용보험에 가입되어 있지 않은 대다수 비정규직 여성노동자들은 원천적으로 소외되고 있다. 고용보험 적용 사업장에 몸담고

---

8 「남녀고용평등과 일·가정 양립 지원에 관한 법률」(시행: 2012.8.2) 제18조의 2(배우자 출산휴가) ① 사업주는 근로자가 배우자의 출산을 이유로 휴가를 청구하는 경우에 5일의 범위에서 3일 이상의 휴가를 주어야 한다. 이 경우 사용한 휴가기간 중 최초 3일은 유급으로 한다. ② 제1항에 따른 휴가는 근로자의 배우자가 출산한 날부터 30일이 지나면 청구할 수 없다. (본조신설: 2007.12.21) (시행일: 2013.2.2) 제18조의 2의 개정규정 중 상시 300명 미만의 근로자를 사용하는 사업 또는 사업장.

있는 여성노동자들 역시 제도를 이용하려 할 때 적잖은 어려움을 겪는 것으로 나타났다.

<표 4-5>에서 특히 주목할 부분은 여성들의 출산 후 직장 복귀 비율이다. 정규직 여성노동자의 직장 복귀 비율 40.4%를 풀이하면 10명 중 6명이 경력단절로 이어진다는 얘기다. 경력단절은 여성 개인에게도 손해이지만 기업에게는 교육시킨 숙련 인력의 낭비로 커다란 사회적 손실이 아닐 수 없다. 더욱이 비정규직 여성노동자들의 경우 출산 후 직장 복귀율은 14.2%로 더욱 심각하다.

육아휴직제 또한 개별 가정에 육아 부담을 줄이는 동시에 근로자를 지원해 생활 및 고용 안정을 도모하고, 기업에는 숙련된 인력을 안정적으로 유지하는 긍정적인 기능이 도입 목적이다. 육아휴직제 이용 대상은 만 6세 이하 초등학교 취학 전 자녀(입양 자녀 포함)를 양육하는 가정으로, 부모 모두 각각 최대 1년간 신청할 수 있으며, 육아휴직급여액은 휴직 전 통상임금의 40%(상한 100만 원, 하한 50만 원)이다. 또 1년 유급 육아휴직 이후 무급으로 2년을 더 사용할 수 있지만 현재 이를 이용할 수 있는 여성은 주로 공공기관 근로자에 한정된다. 남성 이용자는 통계로 잡히지 않을 만큼 드물다.

전체적인 육아휴직 이용률은 더욱 저조하다. 여성가족부가 2006년 실시한 조사에 따르면 산전후휴가 대비 육아휴직 이용률은 26%에 지나지 않는다. 2007년 한국노동연구원의 자녀 출산 및 양육 지원을 위한 휴가제도 도입과 이용 현황 조사 결과도 비슷하다.

다른 한편 한국의 육아휴직제는 '소득역진적'인 문제를 보이고 있다. 수혜집단이 상대적으로 형편이 나은 층이고, 임금근로자 중 고용보험에 가입되어 있지 않은 저임금 여성근로자 대부분이 배제되고 있는 것이다(장지연 외, 2004).

<표 4-6>은 남성 육아휴직자 비율이 여전히 낮지만 조금씩 높아지고 있음을 보여주고 있다. 고용노동부의 집계에 따르면 2010년 처음으로 2%대에 진입한 남성 육아휴직자는 2012년 2.8%까지 늘었다. 2007년 20.8%에 달한 스웨덴

〈표 4-6〉 남성 육아휴직자 비율

	비율(%)	이용자 수(명)
2008년	1.2	355
2010년	1.9	819
2012년	2.8	1,790

자료: 고용노동부(2012).

〈표 4-7〉 전국 10인 이상 1,084개 사업장 자녀 출산 및 양육지원제도 도입 현황

	제도 구비 응답률	제도 없음 응답률
배우자 출산휴가	48.4	51.6
태아검진휴가	12.6	87.4
가족간호휴가	10.4	89.6
입양휴가	5.0	95
아버지 육아휴직 할당제	7.4	92.6
육아휴직 분할 사용제	16.5	83.5

자료: 김혜원 외(2007). 2007년 한국노동연구원이 전국 10인 이상 사업체 1,084개를 대상으로 한 사업체 실태조사 자료 재분석 결과 참조.

의 남성 육아휴직자에 비하면 턱없이 낮지만 전년도에 비해 27.6%나 증가한 수치다. 2012년 전체 육아휴직 이용자는 6만 4,069명이었다. 사회적으로 전통적인 남녀 역할 관계에 일정한 변화가 있고, 제도적으로 육아휴직 대상과 급여가 확대되면서 나타난 결과로 분석할 수 있다.

<표 4-7>은 2007년 한국노동연구원이 전국 10인 이상 사업체 1,084개를 대상으로 한 실태조사 자료이다. 이를 보면 한국사회에서 자녀양육이나 가족돌봄을 위한 휴가는 배우자 출산휴가를 제외하고 거의 전무한 실정임을 알 수 있다. 자녀를 출산하거나 양육하는 문제에 직면한 여성도 산전후휴가와 육아휴직제도 사용에 상당한 제약을 받고 있는 현실이다. 사업장에 제도가 도입되어 있다고 응답한 기업에서도 활용 정도는 전체적으로 높지 않은 경향이 뚜렷했다.

실제 휴가제도 이용률은 근로자 수가 적은 기업일수록 낮았고, 대기업보다 중소기업에서 일하는 근로자들이 상대적으로 제도 접근성과 이용도가 떨어져 일과 가족 양립에 어려움을 겪고 있을 것으로 추정되었다.

이러한 사실은 고용환경에 있어서 모성보호제도가 좀 더 활성화되고, 가임기 여성의 고용을 기피하는 상황을 줄이기 위한 정책적 대응이 시급함을 보여준다. 무엇보다 상당수 여성노동자들이 임시직이나 비정규직으로 일하고 있어 법적으로 보장된 모성보호제도를 적용받을 수 없는 현실에 대한 근본적인 개선책이 마련되어야 한다. 또한 육아휴직자의 인사상 불이익을 최소화하는 등 육아휴직제도 활성화 방안도 절실하다.

한국의 육아휴직기간은 비교적 긴 편이나 육아휴직급여는 50만 원 선으로, 이를 활용하는 데 한계가 있다. 제도가 활성화되기 위해서는 소득대체율을 선진국 수준(스웨덴 80%, 프랑스 100%)으로 점진적으로 인상하는 조치가 필요하다. 특히 2.8%에 지나지 않는 남성들의 육아휴직 이용 비율을 높이기 위해 휴직급여 인상과 함께 서구사회처럼 '아버지 휴가할당제'도 고려할 만하다.

② 사회적 육아서비스

'부모보험'을 구성하는 또 하나의 큰 축은 보육과 유아교육(early childhood education and care)이라는 공적서비스체계이다. 참여정부 이래로 보육정책 방식인 '차등보육료 지원제'는 장기적으로 중산층까지를 포괄한다는 점에서 보편성을 지녔다. 이에 따라 보육사업 예산은 2008년부터 2013년까지 4배 이상 증가했다. 교육이 국가의 의무와 책임인 반면 보육은 가정의 역할로 미루어왔던 것이 최근 보육도 국가가 관리해야 한다는 인식으로 바뀌고 있다. 2012년 한국사회의 보육 문제는 가장 뜨거운 논쟁의 초점이 되었다. 2011년 말 급히 책정된 예산과 함께 시작된 무상보육정책은 막대한 예산과 행정력을 투입하고도 논란만 일으킨 채 별 진전을 보이지 못하고 있다.

〈표 4-8〉 보육예산 추이

단위: 백만 원

2010	2011	2012	증감 비율
2,128,472	2,478,380	2,652,780	7.0% 증가

자료: 교육부, 『교육통계연보』.

〈표 4-9〉 어린이집 및 보육아동 수 현황

구분		2009	2010	2011
어린이집 수	계	35,550	38,021	39,842
	(전년 대비, %)	6.12	6.95	4.79
	국공립	1,917	2,034	2,116
	법인	1,470	1,468	1,462
	민간	14,368	14,677	15,004
	부모협동	66	74	89
	가정	17,359	19,367	20,722
	직장	370	401	449
보육아동 수	계	1,175,049	1,279,910	1,348,729
	(전년 대비, %)	3.48	8.92	5.38
	국공립	129,656	137,604	143,035
	법인	112,338	114,054	112,688
	민간	675,714	723,017	757,323
	부모협동	1,655	1,898	2,286
	가정	236,892	281,436	308,410
	직장	18,794	21,901	24,987

자료: 보건복지부, 『보육통계』.

현행 보육서비스의 기본 문제를 짚어보면 크게 세 가지로 간추려진다. 첫째, 한국의 보육서비스는 공공서비스 체계를 구축하기 위한 중장기적 목표와 계획보다는 우선 시장을 중심으로 민간 위주의 공급구조 정착 및 어린이집 시설 증가 추세를 보인다. 2011년 현재 국공립시설 이용 아동은 어린이집 10.7%(143천 명), 유치원 22.3%(126천 명)으로 모두 약 33%에 지나지 않는다.

더욱이 방식에 있어서 재원은 국가가 조달하여 소비자에게 이용권(바우처)을 지급하는 독일식 방식을 취하고 있다. "서비스 이용료를 보조함으로써 사회서비스에 대한 유효수요를 창출하고 이에 부응하는 시장을 형성시킨다는 전략이다"(장지연, 2010). 자녀를 맡기는 시간 또한 부모의 실제 필요와 관계없이 일률적인 종일제 보육시간을 제공하는 비효율성을 가지고 있다.

둘째, 2008년 현재 정부 보조금을 받는 보육시설 이용 아동 중 일하는 모성을 둔 아동의 비중은 절반에도 못 미치는 42.9%이다. 이는 보육시설의 일차적 목표가 일하는 모성 중심의 서비스체계가 되지 못하고 있음을 보여준다. 또 보육서비스의 가장 큰 이용자 집단인 맞벌이부부가 체감할 수 있는 혜택은 거의 없다. 특히 보육료 지원은 소득계층에 따라 차등지원될 뿐 맞벌이가구, 외벌이가구, 취업한 한부모가구 등 가구 형편에 따른 차등적인 지원이 이루어지지 않고 있어 취업 가구는 상대적으로 불리한 위치에 있다고 볼 수 있다(조윤영·김정호, 2008).

셋째, 취업 여성을 위한 가장 편의적인 방법이며 한국 보육서비스의 특징인 직장보육정책을 집행할 강제력과 유인책이 미흡한 점이다. 직장보육서비스 의무제공 사업장의 지정과 감독 과정에서 기업의 선택을 강제할 강력한 제재수단이나 인센티브가 존재하지 않는다. 현행 기준은 여성근로자의 절대 다수가 100인 미만 중소 영세사업장에 근무하고 있고, 여성근로자의 절반 이상이 비정규직인 현실에서 대다수 취업 여성에게 실질적인 도움이 되지 못하고 있다.

지난 2008년 노동부는 '제4차 남녀고용평등과 일·가정 양립기본계획(2008~2012)'을 통해 여성고용률을 5년 내에 OECD 평균 수준으로 끌어올려 여성 경제활동참가율(15~64세)을 2007년 54.8%에서 2012년 60.0%로 상승시키겠다는 계획을 발표했다. 여기에는 육아기 여성들(30~34세)의 경제활동참가율도 동기간 53.7%에서 60.0%로 상승시킨다는 목표도 포함되어 있다. 이와 함께 여성가족부는 '제1차 가족정책기본계획(2006~2010)'에서 영유아 육아지원시설 이용률을 2005년 46.0%에서 2010년 60.0%로 늘린다는 계획을 내놓은 바 있다. 여성의 노동시장 참여율 제고는 자녀돌봄 문제가 해결되지 않고서는 어렵다는 것은 OECD 국가들의 가족정책 비교를 통해서도 이미 살펴본 바가 있다.

현재 우리의 보육서비스는 표면적으로 나타난 예산 고갈뿐만 아니라 전반적인 철학과 정책방향의 부재가 더 큰 문제로 지적되고 있다. 보육서비스제도가 가족정책의 목표 중 하나로 계획되지 않고 현재처럼 '보육정책' 단독으로 발전될 때 예산 증가에도 불구하고 근본 목표를 상실하고 집행실적만 남는다. 이것을 티베논이 지적한 '정책부재형'의 한 대표적 사례라 볼 수 있다.

여성의 고용률 제고는 부모보험이 제대로 실현될 수 있도록 정부의 철저한 계획이 선행될 때 가능하다. 일자리 창출로만 해결되는 일도 아니며, 보육예산만으로 해결되는 것도 아니다. 수요 욕구에 대한 진단이 우선과제이며, 이를 바탕으로 중장단기 정책 목표를 세우고, 시설투자 프로그램과 운영 예산을 확보해야 한다. 그와 동시에 시행과정을 감시하고 평가하여 여성이 마음 놓고 일할 수 있는 환경이 조성될 때 성평등사회는 실현될 수 있다. 특히 경제활동을 반드시 해야만 하는 유자녀 한부모가족에 대한 철저한 우선순위 배려는 물론 소득이전효과를 만들어내는 제도적 장치 또한 중요하다. 이것이 이인소득자 모델의 주요 내용이다.

(2) 소득불평등 해소

절대적 빈곤은 물론 상대적 빈곤의 감소는 현대 복지국가가 지향하는 가장 중요한 목표 중 하나이다. 탈빈곤을 위해 여성의 경제활동 참여는 대단히 중요하며, 유럽연합은 이를 반영한 가족정책을 강조하고 있다. 또한 내실 있는 가족정책은 특히 유자녀 가족 간의 격차를 좁히며 한부모가족의 빈곤화를 예방한다.

현재 한국의 빈곤층을 이루는 인구학적 그룹은 노인, 여성 그리고 아동을 들 수 있다. 노인빈곤층 다수는 여성이므로 여기서는 여성노인을 대상으로 다룬다. 한국에서 빈곤층은 공식 통계로 15%에 이르며, 가난 때문에 질병치료를 포기한 경험이 있다는 가구가 12%를 넘는다. 1997년 IMF 경제위기는 가족의 해체와 빈곤 인구를 대량 양산하고 각종 사회병리 현상과 사회 양극화를 심화시키는 계기가 되었다. "경제위기 이후 발생한 대규모 실업은 한계계층의 빈곤으로 이어지고, 이는 다시 이혼, 아동·노인의 유기, 가출, 노숙, 자살, 결식아동의 증가 등 각종 사회병리 현상을 유발했다"(김미곤, 2006).

① 빈곤의 여성화

앞에서 살펴본 바와 같이 가족정책의 내용과 유형의 차이는 여성의 사회참여 기회에 불평등을 초래한다. 더욱 심각한 문제는 '빈곤의 여성화(feminization of poverty)'를 가속화시켜 양극화 현상의 저변을 이룬다. 가족정책과 관련하여 여성빈곤의 원인을 크게 두 가지로 들 수 있다. 하나는 공적사회보험제도의 모순, 즉 기여자 중심으로 설계된 국민연금제도가 여성에게 불리할 수밖에 없는 점이다. 다른 하나는 가족구조의 변화, 즉 이혼이나 별거, 사별에 따른 여성빈곤이다. 남성부양자 모델 중심의 가구 유형이 특징인 한국의 공적소득보전정책은 4대 사회보험 외「국민기초생활보장법」으로 한정되어 있다. 때문에 소득생활을 거의 하지 않았던 한국의 여성들은 노후나 홀로 설 경우 빈곤으로 이어지곤 한다. 자녀를 가진 여성의 빈곤은 이후에 다룰 아동빈곤에도 영향을 미쳐 빈곤이 대물림되는 원인으로 작용한다.

㉮ 사회보험과 빈곤

2011년 말 현재 한국의 65세 이상 노인 비율은 전체 인구의 11.2%이며, 이 중 여성노인은 약 60%를 차지한다. 공적으로 노후소득의 근간이 되는 수단은

〈표 4-10〉 사회보장제도의 남녀 간 수혜 비율

단위: 명(비율)

구분		여자	남자
공공부조	국민기초생활보장제도[1]	840,740(57.5)	622,400(42.5)
사회보험	국민연금[2]	4,637,367(35.2)	8,522,572(64.8)
	고용보험[3]	2,960,097(34.7)	5,576,869(65.3)

주: 1. 보건복지부, 『보건복지통계연보』(2007).
    2. 국민연금공단, 『국민연금통계연보』(2007).
    3. 한국고용정보원, 『고용보험통계연보』(2006).
자료: 이주희(2010).

연금제도이나 노령인구 전체를 아우르는 보편적 국민기초연금은 존재하지 않는다.

65세 이상 노인의 빈곤율은 2011년 현재 45.1%로, OECD 평균 15.1%의 3배에 이른다. 노인 자살률 또한 OECD 전체 평균의 2배가 넘는다. 성별로 본 노인의 빈곤율은 남성 41.8%와 여성 47.2%로, OECD 주요 30개국 평균인 남성 11.1%, 여성 15.2%보다 대단히 높은 수준이며, 여성노인의 빈곤율은 OECD 국가 중 최상위이다(여성정책연구원, 2012). 현재 공적연금소득이 있는 여성노인은 6.3%로, 26.9%에 달하는 남성노인의 4분의 1 수준이다.

<표 4-10>은 성별로 본 공적보험제도의 수혜 현황이다. 기초생활보호 대상인 절대빈곤자는 남성에 비해 여성이 약 30%가 많은 반면 국민연금이나 고용보험의 혜택을 받는 여성은 남성의 절반 수준인 것을 볼 수 있다. 또 60세 이상 여성의 7.3%가 기초생활수급자인 반면 남성은 4.1%다. 남녀 수급자 비율에서는 연령이 높아질수록 격차도 점점 벌어지는 모습이다. 60대 여성의 경우 4.7%에 지나지 않던 수급자 비율이 70대는 9.1%로, 80대 이상은 11.6%로 증가했다. 80세 이상 여성 10명 중 1명이 기초생활수급자라는 의미이다(여성정책연구원, 2012).

㉴ 가족 형태 변화와 빈곤

다른 한편 2008년 현재 도시근로자가구의 전체 빈곤율은 13.8%이며, 그중

〈그림 4-1〉 남녀가구주 빈곤율 추이(1982~2008년)

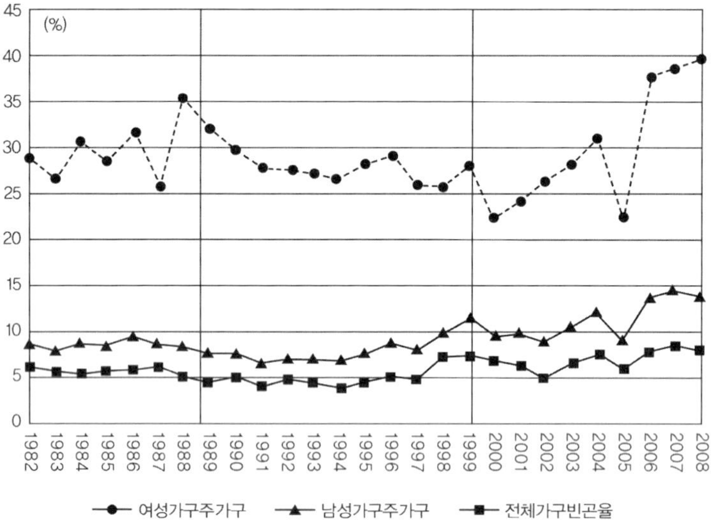

자료: 이은혜·이상은(2009: 344).

여성가구주의 빈곤율은 39.5%로 남성가구주 빈곤율 8.16%에 비해 약 5배에 달했다(이은혜·이상은, 2009). 상대빈곤율(중위소득 50%)을 기준으로 볼 때도 여성가구주는 남성가구주보다 모든 면에서 높은 빈곤율을 보이고 있다. 이런 남녀가구주의 빈곤율 차이는 1997년 외환위기 이후 더욱 커지고 있다(<그림 4-1> 참조).

한국 가구구조의 변화 중 하나는 이혼의 증가다. 한국의 가족정책이 선진국에 비해 가장 뒤떨어진 부분 중 하나가 바로 이혼 혹은 별거 가족에 대한 물질적·사회적 지원책이 빈약한 것이다. 이들을 위한 소득보전대책이나 일자리에 대한 우선적 배려 혹은 자녀부양에 대한 사회적 지원체계가 매우 미약하다. 이로써 이혼은 '빈곤의 여성화'를 가속시킨다. 조사에 의하면 전체 여성 한부모가구 중 이혼이나 별거 상태이면서 기초생활보장 수급자인 경우가 사별 등 다른 경우보다 두 배 이상 높다. 이러한 상태는 일시적이 아니라 장기적으로 지속되는 경우가 많아 가족 전체의 빈곤으로 이어진다(신은주, 2004).

현재 한국의 국민연금과 기초노령연금의 소요 재원(13조 원)은 국내총생산의 1% 수준으로 OECD 평균(7~8%)에 비해 너무 낮다. 경제 규모가 세계 12위권인 한국에서 노인빈곤율이 이토록 높은 것은 국민연금제도의 역사가 짧아 연금 수급자라 하더라도 급여 자체가 낮으며, 더욱이 국민기초연금이 부재한 것이 가장 큰 이유라고 볼 수 있다.[9] 국민연금은 노후소득을 향상시켜 탈빈곤에 많은 영향을 주기에 노후 안정을 위해 국민연금은 국가적 사안이 아닐 수 없다.

일생 동안 무임금 가사노동자로 일하고, 출산과 육아로 고용단절을 경험하는 여성의 피해는 곧 노후의 삶에 고스란히 반영된다. 여기서 언급하지 않은 유족연금을 감안하더라도 맞벌이가족과 외벌이가족 간에는 더 심한 상대빈곤이 발생한다. 이는 가족정책에서 여성의 고용 보장과 유급의 부모보험 등이 얼마나 중요한지를 뜻한다. 나아가 이러한 문제 해결을 복합적으로 포괄하고 있는 '이인소득자 모델'의 내재된 효과성을 보여주는 것이기도 하다. 포괄적 가족정책이나 젠더 관점을 기초로 한 노동시장정책이 빈곤의 여성화를 막을 수 있는 유일한 도구이다.

② 아동빈곤[10]과 아동정책

OECD 국가 중 북유럽과 서유럽의 가족정책은 부모보험이나 자녀양육서비스 지원체계 외에 유자녀 가구와 무자녀 가구 간의 생활수준 격차를 좁히는 목적으로 자녀양육비 지원에 무게를 두고 있다. 이에 더하여 북유럽 국가들은 아동수당의 의미를 가구소득 지원 성격을 넘어 아동권 보호에 역점을 두고 있다.

---

9 국민연금은 2013년 현재 25년의 짧은 역사를 지녔으며 40년 이상이 되어야 연금제도가 보장하는 급여액을 받을 수 있다.

10 '빈곤아동'이란 최저생계비 이하의 절대빈곤 아동수와 중위 50% 이하의 상대빈곤 아동수를 의미한다. 아동빈곤율과 함께 빈곤아동의 규모가 어느 정도인가에 대한 정부의 공식적인 통계는 아직 발표되지 않고 있다(배화옥, 2010).

아동정책은 가족정책의 중요한 부분으로, 아동·청소년에 대한 철저한 사회적 보호를 내용으로 한다.

한국도 아동의 권리와 이익을 보호하고 모든 분야에 걸쳐 유엔아동권리협약(UN Convention on the Rights of the Child)[11]을 준수하기로 비준한 국가 중 하나이다. 이에 따라 한국의 아동과 청소년은 부모의 소득 수준과 상관없이 일정 정도의 교육과 안정된 성장을 보장받을 권리가 있다. 그럼에도 불구하고 우리 사회는 아동과 청소년 방임, 학대, 따돌림, 학업 중단, 비행, 조기 임신 등이 증가하는 추세다. 반면 이에 대한 국가적 조치는 매우 빈약하다. 여기서는 가족정책이 직접적으로 영향을 미치는 아동빈곤과 가족 해체에 따른 요보호아동 문제를 살펴본다.

1997년 경제위기 이후 빈곤, 실직으로 인한 가족 해체가 급증했고, 이 과정에서 아동은 물질적·사회적·심리적으로 불안정한 환경에 직면했다. 아동빈곤에 영향을 미치는 가장 큰 요인은 가족구조와 노동시장 등 사회적 환경의 변화이다. 경제위기와 사회변화에 따라 급증하고 있는 이혼이나 가출 등에 의한 가족 해체는 한부모가족이나 조손가족을 양산하고, 이는 다시 아동빈곤을 증가시키는 요인이 된다.

배화옥(2010)의 연구에 따르면, 2008년 현재 한국의 아동빈곤율을 절대빈곤과 상대빈곤으로 나누어볼 때 최저생계비 이하의 절대빈곤율이 5.4%에 달한다. 아동의 상대빈곤율은 중위소득 50%를 기준으로 10.5%, 중위소득 60% 이하는 17.4%나 된다. 이는 전체 인구의 절대빈곤율 8.0%, 같은 방법의 상대빈곤율(50% 이하) 15.6%에 비해 낮은 것으로 보이나 자라나는 아동들에게 열악한 환경이

---

11 유엔아동권리협약은 전 세계 18세 미만 아동의 생존·보호·발달·참여의 권리 등 아동의 권리를 명시한 협약으로 아동을 보호 대상으로만 여기지 않고 권리의 주체로 인정하는 내용을 강조한다. 한국은 1990년 9월 25일 서명하고, 1991년 11월 20일 비준함으로써 협약 당사국이 되었다.

<표 4-11> 2008년 아동빈곤율과 빈곤아동 규모

단위: 명(%)

	최저생계비 이하	최저생계비 120% 이하	최저생계비 150% 이하
절대아동빈곤율 (경상소득 기준)	616,503(5.4)	1,092,229(9.5)	1,884,307(16.4)
상대아동빈곤율 (가처분소득 기준)	중위소득 40% 686,642(6.0)	중위소득 50% 1,209,355(10.5)	중위소득 60% 2,009,986(17.4)

자료: 배화옥(2010)에서 재인용.

지속적으로 영향을 미치는 결과를 감안할 때 심각한 수치이다. 또 OECD 국가들과 비교해도 한국의 아동빈곤율은 높은 수준이다.[12] <표 4-11>에서 2008년도 절대빈곤 아동 규모는 약 62만 명, 중위소득 50%를 기준으로 한 상대빈곤 아동 규모는 121만 명(중위소득 60% 이하는 200만 명)으로 산정되었다.

한편 2008년 현재 한국 아동들의 가구 유형과 계층을 살펴보면 빈곤층과 저소득층 아동들의 경우 소년소녀가족이 가장 많고, 한부모가족이 비빈곤층 아동들에 비해 상대적으로 더 많은 것을 볼 수 있다. 이는 아동이 성장할 때 양 부모 혹은 부모 한쪽의 부재가 직접적으로 재정적 어려움과 연결된다는 뜻으로, 아동정책의 부실함을 보여주는 대목이다. 선진국의 아동정책은 바로 부모의 소득과 상관없이 아동의 성장환경을 안전하게 보호하는 것이 기본 목표이다. 이에 관련하여 유엔아동권리위원회는 한국의 아동권리 실태에 대한 심의를 바탕으로 체벌 금지, 차별 철폐, 아동복지예산 확충 등을 골자로 한 개선방안을 한국정부에 권고한 바 있다.[13]

---

12 2003년도 아동빈곤에 관한 OECD 비교자료에 의하면 한국은 중위소득 50% 이하가 14.9%로 높은 편이다. 2005년 OECD 아동빈곤율은 평균 11.6%이나 한국 자료가 제출되지 않아 정확한 비교가 어렵다(배화옥, 2007).

13 이에 대응하여 2011년 10월 국제아동권리구호 NGO 세이브더칠드런(www.sc.or.kr)은 유엔아동권리위원회가 한국의 아동권리 개선방안에 대해 정부에 권고한 내용을 바탕으로 아동에 대한 체벌 금지와 차별 철폐, 아동복지예산 확충을 위한 대책 마련에 나설 것을 정

〈표 4-12〉 계층별로 본 가족구조 현황

단위: %

가구유형	계층			전체
	빈곤	저소득	비빈곤	
모자가족	5.8	8.4	1.3	2.2
부자가족	1.3	2.6	0.7	0.9
소년소녀가족	9.9	5.0	0.1	1.0
기타 가족	83.0	84.0	97.9	95.8
합계	100.0	100.0	100.0	100.0

자료: 배화옥(2010)에서 재인용.

반면 아동빈곤과 관련한 복지지출 예산은 매우 낮다. 2007년 배화옥 교수는 한국의 가족에 대한 공적급여[14] 비중과 보육·조기교육 서비스 등을 포함한 아동복지예산은 GDP 대비 0.2%에 지나지 않아 OECD 국가들 중 터키(0.0%) 다음으로 최하위권이라고 발표한 바 있다.

또 하나의 심각한 아동 문제는 보호가 필요한 아동·청소년에 대한 국가 차원에서의 소홀함이다. 앞서 지적했듯이 OECD 국가들은 가족 형태의 변화, 한부모가족의 증가, 저출산·고령화, 청소년의 사회적 일탈 문제를 해결하기 위해 가족정책 비중을 확대하고 있다. 보건복지부 통계에 따르면 보호자가 없거나 보호자로부터 이탈된 아동, 또는 보호자가 아동을 학대하는 경우 등 그 보호자가 양육하기에 부적합하거나 양육할 능력이 없는 '요보호아동'이 2011년 현재 약 7,483명이다.[15] 한국은 IMF 외환위기 이후 경제난으로 중산층이 붕괴되면서 보

부에 강력히 촉구했다.

14 공적가족급여란 자녀부양가족에게 지원하는 현금 지원, 서비스 지원, 세제이전 방식에 의해 부여되는 공적지원을 말한다. 현금급여로는 주로 아동수당, 출산과 육아를 지원하는 소득 지원(유급휴가), 한부모·장애부모 소득 지원, 보육비 지원 그리고 주택보조금까지 포함된다. 서비스 지원으로는 아동보육시설이나 교육시설에 투입되는 직접 지원과 보조금, 청소년을 위한 시설지원과 그 외 가족서비스 지원 등이 포함된다.

〈표 4-13〉 배경 유형으로 본 요보호아동 수

	2007	2008	2009	2010	2011
계	8,861	9,284	9,028	8,590	7,483
빈곤·실직·학대	5,354	5,876	4,994	4,613	3,928
비행·가출	748	706	707	772	741
비혼모	2,417	2,349	3,070	2,804	2,515
기아	305	202	222	191	218
미아	37	151	35	210	81

자료: 보건복지부, 『요보호아동 현황보고』.

호가 요구되는 아동이 대폭 증가하여 2000년대 초에는 1만 명을 넘었다. 경제회복과 더불어 최근에는 점진적으로 감소되는 경향을 띠고 있다.

보호가 필요한 아동 중 가족의 빈곤과 실직 혹은 학대에 의해 가족을 떠나게 된 아동이 전체의 절반이 넘고, 비혼모에 의한 아동이 약 2,500명으로 2위를 차지한다. 그 외는 비행이나 가출 혹은 기아에 의해 보호시설로 옮겨지는 경우이다. 이 숫자는 정부 통계에 의한 것으로, 실제로 방임이나 학대 속에 있는 아동은 훨씬 많을 것으로 추정된다. 이 중에서도 문제는 비혼모 아동이다. 이들에게는 재정 문제만이 아니라 한국의 사회문화적 배제 문제가 혼재되어 있기 때문이다. 비혼모가 독립할 수 있는 제도적·환경적 장치나 이에 대한 경제적 지원과 돌봄 서비스 체계가 시급하다. 더욱이 비혼모 자신이 청소년에 속하는 요보호 대상도 적지 않아 이에 대한 예방적 조치 또한 매우 중요하다. 사회통합의 의미는 배제를 시키지 않는 데서부터 출발한다.

국가의 미래나 유엔아동인권협약 차원에서 비춰볼 때 한국의 아동정책과 가

---

15 2010년 말 현재 아동복지시설에서 보호를 받고 있는 (요보호)아동(0~18세)이 1만 7,119명으로, 전국의 280개 아동복지시설에서 보호양육받고 있다. 이는 전체 보호아동의 49.1%에 달하는 것이다(보건복지부, 2011).

족정책에 대한 예산이 OECD 국가 중 가장 낮다는 사실은 부끄러운 일이다. 아동의 문제는 일차적으로 가족의 문제이며 더 나아가 사회 문제인 동시에 한 국가의 미래와 직결된 문제이다. 그러기에 아동정책은 가족정책과 분리할 수 없으며, 가족정책은 아동의 양육을 중심으로 교육정책, 노동정책과 밀접한 연계 속에서 구성되고 추진되어야 한다. 그리고 아동의 성장과정에 필요한 시설과 교육, 학교, 여가활동이 충분히 이루어지는 사회서비스가 갖추어져야 한다. 아동 인권을 어디에서나 보호하는 제도적 장치를 위해 국가의 적극적인 개입이 절실하다.

스웨덴은 이미 1970년대 아동정책에 대한 사회적 이해를 포괄적으로 발전시켜왔다. 이 시기에 아동정책의 근본으로 '국민의 집에 거주하는 모두의 아이'라는 인식이 자리를 잡았고, '모든 아이는 모두의 아이'라는 표어가 전국적으로 확대되었다. 이에 따라 아동시설이 급증했고 아동수당과 주택수당 등 자녀 부양가족을 위한 총체적 사회제도 개편이 뒤를 이었다. 그와 동시에 여성 권익과 관련된 가족정책에도 많은 변화가 있었다(신필균, 2011). 아동정책은 두말할 나위 없이 사회투자의 개념으로 접근해야 한다. 이 글에서 강조하는 것은 빈곤과 불평등의 악순환을 재생하는 사회적 약자를 중심으로 사회정책이 마련되어야 하는 이유와 유형을 다루는 것으로, 무자녀 가족에 대한 배제가 아님을 밝혀둔다.

(3) 출산율 제고와 여성노동력의 활용

한국에서 가족정책의 재구성 논의가 부상하게 된 배경에는 '저출산·고령화'로 요약되는 인구구조의 변화와 이로 인한 '성장동력 부족'이라는 지극히 현실적인 고민이 있다. 저출산 문제는 한국뿐만 아니라 대부분의 선진 국가들이 해결해야 할 과제로, 출산율 제고를 위한 가족정책을 다투어 발전시키고 있다. 결론적으로 출산율 제고는 앞서 살펴본 대로 성평등적 가족정책과 자녀 양육에 필요한 경제적 여건이 갖추어지는 것을 전제로 한다.

〈표 4-14〉 한국의 합계출산율 변화

단위: 명

	2001	2003	2005	2007	2009	2010	2011	2012
출산율	1.30	1.19	1.08	1.25	1.15	1.23	1.24	1.30

자료: 통계청, 『출생통계』.

① 출산율 현황

한국사회는 1983년 합계출산율이 인구 대체 수준 이하로 하락한 이래 20년 간 세계적으로 유례가 없을 정도의 저출산 현상이 지속되었고, IMF 외환위기 이후인 2001년부터는 초저출산 사회로 진입했다. 1970년까지만 해도 평균 4.5명에 이르던 합계출산율[16]은 2004년부터 1.16명, 2005년 1.08명으로 추락했다. 저출산 문제의 심각성에 대한 인식 이후 다양한 대책이 추진되면서 2011년에 1.24명, 2012년 1.30명으로 증가 조짐을 보이고 있다.

출산율이 점진적으로 증가 추세이지만 이제 초저출산 기준선을 간신히 넘어선 수준이다. 이와 관련하여 보건복지부는 2006년부터 '저출산·고령사회기본계획'을 통해 정책적 개입을 시작했다. 목표는 2015년까지 저출산국 수준인 1.35로 회복하고, 2020년부터는 OECD 국가 평균 수준인 1.7로 회복하는 것이었다. 그러나 정부의 기본계획들에 설정된 '출산율 회복'과 '여성 경제활동참가율 제고'와 관련된 정책은 계획 기간[17]이 종료된 2012년 현재 합계출산율은 1.30명에 그치고, 여성 경제활동참가율은 49.7%에 머무는 등 당초 목표나 기대에 크

---

16 합계출산율(Total Fertility Rate: TFR): 여성 1명이 평생 동안 낳을 것으로 예상되는 평균 출생아 수를 나타내는 지표로서 연령별 출산율(Age-specific Fertility Rate: ASFR)의 총합이며, 출산율 수준을 나타내는 대표적 지표. 합계출산율 1.3명 이하인 경우 초저출산 사회로 분류한다.

17 고용노동부의 '제4차 남녀고용평등과 일·가정양립기본계획, 2008~2012'은 정책의 기본 방향을 '여성 고용을 5년 내 OECD 평균 수준으로 제고'하는 것으로 잡고, 여성 경제활동 참가율(15~64세)을 2007년 54.8%에서 2012년 60.0%로 높인다는 계획이다.

게 미달하고 있다.

② 저출산과 사회경제적 환경

한국의 저출산 현상이 선진국과 다른 특징은 짧은 기간 동안 출산율이 급속히 하락한 점이다. 그리고 초저출산 사회로 진입하게 된 시기는 IMF 경제위기 이후로 볼 수 있으며, 현대 사회복지제도의 근간이 마련된 시기와도 맞물린다. 이와 함께 당면한 저출산의 사회적 배경을 세 가지로 정리할 수 있다.

첫째, 높은 교육 수준에 비해 어려운 고용시장 진입이다. 선진국과 달리 한국의 대학진학률은 약 80%에 달한다. 특히 한국 여성의 고등교육 수준은 세계적으로 상위권에 속한다. 여학생의 대학진학률은 2010년도 기준으로 80.5%로서 남학생 77.6%보다 높게 나타난다. 그러나 공식 통계에 의하면 청년실업률은 전체 실업률의 두 배가 넘는 7.5%인데, 여성청년실업률은 9%나 된다. 1990년대 이래 청년취업자 수는 최저 수준을 기록하고 있으며[18], 그나마 일자리의 대부분이 불안정한 비정규직이라 청년층의 다수가 취업을 아예 유예하고 비경제활동인구로 남는 상황이 벌어지고 있다. 지난 10년 사이 2배 이상 증가한 석·박사 학위자들은 장기적 청년실업과 무관치 않다. 이처럼 장기적 실업상태에 있거나 혹은 학업을 추구하면서 결혼, 출산, 육아를 병행하는 것은 쉽지 않다.

둘째, 자녀부양에 대한 경제적 부담이다. 최근 보건복지부가 발표한 「2012년 전국 결혼 및 출산동향 및 출산력·가족 보건복지실태조사」에 따르면 자녀 1인당 출산부터 대학까지 총 양육비는 3억 원이 넘고, 월 평균 약 119만 원이다. 이러한 부담은 젊은 부부가 출산을 계획하는 데 부정적 영향을 미치는 결정적인 요인이 된다. 지난 20년간 지속되어온 한국사회의 저출산 현상은 경제위기, 결

---

18 통계청의 2010년도 10월 고용동향 조사에 따르면, 2010년 현재 청년층(20~29세)의 경제활동참가율은 61.8%이고, 15세 이상 인구 중 취업자의 수를 나타내는 고용률은 57.5%로 나타났다.

혼률 하락, 초혼 연령의 상승과 깊은 연관이 있다.

셋째, 일과 가정이라는 여성의 이중부담과 허술한 사회적 돌봄서비스다. 최근 보육시설이 많이 늘었으나 대부분 유아 중심이고 영아보육제도는 아직도 취약하다. 또한 젊은 층일수록 맞벌이가구가 증가하는 추세이지만 취업 여성의 양육서비스 욕구에는 턱없이 못 미치고 있다. 이에 더하여 가사노동에서 여전히 여성의 부담이 크고 남성 중심의 노동환경이 겹치면서 출산을 기피하는 층이 늘어나는 것이다.

③ 여성노동력 활용

출산율 감소는 장기적으로 총인구와 경제활동인구 감소로 이어진다. 2006년 통계청이 발표한 장래 인구 추계에 따르면 한국의 총인구 규모는 2018년을 정점으로 감소할 것으로 전망되었다. 한편으로 2005년 한국고용연구원이 발표한 「중장기 인력 수급 전망 2005~2020」 보고서는 한국의 생산가능인구가 점차 감소해 2015년 63만 명, 2020년 152만 명이 부족할 것으로 전망했다. 이러한 문제의 다른 한편에는 이미 노동시장에 진입한 젊은 여성들의 경우 출산과 육아를 이유로 일을 포기할 수밖에 없는 모순된 현실이 있다. 통계청에 따르면 2011년 6월 기준으로 경력단절 여성 중 30대가 전체의 57.1%로 가장 높으며, 그 이유는 출산과 육아 때문이라는 비율이 48.7%나 된다.

한국사회는 경제활동인구가 감소하는 것을 대단히 우려하면서도 한편으로 훈련된 여성 인력이 노동시장에서 퇴출되는 사태에는 무관심한 정책적 단견을 보여주고 있다. 지속가능한 성장동력을 충원하기 위해서는 출산율 제고가 뒤따라야 하지만 그에 못지않게 여성노동력을 활용하는 방안이 중요하다.

유럽연합은 지속가능한 경제성장을 위하여 남녀 모두의 고용률 증가를 목표로 하는 '리스본 전략(Lisbon Strategy)'을 채택했다. 이에 스웨덴은 여성의 경제활동참가율을 높이는 데 앞장섰으며, 이를 위해 이인소득자 모델 가족정책의 중요성을 피력했다. 그 배후에는 OECD 국가 비교에서 본 것과 같이 여성고용률이 높을수록 출산율은 높고 빈곤율은 낮게 나타나는 현상을 주목한 것이다.

선진 복지국가의 가족정책을 통해 어디에 주안점을 두느냐에 따라 가족의 소득 수준 향상은 물론 여성의 경제활동참여율 또한 확연히 다르게 나타나며, 추가적으로 출산율 증가에도 영향이 있음을 확인할 수 있다. 이것이 우리가 추구해야 할 가족정책의 목표이다.

4. 결론: 어떤 복지국가인가?

그간 한국의 복지담론은 2011년 서울시장 선거과정에서의 무상급식 논쟁, 그리고 2012년 총선과 대선 과정에서 야권이 보편적 복지담론을 제기하면서 보수정당마저 기본적으로는 보편적 복지를 주창하게 하는 중요한 성과를 거두었다. 그러나 어떤 복지국가인가와 관련해 프로그램은 무성하게 나열되었으나 이를 실현하는 구체성은 결여되어왔다. 이 글에서는 이를 보완하는 대안으로 이인소득자 모델을 내용으로 한 가족정책의 중요성, 가족정책이 사회정책의 핵을 이루는 한 기둥이 되어야 하는 이유를 살펴보았다.

우리에게 주어진 과제는 '복지국가의 유형'을 잘 이해하고 한국사회의 당면 문제를 해결하는 데 적절한 방향을 선택하는 일이다. 그중에서도 주요한 관심은 대륙형 모델과 북구형 모델인데, 이 두 모델을 구분하는 기준은 가족정책 유형의 차이라고 볼 수 있다. 가족정책이 지향하는 목표가 성평등은 물론 소득불평등 해소 그리고 이러한 제반 조건이 갖추어질 때 발생할 수 있는 출산율 제고로 설정되어야 한다. 이 같은 내용을 중심으로 지속가능성 높은 사회발전을 이루어 낼 수 있도록 가족정책을 디자인하는 것이 관건이다. 앞에서 언급한 것처럼 팔메 교수는 이를 '이인소득자 모델'과 '전통적 지원 모델'로 분류하여 북구의 특성을 강조했다. 최근 유럽대륙 국가들의 가족정책도 과거와 달리 성(性)인지적 관점과 함께 북구형 모델을 지향하는 경향이 뚜렷하다. 이를 티베논은 OECD 유형 비교에서 '보수성으로부터의 탈출?'이라고 규명했다.

한국사회가 지향해야 할 '이인소득자 모델'을 종합해 정리하면 다음과 같다.

① 보편성과 성평등을 근본으로 한 출산·양육을 위한 '부모보험'이다. 스웨덴은 1974년 육아휴직제도를 '부모휴가제도'로 개정하여 부부공동양육 모델을 제시했다. 소득을 보전(유급휴가)하고, 기간은 1년 반에 달한다. 부성도 반드시 2개월은 아이를 돌보아야 하며, 부부가 절반씩 육아휴직을 쓰면 '성평등 보너스'로 월 일정액을 지급한다. 노르웨이의 경우는 출산휴가 1년 중 부성에게 6주간 유급휴가를 주며 대부분 이를 사용한다.

② 출산 이전 일자리로의 복귀를 보장해 경력단절 현상이 일어나지 않는다. 특히 휴가급여의 기준이 출산 전 임금에 비례해 여성의 경제활동 참여를 직간접적으로 유인한다. 휴가기간의 소득은 연금소득으로 합산되어 노후소득에도 영향을 미친다. 부모보험이란 임신, 출산, 양육 등 자녀부양으로 발생할 수 있는 모든 손실을 국가가 보호하고 보장해주는 부모사회권의 성격으로, 고용의 안정성과 유급화가 우선이다.

③ '소득이전 정책'으로 빈부 격차를 최소화한다. 또 부부합산이 아닌 개별적 조세정책이 맞벌이부부에게 유리하게 되어 있다. 이 경우 특히 저소득 한부모 여성이 큰 혜택을 받는다. 결과적으로 소득재분배 효과와 함께 성평등 관점이 내재되어 있다.

④ 아동권 보호를 가족정책의 중심에 둔다. 아동수당의 의미는 부모의 소득보전보다 모든 아동이 고루 건강하고 동등한 양육과 교육을 받도록 사회적 책임을 실현하는 것이다. 한국의 '친권제' 폐지에 많은 시사점을 주는 부분이다.

⑤ 자녀부양을 위한 공적 프로그램이 어느 정도 갖추어질 때 출산율은 제고

된다. 스웨덴에서 일찍이 가족정책이 발전한 배경도 인구 증가와 빈곤 해소에 주안점을 두면서 가족을 위한 사회정책이 먼저 자리를 잡은 덕분이다. 그리고 자녀부양가족에 대한 사회적 연대를 바탕으로 이들에 대한 소득보장과 돌봄 및 사회서비스 분야가 발달했다. 가족정책은 가족의 구조와 형태의 새로운 변화에 맞춰 소득재분배 효과를 높이고, 동시에 성평등정책이 사회정책 전반에 중요하게 부상하는 데 절대적인 역할을 했다.

가족과 관련해 한국사회가 직면한 과제는 스웨덴이 80년 동안 겪어온 문제를 동시에 해결해야 한다는 것이다. 우리에게는 다른 나라의 경험을 통해 그들이 성공한 점과 그렇지 못한 점을 가리는 혜안이 필요하며, 이를 우리의 방식으로 해결할 수 있도록 가족정책체계를 만들어가는 것이 필수적이다. 이런 인식을 바탕으로 한국 가족정책의 재편에 관한 몇 가지 제안으로 이 글을 마친다.

첫째, 이인소득자 모델 가족정책을 근간으로 한 중장기적 발전계획 수립이 필요하다. 이 안에 포함될 내용은 소득보장과 사회서비스의 균형적 발전을 통해 소득보전 효과와 가계지출 감소 효과를 동시에 낼 수 있는 방안이어야 하며 부부 가사노동 분담을 전제해야 한다. 그와 동시에 노동정책이 이를 뒷받침되어야 한다.

둘째, 아동정책 및 교육에 관한 사회적 책임을 강화해야 한다. 아이들에게 투자하는 사회만이 지속가능한 발전을 할 수 있다. 영유아 시기부터 국가의 개입이 필요하며, 일하는 부모가 마음 놓고 아이를 맡길 수 있는 포괄적 보육정책을 위하여 보육시설의 균등화와 보편화, 유형의 다양성 개발에 정부 예산을 OECD 평균 수준으로 높이되 우선적으로 서비스 확대와 시설의 균형 발전에 집중 투자가 요구된다. 또한 아동수당은 부모의 소득보장이 목적이 아니라 아동의 권리보호 차원으로 접근해야 한다(근거법, 아동의 권리 조항). 그래야만 무능력한 친권자의 남용을 막을 수 있다. 아동 관련 예산의 증가가 가장 요구되는 사안이다.

셋째, 여성을 위한 적극적 노동시장정책을 추진해야 한다. 이인소득자 모델은 계층이동이 수월하고 빈곤을 예방할 수 있다. 이는 유럽연합이나 OECD 선진국들이 모두 강조하는 점으로, 결국 여성의 경제활동참여율을 높이는 제반 환경 개선이 필수적이다. 특히 여성의 고용 및 단절을 막을 수 있는 획기적 제도 마련이 시급하다. 아울러 이 같은 국가적 사안에 사회적 합의가 이루어질 수 있도록 여성가족부와 고용노동부가 함께 나서야 한다.

넷째, 기초연금의 현실화이다. 여성의 경제활동참가율이 낮은 과도기에 빈곤의 여성화나 노령빈곤을 예방하는 길은 보편적 '국민기초연금제도'의 도입이며, 연금 금액은 기초생활보장 수준이어야 한다. 이 경우 현재 기초생활보장 수급자의 3분의 1을 차지하는 노인들이 연금대상자가 되어 수급권 기준의 문제를 벗어날 수 있다. 기초생활보장제도는 가장 아래에서 최후의 사회안전망(last social safety net) 역할을 한다.

다섯째, 성평등에 저해되는 기존 법률의 폐지 및 필요한 법률체계를 합리적으로 개편해야 한다. 보편적이며 포괄적 가족정책의 발전을 위해서는 때로 지나치게 구체화된 법률 자체가 걸림돌이 될 수도 있다. 선진국에 가족 관련법이 많지 않은 이유도 여기에 있다. 스웨덴을 예로 들면 「보건의료법」과 「노동환경법」에서 모성보호를 강조했고, 1980년대 확대된 「사회서비스법」에서 아동돌봄을 비롯해 노인, 장애인 등 모든 국민이 필요로 하는 사회서비스를 규정하고 있다. 더욱이 성평등과 맞벌이를 촉진하기 위해 1971년 개정된 「조세법」은 부부합산제에서 개별소득세로 변경했다. 이것은 특히 한부모에게 유리하여 소득재분배 효과까지 발생케 한다.

한국의 가족 관련법의 현실적 문제는 가부장적·전통적 성격을 지닌 법과 새로운 법이 동시에 존재하여 현실 문제 해결에 혼선을 빚는 경우다. 중장기적 과제로 성평등과 지속가능한 사회를 위해 법체계 조정에 대한 사회적 합의가 필요하다.

한국사회의 경제·사회·문화적 변화와 여성의 사회적 능력이나 욕구에 적응하지 못하는 기존 정치·사회 현실, 특히 가족정책은 사회경제적 양극화, 저출산·고령화 사회를 심화시키며 사회발전의 지속가능성까지 위협하고 있다. 북구의 경험은 변화된 사회 환경에 부합하는 성평등주의, 이인소득자 모델, 탈가족화 사회정책의 도입과 정착에 많은 시사점을 준다. 이러한 변화의 핵심은 가족정책의 재편이며, 이는 포괄적 복지국가로 나아가는 길이다.

참고문헌

고용노동부. 2012. 『e-나라지표』. "출산 및 육아휴직 현황." http://www.index.go.kr/egams/stts/jsp/potal/stts/PO_STTS_IdxMain.jsp?idx...

김미곤. 2006. 「한국사회의 빈곤실태와 개선방안」. ≪민주사회와 정책연구≫, 상반기 (통권 9호).

김혜원. 2009. 「저출산 극복을 위한 일·가정 양립방안 연구」. 한국노동연구원.

김혜원 외. 2007. 「가족 친화적 고용정책의 기업수용성연구」. 한국노동연구원.

김혜경. 2003. 「가족정책과 젠더 관점을 위한 연구: 서구복지국가의 캐어정책 체제를 중심으로」. 한국여성정책연구원.

_____. 2004. 「돌봄노동의 정책화를 둘러싼 여성주의적 쟁점: 경제적 보상을 중심으로」. ≪한국여성학≫, 제20권 2호.

_____. 2006. 「여성 경제활동이 출산율에 미치는 영향」. 한국여성정책연구원.

뉘베리, 아니타(Anita Nyberg). 2012.10.18. 「스웨덴의 지난 50년간의 양성평등정책」. 국제 심포지엄 "복지국가의 지속가능성과 젠더". 한국여성정책연구원.

박선영·김영옥·문유경·이택면·송치선. 2011. 『비정규직 여성근로자 모성보호 강화방안』. 보건복지부.

배화옥. 2007.6. 「OECD 국가간 아동복지수준 비교와 한국사회에의 시사점」. ≪보건복지포럼≫, 통권 제128호.

_____. 2010. 「아동빈곤 결정 요인 분석: 가족요인과 사회요인」. 2010년 한국사회복지학회 추계공동학술대회 아동복지학회.

보건복지부. 2011. 『2010년 보건복지백서』.

_____. http://www.mw.go.kr/front_new/index.jsp

신은주. 2004. 「가족정책의 방향과 정책제언」. "일·가족 함께" 성평등 가족정책 마련을 위한 연속토론회 자료. 여성단체연합.

신필균. 2011. 『복지국가 스웨덴: 국민의 집으로 가는 길』. 후마니타스.

에스핑-안데르센, 괴스타(Gøsta Esping-Andersen) 엮음. 1999. 『변화하는 복지국가: 글로벌 경제에의 적응』. 한국사회복지연구회 옮김. 인간과 복지.

여성정책연구원. 2012. "OECD 통계로 보는 여성 고령자의 삶." http://gsis.kwdi.re.kr:8088/gsis/kr/main.html

윤홍식. 2004. 「건강가정기본법 제정경과, 쟁점, 한계에 대한 검토」. 한국사회복지학회 춘계학술대회 발표.

이은혜·이상은. 2009. 「우리나라 도시근로자 가구의 남녀 가구주 간 빈곤 격차 요인 분해」. ≪한국사회복지학≫, Vol.61, No.4. 한국사회복지학회, 333~354쪽.
이주희. 2010. 「경제위기와 여성노동」. ≪노동저널≫, 2010년 2월호.
장지연. 2005. 「출산 양육과 관련된 휴가제도의 국제비교」. ≪국제노동브리프≫, Vol.3, No.3, 32~42쪽. 한국노동연구원.
_____. 2010.9.13. 「여성의 경력단절 현황과 돌봄노동 사회화정책의 방향성」. 한국여성노동자회.
장지연 외. 2004. 「여성근로자 모성보호의 현황과 정책방안: 모성관련 휴가제도를 중심으로」. 한국노동연구원.
장혜경 외. 2006. 「주요 선진국의 시사점과 한국의 정책과제」. 『주요 선진국의 가족 및 자녀사회화 지원정책 비교연구: 영국, 프랑스, 호주, 핀란드를 중심으로』. 경제·인문사회 연구회 협동연구 총서. 한국청소년개발원, 205~213쪽.
조윤영·김정호. 2008. 「영유아 보육, 정부의 역할은?」. 『KDI 정책 포럼』. KDI.
통계청. http://kostat.go.kr/portal/korea/index.action
팔메, 요아킴(Joakim Palme). 1977. "The Scandinavian Model of Social Security." 『스웨덴 사회복지의 유형과 그 발전상-OECD가입국과의 비교』. 크리스찬 아카데미.
_____. 2011.8.23. "The Swedish Welfare Model and 15 years of EU-Membership." 경제사회포럼.
한국보건사회연구원. 2009. 「OECD 국가의 저출산 현황 및 정책동향」. ≪보건·복지 Issue & Focus≫, 제9호(2009-9).
Thévenon, Olivier. 2011. "Family Policies in OECD Countries: A Comparative Analysis." *Population and Development Review*, 37(1)(MARCH 2011), pp.57~87.

제5장

수준 높은 교육복지 향유와 계층이동성 강화

김용일 | 한국해양대학교 교직과 교수

1. 서론

이 글은 '어떤 복지국가인가'라는 물음에서 출발하고 있다. 복지국가가 사회정책은 물론 경제·조세·재정정책 등을 포괄하는 국가 모델이라는 점에서 교육에서 그 답을 찾으려는 시도는 지극히 자연스러운 일이다. 복지국가를 설계하는 데 있어 평생교육을 포함하여 한국의 학교와 대학이 어떠한 모습으로 자리매김 되어야 하는지 답할 수 있어야 하기 때문이다. 더구나 근대 공교육제도는 사회복지의 중추다. 그러니 교육 문제를 빼놓고 복지국가를 말한다는 것은 현실적으로 가능하지도 않은 일이다.

수준 높은 교육복지를 향유하는 삶이 가능한 복지국가! 추상적이지만 이것이 위의 질문에 대한 필자의 대답이다. '수준 높다'는 말은 당연히 주관적일 뿐만 아니라 다의적이다. 그래서 여기서는 관련 정책 지표들에 주목하여 'OECD 국가 평균 수준 이상'으로 그 기준을 설정하고 있다. 이 정도는 되어야 '교역 10대 대국' 등의 경제발전 수준에 걸맞다는 판단에서다. 제3절에서는 특별히 '계층이동성 강화' 과제를 따로 논하고 있는데, 그 이유는 교육의 계급화[1]가 가속화되어 온 현실 때문이다. 달리 표현하자면 계층이동의 기제로서 학교와 대학의 역할을 회복·강화하는 일이 교육복지정책에서 핵심 의제가 된 지 이미 오래다.

교육의 실물 차원에서 사회구성원 모두가 수준 높은 교육복지를 향유하는 데 부족한 게 무엇이며, 그것을 OECD 국가 평균 수준 이상으로 끌어올리려면 어떤 노력을 기울여야 하는가? 이 글이 전개되는 기본 흐름으로, 굳이 표현하자면 모델론적 접근이 아니라 귀납적 또는 실사구시적인 접근이라고 해야 할 것이다. 교육부장관을 지낸 안병영(1994: 12)이 "복지국가의 모습은 그 나라의 역사문화적·사회경제적, 그리고 무엇보다 정치적 계급정치의 산물이며, 그런 의미에서 하나의 역사의 형성물"이라고 한 말에 공감하기 때문이다. 지난 대통령선거 이후 특별히 '계급정치의 산물', '역사의 형성물'이란 표현이 자꾸 눈에 밟힌다.

박근혜 정부가 출범한 지 한 달이 되어간다. 인사난맥이 꼬리를 물어서인지 국정 운영에 관한 생산적인 논의를 찾아보기 어렵다. '준비된 대통령'이냐 아니냐는 설왕설래도 잠시 이젠 그런 소리조차 쏙 들어갔다. 무언가 기대에 미치지 못하기 때문인데, 걱정스런 대목이라 하지 않을 수 없다. 이런 우려는 3월 28일 교육부의 대통령업무보고 내용을 접하면서 한층 더해졌다. 새 정부가 출범한 점을 감안하더라도 교육복지와 관련하여 2013년은 그저 '계획을 세우는 해'[2]라는

---

1 '교육 불평등'이란 전통적 개념 말고 굳이 '교육의 계급화'라는 개념을 사용하는 이유는 사태의 심각성을 널리 알리고 경계하기 위함이다. 이런 현실과 문제의식에 관해서는 김용일(2010)의 책(『교육의 계급화를 넘어』)의 서문에 자세히 소개되어 있다.
2 교육복지 관련 의제 가운데 학급당 학생 수 감축 추진계획을 올 6월에 그리고 고교무상교육 실시계획을 올 9월에 수립한다는 것이 그러한 예다. 예산 관련 부처와의 협의 등을 감안하더라도 너무 보수적으로 접근하고 있다는 생각이다. 대선을 앞두고 복지공약 '경쟁'을 벌이던 것과는 사뭇 다른 분위기인데, 사실 고교무상교육의 경우 계획 수립을 9월까지 미룰 이유가 없는 사안이다. 학계 등에서 관련 논의가 이미 많이 진행되었으며, 지난 대선 때 현 대통령뿐만 아니라 유력 야당 후보의 공약이었을 정도로 사회적 합의도 이루어진 상태. 주무부처로서 실행에 필요한 추가예산 규모 등 정보와 자료가 없는 것도 아니다.

인상을 주고 있기 때문이다. 그러나 기억을 되살려보면, 보수정파의 후보로서 현 대통령만큼 교육복지 공약³을 과감하게 제시한 경우도 드물다. 모쪼록 시대적 열망을 반영한 약속이 헛되지 않도록 심기일전하여 나름의 결실을 맺었으면 하는 바람이다.

2. 통합적 접근을 통한 수준 높은 교육복지 향유

1) 교육복지에 대한 통합적 접근

무상급식 논쟁이 한창이던 때의 일이다. 보편적 (교육)복지냐 선별적 (교육)복지냐 어느 한쪽에 대한 선택이 강요되는 분위기가 아주 강하게 조성되었다. 조금 과장하여 말하면 교육복지에 대한 보편적 접근을 선호하면 진보주의자이고 선별적 접근을 지지하면 보수주의자라는 식이었다. 그러나 이런 방식의 편가르기는 당연히 그리 생산적일 수 없다. 수준 높은 교육복지를 실현시키기 위해서는 보편적 접근과 선별적 접근이 유기적으로 결합된 통합적 접근이 필수적이기 때문이다. 어느 한쪽만으로 수준 높은 교육복지를 구현할 수 없다는 점은 너무나 분명한 사실이다.

그런데도 계획 수립을 9월로 미루어놓고, '검토안'이라는 단서를 달고 있지만, 무상교육 단계적 추진 완성 연도도 2017년으로 한참 늦춰놓고 있다. 교육부(2013: 12, 30) 참조.

3 확실히 복지와 관련하여 보편적 접근보다 선별적 접근을 선호하고 있기는 하다. 그렇지만 2014년까지 반값 등록금 실현, '방과 후 학교운영 및 교육복지지원법' 제정, 신규 교사 채용 확대로 학급당 학생 수를 2017년까지 OECD 수준으로 맞춤, 대학입시 대폭 단순화 등은 눈여겨볼 만한 내용들이다. '계층이동의 기회를 주는 희망 사다리 교육'이라는 표현을 써가면서 당시 거세게 분출하던 교육복지 확대 요구를 대폭 수용한 공약으로 이해되기 때문이다.

그러면 왜 이런 일이 벌어졌던 걸까? 이 질문에 제대로 대답하려면, 간략하게나마 한국 교육복지의 역사에 대해 검토해볼 필요가 있다. 8·15 이후 최근까지 우리는 줄곧 선택적 교육복지 개념에 갇혀 있었다. 교육에서 복지라는 용어가 사용될 때면 으레 특수아, 저소득층, 학습부진아, 학업중단 청소년 등 그 대상을 한정하는 수식어가 따라붙었던 것이다. 교육복지를 학교 안에서 무언가 어려운 처지이거나 뒤처진 사람들을 대상으로 한 추가적 시혜 활동으로 제한해왔기 때문이다. 교육 따로 '교육복지' 따로 격인데, 자연 교육복지 관련 정책은 교육정책 일반의 하위 개념일 뿐이었다.

사정이 이럴진대, 공교육이 사회복지의 중추이고, 예컨대 무상교육이 교육복지의 핵심 기제라는 사실이 쉽게 받아들여질 리 만무했다. 선택적 접근에 갇혀 현실에 존재하는 무상교육과 같은 보편적 교육복지로의 개념 확장이 번번이 좌절되었던 것이다. 이런 상황이 얼마 전까지 계속되었는데, 아래에서 확인할 수 있는 것처럼 '국민의 정부'에 들어와서야 비로소 상황이 변화하기 시작했다.

> 의무교육은 교육의 기회균등을 보장함으로써 교육복지 이념을 적극적으로 실현해나가는 데 중요한 수단이 되고 있으며, 새로운 지식의 창출이 국가경쟁력을 좌우하게 됨에 따라 국민의 기초학력 향상을 위해서도 그 필요성이 부각되고 있다. …… 앞으로는 현행 학부모들이 부담하고 있는 학교운영지원비에 대한 국고지원을 점진적으로 확대하여 명실상부한 무상의무교육이 실현될 수 있도록 할 것이며, 아울러 현행 중학교 단계까지 시행하고 있는 의무교육을 대부분의 OECD 선진국과 같은 수준인 고등학교 단계까지 확대하는 방안도 장기적으로 검토·추진되어야 한다(강조는 필자)(국정홍보처, 2003: 115).

무상의무교육에 초점이 맞추어져 있지만, '국민의 정부'에서 보편적 교육복지로의 개념 확장이 이루어졌음을 잘 보여주는 내용이다. 교육소외 계층·집단에 대한 지원과 특수교육 기회의 확대 등 '전통적인 교육복지'에 더하여 무상의무교육, 유아교육의 공교육화 등을 교육복지 항목에 추가한 것이다(국정홍보처, 2003: 111~135). 이는 단순한 항목의 확대가 아니라 보편적 접근과 선별적 접근의 유기적인 결합을 통해 교육복지 개념의 질적 변화가 이루어지게 되었음을 뜻한다. 그러나 교육복지에 대한 이와 같은 통합적 접근은 여전히 불안하기 짝이 없는 상태다. 시간이 지나면서 견고해지는 것이 아니라 정권에 따라 또다시 선별적 접근으로 후퇴하는 등 '널뛰기'하는 형국이다.

이 문제에 관한 한 '국민의 정부'를 이은 '참여정부'에서의 보잘것없는 성과가 뼈아팠다. 교육복지에 상당한 진전이 있어 선별적 접근으로 되돌릴 수 없는 사회적 분위기가 만들어졌다면 사정은 달랐을 것이다. 그러나 구호만 요란하고 사회구성원 대부분이 그 효용을 체감할 수 없는 상태에서 정권이 바뀌었다. 이명박 정부가 들어선 것이다. '문민정부'의 시장주의 교육정책을 전면화하고자 했던 이명박 정부는 집요하리만큼 '국민의 정부'와 '참여정부'의 교육복지정책 등을 폄훼하는 태도로 일관했다. 이 과정에서 통합적 접근을 외면한 채 교육복지를 다시 선별적 접근에 가둬두는 결과가 초래되고 만 것이다.

이런 상황에서 2010년 6월 전국동시지방선거가 치러지고, 진보진영의 교육감(교육의원) 후보자들이 보편적 무상급식을 공약으로 제시했다. 무상급식이 보편적 교육복지의 표상으로 자리하게 된 것이다. 이에 대해 이명박 정부와 한나라당이 반대하고 나서면서 무상급식이 선거판 전체를 들썩이게 하는 핵심 이슈가 되었다. 사정이 이렇다 보니 무상급식에 대한 찬반으로 진보와 보수를 편가르는 기이한 사태가 발생했다. 말할 필요도 없이 보편적 접근과 선택적 접근이라는 두 날개가 필요한데, 지방선거를 둘러싼 치열한 정치과정이 어느 하나의 선택을 강요한 것이다.

2) 수준 높은 교육복지 향유와 보편적 교육복지 강화의 과제

재차 강조하지만 수준 높은 교육복지를 향유하기 위해서는 보편적 접근 위에 선별적 접근을 결합한 통합적 접근이 필요하다. 배타적으로 어느 하나에 집착하는 태도는 곤란하며, 또 실제로 그럴 수도 없다. 보편적 접근과 선별적 접근이 유기적으로 조화를 이룰 때, 교육복지의 목록이 한층 더 충실해지고 제도화 등에 대한 사회적 합의도 이끌어내기 쉽다. 그런데 이 둘 가운데 선별적 교육복지는 우리에게 아주 익숙할 뿐만 아니라 정책 차원의 노하우도 상당히 축적되어 있다. 문제는 보편적 교육복지다.

앞에서 살펴본 것처럼 무상교육 등과 같은 보편적 교육복지에 주목하기 시작한 지 얼마 되지 않았다. 게다가 지난 정권에서는 교육복지를 또다시 선별적 접근에 가둬두려는 시도가 집요하게 전개되었다. 그러다 보니 보편적 접근 차원의 정책과제들을 체계적으로 점검 및 보완할 시간이 그리 많지 않았다. 보편적 교육복지 관련 정책지표들이 '수준 높은 교육복지'의 기준으로 설정한 OECD 국가 평균의 그것보다 한참 뒤처질 수밖에 없었던 것이다. 그러면 이제 관련 정책의제들에 대해 좀 더 자세히 살펴보면서 당면한 문제 해결을 위한 방도가 무엇인지 생각해보기로 하자.

(1) 보편적 무상교육 실현

교육비 부담을 사회 공동의 책임으로 하여 학생들의 학습권을 보장한다는 정신을 담고 있는 보편적 무상교육은 교육복지의 핵심이다. 나아가 소득재분배는 물론 교육의 실질적인 기회균등을 보장함으로써 계층이동성을 높여주는 효과를 지니고 있다는 점에서 사회복지의 근간이기도 하다. 그러나 한국의 무상교육은 OECD 국가들에 비해 수준이 아주 낮으며 불완전한 체제를 유지하고 있다. '수준이 낮다'는 것은 <표 5-1>에서처럼 OECD 국가 대부분이 10~13년의 무상

⟨표 5-1⟩ 세계 각국의 의무교육기간과 시작연령 현황

의무교육기간	OECD 해당 국가	비고
13년 이상	네덜란드(5)	아르헨티나(5), 푸에르토리코(5), 베네수엘라(3, 14년), 벨기에(6)
12년	영국(5), 미국(6), 뉴질랜드(5)	카타르(6), 우즈베키스탄(7), 바하마(5), 도미니카(5), 페루(5)
11년	오스트레일리아(5), 멕시코(4), 캐나다(6), 프랑스(6), 아이슬란드(6), 이스라엘(5), 스페인(6)	우크라이나(6), 아제르바이잔(6), 카자흐스탄(7), 북한(6), 버뮤다(5), 몰타(5), 모나코(6), 가나(4)
10년	덴마크(7), 핀란드(7), 스웨덴(7), 체코(6)	러시아(6), 중국(마카오, 5), 팔레스타인(6), 헝가리(7), 몰도바(6), 룩셈부르크(6), 루마니아(6), 피지(6), 콜롬비아(5), 코스타리카(5), 에콰도르(5), 과테말라(6), 콩고(6), 가봉(6), 기니(7), 세네갈(7), 토고(6)
9년	일본(6), 한국(6), 오스트리아(6), 에스토니아(7), 슬로바키아(6), 이탈리아(6), 포르투갈(6), 스위스(7)	중국(6), 이집트(6), 쿠웨이트(6), 아르메니아(6), 몽골(6), 인도네시아(7), 베트남(6), 브라질(6), 쿠바(6), 사이프러스(6), 아프가니스탄(7), 스리랑카(5), 나이지리아(6), 남아공(7)
9년 이하	터키(6, 8년)	말레이시아(6, 6년), 필리핀(6, 6년), 싱가포르(6, 6년), 아이티(6, 6년), 온두라스(6, 6년), 니카라과(6, 6년), 방글라데시(6, 5년), 앙골라(6, 6년), 카메룬(6, 6년)

주: 괄호안의 숫자는 해당 국가의 의무교육 시작연령이고, '9년 이하' 줄의 괄호 안의 뒤쪽 숫자는 의무교육기간임.
자료: UNESCO Institute for Statistics(2012: 90~96)의 내용을 재구성.

의무교육[4]을 실시하고 있는 데 비해 한국은 9년밖에 되지 않아 양적인 열세에 있다는 뜻이다. OECD 회원국 중에서 무상의무교육기간이 한국보다 짧은 나라는 터키뿐이고, 상당수의 비회원국도 한국보다 길다.

다른 한편 '불완전하다'는 것은 그 질적인 측면에서도 보완의 여지가 많다는

---

[4] 무상교육만의 국제비교 자료는 입수할 수 없는 상태라 의무교육에 관한 자료를 사용했다. 무상교육이 모두 의무교육은 아니지만, 의무교육의 경우 대부분의 나라에서 무상으로 하고 있어 유의미한 자료이기 때문이다. UNESCO Institute for Statistics(2012: 11) 참조.

의미다. 무상급식을 둘러싸고 치열한 공방이 전개된 데서 알 수 있듯이 우리의 무상교육은 수업료나 입학금 면제 수준을 넘어서지 못하고 있다. 오래전부터 교과서 대금, 학습준비물, 통학비 등은 말할 것도 없고, 학생의 최소 생활비까지 국가가 부담하는 다른 나라의 현실과 크게 차이가 난다. 이러한 양적·질적인 취약함이 관련 지표에 그대로 반영되어 있는데, 2009년 현재 한국의 초·중등교육 단계의 사부담률은 23.4%로 OECD 국가 평균 7.5%의 3배가 넘는다(OECD, 2012: 246).[5] 고등학교의 학비 부담과 초·중·고의 잡부금 등이 이런 결과를 초래했다.

취학전 교육의 상황은 더 심각하다. 사부담률이 57.7%로 OECD 국가 평균 14.5%의 무려 4배에 가까운 수준이다. 오래전부터 법적으로 학교의 한 종류로 정해놓았으면서도 유치원을 짓고 운영하는 데 필요한 재정 책임은 나 몰라라 한 결과다. 미흡하긴 하나 최근 유아교육 '무상화'에 나선 것은 바로 이 때문이다. 그러나 이윤동기(profit motive)에 기초한 사립유치원이 80%에 달할 정도여서 구조개혁이 병행되지 않는 한 그 효과를 장담하기 어려운 상황이다. 뒤의 '반값 등록금' 논의에서 자세히 살펴볼 것이지만, 고등교육의 교육비 역시 세계 최고 수준이며 사부담률 또한 무려 73.1%나 된다(OECD, 2012: 246). 이처럼 무상의무교육 단계는 말할 것도 없고, 취학전 교육과 고등교육까지 보편적 복지 차원의 무상교육의 정신과는 한참 거리가 있는 게 현실이다.

여기에다 설상가상으로 사교육비까지 더해져 한국의 교육비 부담은 일부 부유층을 제외한 모든 계층의 가계경제를 파탄 지경으로 내몰고 있다. 이렇게 교

---

[5] 사실 더 큰 문제는 시간이 지나면서도 개선될 기미가 없이 오히려 악화되고 있다는 점이다. 2000년 현재 초·중·고의 사부담률은 정부보조금을 포함하여 19.2%였다. 그러던 것이 2009년 현재 23.8%(정부보조금을 빼면 위의 23.4%)로 4.6%나 더 늘어났다. 물론 같은 기간 고등교육의 사부담률이 76.7%에서 73.9%로 줄어 전체 교육 단계의 사부담률은 40.8%에서 40.0로 조금 감소했다. 그러나 한국의 사부담률은 40.0% 안팎에서 등락을 거듭하여 '압도적인 세계 1위'로 OECD 국가 평균 16.0% 수준과 비교가 안 될 정도다. OECD(2012: 259), 교육통계서비스(http://cesi.kedi.re.kr/) 참조.

육비 부담이 과중한 조건에서 예컨대 '출산파업'은 매우 합리적 선택으로 보인다. 당장 유치원과 학교에 내야 할 교육비와 각종 사교육비를 감당하기 어려운데 2~3명의 자녀는 꿈같은 얘기일 수밖에 없다. 하나만 낳아 '총력전'을 펼친다 해도 공사교육비 격차를 감당해낼 재간이 없다. 학교는 물론 대학 단계에서부터 내 아이를 빈익빈 부익부의 소용돌이에 빠뜨리게 될 게 뻔한 마당에 달리 선택의 여지가 없지 않은가.

교육비 격차가 학업성취의 차이를 가져오고, 이것이 또다시 노동시장 진입에서의 불평등과 소득 격차로 이어지는 현실을 직시해야 한다. 이 악순환의 고리를 끊어낼 적극적인 정책 대응의 기본이 바로 보편적 무상교육 실현이다. 공교육 전반에 무상교육의 정신을 강화시켜 학교와 대학이 재분배의 기제이면서 사회이동을 가능케 하는 '위대한 평등화 장치(great equalizer)'로서의 역할을 감당하도록 해야 한다. 사실 유아교육과 고등학교 무상화는 너무 늦었다. '반값 등록금'으로 표상되는 고등교육 단계의 교육비 대책 또한 더 이상 지체할 수 없는 과제다. 아울러 무상교육의 질을 제고하는 일에도 적극 나서야 한다. 여기에 사교육비를 줄이는 다양한 정책적 노력이 병행될 때 수준 높은 교육복지에 한발 더 다가갈 수 있을 것이다.

(2) 교육여건 개선

학교와 대학은 교수-학습을 핵심기술(technical core)로 하고 있는 조직이다. 그런데 이 핵심기술의 성패를 좌우하는 것이 바로 교육여건이며, 이는 교육의 실질적인 기회균등 보장과도 직결되어 있는 사안이다. 교사와 학생의 교육적 상호작용이 활발한 교육여건을 마련해주는 것이 곧 우리 자녀 모두에게 수준 높은 교육복지를 향유케 하는 일이란 뜻이다. 날이 갈수록 심화되는 교육 격차 내지 교육 불평등 또한 이 문제를 외면하고서는 그 해결책을 찾을 수 없다.

그런데 <표 5-2>에서 보는 것처럼 교육여건에 관한 대표적인 지표라 할 수

〈표 5-2〉 교육단계별·설립별(학교 유형별) 평균 학급당 학생 수(2010년)

단위: 명

구분	초등학교			중학교		
	국공립	사립	소계	국공립	사립	소계
한국	27.4	30.2	27.5	34.9	33.8	34.7
독일	21.5	21.9	21.5	24.7	25.2	24.7
프랑스	22.6	22.9	22.7	24.3	25.3	24.5
핀란드	19.4	17.7	19.4	20.2	21.7	20.3
미국	20.3	17.7	20.0	23.7	19.4	23.2
영국	25.8	11.9	24.4	21.1	14.9	19.4
일본	27.9	31.4	28.0	32.8	34.9	32.9
OECD 국가 평균*	21.3	20.3	21.2	23.3	22.4	23.4

주: * OECD 국가 평균은 표의 7개국만이 아니라 원 자료상의 34개 회원국의 평균임.
자료: OECD(2012: 450)의 자료를 바탕으로 필자 재구성.

있는 학급당 학생 수만 놓고 보더라도 기대에 한참 못 미치는 수준임을 알 수 있다. 2011년 현재 한국 초등학교의 학급당 학생 수는 27.5명으로 OECD 국가 평균 21.2명보다 6.3명이 더 많다. 중학교의 경우는 더 열악하여 한국이 34.7명임에 비해 OECD 국가 평균은 23.4명으로 무려 11.3명의 차이가 난다. 교실 하나에 초등학교 6.3명, 중학교 11.3명이나 더 많이 '수용'하고 있는 것이다. 이런 조건에서 교사의 관심과 손길이 모든 학생에게 골고루 미치길 바라는 것은 그저 허망한 일일 뿐이다.

한마디로 개개인의 소질과 적성을 계발하기에 너무 열악한 현실이다. 학습결손을 만회할 기회를 얻기란 더더욱 쉽지 않다. 그 결과 학년이 올라갈수록 학습결손이 누적되어 공부에 흥미를 잃게 되며, 그 효과 여부를 떠나 사교육 등에 의존하는 상황으로 내몰린다. 그런데 사교육만큼 부모의 경제력에 좌우되는 경우도 많지 않아 이 또한 '빈익빈 부익부'의 악순환으로 귀결된다. 학령인구의 자연감소를 빌미로 더 이상 손 놓고 있어서는 안 된다. 적극 대처하여 학생 개개인의 교육적 필요를 충족시키고 학습결손 등을 보정해줘야 한다. 현 대통령도 지난 대선에서 "2017년까지 학급당 학생 수를 OECD 수준으로 맞추겠다"고 약속한 바 있다. 돈이 많이 들기는 하지만, 그만큼 절실한 일이고 또 교직 등의 '괜찮은 일자리(descent jobs)' 창출에도 모범적인 사례로 기록될 것이 분명하다.

(3) 반값 등록금과 대학 구조개혁

한국의 대학등록금은 세계에서 가장 비싼 축에 속한다. 2008~2009학년도 기준 국공립대학의 등록금은 5,193달러로 미국의 6,312달러에 이어 두 번째로 비싸고, 사립대학의 경우도 9,366달러로 미국의 2만 2,852달러 다음이다(구매력 평가 환율인 PPPs 기준)(OECD, 2012: 282~283). 반면 학생 1인당 교육비는 2009년 현재 9,513달러로 OECD 국가 평균 1만 3,728달러의 69.3%에 지나지 않는다. 체코, 헝가리, 칠레, 멕시코 등 동구와 남미의 OECD 회원국을 제외하면 사실상 꼴찌 수준인 셈이다(OECD, 2012: 228).

교육비 대부분을 학생과 학부모가 부담하고, 정부는 손을 놓고 있기 때문이다. 실제로 한국 고등교육 사부담률은 2009년 현재 73.1%로 세계에서 가장 높아 OECD 국가 평균(31.3%)의 2.3배가 넘을 정도다. 세계에서 두 번째로 비싼 등록금을 학생과 학부모의 '호주머니 돈'으로 충당하면서도 값싼 교육이 이루어지고 있는 게 우리 고등교육의 현주소다. 당연히 고등교육 단계의 교육복지 향유 수준이 형편없을 수밖에 없다. 소득분위별 차등지원 방식이긴 하지만, 오죽하면 지난 대선에서 현 대통령까지 '2014년까지 반값 등록금 실현'이란 공약을 내걸 정도였겠는가.

학자금 대출에 따른 학생 신용불량자가 급증하고 있다. 많은 학생들이 아르바이트 등에 내몰려 장시간 노동착취를 당하고 있다. 돈 때문에 공부할 시간을 빼앗기고 있는 것인데, 고등교육의 실질적인 기회균등 차원에서 큰 문제라 하지 않을 수 없다. '대학등록금이 가계경제의 발목을 잡고 있다'는 지적이 한가하게 들릴 정도다. 이런 문제를 해결하기 위해서는 무상교육의 정신을 고등교육 단계까지 확장하여 교육비 부담을 획기적으로 낮추어야 한다. 그 구체적인 방안 가운데 하나가 반값 등록금이다. 반값 등록금이 완전 무상이 아닌 것은 분명하지만, 서울시립대학교의 경험을 보면 무상교육의 효과만큼은 톡톡히 거두고 있음을 알 수 있다.

그런데 반값 등록금을 실현하기 위해서는 고등교육의 공공성 강화 차원에서 병행시켜야 할 과제가 존재한다. 다름 아니라 대학 구조개혁이 그것이다. 이에 대해서는 여러 의견이 있을 수 있지만, 국·공립대를 50% 이상 그리고 정부의존형 사립대학을 30% 수준으로 늘리는 방안을 적극 검토해봄직하다. 이런 인프라 개혁이 함께 이루어질 때만이 '고등교육재정교부금법'(가칭) 등을 통해 마련하게 될 재정을 투입하는 데 대한 국민적 동의를 이끌어낼 수 있다. 이윤동기가 강하게 지배하는 사립대학이 80%(학생 수 기준으로는 76%)를 넘는 조건에서는 재정 투입에 대한 사회적 합의가 힘들 뿐만 아니라 투입된 재정의 효과도 담보하기 어렵기 때문이다.

3. 계층이동성 강화와 복지의식 확대 재생산 기지화

수준 높은 교육복지를 향유하는 것은 삶의 과정 자체를 풍요롭게 하고 삶 전반의 질을 높이는 일이다. 우리 아이들 모두가 교육비와 잡부금 등에 대한 부담 없이 건강하고 즐겁게 유치원과 학교에 다닌다. 교실은 규모가 적정하고 쾌적해 선생님의 손길이 아이들에게 골고루 미친다. 대학등록금 부담을 크게 덜고 장학금 등의 지원으로 아르바이트 등에 시간을 빼앗기지 않고 하고 싶은 공부를 마음껏 할 수 있다. 물론 어려운 처지에 있거나 뒤처지는 학생들에게는 여전히 더 많이 배려하고 지원한다. 생각만 해도 가슴 뿌듯한 일이다. 이런 환경에서 자란 아이들이 자연스럽게 복지친화적인 의식과 행동양식을 체득하게 되는 것은 너무나 당연하다.

앞에서 살펴본 것처럼 모두가 교육의 실질적인 기회균등을 가능케 하는 수준 높은 교육복지 인프라가 뒷받침될 때 가능한 일이다. 이런 조건에서만이 학교와 대학을 통한 계층이동 또한 활발하여 사회의 역동성을 유지할 수 있다. 그러나 우리 교육은 더 이상 이런 기능을 하지 못하고 세대 간 계급재생산의 기제로 전락해버렸다. 교육에의 접근 가능성 차원의 형식적인 기회균등으로는 더 이상 계층이동성을 담보할 수 없는 시대가 되었음에도 불구하고 오랫동안 수수방관해 왔기 때문이다. 교육 계급화가 심화되고 사회의 지속가능성을 장담할 수 없게 된 것이 결코 우연이 아님을 깨닫게 된다.

개인의 교육적 필요에 적극 대응하여 타고난 소질을 계발하고 노력한 만큼 성취할 수 있는 사회를 만들어야 한다. 평생교육을 포함한 학교와 대학의 계층이동성을 회복 및 강화해야 한다는 뜻인데, 그것이 곧 수준 높은 교육복지를 실현하는 일과 맞닿아 있음을 잊지 말아야 할 것이다. 앞에서 살펴본 보편적 무상교육, 교육여건 개선, 반값 등록금 등도 실질적인 교육기회 균등을 기하는 일이라는 점에서 계층이동성 제고와 일정한 관련이 있다. 그러나 이런 정책과제들은 교육의 토양을 바꾸는 아주 근본적인 일에 해당한다. 우리 교육의 계층이동성을 제고하기 위해서 더 직접적인 대책이 필요한데, 사회통합적 학교정책이나 대입제도의 간결화 등이 그 대표적인 예라 할 수 있다. 아울러 노동시장과 관련된 직업·평생교육 차원의 좀 더 적극적인 대응도 매우 절실한 상황이다.

1) 교육의 계층이동성 회복·강화를 위한 정책과제

시장우위의 사회에서는 특단의 조치가 없는 한 시간이 지날수록 계층이동성이 약화되는 경향이 있다. 부모세대가 이룬 성취가 자녀세대의 성취 경쟁에 강력하게 영향을 미치기 때문이다. 그러므로 정책 차원의 대응이 중요한데, 지금까지 살펴본 교육의 실질적 기회균등 말고도 공정성이 담보된 '게임의 규칙' 같은 것이 필수적이다. 이렇게 사회구성원 모두가 수긍할 수 있는 규칙을 마련하고 준수하도록 하는 게 국가의 역할이다. 개인의 입장에서 보면 교육에 관한 한 가능하면 여러 번 기회를 부여받을 수 있는 게 좋다. 그렇지 못할 경우 학교와 대학을 매개로 세대 간 계급재생산이 고착될 수밖에 없다.

그런데 유감스럽게도 지난 20년간의 상황이 바로 이런 방향으로 전개되어 사회의 지속가능성이 도전받을 정도가 되었다. 계층이동성이 현저히 떨어지고 교육의 계급화가 격화된 것이다. 시장우위의 사회에서 발견되는 경향적 법칙에 더하여 편협한 정책 대응이 사태를 악화시켰다. 교육복지는 말할 것도 없고 복지국가 정책 기조를 근본적으로 부정하는 시장주의 이데올로기가 강력한 영향력을 발휘한 결과다. '학교 다양화'란 미명하에 계층대응적 학교서열화 정책이 추진되었다. '대입 다양화'란 허울 아래 돈과 정보가 많은 집 아이들에게 유리한 게임의 규칙이 마련되었다. 국가가 앞장서 교육의 계급화를 가속화시키는 정책을 추진해온 것이다. 이제 이런 문제들을 어떻게 극복할 것인가에 대해 같이 생각해보기로 하자.

(1) 사회통합적 학교정책

사회통합적 학교정책은 계층대응적인 학교서열화를 해소하고 학생 개인의 적성과 능력에 따라 상급학교 진학 등을 결정할 수 있는 메커니즘을 구축하는 일이라 할 수 있다. 부모의 경제적 능력 등에 의한 학교차별(school segregation)을 방지하는 한편, 다양한 계층과 집단의 자녀가 함께 공부하여 시너지 효과를 내는 본래적인 의미의 통합교육이 가능케 하기 위해서다. 핵심은 학생과 학부모의 학교선택권과 학교의 학생선발권을 유보하고 거주지 중심으로 상급학교에 배정하는 것이다. 그렇게 함으로써 교육자원 활용을 효율화하고 통학 등에 소요되는 시간과 비용 등도 절감할 수 있다.

　일찍이 중학교와 고등학교에 평준화 정책을 도입하여 그 토양을 마련한 바 있다. 우리의 교육적 문제를 해결하기 위해 공적재원이 투여되는 학교의 경우 학교선택권을 유보하는 평준화가 세계 보편적인 제도라는 사실을 타산지석으로 삼은 것이었다. 그러나 평준화 제도는 그리 순탄한 길을 걷지 못했다. 이를 허물어뜨려 특권을 누리려는 세력의 거센 도전 때문이었다. 일차적인 공세는 '명문중', '명문고'의 향수에 사로잡혀 있던 학벌주의자 내지 복고적 엘리트주의자들로부터 나왔다. '학력의 하향 평준화론'이 그것인데, 그 현실적 귀결이 바로 외국어고 등의 특수목적고 도입이었다. 이때 이미 사회통합적 학교정책으로서 평준화 정책은 그 토대가 크게 흔들렸다.

　여기에 1990대 중반 이후 시장주의자들의 공세가 결정타로 작용했다. '학교 다양화'라는 미명[6]하에 평준화를 맹렬히 공격했는데(이주호 외, 2006 참조), 그 정책적 귀결이 바로 가파른 학교서열화다. [조기유학 → 외국인학교(내국인 입학 몫)] → 자사(율)고 → 특목고(외국어고 등) → (자율형 공립고) → 일반계고(부유층 거주지 → 서민층 거주지) → 마이스터고 → 특성화고 등의 서열이 계층대응적 양상을 띠면서 강고하게 자리 잡게 된 것이다. 이렇게 물꼬가 터진 무절제한 욕망이 중학교에까지 전이된 결과가 바로 이른바 '영훈국제중 사태'다. 정책의 오류 수준을 넘어 대기업 부회장의 아들을 사회적 배려대상자로 입학시킬 정도로 특

6　시장주의자들의 전략은 ① 학교 민영화와 ② 공교육 시장화 두 가지로 집약된다. 전자는 자립형 사립고(자사고), 자율형 사립고(자율고), 국제중 등 학부모의 '호주머니 돈'으로 운영되는 학교를 도입하여 교육재정을 절감하자는 것이다. '공교육재정 감축'이라는 자신들의 정책 목표를 달성하기 위한 것인데, 이는 사실 부유층에게 입시 등에서의 특혜(비용 부담에 대한 상대급부)를 전제로 한 정책이었다. 후자는 종래의 일반계고 외에 자사(율)고, 외고, 국제고 등 학교를 다양화하여 시장조건(market conditions)을 형성하면, 경쟁이 활발해져 교육의 질을 제고할 수 있다는 것이다. 지금은 여러 나라에서 확인된 사실이지만, 결코 실현 불가능한 가설로 학교 간의 경쟁은 원천적으로 차단되고 학교의 수직적 서열화만 부채질한 결과를 낳았다.

권을 위한 편법과 도덕적 타락, 나아가 학교 비리가 일상화된 것이다.

한번 잘못된 학교정책은 계층이동성을 사실상 원천봉쇄하는 효과를 발휘하게 된다. 그리고 그 피해는 극소수의 부유층을 제외한 모든 계층과 집단에게 널리 미친다. 바로 이런 점들이 사회통합적 학교정책을 보편적 교육복지 차원에서 다루고 있는 이유다. 계층차별적인 학교정책에 대한 대안은 오랜 시간에 걸쳐 이미 검증되어 나와 있는 상태다. 바로 세계 보편적인 평준화제도가 그것인데, 이런 메커니즘이 갖추어질 때 학교를 매개로 한 계층이동의 가능성이 더 커지게 된다. 최근 '대학 평준화' 논의에서 확인할 수 있는 것처럼 고등교육 단계에도 이 제도를 도입한 나라들이 많다[7]는 사실에 주목할 필요가 있다.

(2) 대입제도의 간결화

시장주의자들의 '대입 다양화' 정책이 대학입시의 공정성에 치명적인 문제를 발생시켰다. '다양화'라는 미명하에 대학으로 하여금 '골라 뽑기(cream skimming)'를 할 수 있는 조건을 마련해주었기 때문이다. 이런 '게임의 규칙'에서는 그 누구보다 골라 뽑는 위치에 있는 측이 승자가 된다. 골라 뽑는 기준에 관한 정보를 획득하여 기민하게 대응할 수 있는 능력이 있는 학생과 학부모 역시 승자의 반열에 오르게 된다. 나머지 사람들은 '다양화', '한 줄 세우기 탈피', '창의적인 입시' 등 허울 좋은 얘기에 냉가슴을 앓으면서 모두 패자의 멍에를 짊어지게 된다.

'같은 값(점수)'이라면, 아니 조금 모자라더라도 돈과 정보가 뒷받침되는 사람들이 좋은 대학에 가고 좋은 직장을 잡을 수 있다는 얘기다. 입시판 정보 격차(digital divide)의 좋은 사례라고나 해야 할 것이다. 말 그대로 다양한 전형방법(전

---

[7] 그런데 여기에는 탄탄한 사회적 합의가 필요하다. 결코 그냥 얻어지는 게 아니다. 계급 간의 힘의 관계를 바탕으로 치열한 공방과 타협 등의 우여곡절을 거쳐 제도로 정착되어온 것이 평준화의 역사다. 독일과 프랑스의 대학 평준화제도가 68혁명의 산물이라는 것은 너무나 잘 알려진 사실이다.

기, 후기, 수시, 정시 등)과 요소(내신, 수능, 면접, 실기 등)가 존재한다. 이 둘을 조합하여 각 대학의 입시 담당자도 그 수를 헤아릴 수 없을 만큼 많은 전형 유형이 만들어져 있는 게 현실이다. 이런 상태에서는 기본적으로 입시 관련 정보에의 접근 가능성이 아주 중요한데, 고액의 입시설명회가 성행하는 이유도 바로 이 때문이다.

특별히 눈여겨봐야 할 점은 선발권자의 '재량' 또는 '주관적인 판단'이 가능한 면접 등과 같은 전형 요소다. 이 점수는 비중의 크고 작음을 떠나 입시의 공정성을 침해할 개연성이 크다. 자기 대학에 금전적으로나 평판 제고 등에 도움이 된다고 판단되는 지원자들을 골라 뽑는 수단으로 활용되기 때문이다. 그런데 대개 중산층 이상의 가정 출신 학생들이 선발 대상이다.[8] 이런 문제는 일차적으로 대학의 교육적 안목과 높은 도덕성에 의해 제어되어야 한다. 그런데 한국은 물론 다른 나라의 경험을 보더라도 이를 기대하기 어려운 게 현실이다. 외부로부터 강요된 시장조건에서는 그 누구 할 것 없이 '살아남기 경쟁'을 하기 때문이다. 그런 점에서 예컨대 이주호 장관이 일방적으로 밀어붙인 입학사정관제도는 '골라 뽑기'를 제도화하고 장려했다는 점에서 최악의 제도[9]라 할 수 있다.

---

8 이와 관련하여 미국의 최근 조사결과는 시사하는 바가 크다. 소득 최하위(4분위) 계층의 학생 가운데 수학능력시험(SAT)에서 고득점을 한 학생이 명문대에 입학한 경우는 34%였다. 반면 성적이 같은 소득 최상위(1분위) 계층의 자녀가 명문대에 입학한 비율은 무려 78%에 달했다. 심지어 저소득층 자녀는 높은 점수에도 불구하고 명문대에 지원조차 하지 않고, 대신 학비가 저렴한 2년제나 4년제 주립·시립대학을 선호했다. 저소득층 학생들이 장학금이나 학비 융자제도를 제대로 알고 있지 못하거나 스스로 명문대생이 될 수 없다고 판단했기 때문인 것으로 보인다. 경제적 불평등의 심화와 입시 관련 정보 격차가 계층 간 이동을 더욱 힘들게 하고 있는 것이다. 그동안 명문대들은 "다양한 소득계층의 자녀를 선발하겠다"고 했으나 이 연구는 이 또한 사실이 아니라는 점을 보여주고 있는 셈이다(≪경향신문≫, 2013.3.18 기사 참조).

9 정권이 바뀌자마자 벌써 '입학사정관제 폐지' 얘기가 언론에 오르내리고 있다. 이에 대해 교육부(2013.3.28)가 "입학사정관제 폐지에 관해 검토한 바 없으며, 따라서 동 기사 내용은 사실과 다름"이라는 해명자료를 내놓는 소동이 벌어진 바 있을 정도다.

대학입시는 이전 교육활동의 '중간결산'적 성격을 지니고 있다. 유치원과 초·중·고등학교에 걸친 개인의 노력과 성취를 평가하는 기능을 가지고 있다는 뜻이다. 특별히 점수와 서열경쟁이 치열하고 학벌이 중시되는 한국에서는 더욱 그런 경향이 있다. 그런데 '대입 다양화'라는 미명하에 선발의 불공정성이 심화됨으로써 많은 사람들이 이중삼중의 피해를 보고 있다. 학교정책으로 인해 이미 불공정한 게임이 이루어지고, 천신만고 끝에 일정한 성취를 해도 입시에서 또다시 불이익을 받게 된다. 학교와 대학의 계층이동성이 약화된 데는 다 그만한 이유가 있다. 현 정부조차 '대입전형의 간소화'(전홍섭, 2013 참조)를 대선공약으로 내걸었다는 점을 상기해볼 필요가 있다.

(3) 직업·평생교육의 강화

복지와 관련하여 교육에 대한 관점은 크게 두 가지로 정리할 수 있다. 하나는 공교육을 사회복지의 중추로 보고, 주로 어떻게 하면 교육복지 향유의 수준을 높일 것인가에 관심을 갖는 경우이다. 지금까지의 논의가 이러한 관점에 서 있는 것인데, 이럴 경우 학교와 대학은 가장 강력한 복지 인프라로 그 자체가 투자의 대상이다. 그런데 교육을 사회복지 실현의 수단으로 볼 경우 얘기가 조금 달라진다. 이때 교육은 양질의 노동력을 생산하고 재훈련시키는 기능 단위로 간주되는 한편, 학교교육과 평생교육은 '자활을 위한 사회적 투자'의 대상이 된다. 이와 관련하여 다른 글에서 다음과 같이 언급한 바 있다.

> 복지국가는 일반적으로 탄탄한 공교육제도를 필요로 한다. 이는 복지국가 건설과 관련하여 중요한 두 가지 사실을 말해주고 있다. 하나는 공교육이 사회복지의 중추로서 그 자체가 복지국가의 한 부분이라는 점이다. 다른 하나는 공교육이 복지 실현의 핵심 수단으로 특별히 부가가치가 높은 노동력을 생산하는 역할을 수행하고 있다는 사실이다. 이런 까닭에 근대 공교육제도 성립 이후 학교와 대학은 복지 문제와 관

련하여 조금 복합적인 요구에 직면하게 된다(김용일, 2011: 177).

직업교육과 평생교육 강화의 과제는 확실히 후자의 관점에서 더 강조되는 경향이 있다. 일하면서 누리는 복지('노동복지')를 최고의 복지로 전제하고 있기 때문인데, 이때 교육은 복지국가라는 유기적 톱니바퀴에서 당연히 '양질의 노동력 생산 단위'라는 정체성을 부여받게 되는 것이다. 전통적인 인적 자원개발론이나 근로연계복지(workfare)를 강조하는 입장에 이런 생각이 잘 반영되어 있다(대통령자문 정책기획위원회, 2006 참조). 이러한 관점에 서 있는 사람들의 주된 관심사는 어떻게 하면 교육을 통해 양질의 노동력을 생산하고 재훈련시키는가에 있다.

그런 점에서 초·중등교육과 대학에서 직업교육을 강화하는 일은 지극히 당연하고 중요한 과제다. 건강한 직업의식과 더불어 직업에 필요한 지식, 기능, 기술 등을 습득한 양질의 노동력을 양성하는 일은 학교와 대학이 감당해야 할 핵심적인 역할이다. 나아가 평생교육 차원의 재교육과 훈련도 무시할 수 없는 일이다. 변화무쌍한 노동시장에 적응하기 위해 필수적으로 거쳐야 하는 과정이 될 정도로 이미 그 중요성이 커졌다. 헌법 제31조 제5항에서 "국가는 평생교육을 진흥하여야 한다"고 명시하는 한편, 「평생교육법」을 통해 그 구체적인 사항을 정해 놓고 있는 것도 이런 이유에서다. 평생교육을 교육기본권 차원에서 국가의 책무로 받아들여야 한다는 선언인 셈이다.

그런데 실제로는 직업교육과 훈련 등이 더 필요한 중소기업 근로자, 비정규직 근로자, 자영업자 등이 그 기회를 제대로 누리지 못하고 있다(강신욱 외, 2010: 154 참조). 게다가 평생교육 프로그램 대부분이 여전히 '수익자부담의 원칙'에 의해 운영되고 있다. 평생교육에의 접근기회의 차이가 존재한다는 말인데, 그 결과 정작 교육이 필요한 사람들이 소외되는 현상이 되풀이되고 있다. 이런 문제는 또다시 직업 및 평생교육 향유를 위한 사회적 책임 강화 문제에 천착하도록 한다. 교육을 '노동시장에의 참여를 촉진시키는 한에서 투자가 가능한 복지

영역'으로 보는 근로연계복지 관점을 넘어 보편적 교육복지 차원에서 직업·평생교육을 향유할 수 있도록 적극 나서야 할 때다.

2) 복지의식 확대 재생산 기지로서 학교와 대학

2010년 현재 한국 고졸 이상의 성인인구는 80%로 OECD 국가 평균 74%보다 더 많다(OECD, 2012: 34). 대부분의 사람들이 12년 이상 학교를 다녔다는 뜻이다. 대졸 이상도 성인인구의 39%에 달하는 것을 보면, 어림잡아 절반 정도의 사람들이 16년 이상 학교와 대학 생활을 한 셈이다. 이렇게 긴 교육의 과정에서 수준 높은 교육복지를 체험한다는 게 얼마나 대단한 일인가! 만일 그랬더라면 학교와 대학은 '복지교육의 요람' 내지 복지친화적인 의식을 확대 재생산하는 기지로 불렸을 게 분명하다.

학교와 대학의 큰 자랑거리는 감수성이 예민한 유·청소년기에 덕목 위주가 아니라 체험교육이 가능하다는 것이다. 학교생활 속에서 자연스럽게 다음의 예시처럼 복지친화적인 의식과 행동을 체득할 수 있다는 얘기다. 사회구성원 공동의 노력에 의해 수준 높은 교육복지를 향유할 수 있게 되었다. 이것은 나만이 누리고 끝나는 게 아니라 감사하는 마음으로 성인이 되어 다음 세대에게 필히 되돌려주어야 하는 것이다. 이런 복지국가 체제를 유지 및 발전시키는 데 필요한 일이라면 기꺼이 받아들이고 실천할 용의가 있다. 성인이 되어서가 아니라 지금부터라도 나보다 어려운 사람들과 더불어 살아가는 삶을 가꾸어나가자. 이 아름다운 공동체는 저절로 유지되는 게 아니니까.

그러나 이런 식의 복지교육이 이루어지기에는 우리의 학교와 대학이 많이 부족한 상태다. 앞에서 살펴본 것처럼 교육복지 인프라가 빈약하기 때문인데, 이것 말고도 교육복지에 대한 잘못된 인식이 한몫 단단히 하고 있다. '빈약한 교육복지 인프라 → (복지체험과 교육의 결여) → 낮은 수준의 복지의식'과 같은 악순환의 고리가 강고하게 형성되어 있다. 일례로 장학금 하나만 놓고 보더라도 대학구성원의 왜곡된 인식이 잘 드러난다. 장학금이 공부 잘하는 학생에게 주는 '포상금'으로 인식된 지 오래다. 이 돈을 사냥하려는 마음만 있지 감사할 줄 모르는 것은 학생들의 평균적인 모습이다. 자신의 노력에 대한 '정당한 대가'라고 생각하기 때문인데, 이래서야 장학금이 교육복지를 위한 재원으로 본연의 기능을 한다고 이야기할 수 있겠는가.

그렇기 때문에 이 악순환의 고리를 끊어내는 것이 아주 시급하다. 그런데 수준 높은 교육복지가 실현되기를 손 놓고 기다릴 수만은 없는 일이다. 그 이전이라도 학교와 대학이 먼저 팔을 걷어붙이고 나서야 한다. 교육복지 수준이 낮아 얼마간은 '계몽'적 접근을 하지 않을 수 없다는 뜻이다. 요컨대 의식화교육을 통해 교육복지가 개개인의 삶의 질을 높이고 지속가능한 사회 건설의 필수조건임을 깨닫게 해야 한다. 부실한 교육복지와 왜곡된 인식 등으로 인해 당연히 효율성은 떨어질 테지만, 수준 높은 교육복지를 실현하려는 노력과 함께 체계적인 의식화 교육에 박차를 가해야 한다. 이를 소홀히 하면 무상교육이나 장학금 등의 교육복지제도가 오히려 나눌 줄 모르고 받으려고만 하는 게걸스러운 '괴물'을 양산해내는 독으로 작용할 수 있기 때문이다.

4. 결론

지금까지 우리는 '어떤 복지국가인가'라는 물음을 던져놓고, 보편적 교육복지 강화 차원의 정책과제를 중심으로 그 답을 구하고자 한 셈이다. 그렇게 한 이유는 선별적 접근 차원의 정책들은 우리들에게 익숙할 뿐만 아니라 이미 일정한 성과를 거두었다는 판단 때문이다. 그러나 그렇다고 해서 단순히 보편적 교육복지 차원의 정책과제가 중요하다는 점을 강조하고자 한 것만은 아니었다. 그것을 넘어 교육복지 개념의 재구성(re-conceptualization)을 시도한 것이다. 선별적 접근에 갇혀 있던 교육복지의 개념을 보편적 접근으로까지 확장한 통합적 접근을 통해 그 내포와 외연을 재확정하려 했다는 뜻이다.

이렇게 해서 비로소 무상교육 실현, 교육여건 개선, 사회통합적 학교정책 등이 복지국가 설계에서 핵심 과제로 다루어질 수 있게 되었다. 과거 교육복지 개념을 선별적 복지에 가둬두었을 때는 복지 관련 논의에서 일절 언급되지 않았던 의제들이다. 그런 점에서 교육복지 개념의 재구성은 '근대 공교육은 사회복지의 중추다'라는 명제를 명실상부하게 하는 의미를 담고 있기도 하다. 사실 보편적 교육복지 차원의 정책이 복지 인프라 강화로서 효능감도 크고 비용도 훨씬 많이 드는 국가적 사업이다. 그런데 이를 고의로 외면함으로써 교육복지의 수준을 형편없이 만들어온 것이다.

어떻게 이런 일이 가능했던 걸까? 기본적으로 반(교육)복지 정서가 교육정책 전반을 지배하고 있었기 때문이라고 보는 게 타당하다. 한국의 경우 공교육비가 GDP 대비 4.0%를 넘어서는 게 1990년대 초반의 일이다. 8·15 이후 너무나 오랫동안 과소투자로 일관해왔으며, 교육비의 상당 부분을 학부모의 '호주머니 돈'에 의존하는 구조를 유지해왔다. 결코 자랑스럽지 않은 세계 최고의 사부담률이 어제오늘의 일이 아니었던 것이다. 여러모로 의심스러워 재검토해야 할 지표이긴 하지만, 2009년 현재 한국 공교육재정은 GDP 대비 8.0%로 규모 면에서 세계 일등으로 보고되어 있다(이하의 지표는 OECD, 2012: 246 참조).

그러나 사부담률이 무려 33.8%(GDP 대비 3.1%)에 달해 불명예스럽게도 이 역시 여전히 세계 일등이다. 이에 비해 2009년 현재 OECD 국가 평균의 공교육재정 규모는 GDP 대비 6.3%이며, 그중 사부담이 0.9%로 사부담률은 14.3%밖에 되지 않는다. 같은 해 미국의 공교육재정 규모는 GDP 대비 7.3%이고 사부담이 2.1%로 사부담률은 28.8%였다. OECD 국가 평균과 비교하면 한국의 사부담률이 두 배나 더 높은 수치임을 알 수 있다. 우리와 가장 비슷하게 시장 편향적 교육재정 구조를 지닌 미국과 비교하더라도 5.0%의 차이가 날 정도다. 이런 상태에서 예컨대 '이제 중학교 또는 고등학교는 무상의무교육을 실시해야 한다'는 정책주장(policy arguments) 등을 원천봉쇄 내지 지연시키는 '마술'이 필요했던 것이다.

그게 바로 교육복지의 개념을 선별적 접근에 가둬두는 것이었는데, '수익자 부담'의 원칙을 철저히 고수하고 교육재정을 추가로 투입하지 않기 위해서였다. 사실 이렇게 교육비에 대한 공적책임의 정도가 약한 상태에서 교육복지의 개념을 보편적 접근으로까지 확장시킬 경우 사태를 걷잡을 수 없게 된다. 무상교육만 하더라도 앞에서 살펴본 바와 같이 고교무상교육, 반값 등록금 등과 같은 양적 개선에 더하여 무상급식, 학습준비물, 통학비 지급 등 질적 개선의 과제가 산적해 있기 때문이다. 이런 이유로 '교육 따로 교육복지 따로'의 개념을 정착시키고, 교육복지 정책은 특수아, 저소득층, 학습부진아 등을 대상으로 하는 교육정책 일반의 하위 요소로 치부해온 것이다.

그러나 이런 상태가 지속될 수는 없는 법이다. 사회 양극화, 교육 양극화가 심화되는 상황에서 복지 일반은 물론 교육복지의 수준을 제고하라는 요구가 분출할 수밖에 없기 때문이다. 무상급식을 둘러싼 저간의 논쟁은 그 상징적인 사건일 뿐이다. IMF 사태를 거치면서 이미 상황이 악화되었고, 설상가상으로 1990년대 중반 이후 도입된 신자유주의 교육정책이 2000년대 들어오면서 속속 그 폐해를 드러내기 시작했다. 학교와 대학을 통한 재분배나 계층이동을 더 이상 기대할 수 없게 된 것이다. 그뿐만 아니라 교육이 국민 모두의 삶의 질을 떨어뜨리는 주범으로 지목될 정도다. 이 같은 문제 상황을 어떻게 해서든 해결하라는 준엄한 요구가 교육복지의 개념과 실천의 변화를 추동하는 힘으로 작용하고 있는 것이다.

우리 사회의 지속가능성을 담보하기 위해서라도 '수준 높은 교육복지'가 절실한 상황이다. 앞에서 검토한 교육복지 관련 정책 지표들이 빠른 시일 내에

OECD 국가 평균 수준 이상이 되도록 힘을 모아야 한다. 사회통합적 학교정책, 대입제도의 간결화 등 교육의 공정성을 확보하는 노력 또한 소홀히 해서는 안 된다. 그러나 기대보다 걱정이 앞서는 게 사실이다. 새 정부와 집권 여당의 모습 때문이다. 앞서 살펴본 것처럼 선별적 교육복지에 경도되어 있을 뿐만 아니라 현 대통령의 공약이었던 교육복지 관련 정책들에 대해 너무 보수적으로 접근하고 있다. 게다가 제1야당의 존재감 없는 행보가 무언가 아래로부터 활로를 마련하지 않으면 안 된다는 위기의식을 부채질하고 있는 형국이다.

참고문헌

강신욱 외. 2011. 「고용·복지·교육연계를 통한 사회적 이동성 제고방안 연구」. 사회통합위원회 2010-7. 대통령소속 사회통합위원회.
교육부. 2013.3.28. 「행복교육, 창의인재 양성: 2013년 국정과제 실천 계획」. 2013 대통령 업무보고.
_____. 2013.3.28. 「'입학사정관제' 폐지 방침 확정 보도는 사실과 달라」(해명자료).
국정홍보처. 2003. 『국민의 정부 5년 국정자료집3』(교육, 복지, 환경, 노동, 문화, 사회).
김용일. 2010. 『교육의 계급화를 넘어』. 북이데아.
_____. 2011. 「복지국가 건설을 위한 교육개혁 과제」. 재단법인 광장. ≪광장≫, 10(신년호), 173~186쪽.
_____. 2012a. 「교육복지 실현을 위한 교육개혁 과제 도출에 관한 시론」. 한국교육정치학회. ≪교육정치학연구≫, 19(4), 35~59쪽.
_____. 2012b. 「무상교육과 사회적 기본권 보장」. 총 18인 공저. 『새로운 사회를 여는 교육혁명』. 살림터, 236~251쪽.
대통령자문 정책기획위원회. 2006. 『선진복지한국의 비전과 전략』. 동도원.
안병영. 1994. "2000년대를 향한 사회복지정책의 방향." 한국사회보장학회. ≪사회보장연구≫, 10(1), 1~15쪽.
이주호 외. 2006. 『평준화를 넘어 다양화로』. 학지사.
전홍섭. 2013.3.20. "교육공약 '대입전형 간소화'의 방향." 오피니언 기고문. ≪동아일보≫.
교육통계서비스(http://cesi.kedi.re.kr/).
OECD. 2012. *Education at a glance 2012: OECD indicators*.
UNESCO Institute for Statistics. 2012. *Opportunities lost: the impact of grade repetition and early school leaving* (Global education digest 2012).

제6장

한국형 고용 모델의 탐색*

최영기 | 경제사회발전노사정위원회 상임위원

1. 글로벌 경제위기와 한국형 자본주의

　2008년 이후 지속되는 세계 경제위기는 지난 30년간의 금융 주도, 시장 주도의 세계경제질서에 대한 일대 반성을 촉구하는 계기가 되었다. 금융과 실물 간, 개발과 환경 간, 경제성장과 사회통합 간의 적절한 균형과 조화가 깨질 때 그 경제사회는 지속가능하지 않다는 사실을 또 한 번 일깨우고 있다. 그동안 신자유주의 정책개혁을 주도해왔던 미국과 영국은 금융시스템의 붕괴와 폭발적인 실업의 증가로 그동안 영미 모델이 자랑해왔던 경제의 두 기둥이 한꺼번에 꺾이게 되었다. 그동안 가장 선진적이고 효율적이라던 영국과 미국의 금융시장과 노동시장이 동시에 붕괴하는 것을 계기로 워싱턴 컨센서스의 효능도 다하게 되었다. 세계는 이제 신자유주의를 넘어서는 새로운 시장경제 모델을 탐색 중이다. 준비

---

*　이 글은 최영기, 「경제위기와 한국형 사회 모델」, 한국노사관계학회, ≪한국노사관계연구≫, 제19권 제3호(2009)를 수정 및 보완한 것이다.

된 대안이 있는 것은 아니지만 정책개혁의 방향은 전통적인 의미의 재정과 금융 정책의 확대, 분배 개선, 내수 확대와 복지 확충을 위한 정부 역할의 강화로 나타나고 있다.

한국사회도 2012년 총선과 대선을 거치며 한국형 고용복지 모델을 구축하기 위한 논의가 확산되고 있다. 박근혜 정부는 고용률 70%라는 국정과제와 더불어 기업 중심으로 운영된 노동시장과 복지시스템을 직무 중심의 수평적인 노동시장과 좀 더 보편적인 복지국가로 나아가기 위한 전환기적 과제들을 안고 있다. 이러한 논의를 주도해야 할 노동운동세력은 오히려 기존의 기업복지체제와 기업 중심의 내부노동시장구조에 안주하며 좀 더 보편적인 초기업 수준의 고용복지 모델 구축에 소극적인 것은 아이러니하다.

1990년대 중반 이후 노동운동은 기업의 울타리에 갇혀 조합원만의 임금 극대화와 기업복지 극대화에 몰두함으로써 분배를 개선하고 사회통합을 주도하는 세력이라는 신뢰를 얻지 못했다. 1997년 이후 15년간 사회안전망에 대한 투자가 꾸준히 확대되어왔지만 고용-복지-교육훈련체계를 개방경제체제와 짝을 이루는 한국형 고용 모델로 발전시키지 못했다. 노동조합도 기업의 울타리를 넘어서는, 직무와 직종 중심의 고용복지체제를 강화해야 한다는 인식이 부족했다. 정부도 그때그때의 고용위기 극복에 몰두할 뿐 중장기적인 고용시스템 개선에 힘을 쏟지 않았다. 경제위기 때마다 시도되었던 사회적 대타협도 고용위기 극복을 위한 한시적 타협에 지나지 않을 뿐 새로운 고용복지 모델로 나아가는 안정적인 타협체제 구축이라는 구상에까지는 이르지 못했다. 오히려 이명박 정부 5년을 거치며 명맥을 유지해오던 사회적 대화조차 실종되었다.

우리가 흔히 벤치마킹해왔던 선진 각국의 자본주의 유형은 그들이 선진국의 문턱에서 나름대로의 해법을 마련하는 과정에서 만들어진 것이다. 한국도 이 단계에 도달한 것이고 한국 나름의 해법을 찾을 때 한국형 자본주의를 만들 수 있고 동시에 복지국가의 문턱도 넘을 수 있다. 지금과 같이 사회안전망이 결여된 시장경제, 배려와 연대의 가치가 결핍된 시장으로는 앞으로 나갈 수 없다. 시장경제와 짝을 이루는 고용복지체제가 갖춰지지 않은 성장에는 한계가 있기 때문이다.

완전고용이 사라진 노동시장에서 고용의 위험을 개인과 가족, 기업 차원이 아니라 사회적 차원에서 방비하는 국가가 선진국이다. 위험을 사회화하고 연대와 배려의 사회적 보호장치들이 병행되어야 유연하고 안전한 노동생활이 가능하다. 그래야 선진시장경제도 꽃필 수 있다. 이러한 사회제도를 어떻게 설계하느냐, 어떤 사회통합시스템을 제도화하느냐에 대한 답을 내야 할 시기에 이른 것이다. 그 해결의 실마리는 지금의 고용노동 문제를 어떻게 푸느냐에 달려 있다. 결국 한국사회는 또다시 고용노동 문제를 어떻게 할 것인가 하는 문제에 직면해 있고, 그 해법에 따라 한국형 고용복지 모델과 한국형 자본주의도 틀을 갖추게 될 것이다.

2. 기업 중심 고용시스템의 와해와 노동개혁의 한계

1) 기업의 울타리에 갇힌 한국의 고용 모델

광의의 고용시스템은 노사관계와 노동시장, 교육훈련체계 그리고 복지시스템(사회보험, 공공부조, 공공서비스)을 모두 포괄한다. 최근 여성 경제활동이 활성화되고 저출산 문제가 심화되면서 고용복지 시스템과는 별도로 여성의 노동시장 참여형태를 어떻게 할 것인가 하는 젠더레짐을 광의의 고용시스템에 포함시켜 논의하기도 한다. 각국의 고용 모델은 각각의 경제구조와 매우 잘 조화되도록 설계되어 있고, 여러 유형의 고용 모델도 결국은 경제구조와 정합적인 방향으로 발전해왔다. 고용 모델은 생산물시장과 금융시스템과 밀접히 관련되어 있기 때문에 금융 세계화와 개방 그리고 기술진보로 인하여 OECD 국가의 고용복지체계도 지난 20년간 큰 변화를 겪어왔다.

한국의 고용복지 모델은 어떤 특성을 갖고 있는가? 산업화 시기 한국경제의 고도성장과 완전고용은 정부의 사회정책기능을 퇴화시키는 측면이 있었다. 완전고용과 평생직장 그리고 연공 중심의 임금책정과 인사관리시스템은 기업을 사회통합의 단위로 만드는 기초가 되었다. 잘 발달된 기업복지제도와 가족주의적 기업문화는 고도성장기의 한국경제의 사회통합에 유용한 제도적 장치로 작용했다. 4대 사회보험을 포함한 대부분의 사회보장제도들이 지불능력이 있는 대기업부터 도입되기 시작한 것도 기업 중심의 고용복지 모델을 구축하는 데 일조했다.

핵심적인 사회안전망의 도입은 예외 없이 법정 복지제도 형태로 기업에 부담시키는 방식이었다. 복지확충이 있을 때마다 그 재정은 주로 기업의 노사가 부담하는 사회보험기여금으로 충당되었다. 1964년 산재보험이 최초로 도입될 때나, 의료보험이 1977년 처음 시행될 때 그 시작은 500인 이상 사업장에서부터 그 의무가 부과되었다. 1995년 고용보험이 처음 도입될 때도 30인 이상 사업장에서 시작했고, 1988년 국민연금의 출발도 10인 이상 사업장에서 시작했다. 그리고 제도의 정착과정을 보면서 점차 그 적용범위를 넓혀 나갔다.

기업 중심적인 숙련형성체계도 고용복지 모델의 이러한 기업 중심성을 강화시켰다. 1974년 도입된 「직업훈련기본법」은 사업 내 직업훈련을 의무화하고 의무훈련을 채우지 못할 때 훈련분담금을 강제하는 제도를 도입했다. 정부는 한국직업훈련관리공단을 설치하여 기능인력 양성사업을 관장하게 하고, 국가기술자격제도를 체계적으로 관리토록 했다. 이러한 숙련형성체계는 매우 강한 정부 주도형 구조를 갖고 있지만, 철저히 기업에 기반을 두고 있는 것이 특징적이다. 이러한 특성으로 노동시장은 숙련과 직무에 기초한 횡단적 시장발전이 억제되고 기업 중심의 종단적 성격을 더욱 강화해나갔다.

기업 중심적 고용복지 모델을 한층 강화하는 것이 기업 단위의 임금결정체계(wage formation scheme)이다. 특히 1980년 전두환 정부는 「노동조합법」의 개정을 통해 1962년 박정희 정부 이래 강제되었던 산별노동조합을 모두 해산시키고 사업장 단위 노동조합을 의무화했다. 여기에 더하여 기업 단위 노동조합의 교섭과 단체행동에 대한 제3자 개입을 금지시킴으로써 노사관계를 기업의 울타리 안에 가둬버렸다. 숙련기술인력에 대한 고용보장과 고복지 그리고 지속적인 임금 상승이라는 '조합주의적 타협(corporatist arrangements)'은 모두 기업의 울타리 안에서만 가능했다. 기업 단위를 넘어선 보편적인 복지, 보편적으로 통용되는 숙련과 임금체계, 사회적 타협은 발달할 수 없었다. 고용-복지-숙련시스템이 철저하게 기업 중심으로 구축되었기 때문에 기업 중심적 고용복지 모델은 자연스런 귀결이었다.

이와 같이 사회통합의 중심에 기업이 있었고, 전통적인 가족 부조시스템과 정부의 공적부조가 이를 보완하는 형식이었다. 이런 의미에서 진정한 '사회'안전망이나 '사회' 모델보다는 기업 중심의 고용-복지 모델이 발전해왔다. 이 고용복지 모델은 고도성장기에 완전고용을 전제로 설계된 모델이기 때문에 노동시장 위험이 크게 증가하고 평생직장 관행이 약화된 1997년 이후의 환경과 심각한 부조화 현상을 빚고 있다.

2) 지난 25년의 노동개혁에 대한 평가

전통적인 고용복지 모델도 1987년의 변화와 1997년 이후의 급진적인 구조조정을 거치면서 대개편의 시기를 맞았다. 노사관계가 크게 변했고 개방적인 시장경제질서가 빠르게 확산되면서 종래의 기업 중심적 고용복지 모델에 대한 개혁 요구가 점차 높아졌다. 1990년대 중반 이후 세계화의 흐름을 타고 신자유주의적인 노동개혁과 복지개혁, 교육개혁이 추진되었으나 개혁의 성과에 대한 평가

〈표 6-1〉 정권별 주요 경제지표

단위: %

	성장률	취업자	실업률	고용률	최저임금	명목임금	실질임금
1993~1997	7.4	441	2.4	60.3	8.6	11.0	5.7
1998~2002	5.0	191	4.9	58.1	8.6	6.0	2.6
2003~2007	4.3	253	3.3	59.7	10.6	6.6	3.6
2008~2012	2.9	250	3.4	59.0	5.7	3.4	0.1

자료: 고용노동부, 「사업체노동력조사」, 한국은행(http://ecos.bok.or.kr).

는 매우 부정적이다. 가장 큰 문제는 기업 중심적 고용복지 모델이 초래하는 고비용과 경직성 그리고 노동시장 양극화 경향을 전혀 치유하지 못한 채 고용위기와 불평등만 심화되고 있기 때문이다.

1987년 이후 민주화된 노사관계는 대기업 정규직 중심의 내부노동시장을 더욱 경직시켰고 노동비용의 안정과 임금 격차의 완화를 어렵게 했다. 이를 타개하는 방안으로 노동시장 유연화에 대한 요구가 끊임없이 제기되었지만 그때마다 취약한 사회안전망에 발목이 잡혔다. 1997년 이후 재무적 성과에 혈안이 되어 있던 기업들은 상시적인 고용조정과 다양한 고용형태의 고용 포트폴리오로 대응해나갔다. 기업들은 과감하게 간접고용과 비정규직을 확대하는 것으로 비용절감과 고용유연성을 높여나갔다. 기업의 이러한 고용관리 전략은 전통적으로 한국사회의 통합 기반으로 기능해왔던 기업 중심의 고용시스템이 허물어져 간다는 것을 의미한다. 평생직장의 해체와 비정규직의 확대는 개별 기업의 입장에서는 합리적인 인적자원 관리전략이지만 노동시장 전체로 보면 불안정성의 증가와 불평등의 심화를 초래하여 지속성장을 어렵게 하는 요인이 되었다.

저성장과 만성적인 고용위기, 그리고 평생직장과 기업복지의 혜택을 누리는 근로계층의 감소로 인하여 한국 특유의 기업 중심의 사회통합기제가 빠르게 약화되어왔지만, 이를 대체할 고용복지 모델은 아직 미완성 상태이다. 영·미형의 자유주의 모델로 가기에는 고용시스템의 경직성이 너무 높고 노동시장 인프라도 매우 불충분한 상태에 있다. 유럽의 노르딕(Nordic) 모델이나 코포라티즘형으로 가기에는 사회복지 기반이 너무 취약하고 노사단체의 리더십도 빈약하다. 그렇다고 지금의 부조화를 방치한다면 사회통합에도 위협이 될 뿐 아니라 성장잠재력과 기업경쟁력을 갈수록 옥죄는 한국경제의 최대 장애요인이 될 가능성이 높다.

(1) 노동시장 유연화 개혁

1996년 노동법 개정 논의에서부터 노동시장 유연화 정책은 노동개혁 정책의 핵심과제로 부각되었다. 주요한 노동법 개정이 있을 때마다 약간씩의 유연화 조치가 있었다. 특히 1998년 이후 IMF 구제금융의 정책권고사항으로 제기된 노동시장 유연화 개혁과 구조조정 과정에서 겪게 되는 대규모의 고용조정으로 인하여 유연화 개혁은 노동자들에겐 큰 공포로 다가왔다. 더구나 유연화를 「근로기준법」 제23조의 해고제한 조항을 둘러싼 논의로 한정시킴으로써 노동시장 유연화는 매우 대립적이고 공격적인 의제로 대두되었다.

네덜란드나 덴마크를 비롯한 유럽연합 국가 차원에서는 유연안전성이라는 절묘한 절충이 이루어지고, 대부분의 OECD 국가에서 추진되는 유연화 개혁도 노사의 협상을 통해 절충된 형태(negotiated flexibility)로 추진되었다. 이들의 경우에는 사회안전망이 잘 갖춰져 있기도 한 데다가 갈등을 피하고자 하는 정부의 의지도 강했기 때문이다. 그러나 한국의 경우에는 1996년 말의 양 노총 총파업을 비롯하여 고용조정에 대한 결사항전이 관행처럼 굳어졌다. 또한 2000년대 이후 비정규직을 둘러싼 장기 악성분규가 증가하는 추세를 보이고 있다.

OECD 국가와 한국 노사관계의 이런 차이는 단순히 노사관계의 성숙도나 문화적 차이 때문이 아니라 고용복지 모델의 불비(不備) 때문이라고 볼 수 있다. 고용 유연화는 한국 특유의 기업 중심의 노동시장구조에 대한 중대한 위협이다. 모든 보장과 보호가 기업을 중심으로 짜여 있고, 노동시장의 이중구조적 경계가 매우 뚜렷한 상태에서 해고나 비정규직화는 개인이 감당하기에 너무 큰 위험과 손실을 수반하는 사태이기 때문이다. 채용과 숙련형성, 임금 및 직무체계 모두가 기업 중심의 종단형 노동시장구조에 맞게 짜여 있다.

해고에 따른 위험에는 구직기간 중의 급여만이 아니라 전직의 어려움과 전직으로 인한 임금과 지위의 손실도 있다. 이는 직무와 숙련 중심의 수평적인 노동시장구조가 발달되어 있지 않기 때문이다. 노사관계 구조도 기업 중심이어서 고용조정 협의에 나서야 하는 노조 지도부는 같은 사업장에서 매일 얼굴을 맞대는 조합원의 해고조건을 협의해야 하기 때문에 노동조합의 저항이 더 강하게 나타나게 된다.

해고근로자는 그 위험과 손실에 대한 보상을 개별 기업에 요구하게 됨으로써 기업의 해고비용은 높아지고 체감 경직성은 증가하는 것이다. 이러한 한국적 특수성을 감안하지 않고 고용법제 중심의 유연화 개혁만을 추진하는 것은 현실성이 떨어진다. 따라서 한국에 특수한 경직성 구조를 분석하여 창의적인 유연화 메뉴를 개발해야 한다. 유연성 제고의 글로벌 스탠더드가 아니라 유연성 제고를 위한 한국적 문제의식과 한국 나름의 해법이 필요한 것이다.

(2) 임금결정체계 개혁

한국의 임금결정체계는 임금 수준의 거시경제적 정합성이나 직종별 임금 표준화를 위한 어떤 장치도 마련되어 있지 않은 상태이다. 국민경제 차원의 임금 안정화를 위한 제도나 정책이 마련되어 있지 않은 고용복지 모델은 영·미의 자유주의 모델뿐이다. 그러나 이들의 경우는 제조업이 주된 경쟁력 기반이 아니고 경제의 대외의존도도 매우 낮다. 제조업이라 하더라도 압도적인 R&D가 뒷받침하는 기술과 브랜드의 경쟁력을 갖추고 있기 때문에 가격경쟁력이 중요하지 않은 경우가 대부분이다. 한국의 주된 경쟁력 기반은 제조업이고, 대부분의 수출상품은 일본의 품질과 중국의 가격과 치열하게 경쟁해야 되는 위치에 있다. 국내 시장을 놓고도 세계와 경쟁해야 하는 개방경제에서 임금결정을 이와 같이 자유방임에 맡겨 놓는 것은 비정상적이다.

OECD 경제에서 노사관계가 중요한 변수가 되는 이유는 노동비용 안정 때문이다. 미국, 일본을 제외한 대부분의 OECD 국가에서 노사 간의 임금협약은 해당 산업과 경제 전체에 지대한 영향을 미친다. 초기업 수준의 협약임금을 어떻게 결정하느냐는 매우 중요한 가격경쟁력 요인이 된다. 개방경제일수록 노사정의 임금안정화 노력은 구조화되어 있다. 네덜란드나 아일랜드의 사회협약 성공 사례는 임금안정화에 대한 노사합의가 있었기 때문에 가능했다. 스웨덴이 중앙 임금교섭을 발전시킨 데는 국제경쟁에 노출되어 있는 금속산업의 노사가 비경쟁적인 공공부문의 임금 인상을 억제하는 목적도 있었다. 유럽에서 사회적 타협은 임금안정을 고리로 경쟁력 제고와 고용창출을 주고받는 타협으로 유지되어 왔다.

임금 수준의 표준화는 노동조합의 또 다른 주요 목표다. 노동조합은 개별 근로자나 기업이 임금경쟁을 못하도록 동일노동에 동일임금을 요구한다. OECD 선진국에서 임금 격차는 큰 쟁점이 되지 않는다. 산별 차원의 임금결정이 노조의 유무나 기업 규모에 관계없이 확대 적용되는 범위가 넓기 때문이다. 고용형태에 따른 임금차별의 소지도 그만큼 적다. 기업의 지불능력과 내부 노동시장의 연공만을 가지고 기업 단위 노사가 임금을 결정하는 것과는 관점이 전혀 다르다. 기업 외부에 형성된 직무유형에 따른 임금시세가 임금결정의 주요 기준이 되고 여기에 임금교섭도 직무유형별 임금표를 근거로 이루어진다. 기업 성과에 따른 추가 상승이 있을 수 있지만 이는 적어도 파업권을 무기로 쟁취할 수 있는 것은 아니다.

기업별 교섭체제의 일본 노사관계에서 임금안정과 임금표준화가 가능할 수 있었던 것은 춘투를 통하여 임금인상률을 조정해왔기 때문이다. 철강을 비롯한 대표업종의 임금시세가 전체 임금교섭에 결정적인 영향을 주고 있다. 형식은 철저한 기업별 교섭이지만 경제 전체뿐만 아니라 업종 차원의 경기상황을 감안하여 교섭이 진행된다. IMF-JC가 1970년대 중반 제시했던 임금의 경제 정합성론은 아직도 일본 노동조합의 임금정책 기조가 되고 있다. 다만 일본은 기업 중심의 종단형 노동시장이기 때문에 기업 규모별 임금 격차는 다른 OECD 국가에 비해 큰 편이다.

미국의 임금교섭은 기업별 대각선 교섭이지만 교섭정책은 업종 단위 산별노조가 지휘하고 있기 때문에 업종 단위의 직무별 표준임금을 책정하고 있는 것은 다른 유럽 국가들과 마찬가지이다. 다만 일본이나 유럽 국가와 같이 국민경제 차원의 임금안정을 위한 국가 차원의 협의·조정이나 명시적인 사회협약 사례는 없다. 그야말로 시장의 수급상황과 업종 경기 동향 등을 기준으로 노사의 교섭력에 의해 결정된다고 하겠다. 노동공급이 부족하여 수요충족에 문제가 생길 때 인위적인 임금안정화 정책보다는 이민쿼터를 조절하는 방식을 택했다.

한국의 경우 1990년대 중반을 넘어서면서 사회적 대화가 제도화되었지만 임금안정을 위한 타협체제가 구축되어 있지는 않았다(최영기 외, 2001). 임금조정을 위한 사회적 대화가 1990년대 초반에 몇 차례 있었지만, 제도나 관행의 확립까지는 이르지 못했다. 그 대안으로 1990년대 중반을 넘어서면서 기업들은 노동비용 안정을 위해 비정규직과 아웃소싱을 적극적으로 활용하기 시작했다. 상용근로자의 비중은 1996년 이후 빠르게 감소해갔다. 이런 경향은 노동시장의 양극화를 촉진하고 임금 격차를 확대하는 요인으로 작용했다.

따라서 노동비용을 안정시키고 임금 격차를 완화하기 위해서는 지금과 같은 기업 단위의 임금결정체계를 보완하는 구조개편이 필요하다. 산별교섭체제로 가면 이 문제가 해결될 것이라고 기대하는 것도 비현실적이다. 이미 10여 년간 금융·보건·금속산업에서 산별교섭이 시도되고 있으나 명실상부한 산별교섭이 자리 잡기도 어렵고 설사 그렇게 된다고 하더라도 임금 격차를 줄이기 위한 산별 차원의 임금정책을 실시할 수 있을 것으로 기대하기 어렵다. 그렇다고 임금

안정을 위한 사회적 타협체제가 구축되어 있는 것도 아니다. 2004년과 2009년 워크셰어링(work sharing) 차원에서 고용유지를 위한 중앙노사단체 간의 임금안정 합의가 있었지만 그때뿐이었다. 위기극복을 위한 일시적인 임금안정화는 모르겠으나, 중장기적으로 고용률 70%를 달성하기 위하여 고용과 임금을 교환하는 타협구조를 만들어내기 위해서는 새로운 타협체제를 강구해야 할 것이다.

이러한 한계는 한국의 노사관계시스템이 안고 있는 치명적인 약점이다. 노동비용의 안정과 노동시장 양극화 완화를 위한 시스템 내의 자율조정장치가 없는 것이다. 공공부문·금융기관·대기업 정규직 노조가 기업 내의 논리로만 임금 인상을 극대화해나갈 때의 노동시장 왜곡은 이미 경험하고 있다. 현대자동차 노사의 임금결정은 전체 임금교섭에 대한 영향이나 업종경기, 협력업체의 임금에 대한 고려가 거의 이루어지지 않고 있다. 주로 현대차의 영업실적과 전망에 근거하여 임금협약을 체결한다. 지난 20년간 노동조합의 교섭력은 주로 기업 단위 임금 인상에 집중되어왔다.

한국의 임금결정시스템의 경직성을 가중시키는 또 하나의 큰 요인이 임금체계다. 한국과 일본의 고용시스템에서 임금체계의 경직성은 노동시장 경직성의 핵심 요인이다. 연공성에 따른 임금 차이에 관한 국제비교를 보면 한국의 연공 격차가 가장 높다. 생산직 연공체계는 1987년 이후 노사교섭을 통해 일반화되었고 호봉 상승을 위한 고과평가제도조차 폐지됨으로써 조직사업장의 연공급은 그야말로 순수 연령급에 가깝게 운영되고 있는 실정이다. 인사고과의 폐지와 숙련과 연계되지 않는 '비경쟁적 연공임금'은 숙련형성과 능력평가제도에 많은 왜곡을 낳고 있다. 기업들은 노동비용 상승과 내부노동시장의 경직성을 피하기 위하여 1990년대 중반 이후부터 채용규모를 줄이고 장기고용을 기피하며 고용형태의 다양화 전략을 구사하기 시작했다.

(3) 교육·훈련체계 개혁

산업화 시기 교육·훈련체계는 경제성장전략에 잘 부합하도록 설계되었다. 정부의 산업정책 방향에 따라 실업계 고등학교가 신설되고 대학 정원은 정부 정책목표에 따라 조절되었다. 1973년도의 중화학 성장전략은 1974년 이후 사내직업훈련의무금제도 도입과 각 지역별 우수 공고 설립으로 이어졌다. 1960년대 이래 정부는 공공직업훈련원과 실업계 고등학교에 꾸준한 투자를 통해 초기 공업화 인력수요를 충당했다. 이러한 방침은 산업수요를 반영하고 기업의 이해와 일치하는 것으로 비교적 성공적이었다. 그러나 중화학 투자가 마무리되고 경제 자유화가 진전되면서 정부 주도의 양성훈련 중심의 숙련정책에 대한 산업계의 수요도 감소하기 시작했다.

1990년대 중반 산업화시기의 정부 주도형 숙련형성체계를 재정비하게 된 것은 1990년대 이후 뚜렷해진 제조업 인력수요의 감소와 정보기술의 발달, 지식기반경제의 도래 등 수요 변화에 기인한다. 이에 따라 숙련형성체계도 시장 주도형으로 전환하기 위한 개혁이 추진되었다. 1995년은 한국의 숙련형성체계 전환에 분기점이 되는 해이다. 훈련분담금제(levy system)를 폐지하고 훈련체계를 고용보험의 직업능력개발 지원제도(Job Skills Development Program: JSDP) 중심으로 재편했다. 종래 기능인력 양성의무와 훈련분담금제는 기존 인력에 대한 향상훈련을 고용보험에서 보상하는 체계로 전환되었다.

같은 해에 교육자율화 조치도 취해졌다. 수도권을 제외한 대학의 정원을 자율화하고 대학 설립의 준칙주의가 시행되면서 정부의 정원규제정책에 일대 전환이 있었다. 이를 계기로 대학 정원과 훈련 수혜인력이 큰 폭으로 증가하기 시작했다. 한편 국가자격시스템에 대한 정비도 시작하여 1997년「자격기본법」을 제정하고, 1999년에는 개별 법령에 산재한 국가자격을 대부분 하나의 법령으로 통합하고 그 관리체계도 일원화하는 개편을 단행했다. 민간 자격시장 활성화를 목표로 민간자격제도를 도입한 것도 이러한 흐름의 일환이다.

1990년대 중반의 교육·훈련체계 개혁의 기조는 자유화였다. 규제를 완화하고 시장기능을 확대하는 방향의 개편이었다. 이후 15년간 교육과 훈련의 양적 성장은 이전과 비교가 되지 않을 정도로 폭발적으로 증가했다. 반숙련 기능인력의 양성패턴에도 변화가 왔다. 1996년 이후 특성화 고등학교 졸업자의 대학진학이 일반화되어 1995년 19.2%밖에 되지 않던 대학진학률은 계속 증가하여 2010년에는 70%를 넘어섰고, 심지어는 대학진학을 위한 방편으로 특성화 고등학교에 진학하기도 했다. 특성화고의 문제를 개선하기 위하여 취업 전문의 마이스터고를 육성하고 고졸 취업을 적극 촉진하면서 전문계 고등학생들의 대학진학률이 하락하기 시작했지만, 이미 기능인력 양성기관으로서의 특성화고 교육은 크게 위축되었다. 고용보험제도에 의한 훈련도 종래의 양성훈련 중심에서 재직근로자의 향상훈련을 중심으로 폭발적으로 증가했고 비정규직이나 실업자를 위한 개인 주도 훈련도 크게 활성화되었지만, 취업실적이나 숙련향상 정도로 평가하는 훈련의 성과에 대해서는 많은 비판이 제기되고 있다.

이러한 교육훈련체계에 대한 자유주의적 개혁의 성과를 어떻게 평가해야 할 것인가? 1990년대 초반의 대학자율화 조치는 모든 직업군의 평균 교육연수를 증가시켰다. 단순 노무직, 기능직, 서비스·판매직에 이르기까지 1년 이상의 교육연수 증가를 보였다. 이는 1995년 이후의 숙련형성체계 개편을 계기로 노동시장 진입 이후의 양성훈련이 대폭 감소한 반면 교육기관을 통한 숙련형성이 더욱 강화되었음을 의미한다. 윤윤규·이철희(2008)의 분석을 보면 실제 대부분 직종에서 전반적인 숙련향상이 있었지만, 숙련 수요의 변화에 따라 고용규모의 변동 폭이 직업별로 매우 다르게 나타나고 있다.

"고숙련 직종(고위 임직원·관리직, 전문가·준전문가, 기술자)의 경우 고용규모가 절대적으로나 상대적으로 큰 폭으로 증가했을 뿐 아니라 숙련 수준도 크게 향상되었다. 특히 고등교육과정에서 양성되는 준전문가·기술자는 1993~2000년 기간 중 그 규모가 2배 이상 늘어났고 구성비도 무려 8%p 증가했다."

이는 그동안 고용구조가 고숙련 편향적으로 이동하고 있음을 의미한다. 그러나 이와 동시에 과거 실업계 고졸자가 주축을 이루던 기능직은 크게 감소한 반면, 숙련 수준이 낮은 단순노무와 농어업숙련직의 고용규모와 구성비가 역시 큰 폭으로 증가하고 있어 고숙련·저숙련 직종이 동시에 증가하는 경향을 보인다.

그러나 1995년 이래의 숙련형성체계 개편이 많은 한계를 보이고 있는 것 또한 부정할 수 없다. 첫째, 가장 큰 문제는 노동시장의 숙련 수요가 숙련 공급과 크게 어긋나고 있다는 점이다. 2000년대 이후 누적되고 있는 청년실업과 취업준비생의 증가경향은 숙련 수요와 공급에 대한 조정기능이 시장에서 제대로 작동되지 않고 있다는 증거다. 대학정원과 대학진입 규제는 대폭 완화되었지만 이를 대신해야 할 시장규율(market discipline)은 제대로 작동되지 않는 상황에서 과잉공급과 숙련부족(skill shortage)의 폭이 증가추세에 있는 것이다. 또한 1995년 이래 교육의 양적 확대는 교육의 투자수익률을 낮추고 있다. "양적으로는 고학력 근로자를 양산하고 있으나, 질적인 측면에서 고기능 근로자의 배출에는 성공하지 못하고 있다." 노동공급의 질적 고급화 실패는 성장잠재력 제고에 큰 장애가 되고 있는 것으로 평가된다(김대일, 2007).

둘째, 학교교육에 대한 투자에 비해 노동시장에 진입한 이후의 평생학습에 대한 투자는 매우 낮다는 점이다. 한국의 평생학습 참여율은 21.6%에 지나지 않고 직무 관련 훈련 참여율은 12.7%에 그치고 있다. 노르딕 국가와 미국의 평생학습 참여율이 50%를 넘고 직무 관련 학습 참여율도 40%가 넘는 것에 비하면 노동시장 진입 후의 숙련투자가 얼마나 미진한지를 알 수 있다. 또한 공교육체계로서의 중등기술교육의 퇴조와 전문대학의 확대는 인력의 고급화에 기여한 측면이 있지만 동시에 양성훈련의 비용부담 주체가 정부나 기업에서 개인으로 전환되었음을 의미하기도 한다.

셋째, 숙련 격차의 확대 문제다. 숙련투자의 대부분을 차지하는 JSDP는 대기업 정규직의 향상훈련에 편중 지원되기 때문에 중소기업의 훈련에 대한 저투자는 방치되고 있다. 이는 1990년대 들어 동북아의 분업구조가 재편되는 추세와 정합적이지 않다. 중국의 가격과 일본의 품질 사이에 낀 한국의 산업은 어차피 고숙련·고신뢰의 하이로드(high road) 전략을 추구해야 할 입장에 있다. 대기업은 비용절약적인 협력업체 관리(supply chain management), 고용형태의 다양화 그리고 글로벌 소싱 등으로 품질과 경쟁력을 유지해왔다. 이 과정에서 중소협력업체와 비정규직의 생산성과 경쟁력은 답보상태를 벗어나지 못하고 있다(조성재, 2006).

1990년대 이후 정부가 중소부품·소재산업의 경쟁력 강화와 중견기업 육성을 주요 산업정책으로 내세웠지만, 이에 조응하는 숙련형성체계의 확립에는 힘을 쏟지 않았다. 일본과 독일의 부품·소재 중소기업의 세계적인 경쟁력은 이를 뒷받침하는 숙련형성체계가 잘 갖춰져 있기 때문이다. 직업교육과 훈련체계, 표준화된 자격제도와 이에 상응하는 임금체계 등은 개별 기업의 숙련투자 부담을 크게 줄일 뿐 아니라 고급숙련의 안정적인 공급은 오히려 이를 활용하려는 새 수요를 창출하는 효과도 있다. 특히 1980년대 이래 글로벌화는 해외직접투자의 폭발적인 증가를 동반했고, 우수한 숙련인력의 공급은 매우 중요한 투자조건이 되고 있다(최영기, 2009).

(4) 노사관계 개혁

1987년 이후 노동조합과 노동운동을 이끌어왔던 동력은 사업장 내의 분배개선 투쟁과 국가 차원의 비민주적인 노동법 개정 투쟁이었다. 노동법 개정투쟁은 주로 노동기본권 보장을 위한 것이었다. 특히 1997년과 1998년의 노동법 개정을 통하여 노동3권에 대한 제약이 크게 완화되고 노동조합 활동의 자유가 폭넓게 보장되게 되었다. 그러나 이러한 노사관계 민주화와 자율화의 진전은 기업별 노사관계를 더욱 강화하는 방향으로 작용하게 되었다. 노동조합이 교섭력을 높이는 강력한 수단도 내부노동시장에 대한 통제에서 찾았다. 기업별 노동조합은 업종이나 직종 더 나아가 노동계급 차원의 이해관계를 대변하기보다는 소속 사업장 조합원의 고용안정과 임금 인상을 우선했다. 이러한 경향은 특히 1997년 이후 고용위기가 확산될수록 강화되어갔고 비정규직이 확산되면서는 한 사업장 내에서조차 이해관계가 엇갈리는 상황으로 치달았다.

노동조합에 대한 지지가 하락하게 되는 시기도 대체로 1997년 외환위기 전후 노동력 구성에 큰 변화가 생기면서부터이다. 이즈음부터 고용조정이 상시화되고 고용형태가 다양화되면서 노동계층 내의 이해관계가 재편되기 시작했기 때문이다. 종래의 고용시스템을 떠받쳐왔던 평생직장과 정규직 고용이라는 규범이 무너지면서 조직 노동자와 비조직 노동자, 정규직과 비정규직의 이해관계가 갈리게 되었다. 또한 근로자성을 다퉈야 하는 특수형태 근로자라든가 아웃소싱과 사내하청에 따른 간접고용의 확대 등으로 인하여 이제까지 유지되어왔던 동질적인 근로자성이 약화되기 시작했다.

노노갈등이 표면화된 것은 정규직과 비정규직의 관계에서 두드러진다. 정규직 노조가 고용안정의 완충지대로 일정 수준의 비정규직 채용을 용인하면서도,

〈표 6-2〉 각 정권별 주요 고용노동정책

	노사관계 민주화	노동시장 개혁	고용정책
1993~1997	• 상급단체 복수노조 허용(3년 유예) • 노조의 정치활동 허용 • 3자 개입금지 철폐	• 정리해고요건 완화(2년 유예) • 파견근로(도입 실패) • 변형근로제(1개월 단위)	• 고용보험 도입
1998~2002	• 상급단체 복수노조 허용 • 교원·공무원의 단결권 보장 • 노사정위원회 법제화	• 정리해고 완화(즉시시행) • 파견근로 도입 • 고용보험 적용 확대와 대대적인 실업대책 실시	• 대규모의 공공근로사업 • 고용보험 전면 확대
2003~2007	• 공공부문의 직권중재(파업권 규제) 폐지 • 공무원노동조합법 제정	• 정리해고 요건 일부 완화 • 비정규직 보호법의 제정 • 주40시간제의 도입	• 사회적 일자리사업 • 국가고용전략(2006년) • 고용 서비스 확충
2008~2012	• 복수노조의 전면 허용과 전임자 제도의 폐지(타임오프 방식 도입)	• 비정규직 규제완화(실패)	• 대규모의 희망근로사업 • 국가고용전략(2010년)
2013~2017	• 노사정위원회 강화	• 비정규직 보호 강화 • 정리해고 요건 강화 • 국가직업능력표준 제정	• 고용률 중심 국정운영 • 고용복지 모델 구축

이들의 노조 가입에는 반대하는 정규직 노동조합의 행태 때문에 갈등이 표출되기 시작했다. 현대차 노동조합이 사내하청 노동자들의 정규직 노조가입을 세 번씩이나 부결시킨 바 있고, 이후의 분쟁에서도 두 노동자집단은 이해출동의 평행선을 그리게 되었다. 또한 협력업체에 대한 원청업체의 지속적인 경영개입과 단가인하 압력은 협력업체 근로자와 원청업체 노동조합 간의 이해관계가 충돌하는 원인이 되고 있다.

이제 대기업 정규직 조합원이라는 것은 노동시장 내에서 일정한 지위, 안정된 직장, 어느 정도의 임금·근로조건이 보장되고 사회보장과 노동조합의 보호 등을 향유할 수 있는 권리의 소유자가 된 것을 의미한다. 이러한 시장의 강자가 자기 조합원만을 위하여 파업을 불사하고 근로조건 개선을 주장하는 것에 공감하지 않는 노동자와 일반 국민이 많아진 것이다. 비정규직·하청노동자·영세자영자 등 2차 노동시장 취업자들이 바로 그들이다.

노동조합에 대한 여론의 악화와 노동자들 간의 연대의식 약화는 노조조직률의 하락과 함께 노동운동에 큰 위협이다. 고용위기가 심화되고 경제적 불평등이 심화되는 상황에서 노동운동의 위축은 경제의 균형발전을 위해서도 좋지 않다. 그러나 대기업 정규직 중심의 조직구조와 교섭력만으로는 갈수록 노동조합의 설 땅이 좁아질 것이다. 노사관계 제도가 1997년 이후의 노동시장 변화를 따라가지 못하는 시장과 제도의 부조화 현상이 심화될 것이다. 1998년 이후 만성적인 일자리 부족과 고용형태의 다양화, 아웃소싱의 확대로 외부노동시장의 규모가 크게 팽창했지만, 기존의 대기업 정규직 노동조합은 조합원만의 임금극대화와 고용보장에 교섭력을 집중하면서 자신들의 조직 기반과 폭넓은 노동자 일반의 지지를 잃어가고 있기 때문이다.

자신들의 기반이 좁아질수록 조직노동자들은 내부노동시장에 대한 개입과 통제를 더욱 강화해가고 있다. 임금체계의 개편이나 배치전환, 직접적인 고용조정 문제만이 아니라 고용에 영향을 줄 수 있는 기술도입·투자결정·해외공장 물량의 도입에 이르기까지 노사합의를 요구하기도 한다. 대기업 정규직 노동시장의 벽은 더욱 높아졌고 노동비용과 해고비용은 더욱 상승하기 마련이다.

이러한 한계를 극복해보고자 노동운동은 산별노조로의 조직전환을 시도했다. 2000년대에 들어 본격화되었던 산별건설운동은 전체 조합원의 과반수가 산별조합원일 정도로 빠르게 확산되어갔다. 민주노총의 경우에는 산별노동조합이 대세로 자리 잡아 민주노총은 산별조직체계에 기반을 두고 있다고 해도 과언이 아니다.

그러나 최대 조직인 금속노조의 경우 인력과 재정, 실질적인 교섭권과 파업권은 아직도 기업 지부에 집중되어 있다. 산별노조의 지부·지회도 노동조합 자격을 유지하고 독자적인 교섭권과 파업권을 행사하기 때문에 기업 입장에서 보면 산별노조로 인하여 중복교섭·중복파업으로 불확실성이 더욱 커지고 교섭비용이 크게 증가했을 뿐이다. 더구나 업종 전체 차원의 이슈까지 교섭을 요구하고 단체행동에 나서게 됨으로써 노사불안만 더욱 가중시켰다고 비판한다. 대기업 정규직 중심의 노사관계 구조를 극복해보겠다는 취지에서 출발한 산별조직화운동이 경영계의 강한 거부 정서와 정부의 중립적 태도 그리고 대기업 노조의 기득권 수호의지에 막혀 변화를 이끌어내지 못한 것으로 평가된다(조성재 외, 2009).

3. 한국형 고용 모델을 위한 노동시장 구조개편

1) 어떤 사회 모델을 지향할 것인가?

한국경제는 1990년대 중반 특히 외환위기 이후 영미형의 시장경제를 모델로 하여 많은 정책개혁을 추진해왔다. 노동시장과 교육훈련, 노사관계도 예외가 아니었다. 그러나 많은 개혁 노력에도 불구하고 전형적인 자유주의시장경제(liberal market economy)가 자리 잡았다고 할 수 없다. 한국에는 아직 압축성장을 주도해 왔던 강력한 정부와 시장지배적인 재벌 그리고 매우 비협조적인 노동운동이 시장에서 일정한 규제력을 행사하고 있기 때문이다.

이런 특성 때문에 1990년대 이후 주요 정책개혁에 있어서 사회적 협의와 조정이 여러 형태로 시도되었다. 노동개혁의 주요 고비마다 노동조합은 대화와 타협의 파트너로 참여했다. 개혁의 방식으로 보면 영미형의 밀어붙이기가 아니라 유럽형의 타협방식이 주로 활용된 셈이다. 유럽의 조정시장경제(coordinated market economy)에서와 같이 정부와 재벌, 그리고 노동조합 간의 신뢰를 바탕으로 한 파트너십이 자리 잡은 것은 아니지만 그렇다고 정부가 일방적으로 유연화 개혁을 밀어붙인 것도 아니었다. 이는 1987년 이후 한국경제가 박정희식 발전국가 모델에서 벗어나 시장경제로 이행하고 있기는 하지만 아직 영미형의 전형적인 자유시장경제로까지 나갈 조건을 갖추지 못하고 있는 것에 기인한다. 오히려 조정시장경제형의 경제주체 간 협의와 조정이 불가피한 구조에 놓여 있다고도 볼 수 있다.

왜냐하면 아직은 강력한 정부와 글로벌 기업으로 발돋움하는 정부 간섭으로부터 점차 자유로워지는 재벌 그리고 힘을 잃어가지만 그래도 아직 비협조와 비토(veto)의 수단을 갖고 있는 노동운동 간의 협의와 조정이 불가피하기 때문이다.

한국사회가 당면한 고용위기와 양극화를 해소하기 위해서는 초기업 수준의 고용시스템을 정비해야 한다. 지금의 위기가 기업의 울타리 안에서만 작동되는 임금직무체계와 교육훈련체계 그리고 사회복지를 대체하는 기업복지체계가 와해되는 과정에서 발생했다는 관점에서 보면, 위기 극복을 위한 노동개혁의 과제는 직무와 직종, 지역과 국가 수준에서 통용될 수 있는 보편적인 노동시장제도를 확립하는 것이다.

이러한 노동시장제도의 정비는 워크셰어링을 통한 고용률 제고를 위해서도 필요하다. 한국은 지금 대기업 정규직과 30~40대 남성에 편중된 일자리 구조를 여성과 청년 그리고 장년층에까지 고용기회를 확대하는 대대적인 워크셰어링이 아니고는 고용률 70%를 달성할 수 없다. 임금과 근로시간을 줄여서라도 일자리를 나누도록 하는 노동시장제도의 혁신이 필요한 시기에 있다. 정년을 연장하고 여성 고용을 촉진하기 위한 일·가정 양립정책을 강화하는 것은 이런 요구에 부응하는 조치들이다.

박근혜 정부가 6월 초에 이를 위한 로드맵을 발표했지만 그 내용은 노사의 의식과 행동을 바꾸지 않으면 아무런 성과를 낼 수 없는 정책과제들이다. 노사정 간의 긴밀한 협의와 타협이 없이는 기업 중심의 폐쇄적인 고용시스템을 직무와 직종 중심의 수평적인 고용모델로 전환해갈 수 없다.

이 과정에서 대기업 정규직과 조직 노동자들의 양보와 타협이 불가피하고 이를 이끌어내기 위한 사회적 파트너십의 기반이 확충되어야 한다. 지난 15년의 노동개혁이 신자유주의에 기초하여 자유주의적 시장경제를 지향해왔다면 앞으로 필요한 노동개혁은 노사정 간의 정책 협의와 이해관계 조정을 강화하는 조정시장경제적인 거버넌스를 지향해야 한다. 적어도 지금의 고용위기와 양극화를 해소하는 과도기만이라도 사회적 파트너십에 기초한 타협체제를 거치고 나서야 자유주의시장경제로의 이행도 가능할 것이다.

2) 연공형 임금체계의 개편과 직무형 노동시장의 구축

기업 중심 노동시장의 핵심 기제는 연공형 임금체계이다. 연공 중심의 임금체계를 직무와 숙련을 중시하는 임금체계로 전환해야 일자리 창출과 비정규직 문제 해결에 도움이 된다. 정년연장과 통상임금에 관한 분쟁을 해결하기 위해서도 필요하다. 그러나 이는 단순한 문제가 아니다. 사람을 중심으로 임금을 결정하는 것이 아니라 직무와 그 직무에 소요되는 숙련의 가치를 임금책정의 기준으로 삼는 것이어서 매우 큰 변화를 수반한다. 이는 노동시장의 인센티브 체계 자체를 전환하는 것이어서 중장기적인 계획과 노사 간의 대화와 타협이 필수적이다.

연공형 임금체계를 직무형 임금체계로 전환한다는 것은 기업 중심의 폐쇄적인 고용모델을 직무와 직종 중심의 개방적인 고용시스템으로 전환한다는 의미이기도 하다. 또한 이를 통해 임금의 인센티브 기능을 강화하고 동일노동에 동일임금이라는 임금의 공정성을 확립함으로써 지금의 고용위기와 비정규직 문제를 해결할 수 있다. 마침 통상임금에 대한 2012년 3월의 판례로 임금체계 개편에 대한 공감대가 널리 형성된 데다가 2016년부터 개시되는 60세 정년 제도의 정착을 위해서도 임금체계 개편은 미룰 수 없는 노동시장 개혁과제가 되었다. 인구구조의 변화와 2022년 이후 65세로 늦춰지는 국민연금 수급연령을 감안할 때 60세 정년도 오래 지속되기 어려울 것이다. 정년이라는 제도적 퇴출장치가 없는 상태에서 연공에 기초한 임금직무체계를 유지하려 한다면 인사관리에서 많은 편법과 왜곡이 난무할 것이다. 결국 직무와 성과에 기초한 임금체계로 바꿔나가고 직무 중심의 노동시장을 발전시켜야 장기 고용과 정규직 고용이 늘어날 수 있다.

그동안 한국 노동시장의 경직성에 대한 많은 비판들이 주로 고용의 경직성에만 주목하고 임금 유연성의 제고를 외면해왔으나 지금 당면하고 있는 많은 고용 문제들이 임금 경직성의 결과로 해석될 수도 있다. 국민경제나 업종 차원에서 어떤 협의와 조정 절차도 거치지 않는 기업별 임금교섭과 연공 중심의 임금체계는 임금 수준과 임금구조에서 많은 왜곡을 낳고, 이 왜곡을 사후적으로 시정하는 방식이 경영자들의 고용형태 다양화와 채용 기피로 이어졌기 때문이다.

임금과 고용의 경직성을 근원적으로 완화할 수 있는 방안은 임금 기준을 노동시장에서 통용되는 직무와 숙련의 가치에 두는 것이다. 기업의 틀을 넘어서 시장에서 통용되는 직무가치를 기준으로 임금을 책정한다면 많은 것들이 변할 수 있다. 여성과 비정규직에 대한 차별시비를 줄일 수 있고 노동이동에 따르는 불이익을 최소화할 수 있다. 과도한 노동비용 부담으로 장기고용을 기피하고 장기

근속자를 고용조정의 1순위 대상자로 선정하는 잘못된 관행도 시정될 수 있다. 더 나아가 고령화 시대 성장잠재력 확충과 연금재정의 안정을 위해 필요한 장기 고용과 정년연장의 단초가 마련될 수 있다.

임금체계 개편에서 가장 어려운 문제는 노동시장에서 통용되는 직무에 대한 가격설정(pricing)과 각 직업별 숙련표준의 정립이다. 특히 어려운 문제는 직무가치를 평가하는 것이다. 이는 문제의 성격상 단숨에 큰 투자로 해결할 문제가 아니다. 주요 직업에 대한 직무평가와 숙련표준에 대한 정보가 축적되어 있어야 개별 기업 단위의 임금체계 개편을 지원해갈 수 있다. 정부가 선도적인 투자에 나서고 업종단체와 임금 전문 민간업체 등이 나서서 가장 필요하고 쉬운 직업군부터 표준화를 시작해야 한다. 임금체계의 개편은 모든 근로자들의 이해관계가 조정되는 것이라서 개편을 위한 협의와 조정은 많은 시간을 필요로 한다. 따라서 임금체계의 개편은 10여 년의 계획을 갖고 다각적으로 추진되어야 한다.

그렇지만 비정규직 노동시장에 대한 직무분석과 표준화 작업은 먼저 시작할 수 있을 것이다. 이 시장은 직무표준화가 안 되어 있을 뿐 이미 직무형 시장으로 운용되고 있다고 봐야 한다. 공공부문이나 금융업종에서 비정규직이 집중 투입된 직무에 대한 평가와 표준화 작업은 비정규직 보호법 시행과 맞물려 매우 유용한 시도가 될 수 있다. 노동계 입장에서도 표준화된 직무평가에 의거한 임금 책정을 받아들이고 대신 고용안정을 요구할 수 있다. 이는 또한 기업 입장에서도 차후에 제기될지 모르는 임금차별에 대한 시비를 줄일 수 있는 근거도 된다(장지연 외, 2008).

고령자 노동시장도 점차 직무형으로 전환될 것이다. 고령자 고용안정을 위한 임금피크제의 경우에도 이를 좀 더 보편적인 임금체계 개편으로 확장하도록 지원해야 한다. 이 밖에도 신설법인이나 영세소기업의 경우에는 직무와 숙련에 기초한 임금체계를 확립하는 데 큰 어려움이 없을 것이다. 문제는 이들이 객관적으로 통용되는 직무형 임금정보를 활용할 수 있도록 임금인프라를 깔아주는 것이다. 이들이 활용할 수 있는 임금정보나 직무체계 확립을 위한 저렴한 컨설팅 서비스가 공공기관 또는 업종별 노사단체·지역상공회의소 등을 통해 제공되어야 한다.

임금체계를 직무·숙련 중심으로 전환하기 위해서는 노동조합과의 협의만이 아니라 모든 직원들의 의견수렴 절차도 필요하다. 1998년 이후 경영위기 극복 과정에서 연봉제와 성과급이 확산되고는 있으나 기업 단위에서 추진되는 임금 체계 개편은 직무가치에 대한 객관적인 평가가 어떻게 이루어지느냐에 대한 노 사의 갈등을 조정하는 것이 매우 어렵기 때문에 직무형 임금체계 확산에 한계를 보일 수밖에 없다. 업종 차원의 직무분석과 평가작업이 선행되거나 주요 대기업 과 병행 실시되는 것이 이러한 갈등을 최소화할 수 있다. 그리고 업종 차원에서 설계되어야 그 직업에서 통용되는 숙련표준과 직무가치를 잘 연동시킬 수 있다 (이병희, 2007).

임금체계의 개편은 숙련향상이라는 또 하나의 정책 목표를 염두에 두고 추진 되어야 한다. 숙련 수준과 직무가치의 연계는 숙련향상에 매우 중요한 수단이다. 교육·훈련·자격획득의 결과가 모두 임금결정에 반영될 때 임금은 숙련향상 의 지렛대 역할을 할 수 있다. 이런 면에서 독일의 임금체계는 매우 모범적이다. 독일은 지역별로 직무등급이 다르지만, 어느 지역에서나 개별적인 임금 인상을 위해서는 훈련과 숙련획득을 통해 좀 더 상위의 직무등급으로 승급하는 방법밖 에 없다. 따라서 임금체계는 숙련형성·직무능력과 직결되어 있다(윤진호, 2008).

임금체계 개편은 정부가 정책적으로 변경할 수 있는 법·제도의 문제가 아니 라 노사, 특히 기업이 이니셔티브를 취해야 할 경영혁신 사항이다. 개별 기업 차 원의 이니셔티브가 아니라 경영계 전체의 공조가 필요한 과제이다. 정부의 인프 라 투자와 노동계의 적극적인 참여가 함께 어우러져야 성과를 낼 수 있다. 지난 20년간 노동법의 정비가 핵심 노동정책과제였다면 앞으로 20년은 임금체계 개 편에 그만한 투자와 노력을 기울여야 할 것이다. 그럴 만한 가치가 있는 일이다.

임금체계 개편은 훈련과 숙련체계의 정비를 동반하는 사업이고 노동시장의 기본 인프라를 정비하는 국가적 사업이기 때문이다. 마침 박근혜 정부는 임금직무센터를 설치하여 기업들의 임금직무 개혁을 지원하겠다는 방침을 밝힌 바 있다.

3) 기업 중심의 숙련체계 개편

1980년대 이래 OECD 주요국의 숙련형성체계는 상호 벤치마킹을 통한 수렴의 경향을 보인다. 시장 주도형 자유방임국가의 경우에는 정부의 기능을 강화하는 개혁에 나서고, 노사단체의 조정과 규율에 익숙한 조합주의 모델의 경우에는 시장수요에 좀 더 탄력적으로 반응할 수 있도록 개별 기업과 민간의 역할을 강화하는 방향의 개혁에 나섰다. 영국과 미국, 오스트레일리아 등 자유주의 모델 국가에서 숙련체계 개혁에 더 적극적이었다. 영국의 노동당정부는 뒤처진 경쟁력의 주요 원인으로 숙련부족을 지목하고 정부가 숙련형성체계 정비와 기업의 숙련투자에 대한 인센티브 확대에 적극적으로 나섰다. 미국도 1990년대 초 숙련향상을 경쟁력 강화의 핵심 정책수단으로 책정하고 숙련표준(skills standard)을 개발하고 기업의 적극적인 인적자본 투자를 유도하기 위한 지원책(Workforce Investment Act)을 늘려갔다. 노르딕 국가들은 평생학습체계를 대대적으로 확충하여 지식기반경제에 필요한 경쟁력기반을 착실히 다진 대표적 성공사례다(OECD, 2006).

숙련부문에서 세계적인 경쟁력을 자랑해왔던 독일과 일본도 변화의 압력을 피해갈 수 없었다. 독일의 경우 고숙련의 기반이라고 할 수 있는 이원적인 교육시스템과 엄격한 도제/자격제도의 골격에 큰 변화는 없다. 일본의 경우에도 기업 현장훈련시스템이 그대로 유지되고 있다. 그러나 이 두 나라의 공통적인 문제는 노동시장의 유연화 추세로 인하여 점차 비대화해가는 2차 노동시장의 문제이다. 비정규직의 채용과 중도채용이 확산되면서 개별 기업들은 점차 근로자의 숙련향상 투자를 기피하는 경향을 보이기 시작했다. 정부가 적극 나서서 숙련표준과 자격체계를 재정비하고 비정규직을 위한 훈련체계의 개편을 추진했다(정주연, 2003). 일본도 개인 주도의 숙련형성을 지원하는 종합대책(2000~2005년)을 마련하여 외부노동시장에서의 훈련체계를 정비했다. 그와 동시에 정부가 주도적으로 표준자격제도를 정비하고 그 운용은 민관합동기구에 맡기는 방식으로 시장과 조화를 꾀했다. 기업의 이러한 고용 유연화 전략은 전통적인 직능형 내부노동시장을 빠르게 위축시켜나갔다. 반면 외부노동시장에서 통용되는 숙련표준과 자격은 발달되지 않았기 때문에 정부의 적극적인 역할이 불가피했다(김삼수, 2003).

한국의 경우에는 1990년대 중반의 교육자율화와 훈련자격제도의 자율화가 추진되었지만 아직 뚜렷한 한국형 모형을 창출하는 데는 이르지 못하고 있다. 과거 정부 주도 모형에서 시장 주도형으로 나아가려 했지만 시장기능이 제대로 작동하지 않아 혼란을 겪고 있는 상태이다. 참여정부에 들어 노동시장 인프라 확충과 직업능력개발 선진화정책에 의거하여 2007년 제1차 직업능력개발 기본계획(2007~2011년)과 3년 기한의 제1차 국가기술자격제도 발전 기본계획을 수립하여 훈련과 자격체계 개편을 위한 종합계획을 제시한 바 있다.

그러나 이런 종합대책이 다른 노동시장의 제도 선진화와 병행하여 추진되는 것은 아니어서 많은 한계를 보였을 뿐이다. 비록 그동안 방치되어왔던 비정규직 등을 위하여 개인 주도 훈련 프로그램(훈련 바우처나 직업능력개발카드제)을 강화해가고는 있지만, 이러한 보완적 수단만으로 방대한 훈련 사각지대 규모를 줄일 수 없다. 박근혜 정부가 국가직무표준과 평가시스템을 개발하고 중소기업을 위한 업종별 인력관리시스템을 강화하겠다는 정책을 표방하고 있지만, 지금까지 추진해왔던 훈련시장의 자율화 정책기조가 크게 바뀔 것으로 보이지 않는다.

특히 신규 청년실업과 취업준비생 그리고 근로능력이 있는 장년층의 무업자(無業者), 자영업자와 비정규직을 대상으로 한 안정적인 숙련공급체계는 마련되어 있지 않다. 훈련 사각지대를 일거에 해결하는 방법으로는 정부가 직접 고용보험의 직업능력개발기금에 재정을 투입하여 이들에게 훈련자격을 부여하는 방법이 있다. 또는 직업능력개발과 고용안정서비스사업에 한하여 보험가입 여부와 관계없이 모든 취업자를 수혜대상으로 확대하고 적자분에 대하여 정부가 보조하는 방식도 있을 것이다. 어떤 방식이든 고용지위에 따라 역진적으로 운용되는 훈련 수혜구조를 개선하는 방안이 마련되어야 한다.

교육·훈련시장의 사각지대를 해소하는 과정은 외부노동시장을 조직화하고 노동시장의 기본질서를 세우는 과정이기도 하다. 외부노동시장에는 아직 (전문) 직종이 체계화되고 이에 조응하는 숙련형성체계가 확립되어 있지 않다. 숙련자격과 직무영역을 특정하는 '직종' 개념이 교육·노동시장에서 제대로 형성되도록 해야 한다. 직무 중심의 임금체계와 기업 특수적인 수요에 한정되지 않고 외부노동시장에서 통용될 수 있는 표준적인 숙련체계를 갖춰나가야 한다.

업종과 직종 중심의 훈련체계를 만들어가는 데는 노사단체의 적극적인 참여가 요구된다. 정부 주도형 숙련형성체계는 점차 시장의 힘에 의해 시장 주도형으로 개편되어간다고 하더라도 그 중간과정으로 노사가 참여하는 민관 협치형의 거버넌스를 강구해볼 수 있다. 시장질서의 확립과 정보의 축적, 시장중개 노하우가 축적될 때까지 정부의 시장형성 기능이 매우 중요하다.

정부 주도의 실패를 줄이기 위해서 노사단체, 대학, 민간 노동시장 중개기구 간의 제도적인 협의와 조정이 중요하다. 주요 이해당사자 간의 정보공유와 조율을 통해 시장기능을 제도적으로 보완하는 시장 모델과 사회협의 모델을 절충하는 변형으로서 하이브리드형 거버넌스가 필요하다. 이를 위해 노사단체도 적극적으로 정부의 교육훈련사업에 대한 참여를 확대할 필요가 있다. 노사 상급단체들이 숙련을 위한 노사 파트너십 기능을 강화하는 전략적 수정이 필요하다. 노동조합도 지역과 산별 노동조합의 주된 기능을 숙련형성과 고용서비스 분야에서 찾는다면 경제단체나 대기업 노동조합과의 상투적인 힘겨루기를 피할 수 있을 것이다.

숙련수요에 대한 체계적이고 정례적인 조사가 필요하며 경제산업정책에 부응하는 숙련공급정책이 병행 추진되는 체계적인 노력이 있어야 한다. 인력수급 전망을 위한 체계가 가동되고 있으나 산업별, 직업별 숙련수요에 대한 광범위한 조사가 정례적으로 시행되어야 한다. 그리고 새로운 산업수요가 부각되었을 때 정부 차원의 지원이 거시경제적 정책만이 아니라 인력공급과 숙련향상 지원계획이 동시에 마련되어야 한다.

4) 근로시간 단축과 일·가정 양립정책의 강화

근로시간 단축을 통한 일자리 창출에 대해서는 오랫동안 사회적 논의가 있어 왔던 바이지만, 특히 2012년 선거를 거치며 정치권을 비롯하여 폭넓은 국민적 공감대가 형성되었다고 할 수 있다. 개별 근로자의 생애주기별 근로시간 분포를 보거나 전체 노동시장에서의 일자리(근로시간) 분배구조를 보더라도 좀 더 공평한 근로시간 분배로서의 워크셰어링이 불가피하다. 1989년 법정 근로시간을 단축하기 시작한 이래 실근로시간이 꾸준히 줄어왔지만 아직도 OECD 평균보다 20% 정도 길다. 이는 OECD 평균보다 낮은 고용률과 대비되며 일자리 나누기에 대한 근거가 되고 있다. 고용률 제고를 국정목표로 제시하고 있는 정부로서도 근로시간 단축은 일자리 나누기의 핵심 정책 수단으로 제시하고 있다.

특히 고용률 제고의 주된 목표집단이 되고 있는 육아기 여성들을 노동시장에 불러들이기 위하여 정부는 한편으로는 보육서비스를 확충하는 동시에 반듯한 시간제 일자리를 대폭 확충하겠다는 로드맵을 지난 6월 초에 발표한 바 있다. 정규직 형태의 시간제 일자리를 만들어 여성고용률을 대폭 끌어올리겠다는 정부의 구상은 외국의 사례를 보거나 국내 노동시장의 여건을 볼 때 당연한 선택으로 보인다.

또한 빈곤대책의 차원에서도 여성고용률 제고는 중요하다. 빈곤을 줄이는 유력한 방안은 여성의 경제활동 참가를 늘이는 것이다(최경수, 2008). 빈곤가구의 특성을 분석해보면 제조업 저숙련 일자리가 감소하고 단순 노무·서비스·판매 등 내수경기에 종사하는 저소득층이 주로 빈곤가구로 추락하는 경향을 보인다. 또한 맞벌이가구인 경우 빈곤에 빠질 위험은 크게 감소하고 있다. 여성의 노동시장 참여는 그 자체로서 가구빈곤의 위험을 줄일 뿐 아니라 가사서비스의 시장서비스 대체로 인하여 추가적인 고용을 유발한다. 또한 여성고용 촉진은 출산율 제고에도 기여하는 것으로 작용한다.

여성고용률 제고라는 정책 목표에는 대부분 동의하지만 시간제 일자리 확대를 통한 여성 고용확충 방안에 대해서는 노동계와 여성계의 반발은 만만치 않다. 우선 이들이 지적하는 문제는 저임금의 시간제 일자리를 만들어 고용률만 높이는 정책은 여성 일자리의 질을 더욱 악화시킬 뿐이라는 점이다. 여성고용률을 높이기 위해서는 일자리의 질을 높이는 것이 선행되어야 한다는 지적이다. 고학력 경력단절 여성들을 노동시장에 나오게 하려면 눈높이에 걸맞은 일자리가 제공되어야 한다는 지적이다.

이는 여성인력의 노동시장 통합을 어떻게 하느냐는 고용 모델의 성격에 직결되는 문제이기도 하다. 노르딕 국가와 같이 남녀 고용평등과 여성의 정규직 진출방식을 택하게 되면 보육·육아지원을 위한 대대적인 투자가 필요하고 남성 근로자들의 근로시간도 대폭 단축해야 한다. 적어도 관성적인 야근과 회식문화를 근절하고 휴일과 휴가를 가정에서 보내는 생활방식의 변화가 수반되어야 한다. 명실상부한 일과 가정의 양립이 가능할 때 이인소득자 모델이 가능할 수 있다. 이에 비하여 영국이나 네덜란드 및 1990년대 이후의 일본, 독일과 같이 시간제 근로형태로 여성의 노동시장 참여가 이루어지는 방법도 있다. 유럽대륙(프랑스·이탈리아·스페인 등)의 여성고용률 지체는 남성 정규직 중심의 고용복지시스템에 기인한다.

한국도 여성인력 노동시장 통합을 위한 체계적인 정책이 필요하다. 저출산율이 세계 최고이고 여성고용의 60% 정도가 비정규직 형태지만 모성보호제도는 파편화되어 있고 사회보험은 정규직 중심이다. 출산을 전후한 경력단절은 여성고용에 큰 장애요인이다. 노동시장 초기 진입과정에서의 불이익(고용률·고용형태 등)은 없으나 30대 이후의 고용률과 고용지위가 크게 악화되는 것은 큰 문제이다. 이러한 여성고용의 현실과 고용복지시스템을 감안할 때 정부가 절충할 수 있는 현실적인 대안이 정규직 형태의 시간제 일자리 확충이었을 것이다. 네덜란드나 최근 영국을 비롯한 외국의 사례에서 근로자의 근로시간 선택권을 확대한다는 차원의 시간제 일자리 확충 방안은 충분히 시도해볼 만한 대안일 것이다.

그러나 여성고용률 제고만이 아니라 좀 더 폭넓은 워크셰어링을 위해서는 만성적인 장시간 근로관행을 타파하고 일과 가정의 양립 또는 일과 교육의 병행이 가능하도록 관련 제도를 유연하게 하는 제도개혁이 필요하다.

5) 사회적 파트너십을 위한 노동운동의 혁신

기업복지체제에서 사회복지체제로의 전환과 직무형 노동시장으로의 진전이라는 추세에 조응하도록 노사관계의 기업별 체제도 제도적 보완책이 마련되어야 한다. 이명박 정부 5년을 거치며 사회적 대화체제가 더 약화되고 노사관계가 기능부전에 빠지면서 고용위기는 더욱 심화되었다고 할 수 있다. 2011년 이후 시행되는 복수노조·타임오프 제도로 인하여 노동조합의 존립 자체가 위협받고 교섭력이 크게 약화되면서 노동조합 리더십은 그야말로 지리멸렬 상태로 빠져들고 있다. 그뿐만 아니라 사회적 대화가 유명무실해지고 노정 간의 정책협의 채널도 단절되면서 상급 노동단체들의 역할도 크게 위축되었다. 그 당연한 귀결로 노사관계가 기능부전에 빠지고 노동시장 구조개혁을 위한 대화와 타협의 파트너는 개혁의 리더십을 상실한 상태다.

한국사회 발전의 변곡점에서 그리고 세계 자본주의의 또 다른 진화의 단계에서 노동운동에 대한 신뢰가 갈수록 낮아지고 그 정치사회적 위상도 급격히 추락하는 것을 어떻게 보아야 할까? 노동운동의 급격한 퇴조와 노사관계의 기능부전이 한국사회발전에 결코 도움이 되지 않을 것이다. 왜냐하면 노동조합이 건강한 리더십을 갖추고 있어야 한국형 고용 모델의 구축과 선진 복지국가의 문턱을 넘는 개혁의 파트너로 기능할 수 있기 때문이다.

OECD 국가의 경험에 비춰보면 복지국가의 문턱에서 어떤 형식이든지 노사정은 전략적 타협의 과정을 거친다. 노동·복지 문제를 제도적인 틀 내에서 해결하기 위해서는 노동세력의 협력이 필수적이기 때문이다. 이 타협과정은 동시에 노동운동이 체제 내 세력으로 정착하는 시기이기도 하다. 한국경제도 한국형 고용 모델에 대한 전략적 타협과 사회적 합의를 필요로 한다. 박근혜 정부가 국정의 제1과제로 삼고 있는 고용률 70% 달성을 위해서도 노사정의 전략적 타협과 사회적 파트너십의 구축이 필수적이다.

전략적 타협이 꼭 노사정 간의 명시적인 대타협이나 협약의 체결을 의미하는 것은 아니다. 예컨대 미국의 뉴딜 개혁은 정부 주도 개혁이었지만 노동계를 비롯한 국민들의 광범위한 지지를 받으며 미국 고용복지 모델의 골격을 완성시켰던 성공사례이다. 한국은 아시아에서는 특이하게 사회적 대타협의 경험을 갖고 있고 사회적 대화의 틀도 유지하고 있다. 한국형 브랜드를 만든다는 차원에서 이를 잘 발전시킬 필요가 있다(최영기·이장원, 2008). 이명박 정부를 거치며 훼손된 사회적 대화 기반을 다지고 노사정위원회를 대폭 강화하여 노동시장 제도개혁에 필요한 노사 타협과 폭넓은 사회적 합의를 이끌어내야 할 것이다. 이 과정에서 노동조합의 리더십을 재구축하고 초기업 수준의 노사관계를 활성화할 필요가 있다. 이를 위해서는 노동운동의 패러다임을 민주화에서 사회적 파트너십으로 발전시켜나가야 할 것이다.

한국의 노동운동이 한국형 고용 모델을 설계하는 사회적 파트너로 그 위상을 재정립하고자 한다면, 지난 25년의 운동성과를 평가하고 이제 OECD 수준의 노동운동과 글로벌 스탠더드에 부합하는 노동운동으로 발돋움하기 위한 나름의 청사진을 보여줘야 한다. 심화되는 고용위기와 비정규직 해결에 대한 노동운동 나름의 실천전략은 무엇이고, 그들이 원하는 한국형 자본주의가 어떤 것인지, 이것을 위해 노동운동이 할 수 있는 일은 무엇이고 노사정이 함께 대화하고 타협해야 할 과제들은 무엇인지에 대한 청사진을 만들어보아야 한다. 그리고 개방적인 시장경제와 짝을 이루는 한국형 고용복지 모델을 구축하는 사회적 파트너로서 위상을 확립해나가야 노동운동의 미래가 열릴 것이다. 노동운동이 바로 서야 지금의 고용위기와 양극화를 극복하고 더 나아가 한국형 고용 모델 구축이 가능할 것이다.

4. 결론: 사회적 파트너십의 구축

산업화 시기 기업의 울타리에 갇혀 있던 고용 모델은 이제 구조개혁의 압력에 직면해 있다. 개방적인 시장경제질서에 맞게 유연하지만 공정하고 안전한 보편적인 고용 모델이 필요한 시점이다. 사내훈련 중심의 숙련체계를 지역과 업종 보편의 숙련체계로 발전시켜야 하고 사업주 주도의 훈련에서 개인과 노사단체의 역할과 주도성을 강화하는 방향으로 개편해야 한다. 대기업 중심의 노사관계도 이미 한계를 드러내고 재편의 여러 징후들이 보이고 있다. 기업 중심의 임금 결정체계도 개혁의 수술대에 올라 있다. 기업 단위에서 결정된 임금 수준의 경제정합성 문제는 어제오늘의 문제가 아니다. 고용형태와 성(gender), 기업규모에 따른 근로자 간 임금 격차가 공정한가의 문제도 있다. 기업별로 운영되고 있는 연공임금체계는 고용안정과 고용구조에 매우 부정적인 영향을 미치고 있다. 비정규직 문제와 중소기업의 경쟁력 제고, 숙련향상 촉진적인 임금결정체계의 정착을 위해서는 좀 더 보편적인 업종 차원, 전국 차원의 임금조정 메커니즘이 강구되어야 한다.

그리고 기업 중심으로 설계된 사회안전망을 보완하는 일이다. 보호가 가장 필요한 근로계층이 가장 많이 사각지대에 방치되어 있는 불합리를 시정해야 한다. 산업화 시기 국가 재정규모가 협소하고 산업노동의 기반이 보편화되기 이전에는 기업의 울타리를 경계로 사회안전망을 구축하는 것이 나름대로의 설득력이 있었다. 하지만 이러한 구조가 오히려 노동시장의 경직성을 심화시키고 이중구조화를 촉진한다는 점에 유념해야 한다.

그런데 이러한 노동시장 구조개혁은 노사정 간의 협의와 조정을 필요로 한다. 초기업 수준의 직무형 노동시장을 만들어가고 직무와 숙련에 기초한 임금이 결정될 수 있도록 기초 인프라를 깔아나가야 한다. 노동시장에서 보편적으로 통용되는 임금결정기준의 확립이 필요하다. 이를 위해서는 노사정 간 협의와 공조가 필수적이다. 개별 기업의 지불능력과 노동조합의 교섭력에만 의존하는 임금교섭이 아니라 전체 경제와 업종전망을 감안하는 경제정합성과 동종 타사 근로자들과의 연대임금(solidarity wages)을 감안하는 임금조정체계가 보완되어야 한다. 이것 또한 국가 차원의 정책디자인과 사회적 협의가 없으면 달성되기 어려운 과제이다.

사회안전망과 기업에 편중된 복지체계를 지역과 업종 그리고 국가 차원의 보편적 복지시스템으로 수렴시키는 일은 많은 정책적 노력이 강구되어야 할 과제다. 사각지대에 있는 근로자들을 직업안정서비스와 교육훈련체계에 포괄하기 위해서는 정부의 재정적 역할 강화와 함께 사회보험료 경감과 같은 조치가 함께 강구되어야 할 것이다. 이는 노사와의 협의가 필요한 사안이다. 고용복지 모델의 개혁방향은 기업의 울타리를 넘어서 지역과 업종 그리고 국가 차원의 노동시장으로 보편화해가는 과정이고, 이 전환과정 자체가 노사정 간의 긴밀한 조정과 협의를 필요로 한다. 이런 의미에서 새 고용복지 모델의 거버넌스는 노사협치형이어야 한다.

참고문헌

국회예산정책처. 2010.『일자리 정책의 현황과 과제』.
고영선 외. 2007.『경제위기 10년: 평가와 과제』. 한국개발연구원.
김대일. 2007.「외환위기 이후 노동시장의 변화와 시사점」.≪경제학연구≫, 제55집 제4호, 한국경제학회.
김세움 외. 2011.『학력별 노동시장 미스매치 분석과 교육제도 개선과제』. 한국노동연구원.
김삼수. 2003. "일본의 직업교육·훈련제도의 특성과 최근의 변화."『노동경제논집』, 제26권 제2호.
김진영. 2011.「대졸자 노동시장의 미스매치와 대학의 구조조정」.『학력별 노동시장 미스매치 분석과 교육제도 개선과제』. 한국노동연구원.
남재량. 2011.「체감 청년 실업률, 몇 %나 될까?」.≪월간 노동리뷰≫(2011.4). 한국노동연구원.
노대명 외. 2008.『한국형 사회정책 모형 연구』. 한국노동연구원.
_____. 2011.『청년층 노동시장진입 및 정착방안 연구』. 한국노동연구원.
방하남 외. 2010.『베이비붐세대의 근로생애와 은퇴과정 연구』. 한국노동연구원.
배규식 외. 2008.『'87년 이후 노동조합과 노동운동』. 한국노동연구원.
_____. 2011.『노동시간의 유연성과 개선방안』. 한국노동연구원.
송호근 외. 2010.『위기의 청년세대 출구를 찾다』. 나남.
양재진 외. 2008.『사회정책의 제3의 길, 한국형 사회투자정책의 모색』. 백산서당.
오삼일. 2009.「미국의 고용 없는 경기회복 재연 가능성」. 한국은행 해외경제정보 59호.
유범상. 2008.『한국 노동운동 리더십의 위기』. 한국노동연구원.
윤윤규·이철희. 2008.『'87년 이후 숙련 구조의 변화』. 한국노동연구원.
윤진호. 2008.「선진국 직무급 임금체계의 두 유형: 미국형과 독일형」. 서울사회경제연구소.
이병훈·권혜원. 2008.『세계화 시대의 노조 조직화 전략 연구』. 한국노동연구원.
이병희. 2007. "노사상생을 위한 노동시장 개혁과제." 지속가능고용시스템T/F, 한국노동연구원.
이병희 외. 2008.『노동시장의 구조변화와 고용변동』. 한국노동연구원.
_____. 2010.『근로빈곤의 실태와 지원방안』. 한국노동연구원.
이상학. 2005.「노동현장에서 본 노동운동의 과제와 대책」.『현대자본주의의 대항권력-노동운동의 미래』. 한국노총.
이장원·문진영. 2008.『복지체제와 노동체제의 정합성』. 한국노동연구원.
임상훈·최영기 외. 2005.『한국형 노사관계 모델(Ⅰ)』. 한국노동연구원.
장지연 외. 2008.『고용 유연화와 비정규 고용』. 한국노동연구원.
_____. 2011.『고용안전망 사각지대 해소방안』. 한국노동연구원.
전병유·은수미. 2010.「대안 고용전략의 방향과 정책」.『고용위기 시대의 대안 고용전략』. 민주노총·한신대학교 평화공공센터.
정원호 외. 2010.「선진국 노동조합의 고용전략」.『고용위기 시대의 대안 고용전략』. 민주노총·한신대학교 평화공공센터.
정이환. 2006.『현대 노동시장의 정치 사회학』. 후마니타스.
정주연. 2003. "영국과 독일의 직업훈련·숙련자격제도: 특성 및 최근 변화."『노동경제논집』, 제26권 제1호.
정책기획위원회. 2006a.『사회비전 2030-선진복지국가를 위한 비전과 전략』.
_____. 2006b.『선진복지한국의 비전과 전략』. 동도원.
_____. 2007.『참여정부 국정리포트』. 아렌트.
조영철. 2007.『금융세계화와 한국 경제의 진로』. 후마니타스.
조성재. 2006.『산별교섭의 이론과 실제-산업별·국가별 비교를 중심으로』. 한국노동연구원.
최경수. 2008.『사회통합과제와 저소득층 소득향상』. 한국개발연구원.
최영기. 2009.「경제위기와 한국형 사회모델」.≪한국노사관계연구≫, 제19권 제3호. 한국노사관계학회.
_____. 2011.「사회적 타협을 통한 국가고용전략의 수립은 유효한가?」.≪한국노사관계연구≫, 제21권 제3호. 한국노사관계학회.
_____. 2013a.「박근혜정부의 고용노동정책은 성공할 것인가?」.≪한국노사관계연구≫, 제23권 제3호. 한국노사관계학회.
_____. 2013b.「완전고용을 위한 사회적 타협」. 조성재 외.『한국 노사관계시스템 진단과 발전방향 모색』. 한국노동연구원.
최영기 외. 2001.『'87년 이후 한국의 노동운동』. 한국노동연구원.
최영기·이장원. 2008.『'87년 이후 20년 노동체제의 평가와 미래구상-노동20년 연구시리즈 총괄보고서』. 한국노동연구원.
한국노동연구원. 2007.『노사상생을 위한 노동시장 개혁과제』.
한진희. 2007.『경제위기 이후 한국의 경제성장: 평가 및 시사점』. 한국개발연구원.

황덕순 외. 2010. 『주요 국가의 경제성장과 고용성과 비교분석』. 한국노동연구원.
황수경. 2007. 『한국의 숙련구조 변화와 핵심기능인력의 탐색』. 한국노동연구원.
황수경 외. 2010. 『경제위기와 고용』. 한국노동연구원.
OECD. 2006. *Skills Upgrading-New Policy Perspectives*.
Streeck, W. 2009. "Flexible Employment, Flexible Families, and the Socialization of Reproduction." MPIfG Working Paper.

제7장

이중적 노동시장을 넘어*

은수미 | 민주당 국회의원

1. 서론

노동시장 이중화(dualization)와 사회적 양극화는 전 세계적 현상이며 뜨거운 쟁점이다. 경쟁과 효율성만을 강조하는, 인간이 없는 세계화의 결과라는 비판에 서부터 자본주의 위기에 대한 지적 및 대안 모색에 이르기까지 수많은 연구가 진행되고 있다.[1] 눈에 띄는 연구만 해도 영미 및 유럽의 주요 학자들이 참여하여 2003년부터 2010년까지 수행한 6개국(미국, 영국, 프랑스, 독일, 네덜란드, 덴마크) 5개 업종 저임금근로에 대한 비교연구(Low-Wage Work in the Wealthy World), 유럽연합의 사내하도급 실태조사, 비공식근로에 대한 연구보고서, 2011년 OECD

---

* 이 글은 은수미, 「비정규직과 함께하는 공생의 사회구현 실행방안 연구」, 경제·인문사회연구회 공생발전협동연구총서(한국노동연구원, 2012)를 수정 및 보완한 것이다.
1 2012년 1월 25일 개최된 다보스 포럼의 주제는 '대전환: 새로운 모델의 형성(The Great Transformation: Shaping New Model)'이었다. 또한 다보스 포럼 7대 이슈 중 '자본주의는 지속가능할 것인가, 새 모델은 없는가'와 '기존 경제학의 해체와 재정립'은 상당한 관심을 끈 주제였다.

보고서「갈라진 우리: 불평등은 왜 커지는가(Divided We Stand: Why Inequality Keeps Rising)」, 2012년 부르노 팔리에(Bruno Palier)의 『이중화의 시대(The Age of Dualization)』 등 일일이 열거하기도 어렵다.

한국은 노동시장의 이중화와 사회적 양극화로 고통받는 대표적인 나라인만큼 그에 대한 연구 역시 한발 앞서 있다. 2006년 11월 30일 국회를 통과한 비정규직법을 전후하여 비정규직, 저임금근로, 근로빈곤 등에 관한 광범위한 연구가 수행되었고 실태나 원인 분석을 넘어서서 정책대안 및 기존 대책의 효과에 대한 검토까지 이루어진 바 있다(정이환, 2004; 박제성 외, 2009; 은수미, 2006; 은수미 외, 2008; 은수미 외, 2011; 이병희, 2011a, 2011b; 이병희 외, 2009, 2011; 장지연, 2010; 장지연 외, 2011a, 2011b; 전병유 외, 2005 등 다수). 이와 같은 관심은 비정규직이나 근로빈곤으로부터 비공식노동에 대한 연구로까지 확대되었다(이병희 외, 2013).

2012년 2월 23일 대법원이 내린 현대자동차 불법파견 판결은 이 같은 연구 경향과 맥을 같이하는 새로운 전환점이라 할 수 있다. 현대자동차 불법파견에 의해 당장에 영향을 받는 노동자는 300여 명(2007년 이전에 입사하고 2년 이상 근무한 노동자)에 지나지 않지만 이미 많은 연구에서 드러난 것처럼 단지 300명만의 문제가 아니기 때문이다. 또한 해당 판결은 비록 사내하도급 등의 간접고용에 한정된 것이지만 비정규직 전체에 끼치는 메시지 역시 적지 않다. 2013년 한국GM대우 판결이나 최근 삼성전자서비스 불법파견 논란 역시 현대자동차 불법파견과 맥락을 같이한다.

이 글은 그동안의 연구성과를 종합할 뿐만 아니라 향후 정책대안이나 입법방향을 제안하는 것을 목적으로 한다.

첫째, 한국의 비정규 노동 확산 현상을 범위 및 규모에 이르기까지 종합한다. 여기에는 그동안 쟁점이 된 비정규 노동에 대한 정의에서부터 국제비교를 둘러싼 논란까지를 포함한다.

둘째, 비정규직 확산의 사회적 효과와 원인 및 정책대안에 대한 기존 연구결과를 재검토하는 한편 정책 효과에 대한 분석을 통해 비정규직 문제 해결 전략을 제시한다.

셋째, 실현가능성과 정책적 우선순위를 기준으로 한 구체적 대책을 살펴본다.

2. 한국의 비정규직: 규모와 특징

1) 비정규 근로의 정의

비정규 근로에 대한 정의는 비정규 조사를 시작한 2000년대부터 첨예한 쟁점이다. 2002년 노사정위원회는 무기계약·풀타임 근로자·직접고용이 정규직이라 전제하고 정규직이 아닌 비정규직을 <표 7-1>과 같이 합의했다. 이것이 정부의 비정규직 정의 및 통계로 굳어지는데, 한마디로 본인이 비정규직으로 답한 경우에 한정하여 세부 고용형태를 나누는 방식이다.

반면 노동계에서는 정규직으로 응답했다 하더라도 임금 및 근로조건에서 차별을 받으며 장기간 임시적으로 일하는 경우 등을 포함한다. 그 이유는 정규직이나 비정규직이냐 물었을 때와 상시직이냐 임시·일용직이냐고 물었을 때 다른 대답을 하기 때문이다. 즉, 정규직이라고 답하면서 동시에 임시·일용직이라고

〈표 7-1〉 노사정위원회, 비정규 근로자대책 관련 노사정 합의문(2002년 7월 22일)

i) 한국의 비정규 근로자는 1차적으로 고용형태에 의해 정의되는 것으로 ① 한시적 근로자 또는 기간제 근로자, ② 단시간 근로자, ③ 파견·용역·호출 등의 형태로 종사하는 근로자를 대상으로 한다.
ii) 한국 노동시장의 특성상 위의 범주에는 포함되지 않으나 고용이 불안정하고 근로기준법상의 보호나 각종 사회보험의 혜택에서 누락되어 사회적 보호가 필요한 근로계층이 광범위하게 존재한다는 점을 인식하며 우리 특위는 이를 '취약근로자'로 파악하고 이에 대한 보호방안도 필요하다는 데 공감한다.

〈표 7-2〉 임금근로자의 고용형태별 종사상 지위별 구성(2010년 8월)

종사상 지위 분류	구분	고용형태상 분류			
		비정규직			정규직
		한시적	시간제	비전형	
	상용직	A (1,879천 명, 11.0%)			D (8,272천 명, 48.5%)
	임시직	B (3,807천 명, 22.3%)			C (3,090천 명, 18.1%)
	일용직				

자료: 통계청, 「경제활동인구 근로형태별 부가조사」(2010.8).

〈표 7-3〉 비정규직과 취약근로자의 근로조건 비교

		정규 상용직	정규 임시일용직 (취약근로자)	비정규직
월평균 임금(만 원)		265.9	131.8	125.8
주당 근로시간(시간)		43.9	50.1	39.0
시간당 임금(천 원)		14.4	6.2	7.6
서면 근로계약 체결률		59.0	15.3	50.3
기업복지 수혜율	퇴직금	99.4	15.6	35.9
	상여금	98.1	29.0	35.5
	시간외수당	73.0	8.4	22.5
	유급휴일 휴가	93.7	11.5	33.6
주 5일제 실시율		67.9	17.2	38.5
사회보험 (직장) 가입률	연금	98.0	26.1	38.1
	건강보험	98.7	28.1	42.1
	고용보험	82.8	27.1	40.5
1년간 교육훈련 참여율		43.7	10.1	24.4

자료: 통계청, 「경제활동인구 근로형태별 부가조사」(2010.8), 이병희·은수미(2011).

답하는 노동자가 존재한다는 점에 주목하는 것이다.

    이와 같은 정의의 차이는 곧바로 규모의 차이로 이어진다. 통계청 정의에 따르면 비정규직은 2010년 현재 비정규직은 A+B집단으로 568만 6,000명이다. 그러나 노동계 정의로는 A+B+C집단이기 때문에 882만 7,000명이며 정부 정의와 노동계 정의를 규모로 환산하면 약 300만 명 정도 차이가 있다. 이 300만 명이 본인이 정규직으로 응답했지만 임금 및 근로조건에서 상당 정도 격차가 있는 장기 임시근로자에 속한다.

정부는 이 300만 명, 즉 <표 7-2>에서는 C집단을 정규직이나 취약계층으로 별도 분류한다. 하지만 C집단의 특성을 살펴보면 비정규직 평균보다 임금 및 근로조건이 낮다. 또한 대부분이「근로기준법」적용제외 대상인 영세사업장 근로자이다. 그러므로 비정규직 평균보다 못한 노동집단은 당연히 비정규직이라는 노동계의 주장은 상당히 설득력이 있다. 따라서 정부 통계와 노동계 통계로 구분하여 각각 발표하기보다는 아예 정부에서 두 개의 통계를 함께 발표하는 것이 바람직하다.

그와 동시에 비정규직 범주에 넣든 별도로 구분하여 취약근로자로 하든 중요한 것은 이 집단의 특성에 걸맞은 소득보장 등의 대책이 필요하다는 것이다. 왜냐하면 이들은 비정규직 중에서도 열악한 지위를 갖고 있으며 근로계약의 체결에서부터 최저임금 적용까지 노동법의 사각지대에 있는 노동, 즉 비공식 노동의 특성을 띠기 때문이다.

2) 비정규 근로의 규모와 비중

통계청 발표에 따르면 2011년 8월 현재 비정규 근로자는 전체 임금근로자의 34.2%이며 최근까지 큰 변화가 없다. 2006년 11월 30일 비정규직 입법 도입 당시 35.6%에 비해 소폭(1.4%) 감소했지만 내부 구성을 살펴보면 좀 더 악화되었다. 왜냐하면 상대적으로 임금 및 근로조건이 좋은 기간제는 2005년 18.2%에서 2011년 15.2%로 3% 감소한 반면, 같은 시기 시간제는 2.7%, 파견 및 용역은 1.3% 증가했기 때문이다. 노동계 통계에서의 경향도 유사하기 때문에 여기서는 별도로 제시하지 않는다(김유선, 2008, 2009, 2010, 2011).

또한 2006년 대비 2010년의 공공부문과 민간부문의 비정규직 증감 추이를

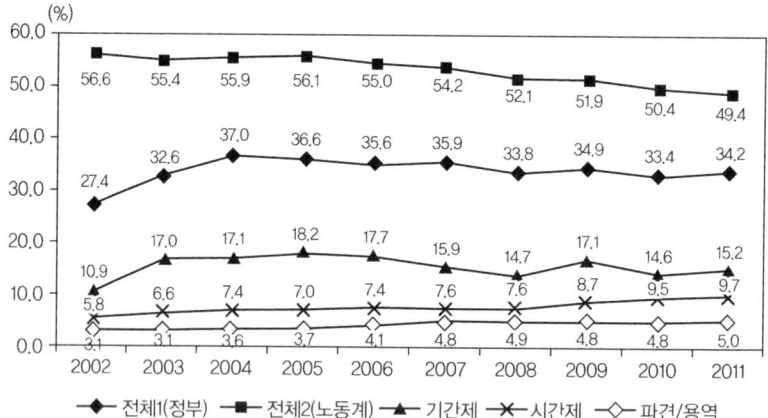

〈그림 7-1〉 비정규직 비중 추이

자료: 통계청, 「경제활동인구 근로형태별 부가조사」, 각 연도.

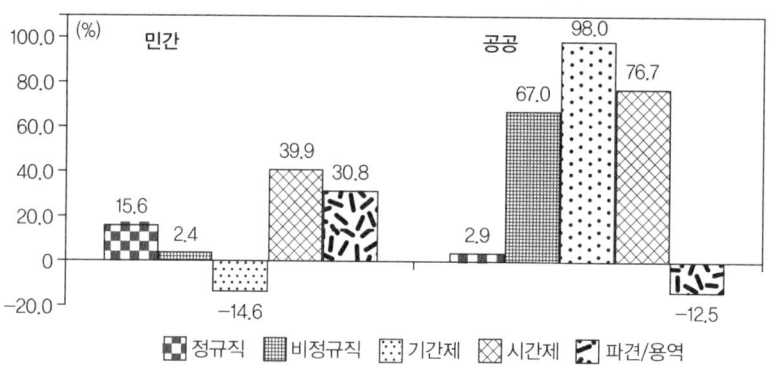

〈그림 7-2〉 공공과 민간의 비정규직 규모 추이

자료: 통계청, 「경제활동인구 근로형태별 부가조사」(2006, 2010).

살펴보면 민간은 비정규직이 2.4% 늘어난 반면 공공에서는 67.0% 증가했다. 특히 기간제와 시간제의 증가가 큰 반면 파견 및 용역은 조금 줄어든 것으로 나타난다(<그림 7-2> 참조). 민간부문에 비해 공공부문에서의 비정규직 문제가 최근 사회적 이슈로 부각된 이유가 여기에 있다.

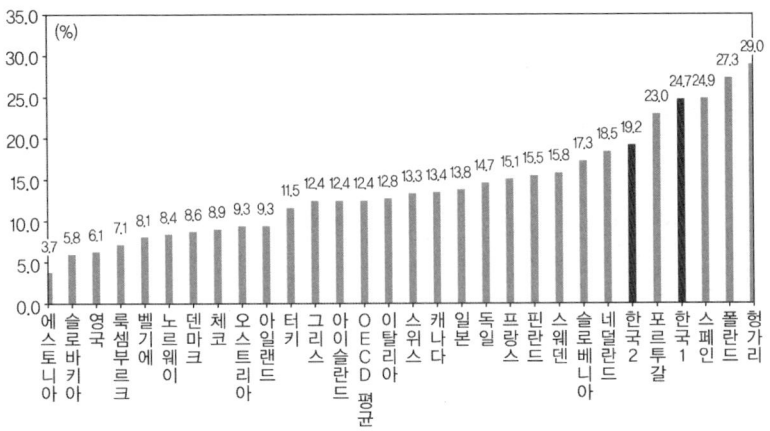

〈그림 7-3〉 임시직 국제비교

자료: OECD, *Employment Outlook 2011*.

 마지막으로 OECD가 특정한 기준[2]을 가지고 매년 발표하는 각국의 비정규직 규모를 국제비교하면 한국의 비정규직 규모는 OECD 국가 중에서도 높다. 공식 발표에 따르면 한국의 임시직 고용 비중은 전체 임금근로자의 24.7%로 헝가리, 폴란드, 스페인, 포르투갈에 이어 5위이고 OECD 임금근로자의 12.4%를 상회한다(<그림 7-3> 참조). 하지만 OECD가 매년 발표하는 보고서에서 한국 임시직 비중 19.2%는 OECD가 비정규직에 포함시키는 파견근로 등을 뺀 수치이기 때문에 이 고용형태를 넣을 경우 4위로 한 단계 더 높아진다.

---

2 OECD는 한국과 같은 비정규직 기준이 없으며 임시직 근로자(temporary employees) 통계와 파트타임 통계를 발표하고 있다. 이 중 OECD(2002)의 임시직 정의는 고용의 한시성을 기준으로 한 것으로 기간제 근로·파견근로·일의 완성을 위한 계약근로·휴가 중인 근로자를 대체하는 계약근로·계절근로·호출근로·일일근로·훈련생·공공근로 참여자를 포함시킨다. 다만 한국에서 쟁점이 되는 용역근로나 사내하청, 특수형태근로 종사자는 제외한다(이병희·은수미, 2011).

3) 비정규 근로의 임금 및 노동조건

통계청 「경제활동인구 부가조사」에 따르면 정규직 대비 비정규직의 시간당 임금은 62.5%에 지나지 않으며 격차도 확대되었다. 특히 가정내근로(31.3%), 정규일용직(39.0%), 계속근로불가(46.4%), 일일근로(49.0%) 등은 정규직 임금 대비 50% 미만이다. 또한 시간제 역시 정규직 대비 55.5%밖에 되지 않아 임금 및 근로조건의 악화와 시간제 근로의 증가가 함께 나타나는 것을 확인할 수 있다(<표 7-4> 참조).

사업체 규모별로는 300인 이상 대기업의 경우 정규직 대비 비정규직의 임금 격차가 17.8% 커졌다. 반면 100~299인 기업에서는 같은 기간 1.7% 격차가 커

〈표 7-4〉 근로형태별 상대적 시간당 임금 추이

단위: %

	2006	2007	2008	2009	2010
정규직	100.0	100.0	100.0	100.0	100.0
비정규직	71.0	70.9	68.0	61.5	62.5
(정규 상용직)	122.0	122.1	120.5	118.3	118.3
(정규 임시직)	56.4	54.3	52.7	51.9	52.2
(정규 일용직)	44.6	38.9	40.8	39.1	39.0
한시적	74.3	76.1	72.7	64.1	66.2
(기간제)	74.6	76.3	75.1	65.5	65.8
(계약 반복)	94.0	98.1	88.4	87.2	100.8
(단기 기대)	51.3	48.0	51.6	48.7	46.4
시간제	73.1	66.6	64.7	56.2	55.5
비전형	60.1	60.1	59.4	57.0	57.4
(파견)	66.3	70.8	71.3	69.7	64.5
(용역)	46.1	48.4	49.1	47.9	50.3
(특수형태근로)	81.4	79.9	79.7	75.4	77.1
(가정내)	42.9	34.9	36.4	37.1	31.3
(일일)	51.5	52.0	51.2	47.6	49.0

자료: 통계청, 「경제활동인구 근로형태별 부가조사」(2010.8), 이병희·은수미(2011).

<표 7-5> 사업체 규모별 근로형태별 상대적 시간당 임금 추이

단위: %

	2006	2007	2008	2009	2010
〈5~99인 사업체〉					
정규직	100.0	100.0	100.0	100.0	100.0
비정규직	74.7	74.8	71.1	65.9	67.6
(기간제)	74.7	76.2	74.3	66.6	67.5
(시간제)	85.3	77.5	70.1	63.8	62.4
(파견)	67.1	72.8	80.4	74.5	67.9
〈100~299인 사업체〉					
정규직	100.0	100.0	100.0	100.0	100.0
비정규직	74.2	79.0	74.9	66.9	72.5
(기간제)	78.2	79.6	79.5	68.4	71.9
(시간제)	79.4	90.9	96.1	70.9	81.5
(파견)	65.4	76.7	54.4	68.0	63.1
〈300인 이상 사업체〉					
정규직	100.0	100.0	100.0	100.0	100.0
비정규직	80.7	77.2	74.1	61.0	62.9
(기간제)	83.2	75.4	74.1	58.4	56.8
(시간제)	92.9	57.9	66.2	58.2	64.7
(파견)	59.0	50.2	44.5	54.3	56.4

자료: 통계청, 「경제활동인구 근로형태별 부가조사」(2010.8), 이병희·은수미(2011).

졌고 5~99인 사업체는 7.1% 격차가 커져 시간당 임금 격차는 주로 대기업에서 발생하는 현상임을 확인할 수 있다(<표 7-5> 참조).

또한 국민연금, 건강보험, 고용보험 등 사회보험 가입률 추이를 살펴보면 국민연금은 2006년 38.2%에서 2010년 38.1%로 변화가 없으며, 건강보험은 같은 기간 40.0%에서 42.1%로 소폭 증가에 그쳤다. 고용보험 역시 2006년 36.3%에서 2010년 40.4%로 소폭 증가하여 여전히 사회보험 가입률은 40% 내외의 낮은 수준에 머무른다(<표 7-6> 참조).

<표 7-7>에서와 같이 기업복지 수혜율은 약간 더 확대되었지만 여전히 낮은 수준이다.

<표 7-6> 근로형태별 사회보험 가입률 추이

단위: %

	2006	2007	2008	2009	2010
〈국민연금〉					
임금근로자	62.6	63.2	64.3	64.7	65.0
정규직	76.1	76.3	77.3	78.9	78.4
비정규직	38.2	40.0	39.0	38.2	38.1
(기간제)	51.7	59.3	62.6	62.6	63.8
(시간제)	3.2	3.3	6.4	7.4	9.3
(파견)	66.5	66.2	70.5	73.2	67.1
〈건강보험〉					
임금근로자	63.2	64.4	65.6	67.1	67.0
정규직	76.1	76.7	78.0	79.8	79.5
비정규직	40.0	42.5	41.5	43.4	42.1
(기간제)	53.8	62.7	66.5	71.4	71.1
(시간제)	3.8	4.0	6.1	8.8	10.6
(파견)	66.3	67.4	71.9	75.7	72.0
〈고용보험〉					
임금근로자	54.6	55.3	56.8	58.9	58.6
정규직	64.7	64.3	65.8	67.6	67.6
비정규직	36.3	39.2	39.2	42.7	40.4
(기간제)	49.7	57.6	62.3	68.7	66.4
(시간제)	3.2	3.7	6.3	9.1	10.6
(파견)	65.1	67.9	72.2	77.1	71.7

자료: 통계청, 「경제활동인구 근로형태별 부가조사」(2010.8), 이병희·은수미(2011).

<표 7-7> 근로형태별 기업복지 수혜율 추이

단위: %

	2006	2007	2008	2009	2010
〈퇴직금〉					
임금근로자	54.6	57.5	61.4	61.5	63.1
정규직	67.9	70.3	74.5	76.9	76.6
비정규직	30.3	34.8	35.6	32.7	35.9
(기간제)	43.0	52.9	57.9	53.3	60.7
(시간제)	1.6	1.9	3.7	5.5	6.7
(파견)	50.9	58.6	66.1	64.3	66.7

			〈상여금〉		
임금근로자	53.3	55.9	56.6	61.0	64.7
정규직	67.5	69.8	71.2	77.7	79.3
비정규직	27.7	31.1	27.9	29.8	35.5
(기간제)	38.5	46.0	45.3	46.8	56.1
(시간제)	2.0	3.1	3.6	8.8	11.2
(파견)	40.6	48.3	48.4	57.2	67.9
			〈시간외 수당〉		
임금근로자	42.4	43.3	42.4	43.3	44.5
정규직	53.9	54.2	53.5	55.5	55.4
비정규직	21.5	23.8	20.7	20.4	22.5
(기간제)	29.4	35.1	33.6	31.5	35.0
(시간제)	2.4	2.3	2.2	4.9	5.7
(파견)	35.9	42.2	43.1	45.0	44.8
			〈유급 휴일휴가〉		
임금근로자	43.7	49.8	52.8	57.0	58.7
정규직	55.0	61.7	65.4	70.6	71.3
비정규직	23.1	28.7	28.0	31.7	33.6
(기간제)	32.8	44.7	46.1	54.6	58.9
(시간제)	2.1	2.3	2.4	4.3	6.0
(파견)	38.9	45.3	49.9	58.6	67.2

자료: 통계청, 「경제활동인구 근로형태별 부가조사」(2010.8), 이병희·은수미(2011).

3. 비정규 노동의 문제점

한국의 비정규직은 규모와 비중 모두에서 국제적으로도 많은 편이며 임금 및 근로조건에서의 정규직 대비 격차 역시 크다. 이 외에도 비정규 노동은 저임금 근로로의 하향이동, 실직 및 근로빈곤의 덫으로 작용한다.

첫째, 비정규직의 상당수가 저임금근로이다. 비정규직의 경우 저임금근로 비중이 2001년 36.3%에서 2010년 42.3%로 늘었으며 정규직 18.3%(2010년)보다 2.3배 높다.

〈표 7-8〉 근로형태별 저임금 고용 비중의 추이

단위: %

	2001	2002	2003	2004	2005	2006	2007	2008	2009	2010
전체	22.6	23.2	24.1	26.3	26.6	25.8	27.4	26.8	26.2	26.3
정규직	17.5	18.8	17.6	19.7	19.4	19.0	20.2	19.8	17.3	18.3
비정규직	36.3	34.9	37.7	37.5	39.1	38.3	40.2	40.6	42.7	42.3

자료: 통계청, 「경제활동인구 근로형태별 부가조사」(2010.8), 이병희·은수미(2011).

〈표 7-9〉 저임금근로 구성

단위: %

저임금근로 구성(2010)		발생비	구성비
전체		26.3	100.0
사업체 규모	1~4인	51.7	36.8
	5~9인	37.2	24.1
	10~29인	24.9	21.4
	30~99인	15.4	11.9
	100~299인	10.1	3.8
	300인 이상	4.4	1.9
고용형태	정규직	18.3	46.3
	비정규직	42.3	53.7
근로시간	전일제	23.1	79.6
	시간제	56.4	20.4
산업	1차산업	64.7	2.7
	제조업	17.9	13.9
	전기가스수도업	4.0	0.1
	건설업	19.8	6.1
	유통서비스	32.1	19.4
	생산자서비스	19.5	15.1
	개인서비스	54.2	24.1
	사회서비스	22.2	18.6
직업	관리자	1.0	0.1
	전문가	8.7	7.2
	사무	9.6	7.6
	서비스	53.1	18.3

	판매	36.8	12.1
	농림어업숙련	46.8	0.7
	기능	18.7	6.8
	기계조작 조립	16.7	6.8
	단순노무	62.8	40.4
성	남	16.3	35.6
	여	39.8	64.4
연령계층	15~19세	79.8	3.8
	20~29세	23.8	18.1
	30~39세	14.0	14.8
	40~49세	23.0	23.3
	50~59세	33.2	21.1
	60세 이상	66.5	18.9

자료: 통계청, 「경제활동인구 근로형태별 부가조사」(2010.8).

또한 저임금근로와 비정규직의 분포에서 유사한 특징이 있다. 저임금근로는 규모가 작은 사업체에 분포하며 시간제뿐만 아니라 전일제 근로에서도 발견되는 현상이다. 산업별로는 유통서비스나 개인서비스에서, 직업별로는 서비스나 판매직, 단순노무에서 저임금근로 비중이 높다. 남성보다는 여성의 저임금근로 비중이 높고, 연령별로는 60세 이상과 20세 미만의 비중이 높지만 30대를 제외하면 전 연령층에 분포한다(<표 7-9> 참조).

이와 같은 저임금근로의 특징은 비정규직의 특징과 상당히 일치한다. 한국노동연구원의 「2012 KLI 비정규직노동통계」에 따르면 전체 비정규직의 46.8%가 10인 미만 사업장에 종사하며 30인 미만으로 확대할 경우 전체 비정규직의 70.5%에 달한다. 산업별로는 건설, 개인·사업서비스에서의 비중이 높고, 직업별로는 단순노무와 서비스, 판매직에서 발견된다. 2012년 현재 여성근로 중 비정규직의 비중은 41.5%로 남성 27.2%보다 많고, 고졸 이하가 69.2%이며, 40~49세 23.0%, 50~59세 20.6%, 15~29세 20.5%로 전 연령층에서 발견되는 현상이다.

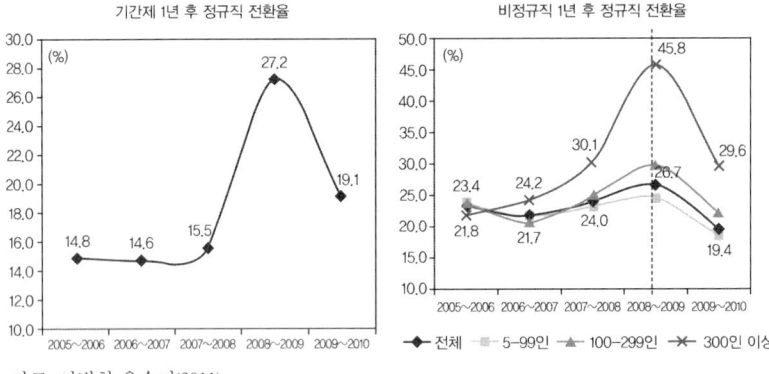

〈그림 7-4〉 기간제 및 비정규직의 정규직 전환율 추이

자료: 이병희·은수미(2011).

〈표 7-10〉 기간제 근로자의 1년 후 정규직 전환율

단위: %

	전체	직장 유지자	직장 이동자
2005.8~2006.8	14.8	11.3	18.9
2006.8~2007.8	14.6	10.1	20.0
2007.8~2008.8	15.5	12.4	19.6
2008.8~2009.8	27.2	31.2	22.9
2009.8~2010.8	19.1	15.8	22.1

자료: 통계청, 「경제활동인구 근로형태별 부가조사」 패널자료, 이병희·은수미(2011).

〈표 7-11〉 사업체 규모별 비정규직의 1년 후 정규직 전환율

단위: %

	전체	5~99인	100~299인	300인 이상
2005.8~2006.8	23.4	23.5	23.9	21.8
2006.8~2007.8	21.7	21.6	20.7	24.2
2007.8~2008.8	24.0	23.2	24.7	30.1
2008.8~2009.8	26.7	24.5	29.7	45.8
2009.8~2010.8	19.4	18.3	22.0	29.6

주: 민간 부문 5인 이상 사업체에 종사하는 55세 미만 임금근로자.
자료: 통계청, 「경제활동인구 근로형태별 부가조사」 패널자료, 이병희·은수미(2011).

둘째, 비정규직은 고임금근로나 정규직으로의 전환 등 상향이동의 가능성이 매우 적고 비정규 근로를 지속하거나 비경활(비경제활동)로 빠지는 등 '비정규직의 덫'의 특징이 뚜렷하다.

2006년 11월 30일 국회를 통과하여 이듬해 7월 1일부터 실시된 비정규직법의 효과를 분석한 이병희·은수미(2011)의 연구결과에 따르면 법 시행 2년차인 2009년 이후부터 정규직으로의 전환율이 법 시행 이전으로 되돌아갔다.

<그림 7-4>에서와 같이 2005~2006년 14.8%이던 기간제의 정규직 전환율은 2008~2009년 27.2%까지 늘다가 이후 다시 19.1%로 줄어들었다. 또한 기간제를 포함한 전체 비정규직의 정규직 전환율은 같은 시기 23.4%에서 26.7%로 3.3% 늘었지만 그 이후 19.4%로 줄어 법 시행 이전보다 더 낮아졌다(<표 7-10>, <7-11> 참조).

최근에는 더욱 낮아져 정규직 전환율이 10% 내외인 것으로 보도된 바 있다. 또한 기간제 근로가 1년 후 파견으로 바뀌는 비중이 2005~2006년 1.1%에서 2009~2010년 3.5%로 3배 이상 늘었으며, 용역으로의 전환은 같은 기간 4.8%에서 7.9%로 거의 두 배 가까이 증가하여 기간제를 파견이나 용역으로 바꿔 쓰

〈그림 7-5〉 기간제의 파견·용역으로의 전환율 추이

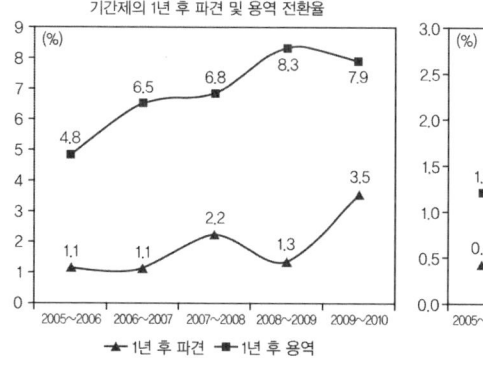
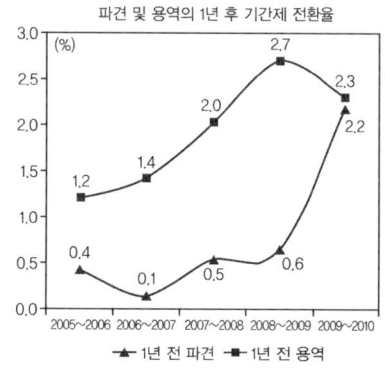

자료: 이병희·은수미(2011).

<표 7-12> 기간제 근로자의 1년 후 고용형태

단위: %

	정규	비정규									비임금	실업	비경활
		한시적			시간제	비전형							
		기간제	반복갱신	계속불가		파견	용역	특수	가정내	일일			
2005.8~2006.8	14.8	70.1	63.0	1.6	1.1	6.7	1.1	4.8	2.8	0.2	1.8	3.1	2.4	9.6
2006.8~2007.8	14.6	70.7	61.8	1.9	0.9	5.9	1.1	6.5	2.1	0.5	4.2	2.4	2.3	9.9
2007.8~2008.8	15.5	70.1	62.4	2.1	1.2	5.3	2.2	6.8	2.8	0.4	2.4	2.6	2.7	9.1
2008.8~2009.8	27.2	57.6	44.7	5.6	1.8	5.7	1.3	8.3	1.5	0.1	2.3	3.0	3.0	9.2
2009.8~2010.8	19.1	64.5	55.5	3.4	1.1	8.3	3.5	7.9	1.3	0.2	1.2	2.4	3.7	10.3

자료: 통계청, 「경제활동인구 근로형태별 부가조사」 패널자료, 이병희·은수미(2011).

는 고용전략이 상당히 커졌을 가능성 역시 적지 않다. 파견 및 용역의 1년 후 기간제 전환율까지 증가한 것을 고려하면 소위 풍선효과에 대한 우려가 없지 않다(<표 7-12> 참조).

이 연구는 2008년 경제위기 효과를 통제한 결과라는 점에서 정규직으로의 전환, 즉 상향이동 가능성이 줄어든 이유가 경제변동과 같은 시장변화가 아닌 다른 요인임을 시사한다. 특히 2009년부터 희망근로나 청년인턴 등 비정규 노동과 저임금근로 확산 정책이 시행되었고 비정규 100만 대란설 등이 유포되었다는 점에 주목해야 한다.

셋째, 비정규 노동은 고용불안정이 크며 실직 가능성이 높다. 정규직 전환율의 감소는 전반적인 고용불안정과 맞물린다. <표 7-13>에 따르면 비정규직이던 근로자가 1년 후 비정규직일 확률은 2003~2004년 사이 58.1%에서 2009~2010년에는 61.4%로 오히려 늘었다.

또한 비정규직의 1년간 직장 유지율은 43.9%로 정규직 74.4%보다 낮으며

〈표 7-13〉 비정규직 1년 후 고용형태

단위: %

	2003.8~2004.8	2004.8~2005.8	2005.8~2006.8	2006.8~2007.8	2007.8~2008.8	2008.8~2009.8	2009.8~2010.8
정규직	16.6	14.1	20.8	18.7	20.7	21.5	16.0
비정규직	58.1	64.8	58.5	62.4	59.4	58.8	61.4
비임금근로자	5.7	4.6	4.0	3.9	3.5	3.7	4.2
실업	3.1	2.9	2.6	2.2	2.7	3.1	3.1
비경활	16.6	13.6	14.1	12.8	13.7	13.0	15.3

자료: 통계청, 「경제활동인구조사 근로형태별 부가조사」 패널자료, 이병희·은수미(2011).

〈표 7-14〉 일자리 특성별 임금근로자의 1년간 노동시장 이행 경험

단위: %

		직장 유지	실직			직장 이동	자영업
				자발적	비자발적		
전체		63.2	20.8	12.2	8.9	20.8	4.6
고용형태	정규직	74.4	13.3	9.0	4.0	12.9	3.1
	비정규직	43.9	33.7	17.6	17.4	34.4	7.1

자료: 「경제활동인구조사」 패널자료(2005.8~2006.8), 이병희·은수미(2011).

실직 경험률은 정규직의 2.5배, 비자발적 이직률은 정규직의 4.3배여서 비정규직으로 남거나 실직↔비경활의 연쇄고리가 형성되는 것이다. 자영업으로의 이동 가능성도 정규직의 두 배라는 사실 역시 주의해야 한다. 왜냐하면 한국에서의 자영업자는 평균적인 비정규직보다 소득 및 노동조건이 열악하기 때문이다.

넷째, 비정규직과 저임금근로의 높은 실직률은 근로빈곤 함정으로 작용한다. 한국에서 1년간 평균 실직률은 20.8%(2010년)이지만 집단별로 실직률의 차이가 크다. 예를 들어 비정규직이거나 임시·일용직일 경우, 남성보다는 여성일 경우, 고임금보다는 저임금근로에서, 대기업보다는 중소기업에서의 실직 가능성이 매우 높다.

〈표 7-15〉 집단별 1년간 실직률

단위: %

소득 수준	고임금			중간임금		저임금	
	5.0			20.1		61.2	
성별	남				여		
	15.6				27.6		
종사상 지위	상용직			임시직		일용직	
	8.5			27.1		53.6	
고용 형태	정규직				비정규직		
	13.3				33.7		
기업 규모	300인 이상	100~299인	30~99인	10~29인	5~9인		1~4인
	6.5	11.4	12.7	21.5	29.1		35.4

자료: 이병희(2009b).

〈표 7-16〉 집단별 1년간 실직률

단위: %

	가구주 변화	비취업 →비취업	비취업 →취업	취업 →비취업	취업 →취업	계
빈곤유입	10.7	21.1	7.3	52.9	2.5	4.9
빈곤탈출	28.9	7.3	38.2	3.8	30.0	16.9

자료: 이병희(2010).

그런데 가구주가 실직할 경우 곧바로 빈곤층으로 전락하는 비중이 52.9%에 달하며 1년 이내의 일시적 빈곤만이 아니라 3년 이상의 장기빈곤에 빠지기도 한다. 즉, 일을 하고 있지만 계속 빈곤한 근로빈곤의 함정과 비정규직 및 저임금근로의 덫이 결합하고 있는 것이다.

결론적으로 비정규직은 임금 및 근로조건에서의 차별만이 아니라 생애 전체에 걸쳐 저임금 ↔ 실직 ↔ 근로빈곤의 악순환에 빠지는 시작점이라 할 수 있다.

4. 대기업과 사내하도급

1) 정리해고와 사내하도급

비정규직이 늘고 저임금 ↔ 실직 ↔ 근로빈곤의 악순환이 심화되어 노동시장의 이중화와 사회적 양극화를 낳는 이유 중 하나는 대기업의 좋은 일자리가 줄어드는 한편 그것이 사내하도급 등 중소하청업체의 일자리로 대체되기 때문이다.

2009년 현재 300인 이상 대기업 근로자의 비중은 전체 근로자의 13.7%이며, 1,000인 이상 대기업 근로자의 비중은 6.1%이다. 1993년 각각 22.6%, 13.6%인 것과 비교하면 1,000인 이상 대기업에서의 근로자 수 감소는 매우 뚜렷하다.

이러한 현상이 나타난 원인 중 하나는 1997년 이후 기업에서 일상적으로 이루어지는 정리해고에 있다. 한국노동연구원 사업체 패널 조사결과에 따르면 2003년에 68.8%가 당해 연도에 1명 이상 근로자에 대한 정리해고(명예퇴직, 희망퇴직 포함)를 실시했으며, 그 비중이 줄어들긴 했지만 2009년에도 12.0%의 기업이 정리해고를 실시했다.

대표적 사례 중의 하나가 KT이다. 1993년 정부 지분이 90%였던 KT는 2002년 정부 지분 0%의 민영기업으로 바뀌었고 단기이익 추구형의 경영전략에 따라 인건비 절감 및 구조조정을 시행했다. 1986~1994년까지 509명에 지나지 않던 구조조정 인원이 1995년부터 증가하여 2009년까지 총 2만 6,555명이 정리해고되었다. 물론 이 수치에는 부진인력 퇴출 프로그램(CP), 소위 학대해고에 의해 회사를 그만둔 인력은 포함되어 있지 않다. 비단 KT만이 아니다. 대부분의 대기업에서 경영상의 이유에 따른 상시적인 구조조정이 이루어지고 있다. 2011년 11월 구조조정이 알려진 기업만 해도 금호건설, 대우건설, 신한금융투자, 삼성생명, 삼성카드, 삼성화재, 삼성증권, 우리은행, 농협, 하나은행, SC제일은행, 대한항공, 현대백화점 등 많다.

〈표 7-17〉 기업규모별 근로자 비중(1993, 2009년)

단위: %

기업규모	1993	2009
1~4인	28.3	29.0
5~9인	9.0	12.2
10~49인	21.1	24.1
50~99인	8.5	10.1
100~299인	10.5	10.9
300~999인	9.0	7.6
1,000인 이상	13.6	6.1

자료: 통계청, 「전국사업체 조사」.

〈표 7-18〉 정리해고와 비정규직 활용

단위: %

	2003	2005	2007	2009
정리해고(a)	68.8	23.7	16.1	12.0
비정규직 사용(b)	62.1	43.9	47.6	55.2
(a), (b) 동시	43.3	13.0	7.6	6.1

자료: 한국노동연구원, 「사업체 패널」 각 연도, 김동배 외(2004), 은수미(2012a).

정리해고를 한다고 일자리가 없어지는 것은 아니다. 대부분의 일자리가 사내하도급이나 파견, 특수고용형태 등을 통해 비정규직으로 채워진다. 해당 대기업의 일자리는 없어지지만 그 일자리가 하청업체의 것으로 바뀐다는 점에서 정리해고는 파견이나 사내하도급 혹은 특수고용(프리랜서도 포함) 형태의 근로를 늘리는 방식이다. 정리해고를 통한 정규직 감축과 아웃소싱을 통한 정규직 대체가 동시에 발생하는 것이다.

2) 사내하도급의 규모와 경제적 효과

파견, 사내하청, 민간위탁, 외주화, 아웃소싱 등 다양한 용어로 지칭되는 사내하도급은 비정규 노동의 한 형태이다(은수미·이병희·박제성, 2011; 은수미·김기선·

박제성, 2012).

2009년에 노동부가 300인 이상 대기업을 대상으로 실시한 「2008년 사내하도급 현황 조사」에 따르면 1,764개 사업체 중 사내하도급 활용 대기업은 963개 업체로, 사내하도급 활용업체의 비중은 54.6%에 이른다. 사내하도급 근로자는 36만 9,000명으로 전체 근로자의 28.0%이다(<표 7-19> 참조). 사내하도급까지 포함한 300인 이상 대기업의 비정규직 비중은 60만 9,000명, 31.6%로 전체 산업의 평균과 거의 비슷하다.

또한 기업 규모가 클수록, 그리고 공공부문일수록 사내하도급을 더 많이 활용한다. 사내하도급을 활용하는 사업체의 평균 노동자 수가 1,433명으로, 활용하지 않는 사업체 775명에 비해 많다. 사내하도급 활용 비중은 공기업이 75.8%로 민간기업의 58.0%에 비해 높다.

업종별로 사내하도급 활용 비중이 가장 높은 산업은 조선업이며, 그다음 철강, 자동차 순으로 나타났다. 제조업뿐 아니라 사무·판매 서비스업에서도 사내하도급을 활용하고 있는 사업체의 비중이 43.8%에 이르러, 사내하도급이 기술적인 특성과 공정의 차이에도 불구하고 광범위하게 확산되어 있음을 시사한다.

주요 활용사업장을 살펴보면, 사업체 연령이 많을수록(오래된 사업체), 복수사업체일수록(사업장이 전국적으로 흩어져 있는 형태) 사내하도급을 많이 활용하지만, 임금 수준이 높다고 사내하도급을 더 많이 활용하는 것은 아니기 때문에 정규직 고임금 때문에 사내하도급을 활용한다는 것은 사실과 다르다.

더불어 사내하도급 활용의 경제적 효과를 살펴보면 사내하도급 활용 사업체는 미활용 사업체에 비해 일자리 창출률이 1.9%p 낮으며, 일자리 순증가율 역시 2.3%p 낮아 일자리 창출에 부정적이다. 더불어 사내하도급 활용 사업체는 미활용 사업체에 비해 채용률이 15.2%p 낮고, 이직률은 11.4%p 낮아 사내하도급 활용이 대기업의 채용률 둔화와 일자리 창출력 약화에 기여하고 있음을 보여준다. 한편 사내하도급 활용 여부별로 일자리 소멸률은 통계적으로 유의한 차이

〈표 7-19〉 사내하도급 활용 실태(2008년)

단위: 개소, 명, %

	사업체				근로자			
	대기업			하청	대기업			하청
		미활용	활용			미활용	활용	
	(A)	(B)	(C)	(D)		(E)	(F)	(G)
전체	1,764	801	963	10,717	1,958,556	641,151	1,317,405	368,590
기계	109	30	79	621	80,378	12,937	67,441	12,128
자동차	22	3	19	330	114,255	1,750	112,505	19,541
전기·전자	169	63	106	1,075	226,835	39,558	187,277	26,116
철강	27	2	25	475	41,529	720	40,809	28,912
조선	16		16	847	64,847		64,847	79,160
화학	111	31	80	565	89,176	23,104	66,072	16,401
사무·판매서비스	868	488	380	3,652	970,993	435,834	535,159	122,456
기타	442	184	258	3,152	370,543	127,248	243,295	63,876

	사내 하도급 활용 비중	사업체 규모			원청업체 1개소당		
		미활용 대기업	활용 대기업	하청	하청 업체	하청 근로자	하청 근로자 비중
	(C/A)	(E/B)	(F/C)	(G/D)	(D/C)	(G/C)	(G/F×100)
전체	54.6	800	1,368	34	9.0	383	28.0
기계	72.5	431	854	20	12.7	154	18.0
자동차	86.4	583	5,921	59	5.8	1,028	17.4
전기·전자	62.7	628	1,767	24	9.9	246	13.9
철강	92.6	360	1,632	61	5.3	1,156	70.8
조선	100.0		4,053	93	1.9	4,948	122.1
화학	72.1	745	826	29	14.2	205	24.8
사무·판매서비스	43.8	893	1,408	34	10.4	322	22.9
기타	58.4	692	943	20	8.2	248	26.3

자료: 노동부, 「2008년 사내하도급 현황 조사」(2009)(홍희덕 의원실 보도자료에서 재작성), 은수미·이병희·박제성(2011).

가 없는데, 이는 사내하도급 의존이 원청업체의 수량적인 경직성 때문이라고 말하기 어렵다는 점을 시사한다.

3) 사내하도급 활용을 둘러싼 쟁점

사내하도급 활용 원인을 둘러싼 주요 쟁점을 노조보호 등의 고용경직성 가설, 경쟁력 가설, 기타 등의 크게 세 가지를 중심으로 그동안의 연구결과를 소개하면 다음과 같다.

첫째, 노조의 고용보호 때문에 사내하도급을 활용한다(노조효과)는 주장은 입증된 바 없을 뿐만 아니라, 왜 노조가 없는 사업장에서도 사내하도급을 보편적으로 활용하는지를 설명하지 못한다.

① 노조 유무와 무관하게 사내하도급을 활용하는 사례가 많다. 예를 들어 조선업에서는 노조 유무와 무관하게 사내하도급을 쓴다. 또한 서비스업에서 2003년 특1급 호텔 외주화 현황을 보면 노조 유무와 무관하게 외부청소, 룸메이드, 세탁, 보안경비, 주차관리, 기물관리, 쓰레기장, 직원식당은 일률적으로 사내하도급을 활용한다(<표 7-20> 참조). 이와 같은 현상은 노조 유무보다는 조직적 동형화, 즉 특정 산업이나 직종에서 대기업이 사내하도급을 활용하면 따라하기가 이루어진다는 주장에 힘을 실어준다. 은행에서 2000년대 초반까지 콜센터, IT부문, 채권추심, 대출 등 일부 직무를 사내 혹은 사외 도급을 한 것도 그와 같은 사례이다.

② 노조가 설립되기 이전인 1980년대 초, 중반에 이미 사내하도급을 활용했다. 예를 들어 현대중공업은 1987년 7월 21일 노조가 출범했으나 노조 설립 이전인 1974년에 이미 직영기능직이 4,690명, 사내하도급이 7,011명이었으며, 1978년 사내하도급 노동자 수가 1만 2,264명으로 늘어나면서 노조가 사

〈표 7-20〉 2003년 서울시 특1급 호텔 외주화 현황

호텔명	분사 및 아웃소싱 업무 현황	업무 수
레디슨 프라자	외부청소, 쓰레기장, 소독관리, 연예연주, 텔레마케팅	5
롯데	외부청소, 룸메이드, 시설설비	3
르네상스	외부청소, 룸메이드	2
리츠칼튼	외부청소, 시설설비, 주차관리, 기물관리, 쓰레기장, 소독관리, 연예연주, 텔레마케팅	8
메리어트	외부청소, 보안경비, 룸메이드, 기물관리, 쓰레기장, 세탁, 직원식당	7
쉐라톤 워커힐	외부청소, 보안경비, 룸메이드, 시설설비, 주차관리, 셔틀버스, 기물관리, 소독관리, 세탁, 텔레마케팅, 전산, 직원식당, 원예조경, 면세점	14
스위스 그랜드	외부청소, 셔틀버스, 꽃방, 룸메이드, 소독관리, 직원식당, 공공지역청소	7
신라	외부청소, 보안경비, 룸메이드, 시설설비, 주차관리, 셔틀버스, 기물관리, 쓰레기장, 소독관리, 연예연주, 세탁, 직원식당, 외식사업, 원예조경, 디자인	15
아미가	외부청소, 보안경비, 주차관리	3
웨스턴 조선	외부청소, 주차관리, 기물관리	3
인터컨티넨탈	외부청소, 보안경비, 룸메이드, 시설설비, 주차관리, 셔틀버스, 기물관리, 쓰레기장, 소독관리, 세탁, 직원식당, 원예조경, 면세점, 디자인	14
하얏트	외부청소, 보안경비, 룸메이드, 주차관리, 기물관리, 쓰레기장, 세탁, 직원식당	8
힐튼	룸메이드, 시설설비, 셔틀버스, 소독관리, 공공지역청소	5
노보텔	외부청소, 보안경비, 룸메이드, 시설설비, 주차관리, 기물관리, 쓰레기장, 소독관리, 연예연주, 세탁, 직원식당, 원예조경	12
로얄	외부청소, 시설설비, 직원식당	3
세종	외부청소, 룸메이드, 연예연주	3
타워	외부청소, 보안경비, 룸메이드, 셔틀버스, 직원식당	5
홀리데이인	외부청소, 보안경비, 룸메이드, 주차관리, 셔틀버스, 기물관리, 쓰레기장, 소독관리, 연예연주, 세탁, 직원식당	11
전체	외부청소: 17개, 룸메이드: 13개, 보안경비·주차관리·기물관리·쓰레기장: 9개 등	124

자료: 은수미·이병희·박제성(2011).

내하도급의 직영화를 요구한 바 있다. 또한 2003년 설립된 A공항공사의 경우 초기에 이미 정규직 700명, 사내하도급 3,500명으로 직무를 분리했고, 현재(2010년)는 일반직 798명, 별정직 4명, 안전보안직 23명, 계약직 37명 등 총 868명이 직접고용 일자리(전체의 12.8%)이고 민간위탁(사내하도급) 일자리는 5,936명(87.2%)이다.

둘째, 정리해고와 사내하도급 활용이 동시에 이루어진다는 점에서 정규직 고용경직성이 사내하도급 활용 원인이라는 주장은 근거가 불충분하다. 예를 들어 김동배 외(2004)의 연구결과에 따르면 한국 기업은 정규직도 구조조정 할 뿐만 아니라 비정규직도 활용하는 혼합형이 전체의 43.3%에 달한다. 또한 비정규직은 활용하지 않고 정규직만 조정하는 유형이 25.5%, 비정규직만 조정하는 유형이 18.8%이다(<그림 7-6> 참조). 더군다나 노동조합이 있는 기업에서도 비정규직을 활용함과 동시에 정규직 구조조정에 대한 광범위한 동의가 이루어진다는 점에서 노조효과를 입증하기 어렵다.

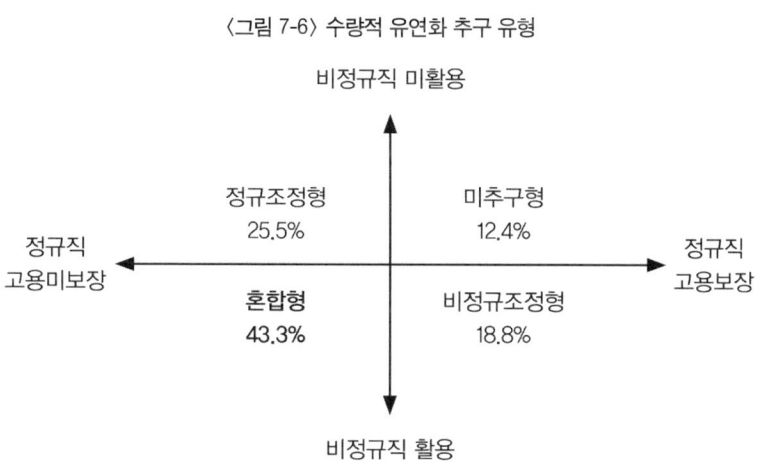

〈그림 7-6〉 수량적 유연화 추구 유형

자료: 김동배 외(2004)에서 재인용.

셋째, 지구화 등의 경쟁력 가설은 시장경쟁을 하지 않는 공공부문에서 사내하도급 활용 비중이 높으며, 외주화 결과 비용이 줄기보다는 오히려 늘어난 경우에도 사내하도급을 사용한다는 점에서 적절한 설명이 될 수 없다.

공공부문은 독과점적 형태이고 경쟁과 거리가 먼 특성을 갖고 있으며 인건비 절감효과는커녕 오히려 역효과가 나타나는 경우도 있다. 도덕적 해이(moral hazard)나 역선택(adverse selection) 등이 대표적이다. 예를 들어 도급계약 시 인원을 100명으로 보고했지만 실제로는 50명만을 고용하고 나머지 50명을 친인척으로 채워 넣어 고소를 당한 사례도 있다. 또한 최저가입찰제로 인하여 합리적인 사업 운영자가 도태되고 노동착취에 능한 사업자, 혹은 수의계약 과정에서 부정과 비리에 능한 사업자만 생존하는 경우가 매우 많다.

또한 민간위탁 시 예산절감 효과가 없거나 크지 않을 뿐만 아니라 오히려 증가한 경우도 있다. 예를 들어 국가사무에 관한 민간위탁 시 인건비 등은 행자부의 예산지침에 입각하여 집행하여야 하고 여기에 중간 마진을 보장해주어야 하

〈표 7-21〉 백화점 및 할인점의 직무별 고용형태

고용형태		백화점	할인점
무기계약	분리직군	계산, 판매·판촉, 전기 및 시설 등	계산, 판매·판촉, 전기 및 시설 등
직접고용	계약직	계산, 판매·판촉, 식품(농수산물 작업장), 문화센터, 안전시설, 배달·운전, 간호사, 사무직	계산, 판매·판촉, 식품(농수산물 작업장), 안전시설, 배달·운전, 사무직
	시간제	계산, 판매·판촉, 식품, 상담·고객서비스, 로커관리, 사은품 행사 등	계산, 판매·판촉, 식품, 상담·고객서비스, 물품도우미 등
	아르바이트	계산, 판매·판촉, 팀서무, 파킹텍, 식품, 문화센터, 회원서비스, 주차정산	계산, 판매·판촉 등
간접고용	파견	판매·판촉 등	판매·판촉, 잡화, 경리, 문화센터 등
	용역	검품업무, 교환, 계산, 보안·경비, 주차안내, 안내방송, 청소, 식당, 배송접수, 식품, 파킹텍, 로커관리 등	계산, 보안·경비, 주차안내, 안내방송, 청소, 식당 등

자료: 은수미·이병희·박제성(2011).

기 때문에 예산절감 효과가 크지 않으며, 있다 하더라도 관리비용의 최소화 수준이다. 또한 환경미화, 도로보수 등 상당수 핵심적인 국가사무의 경우 외주화해도 독과점이 불가피하여 유연성 확보가 어렵고, 민간위탁 시 중간착취의 가능성이 항존하며 이로 인한 노사분규까지 발생하여 전체적으로 비용절감 효과가 크지 않다.

넷째, 국내를 시장으로 하는 민간 독과점기업들이 사내하도급을 활용한다는 점에서도 경쟁력 가설은 지지받기 어렵다. 예를 들어 백화점이나 대형 할인마트는 국내시장에서 독과점적 지위를 갖고 있다. 즉, 중소업체에 비해 시장경쟁의 압력이 낮으며 전 세계적 경쟁을 하는 것도 아니다. 그럼에도 사내하도급을 활용하고 그 비중 역시 높다.

다섯째, 일시적이고 주변적인 업무이거나 정규직 기피 업무이기 때문에 사내하도급을 활용한다고 볼 만한 근거가 충분하지 않다.

많은 기업들은 일시적이고 주변적인 업무이기 때문에 간접고용을 활용한다고 응답(조성재, 2008)하지만 몇 가지 측면에서 의심스럽다.

① 현행 파견법에 따르면 일시적 업무일 경우 파견을 제조업에서도 사용할 수 있다. 현행 파견법 제5조 '근로자파견대상업무 등' 제2항에는 "출산·질병·부상 등으로 결원이 생긴 경우 또는 일시적·간헐적으로 인력을 확보하여야 할 필요가 있는 경우에는 근로자 파견사업을 행할 수 있다"고 규정하고 있다. 그런데 한국 기업은 일시적 업무라고 하면서도 파견이 아니라 사내하도급을 활용한다. 특히 제조업에서는 정규직의 결원을 일시적으로 채우기 위해 전체 사내하도급의 5% 정도를 '한시하청'이라는 이름으로 사용한다.

② 2006년 비정규직 대책을 위한 실태조사에 따르면 공공부문은 일시적 수요의 경우 일용직이나 기간제를 활용하는 반면 상시적 일자리에서 오히려 민간위탁 등 간접고용을 한다.

4) 사내하도급 활용 원인

정규직의 고용경직성이나 노조효과, 경쟁 및 인건비 절감만으로 사내하도급 활용 원인을 충분히 설명할 수 없다면 한국 기업이 사내하도급을 광범위하게 사용하는 다른 원인을 검토해야 한다.

첫째, 과거 정부의 산업정책 영향이다. 1960~1970년대 박정희 정부는 경공업부문의 수출 호조에도 불구하고 금속을 포함한 생산재 생산부문의 낙후성을 넘어서기 위해 기초소재인 철강업의 성장 및 개별 업종 육성전략을 기획했다. 이를 위해서는 자본과 더불어 대규모 숙련, 반숙련, 미숙련 노동력의 동원 및 집적이 동시에 필요하다. 하지만 당시 자본의 능력으로는 이와 같은 대규모 노동력을 한꺼번에 관리하기 어려웠다. 따라서 정부의 적극적 육성정책이 필요한데 그것이 하청계열화와 사내하도급을 결합하는 산업정책이다. 이와 같은 방식은 원청의 노무관리능력이 취약하다 하더라도 대규모 집적 및 생산을 가능하게 한다. 즉, 거대 독점자본의 형성을 뒷받침하기 위해 광범위한 중소기업 부문을 하부구조로 조직화하는 한편, 노동력 역시 사내하도급 형태로 결합시켜 자본의 경영능력 취약을 뛰어넘은 것이다. 결국 사내하도급은 한국 자본주의의 초기 축적방식의 또 다른 표현이라 하겠다.

정부의 적극적 지원 속에서 이루어진 자본집적방식으로서의 하청계열화와 노동집적방식으로서의 사내하도급 활용 사례는 포스코(구 포항제철)에서 뚜렷하게 나타난다. 포스코는 포항공장이 완공되기도 전인 1971년 2월 '협력사업부'를 신설하고 6월에는 조업에 대비한 협력사업 유치계획을 확정한다. 당시 유치계획의 주요 내용은 직영-외주 시의 경제적 타당성을 검토하고 49개 작업, 12개 기업 단위를 선정, 이들 협력업체에 대한 기술훈련을 실시하는 것이었다(손정순, 2009). 이 결과 포항제철은 1973년 사내하청 20개 업체 근로자 3,213명(전체 근로자의 44.7%)이 취업했으며, 1981년에는 22개 업체 7,251명(전체 근로자의 33.2%)

에 달했다. 또한 2009년 인터뷰에 따르면, 포항과 광양을 포함하여 정규직은 약 1만 명이고 사내하도급을 포함한 비정규직은 약 1만 5,000명으로 전체 근로자의 60%에 이른다. 게다가 포철은 당시에는 예외적으로 직영에 대한 내부승진제도 등 기업내부노동시장의 특징을 갖고 있었다. 즉, 포철은 직접고용-내부노동시장의 정규 인력과 간접고용-외부노동시장의 사내하도급이 결합한 한국형 표준모델을 제공한 것이다.

둘째, 1997년 경제위기 이후 한국형 모델로서 사내하도급이 전 산업에 퍼지는 것은 경쟁과 성장 담론과 결합한 대기업 따라하기, 즉 조직적 동형화 현상이자 전근대적 노동관행의 현대적 활용 형태라 할 것이다.

1960~1970년대 국가 주도 자본주의 발전은 1990년대 이후 시장 주도 자본주의 발전으로 바뀐다. 그리고 기존의 사내하도급이 정규직과 공존하는 형태였다면, 이때부터 사내하도급은 정규직을 대체하는 형태로 변한다.

또한 사내하도급을 사용하는 것과 기간제나 파견 등의 다른 비정규직을 활용하는 것 사이에는 뚜렷한 차이가 있다. 무엇보다 사내하도급은 근대적 노동관행의 확립과 이에 입각한 근로자에 대한 보호가 작동하지 않는 전근대적 노동관행이며 노동권의 사각지대이다. 반면 기간제나 파견은 근대적 노동관행의 지배 아래서 노동권의 보호를 최소 수준에서 수행해야 하는 고용형태이다. 이것은 파견을 활용하면 파견업체와 원청이 공동으로 근로 이용의 대가를 지불해야 하지만, 사내하도급은 그와 같은 책임이 없는 경제적 계약관계라는 사실에서도 확연하다. 일시적인 업무인 경우 업종을 불문하고 파견을 사용할 수 있을 정도로 한국의 파견법이 유연하지만 사내하도급을 사용하는 이유가 여기에 있다.

셋째, 노동조합의 취약이 사내하도급 활용을 좀 더 용이하게 한다. 노동조합이 강성이라는 것과 노동조합의 힘은 전혀 다른 것이다. 노동조합의 영향력은 노조 조직률, 노조 집중성과 집권성, 단체교섭의 수준과 단체협약의 적용범위, 단체협약 적용률, 파업빈도 등을 이용하여 측정한다(Cameron, 1984; Kenworthy,

〈표 7-22〉 정규-비정규 노조 가입률 변화(2007~2010년)

단위: %

	2007.3	2008.3	2009.3	2010.3
전체	11.3	12.1	12.7	12.0
정규직	15.2	16.4	17.4	16.3
비정규직	4.7	4.2	3.4	3.1

자료: 통계청, 「경제활동인구 부가조사」 각 연도.

〈표 7-23〉 사업체 규모별 노동조합 조직률(2009년)

단위: 명, %

	30인 미만	30~99인	100~299인	300인 이상
임금노동자	9,602,000	3,361,000	1,646,000	1,946,000
조합원	22,548	98,080	210,046	825,659
조직률	0.2	2.9	12.8	42.4

자료: 노동부.

〈그림 7-7〉 노조 조직률과 단체협약 적용률에 따른 노동조합 영향력 국제 비교

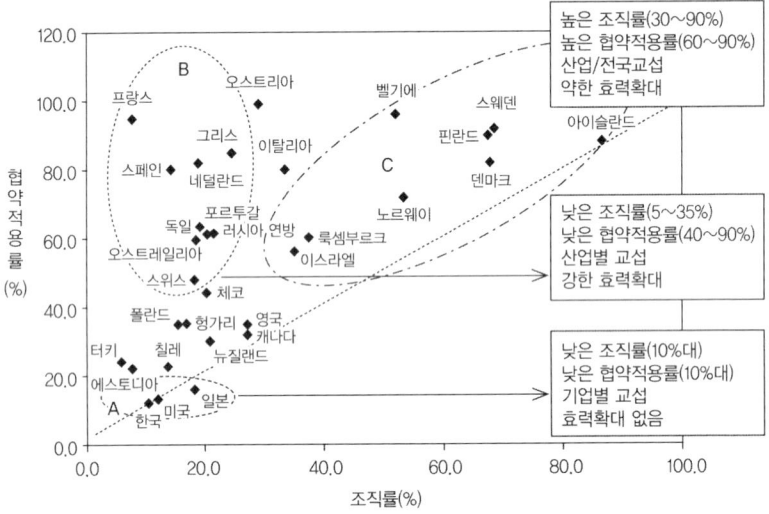

자료: OECD, ILO 홈페이지(2010) 참조.

1995; Traxler et al., 2001). 이 기준에 따라 한국의 노동조합의 힘 혹은 영향력을 살펴보면 다음과 같다.

① 2010년 현재 한국의 노동조합 조직률은 9.8%이며 단체협약 적용률은 12%로 노동3권 사각지대가 광범위하다. 무엇보다 고용형태별 조직률 격차가 심각하여 비정규직은 노동3권 사각지대에 놓여 있다.
② 근로자 수가 많은 중소영세사업장일수록 조직률이 낮은 것도 노동3권 사각지대를 만드는 요인이다.
③ OECD와 ILO 통계에서도 한국의 노동조합은 영향력이 취약한 것으로 나타난다. 이 같은 특징이 사내하도급의 확산을 가능하게 하는 요인이다.

5. 복지국가와 노동시장

2007년 이후 커져온 복지국가에 대한 열망은 비정규직과 저임금근로로 요약되는 '이중적 노동시장'에 기인한다. 또한 '이중적 노동시장'이 존재하는 한 복지국가는 불가능하며 거꾸로 복지국가를 이루기 위해서도 이중적 노동시장을 극복해야 한다는 점에서 종합적인 정책대안이 필요하다.

첫째, 이윤중시 성장(profit-led growth) 모델에서 소득중시 성장(wage-led growth) 모델로 바꿔야 한다. 2008년 전 세계 금융위기 이후 ILO 등지에서 새로운 사회성장 패러다임을 모색하고 있다. 또한 2013년 매킨지 2차 한국보고서는 "지난 20년간 한국의 GDP가 3배에 육박하는 동안 일반 서민들의 가계는 GDP 성장률의 절반에도 못 미치는 실질임금 성장률을 기록, 현재 한국의 중산층 가구의 절반 이상은 매달 소득보다 지출이 많은 실정"임을 지적했다. 이 결과 한국은 자살율 1위, 이혼율 확대, 저출산 지속 등의 다양한 스트레스에 직면하고 있어 "현상황을 극복하기 위한 즉각적인 노력이 없을 경우 한국경제는 소비위축으로 인해 결국 GDP 하락에 직면할 것"이라고 경고했다.

이윤중시 성장과 구분되는 소득중시의 따뜻한 성장 모델의 아이디어는 매우 간단하다. "대기업의 약탈적 수수료 관행이 없어지면 중소영세기업이나 가맹점, 편의점의 이익이 늘어나 일하는 사람의 임금을 더 줄 수 있어요. 그래서 점심으로 삼각김밥 하나 먹던 아르바이트생이 냉면도 먹게 되면서 골목상권 살고 기업도 살죠"(은수미, 2013)가 그것이다. 사회 전반적으로 소득분배율을 조정하면 구매력이 늘어 내수가 증가하고 사회가 바뀐다는 것이다.

기존의 이윤중시 성장 모델은 비정규직과 저임금근로를 확산시키고 가계와 기업의 소득 격차를 키웠다(<그림 7-8> 참조). 또한 가계부채로 성장을 했다고 해도 과언이 아니다. 때문에 2008년 이후 한국이 성장동력을 잃었다는 것이 수많은 연구결과이며, 2012년 대선 당시 여야 모두 경제민주화와 비정규직 근절

〈그림 7-8〉 기업과 가계의 소득 및 저축률 격차

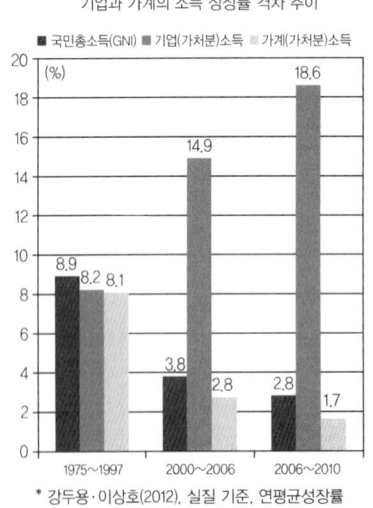
기업과 가계의 소득 성장률 격차 추이
* 강두용·이상호(2012), 실질 기준, 연평균성장률

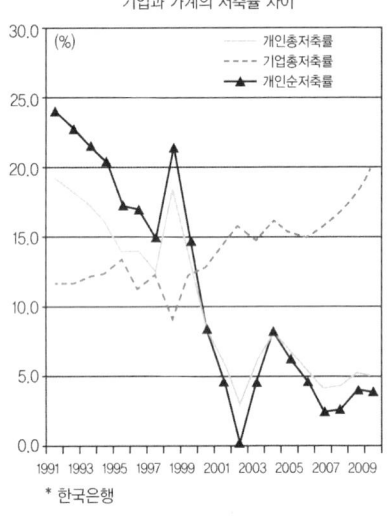
기업과 가계의 저축률 차이
* 한국은행

자료: 김병원(2013)에서 재인용.

을 공약으로 내세운 것도 더 이상 버티지 못하겠다는 아우성의 반영이다.

이와 같은 현실은 한두 개의 정책만으로 해결하기 어렵고 노동정책만으로도 풀 길이 없다. 새로운 성장 모델의 청사진을 제시해야 하며, 특히 구매력과 소비능력까지를 제고하는 노동소득의 증가에 초점을 맞추어야 한다.

둘째, 노동정책으로는 고용률, 노동권, 노동소득을 높이는 3대 높이기 전략이 시급하다.

고용률 높이기는 ① 근로시간 단축을 통한 일자리 나누기(일자리 최소 70만 개), ② 공공사회서비스를 OECD 평균의 절반인 8% 수준으로 확대(일자리 최소 40만 개) 등에 초점을 맞춘 정책과 제도 개선이다. 박근혜 정부의 시간제 근로 확산은 비정규직과 저임금근로를 더 늘릴 가능성이 있다는 점에서 위험스러우며 부수적인 정책으로 검토하는 것이 바람직하다.

노동권 높이기는 비정규직이나 중소영세사업장의 노조 조직률 확대와 사회적 안전망을 제고하는 것으로 ① 사회적 취약계층의 단결권 확보, ② 산별노조 및 산별교섭의 적극적 확대, ③ 사회보험제도 개선 및 한국형 실업부조 도입, ④ 노동자 경영참여 등 경영민주화 모색 등의 정책 패키지이다. 이 중 노조 조직률 확대와 사회안전망 제고만을 구체적으로 살펴보면 <표 7-24>, <표 7-25>와 같다.

〈표 7-24〉 비정규, 저임금근로 등 주변부 노동자에게 노동조합 가입 허용 등 노조 조직률 제고 방안

- 노동조합 가입자격을 사실상 정규직 노동자로 좁게 한정한 노조법 제2조 등을 개정하여 특수고용 노동자, 주변부 노동자, 구직자, 실직자에게 단결권 부여
- 노동조합 허가제를 신고제로 바꾸기
- 노동조합의 대표성을 조합원만으로 한정한 노조법 제29조 등을 개정하여 비정규 및 저임금근로자 역시 스스로의 대표를 선택할 수 있는 기회 부여
- 원하청 및 파견 근로자에 대한 공동교섭과 초기업별 교섭을 촉진하는 것을 목적으로 한 관련 법률의 제·개정

〈표 7-25〉 사회안전망 제고 방안

전체 임금근로자의 33.4%(477만 명)는 사회보험 중 어느 하나에도 가입하지 않았으며 23.5%(400만 명)는 사회보험에 모두 미가입하는 등 사회보험 사각지대가 넓다. 이들은 실직 등 노동시장 위험에 노출될 가능성이 높아 고용보험 개선이 필요한데, 영세사업장 노동자에 대한 사회보험료 지원과 자발적 이직자에 대한 실업급여 지급이 우선순위이다.
더불어 고용보험 가입제외인 사람들에게도 그와 유사한 실업부조를 지급하는 것을 적극적으로 검토해야 한다. 현재 고용보험 가입제외자는 최소 800만 명에서 1,200만 명으로 상당히 많다. 이들에 대해 직업훈련+훈련 시 생계보조비를 지급하는 실업부조를 도입하여 사각지대를 완화하고 상향이동을 지원하는 것이 시급하다. 또한 노동과 복지 전반에 걸친 상담 및 지원을 목적으로 한 노동복지서비스 전달체계의 확립 역시 적극적으로 검토해야 할 과제이다.

노동소득 높이기는 ① 최근 쟁점이 되고 있는 통상임금, 체불임금, 차별임금, 최저임금 등 국민소득에 영향을 끼치는 임금 문제를 해결하고, ② 소득 개선을 가로막는 불공정 구조를 개선하는 것을 의미한다. 특히 불공정 구조 개선과 관련된 경제민주화와 을(乙)지키기 전략은 지속적으로 이루어져야 한다.

셋째, 비정규직과 저임금근로 개선에 정책적 우선순위를 두어야 하며 이를 위해서는 가장 문제가 되는 간접고용의 근절이 필요하다(<그림 7-9> 참조).

우선 파견법에 불법파견과 적법 도급 판단조항을 만들어야 하며「직업안정법」역시 개정해야 한다(<그림 7-9>의 ①). 또한 적법한 사내하도급이라도 노조법상의 사용자 책임을 부과하는 것이 필요한데 이를 위해 고용승계(혹은 사업이전)의 제도화, 적절한 임금 및 근로조건 확보를 위한 사용자 책임, 공동교섭제도 등 단체교섭에서의 사용자 책임 등을 고려할 수 있다(<그림 7-9>의 ②). 하나의 사업이 아닐 경우에는 일반적인 도급계약으로 간주하여 규율해야 한다(<그림 7-9>의 ⑥). 대기업과 중소기업 간의 불공정 거래행위를 규제할 수 있는 실효성 있는 대책의 모색이 필요하며, 박제성 외(2009) 등에서 제안한 바 있는 기업집단법의 도입을 중장기적으로 검토해야 할 것이다.

넷째, 정부의 일관된 정책 및 의지가 중요하다. 민간시장의 이중화를 넘어서

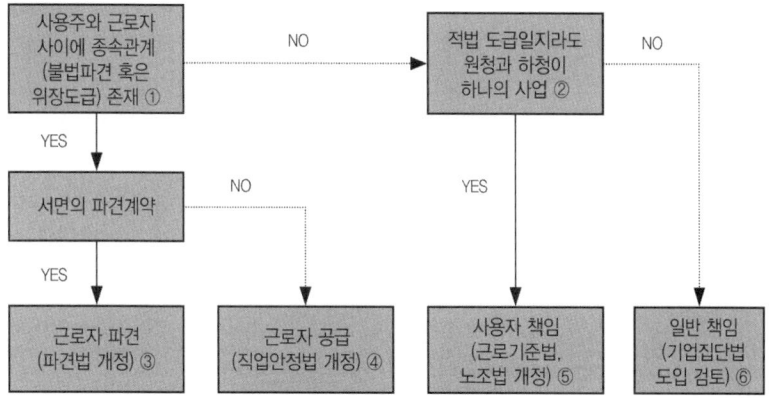

〈그림 7-9〉 법제도적인 개혁방안

자료: 은수미 외(2011).

기 위해서는 공공부문에서의 모범 사례, 모델 확대가 필요하며 이것은 정부의 정책 의지로 충분히 실현가능하다. 예를 들어 중앙정부 및 지자체에서 부분적으로 실시하는 고용친화적 공공부문 개혁을 전국적으로 확대하는 것이 우선적이며 효과적이다. 공공부문에서 간접고용을 직접고용으로 바꾸거나 공공적인 형태로 전환하는 모범 사례를 만들고 공공부문 비정규직대책위원회 등을 재구성해 그 과정을 일관되게 관리해야 한다. 또한 고용구조 공시제도와 공공부문 조달정책을 결합하는 것도 필요하다. 일자리 창출의 양적 지표와 질적 지표를 기업별로 공개할 것을 권장하고 공공부문 조달 시 고용구조 공시를 의무화할 뿐만 아니라 고용구조가 좋은 기업에 가점을 주는 등의 인센티브를 제공하는 것이 핵심이다. 여기에 불법파견이나 위장도급 판정을 받은 기업의 입찰자격을 박탈하는 제도를 도입한다면 간접고용의 지나친 확산까지 어느 정도 억제할 수 있다.

참고문헌

김동배·김주일·배규식·김정우. 2004. 『고용유연화와 인적자원관리 과제』. 한국노동연구원.
김병권. 2013. 「민주적 성장전략 대안으로서 '소득주도 성장전략'」. 민주당 노동-임금 TF 발표문.
김유선. 2001. 「비정규직 규모와 실태」. ≪월간 노동사회≫, 59호, 127~159쪽.
_____. 2008. 「2008년 비정규직 규모와 실태」. ≪월간 노동사회≫, 137호, 132~169쪽.
_____. 2009. 「2009년 비정규직 규모와 실태」. ≪월간 노동사회≫, 149호, 44~80쪽.
_____. 2010. 「2010년 비정규직 규모와 실태」. ≪월간 노동사회≫, 156호, 64~103쪽.
_____. 2011. 「비정규직 규모와 실태」. ≪2011년 이슈 페이퍼≫, 4호.
박제성·노상헌·유성재·조임영·강성태. 2009. 『사내하도급과 노동법』. 한국노동연구원.
손정순. 2009. 「금속산업 비정규 노동의 역사적 구조 변화: 산업화 이후 금속산업 사내하청 노동을 중심으로」. 고려대학교 경제학과 박사학위논문.
은수미. 2006. 『비정규직과 한국 노사관계 시스템 변화Ⅰ』. 한국노동연구원.
_____. 2011a. 「한국의 사내하도급: 원인과 대책」. ≪한국사회정책≫, 18(3), 9~37쪽.
_____. 2011b. 「복지국가 무한연대」. 『복지국가 건설의 정치경제학』. 제4회 대안담론 포럼 발표문.
_____. 2012a. 「한국의 사내하도급: 현황과 대안」. ≪노동리뷰≫, 2012년 1월호. 85~94쪽.
_____. 2012b. 「저임금 노동 발생 원인: 병원 산업 국제비교」. 사회정책연구회 발표논문.
_____. 2013.6.17. "처음부터 길이었겠는가". ≪한국경제≫, 한경에세이 37면.
은수미·김기선·박제성. 2012. 『간접고용 국제비교: 파견/도급 기준 및 보호방안을 중심으로』. 한국노동연구원.
은수미·김종진·김순영. 2008. 『유통·서비스산업 고용관계: 음식점, 호텔업, 백화점과 할인마트를 중심으로』. 한국노동연구원.
은수미·이병희·박제성. 2011. 『사내하도급과 한국의 고용구조』. 한국노동연구원.
이병희. 2009a. 「비정규직법 시행 1년의 고용효과」. ≪산업노동연구≫, 제15권 제1호, 1~26쪽.
_____. 2009b. 「임금근로자의 노동시장 위험과 고용보험의 고용안전망 역할 평가」. ≪경제발전연구≫, 제15권 제1호, 69~93쪽.
_____. 2010. 「근로빈곤의 노동시장 특성」. 『근로빈곤의 실태와 지원정책』. 한국노동연구원.

_____. 2011a. 「사내하도급 활용실태와 경제적 효과」. ≪산업관계연구≫, 21(2), 1~22쪽.
_____. 2011b. 「사회보험료 지원을 통한 공식고용 촉진방안」. "고용주도형 복지전략과 사회보험료 지원을 통한 고용촉진 방안". 한국노동연구원 개원 23주년 기념토론회.
_____. 2011c. 「청년 고용 문제, 눈높이 때문인가」. ≪산업노동연구≫, 17(1), 71~95쪽.
이병희·김혜원·황덕순·김동헌·김영미·김우영·최옥금. 2009. 『고용안전망과 활성화 전략 연구』. 한국노동연구원.
이병희·은수미. 2011. 『비정규직법의 고용 영향 분석』. 국회입법조사처.
이병희·황덕순·강병구·강성태·김홍영·도재형. 2013. 『비공식취업연구』. 한국노동연구원.
장지연. 2010. 「노동시장 이중구조의 변화」. 비판사회학회 추계학술대회 발표문.
장지연·이병희·은수미·신동균. 2011a. 『고용안전망 사각지대 해소방안』. 한국노동연구원.
장지연·황덕순·은수미·이병희·박제성·전병유. 2011b. 『노동시장 구조와 사회보장체계의 정합성』. 한국노동연구원.
전병유·어수봉·이재갑·김동헌·김우영·성지미. 2005. 『고용 없는 성장에 대한 대응전략 연구 I』. 한국노동연구원.
정이환. 2002. 「비정규노동」. ≪시민과 세계≫, 창간호, 242~255쪽.
_____. 2003. 「비정규노동의 개념정의 및 규모추정에 대한 하나의 접근」. ≪산업노동연구≫, 9(1), 71~105쪽.
_____. 2004. 「서비스 산업화와 노동의 변화」. ≪한국사회학≫, 38(4), 159~186쪽.
조성재. 2008. 「공공부문의 간접고용과 고용관계」. 미발표 논문.
Cameron, David R. 1984. "Social Democracy, Labour Quiescence and the Representation of Economic Interest in Advanced Capitalist Society." in J. H. Goldthorpe(eds.), *Order and Conflict in Contemporary Capitalism*. Oxford: Oxford University Press. pp.143~178.
Gautié, Jérôme and John Schmit. 2010. *LOW-WAGE WORK IN THE WEALTHY WORLD*. New York: Russel Sage Foundation.
Kenworthy, Lane. 1995. *In Search of National Economic Success: Balancing Competition and Corporation, Thousand Oaks*. CA: Sage.
OECD. 2002. OECD Employment Outlook 2002.
Traxler, Blaschke & Kittle. 2001. *National Labor Relations in Internationalized Markets*. Oxford: Oxford University Press.

제8장
한국의 연금과 젠더레짐*

석재은 | 한림대학교 사회복지학부 교수

1. 서론

    산업화 이후 현대사회는 생산성이 낮아진 고령인구의 은퇴를 제도화하는 대신 연금(pension) 지급을 통해 사회적 부양을 하는 사회적 계약을 이행해왔다. 이를 통해 적어도 선진국들에서 연금은 노후소득보장의 가장 중요한 소득원천이 되어왔다. 그런데 고령인구의 폭발적 증가에 따른 (초)고령사회[(super) aged society]로의 진입을 비롯하여 국민국가의 정책결정 자율성을 제약하는 경제의 세계화(globalization of economics), 그리고 기술혁신으로 산업조직 및 노동지형의 변화를 야기하고 가족의 변화를 수반하는 탈산업화사회(post-industrial society)로의 이동은 산업사회가 고안한 연금제도에 대해서도 중대한 도전을 제기해왔다. 도전의

---

* 이 글은 석재은, 「한국의 연금개혁과 젠더레짐의 궤적: 젠더통합 전략을 통한 젠더평등을 향하여」, ≪한국여성학≫, 제28권 3호(2012), 95~144쪽에 기반을 두고 작성된 것임을 밝혀둔다. 또한 이 글은 2011년도 정부재원(교육과학기술부 인문사회연구역량강화사업비)으로 한국연구재단의 지원을 받아 연구되었다(NRF-2011-330-B00040).

근간에는 중요한 두 가지 문제제기가 포함되어 있다. 하나는 인구고령화로 인한 부양부담 증가로 자원배분의 균형이 깨진 노령세대와 근로세대 간 세대 간 형평성(inter-generational equity)을 어떻게 확보할 것인가 하는 것이다. 다른 하나는 이혼, 독신의 증가와 여성 유급노동의 증가에 따라 초기 연금 도입 당시에 표준모형이 되었던 남성생계부양자 젠더레짐으로부터의 변화에 대응하여 어떻게 연금권 보장에 있어서 젠더평등을 확보할 것인가 하는 것이다. 특히 세대 간 형평성을 위한 연금개혁 과정에서 감소된 연금급여 수준이 출산, 육아 등으로 생애노동경력이 불리한 여성의 노후소득보장에 치명적 어려움을 주지 않도록 제도를 재설계하는 데 관심을 기울여왔다(Esping-Andersen, 2002). 1990년대 이후 계속된 선진국의 연금개혁은 각기 구체적 개혁의 양태는 달라도 연금제도가 직면한 이 두 가지 문제를 해결하기 위한 과정이었다고 할 수 있다.

이 글에서는 한국사회에서 후자의 문제, 즉 질적으로 변화하는 환경에서 어떻게 젠더평등한 연금권 보장을 확보함으로써 노령여성들이 안정적 소득보장을 누리는 현실의 유토피아를 실현시킬 수 있을 것인가에 초점을 두고자 한다. 이 논문은 이에 대한 답을 찾는 일부분이 될 것이다. 삶의 기본조건인 궁핍으로부터의 자유(freedom of poverty)를 위하여 노령여성에게 어떻게 안정적 소득을 보장해줄 것인가에 대해 모색할 것이다.

한국은 공적연금의 젠더 격차(gender gap)가 상당하다. 선진국도 연금의 젠더 격차에 여전히 주목하고 있지만, 한국의 상황과는 차이가 있다. 선진국에서는 적어도 공적연금에서의 젠더 격차는 더 이상 심각하지 않다. 그러나 기업연금 등 사적연금에서의 젠더 격차는 여전히 심각한 문제가 되고 있다(Ginn et al., 2001). 2011년 기준 한국의 65세 이상 남성노인의 국민연금 수급률은 42.5%인 반면, 여성노인의 국민연금 수급률은 18.7%에 지나지 않는다. 연금수급자의 연금급여 수준도 남성노인의 평균 노령연금액이 30.1만 원인 반면, 여성노인의 평균 노령연금액은 18.1만 원에 그치고 있다(국민연금연구원, 2012).[1] 그나마 2008년에 도입된 무갹출 기초노령연금이, 급여 수준은 월 9만 원 수준밖에 안 되지만, 대부분 여성노인의 유일한 소득원이 되고 있다. 이처럼 한국의 여성노인은 노후의 주요 소득원이라 할 수 있는 연금소득이 미미하기 때문에 빈곤율이 매우 높을 수밖에 없다. 한국이 OECD 국가들 중 가장 높은 노인빈곤율을 보이는 있는 가운데, 특히 여성노인은 10명 중 5명이 빈곤한 실정이다. 남성 노인빈곤율의 1.3배에 이르고 있다(석재은·임정기, 2007; OECD, 2011).

미래에 연금을 수급할 근로연령계층의 공적연금 가입률에서도 젠더 격차는 상당하다. 한국에서 여성의 근로연령계층 대비 공적연금 가입률은 51%인 반면, 남성의 동 비율은 75%이다(국민연금연구원, 2012). 가입자 중에서도 연금수급권을 확보하는 데 필수적인 연금보험료 납부를 기준으로 파악한 젠더 격차는 더욱 크다. 여성은 비정규직 비율이 남성의 2배에 달해 실질적인 연금보험료 납부율이 더욱 낮기 때문이다(통계청, 2012). 또한 여성의 경우 출산, 양육 등에 따른 생애 노동경력 단절 및 불연속 노동으로 연금보험료 납부기간도 훨씬 짧은 것을 감안하면, 연금의 젠더 격차는 더욱 커진다(석재은, 2004; 류연규 외, 2007; 강성호·김경아, 2009). 게다가 여성과 남성의 임금 격차가 OECD 최고 수준인 38%에 달해 연금급여의 젠더 격차는 더욱 증폭될 전망이다(OECD, 2012).

이와 같이 여성노인이 남성노인에 비해 연금혜택을 덜 누리고 있고, 따라서 여성노인이 훨씬 더 빈곤하다는 것, 그리고 현 세대 여성노인뿐만 아니라 미래

1 〈국민연금의 성별 65세 이상 수급자 및 노령연금 평균급여 수준(2011년)〉

	수급자 및 수급률		노령연금 평균급여 수준	
	수급자(명)	수급률(%)	급여액(원)	상대적 급여 수준 (평균=100)
전체	1,609,475	28.5	264,605	100.0
남성	987,465	42.5	301,543	114.0
여성	622,010	18.7	181,283	68.5

자료: 국민연금연구원(2012)에서 정리.

세대 여성노인 역시 연금의 젠더 격차는 여전할 것으로 전망된다는 등의 연금의 젠더 격차에 대한 사실들은 더 이상 새로운 발견은 아니다. 이미 여러 국내 선행연구에서 밝혀져 왔다(김용하·석재은, 1997; 석재은, 2004, 2010; 류연규 외, 2007; 강성호·김경아, 2009; 김영옥 외, 2011; 김경희 외, 2011).

따라서 이 연구에서는 좀 더 근본적 관점을 견지하고 연금의 젠더불평등이 발생하는 메커니즘, 즉 젠더레짐(gender regime)이 노동시장-가족-국가 부문에 관철되면서 연금수급권에 영향을 미치는 메커니즘을 이해하고[2], 연금정책(pension policy)을 통해 젠더불평등을 변화시킬 수 있는 방안을 모색해보고자 한다. 연금은 가족-노동시장-국가영역에 투영된 젠더레짐이 총체적이고 집합적으로 구현되는 정책영역 중 하나이다. 연금에서의 젠더불평등은 노동시장, 가족, 국가 영역에서 발생한 젠더불평등이 집적된 결과인 동시에 연금정책의 설계에 따라 이들 영역에서 발생한 젠더불평등을 개선할 수 있다는 점에서 중요한 의미를 가진다. 즉, 연금권 보장과 관련하여 가장 중요한 골간인 연금의 수급자격과 급여 수준을 결정하는 원칙에서 '노동시장 성과와의 연계', '가족돌봄에 대한 사회적 보상', '국가의 기본생활보장 책임'이 어떠한 구성과 비중으로 결합되어 영향을 미치도록 설계할 것인가 하는 점이 연금정책에서 젠더레짐에 영향을 미칠 수 있는 핵심적 요소이다.

이 글에서는 실질적인 젠더평등을 위하여 젠더차이 전략(strategy of gender diffe-

---

2 남성이 노동시장에서 유급노동을 통해 생계를 부양하고 여성은 가정에서 무급 돌봄노동을 하는 남성생계부양자(male breadwinner) 젠더레짐이냐, 성별분업하에 남성과 여성이 각각 노동시장과 가정에서 일을 하되 여성의 무급 돌봄노동에 대해 사회적 보상을 해주는 성별역할분리(separate gender roles) 젠더레짐이냐, 혹은 남성과 여성 모두가 동등하게 노동을 하되 가족돌봄 책임은 여전히 여성에게 있는 이인소득자(dual earner) 젠더레짐이냐, 나아가 남성과 여성이 모두 노동과 돌봄을 병행하는 소득자-양육자 통합(individual earner and carer) 젠더레짐이냐에 따라 여성의 연금권에 영향을 미치는 노동시장-가족-국가에서의 젠더불평등 양상도 상이하고, 연금정책에서 젠더불평등을 수정할 수 있는 방법도 상이할 것이다. 이에 대해서는 제2절에서 자세히 다룰 것이다.

rence) 및 젠더동등 전략(strategy of gender equality)의 한계를 넘어 젠더통합 전략(strategy of gender integration)을 통한 연금정책 대안을 모색해보고자 한다. 이러한 맥락에서 이 논문은 먼저 젠더평등한 연금정책을 모색하기 위한 분석틀로서 다이앤 세인즈버리(Diane Sainsbury)의 젠더정책 레짐을 수정하여 재분류한다. 다음으로 기존 한국의 연금제도 도입 및 개혁의 역사적 과정에서 나타난 젠더불평등한 젠더레짐이 투영된 정책적 요소들을 분석한다. 한국은 1988년 국민연금제도가 도입된 이후 1998년과 2007년 두 번에 걸쳐 큰 폭의 연금개혁이 있었다. 이에 따라 연금제도 도입 당시와 두 번의 연금개혁 과정에 관철된 젠더레짐을 분석하고, 그것이 여성의 연금권 보장과 관련하여 가지는 의미와 영향을 평가하고자 한다. 마지막으로 이 연구의 궁극적 목적이라 할 수 있는 노령여성에게 안정적 소득을 보장해줄 수 있는 현실적 유토피아 구현을 위하여 젠더평등한 젠더레짐에 부합하는 한국 연금정책의 재설계 방안을 젠더동등 전략 및 젠더차이 전략의 한계를 넘어서는 젠더통합적 전략에 입각하여 제안하고자 한다.

2. 젠더레짐, 연금정책, 여성의 연금권

1) 젠더레짐의 재분류와 여성의 연금권

기존의 복지국가 연구에서 분석의 주요 초점은 생계부양자인 남성노동자를 표준으로 한 국가와 시장 간의 관계였으며, 비가시적(invisible) 영역에 놓여진 여성과 가족의 역할, 젠더 차원은 상대적으로 간과되어왔다(Orloff, 1993). 이에 대한 많은 페미니스트들의 비판이 제기되었다. 그러나 여성의 유급노동이 증가하고 여성이 보이지 않게 담당해왔던 가정에서의 돌봄노동의 공백이 발생하게 되면서 돌봄서비스의 제도화가 이루어지는 등 가족영역의 돌봄역할도 공식적인 정책영역의 가시권으로 들어오게 됨에 따라, 국가와 젠더 관계 및 가족관계가 복지국가의 특성을 이해하는 데 핵심적 부분이라는 점이 더욱 명확해졌다(Daly and Lewis, 2000).

젠더(gender)는 여성(women), 성(sex)과는 구별되는 개념으로, 시대와 문화적 배경에 따라 상이한 상대적인 성별역할에 기반을 둔 상호관계를 지칭하는 사회적 구성물을 의미하며, 젠더레짐은 여성과 남성의 시민사회(가족), 노동시장, 국가에의 참여방식을 조직하는 신념, 관습, 사회구조, 법, 제도를 의미한다(Sainsbury, 1996). 따라서 젠더레짐은 복지국가의 핵심 정책의 논리를 통해 드러난다(Pascall and Lewis, 2004).

예컨대 연금정책의 경우 젠더레짐에 내포되어 있는 '노동시장'에서의 성별 참여기회와 참여의 질, '가족' 내에서의 부부 간 역할관계, '국가' 연금정책의 연금수급자격 및 급여결정시스템의 특징들에 따라 여성의 연금권에 대한 결과는 매우 달라질 수 있다. 따라서 젠더레짐은 여성이 남성에 비하여 낮은 생애소득을 갖게 되는 것을 이해하는 데 핵심적이다. 여성이 감당하는 상당한 무급의 가사노동과 양육, 노동시장의 차별 때문에 발생하는 여성의 고용에서의 제약과 취약성은 여성들이 소득비례연금을 덜 축적하도록 하기 때문이다(Ginn et al., 2001).

세인즈버리는 자신의 저서[*Gender and Welfare State Regimes*(1999)]에서 '노동시장' 및 '가족'에서의 젠더역할의 차이와 '국가'의 복지정책의 설계에 따라 달라지는 연금수급권의 발생근거 등에 따라 젠더정책 레짐(gender policy regime)을 다음과 같이 세 가지로 구분했다. 첫째, '남성생계부양자(male breadwinner) 모델'은 남성은 노동시장에서 유급노동을 통해 가구의 생계를 담당하고, 여성은 가정에서 무급 돌봄노동을 하는 전통적 성별분업에 기초하고 있는 젠더정책 레짐이다. 둘째, '성별역할분리(separate gender roles)' 모델은 젠더의 고유한 차이에 기초하여 성별분업을 지속함으로써 여성은 가정에서 돌봄노동을 제공하지만, 국가가 무급 돌봄노동에 대한 사회적 보상(돌봄제공자수당, 연금크레딧 등)을 제공하는 젠더정책 레짐이다. 셋째, '개인별 소득자-양육자 통합(individual earner-carer)' 모델은 젠더평등에 기초하여 남성과 여성 모두가 유급노동과 무급 돌봄노동을 함께 담당하는 젠더정책 레짐이다.

이와 같은 세인즈버리의 젠더레짐에 대한 구분은 그녀의 저서[(*Gender, Equality, and Welfare States*(1996)]에서 여성이 사회권을 획득하는 세 가지 자격조건(entitlement)으로 '아내'로서의 지위, '어머니'로서의 지위, '노동자'로서의 지위를 제시한 것과 연관된다. 첫째, 여성이 '아내로서의 지위'에 입각하여 남편의 연금수급권으로부터 파생된 피부양배우자연금(한국의 부양가족연금) 및 유족연금의 수급권을 보장받는 것은 전통적인 성별분업에 입각한 '남성생계부양자 모델'에서의 보편적인 여성의 연금수급권 획득 방식이다. 결혼한 여성의 연금급여수급권은 그들의 남편을 통하거나 혹은 남편의 급여에 의해 영향을 받는다. 이와 같이 결혼상태에 의존하여 연금수급권이 발생하는 피부양배우자연금 및 유족연금 등 파생적 연금수급권(the derived pension right)은 혼인상태 변동이 많아지는 근래의 상황에서는 연금수급권 유지가 불확실하다.

한편 남성생계부양자 젠더레짐에서는 남성생계부양자의 연금으로 여성 배우자가 함께 생계를 유지할 수 있다는 가정을 전제하고 있으므로, 연금의 지급단위로서 개인보다는 '가구'를 고려하고, 연금의 적정급여 수준도 가구의 생계유지에 필요한 수준을 기준으로 삼는 '가구연금'의 개념이 전제되어 있다. 그런데 최근 여성의 유급노동 참여가 증가하면서 여성의 노동자로서의 독립적인 연금수급권이 확산됨에 따라 남성생계부양자 모델에 입각한 '가구 단위 연금' 수준에서 맞벌이 노동(dual earner) 모델에 입각한 '개인 단위 연금'으로 급여 수준을 하향하는 것이 타당하다는 논리가 연금개혁에서 연금급여를 축소할 수 있는 합리적 근거로 제시되고 있다.

둘째, '어머니로서의 지위'에 입각하여 자녀를 출산하고 양육하는 돌봄노동에 대해 돌봄제공자 수당(carer allowance), 연금크레딧(pension credit)을 제공하는 것은 '성별역할분리 모델'에서 여성의 연금수급권을 보장하는 방식이다. 젠더의 고유한 성차이에 기반을 두고 여성에게 남성과 동일하게 유급노동을 장려하기보다는 여성의 가정 내 돌봄역할에 대해 사회적으로 보상하는 방식으로 여성의 연금권을 보장하자는 것이다. 이는 보수적 가족정책을 견지하는 독일에서 전형적으로 관찰된다. 독일은 1자녀를 양육하는 경우 3년의 연금크레딧을 인정하는데, 독일의 연금수급자격을 충족하는 최소 연금보험료 납입기간이 5년이므로 여성이 2명의 자녀를 양육하는 경우 연금수급권을 획득하게 된다.

셋째, '노동자로서의 지위'에 입각하여 독립적 노동자로서 자기 몫의 독립적 연금을 확보할 수 있는 개별 연금수급권(the individual pension right)을 획득하게 되는 것은 개인별 소득자-양육자 통합 모델에서의 보편적인 여성의 연금수급권 획득 방식과 연관된다. 그런데 세인즈버리가 강조한 개별 연금수급권의 확보 방식은 단지 여성의 유급노동을 통한 연금수급권 확보에만 초점이 두어진 것이 아니다. 세인즈버리는 여성이 남성과 같이 유급노동을 하는 젠더동등 전략(strategy of gender equality)에 입각한 이인소득자 모델 혹은 젠더차이 전략(strategy of gender difference)에 입각하여 여성의 돌봄노동에 대한 사회적 보상을 통하여 개별적 수급권을 확보하는 것은 모두 여성의 개별 연금수급권 획득 방식으로 불완전하다고 평가했다.[3] 생계부양의 원칙과 돌봄의 원칙은 전통적인 성별 노동 분리에 근거한다. 노동시장 지위에 근거를 둔 수급권은 유급노동에 대해 특권을 주고,

---

[3] 세인즈버리는 페미니스트 학자들이 젠더평등(gender equality) 혹은 젠더차이(gender difference)에 기반을 두고 여성의 사회권을 논의하는 것에 대해 비판적 입장을 견지했다. 제인 루이스(Jane Lewis)와 일로나 오스트너(Ilona Ostner)의 젠더정책 레짐 유형이 가족 내에서 성별화된 노동분리에 초점을 맞추는 것은 수급권에 관한 주요 두 가지 근거로 생계부양자(소득자)와 생계부양자의 피부양자를 상정하고 있는데, 이는 그들 유형의 기본적 가정의 근거가 노동자로서 여성이 인식되는 정도만을 핵심변수로 보기 때문이다. 낸시 프레이저(Nancy Fraser)도 젠더정책 레짐을 두 개로 구분하는데, 하나는 여성고용을 증진시키는 '보편적 부양자 모델'이고, 다른 하나는 돌봄수당 등을 제공하는 '돌봄 제공자 평가 모델'이다. 그녀의 논쟁은 아내로서의 여성의 수급권에 머물고 있다(Sainsbury, 1996).

시장 밖에서 수행되는 노동가치 인식에 실패한다. 따라서 여성이 남성과 같이 유급노동을 함으로써 독립적 연금수급권을 갖는 것을 통해 개별 수급권 모델의 보편화가 이루어질 것이라 보지 않았다. 오히려 세인즈버리는 노동자로서의 수급권을 넘어서 시민권(citizenship)과 거주(residence)에 근거한 개별 연금수급권이 여성의 연금수급권 보편화에 있어 특히 중요하다는 것을 강조했다.

이와 같은 세인즈버리의 인식은 어떻게 젠더평등적인 여성의 연금수급권을 확보할 것인가와 관련하여 매우 중요한 시사점을 제공해준다. 젠더동등 전략과 젠더차이 전략이 모두 젠더평등한 여성 연금수급권 확보에는 한계가 있다는 것을 의미한다. 이러한 세인즈버리의 통찰을 좀 더 잘 드러내기 위하여 기존의 세인즈버리의 젠더레짐 분류를 약간 수정할 필요가 있다.

젠더에 대한 관점을 젠더몰이해, 젠더차이, 젠더동등, 젠더통합의 변증법적 스팩트럼으로 이해할 때, 세인즈버리가 분류한 세 가지 유형의 젠더정책 레짐인 남성생계부양자 모델 및 성별역할분리 모델과 개별 소득자-양육자 통합 모델의 사이에 논리적으로 건너뛴 부분이 보인다. 젠더차이에 기반을 둔 성별역할분리 모델에서 젠더통합에 기반을 둔 개별 소득자-양육자 모델로 바로 넘어가기 전에 젠더동등 전략에 입각하여 남녀 모두가 유급노동을 하는 소위 이인소득자(dual earner) 모델이 삽입되는 것이 젠더차이, 젠더동등, 그리고 합(合)으로서의 젠더통합이라는 논리적 완결성을 갖게 한다. 남녀 모두가 유급노동을 하는 것이 곧바로 남녀가 유급노동을 통한 '소득자'와 가정의 '양육자' 역할을 함께 공유하는 모델을 의미하지 않는다. 남녀가 모두 유급노동을 하는 이인소득자 모델은 젠더동등 전략에 입각하여 남녀가 모두 노동시장에 참여하여 소득자로서 동등하게 역할하는 것만을 강조하되, 가정에서 책임져야 하는 돌봄 및 가사 등 재생산노동에 대한 공식적인 인식은 여전히 부재하다. 이에 따라 여성은 슈퍼우먼(super-women) 신드롬에 고통을 받게 된다. 반면 소득자-양육자 통합 모델은 남녀가 노동시장에서 함께 노동하고 가정에서 함께 돌봄과 가사를 담당하는 젠더통합적 전략에 기반을 둔 진정한 젠더평등 모델이라 할 수 있다. 소득자-양육자 젠더통합 모델에서는 각 개인이 남녀에 관계없이 생애주기에 따라 소득자-양육자로서의 역할 혼합비중을 자유롭게 결정할 수 있다. 그리고 이를 가능케 해주는 물질적·제도적 뒷받침 중의 하나가 시민권 및 거주에 입각한 연금수급권이라 할 수 있다.

이러한 관점에서 세인즈버리가 구분한 젠더레짐을 젠더몰이해(몰성적) 관점, 젠더차이 관점, 젠더동등 관점, 젠더통합(결과적 젠더평등) 관점의 변증법적 스펙트럼에서 재분류하고, 각 젠더레짐의 연금정책적 특징을 포함하여 정리하면 다음과 같다(<표 8-1> 참조).

첫째, 남성생계부양자 모델은 젠더몰이해 관점에 기반을 두고 남성은 생계부양자로서, 여성은 가정 내 돌봄제공자로서 성별분업을 하되, 여성의 돌봄역할은 공식적으로 인식되지도 않고 사회적 인정도 부여되지 않으며, 여성은 남성을 통해 부양되는 존재로 위치지어지고 여성의 연금권은 남성소득자의 피부양아내로서 피부양자연금, 유족연금 등 파생적 연금수급권을 부여받게 된다.

둘째, 성별역할분리 모델은 남성생계부양자 모델과 달리 젠더에 대한 명확한 인식이 있다. 젠더의 고유한 차이에 입각해 성별로 역할을 분담한다. 남성은 유급노동을 통해 생계부양자로서 역할을 담당하고, 여성은 출산, 육아의 젠더 특성을 반영하여 가정 내 돌봄제공자로서 역할을 담당한다. 그리고 여성의 가정 내 돌봄노동에 대해 남성생계부양자 모델과 달리 공식적으로 사회적 인정을 부여한다. 예컨대 어머니로서의 지위에 부여되는 연금크레딧 등을 통해 여성의 연금권을 보장한다. 그런데 연금크레딧을 통한 연금권의 경우 대부분 실질적 급여 수준이 높지 못하기 때문에 연금크레딧만으로 여성의 독립적인 안정적 소득을 보장하는 데는 한계가 있는 것으로 평가된다.

셋째, 이인소득자 모델은 제한적 젠더동등 관점에 입각하여 남녀 모두가 독립적 유급노동자로서 일하는 보편적 노동자 모델이다. 여성이 남성과 동일하게 유

〈표 8-1〉 젠더레짐의 재분류와 여성의 연금권

	남성생계부양자 모델 (male breadwinner model)	성별 역할분리 모델 (separate gender roles model)	이인소득자 모델 (dual earner model)	보편적 소득자-양육자 통합 모델 (universal earner-carer model)
젠더 관점	젠더몰이해(gender blind) 여성의 돌봄 역할에 대한 인식 부재	젠더 차이(gender difference) 여성의 돌봄 역할에 대한 사회적 인정과 보상	제한적 젠더 동등(limited gender equality) 노동시장 참여평등 가정 내 돌봄 책임 무관심	젠더평등(gender equality), 젠더통합(gender integration) 노동-돌봄, 젠더평등을 통한 실질적 젠더평등, 젠더통합
젠더 역할	남성=노동시장 유급노동자, 생계부양자 여성=가정 내 무급 돌봄제공자	남성=노동시장 유급노동자 여성=가정 내 돌봄노동자	남성, 여성=노동시장 유급노동자 여성=가정 내 돌봄제공자	남성, 여성=노동시장 유급노동 자 및 가정 내 돌봄제공자
정책대응	물질적·보수적 가족정책	실용적 여성지향 정책	젠더동등 노동시장 참여기회 보장에 목표를 둔 기회평등 정책	결과적 성평등, 젠더통합을 위한 정책
가정 내 돌봄에 대한 국가 역할	없음	무급 돌봄제공에 대한 사회적 보상: 연금크레딧, 돌봄제공자 수당	공식적 돌봄서비스 발전 지원: 시장서비스 및 공공서비스 등	돌봄제공에 대한 사회적 보상: 연금크레딧, 돌봄제공자 수당/ 돌봄서비스 지원/ 돌봄을 위한 휴직제도 지원 즉, 현금-서비스-시간 보장
연금 수급권의 근거	남성=생계부양자 여성=생계부양자의 피부양자	남성=유급노동자 여성=돌봄제공자	남성, 여성=유급노동자	남성, 여성=시민권 및 거주/유 급노동자
여성 수급권의 지위	아내	어머니	노동자	시민 노동자

	남성생계부양자 부양자	남성 노동자 여성 돌봄제공자	남성, 여성 노동자	남성, 여성 시민 남성, 여성 노동자 남성, 여성 돌봄제공자
급여 수령인				
연금급여 단위	가구	가구/개인	개인	개인
대표적 연금형태	남성생계부양자 노령연금 유족연금 분할연금*	남성 노령연금 여성 연금크레디트 분할연금*	남성 노령연금 여성 노령연금	거주/시민권에 입각한 보편적 기초연금 남성 노령연금+연금크레디트 여성 노령연금+연금크레디트
여성 연금권 확보의 약점	혼인상태 변동에 따라 수급권 취약	돌봄제공자에 대한 사회적 보상 수준(연금크레디트)이 낮음	여성노동의 질이 낮아(낮은 비정규직 비율 및 낮은 임금) 수급권 확보도 어렵고, 여성의 출산, 양육으로 인한 노동경력 단절로 가입기간 짧아 연금급여 수준이 낮음	약점 없음 남녀 동일한 연금권 보장
대표 국가	한국	독일	미국	스웨덴/네덜란드/캐나다

주: * 분할연금은 혼인상태에서 비롯된 연금권이라는 측면에서 남성생계부양자 모델의 성격도 가지지만, 혼인상태 변동에 관계없이 보장되며, 돌봄노동에 대한 보장적 성격도 갖는다는 점에서 성별역할분리 모델의 특성도 가짐.
자료: 필자 작성.

급노동자로서의 역할을 수행하는 것을 강조한다. 이러한 이인소득자 모델은 노동시장 '참여'의 측면에서 젠더평등은 강조하지만 고용형태 및 임금 등 노동 참여의 질, 결과에서의 젠더평등은 보장되지 않으며, 여성이 여전히 안게 되는 출산, 양육부담 등에 따라 노동시장에서 처해지는 여성들의 불이익에 대한 고려는 없다. 따라서 이인소득자 모델에서 여성의 연금권은 독립적 노동자로서의 지위에 입각하여 부여되는데, 여성의 고유한 젠더차이에 따른 불이익으로 인하여 연금권에서 결과의 측면에서의 젠더평등을 보장하지는 못한다.

넷째, 보편적 소득자-양육자 통합 모델은 진정한 젠더평등, 나아가 젠더통합에 입각하여 남녀 모두 독립적 노동자로서 노동시장에 참여하는 것을 기본으로 하면서도, 가정 내 돌봄역할도 남녀 모두 동등하게 함께 하는 보편적 노동-돌봄 통합 모델이다. 이 경우 남녀 모두가 일과 가정의 양립이 이루어지는 환경하에서 소득자인 동시에 양육자(돌봄제공자)로서의 지위 속에서 연금권을 갖게 된다. 독립 노동자로서의 연금권에 더하여 보편적 양육자의 지위에 연금권을 보장한다. 보편적 양육자에 대한 연금권은 남녀 모두 돌봄노동에 대한 연금크레딧을 받을 수 있으며, 더 나아가 모두가 보편적 양육자라는 관점에서 시민권과 거주에 입각한 기초연금을 보장하는 방식도 가능하다. 이러한 보편적 소득자-양육자 모델은, 이인소득자 모델이 노동시장 참여 기회 측면에서의 젠더평등만 보장한 것에 비해, 실질적인 결과적 젠더평등을 보장할 수 있는 젠더레짐이며, 진정한 젠더통합적 모델이라 할 수 있다.

2) 여성의 연금권 확대 전략: 젠더차이와 젠더동등 전략을 넘어 젠더통합 전략으로

여성의 연금권 확대는 어떠한 방향으로 나가야 할 것인가? 소위 울스톤크래프트의 딜레마(Wollstonecraft's Dilemma)로 알려져 있는 여성의 시민권 인정에 관한 두 가지 전략, 즉 여성의 시민권을 젠더 '차이(difference)'에 기반을 두고 확대할 것인가, 아니면 젠더 '동등(equality)'에 기반을 두고 확대할 것인가, 이 두 전략 간에 존재하는 상호 긴장과 모순이 젠더정책 레짐에도 그대로 반영된다.

'젠더차이' 기반 시민권 확대 전략은 여성은 남성과 다르므로 여성들의 출산, 양육, 돌봄 등 전통적 여성 역할로서 수행해온 일들에 대한 사회적 인정과 보상을 통해 시민권을 인정하자는 전략이다. 이와 같이 젠더차이에 기반을 둔 여성의 시민권 확장 전략은 무급 돌봄노동을 수행해온 여성들도 사회권을 직접 획득할 수 있는 전략이지만, 장기적으로 젠더의 사회적 분화를 심화시킨다는 비판을 받는다. 반면 '젠더동등'에 기반을 둔 시민권 확대 전략은 여성도 남성과 마찬가지로 유급노동 참여를 활성화함으로써 유급노동자로서 남성과 같은 시민권을 인정받는 전략이다. 그러나 이는 남성의 특성에 기반을 두고 만들어진 시민권 개념을 단순히 여성에게 확대하는 것으로, 결국 출산 등 고유한 젠더차이로 인해 발생하는 유급노동자로서 갖게 되는 여성의 불리함을 여성이 그대로 떠안게 되어 여성의 시민권 확대 전략으로서 한계가 있다는 비판을 받는다(Pateman, 1992; piefight.typepad.com, 2007; 김수완, 2008; Bambrick, 2007).

여성의 유급노동 참여의 증가에도 불구하고, 유급노동 여성들이 남성과 동등한 사회권을 누리고 있지 않다는 증거들이 많이 있다. 몇몇 스칸디나비아 국가들을 제외하고 대부분의 국가들에서 여성의 일자리들은 대부분 시간제 고용에 낮은 임금의 저열한 일자리들에 집중되는 경향을 보이고 있다(McKay 2001: 102). 또한 여성들은 노동시장 참여를 강요받으면서도 여전히 무급의 돌봄노동 책임을 떠안고 있다. 남성의 가정 내 돌봄분담 행태도 그다지 변화가 없다(Lewis, 1992: 169). 한국도 지난 20여 년간 유배우 여성의 맞벌이 노동은 15%에서 43.6%로 약 30%p 큰 폭으로 증가해왔지만, 가정 내 가사분담이나 돌봄역할 수행에 있어서는 여전히 여성의 부담으로 남아 있는 것으로 조사되고 있다(통계청, 2010).[4] 즉, 여성이 남성과 마찬가지로 노동시장에서 유급노동을 하는 것만으로 울스톤크래프트의 딜레마는 해결되지 않는다. 여성은 저임금의 낮은 질의 일자리에 집중되고, 여전히 가정 내 돌봄 부담을 감당하고 있기 때문이다. 따라서 울스톤크래프트의 딜레마를 해결하기 위해서는 남성이 가정의 무급 돌봄노동을 더 맡도록 정책이 만들어지고, 여성과 남성이 모두 노동자이면서(workers) 동시에 돌봄제공자(carers)가 될 수 있는 정책이 필요하다(piefight.typepad.com, 2007).

이와 같이 젠더차이에 입각한 성별역할분리 모델과 남성중심적 젠더동등에 입각한 이인소득자 모델은 모두 여성의 시민권 보장 전략으로서 한계를 갖고 있다. 이에 비해 시민권과 거주에 바탕을 둔 보편적 수급권은 젠더차이와 젠더동등을 넘어서는 젠더통합적 관점을 견지한다. 남녀 모두 소득자와 돌봄제공자를 동시에 병행하는 모델과 부합된다. 이는 시민권과 거주에 입각하여 무급, 유급노동과 관계없이 무조건적으로 일정한 소득을 보장하는 기본소득제도(basic income scheme) 도입의 구상과 맞닿아 있다(Van Parijs, 2004; Bambrick, 2007; Standing, 2009).

이러한 시민권과 거주에 기반을 둔 수급권은 여타 다른 기반의 수급권보다 훨씬 강력한 탈가족화(de-familialization)의 잠재력과 가족관계에 대해 특별한 영향력을 갖는다. 시민권에 근거한 수급권은 사회권에 있어서 결혼의 영향을 상쇄시킨다. 급여와 서비스에 있어 남편과 아내가 차별되지 않고, 결혼 상태가 수급권에 영향을 미치지 않는다. 시민권에 근거한 모성급여는 가족임금 관념과 부양의 원칙을 서서히 약화시킨다. 또한 시민권과 거주에 근거한 수급권은 유급노동과 무급노동 간의 차별을 없게 만들고, 이러한 방법이야말로 사회권에 관한 성별화 영향을 효과적으로 약화시킬 수 있는 방안이다. 따라서 시민권과 거주에 바탕을 둔 수급권이 젠더관계를 개조할 수 있다(Sainsbury, 1996).

---

4 통계청의 「2011년 맞벌이가구 및 경력단절 여성 통계 집계 결과」를 보면 맞벌이부부 가운데서도 실제로 공평하게 가사분담을 하는 경우는 10쌍 중 1쌍 정도밖에 되지 않는 것으로 조사되었다.

3) 여성의 연금권 보장을 위한 젠더레짐과 연금정책의 역동적 관계: 노동시장-가족-국가의 측면에서

여성에게 노후의 안정적 소득을 보장함으로써 현실의 유토피아를 실현하기 위해서는 여성의 연금권 보장이라는 목표를 달성하여야 한다. 여성의 연금권 보장에 가장 구조적으로 영향을 미치는 것이 젠더레짐이다. 앞에서 살펴본 바와 같이 젠더레짐은 여성과 남성이 시민사회(가족), 노동시장, 국가에의 참여방식을 조직하는 신념, 관습, 사회구조, 법, 제도이므로 젠더레짐에 의해 여성의 연금권 보장방식이 이미 구조적으로 상당 부분 결정된다. 예컨대 남성생계부양자 모델에서는 여성의 유급노동을 통한 개별 연금수급권 확보도 어렵고, 여성의 무급 돌봄노동에 대한 사회적 보상을 통한 개별 연금수급권 확보도 어렵다. 즉, 노동시장에의 참여가 제한되고 가정에서의 돌봄노동도 남성생계부양자 가구를 위한 행위로 복속되어, 노동시장 및 가족에서 여성이 독립적 지위를 갖는 것은 불가능하다.

그런데 만약 국가에서 남성생계부양자 모델에서 전혀 독립적 입지를 갖지 못한 여성에게도 무조건적으로 시민권과 거주에 입각하여 기본소득(연금)을 보장한다면, 여성은 적어도 노후생활에 있어서는 본인의 삶을 독립적으로 조직하고 선택할 수 있는 물적 기반을 갖게 되는 것이다. 이와 같이 국가의 연금정책을 통해 연금제도의 수급자격과 급여 수준을 어떻게 설정하느냐에 따라 노동시장, 가족영역에서 여성의 삶의 방식을 지배하고 있는 젠더레짐의 영향력을 어느 정도 조정할 수 있다. 이와 같이 여성의 연금권 보장이라는 목표만을 고려한다면, 국가의 연금정책을 통해 지배적인 젠더레짐의 영향을 차단 혹은 조정할 수 있는 여지가 있다. 이것은 매우 중요하다. 여성의 삶을 실질적으로 향상시키기 위해 우리가 작은 정책의 변화에 집중하는 것이 오히려 거대하고 손에 잡히지 않는 노동시장 및 가족에 관철되는 레짐을 변경하는 노력보다 의미 있는 성과를 거둘 수 있을 뿐만 아니라, 이러한 작은 변화가 거대한 젠더레짐을 변화시킬 수 있는 토대가 될 수 있기 때문이다.

앞에서 살펴본 네 가지 젠더레짐이 노동시장, 가족, 국가 영역에서 관철되는 특성을 고려할 때 각 젠더레짐의 여성의 연금권 보장 전략은 다음과 같이 달라져야 할 것이다. 즉, 각각의 젠더레짐에 따라 노동시장과 가족에서의 남성과 여성의 역할을 주어진 상수(常數)로 본다면, 각 젠더레짐하에서 여성의 연금권 보장 전략은 국가의 연금정책을 통해 달라질 수밖에 없다. 만약 여성의 노동시장에서의 성과가 미약하고 가족의 돌봄에 대한 성과가 사회적으로 보상받지 못한다면 여성의 연금권 보장을 위해 국가가 연금정책에서 부담해야 하는 몫이 커지는 것인 반면, 여성의 노동시장 참여가 남성과 동등하게 이루어지고 가족의 돌봄에 대한 성과도 사회적으로 보상이 되는 상황이라면 여성의 연금권 보장에서 국가의 연금정책을 통해 의도적으로 부담해야 하는 몫은 줄어들 것이다.[5] 국가

---

[5] 일반적으로 연금은 근로연령기에 소득의 일정 부분을 연금보험료를 갹출하여 적립했다가 노동시장에서의 은퇴로 근로소득이 상실되는 노령기에 연금급여를 지급하는 방식으로 운영된다. 따라서 노령기에 연금수급권을 갖추기 위해서는 근로연령기에 노동시장에서 유급노동을 하고 연금보험료 갹출기록을 쌓는 것이 중요하다. 연금수급권과 급여 수준은 노동시장에서의 성과(유급노동기간에 비례한 연금보험료 납부기간, 일자리 질에 비례한 임금 수준)와 밀접한 관련을 갖는다(Ginn et al., 2001). 여성의 개별 연금수급권은 다음과 같은 조건에 의해 정해진다. 첫째, 여성의 경제활동참가율 및 참가형태(노동정책)이다. 여성의 경제활동참가율이 높고 고용형태가 안정적이고 고용의 질이 높을수록 연금수급권 확보가 용이하며, 연금급여 수준도 높다. 둘째, 연금수급자격조건 관련 제도적 설계(연금정책)이다. 연금기여와 수급권 보장 간 관계가 느슨할수록 연금수급권 확보가 용이하다. 따라서 여성의 개별 연금수급권은 그 사회의 경제활동참가율 및 참가형태를 결정짓는 노동시장정책과 연금수급자격조건의 관대성 정도를 결정짓는 연금정책의 결합에 의해 결정된다. 어떤 국가에서 경제활동참여율 및 참여의 질이 높은 경우, 연금수급자격조건이 갹출기록에 기반을 둔 엄격한 수급조건을 가진다 하더라도 여성의 개별 연금수급권 확보에는 큰 어려움이 없다. 그러나 경제활동참가율 및 참여의 질이 낮은 경우라도 연금수급자격조건이 갹출기록에 기반을 둔 것이 아니라 시민권에 입각하여 관대한 보장체계로 설계된 경우에는 여성의 개별 연금수급권 확보에 어려움이 없다. 경제활동의 성과와 연계되지 않은

〈그림 8-1〉 여성의 연금권 보장 달성을 위한 젠더레짐 유형별 필요 전략: 노동시장 성과 연계-가족의 돌봄보상-국가의 기본소득보장의 기대 역할

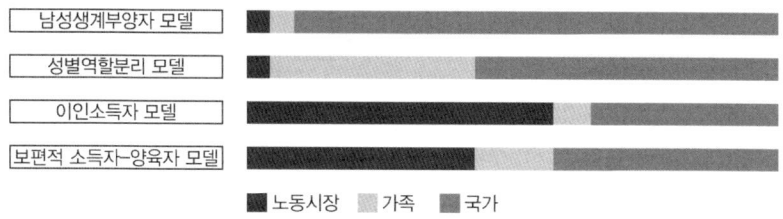

가 연금정책을 통해 여성의 연금권을 보장하고자 할 때 젠더레짐에 따라 첫째, 노동시장 성과와의 연계를 강화, 약화 혹은 차단하여야 하며, 둘째, 가족돌봄에 대해 연금크레딧 등을 통해 연금가입기간으로 인정하는 정도를 결정하여 연금수급권을 지원하여야 하며, 셋째, 국가가 시민권과 거주에 입각하여 무조건적으로 기본연금을 지급토록 하는 것이 필수적인지 아닌지를 결정할 수 있다.

연금제도를 통하여 연금수급권 확보를 지원하기 때문이다. 만약 경제활동참가율 및 참여의 질이 낮은데 연금수급조건이 엄격한 경우에는 연금으로부터 배제되는 집단이 상당한 사각지대 문제가 크게 제기될 수 있다(류연규·황정임·석재은, 2007; 석재은, 2010).

〈여성의 개별 연금수급권 확보형태〉

구분		경제활동참가율 및 참가형태	
		높다	낮다
연금수급 자격조건	관대	개별 수급권 확보 용이	개별 수급권 확보 용이
	엄격	개별 수급권 확보 용이	연금수급 배제로 인한 사각지대 문제 심각

자료: 류연규·황정임·석재은(2007), 석재은(2010).

3. 한국의 연금제도 궤적에 투영된 젠더레짐과 연금정책

이 장에서는 한국의 연금제도의 발전 궤적을 살펴보면서 연금제도 설계와 개혁의 맥락에 숨겨져 있는 한국사회의 젠더레짐을 확인하고, 연금정책의 변화를 통해 여성의 연금권 확대를 시도한 정책적 조치들과 그 의미를 전략적 관점에서 평가해보고자 한다. 한국은 1988년 국민연금제도 도입 이후, 적용대상 확대를 위한 법 개정 외에, 1998년과 2007년 두 번에 걸쳐 큰 폭의 연금개혁이 이루어졌다. 따라서 제도 도입 당시와 두 번의 연금개혁에서 한국 연금정책이 젠더평등적 관점에서 젠더레짐에 어떠한 영향을 미쳤는가를 다음과 같은 질문을 통해 평가해보고자 한다. 첫째, 연금제도 설계와 연금개혁 과정에서 '젠더평등'이라는 정책 목표가 포함되어 있었는가? 즉, 젠더인지적 정책노력이 의식적으로 이루어졌는가를 평가하는 것이 필요하다. 둘째, 젠더평등이라는 목표가 있었다면, 젠더평등이라는 목표달성을 위해 어떠한 전략들(젠더차이 전략, 젠더동동 전략 혹은 젠더통합 전략)이 동원되었는가, 그리고 이들 전략의 의미와 실질적 파급효과는 어떠한가와 같이 젠더평등적 관점에서의 정책변화의 의미와 실질적 기여를 평가해보고자 한다.

1) 1988년 국민연금 도입: 강력한 남성생계부양자 젠더레짐 반영 및 몰성적·젠더인지적 전략 부재

1988년 도입된 한국의 국민연금은 전형적으로 남성생계부양자 모델의 젠더레짐하에서 만들어진 연금이라 할 수 있다. 첫째, 적용대상은 소득활동을 하는 임금근로자를 우선으로 도입되었고(1988년 10인 이상 사업장 근로자, 1992년 5인 이상 사업장 근로자), 이후 자영자에게 확대되었다(1995년 농어촌지역자영자). 자영자의 경우 세대 가구주 중심으로 가입을 하도록 한 점, 여성이 대부분인 세대 내

협업근로자 및 무급가족종사자는 당연가입대상에서 제외되었다는 점에서 가구주를 중심으로 하는 남성생계부양자 젠더레짐의 영향을 확인할 수 있다. 법제도상에 명시적으로 여성에 대한 적용차별 등의 부분이 존재하지 않는다는 점에서 성중립적 제도라고 할 수 있으나, 실제 제도가 운용되는 사회경제적 맥락과 그 결과를 보면 결코 성중립적이지 않다는 것을 확인할 수 있다. 여성의 경제활동 참가율이 매우 낮고, 여성의 경제활동의 질이 낮아(높은 비정규직 비율) 경제활동을 하더라도 실질적으로 연금적용을 받지 못하는 비율이 높았다. 또한 농어촌에서 여성은 실질적인 소득활동 주체임에도 불구하고 세대 가구원은 당연적용에서 배제되는 등으로 인하여 여성의 연금적용률은 더욱 낮았다. 이와 같이 여성이 연금제도 적용에서 배제된 결과, 여성의 노후생계는 결혼을 매개로 남성생계부양자에게 의존해야 한다는 것을 의미한다.

둘째, 국민연금 수급자격은 20년이라는 보험료 최소납부기간과 남녀 모두 60세 이상의 연령조건이 필요하다. 연금의 수급자격이 전적으로 보험료 갹출기록에 기반을 두고 부여되는 구조이다. 이러한 구조하에서 낮은 연금적용률과 잦은 경력단절로 보험료 갹출기록이 부실한 대부분의 여성의 경우, 본인 명의의 개별 연금권을 갖기 어려우므로 남성생계부양자에게 노후소득을 의존하게 되는 구조이다. 연금수급연령은 남녀 모두 60세로 설정한 것은 선진국에서 최근 연금개혁 이전까지 여성의 수급연령을 남성보다 일찍 수급할 수 있도록 했었던 것과는 상이한 것으로, 성중립적인 제도로서의 특성을 보이는 것인 동시에 제도설계 시에 여성의 연금수급을 크게 고려하지 않았다는 것으로도 이해된다.

셋째, 급여 수준은 40년 가입 70% 수준으로, 1인 생계비 개념보다는 가구의 생계를 담당할 수 있는 급여 수준으로 설정되었다는 점에서 이 역시 남성생계부양자 젠더레짐의 영향을 확인할 수 있다. 급여산정 시 전체 가입자 평균소득(균등부분)과 가입자 본인의 생애평균소득(소득비례부분)이 각각 반영됨으로써 강력한 소득재분배적 요소를 포함하고 있어 저소득에 분포되어 있는 여성에게 유리한 점이 있었다. 그러나 가입자의 소득활동과 보험료 기여가 핵심적으로 연금수급자격을 결정하고, 연금급여 수준은 연금보험료 납부기간에 정비례한다는 점에서 여성의 고유한 젠더특성을 고려한 연금설계라고 보기는 어렵다. 또한 배우자 및 자녀에 대한 부양가족연금(당시 가급연금)의 수준이 매우 미미했다는 점에서 부양가족연금(가급연금) 자체보다는 남성생계부양자의 노령연금으로 노후 생계를 함께 영위하는 것으로 상정했던 것으로 이해된다.

종합하면 1988년 도입 당시 국민연금의 가입자격, 수급자격, 급여 수준 산정구조 등 제도설계의 특징은 남성가장이 소득활동을 하며 가구의 생계를 담당하는 전통적인 남성생계부양자 젠더레짐에 입각하여 만들어진 것이라고 평가된다. 여성의 사회권은 남성생계부양자의 피부양자 아내의 지위로부터 비롯되며, 남성의 노령연금으로 함께 생활을 영위하고, 남성생계부양자의 사망 시에는 유족연금으로 생계를 꾸려나가는 방식이다. 이와 같이 남편으로부터 파생된 연금수급권은 결혼상태에 변동이 생기는 경우, 즉 이혼을 하거나 남편 사망 후 재혼을 하는 경우 연금수급권이 박탈되는 취약한 연금수급권의 성격을 가진다.

2) 1998년 1차 국민연금 개혁: 흔들리는 남성생계부양자 젠더레짐과 젠더인지적 전략 시도

1998년 연금개혁은 두 가지 큰 당면 과제에 대해 이루어졌다. 하나는 그 이전까지의 연금제도 적용규모보다 더 큰 집단인 도시자영자에 대한 적용확대를 함으로써, 적어도 소득활동을 하는 전 국민을 포괄하는 연금제도를 완성해야 하는 것이었다. 다른 하나의 과제는 선진국 연금개혁의 흐름과 같이 세대 간 형평성 보장의 측면에서 미래세대의 과도한 부담 전가를 완화하기 위해 연금의 급여-부담구조의 균형을 도모하여야 한다는 것이었다. 여성연금권과 관련해서는 1997년 국민연금제도개선기획단의 논의과정에서 여성의 연금권이 취약하다는 문제인식이 분명해졌고, 이에 대한 대안으로 보편적인 기초연금 도입이 개혁대안의 하나로 논의되기도 했으나, 개혁대안으로 채택되지는 못했다(국민연금제도개선기획단·한국보건사회연구원, 1997). 다만 분할연금을 도입하여 이혼 시에 혼인기간에 비례하여 분할연금을 수급받을 수 있도록 함으로써, 혼인상태에 따라 불안정해지는 여성의 노후소득보장에 대한 문제인식을 반영했다.

구체적으로 살펴보면 첫째, 연금 적용대상을 사업장근로자 및 농어촌지역 자영자에서 도시지역 자영자에게까지 확대함으로써 전 국민 연금시대가 열렸다는 정책선전이 이루어졌다. 그러나 연금제도의 적용대상 구조는 여전히 소득활동자 중심의 연금이었기 때문에 전 국민 연금시대라는 선전문구와는 괴리가 있다. 비경제활동 여성이 당연적용에서 제외된 것은 물론이고, 협업노동자로서 세대가구원인 여성은 여전히 당연적용 가입에서 제외되었고, 공식/비공식의 경계상의 일자리에서 일하는 많은 여성들이 실제로 국민연금 당연적용에서 제외되었다.

둘째, 연금의 급여-부담구조의 균형을 통한 미래세대 부담을 완화하고 연금재정의 안정화를 위하여 급여 수준을 40년 가입 시 생애평균소득의 70%에서 60%로 조정했다. 또한 연금수급연령을 현행 60세에서 2013년부터 61세, 매 5년마다 1세씩 증가시킴으로써 2033년에 65세에 이르도록 단계적으로 상향조정했다. 또한 2003년부터 재정안정을 위한 재정계산제도를 도입하여 매 5년마다 연금재정추계를 시행하도록 했다. 또한 경제변화로 인한 급여의 급격한 변화를 막기 위하여 기본연금액을 전년도의 평균소득월액에서 연금수급직전 3년간의 평균소득월액의 평균으로 변경했다.

실질적인 연금급여율의 인하는 가구연금의 개념을 약간 훼손시킨 점이 있지만, 연금개혁 논의 당시에 대안으로 거론되던 개혁안들 중에서 최대한 남성생계부양자 모델을 유지하는 대안이 통과된 것이라 할 수 있다. 기획단에서 국민연금급여율을 50%로 제안했던 것이 국무회의에서 55%로, 다시 국회에서 60%로 수정되어 통과되었다.

> ⟨기초연금과 소득비례연금 이원화(제2안)⟩
>
> 배우자(여성)의 연금수급권 확대
> - 여성의 경제활동참여율 증가로 많은 여성이 생애 중 일정 기간은 국민연금에 가입하고 있으나 결혼 등으로 인한 중도 탈퇴로 연금수급기간을 충족하지 못하고 반환일시금을 수령하고 있다(반환일시금 수령자의 약 30~40%가 20~30세의 여성).
>   - 전업주부, 협업배우자 등의 장해 및 노령연금수급권 확보가 시급하고 중요한 과제이나 보험료 부담방법, 배우자연금과의 병급조정, 이혼 시 연금수급권 분할 등의 문제로 인하여 현재 그 대책수립이 지연되고 있다.
> - 따라서 기초연금제도를 도입하여「1인 1연금 체제」를 실현할 경우, 국민연금제도 도입 당시에 가입대상에서 제외된 현 노령계층에 대하여 부과방식의 기초연금을 통해 연금권을 부여할 수 있다.
>   - 전업주부 및 자영협업 여성을 연금에 가입시킴으로써 여성의 연금수급권을 확보.
>
> 자료: 국민연금제도개선기획단(1997: 120~121).

셋째, 국민연금제도개선기획단 논의 당시에 거론되던 세 가지 개혁대안 중의 하나는 여성연금권 확보 등을 이유로 '전 국민 보편적인 기초연금'과 '소득활동자에 대한 소득비례연금'으로 국민연금을 2층으로 개혁하는 방안이 있었다. 물론 당시의 제안은 기초연금을 사회보험방식으로 운영하는 것이라 보편성 확보에는 한계가 있었다.

그러나 결과적으로 국민연금개혁위원회에서 통과된 개혁안은 남성생계부양자 모델에 입각한 도입 당시 연금의 구조를 최대한 유지하면서 연금의 급여-부담에 영향을 미치는 급여율의 파라미터들을 부분적으로 조정하는 선택이었다.

넷째, 여성의 연금수급권 확보를 지원하기 위하여 여성의 출산, 육아 등으로 짧은 노동경력을 감안하여 연금수급권 확보를 좀 더 용이하게 할 수 있도록 연금수급자격요건 최소가입기간을 15년에서 10년으로 단축했다. 또한 이혼 시 여성의 연금수급권을 보장하기 위하여 분할연금제도를 도입했다. 혼인기간이 5년 이상인 경우, 이혼하고 60세에 도달하거나 혹은 60세 이후에 이혼(단 재혼하는 경우 지급정지[6])하는 경우에 배우자의 노령연금수급액 중 혼인기간에 비례하여 균분하여 상대편 배우자에게 지급하도록 했다. 또한 연금수급권 확보를 돕고 가능한 연금가입기간을 장기화하여 연금급여 수준 제고를 돕기 위하여 육아, 군복무, 재학, 교도소 및 시설수용 기간에 대하여 연금보험료의 추후납부를 허용했다. 이와 같이 1998년 연금개혁에서 연금수급자격 최소가입기간 요건을 완화하고 분할연금을 도입한 것은 모두 젠더차이에 입각하여 여성의 연금수급권 확보를 돕기 위한 정책적 고안이었다. 출산, 양육 등 경력단절 등으로 상대적으로 소득활동기간이 짧은 여성의 연금수급자격 요건 충족을 지원하고, 무급 돌봄노동에 대한 가정 내 성별역할분담에 대한 공식적 자원배분을 연금제도로서 강제한 것이 분할연금이라 할 수 있다.

이상과 같은 1998년 연금개혁은 여성의 연금수급권 측면에서 비교적 의미 있는 내용을 담고 있다. 개혁안으로 통과되지는 못했지만, 한국 연금역사상 최초로 여성연금권에 대한 정책적 인지가 이루어졌고, 민관합동의 국민연금제도개선기획단에서 논의된 개혁대안 중 하나로 여성의 연금수급권을 고려한 보편적 기초연금이 제안되었다는 점에서 의의가 있다. 또한 여성의 소득활동 특성 등을 감안하여 연금수급자격 최소가입기간 요건을 완화하여 여성의 연금수급권 확보를 돕도록 변경했으며, 분할연금 도입을 통해 가정 내 무급 돌봄노동에 대해 혼인기간 동안 조성된 남성연금권의 절반은 아내에게 권한이 있다는 것을 제도화했다. 이러한 1998년 연금개혁은 국민연금제도 도입 이후 처음으로 여성을 배려한 제도개혁이 이루어졌다는 점에서 평가할 만하다.

그러나 이 당시에 반영된 젠더레짐은 여전히 남성생계부양자 모델의 연장선상에 있었다고 평가된다. 여성의 연금권에 대한 문제인식은 있었지만 이를 실제로 해결할 만한 정책수단이 실질적으로 채택되지는 않았다. 여성의 돌봄노동에

---

6 이 조항은 분할연금의 성격상 이미 혼인기간 동안 배우자에게 축적된 재산권적 연금권이라고 보아 재혼 후에도 분할연금을 받을 수 있도록 2007년부터 변경되었다.

〈표 8-2〉 한국의 연금제도 발전 궤적과 젠더레짐 및 젠더인지적 정책조치들

	국민연금 도입	1차 국민연금 개혁	2차 국민연금 개혁 및 기초노령연금 도입
시기	1988년	1998년	2007년
젠더레짐	강력한 남성생계부양자 모델	흔들리는 남성생계부양자 모델	남성생계부양자 모델에서의 이탈
·노동시장	성별 경제활동참가율 -남성 73.0% -여성 45.0%	성별 경제활동참가율 -남성 75.1% -여성 47.1%	성별 경제활동참가율 -남성 74.0% -여성 50.2%
·가족	전형적 남성생계부양가구 -남성 생계부양자 -여성 가족돌봄자 맞벌이 15%	여전히 남성생계부양가구 지배적인 동시에 이혼 증가, 이인소득자 증가 맞벌이 30%	이인소득자 상당 증가 -부양형태 다양화: 　남성생계부양가구 　이인소득자가구 　여성생계부양가구 맞벌이 43.6%
·국가	「남녀고용평등법」(1987)	「여성발전기본법」(1995)	「남녀고용평등과 일·가정 양립 지원에 관한 법률」로 변경(2007) 「여성발전기본법」개정(2008) 호주제 폐지(2005) 가족에서 개인으로!
연금정책	• 젠더몰이해(몰성적) 관점 • 젠더인지적 전략 부재	• 젠더인지적 시도 -분할연금 도입 -기초연금 도입은 실패 • 실용적 여성지향적 정책 일부 도입	• 젠더인지적 접근 명확 • 젠더차이 전략 일부 관찰 -출산연금크레딧 -분할연금재혼시도 유지 • 젠더통합의 씨앗 형성 -기초노령연금 도입
·정책조치	적용대상: 임금근로자 우선 도입, 세대가구주 당연 적용→남성생계부양자 젠더레짐 영향	적용대상: 자영자 확대, 협업근로 세대가구원, 무급가족종사자 제외→여전한 남성생계부양자 젠더레짐 영향	급여 수준의 가구연금에서 개인연금 수준으로 대폭 하향조정: 호주제 폐지 반영, 남성생계부양자 모델에서 이탈 시사
	수급조건: 20년 가입, 60세 남녀 동일기준 적용→여성의 노동경력 취약성 고려 부재	급여 수준 하향 및 수급연령 인상: 최대한 가구연금 개념 유지하는 수준에서 급여 하향	기초노령연금 도입: 중하위 70% 준보편/준선별 무갹출연금 도입→1인 1연금 기반 마련→젠더통합의 씨앗형성 (한계) 낮은 급여 수준 및 노인개인 아닌 노인부부 가구 단위 선별

급여 수준: 가구생계비 개념 적용, 70% 소득대체율	보편적 기초연금 도입 시도 실패: 여성연금권 확보 등의 이유로 개혁 대안 중 하나로 제시되었으나 채택 실패→남성생계부양자가구연금 최대한 유지	출산연금크레딧 도입→ 젠더차이 전략에 입각한 여성연금권 확대 조치 (한계) 여성연금권 확대 목표보다 저출산 장려 목표로 도입된 정책의 한계→둘째 자녀부터 적용, 여성연금권 확대에 실질적 기여 미미
	수급조건 완화: 가입기간 15년에서 10년으로 단축→여성연금권을 고려한 연금 개혁	중복급여 금지에서 중복급여 부분허용: 본인연금에 더하여 유족연금 20%→개별적 및 파생적 연금수급권 보호
	이혼 시 분할연금 도입→이혼증가에 대응하여 여성연금권 보장을 위한 조치 (한계) 재혼 시 분할연금수급권 박탈로 제한적 연금분할	재혼 시에도 분할연금수급권 유지→분할연금 성격이 파생적 연금수급권에서 젠더차이에 입각한 성별분업 보상으로 전환

대한 사회적 보상도 매우 제한적으로 분할연금의 도입에 반영되었지만, 재혼 시에는 수급권이 박탈되는 방식이어서 혼인기간 돌봄노동에 대한 보상이라고 볼 수 없는 불완전한 성격을 지니고 있었다. 즉, 여성의 연금수급권 확보를 지원하는 방안을 고려했으나, 실질적 효과는 크지 않은 조치들이 대부분이었다. 또한 취해진 정책조치들도 여성의 연금수급권 문제를 해결하기 위해 실용적으로 접근된 여성지향적(women oriented) 정책의 성격을 갖고 있었다고 평가할 수 있다.

3) 2007년 2차 국민연금 개혁 및 기초노령연금 도입: 남성생계부양자 젠더레짐에서의 이탈과 젠더인지적 전략의 부분적 성공

2007년 제2차 국민연금 개혁의 결과 이루어진 「국민연금법」 개정과 「기초노령연금법」 제정은 여성 연금수급권에도 상당한 영향을 미치게 되었다. 대폭 낮아진 국민연금급여율은 가구 단위 연금에서 개인 단위 연금으로의 전환을 예고했으며, 기초노령연금의 도입은 그 수준의 미미함에도 불구하고 최소한 '1인 1연금' 확보의 구상을 실현시켜주는 받침돌이 된 것으로 평가된다. 또한 출산 연금크레딧의 도입이 이루어짐으로써 고유한 젠더차이에 기반을 둔 여성의 출산에 대한 사회적 인정이 이루어졌다고 볼 수 있다.

이를 구체적으로 살펴보면 첫째, 국민연금 재정안정화를 위하여 보험료율은 현행 9%를 유지하되, 급여 수준을 60%에서 40%로 단계적으로 하향조정했다. 이를 통해 연금기금 소진 시점을 현행 2047년에서 2060년으로 13년 연기했다. 이와 같은 연금급여 수준의 하향조정은 전반적으로 노후소득보장 수준의 약화를 가져왔지만, 성별 영향의 측면에서는 중립적이라 할 수 있다. 한편 이와 같은 급여율의 하향조정은 연금급여 수준을 실질적으로 가구연금 수준에서 개인연금 수준으로 변화시켰다는 점에서 남성생계부양자 모델에서의 이탈이 이루어진 것으로 해석할 수 있다. 실제로 연금개혁안의 논의 과정에서 기존의 가구연금급여 수준의 개념으로부터 벗어나 기초(노령)연금을 도입함에 따라 연금급여 수준 산정 시 1인 연금, 부부합산연금 등 개인별로 연금급여 수준을 평가하는 논의들이 이루어졌다. 이러한 급여 수준 하향조정은 미래세대 부담 완화를 통한 세대 간 형평성 확보를 위한 개혁조치였다는 점과 더불어 개별 연금수급권을 강조하는 세계적 흐름에 따라 개인의 적정연금급여 수준을 전제로 한 연금개혁 내용으로도 이해될 수 있다. 그러나 한국의 경우 선진국에 비해 여성의 유급노동비율이 평균 15% 정도 낮은 50% 수준에 지나지 않아(OECD, 2011), 가구연금급여 수준에서 개인 단위 연금 수준으로 변경하는 것이 적절한가는 논란의 여지가 있다.

둘째, 국민연금 사각지대 해소 차원에서 기초노령연금을 도입하여 중하위 노령계층 70%(2008년에는 60%)에게 갹출에 관계없이 조세로 국민연금가입자 평균소득의 5%(향후 2028년 10% 수준까지 단계적 상향조정)를 지급하기로 했다. 이와 같은 중하위 70%에 대한 무갹출 기초노령연금의 도입은 여성연금권 확보에 매우 긍정적인 영향을 미친다. 여성노인이 주로 공적연금 사각지대에 놓여 있고 중하위 저소득층에 집중 분포한다는 점을 고려하면(석재은·임정기, 2007; 석재은, 2010), 중하위 노령계층에게 갹출 등의 조건 없이 급여를 제공하는 기초노령연금이 여성에게 큰 혜택을 주는 것은 분명하다. 기초노령연금의 도입으로 여성노인은 전체 여성노인의 약 76.3%(316.7만 명 중 241.7만 명 수급)가 기초노령연금의 수혜자가 된 반면, 남성노인은 전체 남성노인의 약 59.1%(219만 명 중 129.4만 명 수급)가 기초노령연금의 수혜자가 되었다(보건복지부, 2011). 따라서 중하위계층을 선별하여 연금을 급여하는 기초노령연금은 여성이 혜택을 받기에 좀 더 유리하다.

그러나 기초노령연금액은 9만 1,000원 수준으로 1인당 생계비의 16.5% 수준에 지나지 않아 기초노령연금으로 여성노인의 빈곤이 완화되는 정도는 미미할 것으로 전망된다. 또한 기초노령연금 수급자 선정 단위가 노인 개인이 아니라 노인부부 단위이므로, 남성배우자가 있는 여성의 경우 본인의 노후자산 및 소득이 낮더라도 남성배우자의 소득 수준에 따라 기초노령연금수급권을 보장받지 못하게 되어, 여전히 여성의 연금권을 남성의 소득지위에 연계하여 판단하는 한계를 지닌다.

이와 같은 기초노령연금은 연금개혁 과정에서의 정치적 타협물로, 연금개혁 논의 과정에서는 시민권과 거주에 기반을 둔 보편적인 기초연금을 도입하는 대안이 강력히 제기되었었다. 이를 정부에서 수용하고 국회를 거치면서 노령계층 70%를 대상으로 하는 기초노령연금이 탄생된 것이다. 기초노령연금은 70%에 이르는 적용범위 때문에 준보편제도라고 볼 수도 있지만, 소득으로 수급자격을 선별하는 선별제도의 특성을 분명히 가지고 있고, 정부도 공공부조로서의 제도 정체성을 부여하고 있다. 따라서 향후 기초노령연금의 발전과정에 따라 젠더 영향은 달라질 것이라 생각된다. 그럼에도 불구하고 제도도입과 두 번의 연금개혁이 이루어지는 동안 젠더레짐의 변화 잠재력을 가장 크게 보여준 부분이 기초노령연금 도입 부분이다. 시민권과 거주에 입각한 무조건 무갹출 기초연금 도입이 이루어지지 못했으므로 보편적 소득자-양육자 모델로의 진전으로 평가받을 수는 없지만, 그러한 시도가 있었다는 점은 높이 평가할 만하다. 또한 기초노령연금의 향후 발전방향이 노령 대상의 범주적 공공부조가 아니라 보편적인 무갹출

〈표 8-3〉 2007년 국민연금제도 개혁의 젠더 영향

여성의 사회권 근원	연금수급권 관점에서 여성의 취약한 특성	결과	2007년 연금개혁	젠더 영향
근로자	낮은 경제활동참가율	갹출기록 없거나 짧은 갹출기간으로 수급권 확보 어려움	동일	
	취약한 경제활동의 질	갹출기록 없거나 짧은 갹출기간으로 수급권 확보 어려움 낮은 급여 수준	급여 수준 삭감	• 보장성 약화 • 성중립적 개인 단위 보장의 의미
아내	이혼율 증가	1998년 분할연금 도입했으나, 재혼 시 분할연금수급권 박탈	재혼시에도 분할연금 수급권 유지	젠더인지적 측면에서 긍정적 영향
어머니	아동출산 및 양육으로 직업경력 단절	갹출기록 없거나 짧은 갹출기간으로 수급권 확보 어려움	출산연금크레딧 도입해 둘째 아이 출산 12개월, 셋째 아이 18개월 연금납부 인정제도 도입	젠더인지적 측면에서 긍정적 영향(주로 상징적 의미)
시민	시민권에 기반을 둔 연금 부재	여성의 개별 연금수급권 확보 어려움	중하위 60% 노령계층을 위한 자산조사에 의한 무갹출 기초노령연금 도입	젠더인지적 측면에서 긍정적 영향. 특히, 적용의 포괄성 의미에서 긍정적, 보장성 측면에서는 미미
	중복급여 금지	유족연금과 본인 노령(장애)연금수급권 발생 시 하나의 연금만 선택토록 하여, 주로 연금액이 좀 더 낮은 본인 연금 포기 결과	중복급여 부분 허용 (유족연금의 20%)	• 연금급여 수준의 적절성 확보에 긍정적 • 젠더인지적 측면에서 긍정적. 여성의 개별 수급권, 파생수급권에 대한 동시 보호 효과

자료: 류연규·황정임·석재은(2007).

기초연금으로의 전망을 갖게 된다면, 젠더통합적인 보편적 소득자-양육자 모델에 한층 가까워질 수 있는 연금제도가 될 것이다.

셋째, 저출산에 대한 출산장려정책과 연계되어, 국민연금에 출산크레딧 제도가 도입되었다. 자녀 2인인 경우 12개월, 자녀 3인 이상인 경우 자녀 1인마다 18개월 추가하여 최장 50개월까지 인정하는 내용이다. 추가 가입기간에 대한 소득은 가입자 평균소득월액의 100%로 산정한다. 이러한 출산크레딧 제도의 도입은 여성의 출산에 대한 사회적 기여를 인정하여 연금제도에 반영하는 의미를 가지며, 구체적으로 둘째 자녀 출산 시 월 2만 3,000원, 셋째 자녀 출산 시 추가로 월 3만 4,000원 노령연금 인상효과가 발생하고, 가입기간이 상대적으로 짧은 여성가입자의 연금수령기회를 증대시켜 연금 사각지대 축소에 기여할 것으로 기대된다(김수완, 2006). 그러나 현 단계에서는 출산크레딧의 혜택이 본인의 가입기간에 출산크레딧 기간을 보탬으로써 가입기간 수급요건이 충족되는 경우에 해당하는 여성에게만 사각지대 해소 효과가 있는 것이므로 실질적인 사각지대 해소 효과보다는 상징적인 효과가 더욱 크다고 보인다.

이러한 출산크레딧 제도는 여성의 출산이라는 고유한 젠더 차이에 기반을 둔 특성에 따라 사회권을 인정한다는 점에서 성별역할분리 레짐에 입각한 사회권이라 할 수 있다. 그런데 현행 출산크레딧은 출산에 대한 사회적 공헌에 대해 보상을 한다는 의미라기보다는 출산을 장려하기 위한 수단으로서 출산크레딧을 지급하는 의미가 강하다. 이 때문에 첫째 아이에 대한 출산크레딧은 인정하지 않고, 둘째 아이부터만 출산크레딧을 인정하고 있다. 이와 같은 한국 국민연금의 출산크레딧의 특성은 여성을 오히려 출산의 수단으로 취급하는 낮은 여성인식을 보여주는 부분이다.

넷째, 2개 이상의 급여발생 시 선택에 의해 하나의 급여만 지급하고 다른 급여의 지급을 정지했던 중복급여 조정제도를 개선하여, 선택하지 않은 급여의 일부를 지급토록 했다. 예컨대, 노령연금과 유족연금, 장애연금과 유족연금 등 중복급여 수급권이 발생할 경우, 유족연금을 선택하지 않은 경우 유족연금의 20%를 추가적으로 받을 수 있도록 했다. 이를 통해 본인의 연금과 유족연금의 부분적 중복수혜가 가능해졌다. 그러나 유족연금이 본인연금보다 훨씬 급여 수준이 높아 유족연금을 선택하는 경우에는 본인연금은 여전히 받지 못하게 된다. 이는 안티국민연금운동을 불러일으켰던 중복급여 금지 문제를 일부 허용한 것으로, 20%의 중복급여율의 설정에 대한 근거가 명확하지 않다는 것이 여전히 문제로 남아 있다. 여성에게 안정적인 충분한 수준의 개별 수급권이 확보되지 않은 상황에서 파생적 유족연금수급권의 조정이 이루어졌기 때문이다.

다섯째, 이혼 시 배우자의 연금권을 분할하는 분할연금제도는 1998년 제도 도입 시에는 재혼을 하면 수급권이 박탈되도록 되어 있었으나, 2008년 연금개혁으로 분할연금수급권자가 재혼 시에도 분할연금을 계속 지급토록 했다. 이를 통하여 분할연금이 배우자와의 결혼관계에 기반을 둔 파생적 연금의 성격에서 젠더차이에 입각하여 성별분업을 보상함으로써 개별 연금권을 지원하는 성격으로 변화되게 되었으며, 여성연금권 확보에 좀 더 긍정적 영향을 미치게 되었다.

이상과 같은 2007년 연금개혁은 기초노령연금 도입을 통해 연금수급권의 포괄성을 확보했다는 점에서 파생 수급권 중심에서 개별 수급권으로의 전환이 이루어지는 중요한 분기점을 형성했다. 또한 국민연금의 급여 수준도 단계적 조정이긴 하지만 60%에서 40%로 대폭 하향조정됨으로써, 가구연금에서 개인연금으로의 의미가 더욱 강화된 개혁이기도 했다. 또한 여성에 대한 사회적 공헌에 대한 보상보다는 출산장려의 수단으로 출산크레딧을 도입한 정책목적을 고려할 때 한계가 많은 정책이긴 하지만, 출산크레딧 도입을 통해 성별역할분리 젠더레짐에 입각하여 젠더차이에 입각한 보상이 제도화되었다는 점을 평가할 수 있다. 종합적으로 여성의 사회권 근거가 근로자, 아내, 어머니, 시민으로 다양화되었다는 점은 젠더통합적 관점에서 전향적 발전이라고 평가할 수 있다.

4. 젠더통합을 향한 한국의 연금개혁 방안

1) 한국사회의 특성과 여성의 연금권 보장 전략: 젠더통합적 전략을 향하여

앞에서 살펴본 바와 같이 한국사회는 젠더레짐의 측면에서 남성생계부양자 모델로부터 이탈을 하고 있는 것으로 보인다. 그러나 이인소득자 모델로의 급격한 이동은 관찰되지 않는다. 맞벌이가구가 외벌이가구보다 증가하며 높은 증가율을 보이고 있긴 하지만, 여성의 경제활동참가율은 남성의 경제활동참가율과 25% 정도의 격차를 보이며 여전히 50% 수준에 머물고 있으며, 출산 및 양육의 시기에 경제활동참가율이 푹 낮아지는 M자형 여성생애주기 노동공급곡선도 여전하다. 경제사회적으로 압축적 발전을 거듭해온 한국은 이인소득자 모델로 가기보다는 보편적 소득자-양육자 모델로의 전환을 모색하고 있다. 실질적인 기업문화와 노동현장의 현실에서 일·가정 양립의 실현은 아직 요원해보이지만, 적어도 국가정책의 어젠다와 정책초점은 '일과 가정의 양립'을 지원하는 것에 두어지고 있다. 한국은 국민 1인당 소득 2만 달러를 넘어서서 삶의 질 향상을 위한 필요조건인 일정 수준의 경제발전을 달성했고, 탈산업화 및 서비스경제로의 급속한 이동이 관찰되는 등 후기산업사회의 특징을 보이고 있다. 후기산업사회의 삶의 방식은 일과 가정의 균형이 강조된다는 점에서 보편적 소득자-양육자 젠더레짐은 한국사회에 필요한 사회조직원리가 될 전망이다.

보편적인 소득자-양육자 모델은 남녀 관계없이 모든 개인이 소득자이면서 돌봄제공자로서 역할을 하는 것을 원칙으로 한다. 이는 '노동시장'에서 남녀 모두 유급노동자로 일하면서 동시에 '가정'에서는 남녀가 함께 돌봄을 담당하는 진정한 젠더평등을 이루는 젠더통합 모델이다. 노동시장에서뿐만 아니라 가정 내에서의 젠더평등이 보장된다. 더욱이 국가의 연금정책은 한 개인이 노동과 돌봄을 어떠한 비중으로 혼합하더라도 연금권 보장이 가능하도록 노동과 돌봄의 기여에 관계없이 기본소득을 보장하는 연금체계를 갖추고 있다. 기본소득을 보장하는 국가 연금정책을 통하여 노동-돌봄의 혼합 비중을 개인이 선택할 수 있는 여지가 충분하다는 점에서 인간의 자유를 한층 확대한 전향적 모델이라 할 수 있다. 이인소득자 모델과 같이 반드시 노동을 해야만 한다고 강조하지 않으며, 성별분리 모델과 같이 여성과 남성이 성별로 역할을 분리하여 분담하지 않는다. 오히려 한 개인의 생애과정 속에서 노동과 돌봄 간 비중의 혼합을 스스로 선택하고 결정할 수 있도록 돕는다. 생애과정의 어떤 시기에는 전적으로 돌봄만 수행할 수도 있고, 또 다른 시기에는 유급노동만을 전적으로 수행할 수도 있으며, 또 다른 시기에는 부분노동과 부분돌봄의 혼합과 같이 노동과 돌봄을 동시에 혼합하여 사용하기도 한다. 이처럼 개인의 유연한 선택을 가능하게 해준다.

이와 같은 보편적 소득자-양육자 젠더레짐과 가장 잘 부합되는 연금체계의 핵심요소는 연금을 통해 기본소득을 보장하는 것이다(Bambrick, 2007). 기본소득은 정치공동체에 의해 자산조사나 근로요구 없이 국가의 모든 일원인 개인 단위로 지급되는 현금이다. 노령계층에 대한 기초소득보장을 위한 기초연금도 기본소득 구상의 연장선상에 있다(Van Parijs, 2004). 적절한 사회경제적 보장은 실재적인 자유의 핵심적 기반이다(Standing, 2009). 오페(Offe, 1997)는 기본소득의 제공 근거는 천부적 시민권이 되어야 한다고 강조한다.

> 완전고용과 결부되지 않은 경제적 시민권 확립이 필요하다. 사람들은 천성적으로 생존권을 갖고 태어났으므로 최소한의 생활을 할 수 있는 기본적인 소득을 받아야 한다. 이런 생존권은 그가 노동자로서 사회에 유익한 노동을 했기 때문이 아니고, 시민이라는 이유만으로 얻어야 할 권리이다. 이처럼 불안정한 고용의 시대에 근본적인 사고방식의 전환이 필요하며, 복지정책의 지향점이 변화되어야 한다(Offe, 1997).

또한 필리페 반 파레이스(Philippe Van Parijs)는 기본소득의 높은 예산을 우려하는 지적에 대해서도 "전통적인 최저소득보장과 기본소득보장의 예산상의 비용은 의미가 매우 다르다. 이전(transfer)은 순지출이 아니며 구매력의 재할당(reallocations of purchasing power)이기 때문이다. 더욱이 자산조사의 높은 행정비용을 고려하면, 모두에게 주는 것이 가난한 사람에게만 주는 것보다 더 비싸지 않고 더 저렴하다"고 반박하고 있다(Van Parijs, 2004).

무엇보다 누구나 보편적으로 1인 1연금의 기본소득을 보장하는 연금정책은 아직 사회적으로 성숙하지 않은 보편적 소득자-양육자 젠더레짐으로의 이동을 지원하는 역할을 할 수 있다. 보편적 연금권 보장을 통해 소득자-양육자의 혼합을 자유선택할 수 있는 물적 기반의 제공이 사람들의 삶을 조직하는 의사결과 행동방식을 변화시키고 사회조직을 변화시킬 수 있다. 기본소득 연금정책을 통해 보편적 소득자-양육자 젠더레짐으로의 이동을 촉진할 수 있다는 것이다.

선진국의 경험을 살펴보면 여성연금권을 보장할 수 있는 다양한 전략이 가능하지만(석재은, 2010), 그 성과는 보편적 소득자-양육자 젠더레짐과 젠더통합적 전략이 가장 우수하다는 것을 보여준다.

첫째, 젠더통합적 전략에 입각하여 보편적 시민권에 기반을 둔 보편적인 기본연금을 보장하는 유형으로, 네덜란드 사례가 대표적이다. 네덜란드는 최소한의 거주조건을 충족한 모든 65세 이상 노인에게 갹출기록에 관계없이 자산조사 없이 보편적인 국가연금을 보장한다. 보장 수준도 기초보장 수준을 충족한다. 이에 따라 OECD 국가 중 노인빈곤율이 가장 낮은 국가이다.

둘째, 젠더통합적 전략의 다른 유형으로 높은 경제활동에 기반을 둔 1인 1연금과 최저보증연금을 매칭한 연금구조로, 스웨덴이 대표적이다. 스웨덴은 1997년 연금개혁으로 명목확정갹출방식의 소득비례연금과 연금소득조사를 통해 45% 정도가 급여를 받는 최저보증연금제도, 그리고 사적적립방식처럼 운영하는 프리미엄 연금으로 연금체계를 개편했다. 스웨덴은 남녀 모두 경제활동참가율이 높고, 성별 격차가 매우 작아, 남녀 모두 대부분 소득비례연금수급권을 가진다. 다만 기초보장의 관점에서 연금급여의 적정성을 유지하기 위해 최저보증연금을 적용하고 있다.

셋째, 성별역할분리 젠더레짐의 특징을 보이는 경우, 젠더차이 전략에 기반을 두고 자녀양육 및 가족돌봄에 대한 관대한 연금크레딧 인정을 통한 여성연금권 지원형으로, 독일이 대표적이다. 독일은 보수적 가족관을 가지고 있으며 여성의 경제활동참가율이 낮다. 연금은 소득활동자 중심의 갹출에 기반을 둔 소득비례 연금제도이다. 독일은 여성이 낮은 경제활동참가율로 개별 연금권을 확보하기 어려운 점을 감안하여, 연금수급을 위한 최소가입기간 요건을 5년으로 단축하고, 아동양육 및 노인돌봄에 대한 기간을 연금보험료 납부기간으로 비교적 관대하게 인정하는 연금크레딧제도(예: 아동 1인당 3년)를 여성연금권 확보를 위해 적극 활용하고 있다.

넷째, 이인소득자 젠더레짐이 적용되는 경우 젠더동등 전략에 입각하여 여성의 높은 노동참여율로 연금권을 스스로 확보하는 것을 원칙으로 하지만, 여성이 소득활동을 하지 않는 경우 남성근로자 연금의 50%에 달하는 관대한 배우자연금을 보장하는 유형으로, 미국이 대표적이다. 그러나 미국의 배우자연금은 결혼관계에 기반을 둔 파생적 수급권이므로 결혼관계의 변동이 많아 남성부양자 모형의 실효성이 낮아지고 있는 상황에서 여성의 독자적 연금권 확보에 있어서는 취약하다.

이와 같이 국가마다 여성의 연금수급권 확보와 관련하여 다양한 전략을 채택하고 있지만, 노령여성의 경제적 안정에 대한 성적표는 상이하다. 젠더통합적 관점에서 시민권에 입각하여 적정 수준의 기본소득을 보장하는 네덜란드의 노령여성 빈곤율(2.4%)이 가장 낮으며, 높은 여성고용률로 대부분이 소득비례연금을 갖고 있고 최저보증연금을 통해 기본소득 수준을 보장해주는 스웨덴(7.7%)이 그다음으로 낮다. 그 다음으로 노령여성 빈곤율이 낮은 국가는 젠더차이 전략에 입각하여 연금크레딧으로 여성의 연금권을 지원하는 독일(10.8%)이며, 반면에 젠더동등 전략으로 이인소득자 젠더레짐에 입각한 여성연금권을 강조하거나 남성생계부양자 모델에 입각하여 배우자의 부양자연금을 지원하는 미국의 노령여성 빈곤율(26.8%)이 최고로 높다(OECD, 2011). 이와 같이 실질적 사례에서 보편적 소득자-양육자 젠더레짐에서의 젠더통합적 전략이 여성의 연금수급권 확보에 좀 더 효과적인 전략인 것으로 나타나고 있다. 즉, 연금정책은 한편으로는 맞벌이 유급노동활동을 지원하고, 다른 한편으로는 가족돌봄을 위하여 휴직 또는 시간제근로를 하거나 가족돌봄노동에 대해 연금권을 보장하는, 즉 젠더차이 전략과 젠더평등 전략을 넘어서는 젠더통합적 전략이 바람직하다.

따라서 한국의 여성연금권 보장을 위한 연금개혁 방향도 보편적 소득자-양육자 모델을 발전방향으로 두되, 실제 현실에서 뒷받침되지 않는 간극은 유연한 젠더통합 전략을 통해 보완함으로써 여성의 연금권을 보장해나가야 할 것이다. 현재 한국사회의 현실에서 보편적 소득자-양육자 젠더레짐의 관철은 어느 정도 기대할 수 있을까? 만약 여건이 여의치 않다면 젠더레짐이 뒷받침해주지 못하는 상황에서 연금정책을 통한 젠더통합적 전략을 어떻게 적용해나가는 것이 필요한가? 이를 위해 일단 한국사회가 가진 사회적 조건들을 점검해보았다.

첫째, 노동시장 상황의 측면에서 한국은 평균 고용률(63%)이 OECD 국가에 비해 낮은 편이며, 자영업 비율(30%)이 매우 높은 경제활동 참여행태로 특징된다. 비경제활동인구가 높은 편이며, 특히 여성의 유급노동시장 참여율(50%)이 낮다. 둘째, 한국의 가정 내 성별역할분담은 여전히 여성이 유급노동 여부와 관계없이 주로 돌봄과 가사일의 책임을 맡고 있는 것으로 조사되었으며(통계청, 2010), 출산·양육을 기점으로 여성의 경제활동 중단이 뚜렷한 특징을 보인다. 가사분담 및 자녀돌봄 공동책임 의식은 높아지고 있으나 실행의 측면에서는 여전히 후진적이다(통계청, 2010). 이처럼 한국의 노동시장-가정의 현실은 보편적 소득자-양육자 젠더레짐과 거리가 먼 것이 사실이다.

역설적이지만 이러한 상황이기 때문에 제2절에서 제시한 바와 같이 국가부문에서 더욱 전향적인 젠더통합적 정책이 필요하다. 최근 국가정책적으로 보육서비스, 장기요양서비스 등 돌봄서비스의 제도화가 급속히 이루어지고 있고 여성뿐만 아니라 남성의 육아휴직제도의 확대도 점차적으로 이루어지고 있다. 이러한 일·가정 양립 지원의 정책패키지들은 보편적 소득자-양육자 젠더레짐과 현실과의 간극을 매우는 데 중요한 역할을 할 것이다.

연금정책에 있어서도 노동시장 및 가정에서 보편적 소득자-양육자 젠더레짐이 관철되지 않는 현실에서 여성의 연금권을 보장하기 위해서는 좀 더 전향적인 젠더통합적 전략이 필요하다. 예컨대 한국의 낮은 고용률 및 높은 자영업 비중의 특징을 고려할 때 연금권 보장을 위해서는 고용에 밀접히 연계되지 않고도 연금수급권 확보가 가능한 노후소득보장층의 마련이 이미 보편적 소득자-양육자 젠더레짐이 관철되는 사회에서보다 더욱 긴요하다. 또한 한국은 OECD 국가들에 비해 높은 학력 및 군대복무 등으로 인생주기에서 실질적인 근로단계 진입 연령이 매우 높다. 이로 인해 통상적으로 연금가입기간이 상대적으로 짧으므로 연금급여 수준이 낮을 가능성이 높다. 이와 같은 한국의 현실적인 노동시장 여건과 고용가능한 기간을 고려한 상황에서 기본수준 혹은 적정 수준의 노후소득보장 목표가 달성될 수 있도록 연금제도를 재설계하는 것이 필요하다. 이때 가장 중요한 연금제도 재설계 포인트는 첫째, 고용 여부와 관계없이 보장되는 층의 마련이며, 둘째, 연금급여율의 설정 시 선진국보다 짧은 연금가입기간을 고려한 실질적 연금급여율을 고려하여야 한다는 점이다.

한편 한국의 연금정책의 현실로 돌아와서 보면, 한국은 보편적 소득자-양육자 젠더레짐의 물적 기반이 될 수 있는 강력한 젠더통합적 전략의 수단으로서 기본소득의 구상을 실현할 수 있는 기초노령연금제도가 이미 도입되어 있다는 점이 큰 강점이다. 즉, 젠더통합적 연금체계의 핵심인 기본연금 보장의 실현이 가능한 제도적 토대를 갖고 있다고 평가된다. 물론 현재 한국은 기초노령연금의 발전경로와 관련한 이견이 광범하게 존재하고, 기초노령연금의 급여 수준이 기본소득 보장의 측면에서는 매우 미흡하다는 점은 더 고민이 필요한 지점이다.

2) 젠더통합적 전략으로서 시민권에 입각한 기초연금의 확립: 국민연금과 기초노령연금 간 재구조화 방안

보편적 소득자-양육자 젠더레짐 실현에 필수적인 연금제도의 조건이 1인 1연금의 보편적인 기초보장을 제도적으로 지원하는 것이다. 이러한 관점에서 현재 한국의 연금체계를 구성하고 있는 국민연금과 기초노령연금과 관련하여, 구체적으로 어떤 개혁방안이 1인 1연금을 보장하고 기본소득을 안정적으로 보장하여 여성의 연금권 보장을 제고할 수 있는가라는 관점에서 살펴보고자 한다.

1인 1연금의 기본적인 연금권을 보장하는 방법은 다양할 수 있지만 크게 두 가지로 정리된다. 첫째, 기초연금과 같이 보편적으로 적용되는 연금제도(연금층)를 소득비례연금과 별도로 만드는 방안이 가능하고, 둘째, 소득비례연금에 최저연금을 보장하는 최저보증연금(guaranteed minimum pension) 형태로 구성하거나, 기본소득 보장이 어려운 계층에게 별도의 공공부조형 급여를 만드는 방안이 가능하다. 이를 한국의 국민연금과 기초노령연금의 연금체계 속에서 재해석하면, 다음과 같은 두 가지 방안으로 설정할 수 있다. 하나의 방안은 기초노령연금을 1인 1연금의 보편적인 기초연금으로 재정립하고, 국민연금은 소득활동자에 대한 적정소득보장 연금으로 재편하는 것이다. 이 방안은 국민연금이 한국의 고용률 및 비정규직의 낮은 국민연금적용률을 고려할 때 한국사회에서 국민연금제도가 실질적으로 보편적인 1인 1연금의 역할을 수행하기 어렵다는 판단에 근거한다. 다른 하나의 방안은 향후 국민연금이 1인 1연금 역할을 하게 될 것이므로 기초노령연금을 국민연금의 혜택을 받을 수 없었던 현 노령계층을 위한 경과적 제도로 설정하고, 기초노령연금은 최저보증연금제도 혹은 공공부조제도로서의 역할을 담당하는 제도로 재정립하자는 것이다.

그러나 국민연금의 완전성숙단계에서도 국민연금 비수급자가 여전히 약 30~40% 상당 비율로 존재하고, 국민연금 급여 수준도 미흡하여, 국민연금의 성숙을 매우 낙관적으로 가정하는 경우에도 2028년경 전체 노인 중 기초노령연금 수급률은 40% 수준에서 유지될 것으로 전망된다. 따라서 후자의 경우 결과적으로 소득계층별로 중상위소득계층은 갹출 국민연금을, 하위소득계층은 급여 수준이 상향조정된 무갹출 기초노령연금을 적용하게 되는 방안이다. 즉, 소득계층별로 두 개의 국민(two nations)에 대해 각각 갹출 연금과 무갹출 연금을 적용하는 방안이다. 그런데 갹출 연금과 무갹출 연금을 소득계층별로 분리하여 적용하는 경우, 결과적으로 기초노령연금과 국민연금은 상호 제도적 기반을 침식하게 될 것이다. 국민들은 소득계층이 낮으면 무갹출 기초노령연금을 받을 수 있다고 생각하고 국민연금 보험료를 성실히 납부하려는 의지가 저하될 것이고, 이는 결국 국민연금의 발전을 훼손시키는 결과를 초래할 것이다. 또한 갹출 국민연금의 적용을 받고 기초노령연금의 재원을 실제로 담당하는 중상위소득계층의 정치적 반발로 기초노령연금 역시 순조로운 발전을 해나갈 수 없을 것이다.

종합하여 말하자면 기초노령연금이 중하위소득계층의 소득 수준에 따라 최저보증연금과 같은 역할을 하려면, 국민연금이 보편적인 제도 역할을 수행해야 하는데, 한국의 현실은 그렇지 못하기 때문에 기초노령연금을 최저보증연금처럼 운용할 수가 없는 상황이다. 노후소득보장체계의 측면에서 기초노령연금이든 소득비례연금이든 국민 전체를 포괄하는 보편적 제도가 필요하다. 기초연금을 소득비례연금과 통합한 스웨덴의 경우, 남녀의 높은 경제활동참가율 속에서 소득비례연금이 충분히 국민 전체를 포괄하는 보편적인 연금제도로 역할을 할 수 있기 때문에 최저보증연금의 보완적 역할로서 동일한 성과를 낼 수 있다. 그러나 한국의 경우 향후 노동시장 전망을 고려해도 소득비례연금보다 기초노령연금을 국민 전체를 포괄하는 제도로 만드는 것이 좀 더 현실적이다. 한편 비용의 문제는 하나의 제도비용만 가지고 많다 혹은 적다를 따지는 것은 의미가 없으며, 전체 고령사회 노후소득보장 유지비용의 측면에서 어떤 것이 좀 더 효율적이고 효과적인가를 판단하는 것이 필요하다.

이와 같이 볼 때 한국의 현실에서 보편적 소득자-양육자 젠더레짐과의 간극을 메우며 그 방향으로의 이동을 촉진할 수 있는 연금개혁 방안은 1인 1연금의 보편적 기본연금 보장이 실현가능한 '개혁대안 1안'이라고 생각한다. 즉, 기초노령연금은 세대 간 재분배에 기반을 둔 보편적인 노후소득보장제도로 발전시켜나가고, 국민연금은 소득활동자 중심의 공적연금제도로 재편하여, 기초(노령)연금과 국민연금이 함께 '공적노후소득 기초보장'을 달성토록 하는 것이 바람직할 것이다. 이를 통해 1인 1연금의 시민권에 기반을 둔 보편적 기초연금이 제대로 확립되어 발전하게 되면, 여성의 연금권 보장은 물론이고, 보편적 소득자-양육자 젠더레짐을 촉진하는 물적 기반으로서 기능하고 젠더통합적 정책수단으로 역할하며 일과 가정의 양립을 지원하게 될 것이다.

3) 젠더통합 전략과 돌봄노동에 대한 보상

젠더차이 및 젠더동등 전략을 넘어서는 젠더통합적 전략에서는 돌봄노동에 대한 사회적 보상을 하되 남녀 구분이 없이 보상하며, 더 나아가 구체적인 돌봄 성과에 따라 보상을 하기보다는 시민권과 거주에 입각하여 보상을 해야 한다고 본다. 이러한 관점에서 앞서 제시한 기초연금의 중요성이 있다. 그러나 급격한 인구고령화 속에서 세대 간 형평성 때문에 기초연금만으로는 노후에 안정적 소득 확보가 어려운 것이 사실이다. 따라서 노후의 안정적인 소득보장은 남녀 모두 시민권에 입각한 보편적 기초연금과 함께 소득비례연금이 그 역할을 담당한다. 이때 젠더의 고유한 차이로 인해 노동시장 참여에 있어 불리함을 갖고 있는 여성 친화적 연금정책의 조치는 여전히 중요하다. 따라서 연금개혁 전략에 있어서 젠더차이에 입각하여 무급 돌봄노동을 하는 여성에 대한 고려가 있어야 한다

(Myles, 2002). 여성은 소득기간이 짧고 수명은 길어, 자녀양육 등 돌봄에 대한 충분한 보장이나 제도적 배려가 없다면 소득이나 기여와 급여를 연계시키는 개혁은 여성에게 불리하기 때문이다. 이러한 관점에서 한국의 연금제도에서 돌봄노동에 대한 사회적 보상을 검토하고 개선방안을 제안하고자 한다.

첫째, 2008년 도입된 출산크레딧은 둘째 자녀를 출산한 경우부터 12개월, 셋째 자녀부터 1명당 18개월을 더한 개월 수를 인정하되, 최대 50개월 한도에서 출산크레딧을 인정하는 내용으로 적용되고 있다. 또한 출산크레딧의 실질적 적용은 가입자 또는 가입자였던 자가 노령연금수급권을 취득한 때(가입기간 추산산입에 따라 노령연금수급권 취득가능한 경우 포함)에만 이루어진다. 따라서 노령연금 수급 최소가입요건 120개월을 충족한 경우이거나, 자녀 두 명인 경우는 108개월 이상, 3명은 90개월 이상, 4명은 72개월 이상, 5명 이상은 70개월 이상 가입한 경우에만 혜택이 가능하므로 실질적 수급자가 제한적이며, 여성의 수급권 제고(사각지대 해소) 효과가 미미하다. 선진국의 경우 출산뿐 아니라 양육에 대한 연금크레딧 인정이 이루어지고 있으며, 출산 및 양육크레딧은 갹출경력 관계없이 인정하는 경우가 대부분이다. 또한 양육과 근로활동 병행 시는 추가 연금소득 인정 혹은 추가 가입기간을 인정하는 경우도 있다. 급여 수준도 선진국의 경우 1자녀당 2~3년 인정이 대부분이다.

현행 출산크레딧은 여성의 무급 돌봄노동에 대한 사회적 보상을 통하여 여성의 연금권을 보장하겠다는 목적보다는 출산을 장려하여 저출산 문제를 해결하겠다는 목적이 더 우선된 법내용이다. 따라서 출산크레딧을 고유한 젠더차이에 입각한 여성의 출산에 대해 사회적으로 보상하고 출산으로 인해 여성의 연금권이 훼손되지 않도록 보호하는 방향으로 전환되어야 할 것이다. 이를 위해서는 출산크레딧 제도가 다음과 같이 개혁되어야 한다. 출산크레딧을 양육크레딧과 합쳐서 제도의 적용범위를 확대하여, 연금가입 여부와 관계없이 출산 및 양육을 한 모든 가족(주로 여성)을 대상으로 하도록 하며, 출산 및 양육크레딧 대상이 되면 가입자로 등록, 자격관리를 하도록 한다. 첫째 자녀부터 적용토록 하며, 1자녀당 2년의 연금크레딧을 인정하는 것이 필요하다. 이러한 출산 및 양육크레딧의 확대는 전근대적이고 비가시적이며 비공식적으로 가려져 있는 가족영역을 근대화하고 가시적 영역으로 공식화하여, 무급 돌봄노동에 대한 사회적 보상을 제도화한다는 의미를 갖는다. 다만 돌봄 연금크레딧이 여성을 돌봄노동 담지자로 고착시키는 결과를 초래하지 않도록 일과 가정의 양립, 일 또는 가정의 실질적 선택권 보장이 필요하다. 연금크레딧의 확대는 여성의 연금수급권 제고를 통한 여성노후빈곤 해소에 기여하고 연금의 세대 간 부양의 의미를 고려할 때, 미래세대 아동 출산 및 양육에 대한 사회연대적 부담을 의미하기도 한다.

둘째, 1997년 도입된 분할연금은 혼인기간이 5년 이상인 경우, 혼인기간에 축적된 연금권에 대해 균분하여 부부간에 권리를 갖도록 하고 있다. 도입당시 여성이 재혼하는 경우 분할연금을 받지 못하는 것으로 되었던 것은 2007년 법개정으로 수정되어 재혼한 경우에도 분할연금수급권이 인정되고 있다. 분할연금 실질적 수급권은 배우자의 노령연금수급권이 발생했을 때 발생한다. 따라서 배우자가 조기 사망 및 수급기간요건 미충족으로 노령연금수급자격을 획득하지 못했을 경우 분할연금수급권은 적용되지 못한다. 연금재정에 중립성을 유지하고자 노령연금수급권의 발생시점에서 분할연금수급권이 발생하도록 설계한 것은 여성의 독립적 연금수급권 지원에 미흡하다. 선진국에서도 분할연금의 급여 분할 시점은 급여수급 시점이 아니라 이혼 시점 혹은 혼인기간 동안 지속적으로 분할 관리하고 있다. 혼인기간 동안 지속적으로 급여를 분리하는 것은 행정낭비가 될 수 있으므로, 분할연금 사유가 발생한 이혼 시점에서 혼인기간 동안의 연금권을 분할하는 방식을 취하는 것이 좀 더 합리적인 개선책일 수 있다.

참고문헌

강성호·김경아. 2009. 「여성의 노동시장 참여형태 및 국민연금 수급여부에 따른 노후 소득보장 격차 분석」. ≪사회복지정책≫, 36(3), 153~184쪽.
국민연금연구원. 2012. 『2011 국민연금통계연보』.
국민연금제도개선기획단. 1997. 『전국민 연금시대를 열기 위한 국민연금제도개선』.
국민연금제도개선기획단·한국보건사회연구원. 1997. 『국민연금제도개선 관련 자료집』.
김경희·박찬웅·박기남. 2011. 『국민연금 성별영향평가』. 여성가족부.
김수완. 2006. 「국민연금의 출산크레딧 제도 도입 방안 연구」. ≪사회보장연구≫, 22(1), 29~56쪽.
_____. 2008. 「여성 사회권 관점에 의한 한국 연금개혁의 재구성」. ≪한국여성학≫, 24(3), 147~176쪽.
김영옥·김종숙·이선행·강성호. 2011. 『여성취업자의 국민연금 가입 및 수급의 실효성 강화 방안』. 한국여성정책연구원.
김용하·석재은. 1997. 「여성의 연금수급권 보장을 위한 국민연금제도의 개선방안」. ≪한국사회복지학≫, 31, 247~274쪽.
류연규·황정임·석재은. 2007. 『여성의 연금수급권 확대를 위한 국민연금제도 개선방안 연구: 개별수급권을 중심으로』. 연구보고서 2007-3. 한국여성정책연구원.
법제처. 2012a. 「국민연금법」.
_____. 2012b. 「기초노령연금법」.
보건복지부. 2011. 「기초노령연금 수급자 현황 자료」(내부자료). 보건복지부 기초노령연금과.
석재은. 2004. 「연금의 성별 격차와 여성의 연금보장 방안」. ≪보건사회연구≫, 24(1), 93~129쪽.
_____. 2010. 「여성의 공적연금 수급권 확대 방안」. ≪연금포럼≫, 39, 5~13쪽.
석재은·임정기. 2007. 「여성 노인과 남성 노인의 소득수준 격차 및 소득원 차이와 결정요인」. ≪한국노년학≫, 27(1), 1~22쪽.
통계청. 2010. 「통계청 사회조사 등을 통해 바라 본 우리나라 부부의 자화상」.
_____. 2012. 「2011 한국의 사회지표」.
황정미. 2007. 「여성 사회권의 담론적 구성과 아내·어머니·노동자 지위」. ≪페미니즘연구≫, 7(1), 13~54쪽.
Bambrick, Laura. 2007. "A BIG Response to Wollstonecraft's Dilemma," from http://oxford.

academia.edu/LauraBambrick/Papers/719319/A_BIG_Response_to_Wollstonecrafts_Dilemma

Daly, Mary and Jane Lewis. 2000. "The Concept of Social Care and the Analysis of Contemporary Welfare States." *British Journal of Sociology*, 51(2), pp.281~298.

Esping-Andersen, Gøsta et al. 2002. *Why We Need a New Welfare State?*. Oxford University Press.

Ginn, Jay, Dera Street and Sara Alber. 2001. *Women, Work and Pensions*. Open University Press.

Lewis, Jane. 1992. "Gender and the Development of Welfare Regimes." *Journal of European Social Policy*, 2(3), pp.159~173.

_____(ed.). 1993. *Women and Social Policies in Europe: Work, Family and the State*. Aldershot, England: Edward Elgar.

McKay, A. 2001. "Rethinking Work and Income Maintenance Policy: Promoting Gender Equality Through a Citizen's Basic Income." *Feminist Economics*, 7(1), pp.97~118.

Myles, John. 2002. "A New Social Contract for Elderly." in Gøsta Esping-Andersen et al. *Why We Need a New Welfare State*. Oxford University Press, pp.130~172.

OECD. 2011. *Pensions at a Glance 2011*.

_____. 2012. *Closing the Gender Gap, Act Now*.

Offe, Claus. 1997. "Towards a New Equilibrium of Citizen' Rights and Economic Resources?" in Robert E. Goodin and Deborah Michell(eds.). *The Foundations of the Welfare State*, Volume Ⅰ An Elgar Reference Collection, pp.87~114.

Orloff, Ann Shola. 1996. "Gender and the Welfare State." Institute for Research on Poverty Discussion Paper no.1082-96.

Pascall, Gillian and Jane Lewis. 2004. "Emerging Gender Regimes and Policies for Gender Equality in a Wider Europe." *Journal of Social Policy*, 33(3), pp.373~394.

Rake, K. 1999. "Accumulated disadvantage? Welfare state provision and the incomes of older women and men in Britain, France and Germany." in Clasen, J. *Comparative Social Policy: Concepts, Theories and Methods*. Oxford: Blackwell.

Pateman, C. 1992. "Equality, Difference, Subordination: The Politics of Motherhood and Women's Citizenship." in G. Bock and S. James(eds.) *Beyond Equality and Difference: Citizenship, Feminist Politics and Female Subjectivity*. London: Routledge.

Sainsbury, Diane(eds.). 1996. *Gender, Equality, and Welfare States*. Cambridge University Press.

_____(ed.). 1999. *Gender and Welfare State Regimes*. Oxford: Oxford University Press.

Standing, Guy. 2009. *Work after Globalization: Building Occupational Citizenship*. Cheltenham:

Edward Elgar Publishing Ltd.

Van Parijs, Philippe. 2004. "Basic Income: a Simple and Powerful Idea for the Twenty-first Century." *Politics and Society*, 32(1), pp.7~39.

piefight.typepad.com. 2007. "Practice exam question: citizenship, gender, and Wollstonecraft's dilemma," from http://piefight.typepad.com/piefight/2007/06/exam_question_c.html

제9장
돌봄과 사회서비스 정책

조흥식 | 서울대학교 사회복지학과 교수

1. 서론

인간은 태어나면서부터 죽을 때까지 '돌봄(care)'의 대상이 되면서 또한 주체가 된다. 어릴 때는 부모나 가족으로부터, 혹은 비혈연적 인물로부터 양육 돌봄을 받게 되고, 점차 성장하면서 장애, 질환, 스트레스 등에 의한 신체적·정신적 고통에 대한 돌봄을 받게 되며, 고령을 맞고 죽음에 이르게 되면 더욱 돌봄을 받게 된다. 그와 동시에 성인이 되면 누구나 어린아이, 장애, 질환자, 노인 등이 필요로 하는 돌봄 제공의 주체자가 된다.

이러한 돌봄은 전통적으로는 가족의 역할, 특히 여성의 역할로 여겨져왔으나 현대 사회에 들어와서부터는 여러 사회경제적 환경의 변화 속에서 대표적인 새로운 사회위험(new social risks)의 하나로 부각되었다. 이에 따라 전 세계적으로 돌봄에 대한 사회지원을 누가, 누구를 대상으로, 어떻게, 얼마나 해야 하는가에 대한 관심이 고조되고 있다. 복지시스템이 비교적 잘 발달해 있는 서구 국가들에서는 이미 1970년대부터 돌봄영역을 사회책임의 영역으로 인식하고 돌봄을 중요한 공공사회복지서비스의 하나로 제공해오고 있다. 각종 돌봄 관련 사회복지서비스 예산과 정책을 확대한 것이다.

그러므로 전통적으로 가족과 같은 비공식 영역에서 이루어져온 돌봄이 사회정책과 공공사회복지서비스의 대상이 되었다는 것은 돌봄이 전적으로 가족부담에 있는 것이 아니라 국가나 사회 차원에서 공동으로 책임져야 하는 일이 되었음을 뜻한다. 그리고 이처럼 사회복지서비스가 확대되면서 '돌봄서비스(care services)'라는 용어도 등장했다.

한국사회에서도 돌봄은 1997년 외환위기로 인한 대량 실직, 가족해체 등으로 인한 가족책임능력이 붕괴된 이후 개별 가족이 이제 더 이상 감당하기 어려운 영역이라는 인식이 확산되기 시작했고, 지난 10년간 사회복지서비스 영역에서 많은 변화가 일어나고 있다. 특히 2005년 이후 아동 분야에서 저소득층 아이들을 위한 지역아동센터사업과 교육복지 투자우선지역 지원사업, 보육서비스 및 보육료지원, 유급 육아휴직제도, 각종 출산보조금제도 도입, 노인 분야에서 장기요양제도와 돌봄서비스의 실시, 장애인 분야에서 장애인 활동보조사업 실시와 장애인요양제도 추진, 그리고 저소득층에 대한 바우처 지원제도의 확대 등 기존의 주요 복지대상층인 아동, 노인, 장애인, 저소득층에 대하여 다양한 사회복지서비스가 제공되어오고 있다. 아울러 가족 내 돌봄 문제에 전반적으로 사회지원이 필요하다는 것에 대한 사회적 합의도 어느 정도 이루어지고 있다.

그럼에도 한국사회는 아직도 개인과 가족에게 돌봄의 책임을 많이 지우고 돌봄을 상당 부분 여성에게 전담하는 구조를 갖고 있다. 또한 사회적으로 돌봄이 매우 가치가 낮은 일로 평가되고 있고, 국가나 지역사회에서 돌봄의 사회책임을 방기하고 있다. 이 결과 상당수 여성들은 임금노동을 통한 경제지원과 노인돌봄을 병행하는 이중노동의 어려움을 겪고 있다. 그리고 이러한 일과 가족 간의 갈등 문제는 저소득층뿐 아니라 중산층에게도 중요한 문제로 부각되고 있다. 한 예로, 2008년 7월 장기요양보험제도의 시행으로 시작된 노인돌봄 분야 주요 종사자인 노인요양보호사의 90% 이상을 중년여성이 차지하고 있다. 이들은 시장화된 서비스 체계 속에서 최저임금 이하의 임금을 받으며 불안정한 반실업 상태에서 일을 하고 있다. 최근 요양보호사들은 정부와 사회를 향해 "장기요양시설은 '현대판 고려장'이요, 우리는 '국가공인 파출부'로 취급되는 '현대판 노예'이다"라고 부르짖고 있다.

한국사회를 포함해서 전 지구적 관점에서 볼 때 돌봄에 관한 이러한 사회구조적 문제는 여러 형태의 '젠더 의무(gender duty)'라는 강요에서 비롯된다. 여성으로 하여금 가족 구성원을 돌보는 책임을 지도록 강요했다. 돌봄은 아내, 엄마, 딸과 같은 가족관계(신분)에서 오는 의무였다가 근대화에 따라 신분관계는 사회계약관계 혹은 시장관계로 전환되었지만 여전히 가족과 친척관계는 강요를 띤 전근대적 영역으로 남아 있다고 할 수 있다. 또한 돌봄은 인종, 계급 등 하층그룹의 젠더 의무로 행해졌다. 이전에는 노예, 몸종, 식모 등의 이름으로 여성들이 돌봄 의무자로 강요받았다. 이러한 뿌리는 현재 경제적·육체적·사회적 불평등에 의한 반강제적 노동이나 지구의 북반구에서 이루어지는 유색 이주여성의 돌봄노동과 연관되어 있다. 결국 시장에서 제공되는 돌봄노동은 저임금의 계층화된 성별분업적 성격의 노동이고, 이에 대한 사회인식은 가정 내 무임금 가사노동과 이를 수행하는 여성의 문제와 무관하지 않다.

더구나 한국사회가 직면하고 있는 다양한 사회현상과 사회 문제, 즉 저출산·고령화, 가족해체 현상의 심화는 노동력 재생산과 돌봄의 위기를 가속화시키고 있다. 이에 대해 개인과 가족 차원이 아닌 국가나 사회 전체가 돌봄을 조직하고 제공하는 사회화 체계를 구축해야 한다는 요구는 꾸준히 증가하고 있다.

그렇다면 한국에서 복지국가 구축과 관련하여 현재의 돌봄 위기를 어떻게 극복해야 하며, 젠더 의무에 의한 현재의 지속 불가능한 돌봄체계에 대한 대안을 어떻게 찾을 것인가?

2. 복지국가와 돌봄 및 사회서비스 정책

1) 돌봄과 사회서비스, 사회복지서비스의 이해

오늘날 빈곤이나 돌봄 등 다양한 사회위험들은 개인의 힘이나 가족의 자조능력, 그리고 시장체제에만 의존하기에는 훨씬 복잡하고 심각하다. 특히 한국처럼 급격한 사회변동 과정에서 인구 문제나 가족 문제를 유발시키는 상황에서는 무엇보다도 국가의 사회복지 프로그램을 통한 문제해결이 필수적이라 할 수 있다. 이러한 사회복지 프로그램에는 세 가지 유형이 있다(Morales and Sheafor, 1980). 첫째, 특정의 욕구를 충족시키기 위한 수많은 사회급여(social provision)가 있다. 이러한 급여는 현금이나 음식, 옷 같은 현물급여일 수 있다. 둘째, 사회기능 수행(social functioning)에 문제가 있는 사람에게 돌봄, 상담이나 충고, 그리고 눈에 보이지 않는 각종 서비스의 형태인 사회서비스(social services)가 제공될 수 있다. 마지막으로 사회행동(social action) 프로그램을 통하여 제도나 조직에 가장 지대한 영향을 미칠 수 있다.

일반적으로 사회서비스는 그 범위를 어떻게 보느냐에 따라 성격이 달라진다. 사회서비스는 대인사회서비스(personal social services), 사회복지서비스(social welfare services), 사회사업(social work) 혹은 사회돌봄(social care) 등과 같은 용어들과 혼용되고 있다. 하지만 광의의 사회서비스는 주택, 보건, 교육, 사회보장, 고용, 여가 그리고 대인사회서비스 등을 모두 포함하는 의미로 사용되며, 협의로 사회돌봄서비스(social care service) 영역을 의미하기도 한다.

(1) 돌봄

우선 사회서비스의 하나인 돌봄에 대해 알아보자. 돌봄은 인간에 대한 감성적 측면(care about)과 일로서의 보살핌(care for)이 함께 결합된 행위로 정의된다(Ungerson, 2000). 돌봄은 한편으로는 타인과의 관계맺음에서 비롯되는 애정과 정서적 밀착, 심리적 유대까지를 포함하는 정서적 활동으로 간주되며, 다른 한편으로는 특정한 환경 속에 놓여 있는 타인에 대한 물리적인 보살핌, 육체적인 노동으로서의 특징을 갖고 있다.

더 구체적으로 말하면 첫째, 돌봄은 관계의 측면을 갖고 있다. 돌봄은 심리적 밀착을 통해서 타인의 요구에 반응하는 행위라는 점이 두드러진다. 타인에 대한 관심과 염려, 그리고 애정 속에서 상대방의 필요에 적절히 대처할 수 있도록 계발된 융통성과 상황적합성은 돌봄의 중심에 자리 잡고 있으며, 각기 다른 사람, 다른 상황에 따라 개별적인 해결책을 찾아내는 특수성과 개별성의 논리가 돌봄에서 매우 중요하게 부각된다. 이처럼 상황에 따라 유동적인 돌봄의 속성은 '합리적(rational)'이지 않은 것으로, 다시 말해 계산에 의한 측량이나 비교가 불가능한 것으로 간주됨으로써 다른 노동과 등가적이지 않은 것, 즉 노동영역에 속하지 않는 것으로 평가되는 경향이 있다.

둘째, 돌봄은 시간과 비용이 들어가는 활동이기 때문에 노동으로서의 측면을 갖는다. 타인과의 공동생활을 유지하기 위한 세탁, 요리, 청소 등, 그리고 일상생활을 독립적으로 수행할 수 없는 사람이 먹거나 입고 걷는 것을 도와주고 간병을 하는 등 많은 육체적 에너지를 투여해야 하는 일이다. 또한 돌봄노동은 표준화된 시간계획 속에서 일정한 노동시간을 투여하면 되는 생산노동과는 달리 계획된 것 이상의 시간을 투자해야 하는 특성을 지닌다. 이와 같은 시간 투여의 불확실성은 특히 타인의 일상생활 리듬과 요구에 맞춰야 한다는 점에서 타인에 대한 물리적 돌봄노동의 특성을 강하게 드러낸다(Tronto, 1993). 따라서 돌봄은 사회서비스의 중요한 기능을 수행한다고 할 수 있으며, 일반 재화와 용역과 같이 시장에서 거래되는 상품과는 다른 성격을 가지고 있음은 분명하다.

한편 모든 인간은 삶을 살아갈 때 불가피한 의존을 경험할 수밖에 없기 때문에 인간의 인생주기 전체에서 돌봄의 주고받는 활동은 지극히 보편적이다. 이런 점에서 돌봄은 단순한 생산노동 또는 일에 부가적인 지원활동으로 보기보다는 근대적 시민의 보편적 일상으로 재평가할 수 있다. 다시 말하여 돌봄을 비가시적인 의무가 아닌 공공윤리의 기초로서 온전하게 평가해볼 필요가 있다. 이에 대해 에바 키테이(Eva F. Kittay)는 일찍이 돌봄의 공공윤리(an public ethic of care)를 주창했다. 그에 따르면 엄연한 인간 의존의 사실(the fact of human dependency)에 기초해서 돌봄의 윤리가 생성된다는 것이다. 즉, 인간은 누구나 영유아 시기나 죽음을 맞기 전의 노인 시기 혹은 환자이거나 장애가 있을 때 다른 사람의 돌봄 없이는 생존할 수 없는 절대적인 의존을 경험한다. 이러한 절대적인 의존에 내재한 취약성으로부터 상호 돌봄에 대한 윤리적 의무가 발생한다는 것이다. 그리고 돌봄을 받고 돌봄을 주는 상호 돌봄의 관계가 없이는 사회 또한 존재할 수 없기 때문에 돌봄행위 자체를 지키고 보살피는 공공윤리와 책임이 반드시 수반되어야 한다는 것이다(Kittay, 2007).

(2) 사회서비스

사회서비스는 현대인의 상호관계 및 역할에 대한 욕구를 충족시키려는 사회적 고안(social inventions)으로서, 가족생활을 돌보거나 회복을 돕고, 개인이 그의 외적·내적 문제를 대처하도록 도우며, 개인의 성장발달을 돕고, 정보제공과 안내, 옹호, 구체적 도움을 통하여 사회자원에 접근을 촉진시키는 기능을 하는 것이다(Kahn, 1973). 그리고 영국에서도 일찍부터 사회서비스를 전 국민의 물질적·정신적·사회적 최저생활의 확보를 위한 공사의 사회적 제반 서비스의 총칭으로 보는 데 반해, 한정된 사회복지서비스를 말할 때는 대인사회서비스란 용어를 사용하고 있다. 여타 사회복지가 발달된 스웨덴 등 북유럽 국가들뿐만 아니라 독일, 프랑스, 미국, 일본 등에서도 이러한 대인사회서비스를 사회보험, 공공부조와 더불어 사회복지제도의 근간으로 본다. 따라서 한국에서 말하는 사회복지사업은 바로 이러한 대인사회서비스를 말하며, 이를 한국의 사회복지학계에서는 통상 사회복지서비스로 통칭하고 있다.

그리고 본질적으로 사회서비스는 첫째, 돌봄이 필요한 취약한 이용자들을 우선 포괄하는 경향이 있어 사회연대성이 요구되며, 이를 뒷받침하는 공공재로서의 보편성 과제를 늘 안고 있다. 둘째, 절대적으로 제한된 시간 속에서 직접적인 대인서비스를 통해서 제공된다는 점에서 이 영역의 높은 노동집약성과 비표준적 특징은 노동 강도를 높이거나 신기술 도입을 통한 노동생산성을 증대하는 데 제한적인 특징을 갖는다. 이는 노동생산성 향상을 통한 초과이윤을 획득하기 어려운 사업영역임을 보여준다. 셋째, 표준화된 기준에 의해서 제작되는 재화(goods)처럼 눈으로 미리 확인할 수 있는 것이 아니라, 사후에 확인이 가능한 관계적 활동을 통한 서비스라는 점에서 경험재(experience goods)의 특징을 가진다. 그러므로 서비스의 이용자, 구매자 그리고 제공자 등의 이해당사자들(stakeholders) 사이의 정보비대칭의 문제를 갖게 된다. 따라서 어떻게 이러한 이해당사자들 사이의 정보비대칭의 문제를 피하고 신뢰관계를 형성할 것인가 하는 문제는 이 영역에서 무엇보다도 중요하다. 넷째, 특성상 지역적 혹은 관계적 성격을 가진다는 점에서 근접서비스(proximity services)[1]로 이해할 수 있다. 즉, 서비스가 이루어지는 지역적·공간적 근접성과 서비스 제공자(provider)와 이용자(user) 간의 밀접한 관계적 친밀성을 특징으로 한다(Laville and Nyssens, 2000).

따라서 사회서비스는 전 국민의 사회욕구 충족에 초점을 두는 집합적이고 관계지향적인 공공과 민간의 사회적 제반 서비스 활동으로 정의할 수 있다. 그리고 여러 상이한 정의와 명칭에도 불구하고 사회서비스는 비물질적이고, 사회심리적인 서비스라는 특징과 그 영역이 다양하며, 언제든 변화한다는 비정형성의

---

1 근접서비스라는 용어는 1980년대 말에 엠프와 라빌(Eme and Laville, 1988)에 의해서 지역공간에서 확장되고 있는 새로운 서비스들을 규정하기 위해서 처음 제기된 이후로, 유럽의 프랑어권 지역을 중심으로 급속하게 정책적 담론으로 흡수되었다(Laville and Nyssens, 2000: 69).

특징을 갖고 있다.

한국에서 사회서비스의 의미는 「사회보장기본법」과 「사회적 기업육성법」에서 약간 차이가 난다. 2012년 전면 개정되어 2013년 1월 27일부터 시행되고 있는 「사회보장기본법」은 사회서비스를 현행 기본법의 사회복지서비스와 관련복지제도를 합한 것으로 정의하여 그 영역을 넓게 규정했다.[2] 즉, 사회보장을 사회보험·공공부조·사회서비스(종전에는 사회복지서비스)의 세 가지로 구성되는 것으로 규정하고, 그 기능으로 소득 보장과 서비스 보장을 규정하고 있으며, 그런 기능의 대상이 되는 사회위험을 출산, 양육, 실업, 노령, 장애, 질병, 빈곤 및 사망 등으로 규정했다(법 제3조 제1호). 이에 따라 사회서비스를 도움이 필요한 모든 국민에게 복지, 보건의료, 교육, 고용, 주건, 문화, 환경 등의 분야에서 인간다운 생활을 보장하고 상담, 재활, 돌봄, 정보제공, 관련시설이용, 역량개발, 사회참여 지원 등을 통하여 국민의 삶의 질이 향상되도록 지원하는 제도로 규정했다(법 제3조 제4호). 이와 함께 평생사회안전망을 내세워 소득과 서비스의 보장이라는 기능을 기본욕구와 특수욕구를 고려하여 수행하는 맞춤형 사회보장제도로 규정했다(법 제3조 제5호). 또한 국가와 지자체에게 평생사회안전망 구축의무를 부여하고 있으며, 평생사회안전망의 구축·운영에서 공공부조를 통한 최저생활보장을 하도록 했다(법 제22조).

이와 같이 사회서비스를 넓게 규정한 것은 그동안 한국사회에 진행되어온 변화를 반영한 것이라 볼 수 있지만, 그런 한편 개념을 넓게 규정함에 따라 그것이 현실에서 실효성을 발휘할 수 있는가의 면에서는 많은 쟁점을 안게 된 것도 사실이다. 더욱이 개정 기본법은 사회보장이 갖추어야 할 바람직한 모습으로서의 맞춤형 사회보장을 평생사회안전망이라는 이름으로 법률에 명시하고 있으며 사

---

[2] 이 글에서는 개정된 「사회보장기본법」에 따라 사회서비스라는 넓은 개념의 용어를 사용하며, 사회서비스의 범위 중 돌봄 위기에 대한 대응력을 갖는 사회화된 돌봄서비스에 초점을 맞추어 논의하고자 한다.

회서비스도 그런 맞춤형 사회보장의 일원이 되어 서비스보장이라는 기능을 수행토록 명시하고 있다. 그리고 이러한 맞춤형 사회보장의 일원으로서의 사회서비스를 효과적으로 시행하기 위해 보건복지부의 권한을 크게 강화하고 있으며, 동시에 부처 간 정책조정 등을 위해 사회보장위원회를 두는 한편 정부기관 간 정책협의·조정을 명시하고 통합적인 관리운영체계, 품질관리체계, 정보·통계체계의 구축도 명시하고 있다(남찬섭, 2012).

반면에「사회적 기업육성법」제2조 제3호는 사회서비스를 교육·보건·사회복지·환경 및 문화 분야의 서비스, 그 밖에 이에 준하는 서비스로 정의하면서 구체적으로 ① 보육서비스, ② 예술·관광 및 운동서비스, ③ 살림 보전 및 관리서비스, ④ 간병 및 가사 지원서비스로 규정하고 있다. 이처럼「사회보장기본법」에 의한 사회서비스와「사회적 기업육성법」에 의한 사회서비스는 그 범위 면에서 뚜렷한 차이가 있으며, 돌봄에 대해서는 보육, 간병, 가사 지원 서비스 등으로 활동의 영역에 따라 개별화된 방식으로 접근하고 있다.

(3) 사회복지서비스

넓은 개념의 사회서비스와 조금 다른 의미를 갖는 대인사회서비스라는 용어, 즉 사회복지서비스라는 용어는 그것이 너무나 다양한 의미와 해석을 가져온다는 데서 분명 혼란스럽지만, 적어도 다음의 세 가지 차원을 포함하는 개념이라 할 수 있다. 즉, 서비스, 공급자, 수급자 등이 그것이다(Douglas and Philpot, 1998).

첫째, 서비스에 대해 알아보면, 서비스란 특별히 그런 일을 하도록 교육된 사람들의 실천을 통해 어떤 재화를 다른 사람들에게 전달하려는 의도적이고, 조직화된 계속적인 노력이며, 사회욕구(social needs)를 가진 구성원들이 삶의 질을 개선하도록 제공되는 것이다. 서비스라는 이름 아래에서 제공될 수 있는 것들을 크게 살펴보자면, ① 문제를 예방하도록 돕는 정보를 제공하는 것, ② 심각한 문제에 빠져 있는 사람을 돕는 전문화된 서비스를 제공하는 것으로 나눌 수 있다.

둘째, 공급자는 크게 조직과 서비스 제공 전문가 차원으로 이루어진다. 일반적으로 사회복지서비스의 공급자 가운데 조직 차원은 중앙정부, 지방정부 수준의 정부조직과 민간조직에 의해 이루어진다. 반면 서비스 제공 전문가 차원은 대인적 사회서비스 전문직의 구성원들인 사회복지사, 상담 및 심리사, 카운슬러, 의사, 간호사, 법률전문가, 교사, 종교인, 그리고 여러 돌봄 종사자, 자원봉사자 등으로 이루어진다.

셋째, 수급자는 누가 서비스를 받는가라는 점과 관련된다. 사회복지서비스를 제공받는 사람들에게 명명하고 있는 이름들을 살펴보면, 의료서비스 분야에서는 환자(patient) 혹은 내담자(client), 학교나 교육서비스 분야에서는 학생(student) 혹은 학습자(learner), 레크리에이션 서비스 분야에서는 시민(citizen), 재정지원 관련 서비스 분야에서는 의뢰인(client), 교정서비스 분야에서는 재소자(inmate), 범인(criminal), 범죄인(offender), 법위반자(law violator), 집단가정(group home)에 사는 발달장애인이나 요양원(nursing house)에 사는 노인에게 상담서비스를 제공하는 경우 수용인(resident), 그리고 위기개입 서비스를 받는 경우 희생자(victim)로 부른다. 이러한 정의들을 살펴보면서 한 가지 중요한 이슈는 우리가 사회복지서비스를 받는 사람을 어떻게 인식할 것인가라는 문제이다. 다시 말하여 그들로 하여금 사회낙인을 줄 수 있다는 점을 명심해야 한다는 것이다. 그런 점에서 오늘날 수급자를 소비자(consumer, customer) 혹은 시민으로 명명하고 있음은 시사하는 바가 크다.

따라서 이러한 사회복지서비스의 구성적 성격에 의하면, 사회복지서비스는 모든 시민들뿐만 아니라 특히 불우하고 열세한 위치에 있는 아동, 노인, 여성 및 장애인 등을 우선 대상으로 이들의 제반 문제를 해결하여 정상적인 사회인으로 복귀시키는 데 목적을 두고 있기 때문에 사회보험이나 공공부조의 재정적인 부조와는 달리, 사회복지전문가에 의한 전문서비스만이 돌봄의 소기의 성과를 기대할 수 있다.

이러한 사회복지서비스에 대한 법적 개념은 한국에서는 「사회복지사업법」에서 찾을 수 있다. 이 법은 헌법 제34조에 규정된 생존권을 구체화하는 법률로서 각종 사회복지서비스 분야에 관한 법률의 기본적 사항을 총괄적으로 규정한 일반법이다. 「사회복지사업법」 제2조[3]에 의하면 사회복지사업(사회복지서비스)은 국민의 생존권을 보장하기 위한 국가의 사회보장제도의 하나로서, 일반 국민은 물론 사회적으로 불우한 환경에 놓여 있는 빈민, 아동, 노인, 장애인, 모자, 영유아, 여성, 외국인, 부랑인 및 노숙인, 보호관찰대상자 등에 대한 상담 등과 같은 정서적 원조를 중심으로 하여 이와 관련된 자원봉사활동 및 각종 사회복지시설의 운영 또는 지원 등을 포괄하고 있다.

(4) 돌봄과 사회서비스, 사회복지서비스의 관계

돌봄 부재 현상을 시민의 일상생활에 불안정을 가져오는 사회위험으로 정의하는 경우 돌봄은 사회적인 것이 된다. 주로 저출산 고령사회에 의한 신사회위험이 초래하면서 복지국가들은 돌봄을 사회서비스로 간주하여 교육 및 의료서

---

[3] "사회복지사업"이란 다음 각 목의 법률에 따른 보호·선도(善導) 또는 복지에 관한 사업과 사회복지상담, 직업지원, 무료 숙박, 지역사회복지, 의료복지, 재가복지(在家福祉), 사회복지관 운영, 정신질환자 및 한센병력자의 사회복귀에 관한 사업 등 각종 복지사업과 이와 관련된 자원봉사활동 및 복지시설의 운영 또는 지원을 목적으로 하는 사업을 말한다. 가. 「국민기초생활보장법」 나. 「아동복지법」 다. 「노인복지법」 라. 「장애인복지법」 마. 「한부모가족지원법」 바. 「영유아보육법」 사. 「성매매방지 및 피해자보호 등에 관한 법률」 아. 「정신보건법」 자. 「성폭력방지 및 피해자보호 등에 관한 법률」 차. 「입양특례법」 카. 「일제하 일본군위안부 피해자에 대한 생활안정지원 및 기념사업 등에 관한 법률」 타. 「사회복지공동모금회법」 파. 「장애인·노인·임산부 등의 편의증진 보장에 관한 법률」 하. 「가정폭력방지 및 피해자보호 등에 관한 법률」 거. 「농어촌주민의 보건복지증진을 위한 특별법」 너. 「식품기부 활성화에 관한 법률」 더. 「의료급여법」 러. 「기초노령연금법」 머. 「긴급복지지원법」 버. 「다문화가족지원법」 서. 「장애인연금법」 어. 「장애인활동 지원에 관한 법률」 저. 「노숙인 등의 복지 및 자립지원에 관한 법률」 처. 「보호관찰 등에 관한 법률」 커. 「장애아동복지지원법」.

비스에서처럼 인간의 삶에 필수불가결한 요소에 대한 지원으로 접근했다. 다시 말하여 돌봄에 대한 사회서비스의 출현은 핵가족화와 인구 고령화가 진행되는 모든 사회에서 공통된 과제로 부상한 돌봄의 위기(care crisis)에 대한 인식에서 출현했다. 그런 점에서 사회서비스 중 돌봄과 관련된 서비스를 돌봄서비스라고 지칭하기도 하지만, 통상 돌봄서비스는 "스스로 자신을 돌볼 수 없는 사람을 대상으로 하는 사회서비스"로 정의된다(Daly, 2002). 이로써 돌봄은 국가가 공적으로 제공하는 사회서비스 영역에 포함되었으며 사회복지서비스로서의 특징을 지니는 사회서비스는 공공성과 개별성이 혼재되는 양상으로 나타나게 되었다. 그런 점에서 사회서비스로서 돌봄은 공공성을 주로 담당하는 공공영역과 개별성에 강점을 가지는 민간영역의 협력을 기본적으로 포함하고 있다.

그렇다면 돌봄을 주로 하는 사회서비스 제공자는 어떤 직업의 인력일까 하는 문제가 등장한다. 즉, 돌봄이 필요한 사람에게 돌봄을 주는 행위를 어디까지 포함하는가에 대한 범위에 따라 광의의 입장과 협의의 입장으로 나뉜다. 광의의 입장은 돌봄의 특징을 대면접촉을 통해 서비스 수혜자의 인지적·육체적·정신적 능력을 유지하거나 높이는 것으로 정의하면서, 의사, 간호사, 개인서비스 노동자, 종교인(목사/신부), 경찰, 개인적 보호 업무를 하는 종사자들 모두를 돌봄을 제공하는 사회서비스 제공자로 포함한다(England, Budig and Folbre, 2002; Budig and Mishra, 2010). 이와는 달리 돌봄을 제공하는 사회서비스 제공자를 좀 더 특정한 돌봄 행위를 하는 근로자로 한정하고, 간호사, 초등학교 교사, 보육서비스 종사자, 노인서비스 종사자, 사회복지사, 재가돌봄서비스 종사자, 가사간병근로자로 범위를 좁히기도 한다(Razavi and Staab, 2010; 윤자영 외, 2011). 그리고 이보다 더 좁은 입장으로 돌봄을 제공하는 사회서비스 제공자를 사회복지서비스에 국한하여 좀 더 대인적·대면적인 돌봄 제공을 목적으로 하는 근로자로 좁히면서 간호사와 초등학교 교사를 제외하고 나머지 사회복지서비스에 포함되는 노인, 장애인, 아동을 위해 재가기관 및 시설에서 직접 돌봄서비스를 제공하는 근로자와 유치원 교사, 보육교사, 사회복지사를 포함시킨다. 그리고 노동력 구성 및 공식성을 기준으로 하여 이들 종사자를 상위 직업군과 하위 직업군으로 재분류한다. 사회복지사, 보육교사, 직업상담사, 취업알선원, 상담전문가, 청소년지도사, 시민단체활동가, 기타 사회복지 관련 종사원 등 사회복지전문직과 유치원 교사는 상위 직업군으로 분류하며, 간병인, 요양보호사, 산후조리원 치료사 보조원, 수의사 보조원, 복지시설 보조원, 그 외 의료·복지 관련 서비스 종사원 및 가사·간병·육아도우미 등은 하위 직업군으로 분류한다(황덕순, 2012).

그런데 돌봄과 사회서비스, 사회복지서비스의 관계를 확실히 이해하려면 먼저 모성(mothering)을 돌봄의 기본으로 여기는 전통적인 돌봄 개념을 확실히 바꿀 필요가 있다. 그리고 돌봄과 관련된 모든 요소들인 돌봄 관계, 돌봄노동, 돌봄 제공자, 돌봄 받는 자들을 존중하고 이를 가치화할 필요가 있다. 첫째, 돌봄 제공자와 돌봄 수혜자 모두에게 만족스러운 의존관계가 가능할 수 있도록 사회책임이 마련되어야 한다. 둘째, 사회제도는 돌봄 제공자가 사회협력(social cooperation)의 경쟁 속에서도 불이익을 받음이 없이 돌봄에 몰두할 수 있도록 함으로써 돌봄을 존중하는 방향으로 사회를 발전시켜야 한다(Kittay, 2007).

다시 말하여 돌봄이 수행되는 장소와 임금의 지불 여부를 불문하고 돌봄을 임금노동과 같이 사회에 기여하는 전문적인 휴먼서비스(human services) 담당 '노동'으로 가치화해야 한다. 또한 돌봄을 필요로 하는 사람, 즉 돌봄을 받는 당사자들(아동, 노인, 장애인, 환자 등)이 사회의 한 구성원으로서 그에 합당한 권리를 갖고 사회서비스나 사회복지서비스에 대한 당당한 권리의 목소리를 낼 수 있어야 한다. 그리고 돌봄을 제공하는 사회서비스 담당자는 다른 노동자와 동일한 사회인식과 권리의식을 당연히 가져야 한다.

따라서 최근 한국사회에서 사회서비스 제공을 단순히 시장에서 거래되는 상품과 용역으로 간주하는 것은 당연히 문제가 되며, 특히 일자리 창출과 효율성이라는 잣대로 사회서비스를 민영화, 시장화에 의해 확대해나가겠다는 생각은 더 큰 문제이다.

2) 복지국가의 사회서비스 체제 유형별 특성

전통적으로 유럽의 복지국가들 사이에서 스칸디나비아 국가들을 제외하고, 사회서비스는 주요한 정책적 고려의 대상이 되지 못했다. 복지국가의 등장은 현금이전을 중심으로 각종 사회위험에 대처하는 사회안전망을 확충하는 과정을 통해서 주로 이루어짐으로써 사회서비스는 공적영역이 아닌 사적영역으로 남아 있었다. 이는 전통적으로 사회서비스는 가족에 의해서 직접적으로 수행하는 게 가장 효율적이며, 시장을 통한 민간서비스와 정부의 지원은 가족을 보완하는 정도에 두는 게 좋다는 믿음에 기초하고 있었다. 물론 이와 같은 믿음은 사회서비스 체제에서 드러나고 있는 돌봄에 대한 성역할 편차를 전제로 하고 있다. 따라서 사적영역으로 남겨진 돌봄의 필요는 가족의 책임, 즉 여성의 역할에 의해서 충족되어지거나, 시장에서의 서비스의 구매 혹은 자발적인 비영리조직을 통해서 충족되어져야 했다. 즉, 사회서비스 영역에서 자연스럽게 가족, 공공부문, 자발적 비영리조직 그리고 시장 등의 복지혼합이 형성되었다. 그 결과 각 복지국가에서 사회서비스 체제에 대한 복지혼합의 양상은 다양한 형태로 나타났다. 이러한 복지국가의 사회서비스 체제 유형화를 시도한 대표적인 학자들의 견해를 제시하면 다음과 같다.

(1) 제3섹터의 비중과 정부의 자금조달 정도를 기준으로 한 유형화

사회서비스의 제공과 관련하여 란치(Ranci, 2002)는 '제3섹터의 비중'과 '정부의 자금조달에 대한 제3섹터의 의존 범위(정부 자금조달의 정도)'의 두 가지 기준을 통해서 사회서비스 체제를 보충주의 모델, 제3섹터 주도 모델, 정부 주도 모델, 그리고 시장 주도 모델 등의 네 가지 모델로 유형화했다.

첫째, 보충주의 모델은 사회서비스의 중요한 공급자 역할을 하는 제3섹터에 대한 정부의 높은 자금조달 비율을 보이고 있다. 정부는 낮은 비율의 사회서비스들만 제공하고 주로 자금조달과 통제의 기능을 수행한다. 정부와 제3섹터 간의 강한 상호의존성은 민간기업의 공급 여지를 잔여적인 부분으로 만들고 있다. 둘째, 제3섹터 주도 모델은 사회서비스의 제공에서 제3섹터의 지배적인 역할을 강조하며, 주로 종교적인 기반을 가진 비영리조직들이 주도적인 역할을 하고 있다. 하지만 정부의 재정지출은 보충주의 모델의 국가들에 비해서 낮은 수준이어서 사회서비스 체제의 파편적인 성격을 특징으로 하고 있다. 셋째, 정부 주도 모델은 사회서비스의 제공에서 정부가 중요한 서비스 제공자의 역할을 하고 있는 반면, 제3섹터는 이 영역에서 잔여적인 역할을 하고 있으며 특정한 영역에 한정되어 있다. 하지만 이들의 활동을 위한 자금조달은 전적으로 정부에 의해서 이루어지고 있다. 넷째, 시장 주도 모델은 정부와 제3섹터의 직접적인 사회서비스 제공과 견줄 만한 비율의 서비스가 민간영리조직들에 의해서 제공된다. 이러한 상황에서 정부의 자금조달은 상당히 제한적이다. 제3섹터의 자금조달은 민간기부와 서비스 요금에 의해서 이루어지고 있다. 따라서 사회서비스 영역의 상당한 시장화가 목격되며, 제3섹터의 조직운영 역시 시장원리에 의해서 영향을 받게 된다.

(2) 비영리부문과 가족서비스를 기준으로 한 유형화

사회서비스 영역에서 제3섹터의 역할을 중심으로 사회서비스 체제를 유형화한 연구들이 있다. 대표적인 것으로서 애플턴(Appleton, 2005)은 유럽 11개국 가족서비스의 제공과 관련된 비영리조직의 역할을 기준으로 세 집단으로 유형화했다.

첫 번째 집단에서 비영리부문은 사회서비스 영역에서 중요한 서비스 제공자의 역할을 하고 있다. 이들의 역할은 주로 정부와의 협력을 통해서 이루어지고 있는데, 독일의 경우는 이들 비영리조직들이 준정부적인 성격을 가지고 있다. 두 번째 집단에는 스페인, 이탈리아 그리고 그리스가 포함되는데, 비영리조직들 중에서 특히 종교조직들이 사회서비스의 제공에서 주도적인 역할을 하고 있다. 세 번째 집단에는 스웨덴, 헝가리 그리고 에스토니아가 속하는데, 정부가 사회서비스 제공의 주도적인 역할을 하고 있다.

(3) OECD 국가의 GDP 대비 사회서비스 지출 규모와 가족책임을 기준으로 한 유형화

정경희 외(2006)와 김영순 외(2007)는 서구에서 시작된 사회서비스 체제 유형화 논의를 한국의 사회서비스 확대와 관련된 현실에 적용하고 필요한 함의와 교훈을 얻기 위한 시도를 했다. 이들은 유형화의 기본틀은 복지혼합을 기초로 한 토머스 바알레(Thomas Bahle)와 브라이언 먼데이(Brian Munday)의 연구에서 가져왔으며, 각 유형의 이름은 먼데이의 유형화 결과를 수정해서 적용하여 ① 공공서비스 모델, ② 가족주의 모델, ③ 보충주의 모델, ④ 자산조사-시장의존 모델, ⑤ 동아시아 모델 등으로 분류했다.

첫째, 공공서비스 모델에서는 보편주의 원칙하에서 높은 사회서비스 지출을 보이고 있으며, 서비스의 공급, 전달, 규제, 재정 모든 면에서 공공부문이 주도적인 역할을 하고 있다. 스웨덴, 덴마크, 핀란드, 노르웨이 등이 이에 해당된다.

둘째, 가족주의 모델에서는 전통적으로 사회서비스 제공의 일차적인 책임을 선별주의 원칙에 따라 가족에게 부여했다. 따라서 사회서비스에 대한 정부지출은 낮아 사회서비스 체제의 발전이 지체되어 파편적인 성격을 보인다. 스페인, 그리스, 포르투갈 등의 남유럽 국가들이 이에 해당된다.

셋째, 보충주의 모델에서는 공공사회지출의 수준은 높은 편이나 사회서비스 지출은 상대적으로 낮아서 현금급여의 비중이 높다. 사회서비스 제공에 보충성의 원칙(subsidiarity)을 강조하여 비영리조직들이 이 분야에서 상당한 역할을 하도록 하는 근거가 되었다. 독일, 오스트리아, 네덜란드 등의 대륙 복지국가들이 이에 해당된다.

넷째, 자산조사-시장의존 모델에서는 사회서비스 지출은 상당히 낮으며 사회서비스의 제공은 선별주의 원칙에 따라 일반적으로 개인책임하에서 충당되도록 하고 있다. 따라서 사회서비스 제공을 위한 사적시장이 발달했다. 영국, 아일랜드, 미국 등이 이에 속한다.

다섯째, 동아시아 모델에서는 대체로 저발전 혹은 미성숙한 복지체계를 가지며, 사회서비스의 경우 가족 중심의 돌봄체계를 가지고 있어 남유럽의 가족주의 모델과 유사하다고 할 수 있다. 그러나 이 나라들의 사회서비스 실태는 유럽의 경우보다도 더 잘 알려져 있지 않기 때문에 어떤 유형으로 확정짓기가 쉽지는 않다. 일본, 중국, 한국과 대만 등이 이에 포함된다.

(4) 에스핑-안데르센의 복지국가 유형별 사회서비스 정책의 유형화

괴스타 에스핑-안데르센(Gøsta Esping-Andersen)은 일찍이 자유주의, 조합주의, 사회민주주의라는 세 가지 유형을 제시한 바 있다. 그는 노동자가 자신의 노동력을 상품으로 팔지 않고도 살 수 있는 정도를 의미하는 '탈상품화 정도'와 사회적 계층화가 이루어지는 유형과 정도, 복지제공에 있어서 국가와 시장의 역할 분담 정도와 형태 등을 주된 기준으로 삼았다. 여기서 탈상품화 정도란 개인이나 가족이 생계유지를 위해 노동시장에서 자신의 노동력을 상품으로 판매하는지 여부와 관계없이 일정 수준 생활을 유지하는 정도, 즉 노동시장에서 일을 할 수 없는 상황에 처했을 때 국가가 어느 정도 수준의 급여를 제공해주느냐 하는 것이다. 사회계층화는 계층화가 이루어지는 유형과 그 정도를 보여주는 측정치로 구성된다. 국가와 시장의 상대적 역할 비중은 GDP 대비 민간기업 연금 비중, GDP 대비 공적연금, 민간연금, 개인연금 비중, 총 연금지출 중 사회보장연금, 공무원연금, 기업연금, 개인연금의 비중, 65세 이상 노인가구주 가구의 소득원천

구성 등 네 가지로 측정한다(Esping-Andersen, 1990).

에스핑-안데르센이 제시한 유형분류는 이후 많은 연구에서 준거점이 되었으나 이에 대한 비판도 존재한다. 복지제도와 복지재정에 대한 비교국가적 이해에 도움이 되는 반면 동아시아나 남유럽은 그가 제시한 기준에 포함시키기 어렵다는 점 때문이다. 한국 역시 에스핑-안데르센 유형분류 어디에도 해당되지 않는다고 할 수 있다(윤영진 외, 2007).

그럼에도 이러한 에스핑-안데르센의 복지국가 유형별 사회서비스 정책의 유형화를 시도해보면 다음과 같다(송다영, 2012).

첫째, 사민주의형, 즉 공공서비스형이다. 이는 국가가 노인, 아동, 장애인을 위한 사회서비스 제공에 좀 더 직접적이고 광범위한 책임을 지는 유형으로 스웨덴, 덴마크 등이 대표적이다. 국가가 재원, 서비스 공급 및 전달, 관리, 감독 등의 책임을 지며, 가족의 추가비용 부담률이 낮다. 최근 공공서비스형의 대표 격인 스웨덴도 국가에 의한 직접공급 비율이 줄고 민간기구 비율이 높아지는 것으로 보고되고 있으나, 1990년 이후에도 여전히 아동보육이나 노인돌봄을 위한 서비스 지출에 가장 높은 수준의 재정지원을 하고 있으며, 국가에 의한 공공서비스가 80% 수준을 유지하고 있다. 1990년대부터 시작된 서비스 민영화는 국가의 일차적 책임을 가족이나 시장으로 넘기는 방식이 아니었으며, 이용자 비용 분담과 비영리부문의 증가로 요약된다. 즉, 국가의 공급기능은 축소했으나, 국가는 재정과 규제, 감독 기능은 유지하면서 공급자는 비영리부문을 유입하는 방식을 강화했다. 특히 연방정부는 민영화 후 비용부담에 따른 계층화와 배제 문제 최소화를 위하여 '상한제' 가이드라인을 제시하고 시장화를 억제했다. 연방정부는 민영화에 따른 보육료 상승을 우려하여 보육료는 가구소득의 3% 한도를 넘어서지 않도록 조치를 취하고 있다. 또 우파연합에 의해서 2008년 7월부터 0~3세 아동을 둔 부모에게 양육수당을 선택할 수 있게 하는 정책이 도입되었으나, 이것 또한 중앙정부 급여가 아니며 지방정부가 의결할 경우에만 지급되는 것으로 한정되어 있다. 이처럼 사민주의는 복지국가 개편 이후에도 공공서비스를 우선적으로 배치하고, 비영리부문에 의한 민간이양을 보완적으로 결합하는 방식으로 보편주의 공공서비스형을 유지하고 있다.

둘째, 보수주의형, 즉 가족화＋사회서비스형이다. 보수주의 유형에서는 국가가 돌봄을 서비스로 제공하는 방식보다는 수당이나 다른 현금급여 형태로 제공한다. 즉, 국가는 재원을 마련하지만 돌봄 공급자는 주로 가족이 된다. 공공서비스형에 비해 서비스 질 관리나 감독이 약하다. 독일과 프랑스가 보수주의의 대표적 국가이다. 프랑스는 전통적으로 공공서비스가 발달되어 있었던 국가였으나, 복지국가 재편기에 가족화, 개별화를 중심으로 한 서비스 체계로 전환하는 특성을 가졌다. 일례로 프랑스는 경제적 위기가 고조되던 1980년대 이후부터 보육방식을 공보육서비스 이외에 가정보육모등록제도(AFEAMA), 개별파견보모(AGED), 양육수당(APE)으로 다양화했다. 프랑스 사회서비스의 특징은 가족화, 개별화를 방향으로 한 재편으로 계층화와 성별화 현상이 뚜렷하다. 특히 양육수당은 수급자격이 두 자녀로 확대된 1994년 제도개혁 이후 상당히 대중적 아동양육형태로 자리를 잡아가고 있다. 보수당 정권에서 가정보모 고용에 대한 세금공제 혜택도 강화하면서 중상층은 개별파견보모제도, 중산(상)층은 공보육시설(Creche)과 가정보육모등록제도, 중하층은 양육수당을 선택하고 있다. 아동보육의 소득 수준별 계층화는 물론 여성 내부의 계층화가 발생하고 있다. 사회서비스 가족화나 개별화의 종착점은 계층화 사회임을 보여준다.

셋째, 자유주의형, 즉 시장서비스형이다. 자유주의 유형에서는 일차적으로 국가가 돌봄 문제에 개입하기보다는 개별 가족이 시장화를 통해 사회서비스를 구입하는 방식으로 공공재정의 지출을 최소화했다. 미국과 1997년 개혁 이전의 영국이 대표적인 사례이다. 1997년 블레어 정권은 사회투자국가를 표방하면서 돌봄, 특히 아동돌봄에 대한 대대적인 예산 투입과 보육서비스 확대정책을 시행했다. 그러나 국가에 의한 공공서비스를 확대하는 방식으로 가지 않고 서비스에 대한 재정지원을 하는 방향으로 진행시켰다. 즉, 국가는 시장화된 서비스 공급 체계를 그대로 인정하면서 가족에게 현금을 제공하는 것에 역할을 제한했다. 가족은 현금(혹은 바우처)을 가지고 시장에서 서비스를 구매하거나, 현금으로 서비스 구매 후 사후에 소득공제로 환급받는 방식을 취했다. 가족과 시장은 서비스 수요와 공급의 당사자가 되면서 서비스 선택의 최종 책임은 가족이 지게 되었다. 영국은 블레어 정부 이후 분명 보육료에 대한 사회적 지원, 재정지출이 증대되었음에도 불구하고 민간시장 구조를 전제로 한 상황에서 진행되었기 때문에 영국 부모의 보육료 부담(가구소득의 30%)은 여전히 유럽 국가 중에서 가장 높으며, 서비스보다는 비공식부문이나 친인척을 이용한 보육비율이 가장 높다. 사회서비스가 시장과 결합했을 때 경로제약을 분명히 보여준다(Greve, 2010).

이렇게 전통적으로 현금이전을 통한 복지제도의 설계에 집중되어 있던 유럽의 복지국가 모델은 점진적이기는 하지만 사회서비스에 대한 투자를 늘려왔다. 물론 사회서비스 영역에 대한 정부의 지속적인 재정지출을 통해서 이 영역에 대한 상당한 수준의 공적서비스를 확보해온 스웨덴과 덴마크의 경우도 있지만, 대부분의 유럽 국가들은 사회서비스에 대한 완만한 성장을 보여왔다. 하지만 복지국가 전반에 걸쳐서 제기되어왔던 재정위기와 경제의 세계화로 인한 국제경쟁력의 강화는 정부 재정지출의 자율성을 제약했다. 특히 1970년대 이후 급속한 산업구조의 변화는 대량의 실업을 야기했으며, 노령인구의 증가와 출산율의 저하로 인한 인구학적 변화, 그리고 가족해체와 여성경제활동의 증가는 전통적인 가족기능을 어렵게 했다. 한편으로 이에 적절히 대응하지 못했던 공공사회복지서비스에 대한 대중적 신뢰와 지지의 철회는 전반적인 이에 대한 개혁을 요구하게 되었다. 이러한 개혁의 방향은 한편에서는 증대되고 있는 사회서비스 필요에 대한 충족과 또 한편에서는 재정적 부담을 줄이는 사회서비스 체제의 구축이었으며, 그것은 구체적으로 사회서비스의 탈중앙화, 탈규제화 그리고 민영화 등으로 나타났다. 개인의 책임을 강화하는 방식 속에서 강화되어온 민영화의 방향은 급속하게 복지혼합체제를 변화시켰다(장원봉·김유숙, 2011).

유럽에서 취해진 사회서비스 공급체계에 대한 민영화 조치의 일반적인 방향은 ① 동일한 사회서비스에 대한 민간제공의 증가와 더불어 수반된 공적 프로그램들의 감소, ② 공적 혹은 준공적 기관들로부터 민간기관으로의 일정한 서비스 소유권의 이전, ③ 민간서비스에 대한 공적자금조달을 포함하는 정책의 발전, ④ 정부독점에 의해서 지배되었던 기존 영역으로 민간서비스기관들의 진입을 허용하는 탈규제화 등으로 특징된다(Ascoli and Ranci, 2002).

그러나 복지정책의 영역에서 민영화는 절대적인 복지지출의 감소를 의미하는 것은 아니며, 복지지출의 감소는 공공기관을 민간부문으로 이전하거나 정부 프로그램을 감소한다든지 혹은 특정한 복지에 대한 정부책임을 철회하는 경우에 속한다. 그리고 민영화의 경향을 수요 중심의 민영화(demand-driven privatization)와 공급 중심의 민영화(supply-driven privatization)로 구분하여 설명할 수 있다.

먼저 수요 중심의 민영화 모델은 영국이나 미국의 자유주의적인 국가의 전통에서 주로 나타나고 있는데, 사회서비스에 대한 민간수요에 대응하기 위해서 순수한 시장의 성장을 촉진하고자 한다. 따라서 시장을 통한 서비스의 효율적인 배분을 추구하며 상품권의 도입과 민간서비스 구입에 대한 세금공제특혜 등의 조치들을 통해서 사회서비스 시장을 활성화하고자 한다. 한편 주로 서유럽 복지국가들에서 나타나고 있는 공급 중심의 민영화 모델은 정부가 대부분의 재정적 책임을 유지하며 사회서비스 전달의 주요한 기능을 민영화함으로써 정부로부터 민간공급자로의 자금이전과정을 통해서 공급자 간 경쟁메커니즘을 도입하고자 한다. 이를 위해 정부는 서비스 계약체결의 범위를 확장하고, 공공 프로그램에 의한 자금조달을 통해서 민간공급자들의 성장을 지원한다. 특히 공공의 이익을 위해 서비스를 제공하는 비영리조직들에 대한 세금혜택의 특권과 서비스 계약체결을 위한 입찰제의 추진 그리고 혁신적인 복지정책 프로그램 생성을 위한 민관 파트너십의 강화 등이 추구되고 있다(Ascoli and Ranci, 2002).

따라서 복지국가들 사이에 드러나고 있는 사회서비스 체제의 변화는 단순히 탈중앙화, 탈규제화 그리고 민영화로 인한 복지국가의 후퇴라고 단정하기 어려우며, 좀 더 복합적인 양상으로 전개되고 있다고 할 수 있다.

3. 복지국가와 사회서비스 정책의 쟁점

복지국가 확대에서 사회서비스를 둘러싼 쟁점들을 살펴보는 것은 한국에서 복지국가 구축과 관련하여 매우 중요한 사안이다. 최근 한국사회에서 사회서비스 확대를 둘러싼 논의가 활발히 전개되고 있어, 사회서비스 확대를 통해 한국사회가 궁극적으로 지향하는 정책 목표가 무엇인지 분명히 파악하는 데도 도움이 될 것이다. 특히 현재 사회서비스 확대에 대한 논의가 일자리 창출과 효율성 등과 같은 부차적인 문제에 집중되어 있다는 점에서 더욱 그러하다. 물론 일자리 창출, 효율성, 지역사회의 사회서비스에 대한 욕구 충족은 사회서비스 확대 과정에서 반드시 성취되어야 할 과제임은 분명하다. 그러나 이와 같은 정책과제들은 사회서비스 확충을 통해 나타나는 중요한 성과이지 그 자체가 목표가 되는 것은 아니다.

1) 정책 우선순위에 대한 소득보장 강화 대 사회서비스 강화 쟁점

빈곤, 실업, 질병 등과 같은 구사회위험 요소와 저출산·고령화, 심화되는 양극화, 고용 없는 성장, 가족해체 등 신사회위험을 동시에 갖고 있는 국가에서는 소득보장을 더 중시해야 할 것인지, 아니면 사회서비스를 더 중시해야 할 것인지 하는 쟁점은 매우 중요하다. 특정 빈곤집단이 아닌 모든 국민에게 동등하게 제공되는 보편적인 소득보장제도의 도입과 확산을 통해 광범위한 소득재분배 효과를 거둘 수 있으며, 이러한 효과는 이미 '재분배의 역설(paradox of redistribution)'을 통해 확인된 바 있다(Korpi and Palme, 1998). 보편적 복지 확대를 위한 작업의 일환으로 우선 여성의 경제활동 참여를 독려하고 건강한 아동양육을 위한 '아동수당' 제도를 도입하거나 수당방식의 기초연금제도 구축은 전형적인 소득보장을 강화하는 것이다.

그러나 신사회위험을 가진 저출산·고령화 사회에서 돌봄과 양육의 사회화와 같은 사회서비스의 확대는 필수적이다. 여기에는 사회서비스를 통해 돌봄 대상자 개인과 가족이 성취하고자 하는 목적이 무엇인지 고려해봐야 할 것이다. 영국 신노동당의 사회서비스 정책과 같이 개인의 독립적 삶에 무게를 두느냐, 아니면 여성주의의 돌봄윤리에서 논하는 것처럼 상호 돌봄의 제도화에 두느냐, 아니면 가족해체 방지와 통합으로 할 것이냐 등의 목적에 따라 소득보장과의 관련성이 달라질 것이다. 물론 사회서비스 정책의 목적으로 어느 것에 비중을 둔다고 하더라도 실효성을 거두려면 소득보장이 어느 정도 필요한 것은 사실이지만 특히 개인의 독립적 삶에 목적을 둘 경우에는 소득보장이 반드시 뒤따라야 할 것이다.

이렇게 본다면 소득보장과 사회서비스는 택일의 문제가 아니고 상호 보완적이어야 한다. 소득보장과 사회서비스 체계의 확립이라는 복지국가의 기본을 내실화하는 것이 필요하다. 이러한 주장은 다수의 실증적인 연구를 통해서도 확인되고 있는데, 김교성(2008)은 OECD 국가에 대한 소득보장과 사회서비스 지출의 상호작용 효과를 포함한 시계열적 결합회귀분석을 통해 "사회서비스 투자전략을 채택하고 지속적으로 추구하는 것도 중요하지만, 동시에 기본적인 소득보장의 수준과 범위를 확대하는 것도 필수적인 과제"라고 결론내리고 있다.

그리고 중요한 것은 소득보장과 사회서비스 보장의 균형 있는 달성을 위해서는 노동시장정책과 연계성을 가져야 한다는 점이다. 여러 비교연구에서도 노동시장정책과 사회보장정책을 분리하여 접근하는 분절적 복지국가보다 양자 간의 조화와 연계를 꾀하는 통합적 복지국가가 여러 가지 면에서 성과가 우수한 것으로 나타나고 있으며, 공공이 아닌 시장을 통한 사회서비스 공급은 저임금 노동 인력을 전제하고 있다(Esping-Andersen, 2002). 따라서 노동시장정책이 제대로 작동하지 않을 경우 사회보장제도는 지나친 하중으로 그 기능을 적절히 수행할 수가 없다. 자본주의 사회에서 살아가는 사회구성원들에게 노동시장에서의 적절한 사회기능 수행이 보장되는 것은 다른 모든 영역에서의 적절한 사회기능 수행에 필수적인 요소이며 나아가 사회보장 재정 확보를 위해서도 긴요하다.

2) 사회서비스 역할분담으로서 재가족화 대 탈가족화 쟁점

사회서비스 역할분담으로서 재가족화 대 탈가족화 쟁점은 크게 두 가지로 구분해서 살펴볼 필요가 있다. 즉, 가족기능 강화 대 대체(분산)의 쟁점과 여성노동권의 권장 정도 관련 쟁점으로 나눠볼 수 있다(정경희 외, 2006).

첫째, 가족기능을 재강화할 것인가, 아니면 가족기능을 대체(분산)할 것인가 하는 쟁점이다. 이 쟁점은 우선 베버리지-케인시안 복지국가가 기초하고 있던 남성생계부양자 중심의 복지제도가 현실 적합성을 상실해가고 있다는 현실을 고려할 수밖에 없다. 즉, 여성의 노동시장 참여로 인해 사회위험에 대한 복지국가의 대응영역이 공적영역인 노동시장에서 사적영역인 가족으로 확대되고 있는 것(윤홍식, 2006)에 주목해야 한다. 왜냐하면 가족원에 대한 돌봄의 책임으로부터 자유로웠던 남성노동자에게 사회위험은 실업, 질병, 노령 등으로 인해 노동시장(공적영역)에서 퇴장하는 것을 의미하지만, 가족 내 돌봄의 주 담당자였던 여성노동자에게 사회위험은 돌봄의 책무로 인해 임금노동을 수행하지 못하고 노동권을 획득하지 못하는 문제를 포괄하기 때문이다. 따라서 사회서비스의 역할을 가족에게 남겨둘 것인가(재가족화), 가족으로부터 사회로 이동시킬 것인가(탈가족화)의 문제는 한 국가가 가지고 있는 여성노동에 대한 지향, 공적영역과 사적영역으로 구분되는 노동시장과 가족의 이분법적 분절을 변화시킬 수 있는 정도, 고용을 통한 사회통합과 양성평등에의 접근 등을 아우르는 전략적인 선택이 될 수밖에 없다.

둘째, 여성노동권의 권장 정도에 따른 쟁점이다. 국가가 탈가족화를 추진하느냐, 재가족화를 강조하느냐의 차이는 여성노동권을 어느 정도 권장하는가와 직결되어 있다. 한 국가가 이인소득자 모델(dual earner model)을 지향하는 경우 여성취업을 지원하기 위한 사회서비스가 활발히 확충될 가능성이 높다. 여성은 취업하여 얻은 근로소득을 자녀 양육에 씀으로써, 그렇지 않은 경우에 비해 가구 단위로 보면 가처분소득이 증가하게 되고 출산율을 높이는 간접적인 효과까지 얻게 된다. 국가의 입장에서는 세금을 납부하는 대상자가 늘어나서 사회서비스를 확충할 재원을 확보하는 효과를 갖게 된다. 따라서 이인소득자 모델으로의 전환과 여성노동의 촉진과 사회서비스의 확충은 한국사회가 장기적으로 추진할 수 있는 유력한 정책방향이 될 수 있을 것이다. 물론 영아에 대한 부모 보호를 의무화하고 부모권을 강화하는 방향의 선택도 가능하지만 저출산·고령사회 심화와 더불어 미래 노동력으로서 여성 유휴인력의 활용 극대화가 필요한 노동시장 상황을 고려한다면, 이인소득자 모델으로의 전환과 여성노동의 촉진과 사회서비스의 확충이 더 현실적일 것이다. 그러나 어떤 선택을 하던 부모나 보살피는 자가 선호하고 선택하는 활동이 가능할 수 있도록 걸림 요인을 없애고 정책적으로 이를 지원해나가는 것이 중요하며, 일·가정 양립을 지향한다면 현금이나 수당의 지원보다는 서비스의 개발이 훨씬 적합하다는 점이다.

3) 사회서비스 공급주체로서 시장-국가-제3섹터 간 기능분화 쟁점

사회서비스 공급주체로서 시장-국가-제3섹터 간 기능분화의 쟁점은 시장실패론 대 정부실패론으로 대별할 수 있다. 시장실패(market failure)는 공공부문의 복지공급을 정당화하는 근거로 사용되어왔다. 특히 공공재나 가치재적인 성격이 강한 서비스의 경우 첫째, 민간부문에서 제공하는 것보다 공공부문이 제공하는 것이 평등가치를 더 구현할 수 있다는 것이다. 공공재적인 성격이 강한 서비스는 외부효과(externalities)[4]로 인하여 무임승차(free riding)의 가능성이 높아 시장에 맡겨두면 충분히 제공되지 않는 특성을 지니므로 공공의 공급이 필수불가결해진다는 것이다. 둘째, 정보의 비대칭성 혹은 불완전한 정보에서 찾을 수 있다. 수요자는 공급자에 비해 필요한 정보를 고르게 가지고 있지 못하고, 정보수집에 비용이 많이 들거나 매우 어려운 경우가 많아 이로 인해 선택의 폭이 좁아지고 합리적 선택을 하기 곤란해진다. 따라서 국가가 소비자의 욕구에 따라 서비스를 제공하는 게 좋다는 것이다. 셋째, 효율성의 측면에서 공공의 공급이 유리한 경우가 있다는 것이다. 재화를 생산할 때 규모의 경제(economies of scale)가 존재하여 만일 공공이 개입하지 않는다면 대기업에 의해 독과점의 위험이 커지므로 국가가 직접 제공할 필요가 높아진다는 것이다. 이렇게 시장이 실패하게 되면 정부의 대응방식은 앞서 언급한 정부조직을 통한 공적공급 외에 정부규제와 보조금을 통한 공적 유도방식이 가능하다. 따라서 시장실패가 발생하는 상황에 따라 이러한 방식들이 조합되어 활용될 수 있다

한편 복지국가 황금기를 거치고 복지국가 위기론이 대두되면서 뒤이어 주장된 정부실패론에 의하면, 민간(시장)부문이 서비스 공급을 맡아야 하는 이유가 존재한다. 첫째, 정부가 서비스를 독점하게 되면 수요의 질과 양의 변화에 대해 신속하고 융통성 있는 대응을 하기 곤란하다는 것이다. 둘째, 비효율적인 서비스 운영을 했을 경우 정부보다 민간이 직접적 책임추궁이 용이하다는 것이다. 특히 정부는 공공부문 종사자나 정치인의 이익을 추구하는 과정에서 불필요한

---

4   차를 타고 공해를 유발시키고도 비용을 지불하지 않는다든지, 직접 대가를 지불하지 않고도 설비(예: 도로)의 혜택을 볼 수 있는 상황 등 시장기제 밖에서 일어나는 활동을 말한다.

서비스를 확대할 수 있고, 이것이 낭비요인으로 작용할 수 있다는 지적이다. 이 경우 정부는 민영화 방식을 채택하거나 보조금을 줄이거나, 또는 규제를 완화하는 방식의 선택을 할 수 있다. 그러나 완전 민영화 방식을 채택하는 경우는 드물며 효과가 높지 않은 것으로 검증되었다. 특히 정부실패가 발생했다고 정부의 역할을 다시 시장부문에 이양하는 단순한 방식으로는 또 다른 시장실패를 불러올 뿐 문제의 해결에 도움이 되지 못하는 경우가 더 많다.

따라서 일반적으로 재화의 성격을 고려하면서 시장과 국가 간에 복지혼합(welfare mix)을 추진하는 경우가 많다. 특히 최근에 와서 OECD 국가들의 복지혼합은 비영리 제3섹터를 포괄하는 방향으로 확대되고 있다. 그리고 복지혼합의 가장 중요한 기준은 재화의 성격인데, 집합재는 공공의 역할이 가장 중요하게 부각되는 재화이다. 비용을 전혀 지불하지 않고 재화를 이용하는 것이 가능하기 때문에 시장에서는 공급이 거의 이루어지지 않는다. 특히 집합재는 처리와 포장 및 전달이 용이한 사적재와 달리 생산(량)과 처리방식에 대한 정답이 존재하기 어렵다. 이는 조세의 역할에 대한 논의까지 연결되며, 누구에게 어느 정도를 공급하고, 누가 지불할 것인가를 둘러싼 논쟁이 존재하게 된다. 이러한 이유로 인해서 다양한 담론과 주장과 합의 및 정치적 결정과정이 필요해지며, 국가별로 다양한 격차가 나타나게 된다.

그러나 과거의 민간재가 시대가 변화하면서 점차 집합재나 공동재로 바뀌는 사실을 주목할 필요가 있다. 교육이 그 대표적인 예이다. 각 가정에서 가정교사를 통해 이루어지던 교육이 의무교육화되는 과정을 보면, 특정 재화의 성격이 시대에 따라, 사회에 따라 변경될 수 있음을 알 수 있다. 또한 한 국가의 가치지향과 정책선택에 따라서 재화의 성격 규명도 다르게 이루어질 수 있다는 점이다. 이는 다른 나라에서 특정 재화가 계약방식으로 생산되거나 민영화의 대상이 되었다고 해서 한국에 그대로 적용할 경우 위험할 수 있고, 예상 성과를 거두지 못할 수 있음을 의미한다.

이와 함께 최근 부각되고 있는 쟁점은 제3섹터(비영리민간)와 사회서비스의 관계이다. 민간시장이나 정부와는 다른 제3섹터는 사적소유도 인정하지 않고 이윤분배도 제한하는 특성을 가지며, 따라서 협조적 전략을 취하게 된다. 이런 전략은 자원을 외부에 의존하고 있기 때문에 더 두드러지게 나타난다. 역사적으로 볼 때 제3섹터의 중요성은 시장실패 및 정부만으로는 한 사회가 필요로 하는 집합재를 모두 생산하는 것이 역부족인 상황에서 대안으로 추구되었다. 다른 근거로는 거래비용을 들 수 있다. 경제적 거래를 준비하고 감독하는 데 드는 비용, 정보에 대한 비용, 정책결정 비용, 통제비용 등이 거래비용에 포함된다. 일반적으로 거래가 위계적인 조직 내에서 이루어지면 거래비용이 높아진다. 반면 시장환경에서는 개인의 제한적인 이성으로 일정한 한계가 존재하게 된다. 따라서 영리를 추구하지 않는 제3섹터가 대안으로 주목되었다. 흔히 강조되는 제3섹터의 가치는 다원주의(pluralism), 전문주의(professionalism), 소비자주의(consumerism) 등이다(안하이어·사이벨, 2002). 따라서 재화의 성격에 따라 다양하게 요청되는 혼합경제(mixed economy)체제하에서 제3섹터는 다양한 공급자 중의 하나로 자리매김하고 있음은 분명하다.

현재 한국사회는 제3섹터의 확장을 우선 도모할 것인가, 아니면 정부의 사회복지비 지출을 먼저 추진할 것인가 혹은 어디에 두 유형의 중간 지점을 설정할 것인가 하는 매우 중요한 선택 기로에 서 있는데, 이는 한국 복지국가의 성격을 규정짓는 중요한 요소가 될 것이다. 그러나 분명한 것은 사회서비스의 확장과 제도화에는 공공부조처럼 국가가 빈곤층에만 개입하는 소극적인 방식으로는 안 된다는 점이다. 정부가 어떤 선택을 하든 단기적으로 볼 때 정부지출의 확대와 제3섹터의 동시 확장은 이제 한국사회에서는 피할 수 없는 숙제로 보인다. 따라서 건강한 제3섹터의 성장을 위해서라도 정부의 지원과 기반조성이 절대적으로 필요하다.

4) 사회서비스 수요자의 선택권에 대한 쟁점

소비자의 선택권은 사회서비스 전달의 핵심 쟁점 가운데 하나이다. 사회서비스를 둘러싼 선택 논쟁의 핵심은 시장이 사회서비스 수요자 또는 소비자에게 좀 더 다양한 선택지를 제공할 수 있는지 그리고 제공된 서비스의 질이 어떠한지에 대한 사안에 맞추어져 있다. 그러므로 이러한 선택과 관련된 논쟁은 사회서비스에 대한 국가의 지원 수준에 따라 상이하게 나타날 수 있다. 명목적으로 사회서비스 수요자는 자신들의 선호에 따라 자유롭게 사회서비스를 선택할 수 있다고 하지만, 국가가 사회서비스에 대해 실질적 지원을 하지 않는다면 수요자의 자유선택은 시장에서 지불능력이 있는 특정한 계층에게 제한적으로 이루어질 수밖에 없기 때문이다(Esping-Andersen, 2002).

이러한 문제의식에 근거해 사회서비스와 관련된 선택권을 유형화해보면, 앞서 에스핑-안데르센의 복지국가 유형별 사회서비스 정책의 유형화와 연관시켜 보수주의적 선택, 자유주의적 선택, 사민주의적 선택이라는 세 가지 정책지향성으로 구분할 수 있으며, 세 가지 정책지향은 사회서비스 제공에서 국가의 지원형태와 수준에 따라 결정된다(윤홍식, 2006). 다시 말하여 사회서비스의 선택권과 관련된 특정 국가의 유형은 다양한 서비스 대상을 종합했을 때 수혜대상의 범위, 국가의 개입 수준, 시장과 비영리기관의 역할 등에 따라 세 가지 서로 다른 유형을 갖는 것은 당연하다.

5) 서비스 경쟁으로서의 급여방식 쟁점

국가-시장-제3섹터 중 어느 한 영역이 사회서비스를 전담하는 구조는 현실적으로 불가능하다. 각 영역이 일정한 역할을 공유하고 기능을 분담하기 위해서는 공공영역이 직접 생산에 참여할 뿐만 아니라, 시장과 제3섹터에게 어떠한 기능을 부여하고 어떠한 방식으로 필요한 만큼의 성장을 이끌어내는가가 중요하다. 보통 준시장(quasi-markets)은 공공영역이 적극적으로 시장경쟁의 개념을 도입하여 서비스 생산의 효율을 높이고 소비자의 선택권을 보장하기 위한 방식이다. 그러나 충분한 준비가 선행되고 전제조건이 충족되지 않으면 준시장은 소기의 성과를 달성할 수 없으며 다양한 부작용을 낳을 수도 있다(Le Grand and Bartlett, 1993).

준시장에서 가장 자주 쓰이는 서비스 경쟁으로서의 급여방식 쟁점인 민간위탁계약 및 바우처(voucher)가 갖는 쟁점을 살펴보면, 우선 민간위탁계약의 장점으로는 ① 경쟁이 이루어지고 편익비용이 관리자에게 귀속되므로 능률적이며, ② 정부가 직접 소유하지 않은 전문기술의 활용이 가능하며, ③ 사업계획의 규모를 수요 및 자금변화에 맞추어 탄력 있게 조절할 수 있으며, ④ 새로운 사업계획의 실험이 용이하며, ⑤ 서비스의 비용이 계약가격에 드러나므로 관리가 용이하며, ⑥ 단일 공급자에 대한 의존성을 줄일 수 있으며, ⑦ 공무원 수를 늘리지 않을 수 있으며, ⑧ 민간부문의 연구를 자극할 수 있다. 반면에 단점으로는 ① 계약과정에서 부패관행이 발생할 수 있으며, ② 자격 있는 공급자가 부족하면 의미 있는 경쟁이 결여되며, ③ 계약관리와 업적점검에 비용이 들며, ④ 정부의 능력을 약화시키며, ⑤ 비상시에 정부의 탄력성을 제한하며, ⑥ 규모의 경제를 실현하는 기회가 제한되며, ⑦ 정부지출을 위한 로비가 발생할 수 있다. 따라서 민간위탁계약이 잘 되려면 ① 업무가 명확하게 구체화되어야 하며, ② 다수의 잠재적 생산자와 경쟁적 분위기가 존재해야 하며, ③ 정부가 계약업자의 업적을 점검할 수 있어야 하며, ④ 적합한 조건이 계약문건에 명시되고, 시행 여부가 감독되어야 한다.

한편 바우처가 갖는 장점으로는 생산자에게 보조금을 주는 방식보다 시민선택권을 높여주는 점이다. 그리고 단점으로는 ① 증서(지불)를 통제하는 것은 현물서비스를 통제하는 것보다 쉽지 않으며, ② 정말 서비스를 필요로 하는 사람에게는 현물서비스가 더 적합하다. 따라서 바우처가 성공을 거두려면 ① 서비스에 대한 소비자 선호에서 차이가 클 때 활용해야 하며, ② 소비자가 현명하게 구매를 할 수 있는 능력을 갖도록 하며, 서비스의 비용과 질, 구입장소 등 시장상황에 대해 충분한 정보를 제공해야 하며, ③ 경쟁적인 공급자가 많고, 시작비용이 낮아서 수요만 있다면 부가적인 공급자가 시장에 쉽게 진입할 수 있도록 해야 하며, ④ 서비스의 질을 이용자가 쉽게 판별할 수 있도록 해야 하며, ⑤ 서비스의 가격이 비교적 비싸지 않고, 구매가 자주 행해지는 경우가 바람직하다(사바스, 1994).

그리고 어떠한 서비스 제공방식을 취할 것인가는 각 서비스의 재화로서의 특성별로 달라야 한다. 계약방식은 다수의 공급자가 존재하고 계약에 대한 정부의 감독체계 등이 확립되어 있어야 가능하며, 이에 덧붙여 바우처는 소비자에게 충분한 정보가 주어져야 하고 서비스에 대한 판단이 가능해야 한다. 따라서 바우처가 효과적이려면 소비자 역량 강화와 생산과정 참여가 반드시 전제되어야 한다. 현재 한국은 이러한 전제조건을 충족시키지 못하고 있기 때문에 바우처 방식을 확대해나가는 것은 문제가 있다고 하겠다.

6) 중앙정부와 지방정부의 역할분담에 대한 쟁점

사회서비스의 공급주체와 관련해서는 중앙정부가 전국적으로 표준화할 수밖에 없는 공공부조나 사회보험과 달리 이용자의 수와 규모, 욕구의 정도가 지역마다 다르기 때문에 가능한 지방정부가 담당하고 중앙정부가 어느 정도 지원해 주는 것이 일반화되어 있다. 더구나 지방화 시대에 지방정부와의 관련성에서 보면, 네트워크를 통하여 지역사회를 공동으로 관리하는 이른바 지역혁신시스템의 구축과 로컬 거버넌스(governance) 도입의 필요성은 점점 더 강화되고 있다. 거버넌스라는 개념은 풀뿌리 지역주민에 가까이 가는 지역사회 중심의 지방정부 기능을 강화함으로써 지역정치가 활발하게 전개되고 지역복지가 충족되는 방식을 강구하는 것을 의미한다. 더 포괄적으로는 공공 문제를 해결하기 위한 지방정부-시민사회-시장-중앙정부 간의 연계구조라고도 할 수 있다.

일반적으로 지방정부의 사회서비스 제공기능을 강화하기 위해서는 국고보조사업의 기준보조율의 합리적인 기준 마련, 균형특별회계의 차등보조율 적용(임성일 외, 2005) 및 교부세 배분기준의 타당성 제고 등이 크게 요청된다. 지방정부의 재정이 중앙정부의 재정조정만으로 이루어지는 것은 아니지만 지방정부의 자체 세수를 증액시키기 위한 세금 항목 개발 등이 필요하다. 따라서 이러한 문제는 단순히 중앙정부가 행정지도를 하거나 예산확보를 독려하는 차원만으로는 어렵다고 할 수 있다. 물론 여기에는 어떠한 경우에도 지역 간의 격차라는 문제가 존재하기 때문에 이를 극복하기 위한 중앙정부의 지속적인 노력이 요청된다. 일찍이 유럽연합(EU, 2006)이 지역 간 불균형 개선을 위한 정부의 보조금 활용과 재정지원을 사회서비스 영역 발달의 핵심적인 사항으로 지적하는 이유도 이러한 사실에 근거한다.

한국처럼 대부분의 지방정부 재정자립도가 매우 낮은 데도 불구하고 갑작스럽게 사회복지서비스의 대대적인 지방정부 이양을 추진한 데서 많은 부작용이 발생하고 있어 향후 재정조정 방식의 확충과 합리적 배분기준 마련이 가장 시급한 국가 정책과제 중의 하나이다.

7) 서비스 질 확보를 위한 정부규제방식에 대한 쟁점

사회서비스의 경우 서비스 질이라는 진정한 성과지표를 중심으로 한 모니터링이 매우 곤란한 문제를 안고 있다. 대부분의 경우 매개지표 중심의 모니터링만 가능하며 실제 서비스의 내용과 관련된 많은 부분을 모니터링하지 못할 수 있다. 따라서 제대로 된 규제제도를 만드는 것이 서비스의 질과 형평성의 개선으로 이어지기 위해 필요한 조건의 하나이다(Knapp et al., 2001). 사회서비스에서 정부규제는 공급자에 대한 진입규제 방식(허가제, 신고제, 혹은 비개입)뿐만 아니라 특정 서비스의 질에 대한 관리 방식(최소기준 설정, 서비스 질에 대한 모니터링 및 결과의 공개 등) 등을 포함한다. 특히 규제와 관련해서 중앙정부와 지방정부의 역할분담도 중요한 사안의 하나이다.

시장원리 확산에 따라 정부규제가 확대되는 것은 사회서비스에만 나타나는 현상은 아니고 경제정책이나 사회정책에서 일반적으로 나타나는 현상이다. 예를 들어 공공부문의 민영화는 민영화 이후 발생하는 불완전경쟁 문제를 보완하기 위해 정부의 규제기구 강화를 수반하는 경우가 대부분이다. 예를 들어 영국의 경우 케인스주의 경제정책이 후퇴하고 신자유주의 정책이 확산되면서 국가의 역할은 규제를 강화하는 방향으로 진행되어왔으며, 더 나아가 영국의 신노동당하에서 규제는 직접 공급(낡은 좌파)과 민영화(신우익) 사이의 제3의 길로 제시되기도 했다(Goodship et al., 2004).

한편 사회서비스는 서비스 질과 관련하여 서비스를 누가 공급하느냐 하는 공급자의 질과 자격 문제가 중요시된다. 유럽연합이 사회서비스 분야에서 서비스 공급자 인력양성의 문제와 서비스를 결합시켜 연구한 유럽연합 보고서(EU, 2006)에 따르면, 서비스의 공급량뿐만 아니라 자격 있는 전문가의 공급도 사회서비스의 제도화에 매우 중요한 사안임이 밝혀졌다. 이와 관련하여 사회서비스 분야에서 반드시 충족시켜야 할 정책 전략을 제시하고 있다. 전반적으로 사회서비스의 질을 확보하면 서비스에 대한 이용자의 신뢰가 높아지고 일자리 창출을 위한 투자와 정책효과가 높을 수 있어 수준 높은 전문가가 유인된다는 것이다. 다시 말하면 서비스의 질과 전문가의 문제는 직결되어 있다는 것이다. 구체적인 서비스 질 향상과 관련하여 다음과 같은 정책 제언을 하고 있다.

첫째, 일자리 기회의 확대이다. 증가하는 수요에 대응하는 가장 핵심적인 사항으로서 사회서비스 분야는 향후 20년간 고용증가의 주역이 될 것으로 평가하고 있다. 사회서비스 전문가를 유인하기 위해서는 전문적 지위와 경력개발을 기대할 수 있는 장치를 고안하는 것이 필수적이며, 보육, 통근 등의 제반 지원서비스를 제공하는 노력을 동시에 해야 한다.

둘째, 근로조건의 향상이다. 근로환경과 급여 수준이 미치는 영향력은 크다. 사회서비스 분야는 정서적 스트레스가 높고, 근무시간이 불규칙하고, 비정형근로가 흔하고, 지역적으로 고립되기 쉽기 때문에 고려할 점이 많은 분야이다. 긍정적 환류, 인정, 전문가적 안정성 부여 및 독립성 부여, 추가훈련의 가능성, 전문가 팀에 소속될 가능성, 슈퍼비전 및 상호지도(intervision) 등은 전문가의 직무연한을 높이는 데 기여하는 것으로 검증되었다.

셋째, 직무훈련과 숙련획득이다. 전문가적 수준을 올리는 것이 중요하나, 지나치게 높게 잡는 것은 오히려 부작용이 있을 수 있다고 지적한다. 평생교육과 직무훈련 강화는 필수적으로 요청되며, 국가 자격증제도와 인증 등이 반드시 필요하다.

넷째, 비공식 보호 수행자에 대한 지원이 필요하다. 비공식 돌봄을 위해 사회서비스를 공공화하고 지원하는 것은 고용창출의 효과까지 낳는다. 아울러 고용기록 외부에 존재하는 직종(undeclared work)을 공식화하는 노력도 필요하다. 특히 이민 전문가와 자국 전문가 간에 문화충돌이 생기지 않도록 하는 것에 대한 주의가 필요하다.

다섯째, 지역 수준의 서비스 공급이 촉진되어야 한다. 지난 20년간 국가의 역할이 공급자에서 구매자로 바뀐 경우가 많다. 그러면서 지역에서 서비스 공급·전달·모니터를 전반적으로 담당하는 경향이 커지고 있다. 아울러 제3섹터의 역할도 기대해볼 수 있다. 이때 지역 간 불균형 개선을 위한 정부의 보조금과 재정 지원은 핵심사항이다. 정부는 시장의 기능을 제고하는 것과 사회통합의 문제를 균형 있게 다루어야 할 책임이 있다.

여섯째, 여론 환기가 중요하다. 돌봄이 사회에 부담을 주는 것으로 그려내는 미디어는 문제가 된다. 대학졸업자가 사회서비스 영역에서 활동하도록 인센티브를 제공하고 일반인에게 그 중요성을 알리는 작업이 필요하며, 특히 이를 위해 남학생과 남성의 서비스 분야 참여를 유도하는 것이 유럽연합의 핵심전략 중 하나이다.

일곱째, 질 높은 돌봄 공급이 필요하다. 공급자가 다양하기 때문에 표준(standard)을 잡는 것이 언제나 문제가 된다. 그러나 국가 차원 혹은 지방정부 차원에서 질 측정도구를 개발해야 한다. 유럽연합에서는 유럽연합 전체와 국가 수준에서 지원을 하고 지방정부가 지역 실정에 맞게 측정도구를 운용하는 것이 바람직하다고 제안하고 있다.

여덟째, 이용자 지향 접근이 중요하다. 사회서비스를 구입하도록 이용자를 훈련시키는 것은 서비스의 질을 높이는 데 기여할 뿐만 아니라 이용자가 영향력을 행사하는 정책접근을 가능케 한다. 이런 점에서 유럽연합은 소비자 역량강화를 주요한 정책으로 채택하고, 여러 정책평가의 주요 지표로 활용하고 있다.

아홉째, 신기술의 활용이다. 신기술의 도입은 수요와 공급의 균형에 도움을 줄 수 있다. 예를 들어 재가경보체계(home alert mechanism)는 시설화의 대안으로 기능했다.

이러한 유럽의 경험이 한국에 일괄적으로 적용될 수 있는 것은 아닐 것이지만, 사회위험에 대한 대처방안의 하나로 사회서비스에의 투자를 먼저 시작한 유럽의 경험으로부터 시사점을 얻는 것은 매우 필요한 일이다.

8) 서비스 대상의 우선순위로서 미래세대 투자(investment) 대 고령세대 배려(payback) 쟁점

사회서비스 국가정책 대상과 관련하여 대개 국가별로 중점을 두는 대상 집단이 아동 혹은 노인 등 다르다. 사회서비스 대상의 우선순위를 결정하는 것은 각 나라의 출산율, 고령화 지수에 의해 결정되는 인구구조와 인구규모, 사회보험에서 커버하는 위험의 종류, 가족의 기능, 제3섹터의 발달 정도, 계층별 서비스 수요 등을 망라하는 매우 종합적인 고려를 필요로 한다. 유럽의 돌봄 레짐(care regime)을 발견하기 위해 이루어진 한 연구(Bettio and Plantenga, 2004)에서는 급여체계의 보편성 정도뿐 아니라 아동급여의 형태별 차이, 노인급여 하위영역별 차이, 비공식 영역과 공식 영역의 차이 등을 포괄하여 국가별 비교연구를 실시한 바, 그 연구결과를 보면 북구의 경우는 가족, 이웃 등 비공식 영역이 미발달했고, 공식화 정도가 높으며, 아동과 노인에 대한 서비스 투자 모두가 높다. 벨기에와 프랑스의 경우는 노인에 대한 투자보다 아동에 대한 투자에 관대하다. 오스트리아와 독일은 비공식 영역이 여전히 일정한 역할을 수행하고 있으며, 연금을 제외하고는 별다른 서비스 발달이 포착되지 않았다. 영국과 네덜란드는 비공식 영역의 역할이 매우 크고, 노인 시설보호만이 발달했다. 끝으로 남부 유럽의 국가들은 비공식 영역에 주로 의존하고 있으며, 이탈리아의 연금을 제외하고 모든 영역에서 발달의 정도가 낮다. 그리고 이 연구에서 가장 두드러지는 특징은 두 가지 축을 중심으로 볼 수 있는데, 서비스 공식화의 정도가 높은 국가와 낮은 국가, 그리고 연금 중심의 프로그램 구성을 지닌 국가와 기타 서비스를 발달시킨 국가 등이 그것이다.

일반적으로 아동에 대한 사회서비스는 미래세대에 대한 투자로서 출산율 회복, 어머니의 취업 촉구, 사회적 불평등과 배제의 근원 제거 등 국가마다 상이한 목표를 지니고 있다. 따라서 어떤 지향을 지니고 있느냐에 따라서 서비스의 발달과 현금급여의 발달 등 상이한 경로를 선택한 국가들을 볼 수 있다. 그러나 제한된 자원하에서 정책의 우선순위를 정하는 일은 불가피한 선택이 될 수 있다. 한국의 특수성을 감안할 때 단기적으로는 노인과 아동에 대한 투자가 동시에 추진되어야 할 것이다. 하지만 장기적으로 볼 때 아동에 대한 사회서비스의 강조는 미래 노인에 대한 투자이며, 미래 노인에 대한 사회급여의 필요성을 낮출 수 있는 긍정적 순환고리를 창출할 것이다(정경희 외, 2006).

4. 복지국가를 향한 한국 사회서비스 정책의 발전과제

1) 한국 사회서비스 정책의 전개과정

한국은 정부 수립 후 6·25전쟁을 거치면서 주로 외국원조기관에 의해 사회서비스가 제공되기 시작한 1950년대 중반 이후부터 1970년대에 이르기까지는 생활시설서비스가 전부라 해도 과언이 아니다. 이후 1980년대 후반부터 지역사회 이용시설서비스가 확대됨으로써 지역사회 돌봄으로 정책기조가 변화되었다. 2000년대 중반 이후 사회서비스는 이러한 지역사회 이용시설서비스에 더하여 서비스 이용자에 대한 개별 재정지원의 방식으로 돌봄과 일상생활 지원, 치료나 재활, 건강관리 등을 제공하면서 크게 확대되고 있다. 2012년 현재 사회서비스로 포함 가능한 서비스는 보건복지부를 포함하여 약 7개 부처의 60여 개에 이른

〈표 9-1〉 1960년대 이후 한국 사회서비스 전개과정

	1960~1980년대 중반	1980년대 후반~1990년대 말	2000년 이후
급여대상	공공부조수급자(중심)	저소득층(확대) 공공부조수급자	일반계층(확대) 저소득층(포괄) 공공부조수급자
급여종류	생활시설서비스(중심)	이용시설서비스 생활시설서비스	방문재택서비스 등 이용시설서비스 생활시설서비스
재원	일반조세(중심)	사회보험 일반조세	서비스이용료 사회보험 일반조세
재정지원 방식	공급기관지원(보조금)	공급기관지원(위탁계약) 공급기관지원(보조금)	이용자지원 공급기관지원(위탁계약) 공급기관지원(보조금)
공급주체 유형	민간 비영리	민간 비영리	민간 영리 민간 비영리
공공부분 역할	중앙정부 주도(보건복지부 중심)		중앙정부 범부처 확대 지방정부 역할 강화(?)

자료: 김은정(2012: 27).

다(한국보건복지정보개발원, 2012).

사회서비스의 이러한 전개과정을 급여 대상, 급여 종류, 재원, 재정지원방식, 공급주체 유형, 공공부문 역할 등으로 구분하여 간략히 정리하면 <표 9-1>과 같다.

2) 한국 사회서비스 정책의 특성

한국사회는 인구 저출산 및 고령화, 여성의 경제활동 증가, 이혼율 증가, 가족해체 등 가족구조의 변화 등으로 인하여 돌봄을 필요로 하는 대상자의 욕구가 급속히 증대하고 있다. 그러나 현재 한국의 사회서비스 분야는 다른 국가들에 비하여 아직 발달의 정도가 낮은 상태라 할 수 있다. 한국 사회서비스 정책의 특성을 간략히 정리하면 다음과 같다.

(1) 일자리 창출을 최우선으로 하는 사회서비스 정책 목표

최근 사회서비스가 급속히 확대된 배경에는 사회서비스 정책 목표를 일자리 창출에 우선 둔 것을 알 수 있다(이재원 외, 2012). 사회서비스 정책부문은 초기부터 '사회서비스 일자리사업'으로 분류되었으며, 사회서비스의 내용적 측면뿐만 아니라 이보다 더 강하게 일자리 창출 효과라는 형식적 측면이 강조되었다. 그뿐만 아니라 노인, 장애인, 아동을 대상으로 바우처 형태로 제공하는 개별 서비스를 사회서비스로 간주하면서, 정작 사회서비스의 내용과 목적이 무엇인가에 대한 검토는 아직도 제대로 되고 있지 않다. 실제로 인구 천 명당 사회서비스 종사자 수는 1992년 이후 4배 이상 상승했다. 1992년(7명)에서 1999년(8명) 사이에는 일정한 수준에서 정체 상태를 나타냈으나, 2000년(9명) 이후 급증하기 시작하여 2012년 기준으로 28명 수준에 이르고 있다. 그러나 서비스업 전체에서 8.2%의 비중에 그치며, 한국의 인구 천 명당 사회서비스 종사자(26명, 2011년 기

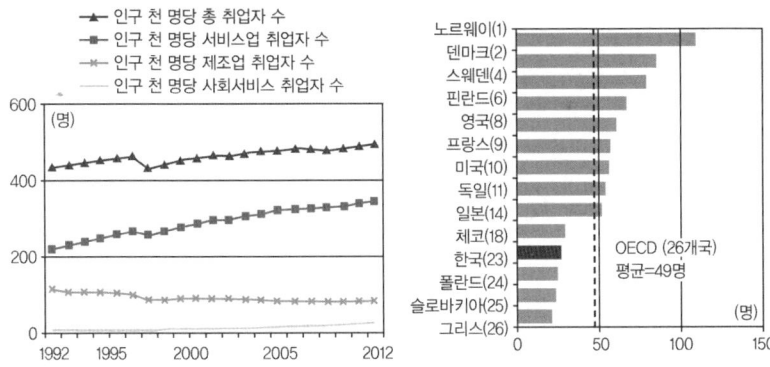

〈그림 9-1〉 사회서비스 인구 천 명당 종사자 추이 및 주요국별 인구 천 명당 사회서비스 종사자

주: 1. OECD 소속 26개국 기준으로 순위(괄호 안의 값) 산정.
2. 미국·프랑스·스페인(2010년), 포르투갈(2009년), 영국·일본(2008년), 기타 20개국(2011년) 기준.
자료: OECD, EUSTAT, 통계청, 한국은행, 현대경제연구원(2013).

준)는 폴란드(24명), 체코(29명) 등 동유럽 국가들과 유사한 반면, 영국(61명), 프랑스(57명), 미국(56명), 독일(54명) 등 선진국의 절반에도 못 미치는 수준으로서 OECD 26개국 중에서는 23위(26명)이고, 평균(49명)의 53% 수준에 해당한다(<그림 9-1> 참조).

사회서비스 확충 전략의 일환인 돌봄서비스 확충이 저소득층의 일자리 창출에 초점이 맞춰지면서 일자리의 질보다는 일자리 개수에 집중하게 되었다. 2007년 사회서비스 확대 시점에 정부는 공적부문에서의 돌봄서비스의 확대를 돌봄의 수요에 부응하는 질 높은 서비스 제공에 강조점을 두기보다는 저소득층과 구직자를 위한 일자리의 양적 확대에서 접근한 측면이 강하다(강혜규, 2010). 이렇게 볼 때 일자리 창출의 복지적 효과는 중요하지만, 이것이 사회서비스 확대의 일차적 목표가 되면 서비스 자체의 성격에 왜곡이 발생할 수 있다. 직접적으로 일자리 창출의 효과가 발생할 수 있는 영역에서 그러한 효과를 발생시킬 수 있는 방식으로 서비스가 설계되기 때문이다. 이처럼 사회서비스 정책이 서비스의 내용이 아니라 형식적 측면에 치우쳐 설계되면, 사회적으로 요구되는 서비스를 제공하고 이를 통해 사회적 문제를 해결해나가야 하는 사회서비스 정책의 핵심목표가 왜곡될 수 있다(김은정, 2012).

(2) 사회서비스 정책 대상의 점진적인 보편화 추세

한국에서 광범위한 서비스를 포괄하는 사회서비스 제공은 아직 시작단계에 지나지 않는다. 지난 7~8년간 사회서비스 영역에서 노인분야의 돌봄서비스와 장기요양제도 속에 포함된 각종 수발서비스, 장애인의 이동 및 생활을 지원하는 활동보조사업 등이 출현하면서 서비스 대상과 영역이 확대되어왔다. 서비스 대상은 아동뿐만 아니라 신생아, 산모, 환자, 노인, 중증장애인 등 타인의 도움을 필요로 하는 대상자들로 확대되어왔고, 서비스 영역 역시 보육, 교육, 취업·훈련, 문화·여가, 간병·간호 등으로 확장되고 있다. 특히 돌봄서비스는 적어도 독립적으로 일상생활을 수행하기 어려운 대상들에 대해 일상생활이 가능하도록 각종 서비스를 제공하는 것으로 그 의미가 확장되었으나, 서비스의 대상은 대부분 공급자와 수요자를 저소득층에 제한적으로 하고 있다.

그러나 최근 사회서비스 정책은 급여 대상자 선정에서 소득기준보다는 욕구기준을 강화함으로써 보편성을 점진적으로 확대하고 있다. 가장 대표적인 사회서비스인 보육서비스와 노인장기요양서비스, 장애인활동지원서비스가 소득기준이 아닌 욕구기준을 대상자 선정기준으로 서비스를 제공하고 있다. 한편 일상적 돌봄서비스나 지역사회에서 발굴, 개발하는 지역사회서비스 등의 상당수도 소득기준을 완화하여 대상자를 선정하고 있다.

---

5   최저생계비나 전국가구월평균소득 기준 외에도 도시가구지출평균, 소득100분위 기준, 도시근로자가구월평균소득, 농지소유 규모 등 다양한 소득기준선이 활용되고 있다(보건복지부, 2012b).

6   지역개발형 바우처 서비스의 경우 2012년 5월 현재, 전국가구월평균소득의 100% 이하를

〈표 9-2〉 사회서비스 대상자 선정기준의 예

대상자 선정기준		서비스 종류	대표적 서비스 예시
소득기준 적용[5]	최저생계비 기준 (대체로 120~150% 까지)	대부분의 생활시설서비스/지역사회이용시설서비스	한부모가족시설입소, 지역아동센터서비스, 방문보건서비스, 드림스타트, 여행·문화·스포츠 바우처 서비스 등
	전국가구월평균소득 기준 (대체로 100~150% 까지)	대부분의 바우처 방식 사회서비스(2007년 이후 제공)	산모신생아도우미서비스, 장애아동재활치료서비스, 아이돌보미서비스, 지역개발형 바우처 서비스[6], 노인돌봄종합서비스 등
소득기준 적용 안 함		노인요양서비스, 보육서비스, 장애인활동지원서비스 등

자료: 보건복지부(2012a), 김은정(2012)에서 재인용.

〈표 9-2〉에서 보는 바와 같이 기존의 생활시설서비스와 지역사회이용시설서비스의 경우 대부분은 여전히 최저생계비 기준을 적용하여 대상자를 선정하고 있으며, 타 부처의 바우처 서비스 중 일부도 이러한 기준을 사용하고 있다. 그러나 2000년대 중반 이후부터 제공되고 있는 대부분의 바우처 서비스는 전국가구월평균소득을 적용하고 있다. 특히 최근 소득기준 미적용 사업이 많아지고 있으며 이러한 서비스가 증가하면 사회서비스에 대한 지출총액은 급격히 커질 수밖에 없다. 이렇듯 대부분 최저생계비 기준으로 대상자 선정이 이루어졌던 과거와 비교하면, 최근 사회서비스 급여 대상 선정기준에서는 그래도 보편화가 꽤 많이 진행되었다고 할 수 있다(김은정, 2012).

그럼에도 아직 한국의 경우 사민주의적 선택 유형과 같이 국가가 제공하는 표준화된 서비스를 충분히 제공하지 않고 있으며, 보수주의적 선택과 같이 사회서비스 수요자의 모든 형태의 서비스에 대한 선택권도 충분히 보장하고 있지 않

대상자 선정기준으로 하는 경우가 약 63%, 120% 이하가 31%, 소득기준 미적용이 약 6% 수준이다. 그러나 실제로 서비스 제공자를 선택함에 있어서는 기초생활수급자를 우선적으로 고려하는 경우가 전체 사업의 약 83%를 차지한다(김은정, 2012).

다. 그렇다고 자유주의적 선택 유형과 같이 사회서비스를 구매할 시장이 충분히 발달해 있지도 않다. 다만 현재 정부의 정책방향이 정부와 더불어 사회서비스 분야의 복지혼합에서 중요한 역할을 분담하는 제3섹터가 발달되어 있지 않은 상황에서 국가가 일부 재원을 분담하는 방식으로 시장에서 비영리와 민간 서비스 제공기관을 확대한다는 것은 강한 자유주의적 선택 유형의 특성을 보여준다고 할 수 있다.

(3) 사회서비스 예산의 점진적 확대

1990년대 중반까지는 보건복지재정에서 국민건강보험(주로 지역건강보험지원) 및 보건의료지원이 차지하는 비중이 50%를 상회했다. 1970년대 후반부터 확립되기 시작한 건강보험제도가 대상 규모를 크게 확대하면서 보편적으로 실시되어왔기 때문이다. 그러다가 외환위기를 겪으면서 공공부조 재정의 확대가 두드러졌다. 1990년대 말에서 2000년대 초가 되면 기초생활보장급여의 비중이 보건복지재정의 50%를 상회하게 된다. 이렇듯 보건의료 분야나 기초생활보장 분야의 비중이 높았던 2000년대 초·중반까지 노인, 장애인, 아동, 여성, 가족 등의 부문별 사회서비스 분야에 대한 총예산은 약 15%선을 유지하면서 크게 증가되지 못했다(이재원 외, 2007).

2007년부터는 1988년부터 제도화된 공적연금 수급시대가 열리면서 공적연금의 비중이 다른 부문에 비해 빠른 속도로 증가했다. 2008년 이후 현재에 이르기까지 보건의료부문 재정지출과 기초생활보장부문 지출총액은 지속적으로 증가했으나, 총예산에서 차지하는 비중은 상대적으로 감소되어 2011년 현재 약 22~22.5% 정도를 유지하고 있다. 반면 공적연금 비중은 높아져 2011년 현재 약 32.5%이다. 부문별 사회서비스 또한 그 비중이 지속적으로 큰 폭 증가하여, 2011년 현재는 그 비중이 약 22%로 보건의료부문이나 기초생활보장부문과 거의 유사한 수준까지 증가했다(보건복지부, 2012a).

2013년 보건복지부(국비지출) 주요 분야별 예산비중을 살펴보면, 공적연금 약 13조 5,539억 원(32.7%), 기초생활보장 8조 7,690억 원(21.2%), 사회서비스 9조 9,265억 원(23.9%), 사회복지 일반 6,819억 원(1.6%), 국민건강관리 8조 5,195억 원(20.6%) 순이다. 사회서비스 예산을 부문별로 나누어 살펴보면, 크게 노인 4조 3,319억 원, 보육 및 저출산 4조 1,931억 원, 아동장애인 1조 4,015억 원이다(보건복지부, 2013). 2011년과 비교하더라도 2013년 사회서비스 예산은 점진적으로 증가했음을 알 수 있다.

(4) 민간 주도 서비스 공급구조와 이로 인한 공공사회서비스 정책구조의 왜곡
한국에서는 국가에 의한 사회서비스 정책의 출발단계에서부터 공공부문이 나서서 직접 사회서비스를 공급하기보다는 민간 영리시장을 중심으로 공급을 확대해왔다. 실제 한국의 공식적(formal) 돌봄서비스 기관은 엄밀하게 보면 공공의 재정지원을 받는 민간 돌봄서비스 시장의 성격이 강하다. 보육부문은 약 90%, 노인부문 요양시설은 약 61%, 재가서비스기관 75~85%, 돌봄바우처 서비스부문은 27%가 영리기관에 의해 운영되고 있다. 바우처 서비스도 2009년에서 2011년 사이 비영리부문의 비중은 5% 감소하고 영리부문의 비중은 5% 증가하여 민간부문 내부에서 재조정이 이루어지고 있으며 향후 영리부문의 비중이 증가할 것이라는 전망이 나오고 있다(김은정, 2012; 이재원 외, 2012).
그 결과 사회서비스 제공자의 노동조건은 취약해질 수밖에 없는 구조로 되었고, 특히 영세한 민간 서비스 공급기관 난립과 이에 따른 과잉경쟁체제는 이용자 확보를 위한 불법과 편법을 만들어냈으며, 돌봄 제공자에 대한 노동조건 개선이나 법적 보호보다는 저임금과 불안정고용이라는 결과를 초래했다. 그리고 사회서비스의 공공전달체계도 제대로 갖추지 못한 결과를 초래했다.

(5) 사회서비스 분절성의 심화와 계층화

사회복지사를 비롯한 기존 사회서비스 제공자들은 최근 돌봄서비스의 확대와 사회복지 전달체계를 둘러싼 환경의 변화 속에서 상당한 혼란을 겪고 있다. 오랫동안 법정 저소득층을 대상으로 사회서비스를 제공해오던 사회복지사들은 기존 사회복지기관에서 수행하던 사업의 규모가 무색할 정도로 양적으로 확대되는 돌봄서비스 직종의 유입에 갈등을 느끼고 있으며, 기존 사회복지기관 사업이나 프로그램 이외의 추가 사업을 많이 실행하도록 요구하는 새로운 현실에 불편함을 보이고 있다. 사회복지 전반의 환경이 빠르게 경쟁과 시장화 기조로 전환되어가는 것에 대해서 개인적으로 위기감을 느끼고 있다(노연희, 2012).

각종 돌봄서비스 등장이 전체 사회복지 관련 기관 종사자들에게 주는 불편한 현상을 보면 다음과 같다. 첫째, 종류나 유형이 다양하며, 보건복지부를 넘어서 기타 정부부처들에 의해 제공되는 서비스 종류가 늘어나고 있어 기존 사회복지사와의 중복과 서비스 전달체계의 혼선이 빚어지고 있다는 점이다. 돌봄서비스의 증가된 내용을 보면, 보건복지부를 통해 노인돌봄종합서비스, 보육비지원서비스, 장애인생활시설입소지원, 아동인지능력향상서비스, 지역개발형 바우처 서비스, 장애인활동지원서비스 사업이 새롭게 실시되었다. 그리고 교육부, 노동부, 농림부, 여성가족부 및 행정안전부를 통한 방과후학교수강서비스, 국립특수학교유치원서비스, 문화예술교육활성화서비스, 사회적 기업육성서비스, 취약농가인력지원서비스, 농어업인영유아양육서비스, 아이돌보미서비스, 여성장애인 사회참여지원서비스, 유공자재가복지서비스 등 매우 다양한 서비스들이 생겨났다.

둘째, 사회서비스가 양적으로 확대되고, 서비스의 종류나 공급방식 등도 다양해지면서 서비스 분절성 문제가 심화되고 있다는 점이다. 더구나 보건복지 분야를 넘어서서 고용, 교육, 문화 등의 범영역에서 유사한 기능을 가진 사회서비스들이 각기 다른 공급체계를 통해 제공되면서 사회서비스 영역의 중복이나 사각, 분절성 문제는 현재 심각한 수준이다(김영종, 2012). 예로서 가족을 지원하는 다양한 형태의 서비스가 보건복지부와 여성가족부로 주관부처가 나누어진 형태로 제공되면서 가족지원서비스에서 분절이 발생하고 있다. 보육서비스와 이 서비스의 사각지대를 메우는 아이돌보미사업이 두 개의 부처에서 각기 다른 방식으로 설계되고 분리된 예산구조로 인해 연계되지 않는 두 개의 서비스 방식에 이용자가 맞추어야만 하는 것이다.

셋째, 재정지원 방식의 변화에 의한 것이다. 이용자 재정지원 방식은 서비스 구매가 비영리 사회복지기관을 통해서 이루어질 수 있도록 허용함으로써 사회복지사가 새롭게 짊어져야 할 부담이 된 것이다. 즉, 사회복지기관은 이와 관계된 바우처 사업을 추가적으로 수행하게 된 것이다.

넷째, 돌봄서비스의 정책적 확대 속에서 돌봄서비스 부문의 전체 인력은 급격히 증가하고 있으나, 이들의 사회경제적 위상이 오히려 약화되는 경향이 나타나고 있다는 점이다. 전통적으로 임금이 높지 않은 직종이었던 사회복지관련직의 임금 수준이 더 하락하고 고용조건도 열악해지고 있다.

다섯째, 돌봄서비스 담당기관 내부에 계층화가 발생하고 있다는 점이다. 이것은 고용지위에 의해서 좀 더 확연하게 드러난다. 전국의 4,150개 사회복지서비스 사업체를 대상으로 한 실태조사(강혜규, 2010)에 의하면 사회복지서비스 사업체 인력이 점차 전문직/준전문직은 정규직이 되고, 단순직/직접돌봄서비스 인력은 비정규직으로 분화되어가고 있음을 보여준다. 전체 사회복지부문 종사자 중 63.5%가 정규직으로 분류되는데, 세부분류하면 관리직(94%), 전문직/준전문직 (73.1%), 사무직(85.1%)에 비해 직접서비스 인력(36.7%), 단순직(43.9%)의 고용안정성은 상당히 취약하다.

여섯째, 돌봄서비스 담당기관 내부의 계층화로 인한 당연한 결과이겠지만 돌봄서비스 노동자의 확대가 연대와 조직화 강화보다는 오히려 내부 갈등과 대립을 야기할 가능성을 높여주고 있다는 점이다.

(6) 중앙정부와 지방정부의 역할분담의 모호성

외부효과가 있는 사회서비스에 대해서는 편익의 수혜범위를 고려하여 중앙정부와 지방정부의 역할분담에 관한 사무의 책임 단위를 선정하고, 재정책임도 조정해야 한다. 서비스별 외부효과는 서비스 인프라의 기본 수준 확충이 이루어지는 시점까지 지속적으로 발생할 수 있기 때문에 적정한 사업배분의 단위를 사업별로 검토하여 설정하는 것이 매우 중요하다. 그리고 유사한 서비스 범주에 따른 통일된 사무분담체계가 정비될 때는 지역별로 자치사무에 대한 원칙도 설정해야 하며, 지역별로 이양방식을 달리 해야 한다. 특히 신규 사업을 개발할 때 지방사무로 배분할 경우 사무배분과 재정분담체계를 분리하는 방법이 적절하며, 재원 마련에 대한 별도의 고려가 반드시 필요하다. 따라서 단순히 중앙정부가 지방정부에 대한 사회서비스 행정지도를 하거나 예산확보를 독려하는 차원으로는 서비스 효과성을 달성하기는 어렵다. 최근에 중앙정부가 분권 교부세율을 올리는 방안을 도입하기는 했으나 조정률이 크지 않고 지자체 재정여건의 차이를 충분히 고려하지 못한 것이기 때문에 한계가 있다. 그리고 지방정부의 재정이 중앙정부의 재정조정만으로 이루어지는 것은 아니기 때문에 지방정부의 자체 세수를 증액시키기 위한 세금 항목 개발 등이 필요하다.

그러나 중요한 것은 지역 간의 격차를 줄이는 중앙정부의 지속적인 노력이 요청된다는 점이다. 일찍이 유럽연합이 지역 간 불균형 개선을 위한 정부의 보조금 활용과 재정지원을 사회서비스 영역발달의 핵심적인 사항으로 지적하는 이유도 이러한 사실에 근거한다(EU, 2006).

대부분의 지방정부가 재정자립도가 매우 낮은 여건에서 사회서비스의 대대적인 지방정부 이양이 추진된 점을 감안한다면, 재정조정 방식의 확충과 합리적 배분기준 마련이 채 되지 않은 상태에서 정부 사회서비스 정책이 혼미하고 있는 것은 문제이다.

(7) 사회서비스 질 관리제도의 취약성

사회서비스는 유형적인 산출물이 존재하지 않아 품질 수준에 대한 판단이 이용자의 주관에 의존하는 경향이 높아 서비스의 적절성, 효과성에 대한 객관적인 서비스 질을 판단하기가 쉽지 않다. 그럼에도 서비스를 제공하는 제공인력의 자질에 따라, 그리고 이들을 관리하는 제공기관의 역량에 따라 서비스 질이 달라진다. 따라서 서비스 품질관리는 대단히 중요할 뿐더러 제공기관에 따라 차이가 나기 때문에 제공기관에 대한 평가가 이루어질 필요가 있다. 현재 한국에서는 서비스 품질관리의 주요 사업으로 사회서비스 전자바우처 제공기관에 대한 평가를 2010년부터 산모신생아도우미사업, 노인돌봄서비스, 가사간병서비스, 지역사회서비스투자사업 등을 대상으로, 그리고 2011년에는 노인돌봄, 가사간병 서비스 제공기관에 대한 평가를 시범사업 형태로 진행했으나 2011년 8월 제정된「사회서비스 이용 및 이용권 관리에 관한 법률」에 사회서비스 제공기관 평가에 대한 법적 근거가 마련되면서 2012년부터는 품질평가사업이 좀 더 적극적으로 추진되고 있다.

그러나 아직도 평가를 위한 예산 마련이 충분하지 못하며, 별도의 기구가 설립되지 못하여 평가제도의 전문성과 공평성, 신뢰성을 높이지 못하고 있는 실정이다. 그리고 사회서비스의 품질을 관리하기 위해서는 가장 먼저 품질관리의 목표를 명확히 하고 품질관리의 영역을 설정하는 작업이 요구됨에도 불구하고 이에 대한 대처가 충분히 이루어지지 않고 있다. 특히 서비스의 경제적 효율성과 서비스 이용자의 욕구충족도 향상이라는 양대 목표 간 균형에 대한 검토가 제대로 이루어지지 않고 있다.

3) 복지국가를 향한 한국 사회서비스 정책의 발전과제

향후 한국이 지향해야 할 사회서비스 유형은 어떠해야 할 것인가? 이에 대한 방향설정이야말로 한국 사회서비스 정책의 과제를 결정하는 대전제(presupposition)라 할 수 있다. 앞에서 서술했듯이 현재 세계 각국의 사회서비스 정책의 유형으로서 복지혼합을 기초로 GDP 대비 사회서비스 지출 규모와 가족책임을 기준으로 한 ① 공공서비스 모델, ② 가족주의 모델, ③ 보충주의 모델, ④ 자산조사·시장의존 모델, ⑤ 동아시아 모델 등 다섯 가지 모델을 에스핑-안데르센의 복지국가 유형별 사회서비스 정책의 유형화인 첫째, 사민주의형, 즉 공공서비스형, 둘째, 보수주의형, 즉 가족화+사회서비스형, 셋째, 자유주의형, 즉 시장서비스형과 연관시켜 보면, ① 공공서비스 모델은 사민주의형, 즉 공공서비스형에 속하고, ③ 보충주의 모델은 보수주의형, 즉 가족화+사회서비스형에 가깝고, ② 가족주의 모델, ④ 자산조사·시장의존 모델, ⑤ 동아시아 모델은 각각 어느 정도 차이는 있으나 크게 보면 자유주의형, 즉 시장서비스형 범주에 속한다고 할 수 있다.

현재 한국에서는 과잉 민영화, 과잉 시장화된 사회서비스 체제에 의한 비용부담의 계층화와 배제 문제의 최소화를 위하여 '상한제' 가이드라인을 제시하고 시장화를 억제할 필요가 있다. 즉, 국가는 재정·규제·감독기능은 유지하면서 공급과 관련해서는 공공서비스 부문을 강화하면서 시장화보다는 종합사회복지관이나 여러 다양한 사회서비스 관련 센터 형태의 비영리부문을 유입하는 방식을 보완할 필요가 있다. 따라서 공공사회서비스를 우선적으로 배치하고, 비영리부문에 의한 민간이양을 보완적으로 결합하는 방식의 보편주의 공공서비스 유형을 지향해나가야 할 것으로 본다.

그러한 방향으로 복지국가를 향한 한국 사회서비스 정책이 발전하려면 무엇보다도 서비스 욕구 충족이 기본적인 시민권으로서 인정되어야 한다. 그러기 위해서는 사회서비스가 첫째, 서비스 비용이 기본욕구 충족의 걸림돌로 작용하지 않도록 국가와 사회가 책임지고 보장하는 보편적 복지의 하나로서 서비스 접근권이 보장되어야 하며, 둘째, 서비스의 질이 보장되어야 한다. 따라서 이 둘을 모두 적절히 충족시키기 위해서는 국가가 어떤 서비스를 누구에게 어떻게 공급할 것인가에 관한 중장기 사회서비스 정책계획을 수립하여 실행에 옮겨야 한다.

따라서 무엇을 사회서비스의 기본수준(national minimum)으로 볼 것인가 하는 국가 기준을 설정하여 긴급한 서비스 욕구를 표적화해야 하며, 또한 서비스 질 제고를 위한 신뢰성 있는 품질관리체계를 구축하는 것과, 적정 전문인력을 양성 및 관리하며 서비스 관련 정보의 생산과 공유가 반드시 필요하다. 이러한 전제를 바탕으로 복지국가를 향한 한국 사회서비스 정책의 발전과제를 제시하고자 한다.

(1) 보편적 복지로서의 사회서비스 정책의 공공성 확보

한국에서는 보편적 복지로서의 사회서비스 정책의 공공성 확보가 매우 중요하다. 사회서비스의 공공성은 국가의 직접적인 서비스 제공과 공공부문의 서비스 자원 부담 등을 의미하는 '공공 책임성(public accountability)'과 유사한 개념으로 사용되거나 때로는 서비스의 생산과 공급과정에서의 국가개입의 범위 내지는 정도(김진욱, 2007)로 이해된다. 그러한 점에서 사회서비스는 시민에게 제공되는 과정에서 사회통합 및 공익의 달성, 사회서비스에 대한 신뢰, 그리고 재정적 책임성 등은 공공성과 관련하여 반드시 확보될 필요가 있다.

그리고 전통적으로 사회서비스는 가족, 국가, 영리부문, 비영리부문에 의해 제공되어왔다. 그러므로 일반적인 공공성의 논의에서 행위주체로서 국가의 중심적인 역할수행을 공공성으로 강조하기는 하지만, 사회서비스 영역에서는 민간 비영리·영리부문 또한 중요한 행위주체로서 역할을 수행하기 때문에 사회서비스의 공공성의 논의를 국가-공공부문에만 국한해서 봐서는 안 될 것이다.

따라서 사회서비스의 공적가치 그리고 자원의 활용 등의 측면에서 국가는 포괄적인 수혜자 범위의 확보, 적절한 서비스 내용의 구성과 이에 대한 규제, 보편성과 형평성의 확보를 통한 사회서비스 전반에 대한 신뢰의 형성 등의 방식으로 공공성을 구체화할 수 있다. 반면 비영리와 영리를 포함한 민간영역은 국가가 규정한 내용의 서비스 제공 수혜자와의 신뢰관계 형성, 서비스 제공절차에서의 공정성과 공평성 확보 등을 통해 공공성을 구체화한다(양성욱·노연희, 2012)고 할 수 있다. 다시 말하여 공공의 책임성 확보를 위해서는 공공과 민간이 공히 재원과 공급에 참여하는 복지혼합체계를 구축하여야 하며, 특히 한국의 경우 일정 부분(30% 이상) 공공이 공급의 주체로 참여하여야 한다. 이때 공공은 민간을 서비스 공급자로서 역할을 맡기고 책임을 분담하는 데 치중하기보다는 민간이 사회서비스 정책결정 과정에 참여할 수 있도록 하는 제도적 장치를 마련하여야 한다. 그리고 민간의 성장은 공공성 가치를 공유하는 것이어야 하며 따라서 필요한 규제 및 가이드의 제공과 함께 계획적인 육성이 되도록 공공은 도와야 한다.

한편 국가-공공부문의 경우에도 중앙과 지방정부의 역할분담 과제가 남아 있다. 사회서비스 분야에서 정부 간 역할분담을 정하는 데 중요한 기준은 서비스의 접근성 확대 가능성, 즉 재정마련의 가능성과 지역의 욕구에 민감한 기획의 가능성을 중앙과 지방 정부 중 어디에서 좀 더 수월하게 확보할 수 있을까 하는 점과, 지역 간 서비스 기회와 질의 균형을 확보할 수 있는가 하는 점에 달려 있다. 현재 한국이 OECD 국가에 비해 사회서비스 지출이 매우 낮은 수준이며, 사회서비스 인프라 구축 수준도 취약하고 지역 간 격차도 큰 상황을 고려할 때 현 단계에서는 사회서비스의 양적·질적 수준 제고를 위해서는 중앙정부의 재정책임을 일정 수준 유지할 필요가 있다. 그리고 지역 간 균형을 제고하기 위한 노력으로 각종 기반시설 및 인력 확충을 위한 지원도 중앙정부가 해야 한다.

그리고 실질적인 지방분권화, 즉 분권의 본래적 의미를 관철하기 위해서는 정책과정에 시민들의 실질적 참여를 보장해야 한다. 이는 지방정부 수준에서 사회서비스 예산의 확대는 물론이고 사회서비스 정책결정과정에 민간의 참여를 확대하는 거버넌스 체계 구축의 직접적인 계기를 제공할 수 있다. 지방정부의 복지예산 과정에 민간의 참여를 보장한 '참여예산제'는 한 예가 된다.

(2) 사회서비스의 접근성 보장

사회서비스의 보편화는 접근성 보장에 의해 달성되어진다. 국가는 이러한 보편화 과정에 적극적으로 대응하되, 취약집단에 대한 선별적 추가지원 등과 같은 보완방식을 제시해야 한다. 다시 말해 취약계층에 대한 추가지원이나 우선지원, 집중지원 등을 전제로 한 보편화를 추구할 필요가 있다. 사실상 사회서비스 이용의 접근성을 보장하기 위해서는 서비스 이용에 따르는 비용의 지불능력을 담보할 수 있어야 한다. 따라서 지불능력이 상대적으로 열악한 저소득층 집단을 대상으로 특정한 서비스를 구입할 수 있도록 구매력을 보존할 필요성이 있다. 취약계층에 대해 선별적으로 부가지원해주는 방식은 크게 급여 대상 선정에서 우선순위를 부여하는 일과 서비스 이용의 본인부담을 낮추는 일을 하는 것이다. 특히 취약계층에 대해 경제적 부담을 경감시켜주는 조치는 모든 사회서비스 영역에서 필요하다.

그리고 사회서비스의 접근성 보장과 관련하여 사회서비스 정책의 기본적 정책방향은 크게 두 가지로 나누어볼 수 있다. 첫째는 노인, 아동, 장애인에 대한 돌봄으로 대표되는 가족의 전통적 역할을 사회적으로 분담하는 것이다. 여기에는 두 가지 정책방향을 포괄하고 있다. 하나는 탈가족화로 불리는 사회서비스의 사회화 과제이고, 다른 하나는 가족 구성원이 돌봄이 필요한 가족구성원(노인, 장애인, 아동 등)에 대해 직접 사회서비스를 제공할 수 있도록 지원하는 가족화 방향이다. 전자는 아동, 노인, 장애인의 돌봄을 사회화시키는 정책(시설보호 또는 돌봄)으로서 돌봄의 사회화와 관련된 사회서비스 정책이라고 할 수 있다. 그리고 후자는 남녀 성인이 임금노동을 수행하지 않고 가족 내에서 돌봄노동을 수행해도 적절한 소득을 보장해주는 정책, 즉 탈상품화 정책을 필수적으로 요구한다. 대표적인 정책으로는 가족(아동)수당, 장애인 수당, 육아휴직, 산전후휴가 등의 정책 등이 있다. 이러한 두 정책방향은 상호 모순적으로 다가오지만 돌봄의 사회화와 유급노동과 관련 있고, 돌봄의 가족화가 무급노동에 대한 사회적 지원과 관련 있다는 점을 고려한다면, 두 과제는 상호 배제적이지 않다. 오히려 두 과제는 상호 보완적인 성격을 가지고 있다고 할 수 있다.

한편 한국에서 사회서비스의 접근성 보장과 관련된 바우처의 제도화는 수요자 선택권을 확대하는 것을 목적으로 하기보다는 부족한 사회서비스 공급을 시장 확대를 통해 달성하려는 의도로 보인다. 사회서비스 제공기관의 절대 양이 부족한 현실에서 바우처가 사회서비스 수요자의 선택권을 확대시킨다는 것은 거의 억지주장이다. 더욱이 양질의 서비스를 보편적으로 제공하는 공공기관이 거의 없는 상황에서 수요자의 선택권 확대라는 말은 옳지 않다. 그리고 사회서비스 제공자와 수요자 간에 실질적 시장관계가 형성되지 않은 상태에서 바우처 제도화에 의한 경쟁은 서비스 질과 다양한 서비스 욕구에 대응하는 것이 아닌 비용부담을 통해 이루어질 것이기 때문에 서비스의 질을 낮추게 되는 결과를 야기할 것은 뻔하다.

따라서 바우처 제도가 성공적으로 도입되기 위한 전제조건으로 첫째, 사회서비스 분야에서 바우처 제도의 성공적 운영을 위한 명확한 정책 목표를 설정해야 하며, 둘째, 바우처 제도를 적용할 수 있고 공급자들 간의 유의미한 경쟁체제를 유인할 수 있는 적정 규모의 시장이 형성되어 있어야 하며, 셋째, 공공부문이 직접 제공하는 질 높은 서비스가 일정 수준에서 반드시 존재하여 이용자가 선택할 수 있는 서비스 접근성 여건이 갖춰져 있어야 하며, 넷째, 바우처 제도가 도입되었을 때 서비스 이용자의 선택을 위해 공급자와 공급되는 서비스에 대한 정보가 충분히 알려져 있어야 하며, 다섯째, 바우처 제도를 총괄 및 감독하는 전담기구가 있어야 하며, 마지막으로 공급자 중심의 사회서비스 공급체계가 이용자 중심으로 전환되면서 발생할 수 있는 기득권자들의 조직적인 저항에 대비하는 장치가 있어야 한다.

(3) 사회서비스의 통합성 지향

사회서비스의 보편화가 이루어질수록 사회서비스가 통합적으로 제공될 필요성은 더욱 커진다. 서비스의 특성상 현금급여와는 달리 표준적인 방식이 아닌 대상의 개별적 욕구에 부응할 수 있는 방식으로 서비스가 제각기 파편적으로 제공될 가능성이 크기 때문이다. 사회서비스 제공 현장에서 서비스 통합과 조정역할을 주도적으로 담당할 수 있는 공공부문의 역할이 미미하고 민간부문이 90% 이상을 차지하는 현재와 같은 한국 사회서비스 공급 상황에서 서비스 보편화가 진행되면, 서비스 이용자가 아니라 제공기관의 이해관계에 묶여 서비스의 내용이나 공급방식 등이 왜곡될 소지가 커진다. 따라서 서비스 공급자로서 공공부문의 역할을 일정 비율 이상 확보하여 서비스 제공 현장의 통합성을 주도하고 민간부문의 집단적 담합행위 등을 견제할 수 있는 구조를 갖춰야 한다(김은정, 2012).

그리고 사회서비스의 통합화를 위해서는 적어도 다음과 같은 영역에 대한 확인이 이루어져야 한다. 첫째, 과정에 관한 기준으로 서비스 이용자의 욕구에 상응하는 서비스가 제공될 수 있는 과정인가 여부, 둘째, 인력에 대한 기준으로 서비스를 제공하는 인력의 질, 능력, 훈련 등의 규정, 셋째, 정보의 생산과 관리·공유, 마지막으로 운영상의 기준으로 서비스 제공의 조직(공간, 접근성 등)에 관한 내용 등이 그것이다.

따라서 이를 달성하기 위해서는 사회서비스 전반을 검토하여 통합적 서비스 제공이 가능하도록 조정 및 지원하는 컨트롤타워로서 '사회서비스 통합조정관리기구'를 확보해야 한다. 보건복지부가 중심이 되어 사회서비스 통합조정관리기구를 구성하고 중앙정부의 관련 부처 간 서비스 연계와 조정, 중앙정부와 지방정부 간 역할분담 과정과 방식을 체계화함에 있어서 구심점 역할을 해야 할 것이다. 또 부처별 예산관리, 성과보고 방식 등의 명백한 차이로 인해 현재와 같이 제대로 통합적 서비스를 제공할 수 없게 되어 있는 환경을 개선할 수 있는 단계적 방안들이 제시되어야 한다. 통합적 정책실행의 기반은 정보관리의 포괄성과 체계성에 있기 때문에 사회서비스 수요와 공급에 관한 핵심통계 등을 지속적으로 관리하는 것은 필수적이다(김은정, 2012).

(4) 사회서비스 확대를 통한 좋은 일자리 창출

한국에서 1980년대 이후 안정적이고 좋은 일자리를 창출할 수 있는 시장의 능력은 약화되고 있다. 실제로 시장에서 노인, 장애인, 아동 돌봄과 관련된 좋은 사회서비스 일자리가 만들어진 경우는 거의 없다. 북유럽과 같은 복지국가들에서 안정적인 사회서비스 일자리의 대부분은 공공부문에서 만들어졌다는 것은 주지의 사실이다.

이러한 관점에서 본다면 현재 한국에서 진행되고 있는 사회서비스 일자리는 결코 좋은 일자리의 요건에 부합되고 있다고 보기 어렵다. 저임금 등 노동조건이 좋지 못한 것은 물론이고 전통적 사회보장의 핵심인 사회보험으로부터 배제되는 나쁜 일자리로 알려져 있다. 더욱 심각한 문제는 사회서비스 일자리의 대부분을 차지하는 돌봄노동은 시장에서 거래되는 재화와 달리 사람 간의 감정의 교류와 우애가 매우 중요한 일의 성격이라는 점을 고려한다면 나쁜 노동조건에서 결코 양질의 사회서비스를 기대할 수 없다.

따라서 공공부문이 직접 또는 지배적인 역할을 통해 일자리를 창출해야 하며, 나아가 비영리부문에서 국가의 공적재원이 투입된 사회서비스와 관련된 안정적 일자리를 만들 필요가 있다. 비영리부문에서 사회적 기업이나 협동조합도 하나의 대안이 될 수 있다.

(5) 사회서비스의 풀뿌리 지역공동체적 접근

최근 복지국가에서는 공동체 내 관계형성을 중요시하는 사회자본(social capital)에 주목하고 있다. 사회자본 확충이 전제되지 않은 경제자본, 인적자본의 불평등 감소 정책의 한계가 나타나고 있기 때문이다. 아울러 사회구성원들의 복지를 독립적인 개별 구성원들의 복지의 총합으로만 간주해온 복지국가의 사회정책적 접근에 대한 반성이 커지고 있다. 최근 미국의 한 도시를 대상으로 이러한 지역공동체 효과를 분석한 샘슨(Sampson, 2011)의 연구에 따르면 지역공동체 내 관계적 역동이 지역사회 구성원들의 삶의 질에 상당히 중요한 영향을 미치는 것으로 나타났다(김은정, 2012 재인용).

전 세계적으로 공공정책 관리에서 계량적 성과를 중요시하는 경향이 확대되면서 그동안 참여, 소통, 유대 등을 지향하는 풀뿌리 지역공동체 정책은 우선순위에서 밀려났던 것이 사실이다. 그러나 사회서비스는 시장의 단기적·이기적 상호 호혜성이 아니라 장기적이고 일반화된 상호 호혜성을 전제로 하는 사회자본의 확충을 통해서 충족될 수 있다. 이러한 상호 호혜성은 지역공동체 문화를 구성하는 중요한 요소로 풀뿌리지역의 사회자본 구축의 필수적인 요소이다. 지역사회 내의 상호 협력을 위한 상호 호혜성은 오랜 기간을 거쳐서 형성된 풀뿌리 지역공동체 문화를 바탕으로 사람들 간의 접촉, 사회자본을 통한 이익 경험 등을 기초로 하여 구축될 수 있다.

그리고 풀뿌리 지역공동체를 통해 나눔문화의 활성화도 기할 수 있다. 이처럼 풀뿌리 민간 사회서비스 자원 확충의 과제는 지속가능한 복지국가 시스템을 발전시켜나가기 위해 간과할 수 없는 국가 과제로 대두되었다. 자원봉사, 기업의 사회공헌과 함께 주목되고 있는 민간기부 활성화는 풀뿌리 지역공동체적 접근의 중요한 한 축이 될 수 있다.

참고문헌

강혜규. 2010. 「사회복지서비스부문 고용의 실태와 현안 과제」. ≪보건복지포럼≫, 4월호, 6~21쪽.
강혜규·김보영·안혜영·엄태영·이기연·김은정·박경희·이정은. 2011. 「지역복지 활성화를 위한 공공부문의 역할과 전략 연구」. 보건복지부 한국보건사회연구원.
김교성. 2008. 「사회투자전략에 기초한 복지국가의 유형과 성과」. ≪사회복지정책≫, 35집, 29~59쪽.
김영순·최현수·이윤경·방효정. 2007. 「복지국가유형별 사회서비스의 발전과정과 시사점」. ≪보건복지포럼≫, 3월호, 37~61쪽.
김영종. 2012. 「한국 사회서비스 공급체계의 역사적 경로와 쟁점, 개선방향」. 한국사회복지학회. 한국사회서비스학회 정책토론회 자료집, 77~108쪽.
김은정. 2012. 「전환기 사회서비스 정책 동향과 과제」. 『전환기의 한국 사회복지, 어떻게 대응할 것인가』. 2012년 한국사회복지학회 추계학술대회 발표문.
김진욱. 2007. 「한국 사회서비스의 공사역할부담 개혁방향에 관한 연구: 공공책임성 강화를 전제로 한 공사혼합 모델을 중심으로」. ≪사회복지정책≫, 31, 177~210쪽.
남찬섭. 2012. 「사회복지서비스와 사회서비스의 개념과 범주, 어떻게 확립할 것인가?」. 한국사회복지학회·한국사회서비스학회. 『사회보장기본법 개정에 따른 사회(복지)서비스 정책쟁점과 과제』. 사회보장기본법 개정에 따른 사회(복지)서비스 정책토론회 발표문.
노연희. 2012. 「사회서비스 공급자간 경쟁상황에 대한 사회복지사의 경험과 인식」. ≪사회복지정책≫, 39(1), 133~161쪽.
보건복지부. 2012a. 『2011 보건복지백서』.
_____. 2012b. 『2012 보건복지부 소관 예산 및 기금운용 계획 개요』.
_____. 2013. 『2013 보건복지부 예산 예산 및 기금운용 계획 개요』.
사바스, 에마누엘(Emanuel S. Savas). 1994. 『민영화의 길』. 박종화 옮김. 한마음사.
송다영. 2012. 「복지국가와 돌봄정책 유형」. ≪복지동향≫(월간). 참여연대 사회복지위원회.
안하이어, 헬무트·사이벨, 볼프강(Helmut K. Anheier and Wolfgang Seibel). 2002. 『제3섹터란 무엇인가?』. 노연희 옮김. 아르케.
양성욱·노연희. 2012. 「사회서비스의 공공성은 무엇을 의미하는가?」. 한국사회복지연구회. ≪사회복지연구≫, 43(1), 31~57쪽.

윤영진·이인재·곽채기·김은정·김태일. 2007.『복지재정과 시민참여』. 나남.
윤자영·김경희·최영미·김양지영. 2011.『돌봄서비스 분야 근로조건에 관한 연구(I): 돌봄서비스 일자리 근로조건 실태와 정책과제』. 한국노동연구원.
윤홍식. 2006.「부모부성휴가를 통해 본 남성 돌봄노동 참여 지원정책 비교」.『아버지 출산휴가제 관련 토론회』. 여성가족부.
이재원·김은정·김준현. 2012.『지역사회서비스투자사업 포괄보조금 전환방안에 관한 연구』. 보건복지부 연구용역보고서.
이재원·양기용·김은정. 2007.『사회투자를 위한 국가재정 운용의 방향』. 서울행정학회.
임성일·이창균·서정섭. 2005.『국가균형발전특별회계의 개선방안』. 한국지방행정 연구원.
장원봉·김유숙. 2011.『돌봄사회서비스 영역의 사회적 기업의 설립과 교육과정』. 사회투자지원재단.
정경희·이현주·박세경·김영순·최은영·이윤경·최현수·방효정. 2006.『사회서비스 쟁점 및 발전전략』. 한국보건사회연구원.
한국보건복지정보개발원. 2012. 내부자료.
현대경제연구원. 2013.「사회서비스 분야의 산업화를 통한 육성이 필요하다: 사회서비스산업의 국제 비교와 시사점」. 지속가능성장을 위한 VIP리포트 13-14, 통권 524호.
황덕순·윤자영·윤정향. 2012.『사회서비스 산업 노동시장 분석: 돌봄서비스를 중심으로』. 한국노동연구원.
Appleton, L. 2005. "The Role of Nonprofit Organizations in the Delivery of Family Services in 11 EU Member and Applicant State." *International Social Work*, 48(3), pp.251~262.
Ascoli, U. and C. Ranci. 2002. "The Context of New Social Policies in Europe." *Dilemmas of the Welfare Mix: The New Structure of Welfare in an Era of Privatization*. Kluwer Academy/Plenum Publishers, pp.1~24.
Bahle, T. 2003. "The Changing Institutionalization of Social Services in England and Wales, France and Germany: Is the welfare state on the retreat?" *Journal of European Social Policy*, 13(1), pp.5~20.
Bettio, F. and J. Plantenga. 2004. "Comparing Care Regimes in Europe." *Feminist Economics*, March, pp.85~113.
Budig, M. and J. Misra. 2010. "Care Work Employment and Earnings in a Cross-National Perspective." *The International Labour Review*, 149(4), pp.441~460.

Daly, M. 2002. "Care as a good for social policy." *Journal of Social Policy*, 31(2), pp.251~270.

Douglas, A. and T. Philpot. 1998. *Caring and Coping: A Guide to Social Services*. London: Routledge.

Eme, B. and J. L. Laville. 1988. *Les Petits boulots en question*. Syros.

England, Paula, P. M. Budig and N. Folbre. 2002. "Wages of Virtue: The Relative Pay of Care Work." *Social Problems* Vol. 49, No. 4 (November 2002), pp.455~473.

Esping-Andersen, Gøsta. 1990. *The Three World of Welfare Capitalism*, Princeton Univ. Press.

_____. 2002. "A New Gender Contract." *Why We Need a New Welfare State*, Oxford: Oxford University Press.

EU. 2006. *Social Services of General Interest in the European Union*.

Goodship, J., K. Jacks, M. Gummerson, J. Lathlean and S. Cope. 2004. "Modernising Regulation or Regulating Modernisation? The Public, Private, and Voluntary Interface in Adult Social Care." *Public Policy and Administration*, 19(2), pp.13~27.

Greve, B. 2010. "Can choice in welfare states be equitable?" in B. Greve(ed.). *Choice: Challenges and Perspectives for th European Welfare States*. Oxford: Blackwell, pp.5~18

Kahn, A. J. 1973. *Social Policy and Social Planning*. N.Y.: Random House.

Kittay, Eva F. 2007. "A Feminist Care Ethics, Dependency and Disability." *American Philosophical Association Newsletters*, 6(2), pp.3~7.

Knapp, M., B. Hardy and J. Forder. 2001. "Commissioning for Quality: Ten Years of Social Care Markets in England." *Journal of Social Policy*, 30(2), pp.283~306.

Korpi, W. and J. Palme. 1998. "The Paradox of Redistribution Welfare State Institution, Inequality, and Poverty in the Western Countries." *American Sociological Review*, 63(October), pp.661~687.

Laville, Jean-Louis and M. Nyssens. 2000. "Solidarity-Based Third Sector Organizations in the 'Proximity Services' Field: A European Francophone Perspective." *Voluntas: International Journal of Voluntary and Nonprofit Organization*, Vol.11, No.1.

Le Grand, J. and W. Bartlett. 1993. *Quasi-Markets and Social Policy*, Macmillan.

Morales, A. and B. W. Sheafor. 1980. *Social Work: A Profession of Many Faces*. Boston: Allyn & Bacon.

Ranci, C. 2002. "The Mixed Economy of Social Care in Europe." *Dilemmas of the Welfare Mix: The New Structure of Welfare in an Era of Privatization*. Kluwer Academy/Plenum Publishers, pp.25~45.

Razavi, S. and S. Staab. 2010. "Underpaid and Overworked: A Crossnational Perspective on Care Workers." *International Labor Reveiw*, 149(4), pp.407~422.

Sampson, Robert J. 2011. *Neighborhood Effects, Causal Mechanisms, and the Social Structure of the City*. In Analytical Sociology and Social Mechanisms, Pierre Demeulenaere, Cambridge University Press, pp.227~250.

Tronto, J. C. 1993. *Moral Boundaries: A Political Argument for an Ethic of Care*. New York: Routledge.

Ungerson, C. 2000. "Cash in Care." in Madonna Harrington Meyer(eds). *Care Work: Gender, Labor, and the Welfare State*. New York: Routledge.

The South Korean Welfare State: A Quest for a New Social Model

제3부 어떻게 만들어갈 것인가

제10장 체제전환의 요구와 복지민주주의연합 _정해구
제11장 복지지향적 경제정책을 위한 구상 _김호균
제12장 변화하는 복지국가와 시민사회의 재구성 _김윤태·배선휘
제13장 한국의 복지정치: 복지동맹 구축 전망과 과제 _주은선

제10장

체제전환의 요구와 복지민주주의연합

정해구 | 성공회대학교 사회과학부 교수

1. 문제제기: 체제전환의 징후들

근래에 들어 한국정치는 많은 변화의 조짐을 드러내보였다. 우선 2010년에 치러진 제5회 전국동시지방선거, 즉 6·2지방선거에서 나타난 젊은 층의 적극적인 투표 참여 현상이 그 하나다. 당시 젊은 층의 투표율은 2008년의 제18대 총선에 비해 20대 전반은 12.9%, 20대 후반은 12.9% 그리고 30대 전반은 10.9%, 30대 후반은 10.6%의 증가를 보였다.[1] 1987년 민주화 이후 젊은 층의 정치 무관심과 투표 불참으로 인해 역대 선거의 투표율이 지속적으로 하락해왔다는 점을 감안하면, 6·2지방선거에서의 이러한 투표율 상승은 매우 이채로운 것이었다. 그 결과 6·2지방선거에서 지역주의의 영향은 크게 약화되었는데, 송영길 후보의 인천시장 당선, 이광재 후보의 강원지사 당선, 안희정 후보의 충남지사 당선 등 민주당 486 정치인들의 대거 당선과 무소속 김두관 후보의 경남지사의 당

---

1 중앙선거관리위원회(2010: 13)의 <그림 10> '최근 선거의 연령대별 투표율 변화' 참조.

선은 그 점을 분명하게 보여주었다.

그러나 정치 변화의 조짐은 여기서 그치지 않았다. 6·2지방선거 과정에서 무상급식 이슈가 제기된 이후 시민들의 구체적인 생활과 관련된 문제들이 정치의 중심적인 의제로 등장했기 때문이다. 대학생 반값 등록금 문제, 한진중공업 정리해고 철회를 주장하며 고공농성을 벌인 김진숙을 지원하기 위한 희망버스 투쟁, 그리고 복지 요구의 전면적인 부상 등이 바로 그것들이다. 특히 복지 요구의 전면적인 부상은 이를 둘러싼 정치적 갈등의 과정에서 '복지 포퓰리즘과의 전쟁'을 내걸었던 오세훈 서울시장의 중도 퇴진으로까지 이어졌다. 뉴타운 공약의 개발정치 담론이 선거 판도를 좌우했던 2008년 제18대 국회의원 총선의 상황에 비추어볼 때 정치의 중심 의제로서 복지 문제가 이같이 부상한 것은 과거에는 볼 수 없었던 또 하나의 새로운 현상이었다.

그뿐만 아니라 새로운 정치에 대한 요구는 2011년 10월 서울시장 재보궐선거를 계기로 안철수 현상으로도 이어졌다. 그동안의 행적만으로도 여론조사에서 압도적 1위의 서울시장 후보였던 안철수 서울대학교 교수가 그 자리를 시민운동가 출신의 박원순 변호사에게 양보함으로써 무소속의 박원순 후보가 서울시장에 당선되는 한편, 그 자신은 새로운 대선주자로 떠올라 한나라당 박근혜 대세론을 무너뜨리기에 이르렀던 것이다. 물론 안철수 현상으로 지칭되었던 이 같은 현상의 배후에는 사회 양극화의 급속한 심화 속에서 자신들만의 탐욕을 추구해왔던 우리 사회의 기득권층에 대한 강력한 반발이 작용하고 있었다. 즉, 사회 엘리트층에 노블레스 오블리주의 사회적 책임을 요구해왔던 안철수 교수의 평소 행동과 그 주장은 서울시장 후보 양보의 계기를 통해 많은 대중들, 특히 그 중에서 젊은 층의 공감과 지지를 이끌어낼 수 있었던 것이다(정해구, 2011: 6).

그렇다면 젊은 층의 적극적인 투표 참여가 이루어졌던 6·2지방선거의 결과, 복지담론의 전면적인 정치의제화, 그리고 엘리트층의 사회적 책임을 요구하는 안철수 현상 등 근래에 들어 연이어 야기되었던 이 같은 현상들은 무엇을 의미하는가? 그것은 우선 그동안 지역주의에 의해 지탱되어오던 기성 정치의 변화를 요구하는 것이라 할 수 있을 것이다. 그러나 그것은 단순한 정치 변화의 요구에 그치지 않았다. 오히려 그것은 사회 양극화의 심화로 인해 시민들의 삶 자체가 심각하게 위협받고 있는 지금의 현실에서 그 해결책을 제시하지 못하고 있는 기성 정치의 무능을 질타하는 한편 새로운 정치를 통해 우리 사회의 변화를 갈망하는 것이었기 때문이다. 요컨대 그것은 기성 정치를 비롯한 한국사회 전체의 변화, 즉 체제전환을 요구하는 것이었다.

그런 점에서 볼 때 2012년에 실시된 국회의원 총선과 대통령선거는 이 같은 체제전환의 중요한 시험대였다. 양대 선거를 통해 경제민주화와 보편적 복지를 전면적으로 내걸었던 민주·진보세력이 승리했다면, 그것은 체제전환의 결정적 발판을 마련했을 것이기 때문이다. 그러나 국회의원 총선의 패배에 이어, 민주·진보세력은 75.8%의 높은 투표율에도 불구하고 대통령선거에서 패배했다. 따라서 결과는 새누리당의 승리로, 그리고 박근혜 정부의 탄생으로 이어졌다. 그렇다면 박근혜 정부의 등장을 체제전환 요구의 약화로 해석할 수 있을까? 그것은 아니라는 것이 필자의 판단이다. 2012년 국회의원 총선과 대통령선거가 보수 대 진보의 팽팽한 대결 속에서 치러졌고, 박근혜 후보 역시 경제민주화와 복지 등 체제전환의 요구를 일부 수용함으로써 겨우 승리할 수 있었기 때문이다. 그런 점에서 체제전환의 요구는 그 일부가 박근혜 정부에 의해 수용된 가운데 미완의 과제로 남게 되었다고 할 수 있다.

이와 관련하여 이 글은 다음과 같은 점들을 살펴보고자 한다. 우선 한국 정치와 사회의 체제전환이 요구된다면 새 체제가 지향해야 할 시대적 과제는 무엇인가를 확인하는 일이다. 그 과제를 확인함으로써 새로운 체제가 지향하는 사회를 전망해볼 수 있을 것이기 때문이다. 다음으로 체제전환이 도래한다면 그 전환을 가능하게 해줄 정치적 동력으로서 새로운 정치연합은 어떻게 구축될 수 있는가를 가늠해보는 일이다. 새로운 정치연합의 구축 여부에 따라 체제전환 여부와 이를 통해 등장할 새 체제의 지속 가능성을 예측해볼 수 있을 것이기 때문이다.

2. 체제전환의 시대적 과제

체제전환의 요구가 제기되고 있다고 할 때, 여기에서 말하는 체제란 무엇인가? 사회는 특정한 계기를 통해 한 시대에서 다른 시대로 변화하는 것으로 보인다. 그것은 일정 기간 동안 안정적으로 유지되던 사회가 어떤 계기를 통해 다른 사회로 변화하기 때문이다. 그런 점에서 체제란 일정 기간 동안 그 시대를 안정적으로 지속시켜주고 그럼으로써 그 시대를 살아가는 사람들에게 일정한 패턴의 사고와 행동을 하도록 만드는 일종의 상황적 구조라 할 수 있다. 따라서 체제는 그것을 변화시키는 특별한 계기가 주어지지 않는 한 안정적으로 유지된다. 그러나 체제는 내부에서 축적된 모순이나 외부로부터의 충격에 의해 조성된 특정한 계기를 통해 다른 체제로 전환되는데, 그것이 바로 체제의 전환이라 할 수 있을 것이다.

체제에 대한 이 같은 의미에 비추어보았을 때 일제 해방 이후 현재까지 한국의 현대사는 1948년 체제, 1960~1961년 체제, 그리고 1987년 체제 등으로 구분해볼 수 있다. 우선 1948년 체제는 1948년 남북 분단정부 수립을 계기로 남한에 등장하여 한국전쟁을 통해 강화되었던 체제로서, 사회와 정치의 그 모든 것이 반공주의에 의해 강하게 지배되었던 체제라 할 수 있다. 그러나 1948년 체제의 이승만 정권은 1960년 4월혁명에 의해 붕괴되었고, 4월혁명 이후 등장했던 민주당의 장면 정권은 1961년 5·16군사쿠데타에 의해 붕괴되었다. 따라서 1960~1961년 체제가 새롭게 등장했는데, 이는 한편으로 경제성장을 앞세웠던 군부정권의 개발독재가 시행되고 다른 한편으로는 이에 저항한 민주화운동이 전개되었던 체제였다. 정권으로 말하자면 박정희 정권과 전두환 정권이 여기에 속한다.

그러나 박정희 정권에 뒤이어 등장한 전두환 정권은 1987년 6월민주항쟁에 의해 마침내 물러나지 않을 수 없었다. 대통령 직선제를 통해 민주정부를 수립하고자 했던 국민적 염원이 6월민주항쟁을 통해 분출했고, 이는 전두환 정권으로 하여금 대통령 직선제를 수용하지 않을 수 없게 만들었기 때문이다. 물론 민주화 이행과정에서 김영삼과 김대중의 양 김 분열로 민주화운동 세력은 집권에 실패했고, 대신 과거의 독재세력은 이제는 보수세력으로서 합법적으로 집권하기에 이르렀다. 그러나 아무튼 1987년 6월민주항쟁과 이에 뒤이은 민주주의 이행으로 인해 오랫동안 한국 정치와 사회를 지배했던 권위주의체제는 마침내 물러나게 되었다. 1987년 체제가 등장한 것은 바로 이러한 계기를 통해서였다.

1) 새 체제의 도래?

그렇다면 1987년 체제는 어떤 체제인가? 우선 정치적으로 1987년 체제는 선거 경쟁에 의해 정권교체가 가능하게 되었고, 따라서 정당정치가 정상적으로 작동하기 시작했던 체제였다. 물론 민주화 이후의 정당정치는 민주화 이행과정에서 전면 동원되었던 지역주의에 그 기반을 두고 있었다는 점에서 많은 문제점들을 드러냈다. 그럼에도 민주화 이후의 민주주의는 민주화와 그 이후의 민주개혁을 통해 대의민주주의가 작동할 수 있는 기본적인 조건을 보장했다. 그런 점에서 1987년 체제는 절차적·정치적 민주주의의 차원에서는 상당한 진전을 이룬 체제였다. 그러나 사회경제적인 차원에서 1987년 체제는 경제성장의 진전에도 불구하고 불평등이 심화된 체제였다. 특히 1997년 IMF 경제위기 이후 한국에 본격적으로 유입된 신자유주의적 세계화의 영향은 그 불평등을 급속히 심화시켰다.

따라서 1987년 체제가 등장한 이후 25년 이상이 흐른 지금, 1987년 체제는 이제 그 내부 모순으로 인해 더 이상 지속되기 어려운 상황에 직면해 있는 것으로 보인다. 무엇보다도 먼저 1987년 체제의 지속을 어렵게 만들고 있는 가장 일차적인 원인은 사회 양극화의 심화이다. 그동안 압축적 경제성장의 결과 한국경제가 선진국 수준에 이르렀음에도 불구하고 신자유주의적 세계화의 영향은 사회 양극화를 급속히 심화시켰고, 그 결과 기득권층의 부는 더욱 증대된 데 반해 중산층과 서민들의 삶은 더 이상 버티기 어려운 위기상황에 몰리게 된 것이다. 사회 양극화의 심화로 인해 그 모순이 심화되었을 때 그것을 해결해야 할 가장 우선적인 책임은 정치에게 주어진다. 그러나 지역주의에 의존해 그 생명을 연장해왔던 기성의 정치는 사회 양극화의 심화에 대한 해결책을 마련하는 데 실패했다. 그동안 젊은 층을 비롯한 많은 유권자들이 보여주었던 기성 정치에 대한 불신과 혐오는 바로 여기에서 비롯되었다.

더 이상 인내하기 어려운 정도에 이른 사회 양극화의 심화와 이에 대한 지역주의 정치의 무능에 대해 체제전환의 요구가 아래로부터 제기되는 것은 어쩌면 당연한 일이다. 다시 말해 사람들은 사회 양극화의 1987년 체제를 넘어 양극화의 문제를 해결할 수 있는 새로운 체제가 도래하기를 열망하기 시작했던 것이다. 앞에서 언급한 6·2지방선거에서의 젊은 층의 적극적인 투표 참여, 복지담론의 전면적인 정치의제화, 그리고 기득권층의 사회적 책임을 요구하는 안철수 현상 등은 새 체제의 도래를 바라는 바로 그러한 요구였다.[2] 물론 1987년 체제를 넘어 새 체제의 도래가 자동적으로 이루어질 수 있는 것은 아니다. 체제전환을 가능케 할 어떤 특별한 계기가 필요하기 때문이다. 그런 점에서 본다면 2012년에 치러졌던 국회의원 총선과 대통령선거의 양대 선거는 체제전환의 첫 계기를

---

2 이와 관련하여 엘머 에릭 샤츠슈나이더(Elmer Eric Schattschneider)는 갈등의 동원과 치환이라는 관점에서 정치를 설명하고 있다. 즉, 그는 사회의 여러 갈등 중 어느 갈등이 그 사회의 중심적인 갈등이 되는가에 따라 정치의 양상이 달라진다고 보았다. 이에 의거하면 현재 한국정치의 중심적인 갈등은 지역주의 갈등에서 사회 양극화에 따른 복지 갈등으로 치환되고 있는 것으로 보인다(샤츠슈나이더, 2008).

제공해주고 있었다.

이와 관련하여 2012년의 양대 선거를 앞두고 '2013년 체제'가 자주 거론되었다. 2012년의 양대 선거, 특히 대통령선거에서 민주·진보세력이 승리할 경우 '2013년 체제'가 도래할 수 있을 것이라는 주장이 바로 그것이었다. 물론 '2013년 체제'의 내용은 그것을 언급하는 사람에 따라 그 강조점이 조금씩 달랐다.[3] 하지만 그들이 공유하고 있는 핵심 내용 중의 하나는 '2013년 체제'가 1987년 체제가 낳은 사회 양극화를 극복하고 이를 통해 한국 역시 여타 선진국에 버금갈 수 있는 복지국가로 나아가야 한다는 점이었다. 그러나 그러한 기대와는 달리 2012년의 양대 선거는 결국 '2013년 체제' 도래로 이어지지 못했다. 민주·진보세력이 양대 선거에서 새누리당에 패배했기 때문이다.[4] 따라서 1987년 체제의 전환 요구는 그것을 가능케 할 또 한 번의 기회를 기다리지 않으면 안 되게 되었다.

2) 새 체제의 시대적 과제

앞으로 체제전환이 요구된다면 새로운 체제가 해결해야 될 가장 중심적인 시대적 과제는 무엇인가? 체제전환의 요구가 무엇보다도 사회 양극화의 급속한 심화에서 비롯되었다는 점에서 그 중심적인 과제는 사회 양극화를 극복하기 위한 방향에서 찾아야 할 것이다. 사회 양극화 해결의 당면 과제에 나섬으로써 사회

---

3 이를테면 '2013년 체제'의 도래를 본격적으로 주장했던 백낙청 전 서울대학교 교수의 경우 '2013년 체제'의 특징적 모습을 평화, 복지국가, 공정·공평사회로 제시하고 있다. 그러나 그의 경우 '2013년 체제'를 남북관계 중심으로 설명하고 있다(백낙청, 2012).
4 2012년 4월에 치러진 제19대 국회의원 총선의 경우 정당투표에서 새누리당은 42.80%, 자유선진당은 3.23%를 득표한 데 비해 민주통합당은 36.45%, 통합진보당은 10.30%를 득표했다. 2012년 대통령선거의 경우 새누리당의 박근혜 후보는 51.55%, 민주통합당의 문재인 후보는 48.02%를 획득했다.

양극화 심화로 인한 사람들의 생활상의 어려움을 줄여줄 필요가 있기 때문이다. 나아가, 좀 더 거시적인 차원에서 새 체제의 시대적 과제의 확인은 그동안 우리가 살아왔던 삶의 패러다임 전반에 대한 성찰에서부터 출발해야 하는 것이 아닌가 한다. 남북 대결의 분단상황 아래에서 단기간 내에 압축적으로 추진된 우리의 근대화 과정은 그 경제성장의 성과에도 불구하고 기득권층의 강화와 불평등의 심화, 중앙집중화와 지역 격차, 복지의 결여 등 수많은 문제들을 누적시켜왔고, 이제 그 문제 해결을 더 이상 외면하기 힘든 상황에 이르렀기 때문이다.

우선 사회 양극화의 가장 일차적인 원인은 시장질서의 불평등에서 찾을 수 있다. 사실 우리의 시장질서는 급속한 경제발전 추구의 과거 권위주의 시기부터 불평등하게 주조되었다. 권위주의체제의 개발독재는 급속한 경제발전을 위해 노동자들의 요구를 억압하는 한편 경제성장을 주도했던 재벌을 일방적으로 지원해주었기 때문이다. 그 결과 대기업군을 거느린 거대 재벌들의 영향력은 이제 한국경제를 좌우할 정도로 막강해졌다.

그뿐만 아니라 1997년 IMF 경제위기 이후 한국경제는 신자유주의적 세계화로 인한 시장의 확대와 그 부정적 영향에 직접적으로 노출되었고, 그 결과는 급속한 사회 양극화로 이어졌다. 우선 IMF 경제위기 극복의 구조조정을 통해 경쟁력을 더욱 강화시킬 수 있었던 재벌과 대기업의 영향력은 시장에서 더욱 강화되었고, 그 결과 그들은 시장을 넘어 사회와 정치 전반에 대해 강력한 영향력을 행사하기에 이르렀다. 반면 중소기업은 그들에 종속되거나 위축되지 않을 수 없었다. 또한 IMF 위기 극복의 과정에서 노동은 유연화를 강요당했고, 그 결과 노동시장은 정규직과 비정규직으로 양분되었다. 그러나 사태는 여기에 그치지 않았다. 고용 없는 성장 속에서 실업 역시 크게 증가했기 때문이다. 한편 IMF 경제위기의 과정에서 그 규모가 과대하게 확대된 자영업 역시 극심한 경쟁과 이로 인한 침체를 피할 수 없었다. 요컨대 IMF 경제위기 이후 시장에서 재벌과 대기업의 지위는 일방적으로 강화된 데 비해, 중소기업과 노동 그리고 자영업의 지위는 크게 약화되었다. 이 같은 상황에서 중산층이 붕괴하고 서민들의 삶이 더욱 어려워질 수밖에 없었던 것은 당연한 일이다.

시장질서의 불평등과 이로 인한 급속한 사회 양극화의 이 같은 현실을 감안할 때 새 체제가 해결해야 될 가장 중요한 시대적 과제는 경제민주화이다. 공정한 시장경제를 구축함으로써 시장 불평등을 해소해야 할 필요가 크기 때문이다. 나아가 경제민주화는 일자리 창출, 특히 불안정하고 임시적인 비정규직의 일자리가 아니라 정규직의 안정되고 좋은 일자리 창출로 이어져야 한다. 양질의 일자리 창출은 시장에서 이루어지는 일차적 분배에 있어 가장 중요한 수단이기 때문이다. 그런 점에서 경제민주화와 더불어 양질의 일자리를 창출하는 것은 새 체제가 수행하여야 할 또 하나의 중요한 시대적 과제라 할 수 있을 것이다.

그러나 경제민주화와 양질의 일자리만으로 사회 양극화가 완전하게 해소될 수 있는 것은 아니다. 시장에서 배제되거나 열위에 있는 사람들의 기본적인 삶을 보장하기 위해서는 국가가 보편적 복지[5]를 제공할 필요가 있기 때문이다. 사실 서구의 여러 나라들은 2차 세계대전 이후 경제 호황의 황금시대를 거치면서 복지국가를 구축해놓은 바 있다. 그리고 그것은 이후 신자유주의의 확산에도 불구하고 크게 약화되지 않았다. 이에 비해 한국의 복지정책은 1997년 IMF 경제위기 이후에서야 비로소 본격적으로 출범할 수 있었다. 김대중 정부의 생산적 복지와 그것을 발전시킨 노무현 정부의 참여복지가 바로 그것이다. 그렇지만 역사가 일천한 그러한 복지가 사회 양극화의 급속한 심화를 저지하기에는 역부족이었음은 물론이다. 따라서 새 체제가 해결해야 할 또 하나의 시대적 과제는 보편적 복지의 구축이라 할 수 있다.

한편 경제민주화와 양질의 일자리 창출 그리고 보편적 복지 구축의 시대적 과

---

[5] 이와 관련하여 선택적 복지가 아니라 보편적 복지가 필요한 것은 개인이나 가족이 시장 참여 여부와 상관없이 사회적으로 받아들여질 수 있는 생활수준을 유지할 수 있도록 하기 위해서이다.

제 이외에 새 체제가 추구해야 할 또 다른 시대적 과제로서는 다음과 같은 과제들이 있다. 첫째, 사회 양극화로 변화된 시대 상황에서 제기되고 있는 제반 문제들에 대해 그 해결능력을 보여주지 못하고 있는 기존 정치를 혁신하는 과제이다. 사실 1987년 민주화 이후 등장한 지역주의 정치는 사회 양극화의 변화된 시대 상황에 제대로 대처하지 못했고, 따라서 기존 정치에 대한 시민들의 비판과 불만을 증대시켜왔다. 그런 점에서 과거에 머물고 있는 기존의 한국정치를 시대 상황에 맞게 개선하고 변화시키는 문제는 매우 긴급한 과제이다. 둘째, 남북관계 개선을 통해 한반도 평화를 구축하는 과제, 그리고 이를 바탕으로 남북 공동번영의 기틀을 마련하는 과제이다. 사실 김대중 정부와 노무현 정부의 햇볕정책은 남북관계를 상당 정도 개선시켰다. 그러나 이명박 정부에 들어 남북관계는 다시 악화되었고, 따라서 국제적 탈냉전에도 불구하고 남북 간의 적대와 갈등은 여전히 지속되고 있다. 따라서 새 체제가 추구해야 할 또 하나의 시대적 과제는 남북관계 개선을 통해 한반도 평화를 구축하고 이를 바탕으로 남북의 공동번영을 도모하는 일이다.

3. 체제전환의 정치적 기반: 복지민주주의연합의 구축

체제전환이 요구되고 따라서 1987년 체제를 넘어서는 새 체제의 도래가 필요하다면, 그 도래를 가능케 해주고 이를 지속시켜줄 정치적 기반은 무엇인가? 다음에서는 이를 가능케 해줄 정치연합의 구축에 대해 살펴보고자 한다. 그러나 그 이전에 우리는 이제까지의 한국정치에서 정치연합이 어떤 식으로 형성되고 변화되어왔는지를 잠시 되돌아볼 필요가 있을 것이다.

1) 정치연합의 한국적 맥락

1948년 체제의 정치연합에 대해서는 많은 언급이 필요치 않다. 일제로부터의 해방 이후 남북 분단과 전쟁의 과정을 거치면서 반공세력이 결집·강화되었고 그들이 국가권력을 장악하기에 이르렀기 때문이다. 그리고 그 과정에서 적어도 남한에서는 좌파세력이 거의 완전히 제거되었다. 반공주의를 이용한 이승만 정권의 권위주의적 통치가 가능했던 것은 바로 이러한 결과 때문이었다. 그러나 4월혁명과 5·16군사쿠데타 이후 등장한 1960~1961년 체제에서는 지배와 저항의 정치연합이 형성되었고, 그들 사이에 독재 대 민주의 정치갈등이 전개되었다.

우선 5·16쿠데타를 통해 등장한 박정희 정권에 대한 국민의 초기 지지는 그리 크지 않았다. 그러나 박정희 정권은 이후 급속한 경제성장의 성과를 바탕으로 발전주의연합을 구축할 수 있었는데, 도시 민중부문, 농민부문, 도시 중간계급과 기업가를 포괄하는 새로운 정치적 제휴관계의 형성(최장집, 1996: 164)이 바로 그것이었다. 따라서 이 같은 발전주의연합의 구축에 의해 1960년대 중반 이후 박정희 정권에 대한 지지는 크게 증대했는데, 1967년 대통령선거에서 박정희가 상당한 표차로 대통령에 당선될 수 있었던 것은 바로 그 때문이었다. 그러나 1970년대에 들어 박정희 정권이 장기집권을 위하여 유신체제를 등장시키고 억압적 통치를 강화함으로써 발전주의연합에 대한 지지는 약화되었다. 그럼에도 장기집권의 재임기간 동안 그리고 그가 사망한 이후에도 오랫동안 박정희에 대한 지지가 지속적으로 유지될 수 있었던 것은 박정희 정권 당시 구축되었던 발전주의연합과 그것이 남긴 유산 때문이라 할 수 있다.

이처럼 박정희 정권 기간 동안 발전주의연합이 구축되었다 할지라도 1960~1961년 체제는 그 전환을 요구받지 않을 수 없었다. 억압통치가 강화됨에 따라 그 정당성이 약화되었던 박정희 정권의 발전주의연합은 약화되었고, 박정희 독재에 대한 저항을 통해 그 정당성을 강화시켜나갔던 민주화운동연합은 1987년 6월민주항쟁을 통해 마침내 권위주의체제의 민주화에 성공할 수 있었기 때문이다. 이와 관련하여 민주화운동이 6월민주항쟁에까지 이르게 만들었던 민주화운동연합은 다음과 같은 동심원적 구조로 이루어져 있었다. 즉, 그 중심에는 학생운동이 있었고, 그 다음에는 지식인과 종교인 등 재야세력이 있었다. 그리고 그 다음 동심원에는 자신의 역량이 점차 강화됨에 따라 민주화운동에 동참하기에 이르렀던 사회운동과, 상황에 따라 민주화운동과 협조하고 연대했던 정치권의 야당이 있었다. 그리고 가장 외곽의 동심원에는 특정의 계기를 통해 광범위하게 동원되고 참여했던 국민대중이 자리 잡고 있었다(정해구, 2010: 36).

그런 점에서 1987년의 6월민주항쟁의 발생과 이를 통한 권위주의체제의 민주화는 발전주의연합에 대한 최대 민주화운동연합의 승리라 할 수 있었다. 물론 김영삼과 김대중 양 김의 분열로 1987년의 민주화 이행이 노태우 정권의 등장이라는 보수적 이행으로 끝났지만 말이다. 그러나 아무튼 민주화 이행이 이루어지면서 1960~1961년 체제는 전환되었다. 1987년 대통령선거에서 전면 동원되었던 지역주의가 이후 영남지역주의와 호남지역주의 그리고 이들보다는 약하지만 충청지역주의를 바탕으로 한 1987년 체제를 등장시켰기 때문이다. 그 결과 이제 영남지역주의는 과거의 발전주의연합을 흡수 및 계승하기에 이르렀고, 호남지역주의는 과거의 민주화운동연합의 일부를 흡수 및 계승하기에 이르렀다.

이후 한국정치는 지역주의 정치연합으로 점철되었다. 우선 영남지역주의는 1990년 1월 대구·경북지역에 그 기반을 둔 민주정의당과 부산·경남지역에 그 기반을 둔 민주통일당 그리고 충청지역에 그 기반을 둔 신민주공화당의 3당합당에 성공함으로써 패권적 영남지역주의를 등장시키는 한편 호남지역주의를 고립시켰다. 보수정권으로서 노태우 정권에 이어 김영삼 정권이 등장할 수 있었던 것은 바로 그 때문이었다. 반면 김영삼 정부 이후에는 김대중 정부와 노무현 정부의 민주정부가 등장했는데, 그것은 호남지역주의가 충청의 지역주의와 연대함으로써 가능했던 결과였다.

이상과 같이 정치연합의 한국적 맥락을 살펴보았을 때, 그 정치연합은 서구와 상당히 달랐다고 할 수 있다. 서구 대부분 나라들의 정치연합은 계급 중심의 동맹 또는 연합의 모습을 취했던 데 반해[6], 한국의 정치연합은 계급적 요소보다는 좌우대립, 경제성장과 민주화, 지역주의와 같은 또 다른 요소들이 더 많은 영향을 미쳤기 때문이다. 이처럼 한국에서 계급적 연합이 아니라 시대적 과제나 상황에 따라 정치연합이 형성될 수밖에 없었던 것은 해방 직후 우리 역사가 남겨놓은 특별한 구조 때문이다. 해방 직후 남북 분단과 전쟁을 경험한 이후 남한에서는 분단 상황 아래에서 강력한 보수 편향의 반공체제가 구축되었고, 따라서 그러한 조건하에서의 정치연합은 계급적 이해를 직접적으로 반영하기보다는 해당 시대의 과제나 상황을 둘러싸고 형성되었던 것이다. 1948년 체제에서 반공주의연합이, 1960~1961년 체제에서 발전주의연합과 민주화연합이, 그리고 1987년 체제에서 지역주의 정치연합이 등장했던 것은 바로 그 때문이었다.

2) 복지민주주의연합의 구축

 앞에서 언급한 바와 같이 체제전환의 요구에 따라 새 체제의 도래가 필요하다면, 그리고 경제민주화와 양질의 일자리 창출 그리고 보편적 복지 등 새 체제의 시대적 과제를 추구할 필요가 있다면, 이를 위해 향후 어떤 정치연합이 구축되어야 하는가? 이와 관련해서는 당위론적으로 노동계급이 중심적 역할을 수행하는 복지동맹의 구축이 자주 거론된다. 즉, 노동운동과 그들을 대표하는 노동정치 등 노동계급의 중심적인 역할을 통해 한국의 복지동맹이 구축됨으로써 새 체제가 등장할 수 있다는 것이다.

---

6 이에 대한 대표적 연구로서는 무어(Moore, 1990)와 뤼시마이어 외(Rueschemeyer et al., 1997)를 들 수 있다. 전자의 경우 계급동맹에서의 부르주아지의 주도적 역할을, 후자의 경우 노동자의 주도적 역할을 강조하고 있다.

〈표 10-1〉 한국에서의 복지동맹 구축 방안

주장자	내용
김영순	• 심각한 사회적 불안전으로 인해 사회적 연대의 필요성이 커지고 있음. • 그러나 노동운동과 진보정당의 허약성으로 인해 단기적으로 시민사회운동과 시민정치운동 그리고 중간층이 복지동맹의 중심적인 역할을 수행할 가능성이 큼.
은수미	• 복지국가 주장의 시민운동을 중심으로 비정규, 청년노조 등이 결합하고 여기에 기존의 정규 노동이 참여
신진욱	• 복지국가를 국가개혁의 가치와 비전, 그에 상응하는 정치적 기획과 보편적인 국가개혁 프로그램으로 추진 • 정당 차원의 복지국가 정치연합과 시민사회 차원의 노동·시민단체와 시민정치가 복지국가 개혁의 중심이 되어야 함.
이상이	• 복지국가만들기 국민운동과 복지국가 만들기 단일정당론
박원석	• 대중적 진보정당의 발전과 복지국가 사회연대운동

노동계급의 중심적인 역할을 강조하는 이 같은 논의는 자본주의적 산업화에 의해 계급적 분화가 일찍 이루어지고 이에 따라 노동계급의 형성이 분명했던 서구의 경험에서는 틀린 말이 아니다. 그러나 강력한 반공체제에 기반을 둔 독재체제의 억압 속에서 노동계급의 형성과 발전이 제대로 이루어지지 못했고 따라서 노동계급의 역량이 상대적으로 미약한 우리의 경우 복지동맹 구축에 있어 노동계급의 중심적 역할의 주장이 현실과 잘 부합할지는 의문이다. 따라서 한국에서의 복지동맹 구축은 서구와는 다른 방법이 모색되지 않을 수 없는데, <표 10-1>은 이에 대한 주요 주장들이다.[7]

<표 10-1>의 내용을 살펴볼 때 각 주장들이 공통적으로 인정하고 있는 것은 한국의 복지동맹 구축에 있어 그 중심적인 주체가 되기에는 노동계급의 역량이 너무 부족하다는 점이다. 따라서 각 주장은 한국에서의 복지동맹 구축이 정당과 운동 그리고 국민 차원에서 여러 세력들이 서로 연대하는 동맹에 의해 이루어져

---

7 참여사회연구소(2011a, 2011b)의 각 논문 내용을 참조하여 작성.

야 함을 공통적으로 지적하고 있다. 물론 각 주장은 그 동맹 참여 및 주도세력에 있어 강조점이 조금씩 다르다. 이를테면 정당 차원에서 이상이는 복지국가 건설의 단일정당론을 주장하고 있는 반면, 박원석은 대중적 진보정당의 역할을 더 강조하고 있다. 또한 은수미는 시민운동과 비정규 및 청년노조 그리고 정규 노동운동의 역할을 강조하고 있다. 신진욱은 국가개혁 프로그램의 차원에서 복지국가 건설 노력이 기울여져야 한다고 주장하고 있다.

그러나 아무튼 이 모든 주장들은 노동계급의 역량이 부족한 한국에서 복지동맹의 구축이 서구의 그것과는 다를 수밖에 없음을 보여주고 있다. 그렇다면 한국에서의 복지동맹 구축은 우리의 현실에 맞게 이루어질 필요가 있다. 이와 관련하여 우리의 복지동맹 구축은 한국 민주주의 발전의 연장선에서 숙고될 필요가 있다. 한국 민주주의 발전의 경로 의존성을 무시한 발상과 주장은 그 현실성이 떨어질 수밖에 없기 때문이다. 이와 관련하여 한국의 민주주의는 앞에서 살펴본 바와 같이 다음과 같은 단계를 통해 발전해왔다. 즉, 1948년 체제에서 그것은 외부로부터 대의민주주의의 형식과 제도의 형태로 주어졌고, 1960~1961년 체제에서 그것은 개발독재에 저항했던 민주화운동을 통해 나타났다. 그리고 권위주의체제의 민주화가 이루어졌던 1987년 체제에서 그것은 정치적·절차적 민주주의를 더욱 공고화하기 위한 민주개혁의 노력으로 나타났다.

여기에서 알 수 있는 바와 같이 과거의 한국 민주주의 발전은 주로 절차적·정치적 민주화에 그 중심이 두어졌다. 그러나 절차적·정치적 민주화의 진전에도 불구하고 그동안 사회경제적 민주화는 지체되었으며, 특히 1997년 IMF 경제위기 이후 사회 양극화는 급속히 심화되었다. 근래에 들어 체제전환의 요구가 분출하고 이에 따라 경제민주화와 양질의 일자리 창출 그리고 보편적 복지 등의 시대적 과제가 요청되기 시작한 것은 바로 이 때문이다. 사실 절차적·정치적 민주화는 이를 뒷받침할 일정 수준의 사회경제적 평등이 제공되지 않을 경우 절반의 민주주의에 그칠 뿐이다. 따라서 한국의 민주주의가 좀 더 완전해지기 위해서는 이제 사회경제적 민주화라는 또 다른 민주화가 필요하지 않을 수 없게 되었다.

　절차적·정치적 민주화를 넘어 사회경제적 민주화가 요구된다면, 그 목표는 무엇이고 그 목표를 달성하기 위한 노력은 어떻게 시도되어야 하는가? 사회경제적 민주화의 목표는 서구에 버금할 수 있는 복지국가의 구축이 되어야 할 것이다. 권위주의체제의 민주화 과정과 민주화 이후의 민주개혁 과정을 통해 절차적·정치적 민주주의가 어느 정도 정상화의 궤도에 올랐다면, 한국의 민주주의는 향후 사회경제적 민주화의 노력을 통해 서구 수준의 복지국가를 구축함으로써 정치적 차원뿐만 아니라 사회경제적인 차원에서도 정상 궤도에 올라설 수 있을 것이기 때문이다. 물론 복지국가 구축을 위한 사회경제적 민주화의 과정이 쉽게 이루어질 수 있는 것은 아니다. 다수의 난관, 특히 경제성장을 앞세워 자신의 기득권을 계속 유지하고자 하는 우리 사회의 강고한 기득권층의 반대와 저항이 사회경제적 민주화의 노력에 가장 강력한 장애가 될 가능성이 크기 때문이다.

　그렇다면 좀 더 구체적으로 복지국가 구축을 위한 사회경제적 민주화의 시도는 어떻게 이루어질 수 있나? 우선 무엇보다도 요구되는 것은 경제와 사회 발전에 대한 국민의 인식 전환이다. 사실 한국에서 많은 사람들의 경제와 사회 발전에 대한 인식의 근저에는 '성장 신화'가 자리를 잡고 있다. 압축적 경제발전의 성공이라는 과거 경험을 바탕으로, 앞으로도 한국 경제와 사회의 발전이 과거와 같은 그런 방식으로 이루어져야 할 것이라는 인식이 광범위하게 퍼져 있는 것이다. 그러나 1997년 IMF 경제위기 이후 한국경제가 보여주고 있듯이 성장의 속도는 떨어지고 있고, 설사 성장이 이루어진다 하더라도 그 낙수효과(trickle-down effect)는 크게 약화되고 있는 것이 오늘날의 현실이다. 그리고 그 결과는 신자유주의적 경쟁 만능주의 속에서 사회 양극화의 심화로 나타나고 있다.

　그동안의 성장론이 더 이상 유효하지 않은 이 같은 상황에서 경제와 사회 발전에 대한 우리의 인식은 전환되지 않으면 안 된다. 성장이 더디어진다 할지라도 그 혜택과 분배가 사회구성원 모두에게 골고루 나누어질 수 있는 경제, 그리고 사회 양극화와 경쟁 만능주의로 '만인에 대한 만인의 투쟁'이 전개되는 사회가 아닌 사회 연대와 공동체성이 회복되어 서로가 더불어 살 수 있는 사회를 만들어야 한다는 새로운 인식이 바로 그것이다. 더구나 탈산업화 시대의 서구사회가 보여주고 있는 바와 같이, 우리도 생존과 안전 중심의 산업화 시대의 가치를 넘어 윤리적 삶과 자기실현, 환경, 평화, 여성, 소수자 등 탈물질주의적 가치를 적극 수용할 때가 되었다(잉글하트·웰젤, 2011).

경제와 사회 발전에 대한 국민의 인식 전환과 더불어 복지국가 구축을 위한 사회경제적 민주화에 필수적인 것은 그것을 추진할 주체와 동력이다. 이와 관련하여 복지국가 동맹의 주체로서는 특히 노동계급 중심성이 거론되곤 한다. 자본주의 사회에서 누구보다도 복지를 필요로 하는 사람들이 그들이기 때문이다. 그러나 노동계급의 영향력이 매우 취약한 우리의 현실에서 노동계급 중심성 주장은 그 설득력이 그리 크지 않다. 오히려 사회 양극화의 우리 현실에 비추어볼 때 복지국가 구축을 위한 사회경제적 민주화의 주체는, 과거 권위주의 시대에 민주화연합이 그랬듯이, 사회 양극화의 직접적인 피해자인 서민과 중산층을 중심으로 한 광범위한 연합으로 나타나야 한다. 우리는 그러한 연합을 복지민주주의연합으로 표현할 수 있는데, 그것은 사회경제적 민주화를 통해 복지국가 구축이 이루어져야 하고 그 과정을 복지민주주의연합이 주도해야 하기 때문이다.

구체적으로 복지민주주의연합의 구축은 어떻게 이루어질 수 있을까? <그림 10-1>은 동심원으로 표현된 복지민주주의연합 구성의 모습이다. 이 그림에서 볼 수 있듯이 복지민주주의연합의 구성은 정당정치의 차원, 사회운동과 운동정치의 차원, 그리고 풀뿌리운동과 생활정치의 차원을 포함한다.

우선 복지민주주의연합 구성에서 무엇보다도 중요한 것은 정당의 역할이다. 과거 권위주의 시기 독재정권에 대한 저항에서는 민주화운동이 매우 중요했지만, 정부의 정책을 통해 사회경제적 민주화를 추진해야 될 변화된 상황에서는

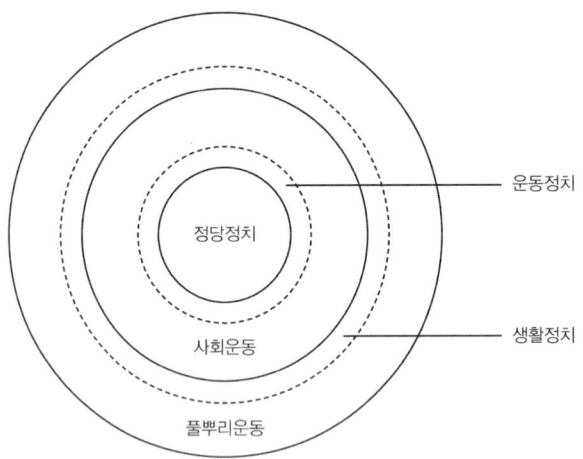

〈그림 10-1〉 복지민주주의연합의 구성

공약으로써 그 정책을 제시하고 집권을 통해 그 공약을 실천할 정당의 역할이 더욱 중요하기 때문이다. 그러나 익히 아는 바와 같이, 한국의 진보정당은 매우 약하고 분열되어 있으며[8], 이른 시일 내에 단독으로 집권할 가능성도 그리 크지 않다. 따라서 민주당을 비롯하여 진보적 자유주의[9] 지향의 정당과 사회민주주의 성향의 진보정당은 상호 간에 사회경제적 민주화를 위한 정당연합을 지속적으로 도모할 필요가 있다. 과거 민주화운동의 같은 뿌리에서 분화된 진보적 자유주의 세력과 사회민주주의 세력은 복지국가 구축을 위한 사회경제적 민주화에 서로 협력할 수 있을 것이기 때문이다.

그러나 이념과 이해관계의 차이로 인해 항상 갈등의 소지를 지니고 있는 양 세력 간의 연합이 생각처럼 쉬운 것은 아닐 것이다. 따라서 양 세력 간의 정책연

---

8 현재 진보정당은 정의당, 통합진보당, 진보신당 등으로 분열되어 있다.
9 진보적 자유주의의 진보성에 대해서는 최태욱(2011) 참조. 민주당이 진보적 자유주의일 수 있는가는 논쟁적인 문제이지만, 사회경제적 민주화를 추진하기 위해 민주당이 진보적 자유주의를 지향해야 하는 것은 분명한 사실이다.

합, 선거연합, 그리고 연합정부의 구성 등 정당연합이 좀 더 원활하게 이루어지기 위해서는 일정한 정치제도의 변경이 필요하다. 그중 하나는 선거제도의 변경인데, 현재 양당제 경향을 강제하고 있는 소선거구제 단수다수대표제의 선거제도를 독일식 혼합형 비례대표제의 채택이나 비례대표제 강화로 변경하는 것이 그것이다. 양 세력 간의 정당연합을 좀 더 강화시킬 수 있는 또 하나의 정치제도 변경은 대통령선거에서의 결선투표제의 채택이다. 대통령선거에서의 결선투표제는 2차 선거에서 양 세력의 연합을 촉진시킬 것이기 때문이다. 나아가 국회의원 선거나 지방선거에서 서로 다른 정당들이 후보자를 연합공천을 할 수 있는 제도 개선도 고려해볼 필요가 있다.

복지민주주의연합을 구축하기 위한 이상과 같은 정당연합이 필수적이지만, 그것만으로 그 구성이 완전해질 수 있는 것은 아니다. 사회운동의 차원에서도 그리고 이에 바탕을 둔 운동정치의 차원에서도 복지민주주의를 위한 연합이 구성되어야 하기 때문이다. 우선 1987년 민주화 이후 폭발적으로 발전한 시민운동은 주로 절차적·정치적 차원의 민주개혁운동과 사회 각 부문 운동에 치중해왔다. 그러나 이제 시민운동 역시 사회경제적 민주화에 보다 집중할 필요가 있다. 다음으로 노동운동 역시 그들의 좁은 조합주의적 이해를 넘어 사회적 약자 전체를 위한 사회경제적 민주화운동으로 그 시야를 확대시킬 필요가 있다. 나아가 이 같은 시민운동과 노동운동의 노력은 복지국가 구축을 위한 사회경제적 민주화 요구의 운동정치[10]로도 이어져야 할 것이다.

그러나 복지민주주의연합은 그것이 좀 더 강건해지기 위해 사회경제적 민주화를 위한 사회 저변의 풀뿌리운동과 생활정치까지도 결집시켜낼 필요가 있을 것이다. 물론 여기에는 최근 급속히 확대되고 있는 사회적 기업이나 협동조합

---

10 여기에서 운동정치란 과거 권위주의체제에 저항한 민주화운동이 그러했듯이 사회운동세력들에 의해 이루어지는 비제도적 정치로서, 이를테면 촉구, 항의, 시위 등이 여기에 포함된다고 할 수 있다.

운동 등도 포함되어야 할 것이다. 그래야만 복지민주주의연합에 대한 주민들의 관심과 참여 그리고 공감이 증대될 수 있을 것이기 때문이다. 그리고 이를 위해서는 분권화가 진전되고 지방자치가 강화되는 속에서 지역운동이 더욱 강화되고 그 뿌리를 내릴 필요가 있다. 결국 위로부터의 복지민주주의연합의 구축과 더불어 아래로부터의 이러한 시도들이 성공적으로 이루어질 수 있을 때 복지민주주의연합은 좀 더 강화될 수 있을 것이다.

이상과 같이 정당정치 차원, 사회운동과 운동정치의 차원, 풀뿌리운동과 생활정치의 차원에서 사회경제적 민주화를 위한 복지민주주의연합이 제대로 구축되었을 때, 그들의 결집된 목소리는 특히 전국선거의 과정에서 좀 더 적극적으로 표출될 필요가 있다. 전국선거 시 조성되는 국민적 관심사 속에서 사회경제적 민주화의 요구와 이해는 좀 더 널리 확산될 수 있을 것이기 때문이다. 그뿐만 아니라 복지민주주의연합의 정당이 집권하게 되었을 때 그들의 사회경제적 민주화의 공약은 좀 더 잘 실천될 수 있을 것이다. 그리고 그러한 집권이 누적되었을 때 그것은 결국 복지국가 구축이라는 사회경제적 민주화의 최종적인 목표에 다다를 수 있을 것이다.

참고문헌

뤼시마이어, 디트리히 외(Dietrich Rueschemeyer et al.). 1997. 『자본주의 발전과 민주주의』. 박명림·조찬수·권혁용 옮김. 나남출판.
무어, 베링턴(Berrington Moore). 1990. 『독재와 민주주의의 사회적 기원』. 진덕규 옮김. 까치.
백낙청. 2012. 『2013년 체제』. 창비.
샤츠슈나이더, 엘머 에릭(Elmer Eric Schattschneider). 2008. 『절반의 인민주권』. 현재호·박수형 옮김. 후마니타스.
유종일. 2011. 『경제 119』. 시사IN북.
이태수. 2011. 『왜 복지국가인가』. 이학사.
잉글하트, 로널드·웰젤, 크리스찬(Ronald Inglehart and Christian Welzel). 2011. 『민주주의는 어떻게 오는가』. 김영사.
정해구. 2010. 「한국민주주의의 전개와 특징」. 『다시 보는 한국 민주화운동』. 선인.
_____. 2011.9.29. 「'안철수 현상'과 정당정치의 미래」. 『안철수 현상과 한국사회』. 한겨레신문·복지국가와 민주주의를 위한 싱크탱크 네트워크 주최 토론회 자료집.
중앙선거관리위원회. 2010.9.10. 「제5회 전국동시지방선거 투표율 분석 결과」, 13쪽.
진덕규 옮김. 1985. 『독재와 민주주의의 사회적 기원』. 까치.
참여사회연구소. 2011a. 「특집 노동, 복지 그리고 시민적 연대」. ≪시민과 세계≫, 제20호.
_____. 2011b. 「특집 복지국가와 한국형 복지동맹의 모색」. ≪시민과 세계≫, 제19호.
최장집. 1996. 『한국민주주의의 조건과 전망』. 나남출판.
최태욱 엮음. 2011. 『자유주의는 진보적일 수 있나』. 폴리테이아.
_____. 2012. 『갈등과 제도』. 후마니타스.

제11장
복지지향적 경제정책을 위한 구상

김호균 | 명지대학교 경영정보학과 교수

1. 서론

30년 동안 세계를 지배했던 신자유주의가 글로벌 금융위기와 더불어 급속히 퇴조할 것처럼 보였다. 규제완화, 민영화, 자유화를 핵심적 특징으로 하는 자유시장을 통해 복지를 창출하겠다는 약속은 결국 지켜질 수 없는 것으로 드러났다. 워싱턴 컨센서스의 낙수효과는 극소수에게만 나타났다. 그 대신 빈부 격차는 거의 모든 나라에서 확대되었다. 빈부 격차를 표현하기 위해 한때 사용되었던 '20 : 80 사회' 개념은 이제 '1 : 99 사회'로 대체되었다. "월가를 점령하라"는 시위가 미국을 넘어 다른 나라로 확산된 것은 결코 우연이 아니다. '보이지 않는 손'이 실패한 것으로 드러난 지금 시장에 대한 맹목적인 신뢰에 기반을 둔 신자유주의를 정치적 조정에 입각한 개입주의로 대체하는 대안을 바로 실천에 옮겨야 하고 옮길 수 있을 시점인 것으로 보였다. 적어도 글로벌 금융위기가 발발한 초기에는 국가가 시장에 대한 우위를 실제로 탈환했다. 국가가 경기부양 프로그램과 팽창적인 통화정책을 시행함으로써 금융기관들을 구제했고 노동시장을 지탱했다. 다른 대안은 없었다. 그렇지만 이에 따른 국가채무 증대가 동시에 새로운 위기현상으로 부상했다. 짧은 시차를 두고 유럽의 재정위기가 발발했다. 그러자 신자유주의는 이를 빌미로 다시 시장주의를 부각시키는 데 성공했다. 국가의 적극적인 개입으로 위기에서 탈출하는 데 성공한 신자유주의는 국가채무 증대를 부각시키면서 경기순응적 재정정책, 재정건전화, 긴축, 복지국가의 후퇴에 관한 논의를 오히려 더 활발하게 진행시키고 있다. 적반하장도 이만한 것이 없다. 그와 동시에 금융시장에 대한 엄격한 규제는 경제정책에 관한 국제 협력 및 조율을 강화하는 것만큼이나 공허해지고 있는 것이 최근의 현실이다(FES, 2011). 그럼에도 불구하고 ― 근본적인 개혁이 없이 성장이 추진된다면 ― 금융이 주도하는 신자유주의 성장모델은 향후 더욱 심각한 빈부 격차와 성장정체를 가져올 것이므로 대안의 모색은 지속적으로 이루어져야 할 것이다.

새로운 경제성장 모델을 탐색하려는 문제의식의 직접적인 발단이 된 글로벌 금융위기는 단지 도덕적 해이, 금융시장 규제완화, 국가채무만의 결과가 아니다. 그것은 금융 주도 시장경제를 뒷받침하던 신자유주의 성장 모델의 총체적 파산을 의미한다. 그러므로 금융위기의 재발을 방지하기 위해서는 금융시장제도의 부분적인 개선만으로는 불충분하며 경제 전반에 걸친 개혁이 필요하다. 1930년대 대공황 때와 마찬가지로 지금은 경제정책에 관한 패러다임 전환, 자본 중심, 특히 비생산적 부분인 금융자본 중심에서 살아 있는 인간 중심으로의 전환이 필요한 시점이다.

금융 주도 자본주의는 복지를 위한 새로운 엔진이 아니라 경제적·사회적·생태적 진보에 대한 걸림돌이었다. 그것이 가져다준 '성장'은 빚더미 위의 성장이었다. 그것은 미래의 생산력 발전과 지속가능한 성장을 봉쇄했다. 인간을 시장, 특히 금융시장에 복속시키는 경제질서였다. 이제는 인간을 위해 존재하는 경제질서가 모색되어야 할 시점이다. 그러므로 향후 금융위기를 예방하기 위해서도 새로운 경제정책 원리에 기초하는 '새로운 성장 모델'이 구축되어야 한다. 경제뿐만 아니라 정치, 사회, 문화, 환경, 복지 등 사회 전체가 시장논리에 복속되는 '시장사회'가 아니라 시장이 모든 인간의 행복 증진에 기여하는 '사회적 시장'이 건설되어야 할 것이다. 그것은 시장을 위축시키는 길이 아니라 시장이 특정 집단의 이익에만 기능하지 않고 시장참여자 모두의 목표를 실현하는 장이 되는 본연의 역할을 하는 길이 된다. 그것은 시장의 두 축인 공급과 수요의 관계를 공급 중심에서 수요 중심으로, 자본 중심에서 인간 중심으로 재설정하는 것이다. 생산, 분배, 교환, 소비로 구성되는 경제활동에서 최종목표가 결국 소비인 점을 감안한다면 생산을 중심에 두는 공급주의, 신자유주의 경제학은 본말을 전도시킨 이데올로기가 된다. 수요(소비)를 중심에 두는 새로운 경제이론과 경제정책이 필요해지는 이유이다. 이러한 시장 위상의 재설정은 경제성장을 양질의 일자리, 사회적 생산성, 투자를 그 구성요소로 하는 "사회적 성장"(FES, 2011)으로 전환하는 논의의 출발점이 될 수 있다. 이 성장 모델에서는 성장과 복지의 관계도 재설정된다. 한국사회에는 아직도 경제학의 관점에서 복지에 대해 비판적인 시각이 팽배해 있다. 복지는 성장에 저해되므로 삼가야 한다는 논리이다. 복지국가를 해본 적도 없으면서 복지국가가 되면 나라가 망할 것처럼 호들갑을 떤다. 이러한 척박한 이념적 환경에서 복지를 확충한다는 것은 그 복지가 성장을 저해하지 않는 복지 또는 성장에 기여하는 복지라는 논리가 제시되어야 그나마 가능했다. 소위 '생산적 복지' 논의가 그것이었다. 이제 사회적 성장 모델에서는 성장을 위한 복지가 아니라 복지를 위한 성장으로 수단/목적의 관계가 정정되어야 한다. 복지는 평화, 자유, 정의와 마찬가지로 인간과 사회가 추구할 기본가치(Grundwert)로서 목적의 위상을 가진다. 반면에 성장은 이들 기본가치를 실현하기 위한 물질적 수단을 마련해주는 과정이자 결과이다. 그동안 생각 속에서만 맴돌았던 '무엇을 위한 성장인가'라는 의문을 큰 소리로 외칠 때가 지났다. 성장이라는 수단을 위해 그동안 희생시켰던 온갖 목적들에게 제자리를 찾아주는 것이 사회적 성장이다. 복지는 그러한 목적 중의 하나이다.

2. 경제위기와 신자유주의의 위기

1) 신자유주의의 등장과 확산

(1) 브레튼우즈체제의 붕괴

　브레튼우즈체제에서 각국에게는 환율을 방어하고 경상수지 불균형을 제한하기 위해 자본이동을 규제할 권한이 주어져 있었다. 각국의 금융시스템도 엄격한 규제를 받았고 상이한 사업영역들이 서로 구분되었다. 그렇기 때문에 이 체제는 세계경제의 안정적인 성장에 필요한 금융통화시스템을 제공해줄 수 있었다. 소비수요의 증가는 소득증가에 기초했기 때문에 소비자신용은 거시경제적으로 큰 의미를 가지지 못했고 신용확대는 기업부문에 집중되었다. 미국을 비롯한 많은 나라에서 금리 상한선이 있었다. 유럽 대륙, 일본, 개도국에서는 은행 중심의 금융시스템이 지배했다. 전통적으로 자본시장에 기초한 금융시스템이 갖추어져 있던 미국이나 영국에서도 주식시장은 독자적인 역할을 하지 않았다.

　이러한 브레튼우즈체제가 붕괴한 것은 대대적인 자본유출에 직면한 미국의 금태환정지에서부터 시작되었다. 미국은 통화정책을 순수하게 국내경제정책으로 추진했다. 달러가치 안정에 대한 정책적인 고려 없이 모든 부담을 무책임하게 다른 나라에 전가시켰다. 1960년대 후반 베트남 전비지출과 빈곤퇴치를 위한 팽창적 통화정책 및 재정정책으로 인해 경기가 과열되었지만 연방준비이사회(FRB)는 아무런 조치도 취하지 않았다. 이로 인해 달러에 대한 신뢰가 실추되면서 대대적인 자본유출이 발생했다. 1971년 8월 달러의 금태환정지가 발표되자 달러에 대한 신뢰는 더욱 추락했다. 이 '닉슨쇼크'는 고정환율제를 동요시켰다. 미국으로부터의 자본유출에 각국 중앙은행은 달러의 평가절하를 막기 위해 적극 개입했지만 연준은 방관으로 일관했다. 독일연방은행은 마르크화가 두 번째 보유외환으로 자리 잡지 못하도록 개입했다. 독일연방은행은 1973년 2월 12

일 달러화 매입을 중단하는 데 선도함으로써 달러화 절하를 오히려 촉진했다. 이 시기에 나타났던 국제자본이동의 점진적인 자유화는 사실상 브레튼우즈체제의 종식을 의미했다. 주류경제학계에서는 변동환율제가 각국의 자율적인 경제정책을 가능하게 해주는 적합한 수단이라는 순진한 견해가 정착되었다. 변동환율제가 경상수지 균형을 가져다 줄 것으로 믿었던 것이다. 변동환율제로의 이행이 오히려 외환시장 불안정을 초래할 것이라는 예상은 당시에 없었다(Dullien et al., 2011).

(2) 신자유주의의 등장

위기는 언제나 새로운 이념과 정책을 낳는다. 시장근본주의적인 신자유주의의 탄생과 관련해서는 마거릿 대처(Margaret Thatcher), 로널드 레이건(Ronald Reagan)을 각각 배출한 영국과 미국의 경제동향이 중요하다. 1970년대 이들 경제의 불안정성은 특히 심각했다. 평가절하 압력에 더하여 임금 인상에 따른 물가상승과 석유위기로 인해 인플레이션과 경기침체 압력을 받았다. 영국은 전반적으로 임금 인상이 과도했고 계속적인 인플레이션 압력을 받았다. 1976년에는 파운드화가 통화위기에 빠졌고 급기야 IMF 지원을 받게 되었다. 경제상황이 계속 악화되면서 1979년 대처의 집권에 이르렀다. 대처는 취임하자마자 인플레이션 및 노조와의 무조건적 전쟁을 선포했고 자유화, 규제완화, 민영화로 구성되는 보수주의 프로젝트를 강행했다.

미국도 격동적인 경제상황을 겪었다. 1970년대 미국은 월남전 패배로 대내외 정책에서 신뢰의 위기에 직면하게 되었다. 설상가상으로 1979년 재차 달러화 평가절하가 이루어지면서 인플레이션 압력이 거세졌지만 미국 노조는 임금 하락이나 임금 인상 자제에 동의하지 않았다. 세계 기축통화로서 달러화에 대한 신뢰가 갈수록 악화되었다. 미국은 독일연방은행에 달러 강화를 위한 협조를 요청했지만 단호히 거절당했다. 이에 연준은 급격한 금리 인상을 단행했고, 이로 인해 미국은 1980/81년 2차 세계대전 후 최악의 경기침체에 빠졌다. 서방 선진국들이 뒤를 이어 금리를 인상하면서 세계경제가 경기침체에 빠지는 '잃어버린 10년'을 맞이하게 되었다. 1981년 집권한 레이건은 즉각 노조에 칼을 빼들었고 신자유주의 보수혁명을 시작했다(Dullien et al., 2011).

당시 사회민주주의나 사회주의를 지향하는 정부는 명확한 거시경제적 구상이 없거나 그것을 이행할 위치에 있지 않았다. 당시에는 임금 인상을 억제함으로써 가속적인 인플레이션 과정을 장악해야 했지만 1960대 동안 강해진 사회운동은 임금 인상 요구를 개혁 프로그램과 결부시켰다. 당시의 다양한 스펙트럼의 좌파 정치운동이 전통적인 제도를 경제안정과 양립할 수 있는 방식으로 개혁하는 데 실패했다. 반면에 이미 2차 세계대전 이후부터 보수주의 싱크탱크에서는 시장자유주의 이데올로기가 개발되고 있었다. 브레튼우즈체제의 붕괴는 시장자유주의로의 길을 재촉했다. 보수주의자들은 학술적으로 잘 준비되어 있었고 그들의 접근방법이 옳다고 선전했다. 1970년대 대학과 연구소에서는 밀턴 프리드먼(Milton Friedman), 프리드리히 하이에크(Friedrich Hayek) 등 신고전파 경제학의 입지가 강화되고 있었다.

(3) 신자유주의 확산

자유화, 규제완화, 민영화로 요약되는 신자유주의 성장 모델은 금융자본에 의해 주도되었다는 특징을 가진다. 생산요소로서 금융자본이 가지는 특징인 이동성으로 인해 금융시장 규제완화는 다른 어느 것보다 빠른 효과를 보였다. 대처와 레이건은 집권하자마자 영국과 미국의 금융시장에서 급속히 규제완화를 단행했다. 소위 '금융화' 과정이 시작되었다. "금융화는 금융시장, 금융기관, 금융엘리트가 경제정책과 경제적 성과에 더 큰 영향력을 가지는 과정"이었다(Palley, 2007). 그 결과 금융부문이 실물부문에 비해 중요성이 커졌고 소득이 실물부문에서 금융부문으로 이전되었으며 소득불평등이 심화되었고 임금이 정체되었다.

무엇보다도 금융시스템의 다양한 부분들이 통합되기 시작했다. 가령 2차 세계대전 후 세계 부동산시장은 다른 금융시스템과 별로 관계가 없거나 엄격하게 규제된 속에서 상호관계를 가지는 차별화된 시장을 형성하고 있었다. 1980년대 이전에 부동산대출은 거의 경쟁이 없는 특별기관에 의해 취급되었다. 양적으로도 제한되었고 상환기간에 대해서도 규칙이 있었다. 그러나 1980년대 초 금융시장 규제완화와 더불어 이 양상이 다음과 같이 크게 변했다.

첫째, 새로운 대출공급자가 주택금융시장에 진입했고 경쟁이 심화되었다. 전통적인 은행시스템 밖에 있던 금융회사들이 가계대출에서 차지하는 비중이 가령 미국, 캐나다, 오스트레일리아에서 1980년대 말부터 2005년 사이에 배증했다. 이자율 제약이 있던 나라에서는 통제가 해제되었다. 부동산대출이 급증하면서 이를 재판매할 수 있는 길이 열렸고, 부동산시장과 국내외 금융시장의 연계가 강화되었다. 다만 예외적으로 독일, 프랑스, 이탈리아는 주택금융시장의 변화가 크지 않은 나라들이었다.

둘째, 소위 유동화가 급증했고 다양한 금융혁신상품이 도입되었다. 금융회사가 채권을 계속 보유하는 장기적인 '구매 후 보유' 모델이 단기지향적인 '구매 후 판매' 모델로 전환되었다. 금융회사들이 스스로 일으킨 대출의 일부만을 보유하게 된 나라가 많아졌다. 그 결과 최종보유자는 채권의 질에 대한 정보가 전혀 없었고 대출자는 채무자의 질에 대해 관심을 가질 이유가 없었다. 그 밖에 유동화는 장기대출도 시장에서 판매할 수 있기 때문에 개인의 유동성을 증가시켰다. 유동화를 통해 장기채권이 단기차입에 의해 조달된다면 개인의 유동성은 더욱 증가했다. 그러나 경제 전체의 관점에서 보면 유동화로 유동성이 증가한 것은 아니다. 모든 채권보유자가 동시에 증권을 판매하고자 한다면 그 가치는 급락할 것이고 유동화된 채권은 가치저장수단으로 기능하지 못한다. 서브프라임 위기 동안 드러난 사실은 결국 국민경제의 유동성을 유지하기 위해서 중앙은행이 거액을 금융시장에 투입해야 했다는 사실이다.

셋째, 유동화로 인해 신용평가회사들의 위상이 급상승했다. 증권매입자들은 직접적인 정보가 없기 때문에 증권평가전문가에 의존하지 않을 수 없었다. 은행들도 자체적인 위험평가모델을 갖추고 있지 않았기 때문에 신용평가회사에 의존했다. 바젤(Basel) II의 자본적정성에 관한 규정은 이 지위를 더욱 강화시켰다. 내부위험평가모델이 없는 은행들에 대한 신용평가회사들의 평가가 은행들의 자본보유량을 결정했기 때문이다. 그 결과 신용평가회사들은 채무자의 대출능력뿐만 아니라 투자자의 포트폴리오에도 영향을 미쳤다. 이처럼 막강한 영향력을 가지는 신용평가회사들이 사실상 법적 진공상태에서 평가했고 3개사가 세계시장을 과점했다. 더욱이 이들은 자신들이 평가하는 기업들에게 자문도 해주었다. 자문기능과 평가기능의 중복은 당연히 도덕적 해이를 초래했다. 여기에 덧붙여 이들은 자신들이 자문하고 평가한 상품에 투자함으로써 도덕적 해이의 극치를 이루었다.

넷째, 전통적인 상업은행부문이 크게 위축되었다. 투자은행, 보험회사, 각종 펀드가 전통적인 은행영역에서 활동을 확장했다. 갈수록 많은 금융시장부문이 규제가 엄격한 상업은행에서 규제가 심하지 않은 비은행 영역으로 넘어갔다. 이 윤극대화를 위해 규제를 피하려는 하향경쟁이 시작되었다. 은행은 유동화된 부동산대출을 자기자본이 없는 특수목적회사(SPV)에 이전함으로써 규제차익을 실현했다. SPV는 은행에서 장기대출을 매입해서 이들을 단기금융상품으로 구조화해서 판매했다. 이 SPV를 통해 은행들은 상업은행시스템의 자본적정성 규정을 우회할 수 있었다. 이렇게 발전한 그림자은행시스템은 적은 규제, 낮은 투명성, 낮은 자본적정성 기준이 적용되면서 금융영역에서 "병행세계(parallel world)"(Dullien et al., 2011: 36)를 구축했다.

노동시장에서는 1980년대 중반에 실업률이 수십 년 이래 최고 수준으로 상승하자 노조의 협상력이 약화되면서 임금 인상이 둔화되어 임금소득비율은 하락했고 인플레이션은 완화되었다. 이 현상은 자본이동성의 증대와 기업의 주주자본주의 경향으로 인해 더욱 가속화되었다(Palley, 2009). 나아가 1980년대부터 대부분의 OECD 국가들에서는 국가에 의한 재분배가 고용과 노동 유인에 적대적인 것으로 주장되었고 복지급여의 감축과 노조의 약화가 추진되었다. 긴축적인 통화정책, 재정정책이 시행되면서 노조의 임금협상력은 더욱 약화되었고, 그 결과 개인별·직능별 소득분배는 악화되었다(Horn et al., 2009).

여기에 신자유주의 이데올로기 공세가 가세했다. 일부 유럽 국가들에서 1980년대 초와 1990년대에 경기후퇴와 더불어 지속적으로 급증한 실업을 노동시장이 과잉규제되었기 때문에 나타난 결과로 주장되었던 것이다. 그 연장선상에서 지속적인 실업 감축을 위해서는 노동시장의 효과성(유연화)이 개선되어야 하고 국가와 노조의 개입이 최소화되어야 한다는 논리가 전개되었다.

> 많은 자문위원과 국제기구들 — 특히 유럽위원회, OECD, 국제통화기금 — 은 노동시장제도가 높은 실업률에 책임이 있다고 주장했다. 따라서 실업률이 높은 나라들에 대해서는 관대한 실업보험, 해고비용을 높이는 포괄적인 해고보호제도, 높은 최저임금, 경쟁저하적인 임금협상 메커니즘과 같은 노동시장 경직성을 해소하고 조세 체계에 의한 심각한 왜곡을 폐지하도록 경고했다(IMF, 2003: 129).

신자유주의 주장에 따라 수많은 나라들에서 노동시장 규제완화가 이루어졌다. 상대적으로 낮은 실업률과 높은 성장률을 보이는 앵글로색슨 모델이 모범으로 주장되었다. 그러나 금융위기와 함께 드러난 실상은 미미한 소득증가에도 불구하고 소비수요가 성장을 뒷받침할 수 있었던 것은 부채에 의해 보충되었기 때문이라는 사실이다. 글로벌 금융위기가 주는 한 가지 교훈은 미국의 예에서 보듯이 노동시장 규제완화로 인해 심화된 소득불평등에 기인하는 내수 침체를 완화하기 위해 가계부채를 증대시키는 정책은 결코 지속가능하지 못하다는 사실이다.

끝으로 신자유주의 이데올로기의 확산은 실업률이 낮은 나라 중에는 노동시장규제가 강하고 복지국가와 노조가 강력한 나라들(예: 스칸디나비아)도 있었음에도(OECD, 2006) 불구하고 학계와 정치권에서 별로 주목받지 못하는 결과를 초래했다.

2) 신자유주의의 좌초

신자유주의의 실패는 지속가능하지 않은 두 가지 현상으로 나타났다. 하나는 부채 누적에 기초하는 성장은 지속될 수 없음을 극명하게 보여준 글로벌 금융위기였고, 다른 하나는 변동환율제하에서 국제자본이동의 자유화가 초래하는 통화위기에 대비하기 위한 보유외환의 축적이 낳은 글로벌 불균형의 심화이다. 전자는 이미 위기로서 가시화되었지만 후자는 아직도 진행 중이다.

(1) 글로벌 금융시장의 붕괴

금융시장의 규제완화는 여러 가지 이유로 금융시스템에서 근본적인 "체제위험(systemic risk)"을 증폭시켰다(Rajan, 2005 참조). 첫째, 그림자은행시스템(shadow banking system)의 회사들은 규제를 덜 받으면서도 고위험을 추구했다. 그뿐만 아니라 헤지펀드, 투자은행, 기타 공격적인 투자자들도 전통적인 상업은행보다 위험지향적으로 활동했다. 둘째, 비교적 규제가 잘된 전통적인 은행시스템도 그림자은행시스템과 밀접하게 연결되어 있었기 때문에 전통적인 은행시스템에서도 위험이 증가했다. 자본적정성 요건을 피하기 위해서 설립한 SPV를 위해서 금융위기 국면에서는 결국 상업은행이 개입해야 했다. 셋째, 은행 영업이 거의 일방적으로 고수익만을 추구하는 방향으로 이루어졌다. 특히 저금리 시기에는 위험한 투자를 통해 현금흐름을 개선하고자 했기 때문에 더욱 위험수용적이 되었다. 넷째, 국제자본운동의 자유화와 국내자본시장의 규제완화로 인해 금융시스템에서 경쟁압력이 크게 강화되었다. 예전에는 대부분의 금융시장이 과점적 구조로 형성되어 금융시장을 불안정하게 만드는 고수익 추구를 억지하는 효과가 있었다. 그러나 규제완화로 인해 금융시장의 안정구조가 사라졌다. 금융감독 당국의 규제가 강화되었더라면 이 경향에 대처할 수 있었겠지만 실제는 그렇게 되지 않았다. 다섯째, 바젤 II에 의거한 은행감독시스템과 시가기준회계(fair-value accounting)로 인해 금융시장의 경기순응적 영향이 증가했다. 여섯째, 국제통화금융시스템의 동향을 고려하지 않고서는 국내금융시스템을 파악할 수 없게 되었다. 국제금융시장의 규제완화는 1970년대부터 국제자본이동을 크게 증가시켰는데 2008년 서브프라임 위기 발발 이후에도 위축되지 않고 있다. 이러한 체제위험을 완화해야 할 통화정책은 사실상 금융산업의 인질이 되면서 금융시장을 안정시키는 기능을 수행하지 못했다.

(2) 글로벌 불균형의 심화

1970년대 변동환율제로의 이행은 자유로운 자본이동을 옹호하는 신자유주의 이념에 의해 뒷받침되었다. 신자유주의는 자본이동의 자유화와 변동환율제가 다양한 장점을 가진다고 주장했다. 첫째, 정부의 경제정책의 자율성이 커질 것이고, 둘째, 세계저축이 가장 효율적으로 배분되고 생산성이 가장 높은 곳으로 이동할 것이며, 셋째, 후진국에 대한 투자가 용이해져 경제발전이 촉진될 것이라고 했다. 그러나 실제 결과는 모두 정반대로 나타났다(Dullien et al., 2011: 49). 스티글리츠(Stiglitz, 2004)의 연구결과에 따르면 오히려 자본이동을 자유화한 나라들이 자유화에 신중했던 나라들보다 경제발전에서 결코 더 좋은 결과를 달성하지 못했다.

변동환율제에서는 장기적인 기대가 아니라 투기적인 고수익 추구, 컴퓨터 기반 거래시스템, 불가사의한 기술적 분석에 의거해서 거래가 이루어졌기 때문에 오히려 국제자본이동의 불안정성을 초래했다. 그러나 문제는 환율변동이 국내재와 해외재의 상대가격을 결정함으로써 실물경제에 지대한 영향을 미친다는 것이다(Dullien et al., 2011: 55).

변동환율제가 미치는 치명적인 영향은 각국이 겪은 통화위기에서 극명하게 드러났다. 특히 환율을 달러와 연계시킨 나라들은 외환위기를 거치면서 외환보유고를 쌓는 데 총력을 기울이고 있다. 세계경제가 암묵적으로 '수정된 브레튼우즈체제'로 복귀한 것 같은 양상이 나타났다. 이들 나라가 환율은 유지하면서 경상수지 흑자를 추구했기 때문에 미국은 수동적으로 경상수지적자로 밀렸고 전 세계에 '수요엔진'을 제공했다. 이 새로운 체제는 상호 이익이 되고 장기적으로 지속가능하다고 주장되었다. 실제로 개도국은 수출주도 성장을 달성할 수 있었고 미국은 과대평가된 통화 때문에 막대한 후생이익을 실현할 수 있었다. 그러나 이 상황이 미국에게 유리한 것만은 아니다. 한편으로는 현재 실질소비를 증대시키지만, 다른 한편으로는 성장과 고용을 저하시키기 때문이다. 1980년대 이후, 특히 2000년대 미국 상황을 보면 막대한 경상수지 적자가 국산품에 대한 수요를 구조적으로 감소시켰고, 따라서 항구적인 실업증대 위협을 초래했음을 알 수 있다. 이 딜레마 상황에 대처하는 길은 두 가지가 있을 수 있다. 실업증가를 받아들이거나 팽창적 통화정책이나 재정정책으로 미국제품에 대한 수요약세를 상쇄하는 것이다. 연준은 물가안정을 보장할 뿐만 아니라 가능한 한 높은 고용을 유지하고 장기금리를 적정 수준에서 유지할 과업을 안고 있다. 그리고 실제로 이를 추구하고 있다. 무역적자와 국내소득 불평등이 국산품에 대한 수요부진을 초래했기 때문에 연준은 이자율을 매우 낮은 수준에서 유지할 수밖에 없었다. 그린스펀의 연준이 서브프라임과 유동화에 기초한 호황을 수용한 것도 이러한 논리로 설명될 수 있을 것이다. 이 호황이 없었더라면 실업은 증가했을 것이고 중기적으로 임금 하락과 디플레이션을 촉발했을 것이기 때문에 연준은 부동산 거품의 등장과 그에 수반되는 신용팽창을 용인했던 것이다(Stiglitz, 2006 참조). 그러므로 서브프라임 위기의 주된 책임은 규제완화 정책 일반, 특히 국내 및 국제금융시스템의 규제완화와 이들의 내재적 자기강화효과에서 구해져야 한다(Krugman, 2007 참조).

글로벌 불균형은 여러 가지 면에서 위험하다(Dullien et al., 2011: 60). 첫째, 수십 년 동안 미국은 세계에 대해 '수요엔진'으로서 기능했고, 많은 나라에서 중상주의적 전략의 해로운 영향을 증폭시켰는데 미국이 앞으로 이 기능을 수행할 수 없게 되면 이들 나라의 중상주의 전략이 충돌하면서 세계경제에 추가적인 불안정 요인이 될 수 있다. 둘째, 세계경제 수요엔진으로서 미국경제의 급속한 붕괴는 세계경제에 파괴적인 영향을 미칠 것이다. 셋째, 미국의 방대한 경상수지 적자와 막대한 대외채무 부담은 달러화 가치에 영향을 미치지 않을 수 없다. 대외채무는 달러화로 표시되어 있기 때문에 미국의 채무위기는 없을 것이다. 그러나 부채 규모는 이자 지불이나 이윤 송금을 통해 미국 경상수지에 부담을 주고 미래가치에 대해 부정적인 영향을 촉발하므로 달러화의 안정성과 국제적 명성에는 위협이 될 것이다.

3. 복지지향적 경제정책의 원리

금융 주도 시장경제를 대신할 새로운 성장 모델은 먼저 작금의 글로벌 금융위기를 초래한 금융시스템의 개혁에서 출발해야 할 것이다. 그뿐만 아니라 이 위기는 그러한 금융시스템을 낳은 금융 주도 자본주의, 신자유주의 성장 모델의 총체적 실패를 의미하는 것이므로 이 모델에 대한 대안을 마련하는 작업도 병행되어야 한다.

신자유주의 성장 모델을 대체할 새로운 성장 모델은 완전고용, 소득 및 재산의 공정한 분배, 지속가능성을 목표로 한다. 수출 주도형 성장을 뒷받침하기 위한 논리의 중심에 있는 비용절감 자체보다 혁신을 통한 생산성 향상과 소득 증대가 전면에 부각되어야 한다. 이를 통해 내수를 증진시킴으로써 글로벌 불균형을 해소하려는 노력이 병행되어야 한다. '사회적 성장'은 수요와 공급의 동시적인 균형성장이다. 공급 증대 없이 임금 인상이나 재정지출 증가에 의한 일방적인 수요 증대는 인플레이션이나 일방적인 수입 증대를 초래할 뿐이다. 반대로 임금 인상 억제나 감세, 구조개혁을 통해 기대되는 일방적인 공급 촉진은 디플레이션이나 무역수지 흑자를 초래할 뿐이다. "사회적 성장"은 소비 증대를 위한 생산 증대를 지향한다(Dauderstädt, 2010: 5).

이러한 성장은 경제정책의 대대적인 전환을 요구한다. 금융시장뿐만 아니라 노동시장의 재규제와 소득불평등의 완화가 (세계)경제의 안정적 성장과 복지 증진을 위한 전제이다. 흔히 신자유주의의 전도사로 비판받는 IMF도 총재가 나서 글로벌 금융위기로 인해 "거시경제정책의 근본적인 재고(fundamental rethink)"가 불가피함을 역설한 바 있다(IMF Chief Calls for New Approach to Globalization, 2011). 그는 정책집행자들이 불평등과 사회통합에 좀 더 주목할 것도 주문하면서 "시장이 무대 중심에 있어야 하지만 보이지 않는 손이 보이지 않는 주먹이 되어서는 안 된다"고 역설하고 있다.

1) 금융시스템 개혁

금융부문은 그 자체로서는 제로섬게임이므로 독자적인 생존능력이 없고 실물부문의 뒷받침을 받을 경우에만 유지될 수 있다. 반대로 실물부문은 금융부문이 없어도 – 비록 효율성은 떨어지겠지만 – 확대재생산이 가능하다. 이러한 차이는 독자적인 (부가)가치창출능력의 유무에 기인한다. 독자적인 가치창출능력이 없는 금융부문이 번창하는 것은 실물부문에서 창출된 가치가 그만큼 많이 금융부문으로 이전되는 것을 의미하므로 실물부문이 상대적으로 위축되는 것을 의미하고, 이는 다름 아니라 경제성장이 지체된다는 의미이다. 그러므로 금융시스템의 개혁은 성장을 촉진하면서 복지를 지향하는 경제정책의 출발점이다. 이는 금융시스템을 "잔혹한 충격의 원천에서 유용한 서비스공급자로 전환"(Dullien et al., 2011; Kamppeter, 2011)시키기 위해서 필수적인 개혁이다. 이를 위해서는 금융에 대한 관점의 근본적인 변화에서부터 미시적인 개혁에 이르기까지 구조적이고 복합적인 개선이 필요하다.

(1) 금융시스템 규제의 거시경제적 관점

지난 수십 년간 금융시장에서 이루어진 규제개혁의 잘못된 출발점은 금융당국이 대다수 경제학자와 마찬가지로 금융시장이 효율적이라고 믿었다는 사실이다. 규제는 대부분 불필요한 것으로 간주되었다. 그나마 남아 있는 소수의 규제도 금융회사의 미시적 안정이 자동적으로 거시적 안정을 가져다준다는 관점에서 출발했다. 자산거품이나 부채비율 상승, 또는 민간부문 전체나 국가의 과잉부채에 따른 불안정성과 같은 거시경제적 문제는 도외시되었다. 그 결과가 글로벌 금융위기로 나타난 오늘날 금융시스템 개선을 위한 첫 번째 단계는 거시경제적 관점에서 출발하도록 규제철학을 근본적으로 바꾸는 것이다. 거시경제적 관점에서 보면 금융시스템은 기업부문에 대한 지원 및 서비스 기능을 수행해야 한다. 금융회사의 건전성을 평가하기 위해서는 감독당국이 사업모델을 점검해야 한다. 투기적 거래에 기초하는 사업모델에 대해서는 좀 더 강력한 자본적정성 요구가 부과되거나 금지되어야 한다. 아울러 지나치게 단기지향적이거나 높은 위험을 지향하는 경영전략은 금지되거나 높은 자기자본비율을 요구해야 한다.

감독당국이 재정적으로나 인적으로 강화되어야 한다. 금융회사들이 법규를 위반했을 경우뿐만 아니라 규제의 정신을 침해했을 경우에는 조사할 권한을 가져야 한다. 이 과정에서 감독당국은 미시적 관점뿐만 아니라 거시경제적 관점을 견지해야 한다. 아울러 "체제적으로(systemic)" 중요한 은행과 그렇지 않은 은행을 구별할 필요가 있다. 전자는 자기자본비율을 높여 규제를 강화하거나 작은 은행으로 분할되어야 한다(Grabka et al., 2010).

(2) 경기순응적 과정의 차단

금융시스템은 자생적으로 누적적인 경기순응적 과정을 수반한다. 그 이유는 자산시장 인플레이션은 대출 팽창을 수반하고 자산시장 디플레이션은 신용경색을 수반하기 때문이다. 이러한 체제적 경기순응성은 자기강화 경향을 초래한다. 은행의 리스크 모델들도 경기순응적으로 작동한다. 이에 대처하려면 자기자본 규정을 강화하거나 은행이 리스크 모델에 경기대응적 요소를 포함하도록 강제해야 한다. 나아가 중앙은행의 재량에 따라 특정 대출별로 가변적인 자기자본 예치의무를 추가할 필요가 있다. 그리하여 부동산이나 주식 투기를 위한 대출이나 사모펀드 파이낸싱에는 추가비용이 발생하도록 해야 한다.

금융개혁의 또 한 가지 요소는 실현되지 않은 이익을 이윤으로 기재하지 않도록 시장가치회계를 변경하는 것이다. 이 회계방식은 경기순응적일 뿐만 아니라 매니저의 단기지향성을 부추기기 때문이다. 매니저 급여를 이윤과 결부시켜야 한다면 장기적인 이윤을 택해야 한다.

(3) 그림자은행시스템의 종식

어느 금융회사가 어디에서 수행하든 동일한 경제적 기능은 동일한 규제를 받아야 한다. 그렇지 않으면 규제차익이 발생하고 규제 자체가 무력해진다. 규제 차익을 노린 금융회사가 바로 그림자은행이다. 이는 비교적 강한 규제를 받는 상업은행들이 규제를 덜 받는 금융회사들에게 위험한 활동을 아웃소싱하는 것이다. 이에 따라 상업은행의 활동이 감소하고 투자은행, 투자펀드, 기타 비은행 금융회사들의 활동이 활발해졌다. 이들에 대한 규제원칙은 그림자은행시스템을 종식시키고 금융회사별 규제가 아니라 기능별 규제이어야 한다는 것이다. 그 방법은 특수목적회사를 금지하거나 이들의 회계를 모은행 회계와 통합하여 이들에게도 동일한 자본적정성 규정을 적용하는 것이다. 투자은행이나 특수목적회사 등 모든 금융회사들에게 자기자본비율도 동일하게 적용하여 이들의 레버리지를 제한해야 한다. 나아가 헤지펀드, 사모펀드와 같은 비은행 금융회사들의 투명성 규정도 변경되어야 한다. 소유구조와 투자자뿐만 아니라 사업모델과 일일거래도 시장참여자와 규제당국에 공개되어야 한다. 국내금융회사들이 규제가 없는 역외금융센터와 거래하는 것은 금지되어야 한다. 마지막으로 상업은행부문이 여타 투기적인 금융부문과 차단되어야 한다. 상업은행이 파생상품, 헤지펀드에 투자하는 것을 금지시켜야 한다는 폴 아돌프 볼커(Paul Adolph Volker)의 제안은 긍정적으로 평가할 만하다. 이 제안은 완화된 형태로나마 미국의 「월스트리트개혁법」에 포함되어 있다. 상업은행이 투기적 금융회사들에게 대출을 할 수 있는 한 위험에 노출되게 된다. 이를 제한하려면 규제가 적고 위험은 높은 투자펀드, 헤지펀드, 사모펀드에 대한 대출에 대해서는 높은 자기자본을 요구하는 것이 대안이 될 수 있을 것이다. 좀 더 강력한 방안은 비은행 금융회사들에 대한 상업은행의 대출을 금지하고 투기적인 금융회사들은 개인투자자들로부터 모집한 자금으로만 운영되도록 하는 것이다. 상업은행이 비은행 금융회사를 보유하는 것은 금지되어야 한다.

(4) 금융상품의 표준화 내지 금지

금융상품의 위험평가에서는 최고의 투명성, 중립성, 통제가 요구된다. 마약처럼 금융상품도 사전허가를 받도록 해야 한다. 투자자나 차입자에게 경제적 부가가치를 추가하는 상품만 승인하면 금융상품군이 대체로 표준화되고 금융시장의 안정성이 향상될 것이다.

나아가 금융상품의 거래는 청산소 같은 기능을 할 수 있는 시장에서만 거래되도록 허가되어야 한다. 양자 간에 이루어지는 장외거래(over-the-counter: OTC)는 금지되어야 한다. 그 이유는 첫째, OTC에서는 어떤 시장참여자가 어떤 계정을 보유하고 있는지, 총량 차원에서 시스템 리스크를 안고 있는지가 불분명하기 때문이다. 둘째, 한쪽 당사자가 파산하면 파생상품을 헤징수단으로 이용하는 다른 당사자는 보험관계를 상실할 우려가 있기 때문이다. 그러므로 장외거래 금지는 시장의 투명성을 확보하기 위해서 필요하고, 다른 한편으로는 금융시스템을 안정시키는 데 도움이 될 것이다.

(5) 실물부문에 대한 기여

금융개혁의 최종목표는 금융부문을 실물부문, 나아가 경제 전반의 성장을 위한 신용공급자로서의 역할을 충실히 할 수 있는 위치에 되돌려놓는 것이다. 자체로서는 제로섬게임인 금융부문이 지속가능한 성장에 기여하려면 최소한 네 가지 과업을 수행해야 한다(Priewe and Herr, 2005: 140 이하). 첫째, 신용창출을 통해 기업, 특히 혁신적 기업이 투자하고 생산할 수 있도록 자본을 공급해야 한다. 이를 통해 혁신을 촉진하면 경제의 생산성 향상과 성장에 실질적으로 기여할 수 있다. 둘째, 위험을 분산해야 한다. 이 기능은 서브프라임 위기가 발생하면서 실종되었지만 위험의 재분배는 여전히 금융의 중요한 기능이다. 개인들의 위험이 분산되면 경제 전체적으로는 투자의향이 높아진다. 특히 은행시스템의 신용배분은 유동성 증대와 위험 분산의 중요한 기제이다. 금융부문이 이 역할을 잘하는 경제일수록 자본스톡이 크게 증가하고, 따라서 노동생산성이 증가하고 물질적 풍요가 증대된다. 셋째, 가장 전망이 좋은 분야와 기업에게 자본과 신용을 제공하는 것이다. 금융시스템은 정보 수집에서 규모의 경제를 활용하여 개인투자자보다 프로젝트의 수익전망에 대해 더 잘 판단할 수 있기 때문이다. 넷째, 소규모 투자자의 자산을 집적해서 대형 투자에 활용하는 기능이다.

2) 내수 촉진

수출지향적 성장은 글로벌 불균형의 등장에 책임이 있으며 글로벌 차원이나 장기적으로는 지속가능하지 못하다. 그러므로 무역수지 흑자국에서는 임금 인상, 투자 증대, 세출 증대를 통해 내수가 강화되어야 한다. 적자국에서는 임금이 생산성 향상보다 낮게 상승하고 증세가 이루어져야 한다. 그와 동시에 외국의 수요를 충족시킬 수 있는 공급역량이 개발되어야 한다(Dauderstädt 2010).

독일이나 한국처럼 수출경쟁력을 유지하기 위해 임금 인상 억제와 재정지출 억제에 기초하기 때문에 사회적 양극화를 수반하고 대외적으로 취약한 성장 모델은 교정되어야 한다. 내수, 특히 재생에너지, 보건, 보육, 교육, 요양 등 사회적 수요가 큰 분야에서의 내수가 공평한 소득분배와 건전한 재정지출 확대를 통해 강화되어야 한다.

국민경제 간 불균형만이 문제되는 것이 아니다. 글로벌 불균형의 이면에는 국내적 불평등의 심화가 자리 잡고 있다. 국제경쟁력을 이유로 임금 인상을 억제하면 소득불평등이 심화된다. 소득불평등의 심화는 한계소비성향의 차이로 인해 내수 확대를 저해하는 결과를 가져온다. 국내총생산보다 자산이 빨리 증가하여 자산불평등이 심화된다는 것은 창출된 가치가 자산에게 유리하게 분배되었음을 의미한다. 이는 지속가능하지 못하다(Dauderstädt, 2010). 소득불평등과 자산불평등은 상호작용하므로 양자에 대한 동시적인 접근이 필요하다.

생산구조가 자산계층의 수요를 일방적으로 지향할 경우에도 성장은 지속가능하지 못하다. 민주주의체제에서 양극화는 정치적으로도 지속되기 어려우며 도덕적으로도 정당화할 수 없다. 불평등체제는 갈수록 많은 사회적 비용을 지불해야 하고 결국에는 부유층이 그것을 부담해야 한다(Wilkinson and Pickett, 2009 참조).

최근 중국과 일본이 취한 임금인상정책은 이처럼 불평등을 완화하여 성장을 촉진하고 정치적 안정을 공고히 하려는 시도이다(≪시사인≫, 2013.3.16). 중국 국무원은 2013년 2월 중국의 소득분배에 관한 강력한 개혁방안을 담은 '가이드라인'을 발표했다. 그 핵심은 2020년까지 도시와 농촌 인민의 평균 실질소득을 2배(2010년 기준)로 올리겠다는 것이다. 그렇게 되면 현재 1억 2,800만 명에 이르는 빈곤인구(1인당 연간 순소득 약 40만 원)가 4,800만 명으로 8,000만 명이 줄어든다. 농민에 대해서는 '최저수매가'를 올리고 농민공에 대해서도 도시인으로 등록하는 길을 열어 사회보장 혜택을 받을 수 있게 했다. 이에 필요한 복지재원은 국유기업과 부유층으로부터 충당할 계획이다. 앞으로 국유기업들은 사회배당금으로 이윤의 5% 정도를 더 내야 할 것으로 보인다. 부유층에 대해서는 재산세(부동산세)를 강화하고 상속세도 '적절한 시기'에 부과할 계획이다. 노동자들에 대해서는 최저임금을 '도시노동자 평균 임금의 40% 이상'으로 인상함과 함께 노동자들이 단체협상을 통해 임금을 인상할 수 있도록 보장할 계획이다.

일본에서는 20여 년의 장기불황을 종식시키기 위한 방안으로 정부가 나서서 '인위적 임금 인상론'을 퍼뜨리고 있다. 엔화에 대한 양적완화정책으로 수출경쟁력을 뒷받침해준 다음 기업들에 대해 임금 인상을 요구하고 나선 셈이다. 내수를 진작시켜 디플레이션을 타개하려는 전략이다. 기업들이 임금 인상에 대해 부정적인 입장을 보이자 아소 다로(麻生太郞) 재무장관은 2013년 2월 "노동분배율을 높이는 것은 노조가 할 일이 아닌가"라며 노조를 선동하고 있다.

중국과 일본의 변화는 기존의 신자유주의적 성장패러다임의 수정을 의미한다. 일본 자민당은 평생고용과 평생직장으로 유명했던 일본의 고용관행을 파괴하고 그 자리에 파견노동을 채워넣는 데 앞장섰던 정치세력이었다. 이로 인해 임금 하락을 주도했던 자민당이 이제는 임금 인상을 위한 노동자연대를 요구하고 있는 역사의 아이러니가 연출되고 있는 것이다. 중국은 1960·1970년대 한국과 마찬가지로 저임금을 경제성장의 핵심기반으로 해서 '세계의 공장'으로 부상한 나라였다. 중국은 그 비중으로 인해 다른 모든 나라에서 임금 인상 요구를 차단하기 위한 '신자유주의의 알리바이'였다. 논리적으로만 보자면 그동안 '중국 때문에 임금을 인상할 수 없다'고 했으니 이제는 '중국 덕분에 임금을 인상할 수 있게 되었다.'

한국에서도 내수를 통한 성장의 필요성에는 폭넓은 공감대가 형성되어 있지만 현실 정책에서는 수출 주도의 관행에서 한 걸음도 벗어나지 못하고 있는 모습이다. 기획재정부 장관은 2011년에 내수 진작 차원에서 공무원 출퇴근시간을 한 시간 앞당기는 조치를 취하는 '코미디'를 연출했다. 한국도 최저임금을 비롯한 임금 인상은 물론 사회복지를 확대하여 실제로 내수를 진작시키는 정책이 절실한 시점이다.

3) 기업지배구조 개혁

주주자본주의는 노동조건에 심각한 부정적 영향을 미치고 있다. 주주가치 모델에 따라 금융지표에 집중하는 것은 혁신에 부정적인 영향을 미친다는 연구결과도 있다(Lazonick, 2008). 주주가치 모델은 인수합병을 포함한 단기전략에 따라 이윤을 추구하기 때문에 '투자 없는 이윤' 모델이다. 그러므로 주주가치 모델은 경제의 금융구조와 관련하여 심각한 체제위험을 초래할 수 있는 저투자와 저성장을 초래할 수 있다. 그리고 주주가치 지향이 진정으로 경영진을 소유주의 통제에 묶어둘 수 있는지도 의문이다. 오히려 경영진이 주주의 희생 위에 치부할 수도 있다. 금융지표의 지향은 종업원 훈련과 같은 생산적 자본에 대한 투자를 희생시킨다. 이 투자는 당장 이윤을 가져다주지는 않지만 장기적 경쟁력 유지를 위해서는 필수적이다. 나아가 주주가치 지향과 회사가치 상승 사이에 직접적인 상관관계가 있는지에 대해서도 명확한 증거가 없다.

금융 주도 자본주의의 한 축을 이루고 있던 기업경영의 주주가치 모델은 결국 경제성장에 해로운 것으로 드러났다. 주주가치 모델을 지배하는 단기이익의 추구는 생산설비나 종업원 훈련에 대한 투자를 소홀히 하고 혁신도 비용절감에 맞춘 공정최적화에 집중하도록 했다. 그 결과 경제 전반에서 투자는 낮은 수준에 머물렀고 실업이 초래되었다. 금융시장이 주도하고 단기이익이 추구되는 모델이 역동적인 투자와 성장을 가져다주었다는 증거도 없다. 결국 주주가치 모델은 개별 기업과 국민경제 모두에게 해로운 것으로 드러난 셈이다.

주주가치 모델을 극복하기 위한 출발점은 한편으로는 기업 내에서 구하고 다른 한편으로는 기업통제원칙에서 찾아야 한다. 기업경영에서 장기적인 목표 지향이 살아나려면 금융부문이 실물부문을 지배하는 '경제의 금융화'가 극복되어야 한다. 먼저 기업에서 노동자의 권리가 강화되어야 한다. 주주에 대한 배당금이 단지 자사주 매입이나 자산가치 상승에 의한 주가 상승이 아니라 생산활동을 통해 달성된 이익에서 할당되도록 제한되어야 한다. 아울러 매니저 급여체계도 변경되어야 한다. 미국에서 평균 노동자와 매니저의 급여차이가 1970년대 30 : 1이었는데 오늘날에는 500 : 1로 상승했다. 그리하여 오늘날 주주자본주의의 원조인 미국에서조차 절반 이상의 주에서 이해당사자법률을 최근 채택하기 시작했다(Dullien et al., 2011). 이에 따라 경영진은 자신의 결정이 종업원, 고객, 납품 기업, 지역사회 등에 미치는 영향에 관한 평가분석을 제공하도록 하고 있다. 이로써 미국은 기업경영에서 금융시장에 일방적으로 초점을 맞추는 관점에서 이미 상당한 정도로 벗어나기 시작했다.

주주자본주의를 극복하고 이해당사자 모델에 의거하여 '사회적 생산성'이 추구되어야 한다. 이는 사회적이고 생태적으로 지속가능한 모델과 결합됨으로써 진정한 번영을 위한 중요한 전제조건이다. 끝으로 '인내심 있는 자본'을 확대하기 위해서라도 기업 자본에 종업원이 참여하는 종업원지주제를 확대할 필요가 있다.

4) 재정개혁

사회적 성장을 위한 재정개혁은 생태적 요소 이외에 사회적 영향도 고려하는 총체적 재정개혁이어야 하고, 순수한 조세정책을 넘어서 환경친화적이고 사회친화적인 보조금개혁도 필요하다(SPD, 2011).

국가의 재원을 부채로 확충하는 것은 위험할 수 있다. 높은 국가부채비율은 여러 가지 부정적인 영향을 미치기 때문이다. 첫째, 국가채무로 인한 이자소득이 고소득층에게 귀속되고 그 이자가 중간소득층이나 저소득층에 의해 부담된다면 부정적 재분배 효과가 나타난다. 둘째, 고금리 국면에서는 국가재정이 리파이낸싱 문제에 직면할 수 있다. 셋째, 과잉채무 상태에 놓이게 되면 국가재정이 금융시장에서 배제될 수 있고 정치적 행동반경이 좁아지고 정치적 불안정을 초래할 수 있다. 그러므로 증세를 통해 공공사업에 필요한 재원을 조달하는 것이 바람직하다. 기업에 대한 대대적인 감세에도 불구하고 투자가 확대되지 않았을 뿐만 아니라 금융시장에서 이미 움직이고 있는 방대한 유휴자본을 감안한다면 재정학에서 운위되는 '구축효과'는 비현실적인 기우에 지나지 않음을 알 수 있다. 증세 방안으로는 먼저 최고세율을 인상하고, 경우에 따라서는 일부를 목적세로 규정하는 방안이 있다. 고소득 자영업자에 대한 세원을 정확하게 포착하는 방안은 한국사회에서 이미 오래전부터 제기되던 요구이다. 한국사회에서 갈수록 심화되고 있는 불평등을 완화하기 위해서 재산세, 자본이득세, 상속세를 인상하고 환경 관련 세제를 강화할 필요가 있다. 자본도피와 탈세에 대한 엄정한 추궁과 처벌도 요구된다.

한국정부 스스로 인정한 바와 같이 법인세 인하가 투자 증가로 이어지지 않았으므로 법인세를 인상하여 공공투자재원으로 활용해야 한다. 최소이윤을 보장해주는 어처구니없는 민자유치사업을 공공투자로 대체해야 한다. 특히 한국이 매우 미흡한 온난화 대응 차원에서 에너지 효율성 분야에 투자하는 기업에 대한 조세감면을 강화하고 공공투자도 병행해야 한다. 투자 확대를 조건으로 법인세를 감면(환급)하는 방향으로 고용투자세액공제제도를 강화하는 것이 바람직하다. 가령 과거 5년 평균을 상회하는 투자에 대해서는 법인세를 감면해주고 투자를 하지 않았거나 과거보다 부진했을 경우에는 국가가 조세로 징수하여 공공투자재원으로 활용하는 것이다. 그리고 이 제도가 가져다주는 투자촉진 효과를 정기적으로 점검할 필요가 있다(SPD, 2011).

국가예산은 소비예산과 — 공공투자를 위한 — 자본예산(투자예산)으로 구분하여 서로 다른 관점에서 접근할 필요가 있다. 소비예산은 중기적으로 균형을 이루어야 하며 세입으로 충당되어야 한다. 공공투자로부터는 일정한 수입을 기대할 수 있으므로 공공채무를 활용하는 것이 정당화될 수 있다. 그러나 장기적으로는 국내총생산 대비 국가채무비율이 안정적으로 유지되어야 한다. 한국이 공식 국가채무비율은 낮을지라도 공기업 채무도 감안해야 할 뿐만 아니라 작금의 유럽 재정위기를 지켜볼 때도 국가채무에 대해서는 보수적인 관점을 가질 필요가 있다. 경제 상황에 따라서는 공공투자를 앞당기거나 연기할 필요도 있을 것이다(Dullien et al., 2011: 110 이하).

기업에 대한 조세정책의 1차 목표는 투자촉진이어야 한다. 이는 특히 혁신이 경제와 사회로 투입되는 것이 주로 자본재 형태로 이루어지기 때문에 중요하다. 앞서 언급한 바와 같이 투자와 감세 또는 증세를 연계시키는 것이 필요하다.

과세정책과 관련해서는 기업이 과세대상 이윤을 해외 계열사와의 거래에서 이전가격을 적용함으로써 국내에서 과세대상이 될 이윤을 축소하는 것을 방지하는 것이 중요하다. 이에 대해서는 OECD가 몇 가지 중요한 제안을 하고 있다(OECD, 2010). 과세대상 이윤이 관할국 밖으로 빠져나가서는 안 된다는 것, 다국적기업이 신고하는 세원은 해당국에서 수행된 경제활동을 반영해야 한다는 것 등이다. 미국 조세당국의 모델도 이윤이전을 제한함으로써 높은 세율에도 불구하고 세원을 유지하고 있다. 조세피난에 대처하는 중요한 수단의 하나는 회사명이나 다른 권리를 사용하는 것에 대한 로열티 지급뿐만 아니라 차입비용의 공제를 금지하는 것이다. 이 방법은 절세를 위해 국내기업의 자기자본을 차입자본으로 대체하는 전략을 저지하는 효과가 있을 것이다. 반면에 소기업이나 창업자가 불이익을 받지 않도록 대출이 새로운 투자에 사용된 경우에 한해서 소규모 차입비용을 인정하는 것은 허용할 수도 있을 것이다(Dullien et al., 2011: 122).

다국적기업이 추구하는 절세전략의 일차적인 영향은 조세부담이 높은 나라의 조세 기반이 약화되는 것이다. 나아가 이윤 및 이자 수취자들의 조세부담을 낮추고 결국 노동자들의 조세부담을 높인다. 또한 부가가치세 등 간접세를 높이는 방향으로 조세구조를 변경시키는 결과를 초래하는 것이다.

복지지향적 과세정책에서 가장 큰 걸림돌은 세계적 조세경쟁, 조세덤핑이다. 다국적기업의 절세전략을 부추기는 조세경쟁은 복지국가의 세입구조에 악영향을 미치고 있음에도 불구하고 국제적으로 공통의 기업세율을 도입하는 것은 매우 어렵다. 그럼에도 불구하고 기업과 자본에 최저세율을 도입하는 타협책이 추진될 필요가 있다. 이때 세율경쟁이 감세경쟁으로 이어지지 않도록 세원에 대한 합의도 병행되어야 할 것이다. 조세피난처에 대한 공동 대응도 필요하다(Dullien et al., 2011: 123 이하).

5) 공공투자의 확대

신자유주의 민영화 이데올로기를 뒷받침하던 하이에크 주장의 핵심은 국가의 경제활동과 시장개입에 대하여 민간경제주체보다 정보와 지식에서 더 나을 것이 없는 국가가 "아는 체하는 것"이라고 비판하는 것이었다. 그렇지만 그 역도 성립한다는 것을 그는 말하지 않았다. 즉, 민간경제주체가 국가보다 반드시 정보와 지식에서 더 우월하다는 보장도 없는 것이다. 작금의 글로벌 금융위기는 이 사실을 적나라하게 보여주었다.

나아가 민영화 이데올로기를 뒷받침하던 비용우위도 주로 임금 삭감과 비정규직 증가에 기초한 것이지 실질적인 효율성 개선을 통한 것은 아니었다. 오히려 민영화된 부문에서 장기투자는 부족했고 소비자가격은 대부분 인상되었으며 정부가 이 부문을 통제하기 위해서 예전의 관리기구를 유지하거나 새로 설치해야 했다. 결국 정부가 민영화를 다시 취소하는 사례도 다수 발생했다. 영국, 뉴질랜드, 미국 캘리포니아의 전력 민영화사업이 그 대표적인 사례들이다. 가격 폭등, 공급 불안으로 영국 철도 민영화사업도 실패했다. 공공재, 외부효과, 자연독점 등의 조건이 충족되는 기초인프라의 경우에는 운영은 주식회사 형태를 취할지라도 소유는 국가소유가 가장 바람직한 형태이다. 민관협력도 민간기업에게 이윤을 보장해주고 공공부문이 위험을 부담하는 모델은 한마디로 어처구니없는 구상이다. 한국의 민자도로사업들이 그러한 사례들이다. 오히려 대형사업 부문은 공공사업으로 추진하는 전략이 녹색성장을 촉진하는 방식으로 인프라를 변화시키는 데 결정적인 도움을 줄 수 있다(Dullien et al., 2011: 119).

투자촉진 프로그램을 통해 특정 부문에서 한시적으로 투자재 감가상각을 촉진함은 물론 한시적으로 투자지원금제도를 시행하는 정책 이외에 민간투자와 고용을 촉진하는 데 충분한 지렛대 효과를 발휘할 수 있는 국가투자 프로그램을 가령 재생에너지부문에서 확대할 필요가 있다. 이 부문에서도 민간투자에만 의존하지 말고 국가가 공공투자를 통해 선도적인 역할을 하는 것이 중요하다. 특히 한국에서는 재생에너지를 포함한 '지속가능한 성장'에 대한 기업의 관심이 필요한 만큼 충분하지 않으므로 국가의 선도적인 역할이 필수적이다.

그 밖에 교육, 연구개발, 인프라스트럭처에 대한 정부투자는 최근의 논의 이전에도 생산성 향상과 생활수준 상승을 위한 핵심수단으로 인정되고 있었다. 이들은 민간부문에 의해 충분히 공급되지 않는 공공재일 뿐만 아니라 정(正)의 외부효과를 가져다주는 활동이기 때문이다. 국가비중의 축소라는 이데올로기 속에서 그동안 충분한 투자가 이루어지지 않았기 때문에 이들 부문에 대한 공공투자도 확대될 필요가 있다.

6) 노동시장정책

　자본주의 시장경제에서 노동시장은 성장, 안정, 고용을 위해 결정적인 역할을 한다. 현금이나 현물의 지급이 아니라 일자리를 창출하는 것이 최상의 복지라는 데는 오늘날 이론의 여지가 없다. 그러나 이러한 원칙적인 합의에도 불구하고 그 구체적인 방법에서는 의견이 극단적으로 엇갈린다. 그것은 단적으로 임금이 갖는 상충되는 이중적인 의의 때문이다. 한편으로 수요가 소득의 함수라는 가정에서 출발하는 거시경제학(국민경제)의 관점에서는 임금이 소득으로서 소비수요를 결정한다. 그러므로 경제성장을 위해서는 소비수요를 증대시킬 수 있도록 소득, 즉 임금이 상승해야 한다. 다른 한편으로 수요가 가격의 함수라는 가정에서 출발하는 미시경제학(개별 기업)에서는 임금이 요소비용이고 노동의 가격이다. 그러므로 노동에 대한 수요(고용)을 증대시키려면 가격(임금)이 낮아야 한다. 실업은 임금을 낮추면 해소될 수 있는 것으로 설명된다. 또한 임금은 생산물의 가격에 영향을 미치므로 가격경쟁력을 강화하거나 이윤극대화를 달성하려면 임금이 인상되어서는 안 된다. 이 상충되는 의의를 신자유주의는 전자를 후자에 복속시키는 방식으로 해소하고자 시도했다. 이를 위해 두 가지 논리가 제시되었다. 하나는 소위 '거시경제학의 미시적 정초(micro-foundation of the macroeconomics)'였다. 미시경제학의 논리를 단순합계하여 거시경제학에 적용하는 것이다(전체=부분들의 산술적 합계). 개별 경제주체의 합리적인 미시적 행동은 거시적으로도 합리적인 결과를 가져온다는 논리, 개별 기업의 효율화는 국민경제의 효율화를 가져온다는 논리였다. 다른 하나는 이윤=총수입－총비용이라는 공식에서 이윤극대화를 위해 총비용을 절감하는 데 주력하는 것이었다. 이것이 기업의 비용절감 조건을 충족시켜주어야 한다는 '공급주의 경제학'으로 전파되었다.

이와 같은 신자유주의 성장 모델은 무엇보다도 금융자본의 강화된 시장지배력을 바탕으로 관철되었다. 임금 인상 억제와 구조조정(정리해고)을 통해 비용을 절감함으로써 단기이익을 증대시키는 전략이 추구되었다. 그리하여 수십 년 동안 임금 인상은 억제되었고 임금소득비율은 거의 대부분의 나라에서 감소했다. 이것이 수출지향적 성장전략에서는 국제경쟁력 강화를 위해 당연한 것으로 간주되었다. 그러나 임금 억제는 결국 내수부진과 성장부진으로 이어졌다. 향후 지속가능한 안정적 성장을 이룩하려면 무엇보다도 금융시장 개혁을 통해 임금소득비율이 높아져야 한다. 조세 및 정부 지출과 관련한 정부정책도 좀 더 평등한 소득분배를 가져오는 방향으로 추진되어야 한다. 독일 질서자유주의에서 강조되는 바와 같은 질서의 상호 의존성뿐만 아니라 정책의 상호 의존성도 분명 존재하므로 일관성 있는 정책들이 개발되고 추진되어야 한다.

다만 노동시장에서는 디플레이션 압력뿐만 아니라 인플레이션 압력도 발생해서는 안 된다. 경제가 불안정해질 뿐만 아니라 안정적인 통화재정정책을 수행하는 데 방해가 되기 때문이다. 임금은 물가중립적이어야 한다. 그러기 위해서는 임금이 중기적인 생산성 상승과 중앙은행의 목표 인플레이션율을 합한 수준으로 인상되어야 한다. 그러면 임금비용은 중앙은행의 목표 인플레이션율만큼 인상된다. 그렇지만 무엇보다도 생산물의 가격경쟁력에 중요한 것은 임금 수준 자체가 아니라 단위임금비용이며, 이는 임금 삭감과 구조조정을 통해서뿐만 아니라 단위노동생산성을 높임으로써도 인하될 수 있다는 사실을 분명히 할 필요가 있다. 이런 점에서 본다면 신자유주의 공급경제학은 인적자원 육성과 혁신을 하지 않는 '게으른' 기업도 이윤 증대를 꾀할 수 있는 길을 열어주려는 이데올로기였던 셈이다. 그것을 손쉽게 할 수 있도록 보장해주는 것이 바로 노동시장의 유연화였다.

이제 새로운 '사회적 성장'에서는 적절한 임금 인상이 이루어지면서 인적자원의 양성과 혁신이 지속되고 이를 뒷받침해줄 수 있는 제도적 장치가 마련되어야 할 것이다. 임금 인상이 생산성 상승에 목표 인플레이션율을 더한 만큼 이루어지려면 노동시장제도가 뒷받침되어야 한다. 강력한 단체협상 파트너의 존재가 그것이다. 강한 노조가 강한 사용자단체와 협상한다면 거시경제적 상황을 고려한 협상결과를 도출할 수 있을 것이다. 산업 차원에서든 기업 차원에서든 대표적인 산업이나 기업이 단체협상을 선도하고 다른 산업이나 기업이 수용한다면 안정을 해치지 않는 임금 인상을 가져올 수 있다. 국제노동기구(ILO)는 '품격 있는 노동 어젠다'의 일환으로 국가 차원에서 정부, 노조, 사용자단체의 3자 협의를 권고하고 있다.

단체협상을 촉진할 수 있는 수단으로서는 오스트리아처럼 기업의 사용자단체 가입을 의무화하거나 단체협상 결과를 구속력 있게 만들고 공공기관의 사업을 단체협상에 참여한 기업에게만 발주하는 것 등을 들 수 있다(Dullien et al., 2011: 143 이하).

'사회적 성장'을 위한 노동시장제도로서 최저임금제를 빼놓을 수 없다. 이 제도는 우선 디플레이션을 부분적으로 방지하는 수단이 된다. 또한 법정 최저임금은 임금구조를 변화시키고, 그리하여 소득분배를 변화시킬 수 있다. 최저임금도 생산성과 목표 인플레이션율에 맞추어 변화시켜야 한다. 평균 임금이 좀 더 빨리 인상되면 최저임금도 평균 임금에 맞게 인상되어야 한다. 반면에 한 나라의 임금구조를 변화시키려면 최저임금을 평균임금보다 빨리 인상하거나 늦게 인상하면 된다. 이는 정치적 결정이다. 미국에는 법정 최저임금을 결정하기 위한 '생활임금캠페인(Living Wage Campaign)'이 있다. 이는 일부 지방정부가 국가 차원의 법정 최저임금보다 상당히 높은 최저임금을 정하는 제도이다(Pollins et al., 2008). 끝으로 복지 차원에서 지급되는 생계비지원금과 법정 최저임금 사이에는 노동유인을 저하시키지 않도록 충분한 격차가 있어야 한다.

고용과 실업을 생산요소인 노동에 대한 수요와 공급으로 설명하는 신자유주의 경제학은 최저임금제 자체를 시장을 왜곡하는 가격통제로 반대하면서 이것이 실업의 원인이 될 수 있다고 주장한다. 그러나 법정 최저임금의 도입이나 인상이 저임금부문의 일자리를 파괴한다는 주장은 실증적으로 타당성이 없음이 드러났다(Card et al., 1995; Herr et al., 2009). 오히려 법정 최저임금은 한계소비성향이 낮은 고소득층보다는 한계소비성향이 높은 저소득층의 소득을 더 인상시켜주기 때문에 재화에 대한 총수요를 증가시킬 수 있다. 그리고 바로 이 이유 때문에 오히려 성장을 촉진하고 고용증대를 가져올 수 있다(Dullien et al., 2011: 145).

'사회적 성장'을 위한 노동시장정책은 최저임금제와 단체협상에 국한되지 않는다. 그러한 임금에 도달하기 위해서는 실업이 해소되고 고용이 촉진되어야 할 뿐만 아니라 고용(노동)의 질이 적극 향상되어야 한다. 이를 위한 노동시장정책은 몇 가지 원칙을 준수할 필요가 있다. 첫째, 실업은 경제정책, 노동시장정책, 교육정책, 혁신정책, 임금정책의 결합에 의해서만 해소될 수 있다. 둘째, 노동시장정책은 사회적 분열을 차단하는 데 적극 기여해야 하고, 사회적 최저기준을 확립해야 한다. 셋째, 실업자에 대해서는 요구와 지원의 균형이 필요하다. 넷째, 여성의 경제활동을 보조소득원으로 간주하고 파트타임에 초점을 맞추는 정책은 양성평등 목표뿐만 아니라 노동시장정책적·인구학적 도전에도 상충되므로 지양해야 한다. 다섯째, 파견근로와 임시직은 일시적인 주문폭주 상황에 대한 대책으로서만 활용되어야 한다. 여섯째, 파견근로자도 정규직과 동등한 권리를 가지고 동일한 임금을 보장받아야 한다. 예외 없는 '동일노동 동일임금'의 원칙이 적용되어야 한다. 일곱째, 파견근로자 비중의 법정 상한제, 파견근로인가제 등 파견근로제를 제한하는 법적인 장치에 대한 적극적인 검토가 필요하다.

7) 산업정책

신자유주의가 요구했던 규제완화, 민영화, 감세가 충족되었음에도 불구하고 활성화되지 않은 민간투자를 대신할 공공투자의 활성화에 대해 논의할 때 투자

부문을 결정하는 산업정책을 빼놓을 수 없다. 한국에서 특히 강화되어야 할 부문이 생태적 산업정책이다. 1970년대부터 부각된 자원고갈, 환경파괴, 기후변화에 대처하기 위해서는 교통, 주거, 에너지 절약, CO_2 감축에 필요한 경제구조의 개선과 기술혁신, 산업현대화가 필요하다는 데 일찍부터 공감대가 형성되었다. 사실 산업생산에서 임금이 차지하는 비중보다 에너지와 재료가 차지하는 비중이 훨씬 크다는 사실을 감안한다면 이 분야에서의 성공적인 혁신은 생태적으로뿐만 아니라 경제적으로도 커다란 의미를 가진다. 그런 의미에서 생태적 산업정책은 경제정책, 환경정책, 고용정책을 아우르는 종합적인 정책이다. 생태적 산업정책의 목표를 모든 경제주체의 행태를 근본적으로 변화시키고 모든 생산구조와 가치창출사슬을 생태화하는 것으로 정의한다면 독일의 환경산업은 성공적인 산업정책의 좋은 사례이다(BMU, 2009).

생태적 산업정책을 추진하는 과정에서는 다음과 같은 원칙을 준수할 필요가 있다. 첫째, 에너지 및 기타 재생 불가능한 자원의 가격은 높을 뿐만 아니라 지속적으로 상승할 것이라는 예상에서 출발해야 한다. 둘째, 정부 스스로 정부구매 등을 통해 환경친화적 신상품시장을 창출할 필요가 있다. 셋째, 정부가 혁신을 직접 지원할 필요가 있다. 정부 스스로 연구개발을 선도적으로 수행하고 이를 확산시킬 필요가 있다. 넷째, 정부는 환경친화적 생산과 소비를 촉진할 수 있는 포괄적이고 장기적인 사회간접자본 프로젝트를 수행해야 한다. 적지 않은 사회간접자본이 민영화되었지만 기업에게 막대한 이윤을 가져다준 것을 제외하고는 어떤 긍정적인 효과도 없었다.

생태적 산업정책은 단기적으로는 비용 상승을 유발할 수도 있기 때문에 공정한 경쟁규칙을 마련하는 차원에서 국제적인 공조가 필요하기도 하다. 그러나 독일이 원자력발전을 독자적으로 중단한 사례처럼 독자적인 행동을 한다면[1] 자

---

1   2011년 일본 후쿠시마 원자력발전소 사고를 계기로 독일정부가 원자력발전 중단을 선언

원·에너지집약적인 산업 일부가 해외로 이전하겠지만 다른 한편으로는 혁신이 촉진되는 긍정적인 효과도 기대할 수 있다.

생태적 산업정책을 구현하기 위한 구체적인 수단으로는 먼저 각종 보조금제도를 환경친화적인 방향으로 개혁하는 방안을 들 수 있다. 또한 한국 농어업에 대한 지원도 생태계와의 인접성, 밀접성을 고려하여 개혁할 필요가 있다. 아울러 이제 한국에서 도입이 시도되고 있는 배출권거래제를 항공·해운 교통까지 확대하는 것이 미래지향적인 선택일 것이다. 나아가 특정 수입품의 CO_2집약도에 따라 관세율을 책정하는 정책수단도 고려할 만하다(Dullien et al., 2011: 191).

했을 때 독일 전력산업계는 전력난과 전기가격 상승을 이유로 극구 반대했다. 그러나 2011/12년 겨울에 닥친 수십 년 만의 혹한은 물론 러시아가 국내 수요 증가를 이유로 천연가스 공급을 30% 감축했음에도 불구하고 독일은 전력난·에너지난을 겪기는커녕 전기를 오히려 프랑스에 수출했다.

참고문헌

Bundesministerium für Umwelt, Naturschutz und Reaktorsicherheit(BMU). 2009. *Umweltwirtschaftsbericht 2009 - Umweltschutz als Wirtschaftsfaktor*. Berlin.

Card, D. and A. B. Krüger. 1995. *Myth and Measurement: The new economics of the minimum wage*. Princeton University Press, Princeton.

Dauderstädt, Michael. 2010. "Soziales Wachstum gegen die Schuldenkrise." FES. *Diskurs*, Sep. 2010.

Dullien, Srbastian et al. 2011. *Decent Capitalism. A Blueprint for Reforming our Economies*. London.

Friedrich Ebert Stiftung(FES). 2011. "Soziales Wachstum. Leitbild einer fortschrittlichen Wirtschaftspolitik." *Diskurs*, Nov. 2011.

Grabka, Markus M. et al. 2010. *Wirtschaftspolitik neu denken! Perspektiven für eine sozialdemokratische Wirtschaftspolitik*.

Herr, H., M. Kazandziska and S. Mahnkopf-Praprotnik. 2009. "The theoretical debate about minimum wages." *Global Labour University Working Paper*, No.6, Feb. 2009. Berlin.

Horn, Gustav et al. 2009. "Von der Finanzkrise zur Weltwirtschaftskrise: Die Rolle der Ungleichheit." Institut für Makroökonomie und Konjunkturforschung. *Report*, Nr 41, Sep.

IMF. 2003. "Unemployment and Labor Market Institutions: Why Reforms Pay Off." International Monetary Fund. *World Economic Outlook*, Chap. 4, May. Washington D.C.

IMF Chief Calls for New Approach to Globalization. 2011. *IMF Survey online*. (http://www.imf.org/external/pubs/ft/survey/so/2011/NEW040511A.htm) April 5, 2011.

Kamppeter, Werner. 2011. *Internationale Finanzkrisen im Vergleich. Lehren für das aktuelle Krisenmanagement*. Friedrich-Ebert-Stiftung.

Krugman, Paul. 2007. *The Conscience of a Liberal*. New York: W.W. Norton & Co.

Lazonick, William. 2008. "The New Economy Business Model and Sustainable Prosperity." paper presented at the A.P. Sloan Foundation, Annual Industry Studies Conference, May 2008.

OECD. 2006. *Employment Outlook: Boosting Jobs and Incomes*. OECD Publishing. Paris.

_____. 2010. *Transfer Pricing Guidelines for Multinational Enterprises and Tax Administration*. Paris.

Palley, Thomas. 2007. "Financialization: What It Is and Why It Matters", The Levy Economics Institute of Bard University. Working Paper No.525.

_____. 2009. "America's Exhausted Paradigm: Macroeconomic Causes of the Financial Crisis and Great Recession." *New American Contract Policy Paper*, from http://www. newamerica. net/files/Thomas_Palley_America's_Exhausted_Paradigm.pdf

Pollins, R., M. Brenner and J. Wicks-Lim. 2008. *A Measure of Fairness: The economics of living wages and minimum wage in the United States*. Ithaca, NY: Cornell University Press.

Priewe, J. and H. Herr. 2005. *The Macroeconomics of Development and Poverty Reduction: Strategies beyond the Washington Consensus*. Baden-Baden: Nomos Verlg.

Rajan, R. G. 2005. "Has financial development made the world risikier?" *National Bureau of Economic Research Working Paper*, No.W11728. Cambridge, Mass.

SPD. 2011. *Entwurf für ein SPD-Forschrittsprogramm. Neuer Fortschritt und mehr Demokratie*. Sozial gerecht-wirtschaftlich stark-ökologisch vernünftig, Vorlage zur Jahresauftaktklausur am 10. und 11. Januar.

Stiglitz, J. E. 2004. "Capital-market Liberalisation, globalisation, and the IMF." *Oxford Review of Economic Policy*, Vol.20, pp.47~71.

_____. 2006. *Making Globalisation Work*. London: Penguin.

Wilkinson, R. and K. Pickett. 2009. *The Spirit Level. Why More Equal Societies Almost Always Do Better*. London.

제12장
변화하는 복지국가와 시민사회의 재구성

김윤태 | 고려대학교 사회학과 교수
배선휘 | 고려대학교 공공정책연구소 연구원

1. 복지국가인가, 복지사회인가?

　복지국가의 핵심 목표는 모든 시민의 사회권을 보장하는 것이다. 현대 복지국가에서는 경제활동인구뿐만 아니라 빈곤층, 실업자, 아동, 노인, 환자, 장애인 등 취약계층도 사회권을 가질 권리를 가진다. 19세기 이후 복지국가의 역사적 발전은 노동조합, 정당, 시민사회조직의 정치적 활동을 통해 이루어졌다. 그러나 20세기 후반 이후 발전된 복지국가는 사회지출의 증가, 인구 고령화, 경제구조의 변화에 직면했다. 이 시기에 유럽과 북미에서 새로운 보수적 정치세력이 등장하면서 자유시장, 경쟁, 효율성을 강조하면서 사회권을 위협하거나 심지어 축소하려고 시도했다. 이들이 신봉하는 신자유주의 이데올로기는 탈규제 시장의 지배가 도덕적으로 우월하다고 보며 공공지출의 삭감, 공공서비스의 사유화, 공공 책임보다 개인 책임으로 이동하는 정책을 주장했다. 그 후 공공부문과 비영리부문의 관계가 근본적으로 변화하면서 복지국가, 시장, 시민사회의 관계를 둘러싼 새로운 논쟁이 등장했다.

전통적인 복지체제에서 정부가 주도적인 복지 제공자의 역할을 수행했던 것과 달리 탈산업사회의 복지체제에서는 복지 제공자가 다양해지고 있다. 이에 따라 정부가 제공하던 공적서비스와 개인, 기업, 가족, 비영리부문이 제공하던 사적서비스의 구분이 약화되었다. 국가, 시장, 비영리부문, 공동체가 혼합된 형태가 발전하고 복지 제공자들의 다양한 참여와 경쟁을 통한 질적 변화를 일으키는 '복지혼합(welfare mix)'이 등장했다. 이러한 변화는 1980년대 이후 정부의 복지지출을 제한하는 통화주의 경제정책과 보수적 정부가 등장하는 정치적 조건과 밀접한 관련을 가지고 있다. 신자유주의자들은 국가가 모든 복지를 제공하려는 복지국가가 약화되는 대신 다양한 복지 제공자의 역할이 중요한 '복지사회(welfare society)'로 이동해야 한다고 주장한다. 이러한 주장은 복지의 제공과정에서 정부와 민간부문이 협력하는 모델은 '복지 사유화(welfare privatization)'라는 비판을 받기도 하지만, 정책의 효과를 높이기 위해 복지 제공자의 다양성을 확대하려는 시도라는 반론도 제시되었다. 이후 복지국가, 시장, 시민사회의 관계에 대한 논쟁은 학문적 논쟁을 넘어 중요한 사회적·정치적 논쟁이 되었다.

과연 복지국가와 시민사회는 어떤 상호 관계를 설정해야 하는가? 이 글은 복지국가의 전달체계에 대한 역사적 과정과 이론적 논쟁을 살펴보면서 탈산업사회가 등장한 이후 발생한 사회경제적 변화에 적합한 새로운 발전 모형을 검토할 것이다. 먼저 세계 각국의 복지국가에서 나타나는 복지급여와 서비스 전달체계의 제도적 특성을 비교하면서 상이한 사회정치적 효과를 평가할 것이다. 특히 1980년대 이후 정부, 시장, 비영리부문이 서로 협력하며 경쟁하는 복지혼합이 등장하는 과정과 결과를 분석할 것이다. 또한 국가와 비영리부문의 관계 가운데 가장 주목을 끌고 있는 사회적 기업 또는 비영리부문의 역사적 배경과 주요 특징을 살펴볼 것이다. 이 글은 국가의 효율성의 강화와 비영리부문의 자발적 서비스가 동시에 확대되어야만 국가와 시민사회가 서로 균형을 이루며 지속가능한 복지국가로 발전할 수 있다고 본다. 먼저 사회복지 전달체계에 대한 이론적 논쟁을 소개하면서 이 글을 시작한다.

2. 사회복지 전달체계의 이데올로기와 담론

1942년 영국 경제학자 윌리엄 베버리지(William Beveridge)가 주도적으로 작성한 「사회보험과 관련 서비스」는 복지국가의 역사에서 중요한 문서이다. 시적인 표현과 아름다운 문구가 가득 찬 보고서는 복지국가의 중요한 원칙을 제시했다. 베버리지는 사회적 위험에 대비하기 위해서 기본적 수요를 충족하는 사회보험이 마련되어야 하며, 특히 국민부조가 필요하다고 주장했다. 그 밖의 개인적 수요는 자발적 저축을 통해 해결해야 한다고 보았다. 사회보장을 통해 궁핍을 없애는 기능을 수행하기 위한 조건으로서 완전고용, 보편적 의료보장, 아동수당의 중요성을 강조했다. 사회보험을 운영하는 기구를 단일한 통합체계로 만들어야 하며, 정부가 관리와 비용 부담의 책임을 가져야 한다고 제안했다. 사실 베버리지는 '복지국가에서 국가가 모든 복지를 제공할 수 있다'고 주장한 것은 아니었다. 그는 국가가 운영하는 사회보험과 시장이 제공하는 완전고용이 결합되어야 한다고 보았다. 이런 점에서 복지국가는 사실상 자본주의와 민주주의의 원리를 결합하려는 시도라고 볼 수 있다.

1945년 영국 노동당이 집권하면서 영국 국민의 전폭적 지지를 받은 「베버리지 보고서」가 법률 제정을 통해 구체적으로 실행되었다. 그러나 1950년대 이후 복지국가와 사회권의 확대는 일정한 한계에 부딪쳤다. 런던정치경제대학(LSE) 사회학 교수였던 토머스 험프리 마셜(Thomas Humphrey Marshall)이 『시민권과 사회계급』에서 지적한 대로 경제성장 속에서 복지의 '지위 상실(loss of status)'이 발생하면서 복지국가의 호소력이 약화되었다(Marshall, 1977). 사회구성원의 평등한 지위를 가리키는 마셜의 시민권의 개념은 개인의 경쟁과 새로운 욕구의 출현으로 인해 위협에 직면했다(김윤태, 2013). 사람들의 욕구를 만족시키는 수단으로서 시장과 복지 사이의 갈등이 점점 커졌다. 사람들은 시장에서 높은 소득을 얻는 대신에 국가의 복지비용을 확대하려는 시도를 거부했다. 이러한 경향에 반대한 리처드 티트머스(Richard Titmuss)는 『선물관계: 인간의 혈액에서 사회정책까지(The Gift Relationship: From Human Blood to Social Policy)』를 출간하면서 인간의 이타주의를 분석하고 공공서비스의 중요성을 강조했다(Titmuss, 1970). 티트머스의 책은 커다란 반향을 일으켰다. 그는 영국과 미국의 헌혈제도를 비교하면서 자발적 헌혈제도를 운영하는 영국보다 시장에서 혈액의 상업적 거래가 가능한 미국에서 혈액의 질이 더 나쁘다는 통계분석 결과를 제시했다. 이로써 그는 개인의 이기심을 기반으로 하는 제도가 오히려 실패할 수 있다는 역설을 증명했고, 나아가 그는 돌봄의 상업적 운영보다 공공서비스의 가치를 강조했다.

1950~1970년대 동안 전통적인 유럽 복지국가는 정부 정책을 통해 사회서비스를 적절하게 공급할 수 있다고 보았다. 그리하여 복지국가가 등장한 초기 단계에는 사회적 경제[1], 비영리조직, 그리고 사회적 기업의 역할을 적극적으로 평가하지 않았다. 농업사회에서 가족이나 마을 단위의 보호장치로 작동하던 사회적 경제의 영역은 약화되었다. 19세기 후반에 사회적 위험에 대처하기 위한 운동으로 만들어진 농업협동조합, 신용협동조합, 소비자협동조합, 노동자협동조합 등은 사라지거나 심각하게 약화되었다. 20세기 이후 다양한 사회적 경제조직은 새로 등장한 복지국가의 사회보험체제로 거의 통합되었다. 당연히 복지국가가 발전한 이후 사회적 기업에 대한 적절한 법적 형태가 불분명하거나 불충분한 경우가 많았다. 유럽 복지국가 가운데 사회적 기업을 협동조합 형태로만 인정하

---

1 사회적 경제(social economy)는 인간 중심의 패러다임을 기반으로 시민사회와 지역사회의 이해당사자들이 다양한 생활경제의 필요를 충족하기 위해 자발성, 호혜성, 나눔을 원칙으로 하는 재분배의 원리가 작동하는 참여경제를 의미한다. 사회적 경제는 노동과 사회 참여, 수익과 사회적 가치의 균형을 토대로 작동한다.

는 경우도 있고, 자발적 결사체로만 보는 경우가 있어 완전한 기업의 법적 지위를 부여하지는 않았다.

그러나 1970년대 중반 이후 복지국가의 역량과 범위에 대한 비판이 커지면서 정부가 제공하지 못하는 사회서비스의 필요성, 지역사회의 다양한 복지욕구, 노동시장에 진입하지 못하는 사람들에 대한 일자리 제공의 중요성이 부각되었고, 사회적 경제조직의 역할이 새로운 관심을 끌었다. 이 시기에 시작된 마이크로크레디트(micro-credit)[2], 공정무역, 지역통화 등 다양한 대안경제운동도 새로운 사회적 경제활동과 관련을 지니면서 발전했다.

이제 현대 사회에서 정부가 국민에게 모든 복지를 공급할 수 없다는 사실은 널리 인정을 받고 있다(Rose, 1985). 복지를 제공하는 영역을 엄격하게 공공부문과 민간부문의 역할에 따라 구분하기도 어렵고, 실제로 순수하게 공공부문이나 민간부문이 단독으로 복지를 제공하는 경우도 드물다. 대부분의 복지는 공공부문과 민간부문이 혼합된 형태의 조직에 의해 운영된다. 특히 기업, 비영리부문 등 대부분의 민간부문에서도 정부의 규제와 지원이 존재한다. 따라서 가족, 국가, 시장, 비영리부문 등 다양한 주체가 가지는 역할을 고려하여 효율적인 복지 전달체계를 만들어야 한다. 일반적으로 복지 전달체계는 사회체계 또는 지역사회에서 복지의 급여와 서비스의 공급자 및 소비자를 연결하는 조직적 장치를 가리킨다.

사회복지의 전달체계에서 주요 행위자는 대개 국가, 시장, 가족, 비영리부문으로 볼 수 있다. 복지를 제공하는 가족, 국가, 시장, 비영리부문은 복지의 영역

---

2   마이크로크레디트는 자활의지는 있으나 담보나 신용이 없어 제도권 금융기관을 이용할 수 없는 사회적 취약계층을 위한 무담보·무보증 소액대출제도로서 자립기반 마련을 돕는 자활지원사업의 일환으로 볼 수 있다. 1976년 방글라데시의 무함마드 유누스(Muhammad Yunus) 교수가 그라민뱅크를 설립하여 빈민과 여성에게 소자본 창업자금을 지원하며 시작되었다(유누스, 2011). 한국에서는 2009년 12월 미소금융사업이 출범한 이래, 현재 사회연대은행, 아름다운가게 등이 유사한 활동을 벌이고 있다.

에 따라 서로 다른 장점과 단점을 가진다. 산업사회가 등장하기 이전에는 주로 가족이 복지를 제공했다. 2차 세계대전 이후 서유럽에서 국가가 주도하는 복지제도가 발전하면서 국가의 역할이 커졌다. 전통적으로 가족의 보호와 요양의 책임을 공공서비스가 보완하거나 대체하면서 복지를 공급하는 국가, 시장, 비영리 부문이 주요 복지 제공자가 되었다.

국가는 공공영역을 관리하는 반면, 시장은 영리를 추구하는 사적영역에서 개인들의 욕구와 능력에 따라 차등적으로 복지를 제공한다. 비영리부문은 시장과 함께 사적영역에 속하지만, 영리를 추구하지 않는 점에서 시장과 다르다. 국가, 시장, 비영리부문은 서로 다른 급여의 원리를 가진다. 국가는 보편적 시민권과 같은 국가와 시민 사이의 정치적 계약을 토대로 평등한 복지를 제공한다. 시장에서는 개인들의 구매력에 따라 불평등한 배분이 이루어진다. 비영리부문은 일정한 자격을 갖춘 회원에게만 복지를 제공하거나 사회연대의 원리에 입각해 구매력이 없는 사람들에게도 복지를 제공하기도 한다.

시장을 통한 전달체계는 공급자들의 경쟁을 촉진하여 소비자에게 많은 선택대안을 제공할 수 있다. 그러나 시장에서 구매력을 가진 개인은 필요한 복지를 제공받는 반면에 구매력이 없는 취약계층은 복지를 얻을 수 없다. 따라서 취약계층을 위한 복지는 공공재[3]의 성격을 가지게 된다. 공공재는 경쟁을 허용하지 않고 독점적 성격을 갖지 않는다. 복지가 독점적 성격을 갖지 않는 경우 무임승차자(free rider)[4]의 문제가 발생한다. 개인이 비용을 부담하지 않고 복지의 효용

---

3 공공재는 사람들이 다른 사람의 소비로 인해 소비할 기회가 줄어들 것을 우려하여 경합할 필요가 없는 속성을(경쟁성이 없음) 가지며, 대가를 지불하지 않고도 이용할 수 있는 속성을 (배타적이지 않음) 가지고 있다.
4 경쟁을 거치지 않고 모든 사람에게 제공되는 공공재의 특성 때문에 사람들은 특정 재화나 서비스에 대한 욕구를 숨기고 재화가 제공되면 비용을 지불하지 않고 혜택을 받으려고 한다. 따라서 시장을 통해서는 사회적으로 필요한 만큼의 공공재의 공급이 불가능하게 되어 시장실패의 원인이 된다. 결과적으로 공공재는 조세의 강제적 징수에 의해 마련된 일반

을 얻을 수 있기 때문에 시장을 통한 공급이 어렵다. 그리고 국가가 제공하는 복지에 대한 정보를 완전히 가질 수 없기 때문에 정보의 비대칭성이 생기며 시장실패가 발생할 수 있다(Hansmann, 1987). 또한 사회에 미치는 영향이 큰 복지가 시장에서 충분히 제공되지 않는 경우도 발생할 가능성이 있다. 이러한 '시장실패'의 위험은 복지를 제공하는 정부의 역할을 정당화하는 논리가 되었다.

정부가 시장실패를 대신하여 공공복지를 제공하는 경우 정부는 독점적 전달체계를 형성한다. 정부는 국민 모두가 최소한의 생활수준을 누릴 수 있는 복지를 권리로서 보장한다. 보편적 시민권의 관념은 개인적 자선의 수혜자들이 가질 수 있는 낙인을 피할 수 있다. 정부가 제공하는 복지는 규모의 경제[5]와 같은 효과를 얻을 수 있고, 취약계층에게 적절한 복지 제공이 가능하다는 장점이 있다. 그러나 국가의 복지 역시 일정한 한계를 가지고 있으며 정부의 실패가 발생할 수 있다(Douglas, 1987). 정부가 제공하는 복지는 독점적 전달체계를 만들어 경쟁이 없기 때문에 불필요하게 높은 비용이 될 우려가 있다. 또한 소비자의 욕구의 변화에 상대적으로 둔감하여 서비스 품질의 향상을 위한 적절한 대응을 하지 못하거나, 그에 대한 책임감이 결여되기 쉽다. 민주주의 정치체제에서 공공서비스는 정치적 영향력을 행사할 수 있는 특정 이익집단의 압력이 지나치게 강하여 복지가 불필요하게 확대될 수 있고, 이로 인하여 낭비가 발생할 수 있다. 반면에 정부의 관료주의로 인하여 시민들의 다양하고 변화하는 욕구에 대응하지 못할 뿐 아니라, 대중의 적극적인 참여와 지지를 획득하는 데 어려움이 생기도 한다(Johnson, 1987). 이런 점이 정부가 복지를 독점적으로 제공할 때 나타나는 '정부

재원을 통해 보편적 서비스로 공급된다.

5 '규모의 경제'가 존재하면 규모가 큰 경제주체는 재화를 단위당 저렴한 가격에 만들어 팔 수 있기 때문에 작은 경제주체를 몰아내고 시장을 지배하고, 결과적으로 자원의 비효율적인 배분이 이루어질 수 있다. 사회복지의 재화나 서비스는 이러한 규모의 경제의 속성을 많이 가지고 있다.

실패'의 문제이다. 한편 비영리부문은 이러한 시장실패와 정부실패를 해결하는 대안으로 간주되어왔다. 비영리부문은 정부에 비해 규모가 작으며 특수한 욕구를 가진 소수의 사람들을 위한 복지를 제공하기에 용이하다. 따라서 소비자들은 복지에 대한 정보가 비대칭인 상황에서 비영리부문이 혁신적이고 창의적인 복지를 제공할 수 있다고 기대한다. 그러나 비영리부문도 중대한 한계를 가지고 있다. 비영리부문의 자원은 주로 기부와 자선에 의존하기 때문에 공공재를 제공하기 위해 필요한 자원을 충분하게 확보하지 못할 수 있다. 비영리부문이 특정한 종교, 인종, 이념을 기반으로 활동하는 경우 특정한 인구집단 또는 지역에서만 복지를 제공하여 복지의 보편적 제공이 불가능하다. 비영리부문에 기부하는 소수의 선호나 가치를 우선적으로 반영하여 특수한 인구집단에만 복지를 제공하는 온정주의가 발생할 수 있다. 비영리부문은 자원봉사를 강조하는 경향이 강하며 재정이 충분하지 않기 때문에 전문적 인력을 확보하기 어렵고, 이로 인해 질 높은 복지를 제공하지 못하는 아마추어리즘의 문제가 발생할 수도 있다(Salamon, 1987). 이런 문제점을 '비영리부문의 실패'라고 보기도 한다. 이러한 문제점을 보완하기 위해 비영리부문은 정부와 시장과 일정한 협력관계를 가져야 한다는 의견이 제시되어왔다.

3. 복지혼합의 확산과 공공부문의 변화

1960년대 후반 이후 선진 산업경제에서 탈산업사회가 본격적으로 발전하면서 서비스경제에 대한 새로운 수요와 공급이 확산되기 시작했다. 이러한 변화는 산업구조와 고용구조의 변화에 커다란 영향을 미쳤다. 그와 동시에 인구학적 변화로 인해 여성의 경제활동이 증가하고 노인인구가 급증하면서 보육, 요양 등 사회서비스에 대한 요구가 증가했다. 전통적인 복지체제가 소득보장에 초점을 맞추었던 데 비해, 사회서비스에 대한 욕구가 커진 것은 신사회적 위험(new social risk)[6]에 대응하는 정책의 결과라고 볼 수 있다. 전통적 산업사회의 실직, 산업재해, 질병 등과 같은 '구사회적 위험(old social risk)'과 달리 자녀 양육, 노인 요양·돌봄 등 '신사회적 위험'이 나타나고 있다.

탈산업사회의 복지체제는 새로운 구조적 긴장에 직면하고 있다. 탈산업사회가 확산되면서 복지체제는 비정규직 노동의 증가, 맞벌이가정에서 일자리와 가족생활을 동시에 수행해야 하는 어려움, 노약자를 위한 요양과 돌봄의 필요성 증가 등 새로운 복지영역이 증가하는 변화에 대해 대비해야 한다(Taylor-Gooby, 2004). 복지체제에서 사회서비스를 제공하는 정책은 생애주기(life cycle)에 있어 고용단절을 겪는 노동자들을 위한 고용 접근성을 지원하는 교육과 훈련, 맞벌이가정과 한부모가정의 여성들이 '일과 가정의 균형'을 유지할 수 있도록 지원하는 공공보육, 노인에 대한 간병·간호·돌봄체제의 지원 등 탈산업사회에서 새로운 관심을 끄는 사회서비스의 영역이다.

1970년대 이후 유럽의 일부 학자들은 경제의 장기적 침체와 전달체계의 관료주의를 해결하기 위해서 사회서비스의 분권화와 참여를 강조하면서 비영리부문의 확대를 통해 복지 전달체계를 개혁해야 한다고 주장했다. 이렇게 복지혼합과 복지다원주의(welfare pluralism)[7]를 주장한 학자들은 비영리부문의 확대가 정부의 역할을 대신할 수 있을 것이라고 여기지는 않았으며, 기업과 같은 이윤 추구의 원리가 일반화되는 것을 우려했다. 그들은 국가가 복지의 공급을 규제하고

---

6 신사회적 위험이 증가하는 이유는 세계화, 저출산·고령화, 지식기반경제의 등장, 노동시장의 유연화, 비정규직 양산으로 표현되는 노동시장의 변화, 이혼·별거·가출 등에 의한 가족해체와 같은 가족구조 변화 등을 지적할 수 있다.
7 복지의 공급 또는 제공 주체로서 국가 이외에도 시장, 비공식부문, 자원부문 등의 다양한 역할을 포괄적으로 고려하여 그 책임을 다원화하고 민영화할 것을 강조한다. 영국 사회정책학자 마틴 포웰(Martin Powell)은 복지혼합, 복지다원주의, 복지혼합경제는 용어의 기원과 배경만 약간 다를 뿐 본질적으로 같은 개념이라고 주장한다(포웰, 2011).

재정의 대부분을 제공하는 역할을 수행해야 한다고 주장했다. 복지 전달체계의 다원화를 지지했지만, 복지재정의 조달과 규제는 국가의 역할이 되어야 한다고 보았다(Johnson, 1987).

그러나 1980년대 이후 영국의 대처 정부와 미국의 레이건 정부가 등장하면서 복지 전달체계에 시장 기제가 부분적으로 도입되어 '복지 사유화'가 확산되면서 정부, 시장, 비영리부문 사이의 경쟁이 발생했다(Ascoli and Ranci, 2002). 사유화란 복지 공급의 책임이 공공부문에서 민간부문으로 이동하는 것을 의미한다. 이는 1980년대부터 등장한 경제 자유화, 공기업의 민영화, 탈규제의 정책을 추진한 신자유주의 이데올로기의 영향을 받은 것이다. 복지 사유화를 주장하는 학자들은 민간부문이 정부와 같이 재정을 조달하고 규제하는 역할도 수행할 수 있다고 주장한다. 사유화가 진행될수록 개인이 복지에 대해 일정한 비용을 지불하게 되었고, 민간부문인 기업이 복지를 제공하기 위한 더 중요한 역할을 맡게 되었다(Gilbert, 2004).

복지재원을 조달하기 위해 민간의 기부와 복지 수급자의 이용료가 더욱 중요해지면서 복지를 제공하는 기관은 시장에서 상업적 성공을 거두어야 한다. 복지를 제공하는 기관은 이윤을 추구하는 기업 또는 이윤을 추구하지 않는 비영리조직이 맡을 수 있으나 시장의 논리를 따라야 한다. 복지의 사유화를 주장하는 학자들은 정부의 운영에도 시장 논리를 적용해야 한다고 주장한다. 그들은 공공부문에서도 이용자들 사이의 선택권 보장, 경쟁, 공개 입찰과 계약이 이루어져야 한다고 주장한다. 수요 차원에서 복지 이용자의 선택권을 강화하는 방법으로 이용자들에게 자유롭게 바우처(voucher), 직접 지불, 이용료를 통해 시장의 '소비자'로서 복지를 '구매'할 수 있도록 해야 하며, 공급 차원에서 비영리조직에 적용하는 시장의 원리는 공개 입찰과 계약 등의 방법을 도입해 공급자의 경쟁을 강화해야 한다는 것이다(Savas, 2000). 나아가 사회보험의 영역을 민간보험이 대체하여 자유시장의 경쟁을 더욱 확대하는 것이 수요자 중심 복지 모델[8]이라고 믿는다.

1980년대 이후 미국에서는 점차 비영리 서비스 부문은 '신 공공관리(new public management)' 이데올로기[9]의 제도화, 서비스의 사유화와 분권화, 돌봄의 민간부문의 계약, 자신의 돌봄을 위한 시민의 책임의 증가 등 새로운 정치적 환경이 형성되었다. 이러한 변화는 정치적 담론을 취약계층의 권리를 국가적 차원이 아니라 지방적 차원으로 이동해야 한다고 강조한다. 국가적 차원의 개인적 욕구를 감소시키고, 비영리부문이 국가에 도전하는 동기를 약화시키며, 비영리부문을 시장 중심적 계산을 수용하도록 강요하고, 책임성에 관한 이슈를 제기하고, 돌봄의 이데올로기를 효율성의 이데올로기로 대체했다. 빈곤층과 주변계층을 위한 정책을 주장하고 자원을 동원하는 비영리부문의 능력은 심각하게 약화되었다.

미국의 사례와 달리 유럽의 복지국가는 국가의 전통적 역할을 없애거나 축소하는 방향으로 나아가지는 않았다. 재정 및 규제의 부문에서 중요한 의사결정을 수행하는 역할을 하되, 지나친 재정 부담 없이 서비스의 공급을 확대함과 더불어 서비스의 질을 향상시킬 수 있는 복지혼합 형태의 운영을 점진적으로 추진하기 시작했다. 결과적으로 국가가 제공하는 직접적인 서비스와 급여의 비중은 축

---

8 소비자 중심 또는 수요자 중심(consumer-directed)의 가치는 소비자의 선택과 통제의 가치의 원칙을 강조한다. 이러한 가치는 서비스의 의사결정과 관리에 영향을 미치는 소비자의 결정권을 통해 실현된다. 이러한 관점은 소비자의 욕구를 우선적으로 강조하고, 소비자는 자신의 선호를 알고 있고, 이를 서비스의 결정으로 전환할 충분한 능력이 있다고 전제한다. 그러나 서비스에 대한 책임이 이용자에게 전가되며, 이용자가 직접 고용·이용하는 서비스는 규제나 감독이 이루어지지 않아서 서비스의 질의 저하, 자원의 오용 가능성 등 이용자가 더욱 큰 위험에 노출될 가능성이 커지며 이에 관한 책임의 문제가 발생한다.

9 신 거버넌스(new governance) 또는 신 공공관리 이데올로기는 1980년대 이후 영미 국가들을 중심으로 등장한 정부 운영 및 개혁에 관한 이론이다. '시장주의'와 '신 관리주의'를 결합한 것으로서 전통적인 관료제의 패러다임의 영역을 축소하고 정책 결정 및 집행을 기능적으로 분리하는 작은 정부를 추구하며 관료제의 효율성의 향상을 목표로 추구한다.

소되고, 시민사회와 비영리부문의 역할은 강화되었다. 또한 시민사회의 역할이 기존보다 확대되면서 비영리부문이 사회서비스의 주요 제공자로 등장했다. 사회 전체적으로 볼 때 비영리부문에 대한 재정지원이 증가하고, 사회서비스의 상당 부분은 국가에서 비영리부문으로 이전하게 된 것이다. 이와 더불어 공공서비스의 수혜자와 공급자 간의 관계를 새롭게 규제하기 위한 시장 메커니즘의 부분적인 도입도 이루어졌다. 이처럼 각국의 상황에 따라 조금씩 차이는 있으나, 민간, 공공, 비영리조직 간에 점차적으로 경쟁체제, 즉 사회서비스 전달체계의 시장화가 보편적인 추세로 확산되었다.

대표적으로 영국에서의 사회서비스 전달체계의 변화가 주목을 받았다. 런던 정치경제대학의 사회정책학 교수 줄리앙 르그랑(Julien Le Grand)은 공공서비스를 강조한 티트머스는 인간의 이타주의를 과대평가했다고 비판했다(Le Grand, 2003). 정부의 막대한 예산을 지출하는 교육, 보건, 사회적 돌봄은 대체로 질이 낮고 비효율적으로 운영되며, 이용자의 요구에 제대로 반응하지 않고 불균등하게 배분된다는 비판을 받았다. 특히 복지국가의 관료주의 때문에 노동계급보다 중간계급이 더 큰 혜택을 얻고 있다고 보았다. 복지 제공자와 소비자 사이의 정보비대칭으로 개인적 연줄이 많은 중간계급은 더 유리한 조건을 활용할 수 있는 것이다. 어느 병원의 의사가 우수한지, 어느 학교의 교수가 우수한지 정보를 많이 가진 중간계급이 더 혜택을 받을 수 있다. 이런 문제를 해결하기 위해서 노동계급에게도 더 많은 선택권을 부여해야 한다고 제안했다(Le Grand, 2007). 1997년 집권한 블레어 정부에 참여한 르그랑 교수는 보건과 교육에서 선택과 경쟁을 도입하는 의사시장(quasi-market)[10] 또는 내부시장을 도입하자고 제안했다. 이러한 주

---

10 의사시장은 유사시장 또는 준시장을 뜻하며 학자에 따라 다른 용어를 사용한다. 의사시장을 도입한다는 것은 서비스 배분의 권한은 여전히 공공부문이 갖고 있지만, 개별적 사회서비스의 구매자와 공급자를 분리해서 서비스의 배분에 시장의 원리를 도입하는 것을 의미한다. 지방정부가 사회서비스의 사용자를 대신해 서비스를 구매할 수 있는 시장이 구축

장은 복지혼합 논쟁에 커다란 영향을 미쳤다.

  1990년대 이후 스웨덴에서도 복지혼합의 실험이 이루어졌다. 스웨덴은 보편적 복지국가의 유형으로 널리 알려져 있지만, 1990년대 이후 사회서비스의 사용자 부담이 증가하면서 새로운 변화를 추진했다. 공공 재정과 규제의 기능은 유지되었지만, 서비스 공급의 일부가 영리기업, 협동조합, 비영리부문 등 시민사회의 영역으로 이동했다. 또한 사유화되지 않은 공공부문의 서비스에도 시장지향적 운영의 원리가 도입되었다. 1990년대 우파 정부가 등장한 이래 사회서비스 기관과 학교에 대한 선택의 자유화가 이루어졌다. 특히 교육개혁이 빠른 속도로 이루어졌다. 정부의 재정지원을 받는 자립학교(independent school)가 증가하면서 학생은 자유롭게 학교를 선택할 수 있다. 학부모들은 정부의 바우처를 받아 학교를 선택할 수 있다. 현재 중도보수 연정을 이끄는 프레드리크 라인펠트(Fredrik Reinfeldt) 총리는 학교와 병원에도 경쟁의 원리를 도입하고 독점체제를 종식시키겠다고 역설했다. 중간계급뿐만 아니라 많은 노동자 가족들도 자유로운 선택을 선호하기 때문이다. 물론 이에 대해서는 논란이 많다. 좌파당(구 공산당)은 학교선택제도에 지금도 반대하지만, 사회민주당은 집권 시기에도 폐지하지 못했다. 다른 한편 우파 정부가 강조하는 선택과 경쟁의 원리가 교육과 의료의 평등주의 문화를 약화시킬 수 있다는 우려가 커졌다. 실제로 민간병원이 우수한 의사를 데려가면서 공공의료가 약화되고, 자립학교가 국립학교의 우수한 학생을 데려갈 수 있다는 우려가 현실로 나타나고 있다. 그럼에도 스웨덴의 사회서비스 부문에서 사유화는 매우 제한적인 수준에 지나지 않는다. 여전히 국가가 사회서비스의 재정을 대부분 지원하고 있으며, 사회서비스의 보편주의 성향이 매우 강하다. 오히려 적극적 노동시장 프로그램과 관련된 사회서비스는 크

된다. 사유화를 옹호하는 사람들은 국가가 서비스를 공급하던 기존의 방식보다 더 싸고 질 좋은 서비스를 구매할 수 있게 되었다고 주장한다. 성인과 아동을 위한 영국의 사회적 돌봄서비스의 특징은 유사시장의 방식에 의한 서비스의 공급과 관리이다.

게 확대되었다.

앞서 살펴본 대로 국가에 따라 복지를 제공하는 전달체계는 매우 다양하다. 국가의 복지 이데올로기에 따라 선호하는 복지 전달체계의 유형이 매우 다르다(Powell, 2007). 사회복지의 전달체계는 각국의 역사적 전통, 경제사회적 현황, 사회복지의 수준, 사회세력의 역학관계 등 다양한 물적 토대와 사회정치적 조건에 따라 계속 변화했다. 결과적으로 다양한 국가별 제도적 장치는 상이한 사회정치적 효과를 만들고 있다. 이런 차이는 덴마크 사회학자 괴스타 에스핑-안데르센(Gøsta Esping-Andersen)이 제시한 복지체제의 세 가지 모형을 통해 비교할 수 있다(Esping-Andersen, 1990).

첫째, 미국과 같은 신자유주의 유형을 따를 경우 시장의 역할을 확대하는 방안이 되고 정부의 재정 부담은 줄일 수 있지만, 사회적 불평등이 커질 우려가 있다. 미국, 캐나다, 일본과 같은 자유주의 복지국가 유형이다. 둘째, 보수주의 복지국가 유형으로 독일, 프랑스, 이탈리아 등의 국가들이 포함된다. 사회복지지출 비율도 어느 정도 높고 복지 프로그램의 도입도 비교적 빠르지만 복지가 시장경제에서 덜 자유로운 국가들이다. 셋째, 스웨덴을 비롯한 스칸디나비아 국가들이 속하는 사회민주주의 복지국가의 유형이다. 미국의 시장 주도 모형은 국가의 재정 책임이 최소화될 수 있는 전략이라면, 스웨덴의 국가 주도 모형은 복지의 공공 책임성을 극대화하는 전략이다. 시장경제에 가장 약하게 예속되어 있는 형태로서 보편적인 복지 프로그램이 가장 많이 발전하고, 탈상품화 효과[11]가 커서 민간부문의 역할이 상대적으로 적은 것이 특징이라고 할 수 있다.

---

11 에스핑-안데르센은 복지국가의 유형화에 관한 연구에서 탈상품화(de-commodification)를 기준으로 제시했다. 노동자가 자신의 노동력을 상품으로 시장에 내다 팔지 않고도 생활을 영위할 수 있는 정도를 의미한다. 즉, 개인이 노동시장에 참여할 수 없는 상황에 처했을 경우 국가가 제공하는 급여 수준을 가리키며, 탈상품화가 높을수록 보편적 복지국가를 유지한다고 볼 수 있다(Esping-Andersen, 1990).

복지국가를 세 가지 유형으로 구분한 것처럼 복지 전달체계도 일정한 차이를 보인다. 국가가 복지재원을 제공하는 규모가 축소되어도 국가의 역할이 줄었다고 보기는 어렵다. 전달체계의 효율성을 담보하기 위하여 민간부문의 역할을 확대했지만 국가는 여전히 가장 중요한 재정지원의 역할을 수행하며 복지의 질적 수준을 유지하기 위한 규제와 감독기능을 수행한다. 복지 전달체계에서 공급, 재정, 규제의 세 가지 요소를 보면 국가가 공공성을 유지하는 역할을 복지재원의 공급으로만 평가하지 않아야 한다. 복지혼합의 차원에서 공공재원이 차지하는 비율만큼 국가의 복지 전달체계에 개입하고 규제하는 수준이 각 나라마다 다르게 나타난다. 규제의 차원은 파악하기 쉽지 않다. 규제는 기본적으로 상대방의 행위를 스스로 원하는 방향으로 이끄는 일정한 통제와 권력을 가리킨다. 정부는 공공기관과 민간기관에 대한 규제의 권한을 행사할 수 있다.

한국의 상황을 보면 복지혼합이라는 용어는 익숙한 용어는 아니다. 이에 대한 연구는 김진욱(2011)의 저서와 논문에서 집중적으로 소개되었다. 복지혼합의 관점에서 보면 한국의 사회정책은 매우 역설적인 성격을 갖고 있다. 한국은 경제위기를 겪으면서 복지예산이 확대되었다(Kim, 2008; Kwon and Holliday, 2007). 또한 세계화와 충돌하면서 복지국가가 탄생했다. 경제위기와 세계화의 압력으로 서구의 복지국가가 약화되었던 데 비해, 한국의 경우 국가는 가장 중요한 복지의 제공자 역할을 맡게 되었다. 보육, 요양 등 돌봄서비스의 제공은 주로 가족이 맡고 있지만, 기업 복지는 점점 약화되고 있다. 한국의 복지는 생산 중심적인 복지에서 점점 보호적 복지 유형으로 이동하면서, 생산적 기능과 보호적 기능이 모두 약한 그리스, 아일랜드, 스위스, 이탈리아의 유형에 속한다(Hundson and Kühner, 2009). 복지제도가 증가하고 사회보험이 보편화되었지만, 여전히 한국의 복지혼합은 시장 및 비공식부문에 의존하는 경향이 강하다(Peng, 2009).

서구 국가에 비하면 한국의 사회지출 가운데 공공부문이 차지하는 비중은 전체의 58% 수준이다(고경환 외, 2003). 한국의 사회지출의 수준은 경제 규모, 소득

수준, 국민 부담률을 고려할 때 OECD 회원국의 평균 이하의 매우 낮은 수준에 머무르고 있다. 공공부문의 보장성의 비율이 매우 낮아 사회적 보호와 돌봄이 주로 가족, 시장, 비영리부문 등 민간에서 공급되기 때문이다. 사회지출의 현금이전이 91%인 데 비해 사회서비스를 위한 정부의 지출 수준은 매우 낮다(김진욱, 2011). 사회서비스에 대한 공공지출의 비중은 선진국의 4분의 1 수준에 지나지 않는다. 주로 민간부문이 사회서비스를 공급하지만, 정부의 재정적 지원은 매우 적다(이혜경, 1998).

한국의 사회서비스는 대부분 영리조직이 공급한다. 특히 보육서비스의 경우에는 영리부문이 전체 공급 비중의 90% 수준을 차지한다. 2002년 기준으로 볼 때 한국에서 사회서비스를 제공하는 1,409개의 시설 가운데 사회복지법인이 81.2%, 민간부문이 16.3%, 지자체가 2.5%를 맡아 운영했다(김영종, 2003). 2006년 기준을 보면 전국 391개의 종합복지관 가운데 지자체가 5.6%, 사회복지법인 73.9%, 비영리법인 14.8%, 학교법인 5.6% 등이 맡아 운영하고 있다(보건복지부, 2007). 취약계층 중심의 사회서비스 영역에서는 민간 비영리부문이 높은 비율을 차지하고, 이용자가 많은 사회서비스인 보육에서는 영리부문이 높은 비중을 차지한다(김진욱, 2007).

최근 한국의 복지와 사회서비스를 제공하는 복지혼합의 구조에서 시장의 역할이 더욱 커지고 있다. 특히 노인복지 분야에서 영리부문의 역할이 커지고 있다. 노인을 위한 무료 양로시설의 비중이 감소하는 대신, 유료 양로시설 및 유료 노인주택 등 영리부문의 비중이 크게 증가하고 있다(김진욱, 2011). 요양서비스 부문에서도 요양시설의 대부분이 유료시설, 실비시설, 노인전문병원 등 영리부문의 역할이 더욱 커지고 있다. 이에 따라 공공부문의 사회서비스는 주로 빈곤층에만 집중되어 이용시설에 대한 재정지원이 상대적으로 부족하다. 한국의 복지제도에서 보충성의 원리[12]와 가족주의의 원리가 미치는 영향력이 지나치게 강한 데 비해, 국가의 책임은 최소 수준에 그친다. 이렇게 한국은 대부분의 사회서비스가 민간기관을 통해 공급되며, 정부의 재정지원은 적고 적절한 규제 및 관리체계가 없기 때문에 독일과 같은 공적책임성을 갖고 있다고 볼 수 없다. 특히 비영리부문과 정부의 관계를 보면, 비영리부문의 재정 구조에 대한 공적책임성의 수준은 매우 낮다.

4. 복지국가와 비영리부문의 관계

최근 국가와 시장이 모든 복지를 제공할 수 없다는 인식이 확산되면서 시민사회가 중요한 복지 제공자로 관심을 끌고 있다. 영리를 추구하는 주식회사들이 치열하게 경쟁하는 시장과 달리 사회적 기업과 협동조합과 같이 기업의 이윤과 사회적 가치를 동시에 추구하는 사회적 경제가 부상하고 있다. 사회적 기업과 협동조합은 경제활동을 수행하지만 주식회사와 달리 주주 이익의 극대화를 추구하지 않는다. 한편 사회적 기업과 협동조합은 국가와 시장이 제공하지 않는 복지와 사회서비스를 제공하기도 한다. 소비자와 생산자의 정보비대칭이 크기 때문에 시장에서 비용이 높은 경우 사회적 기업과 협동조합이 해결하기도 한다. 국가와 시장 사이의 공동체적 문제 해결방식이다. 과연 시민사회가 새로운 복지 제공자가 될 수 있을까?

최근 사회서비스를 제공하는 정부의 역할을 축소하고 재배치하면서 정부와 민간이 서로 협력하는 경향이 커지고 있다. 새로운 사회적 위험에 직면한 복지국가는 사회서비스를 제공하는 사회적 기업의 역할을 주목했다(Bills and Glen-

---

12 보충성의 원칙은 서로를 보호할 수 있는 가족의 능력이 더 이상 불가능해진 경우에 한해서만 더 큰 규모인 상위 단위의 사회적 집합체가 개입해야 한다는 원칙이다. 예를 들어 빈곤 문제와 관련해서 가족 스스로 빈곤 문제를 감당할 능력이 없을 때가 되었을 때 비로소 국가가 개입하며, 국가의 개입은 가족이 다시 자립할 수 있는 정도로 제한한다는 것이다.

nerster, 1998; Johnson et al., 1999; Pérotin, 2001). 이러한 변화는 사회서비스 전달 체계의 민영화 및 복지혼합의 정책과 밀접하게 연결되어 있다. 실제로 유럽의 복지국가에서 시민사회에서 실행된 상당 부분의 공공사업은 사회적 기업을 통해 이루어졌다(Defourny, 2001). 사회적 기업은 점차 공익을 목적으로 하는 국가와 영리를 목적으로 하는 기업에서 제공하지 못하는 다양한 사회서비스를 제공했다. 이렇게 시민사회에서 사회서비스를 제공하는 조직의 형태는 협동조합, 비영리조직 등 다양한 이름으로 불린다.

유럽과 미국에서 볼 수 있듯이 협동조합, 비영리조직, 비정부기구, 자발적 조직(voluntary organizations), 자선단체 등은 공익성과 수익성을 동시에 추구하며 경제적 생산 이외에도 교육, 문화, 복지 분야에서 다양한 사업을 전개한다. 다양한 형태의 사회적 기업들은 기업의 활동방식에 따라 운영하지만, 취약계층에 일자리를 제공하거나 사회서비스를 제공한다는 점에서 비영리적 성격을 지닌다. 여기에서 '사회적'이란 개념은 고용 확대와 사회서비스의 제공 등 다양한 사회적 가치를 실현하는 활동을 가리킨다. 그러나 사회적 기업의 특성이 모든 나라에서 동일하게 나타나는 것은 아니다. 사회적 기업은 나라별로 다양한 역사적 배경과 제도적 특성을 가지고 있다. 영국의 빅이슈(Big Issue), 피프틴(15) 레스토랑, 방글라데시의 그라민뱅크(Gramin Bank), 스페인의 몬드라곤(Mondragon) 협동조합 복합체에 이르기까지 다양한 형태와 조직적 특성을 가지고 있다. 이 가운데 몬드라곤이 특히 유명하다. 몬드라곤 협동조합 복합체는 바스크 지역에 위치하고 있으며, 스페인 3대 기업그룹에 들어갈 정도로 규모가 크다. 공업협동조합 87개와 신용·교육·연구개발 등 120개 협동조합의 복합체로 구성되었다. 고용 인원이 10만 명에 달하고, 매출액이 24조 원 수준이며, 매출액 가운데 수출 비중이 약 58%이다. 스페인이 경제적으로 어려운 조건에서도 지속적 성장을 계속하고 있으며 스페인 경제에 중요한 기여를 하고 있다(화이트·화이트, 2012).

유럽에서 사회적 기업은 공공목적의 사회적 서비스를 제공하는 조직을 가리키는 용어로 사용된다(Pestoff, 1998; Borzaga and Defourny, 2001). 벨기에 리에쥬 대학 자크 드푸르니(Jacques Defourny) 교수는 사회적 기업이 이윤보다는 지역사회의 이익을 추구하며, 정부조직과 독립적으로 운영되며, 구성원들의 참여를 보장하는 민주적 의사결정 과정을 가지며, 자본보다는 노동을 우선적으로 고려하는 소득분배 등 네 가지 중요한 특징을 가지고 있다고 지적한다(Defourny, 2001). 하지만 유럽에서는 사회적 기업 외에도 협동조합, 상호부조조직, 소비조합, 상호공제조합, 결사체 등 다양한 사회적 경제조직을 포함하여 사회적 경제부문이라는 용어도 사용한다. 사회적 경제부문의 발전 가능성에 대해 개별 국가뿐 아니라 유럽연합(EU)도 관심을 가졌다(European Commission, 2001). 2000년 유럽연합의 「고용지침」에서 '사회적 경제부문' 또는 '사회적 경제 기업'이 고용창출에 기여할 수 있는 잠재력을 인정했다. 그 후 유럽의 각국에서 사회적 기업을 법적으로 인정하거나 사회적 기업을 지원할 수 있는 다양한 법률과 제도가 만들어졌다.

　미국에서는 사회적 기업 대신 비영리 조직(non profit organization)이라는 용어를 주로 사용했다. 미국은 강력한 중앙집권적 정부에 반대하는 시민들의 의식이 강하며, 독립적인 활동을 강조하는 전통을 가지고 있다. 19세기 후반에 등장한 자발적인 비영리조직들은 활발한 자선과 기부 문화를 토대로 사회서비스를 공급하는 중요한 역할을 수행했다. 미국정부와 기업도 사회서비스의 공급을 위해 비영리조직과 동반자관계(파트너십)를 형성하고 있다. 1990년대 이후 사회적 기업은 원래 노숙자, 실업자, 비행 청소년, 마약 중독자, 알코올 중독자를 위해 고용과 직업훈련의 기회를 제공하는 기업을 가리키는 용어로 사용되었다. 미국에서 사회적 기업은 재정적 수익을 확보하려는 '경제적 가치'와 사회적 목표를 실행하려는 '사회적 가치'를 동시에 추구한다(Alter, 2004). 사회적 기업은 기업의 이윤과 효율적 경영을 통한 경제적 이익을 추구하는 한편, 주주가치를 최대한 실현하는 민간기업과 다르게 사업을 위해 투자하는 동시에 수익의 일정 부분을 사회적 가치를 실현하기 위해 투자한다.

유럽과 미국의 사회적 기업을 비교하면 조직의 공식성, 독립성, 자율성, 자발성의 차원에서 공통점을 가지고 있다. 반면에 유럽과 미국의 사회적 기업은 일정한 차이를 가지고 있다. 유럽의 사회적 기업은 조직의 목표로 경제적 이윤 추구를 고려하지 않으며 다양한 사회서비스를 제공하겠다고 명확하게 규정하지만, 미국에서는 사회적 기업의 목표를 분명하게 설정하지 않으며, 대부분의 경우 사회적 기업의 이윤을 중시한다(Gidron et al., 1982). 유럽의 사회적 기업은 시장, 정부, 시민사회가 긴밀하게 협력하는 혼합형이 많지만, 미국의 경우 정부가 직접 관여하는 경우가 적고 정부의 지원정책도 거의 없다.

독일 사회학자 헬무트 안하이어(Helmut Anheier)와 미국 공공정책학자 레스터 샐러먼(Lester Salamon)은 전 세계 비영리조직의 유형을 네 가지 모형으로 분류했다(Anheiers and Salamon, 1999). 비영리부문의 규모와 정부의 사회지출의 범위에 따라 자유주의 모형, 국가주의 모형, 사회민주주의 모형, 코포라티즘[13] 모형으로 구분했다. 첫째, 자유주의 모형에서는 정부의 재정지출 수준이 낮은 반면 비영리부문의 규모는 크다. 대표적으로 미국과 영국이 자유주의 모형의 사례이다. 둘째, 국가주의 모형은 국가가 비영리부문에게 권한을 위임하는 경우가 매우 적고, 비영리부문의 규모도 작은 데 비해 가족의 돌봄 기능이 중요하다. 일본이 국가주의 모형의 대표적 사례이다. 셋째, 사회민주주의 모형은 국가의 재정지출의 수준이 높고 비영리부문의 규모는 제한적이다. 스웨덴 등 북유럽 국가가 대표적이다. 넷째, 코포라티즘 모형은 정부의 재정지출의 수준이 높으며 비영리부문이 오랜 전통을 가지고 있으며 중요한 역할을 수행한다. 독일과 프랑스가 대표적 사례이다.

앞서 살펴보았듯이 상이한 정부의 역할과 기능은 비영리부문의 발전에 다양

---

13 코포라티즘(corporatism)은 사회의 다양한 조직이 서로 연계하여 동일한 목표를 위해서 동원되는 체계를 가리키는 용어이며, 주로 정부, 사용자, 노동자 등 3자의 정치적 연합을 표현하는 용어로도 사용된다.

한 영향을 미친다(김윤태, 2007: 255). 정부의 역할이 큰 국가주의와 사회민주주의 모형보다 정부의 역할이 작은 자유주의 모델에서 시민사회가 더 발전했다. 그러나 정부의 역할이 큰 코포라티즘 모형을 가진 독일과 프랑스에서도 시민사회의 역할이 상당히 발전했다. 이는 정부가 상당한 사회지출 예산을 비영리부문의 발전을 위해 지원한 결과이다. 최근에는 스웨덴 등 사회민주주의 모형을 가진 국가에서도 사회서비스를 제공하는 시민사회에 대한 지원을 확대했다. 정부가 요양, 육아, 사회적 돌봄 등 사회서비스를 제공하는 기관의 재정지원을 전담하는 대신 선택과 경쟁의 원리를 도입했다. 이는 사회복지 전달체계에서 복지혼합의 확대와도 밀접한 관련을 가진다.

이탈리아 사회학자 코스탄조 란치(Costanzo Ranci)는 '사회적 돌봄(social care)'을 공급하는 방식에서 제3섹터(the third sector)의 역할에 따라 네 가지 모형으로 분류했다(Ranci, 2002: 25~45). 제3섹터는 국가와 시장과 구별되는 시민사회의 영역을 가리킨다. 란치는 제3섹터의 규모와 제3섹터가 국가의 자금조달에 의존하는 수준에 따라 보조 모형, 제3섹터 지배 모형, 정부지배 모형, 시장지배 모형 등으로 유형화하여 분석했다. 첫째, 보조 모형에서는 제3섹터가 복지를 공급하는 중요한 역할을 수행하며, 이에 대한 정부의 지원 수준이 매우 높은 편이다 대표적 국가는 독일이다. 둘째, 제3섹터 지배 모형은 제3섹터가 사회서비스를 제공하는 중요한 역할을 수행한다. 그러나 보조 모형보다 정부의 지원이 제한적이다. 이탈리아가 대표적이다. 셋째, 정부지배 모형은 정부가 사회서비스를 주도적으로 제공하는 반면에, 제3섹터는 잔여적 역할에 머무른다. 프랑스의 사례가 대표적이다. 넷째, 시장지배 모형에서는 정부가 사회서비스를 제공하는 역할은 매우 미비한 반면에, 제3섹터의 비중은 매우 크다. 정부는 잔여적 역할만 수행하는 반면에, 제3섹터의 비중은 매우 크다. 영국이 대표적인 사례이다.

앞서 소개한 사례들을 살펴보면 비영리부문에 대한 정부의 재정지원이 많은 나라들은 주로 북유럽 국가와 유럽대륙 국가이다. 이에 비해 영미권 국가와 남유럽 국가에서는 정부의 재정지원이 상대적으로 적은 편이다. 하지만 제3섹터가 발전했다고 해서 정부의 재정지원이 적은 것은 아니다. 독일의 경우를 보면 사회서비스를 제공하는 제3섹터에 대한 정부의 재정지원이 65% 이상을 차지하고 있으며, 사회서비스 영역에서 제3섹터가 60% 이상의 인력 고용 비중을 차지했다. 다른 한편 프랑스의 제3섹터의 조직은 특정한 영역에 한정된 역할만 수행한다. 정부가 사회서비스의 59% 정도를 제공하며, 제3섹터의 조직은 잔여적 역할에 머물고 있다(Ranci, 2002: 35~36).

사회복지제도에서 사회서비스를 제공하는 국가와 시민사회의 역할이 국가별로 다른 이유로 각국의 역사적 배경, 사회구조, 정치적 동학, 시민문화, 정부의 정책 등 다양한 요소를 살펴보아야 한다(김윤태, 2009: 256~257). 특히 재원을 마련하는 조건에 따라 제도적 특성이 다르게 나타난다. 복지국가가 오랫동안 발전한 유럽의 사회적 기업은 다양한 형태의 정부 재정의 지원을 받는 비율이 높다. 국가가 주도적으로 사회서비스를 제공하는 복지제도가 일찍 발전되었기 때문이다. 다른 한편, 미국의 사회적 기업은 일부 정부와 공공재단의 지원을 받기도 하지만, 주로 시장의 영리활동을 통해 수익을 얻어야 하기 때문에 시장의 경쟁력을 더욱 중시한다(Dees et al., 2001).

유럽과 미국의 사회적 기업이 경영에 필요한 인적·물적 자원을 활용하는 방식이 다르기 때문에 제도적 배열도 다른 특성을 보이고 있다. 유럽의 사회적 기업은 대부분 1인 1표의 원칙에 따른 민주적 방식의 통제를 명시적으로 규정하는데 비해, 미국은 조직 운영에 대해 구체적인 제한을 하지 않으며 소수의 결정권을 인정하기도 한다. 사회적 기업의 수익을 분배하는 방법도 다르다. 유럽의 사회적 기업은 구성원에게 일정한 수준의 이윤 분배를 허용하지만, 미국은 이윤의 분배를 제한한다(장원봉, 2006). 구성원들의 자발적 출자로 결성된 협동조합의 역사를 가지고 있는 유럽의 사회적 기업은 일정한 수준의 수익을 조합원에게 재분배하는 경우가 있지만, 비영리조직의 전통을 갖고 있는 미국은 수익의 분배를 법률로 제한하는 경우가 많다. 유럽과 미국의 사회적 기업은 국가별로 경로의존성을 가지고 있으며 조직의 활동 방향과 목표도 다르다. 일반적으로 유럽대륙 국가의 사회적 기업은 다양한 사회서비스를 제공하는 반면, 영미권 국가의 사회적 기업은 고용창출에 주력하는 경향이 강하다. 이러한 차이가 발생하는 것은 사회서비스를 제공하는 각국 정부의 정책과 밀접한 관련을 가지고 있다(김윤태, 2009: 259). 유럽에서는 사회서비스의 제공이 국가 또는 공공기관에 의해서 제공되는 비중이 높지만, 미국에서는 사회서비스의 제공이 주로 시장에서 이루어지기 때문이다. 유럽에서 정부의 재정적 지원을 받아 사회서비스를 제공하는 사회적 기업의 역할이 점점 커지고 있다.

최근 한국에서도 고용기회와 사회서비스를 제공하는 다양한 사회적 기업이 증가하고 있다. 사회적 기업은 공익적 성격을 가지고 있는 사업과 빈곤층을 위한 고용창출의 역할을 수행한다. 정부 및 시장과는 다른 자원영역 또는 제3섹터가 사회복지를 제공하는 역할이 커졌다(한상진, 2005; Hahn and McCabe, 2006). 2007년 노무현 정부는 「사회적 기업 육성법」을 제정하고 사회적 기업을 "취약계층에게 사회서비스 또는 일자리를 제공하여 지역주민의 삶의 질을 높이는 등 사회적 목적을 추구하면서 재화와 서비스의 생산, 판매, 영업활동을 수행하는 기업"으로 규정했다. 사회적 기업 인증제도를 도입한 이후 2011년까지 약 600개 기관이 사회적 기업이 되었다. 노동부는 사회적 기업들이 지속가능한 경영을 통해 사회적 목적을 달성할 수 있도록 다양한 지원을 제공했는데, 주로 경영지원, 재정지원, 인건비지원 등이다. 사회적 기업은 주주나 소유자를 위한 이윤 극대화를 추구하기보다 사회적 목적을 우선적으로 추구하면서 이윤을 사업 또는 지역공동체에 재투자해야 한다. 대표적인 사회적 기업은 아름다운 재단, 다솜이 재단, 파랑발, 노리단 등이 있다. 이들은 일자리 제공형, 사회서비스 제공형, 지역사회 공헌형, 혼합형 등으로 구분된다.

한국의 사회적 기업이 추구한 목표는 사회통합과 노동통합의 원칙이 결합되어 있다(김윤태, 2009: 263). 취약계층에 대한 고용기회와 사회서비스를 제공하려는 한국의 사회적 기업은 시장의 효율성과 경쟁을 강조하는 미국의 사회적 기업과 사회적 목적과 공공성을 강조하는 유럽의 사회적 기업의 특성을 동시에 갖고 있다. 유럽의 사회적 기업처럼 정부의 법률적 규제가 강하고, 정부의 재정지원을 받기도 하지만, 미국의 사회적 기업처럼 고용기회의 창출에 주력하고 시장경쟁을 통한 수익창출을 강조하기도 한다. 2009년 기준 사회적 기업의 수익 가운데 70%가 시장에서 거래되는 영업 수익이다. 나머지 30%는 정부 지원금과 후원금이다. 정부의 지원금은 주로 인건비와 운영비를 지원한다. 이에 반해 정부의 구매제도가 최저가 입찰이기 때문에 사회적 기업이 공공시장과 거래하면서 성장하는 기회는 매우 제한적이다. 공공부문, 정부부문의 사회적 기업 의무구매율을 현행 3%보다 확대하여 공공시장의 판로부터 열어야 한다는 지적이 나오고 있다.

한국정부는 사회적 기업을 통한 고용창출을 강조한다. 복지예산을 그냥 소비적으로 지출하는 대신 사회서비스를 지원하는 일자리를 창출하는 데 지출하면 사회통합과 고용 확대의 이중 효과도 발생할 수 있다. 2005년 기준 한국의 사회서비스 부문이 차지하는 고용의 비중은 전체 서비스 경제 가운데 20.2%에 그쳤다. 이는 스웨덴의 43.9%나 미국의 32.4%에 비해 매우 낮은 편이다(정준호·김진웅, 2006). 그러나 한국에서 사회서비스에 참여하는 일자리는 임금 수준이 낮고 지속적인 수익 모델이 취약하다는 비판을 받는다. 2010년 기준으로 사회적 기업에 고용된 사람은 약 1만 명이며, 이 중 취약계층은 7,850명이다. 2009년 기준으로 수도권에 있는 사회적 기업에서 일하는 노동자의 평균 임금은 150만 원에 지나지 않아 양질의 일자리로 보기 어렵다. 또한 정부가 사회서비스 사업을 외주계약으로 결정하지만, 정부의 지출 수준에 따른 가변성과 불확실성이 커서 사회적 기업은 지속적으로 재정난에 빠질 수 있다. 결국 사회적 기업이 일정한 수익성을 지속적으로 추구해야만 사업의 지속가능성이 가능하며, 정부의 재정을 효과적으로 사용할 수 있다. 정부의 역할이 복지 제공자에서 재정적 지원자의 역할로 변화하는 동시에 정부와 비영리부문의 관계가 장기적 계약을 통한 제도적 관계로 발전해야 한다.

많은 경우 사회적 기업은 대부분 지역사회와 밀접한 연계를 갖고 사업을 실행하기 때문에 규모의 경제를 실현하기 어렵고 시장경쟁에서 지속적으로 이윤을 확대하는 경영 모델을 만들기 힘들다. 바로 이러한 조건 때문에 사회적 기업이 지역에 풀뿌리 조직으로 기반을 갖기 위해 갖추어야 하는 제도적 조건이 필요하다. 무엇보다도 사회적 기업이 정부, 기업, 자발적 조직 등 사회적 경제에 참여하는 다양한 주체와 유기적으로 연결되어야 한다. 사회적 기업을 이끄는 사회적 기업가(social entrepreneur)가 주도적 역할을 수행하는 동시에 다양한 공동체의 성원이 참여하는 시민사회의 자발적 활동과 긴밀하게 연결되어야 한다. 한국의 아름다운가게도 수익성을 확보하지 못할 것이라는 예상과 달리 자원봉사자와 기부에 힘입어 성공적인 경영 모형을 창출했다. 사회적 기업은 시장의 수익성만 강조하는 것이 아니라 지역의 사회 문제를 해결하려는 목표를 중요하게 부각시켜 시민의 자발적 참여를 촉진하는 활동과 긴밀하게 결합되어야 한다.

2012년 한국에서 협동조합의 새로운 지평이 열릴 「협동조합 기본법」이 제정되어 농협, 수협, 엽연초조합, 산림조합, 중소기협, 신협, 새마을금고, 소비자생협 등 8개의 개별법으로 쪼개져 있던 개별법을 통합하는 한편, 협동조합의 설립에 자율성을 부여하고 협동조합 간 협력의 기회를 지원하는 활동을 강화하기로 정했다. 앞으로는 출자금의 제한 없이 조합원 5명만 모이면 협동조합을 설립할 수 있게 된다. 정부의 인가를 받지 않고 조합의 신고로 모든 절차가 마무리된다. 과거의 협동조합들이 1차 산업과 일부 금융·소비 분야로 제한되었다면, 이제는 일반 제조업과 다양한 서비스 분야에서 협동조합이 등장할 것으로 예상된다. 그러나 아직도 금융과 공제사업 진출을 제한하고 있다. 단 「협동조합 기본법」에서는 사회적 협동조합에 대해 조합원을 위한 소액대출과 상호부조를 허용한다.[14]

대신 정부의 인가를 받도록 설립요건을 강화했다. 앞으로 주식회사 형태를 띤 사회적 기업의 상당수가 사회적 협동조합으로 전환할 것으로 예상된다.

5. 복지국가와 시민사회의 미래

2009년 노벨경제학상 수상자 엘리너 오스트롬(Elinor Ostrom) 교수는 개인의 합리적 선택이 공공이익에 나쁜 영향을 미친다는 '공유지의 비극'을 공동체를 통하여 해소할 수 있다고 주장했다(Ostrom, 1990). 경제학에 인용되는 '공유지의 비극'은 삼림, 어장, 유전, 방목장 등 공동체 모두가 사용하여야 할 자원은 사적 이익을 주장하는 시장의 기능에 맡겨두면 자원을 남용하여 고갈될 위험이 생기는 현상을 가리킨다. 전통적인 관점은 정부의 통제나 소유권의 사유화가 효율적 해결책이라는 견해가 지배적이었으나, 오스트롬은 공동체의 자치를 통하여 공유재산을 효율적으로 관리하고 환경파괴도 막을 수 있다고 주장했다. 구체적 사례로 스위스와 일본의 고산지대 목초지, 스페인의 우에르타 관개제도, 필리핀의 잔제라 관개공동체 등 사례를 소개했다. 공유자원을 관리하는 규범들이 진화하여 지나친 갈등 없이 사람들이 상호 의존하며 살아갈 수 있다고 주장했다.

현대 복지국가 역시 모든 시민이 하나의 운명공동체에 속해 있다는 의식에서 출발한다. 복지국가의 건설과정에서 복지 급여와 서비스의 적용 범위를 정하기 위해 보편주의 원칙을 어떻게 설정할 것인지 사회적 합의를 만들어야 할 것이다. 사회보험의 혜택을 받는 적용범위를 모든 국민을 대상으로 확대할 때 복지

---

14 사회적 협동조합은 1991년 이탈리아에서 처음 법제화되었으며, 조합원의 경제적 편익을 추구하는 일반 협동조합과 달리 취약계층을 돕자는 사회적 가치 실현을 목적으로 삼는다. 구체적으로는 빈곤층, 노인, 장애인을 위한 사회서비스 또는 일자리 제공, 지역사회 공헌 사업 등을 수행한다. 사회적 협동조합은 유럽형 사회적 기업의 원형으로도 인정받는다.

급여와 서비스의 공공 책임성을 강화하는 논리가 더욱 지지를 받을 수 있을 것이다. 또한 국가 기능에 대한 신뢰의 강화와 비영리부문의 자발적 서비스가 동시에 확대되어야만 국가와 시민사회가 서로 균형을 이루며 지속가능한 복지국가를 발전시킬 수 있을 것이다. 이런 점에서 독일과 스웨덴의 경험은 한국사회에서도 복지국가의 공공 책임성을 강화하며 예방적 복지국가를 강화하는 유용한 시사점을 제공한다(김윤태, 2010a).

역사적으로 보면 한국 복지국가의 발전은 다른 산업화된 국가에 비하면 매우 늦었다. 1960년대 이래 고도성장을 이룩했지만, 1998년 이후에야 본격적인 복지제도가 도입되었다(김윤태, 2010b). 이에 따라 오랫동안 사회복지 제공자는 가족과 시장이었으며, 국가의 역할은 매우 미미했다. 그러나 1998년 이후 복지제도가 도입되면서 복지예산도 증가하고 국가가 주도하는 사회복지 전달체계도 급팽창했다(최성재·남기민, 2006). 중앙정부와 지방자치단체의 복지행정 부서와 함께 사회보험공단도 확대되고 정부의 지원을 받는 사회복지기관과 비영리조직이 급증했다. 이와 함께 한국의 사회복지 전달체계도 관료주의의 문제가 발생하고 효율성이 부족하다는 지적을 받았다. 사회복지 전달체계의 효율성과 효과성을 높이기 위한 복지혼합의 전략으로 의사결정의 권위와 통제의 다원화, 조직운영의 자율성과 책임성의 강화, 운영주체의 상호 협력 등이 제기되고 있다(김진욱, 2011).

최근 탈산업사회의 복지체제 변화 추세를 보면 지역사회의 사회서비스를 제공하는 정부의 역할은 감소하고 민간부문의 역할은 더욱 커질 가능성이 높다. 이로 인하여 앞으로 사회서비스를 제공하는 사회적 기업의 역할은 더욱 중요해질 것이다. 그러나 노무현 정부 후반기에 추진한 사회적 기업은 국가 인증을 제공하면서 지나치게 고용 위주의 접근에 머무르고 있다. 정부의 재정지원도 주로 사회적 기업의 인건비 지급에만 초점을 맞추고 있다. 만약 사회적 기업이 사회서비스의 제공을 경시하고 수익성이 높은 사업 분야만 고려한다면 사회적 기업의 사회적 목적은 제한되고 서비스 분야의 저임금노동자만 양산할 수 있다. 사회적 기업은 공익성과 영리성을 결합하면서 고용 확대와 소득재분배의 기능을 동시에 추구해야 한다. 앞으로 정부는 사회서비스의 제공과 재정지원을 확대하는 효과적인 공공정책을 통해 사회적 기업이 발전할 수 있도록 체계적인 지원을 제공해야 한다.

한국에서 사회적 기업이 성공하기 위해서는 장기적으로 지속가능한 한국형 사회적 기업의 발전 모형을 만들어야 한다. 정부가 사회적 기업의 설립 초기단계에 경영과 기술을 지원하고, 기업이 협력하고, 시민사회가 주도적으로 운영하면서 정부-기업-시민사회 3자 협력모형을 강화해야 한다. 정부가 사회서비스를 제공하는 사회적 기업에 대한 직접적 인건비를 보조하는 정책은 많은 한계를 가지고 있으며, 새로운 사업영역을 개척하는 사회적 기업을 지원하기 위한 적극적 사회정책이 필요하다. 특히 최근 복지욕구가 급증하는 아동 돌봄과 노인요양 부문의 사회서비스를 제공하는 사회적 기업의 발전이 시급하게 요청되고 있다. 일자리 제공을 넘어 상호부조를 강화하는 협동조합과 자원봉사도 널리 장려되어야 한다.

2011년 국회에서 제정한 「협동조합 기본법」은 영세상인과 소상공인의 협력사업을 확대하고 이익 극대화 대신 조합원의 이익을 강화하는 활동을 벌여야 한다. 이와 같은 사적 이윤을 초월한 시민의 자발적 참여와 지역사회의 상호 협력은 사회적 자본(social capital)을 강화하고 사회 발전에 기여할 수 있다. 사회적 역량에 초점을 맞추는 공공정책은 정부와 시장의 이분법을 넘어 강한 시민사회를 강조해야 한다. 사회적 기업에 대한 민간부문의 자원봉사를 활성화할 수 있는 제도적 유인이 더욱 필요하다.

탈산업사회의 복지체제는 사회서비스를 제공하는 정부, 기업, 시민사회의 다양한 조직이 지역사회와 긴밀하게 연결되어야 한다. 지역사회의 구성원과 밀접하게 연결된 사회서비스 전달체계는 지역주민의 욕구에 반응하는 다양한 사회서비스를 제공할 수 있으며, 지역사회의 자원봉사의 인적·물적 지원을 받을 수 있다. 지역사회의 기반을 가진 사회서비스 전달체계는 보육, 의료, 요양 등 사회서비스를 제공하는 동시에 교육, 문화, 환경 등 다양한 삶의 질을 높일 수 있는 서비스를 제공하면서 지역사회의 구성원의 참여와 결속을 강화할 수 있다. 이러한 복지체제의 변화와 시민사회의 재구성은 장기적인 사회 발전의 토대와 사회적 신뢰를 창출하는 원동력이 될 수 있다.

참고문헌

고경환 외. 2003. 보건복지부. 『한국의 사회복지지출 추계: 1990~2001』. 한국보건사회연구원.
김기태. 2012. 「대안경제의 모색, 한국 협동조합운동의 경험과 함의」. ≪계간 민주≫, 2호.
김영종. 2003. 「한국 사회복지에서의 공공과 민간부문의 협력체계」. 『한국사회복지학회 2003년 춘계학술대회자료집』. 한국사회복지학회.
김윤태. 2007. 「사회적 일자리와 사회적 기업」. 임혁백·김윤태 외. 『사회적 경제와 사회적 기업: 한국형 사회적 일자리와 사회서비스 모색』. 송정, 29~66쪽.
_____. 2009. 「사회적 기업의 트라일레마: 한국형 모델의 전망」. ≪사회와 이론≫ 75호, 243~273쪽.
_____. 2010a. 「복지담론과 사회투자의 다양성」. ≪사회와 이론≫, 16집, 241~270쪽.
_____. 2010b. 『한국 복지국가의 전망』. 한울아카데미.
_____. 2013. 「토머스 험프리 마셜의 시민권 이론의 재검토: 사회권, 정치, 복지국가의 역동성」. ≪담론 201≫, 16권 1호, 5~32쪽.
김진욱. 2007. 「한국 사회서비스의 공사역할분담 개혁방향에 관한 연구: 공공책임성 강화를 전제로 한 공사혼합 모델을 중심으로」. ≪사회복지정책≫, 제31집, 177~210쪽.
_____. 2011. 『한국의 복지혼합』. 집문당.
문순영. 2005. 『한국의 민간 비영리 사회복지부문에 대한 이해』. 한국학술정보원.
보건복지부. 2007. 『2007년 사회복지관 현황』.
유누스, 무함마드(Muhammad Yunus). 2011. 『가난한 사람들을 위한 은행가』. 세상사람들의책.
이혜경. 1998. 「민간 사회복지부문의 역사와 구조적 특성」. ≪동서연구≫, 제10권 2호.
장원봉. 2006. 『사회적 경제의 이론과 실제』. 나눔의 집.
정준호·김진웅. 2006. 『서비스업 고용변화 요인과 시사점: 한국, 미국, 일본 및 스웨덴의 비교』. e-KIET 산업경제정보 315호(2006-32). 산업연구원.
최성재·남기민. 2006. 『사회복지행정론』. 나남.
한상진. 2005. 『시장과 국가를 넘어서』. 울산대출판부.
화이트, 윌리엄·화이트, 캐슬린(William Whyte & Kathleen Whyte). 2012. 『몬드라곤에서 배우자: 해고 없는 기업이 만든 세상』. 역사비평사.
Alter, Kim. 2004. *Social Enterprise Typology*. Virtue Ventures, LLC.

Anheier, Helmut K. and Lester M. Salamon. 1999. "Volunteering in Cross-National Perspective: Initial Comparisons." *Law and Contemporary Problems*, Vol.63. Duke University School of Law, Autumn, pp.43~66.

Ascoli, U. and C. Ranci. 2002. *Dilemmas of the Welfare Mix: The New Structure of Welfare in an Era of Privatization*. Kluwer Academic Pub.

Bills, David and Howard Glennerster. 1998. "Human Services and the Voluntary Sector: Towards a Theory of Comparative Advantage." *Journal of Social Policy*, Vol.27, No.1, pp.79~98.

Borzaga, C. and Jacques Defourny(eds.). 2001. *The Emergence of Social Enterprise*. London: Routledge.

Dees, J. Gregory, Jed Emerson and Peter Economy. 2001. *Enterprising Nonprofit: Strategic Toolkit for Social Entrepreneurs*. John Wiley & Sons, Inc.

Defourny, J. 2001. "Introduction, From Third Sector to Social Enterprise." Carlo Borzaga and Jacques Defourny(eds.). *The Emergence of Social Enterprise*. Routledge.

Douglas, J. 1987. "Political theories of nonprofit organization." in W. W. Powell(ed.). *The Nonprofit Sector A Research Handbook*. New Haven: Yale University Press.

Esping-Andersen, G. 1990. *The Three Worlds of Welfare Capitalism*. Princeton University Press.

European Commission. 2001. *Social policy agenda*. EU.

Gidron B., R. M. Kramer and L. M. Salamon. 1982. *Government and the third sector: Emerging relationships in welfare states*. Jossey-Bass.

Gilbert, Neil. 2004. *Transformation of the Welfare State: The Silent Surrender of Public Responsibility*. Oxford University Press.

Hahn S., and A. McCabe. 2006. "Welfare-to-work and the emerging third sector in South Korea: Korea's third way." *International Journal of Social Welfare*, 15, pp.314~320.

Hansmann, H. 1987. *The Nonprofit sector: A research handbook Powell, Walter W*. New Haven: Yale University Press.

Hundson, J. and S. Kühner. 2009. "Towards productive welfare? A Comparative analysis of 23 OECD countries." *Journal of European Social Policy*, 19. p.34.

Johnson, Cliff, W. Schwkek and M. Hull. 1999. *Creating Jobs: Public and Private Strategies for the Hard-to-Employ*. Center on Budget and Policy Priorities.

Johnson, N. 1987. *The Welfare State in Transition: The Theory and Practice of Welfare Pluralism*. University of Massachusetts Press.

Kim, Y. M. 2008. "Beyond East Asian Welfare Productivisim in South Korea." *Policy and Politics*, 36, pp.109~125.

Kwon S., and I. Holliday. 2007. "The Korea welfare state: a apradox of expansion in an era of globalization and economic crisis." *International Journal of Social Welfare*, 16, pp.242~248.

Le Grand, Julian. 2003. *Motivation, agency & public policy: of knights and knaves, pawns & queens*. Oxford University Press.

_____. 2007. *The Other Invisible Hand: Delivering Public Services Through Choice and Competition*. Princeton University Press.

Le Grand, Julian. and W. Bartlett(eds.). 1993. *Quasi-Markets and Social Policy*. London: Macmillan.

Marshall, T. H. 1977. *Class, Citizenship and Social Development*. Chicago University Press.

Ostrom, Elinor. 1990. *Governing the Commons: The Evolution of Institutions for Collective Action*. Cambridge University Press(엘리너 오스트롬. 2010. 『공유의 비극을 넘어: 공유자원 관리를 위한 제도의 진화』. 윤홍근·안도경 옮김. 랜덤하우스).

Pérotin, V. 2001. "The voluntary sector, job creation and social policy: Illusions and opportunities." *International Labour Review*, Vol.140.

Peng, I. 2009. "The Political and Social Economy of Care in the Republic of Korea." *Gender and Development Programme Paper*, Number 6. Geneva: UNRISD.

Pestoff, Victor A. 1998. *Beyond the Market and State: Social Enterprises and Civil Democracy in a Welfare Society*. Aldershot: Ashgate.

Powell, M.(ed.). 2007. *Understanding The Mixed Economy of Welfare*. The Policy Association(마틴 포웰 외. 2011. 『복지혼합』. 김기태 옮김. 나눔의 집).

Ranci, Costanzo. 2002. "The Mixed Economy of Social Care in Europe." U. Ascoli and C. Ranci(eds.). *Dilemmas of the Welfare Mix: The New Structure of Welfare in a Era of Privatization*. Kluwer Academy/Plenum Publishers, pp.24~45.

Rose, R. 1985. "The Dynamics of the Welfare Mix in Korea: An Expenditure Study between 1990 and 2001." *International Social Security Review*, 58(4), pp.3~26.

Salamon, L. M. 1987. "Partners in Public Service: The Scope and Theory of Government-Nonprofit Relations." in W. W. Powell(ed.). *The Nonprofit Sector A Research Handbook*. New Heaven: Yale University Press.

Savas, E. S. 2000. *Privatization and Public-Private Partnership*. New York: Chatham House Publisher.

Taylor-Gooby, Peter(ed.). 2004. *New Risks, New Welfare*. Oxford University Press.

Titmuss, Richard M. 1970. *The Gift Relationship: From Human Blood to Social Policy*. Reprinted by the New Press.

제13장

한국의 복지정치
복지동맹 구축 전망과 과제

주은선 | 경기대학교 사회복지학과 교수

1. 서론

2010년 지방선거부터 2012년 대통령선거까지 진행된 한국 복지논쟁의 가장 큰 성과 중 하나는 복지논쟁의 정치화라 할 수 있다. 이러한 복지논쟁 정치화의 성과는 최근의 기초연금을 둘러싼 정치적 공방에서도 드러난다.

오랫동안 한국정치에서 복지국가는 제대로 논의 대상이 된 적이 없었다. 복지는 철저하게 정부가 벌이는 사업으로 존재했고, 대중은 수혜자일 뿐 복지에 관해서는 필요를 제기하거나, 정책을 제안하거나, 추진하거나, 저항하는 주체가 되지 못했다. 그러나 2010년 이후 복지는 비로소 공공의 논쟁 대상으로 부상했고, 복지국가는 선거에서 갑자기 각 정치세력이 내세우는 대표 슬로건이 되었다. 이는 '성장을 위한 복지 억제'라는 오랜 암묵적 동의가 약화되고 있으며, 복지에 대한 대중의 인식이 변화하고 있음을 보여주는 신호이다. 복지에 대한 대중의 요구와 인식 변화가 포착되자마자 정당들이 빠르게 반응했다. 수면 아래에 가라앉아 있던 복지에 대한 대중적 관심과 기대는 정당과 언론의 반응을 통해 상승작용을 하며 급속히 달아올랐다. 신자유주의적 경제, 노동, 사회정책 개혁이 이루어진 이후, 양극화와 끊임없는 생존경쟁에 지친 대중들이 대안으로 복지에 주목하기 시작한 것이다.

무상급식과 같은 사회서비스 이슈의 정치적 파괴력은 2011년 서울시 주민투표와 서울시장 보궐선거에서까지 입증되었고, 복지논쟁의 영역이 넓어지면서 보건의료, 보육, 연금 등을 아우르는 보편주의 대 선별주의 논쟁으로 빠르게 진화했다. 보편주의 대 선별주의 논쟁은 장기적인 복지국가 발전 비전과 관련된 것으로, 무상급식 논쟁에 비해 이슈의 범위와 심도가 한층 깊어진 것이다. 특히 이 논쟁이 다양한 매체에서 대중적 논쟁거리로 부상한 것은 복지정치 측면에서 매우 큰 진전이라 할 수 있다. 잔여적 복지로 귀결되는 맞춤형 복지와 보편주의 복지의 대립을 축으로 하여 주요 정당들과 시민사회는 정치, 경제, 재정 측면에서 서로 다른 복지국가 비전을 제시했다. 적어도 복지논쟁 초기에는 보편과 선별의 대비가 시민들에게 각 정치세력의 비전을 구분하는 준거로 보였고, 보편주의적 복지는 무엇보다도 진보된 복지국가의 정치적 상징이 되었다.

돌이켜보면 선거라는 첨예한 정치적 경쟁의 장에서 복지가 이슈화된 것은 복지정치의 관점에서 보면 양날의 칼이었다. 우선 복지이슈가 선거정치의 소재가 되지 않았다면 이렇게 단시간에 폭발력을 가지고 빠른 속도로 확산되어 대중성을 가지기 어려웠을 것이다. 즉, 선거라는 뜨거운 권력 경쟁의 한가운데 있었기 때문에 복지이슈는 언론과 정당정치에서 중요 쟁점으로 단시간에 부상할 수 있었다. 복지논쟁이 보편주의라는 복지국가 비전에 관한 포괄적인 논의로 빠르게 진화한 것 역시 2012년에 총선과 대선이라는 큰 선거가 집중되어 있었기 때문에 가능한 일이었다.

반면에 복지정치의 대중적 기반이 취약한 상태에서 복지이슈가 선거정치의 핵심 의제로 활용된 것은 복지논쟁을 결국 정당 간 공약 경쟁으로 집중시키는 결과를 낳았다. 복지가 시민들의 관심과 논의의 대상으로 들어오는 속도에 비해, 지나치게 빠르게 정당 간 득표 경쟁 소재로 활용된 것, 그리고 기술적 논의와 비용 문제가 보수언론에서 집중적으로 우파적 담론 전개의 소재로 활용된 것은 한국 복지정치를 다시 '그들만의 리그'로 되돌리는 결과를 낳을 수 있다. 대중을 비롯한 시민사회의 행위자들이 복지국가 비전을 충분히 공유하고, 복지 전망을 창출하는 주체로 서지 못한 채, 공약들과 슬로건의 홍수 속에서 '선택하는 자'로서만 존재할 위험이 있다는 것이다.

물론 정당이란 것이 시민사회의 균열과 갈등을 제도정치로 전달하는 전동벨트 역할을 한다고 할 때, 정당들이 선거에서 시민들의 삶과 직결된 복지이슈에 민감하게 반응한 것을 정당정치의 정상화로 이해할 수도 있다. 문제는 주요 정당들이 복지 확대라는 사회적 요구에 부응하는 정체성 변화를 도모한다는 별다른 증거 없이 선거 승리의 도구로 복지 어젠다를 빠르게 활용했다는 것이다.[1] 이런 도구화의 증거들은 공약 채택의 속도와 방식, 비전과 정책과 재정조달 방안들 사이의 내부 균열들에서 찾아볼 수 있다. 복지이슈의 정당정치 도구화는 빠른 속도로 공약의 폐기와 복지국가 비전의 축소를 가져오면서 자생적으로 확산된 복지국가에 대한 대중적 관심과 열정을 오히려 무뎌지게 만들 수 있다.

총선과 대선에서 복지정치의 열풍이 불었고, 또 2013년 기초연금 공방을 둘러싼 대중의 관심은 높았지만, 국민이 복지국가 비전을 결정하는 주체로서 스스로 사회의 주인이 된다는 의미에서의 민주주의는 여전히 지지부진하다. 독재정권 시기부터 형성된 거대 기업집단과 정치영역의 긴밀한 관계는 존속하는 반면에 정당정치, 의회정치는 대중성을 확보하지 못한 채, 다시 복지는 집권세력의 통치 비즈니스의 일부로 축소되고 있다. 이를 극복할 만한 복지정치 주체의 형

---

1 일례로 '모든 노인에게 20만원 지급'이라는 새누리당의 기초노령연금 보편화에 관한 공약은 박빙의 상황에 있던 대선을 불과 며칠 앞두고 제출되었고, 대선 승리 후 조직된 인수위에서 두 달도 채 되지 않아 폐기되었다. 인수위에서 최종적으로 기초노령연금안은 국민연금 급여와 소득수준에 따른 기초연금 급여 차등화 방안으로 제출되었다.

성은 여러모로 아직 초기단계이다. 시민사회와 정당정치의 연결 고리는 여전히 취약하고, 복지정치의 주체와 통로는 다양하게 확대되지 못했다.

지금 한국 복지정치가 서 있는 자리가 이러하다면, 이렇게 정체된 한국 복지정치의 발걸음을 뗄 주체의 문제가 우선 중요할 것이다. 이에 이 글에서는 한국 복지정치에서 주체의 문제, 특히 복지동맹 구축 문제를 살펴보고자 한다. 한국 복지의 관료중심성이라는 오랜 관성과, 복지의 통치 도구화를 극복하기 위해서는 이를 압도할 만한 대중적 복지정치의 역동성을 만들어낼 필요가 있기 때문이다. 따라서 보편적 복지국가로의 진보를 지지하는 정치세력의 응집력과 연대 형성, 즉 복지동맹 구축은 한국사회에서 여전히 중요한 과제이다.

복지정치에서 복지동맹 문제의 핵심 이슈는 정당과 시민사회의 소통과 연합의 문제이다. 특히 1990년대 후반부터 한국 복지정치에서 국가와 대척점에 있는 시민사회운동이 복지동맹 구축에서 어떤 역할을 할 수 있을 것인가 하는 것은 여전히 중요한 이슈이다. 이에 더해 대중이 스스로 복지정치의 주체가 될 수 있을 것인지를 새롭게 고민해볼 필요가 있다. 다시 말해 양극화 사회에서 더욱 고통받는 실업자, 노인, 청년, 여성 등은 복지에 관한 능동적 문제제기의 주체가 될 수 있을 것인가, 나아가 복지국가 비전을 공유하고 복지국가 발전을 추동하는 주체가 될 수 있을 것인가 하는 것이다. 요컨대 복지정치와 복지동맹의 주체라는 면에서 현 대의제 민주주의의 핵심 행위자인 정당뿐만 아니라, 시민사회운동, 여성, 노인, 청년세대 등의 복지국가에 대한 이해관계와 복지동맹 형성 가능성 등을 검토해볼 필요가 있다. 이것은 그동안 시민사회 배제적인 국가 중심 정치가 지배해온 한국 복지국가 정치를 변화시킬 수 있는 동력을 찾을 수 있을 것인가, 복지국가 확대의 정치가 실질적인 민주주의 확대와 함께 이루어질 수 있을 것인가에 관한 논의이다.

이 글에서는 먼저 한국 복지정치의 현주소를 역사적 과정과 몇 가지 사례를 통해 살펴본다. 복지국가를 향한 복지동맹 형성이 가능할 것인가의 문제를 구체적 이슈에 대해 각 정치세력이 드러낸 입장과 지향, 복지제도에 대해 형성되고 있는 이해관계 및 분할 구도를 통해 살펴보고자 한다. 몇 가지 쟁점에 비추어 계급 간, 다양한 사회집단 간 복지동맹 형성의 문제를 살펴보는 것이 이 글의 주요한 관심사이다.

한국사회에서 복지국가 비전을 둘러싼 논쟁과 구체적 제도개혁을 통한 경로 형성은 여전히 시작 단계이다. 다만 지난 몇 년 간 복지정치라는 것이 인식되고 그 대중적 저변이 확대되었으며, 복지의 정치화는 돌이킬 수 없는 흐름이 되었음에 주목할 필요가 있다. 이 흐름이 민주주의의 기반 위에서 대중을 복지정치의 주체로 세우고, 시대를 앞당기는 정치적 동력으로 이어질 수 있을지가 관건이다. 한국사회 패러다임 변화를 이끄는 복지정치의 가능성, 복지동맹 형성의 가능성은 어디에 있는지 찾아볼 수 있을 것인가?

2. 한국 복지정치의 특성

1) 한국 복지정치의 과거와 현재

(1) 1987년 민주화 대투쟁 이후부터 참여정부 시기까지

한국의 복지 발전, 혹은 억제는 개발독재 시기에는 급격한 산업화의 보완물로 국가가 주도했다. 주요 복지제도 도입은 사회세력들 간의 타협과 조율의 결과가 아니라 국가의 일방적 정책 추진의 결과였다. 박정희 정권기의 산재보험, 의료보험 도입부터 전두환 정권기 국민연금 도입 결정까지 한국 복지정책 결정에서는 발전국가(developmental state)의 일방주의가 오랫동안 통용되어왔다. 이에 과거 한국복지에 관한 정치 역동성 분석에 서구 복지정치 논의에 핵심 개념인 계급, 정당, 민주주의, 코포라티즘(corporatism) 등을 적용하기 어려웠다. 한국 사회복지 발전 모델, 혹은 한국 복지발전의 정치는 유럽 복지국가 발전을 설명할 때 흔히 등장하는, 좌파정당과 노동조합의 힘이 복지국가 발전의 동력이라는 권력자원모델(power-resources model)[2]과는 대척점에 있었다.

1987년 민주화 투쟁과 노동자 대투쟁 이후 민주화운동, 노동운동 등이 합법화되면서 복지정치에서도 비로소 '광장'이 열렸다. 1990년대에 시민단체인 참여연대는 수급자의 권리성 향상을 핵심으로 하는, 「생활보호법」의 「국민기초생활보장법」으로의 전환을 아래로부터 주도했다. 이에 부응하여 수급권과 최저생활보장 권리를 위한 소송 제기 등 국민기초생활보장급여 수급자와 국민연금 가입자들의 사회적 발언도 빈번해졌다. 비로소 정치적 시민권을 확보하기 시작한 노동운동은 임금인상뿐만 아니라 의료보장의 불평등 해소를 핵심으로 하는 의료보험 통합 이슈 등을 통해 사회공공성 확대를 추구했다. 이동권 투쟁, 자립생활 추구 등 장애인 당사자들의 운동도 급속히 성장했다. 영향력 있는 복지운동의 출현을 비로소 목도할 수 있었던 1990년대 후반은 노동자계급과 다양한 시민운동이 복지정치의 주요한 행위자로 등장한, 복지정치 지형의 중요한 변화가 있었던 시기라 할 수 있다.

따라서 정치적 민주화는 기존에 국가중심이론(state-centered theory)으로 설명되던 한국 복지정치의 변화 가능성을 열었다고 할 수 있다. 1997년 정부가 급여 삭감을 내용으로 하는 연금개혁을 별다른 사회적 저항 없이 실행한 것과는 대조적으로, 2007년 연금개혁은 상당한 사회적 논의 과정과 갈등, 계속되는 입법 실패와 재시도 과정을 거쳐 이루어진 것도 이런 변화를 반영한다.[3]

물론 열린 광장의 정치가 항상 성공적인 제도 변화나 완전한 정치적 변화를 가져온 것은 아니다. 민주화 이후에도 복지정책 논의의 장은 시민사회에게 활짝

---

2 코르피(Korpi, 1983, 1989), 에스핑-안데르센(Esping-Andersen, 1985) 참조.
3 2007년 개혁에 앞서 2005년에 정부는 국민연금 개혁을 시도했으나 노동계와 시민운동, 무엇보다도 일반 국민의 반발로 좌절된 바 있다.

열려 있지 않았다. 여전히 의회가 아닌 행정부가 복지정책 구성에 관한 최종적이고 결정적인 권한을 가졌으며, 의회와 시민사회는 별다른 역할을 하지 못했다. 김대중 정부 시기 국민연금급여의 소득대체율 인하는 전문가 내부 논의만 무성했을 뿐 당시에는 그런 사실조차 국민에게 제대로 알려지지 않았다.[4] 참여정부 시기 두 번째 국민연금급여 삭감, 즉 2007년 말 국민연금 소득대체율을 다시 40%로 낮출 때에도 소위 사회적 합의기구는 무력화되었으며[5], 국회도 결국 관료의 의도를 그대로 좇아가는 방식의 교섭을 했다(Joo, 2010).

박정희 정부의 국민복지연금법 도입, 전두환 정부의 국민연금 실시가 행정부가 일방적으로 실시하는 사업으로 진행되었고, 김대중 정부의 연금급여 삭감이 전문가들의 논의 결과를 반영한 것이었다면, 참여정부의 연금개혁 과정에서는 저출산고령사회위원회라는 사회적 합의기구에서의 연금개혁 논의가 있었으며 국회에서 정당정치가 작동했다는 차이가 있었다. 물론 행정부가 의도치 않았지만 국회 논의를 통해 정액의 기초연금 도입이 이루어졌다는 것은 과거와 구분되는 점이다. 또한 연금에 대한 잦은 언론 보도도 있었고 사회적 논쟁도 있었다. 그러나 개혁 과정의 주도권은 관료들에게 있었다. 당시 정부는 '연기금고갈론'으로 요약되는 연금재정위기론을 대중화시키는 데 전력을 기울였고, 언론은 그 유포 통로였다. 정부는 재정위기론을 통해 개혁의 동력을 얻었다.[6] 반면 연금개혁

---

4   당시 국민연금급여의 소득대체율이 40년 가입 평균소득자 기준으로 70%였던 것이 60%로 삭감되었다. 이는 이후 2007년에 이루어진 급여 인하의 전초로서, 2007년 급여삭감과 거의 유사한 논리에 의해 이루어졌다.

5   일례로 저출산고령사회위원회라는 사회적 합의기구를 통해 기초연금 도입에 관한 연금개혁 논의 와중에, 2006년 말 보건복지부 주도의 정부 입법 시도로 사회적 합의기구의 논의는 중단되었다. 주은선(Joo, 2010) 참조.

6   한국 국민연금이 공적연금으로는 예외적으로, 많은 기금을 쌓아갈 것임에도 불구하고 정부는 당장 국민연금기금이 소진될 것으로 오해될 수 있는 위기론을 유포했다. 정부는 수십 년에 걸친 경향으로 이해해야 하는 연금재정추계를 바꿀 수 없는 미래로 발표했고, 연금재정이 장기출산률, 경제성장률, 고용률 등 종합적인 사회 전망의 문제임에도 불구하고

에 관해 국회는 주도권을 갖지 못했을 뿐 아니라 시민사회와의 연결성, 국민의 대표성을 제대로 확보하지 못했다. 민주당은 당론에 대한 충분한 모색 없이 정부의 대표자로 때로는 입법절차의 대리자 역할을 했고, 당시 한나라당도 당론에 대한 제대로 된 논의 없이 정부와의 대립을 위해 연금정치에 나섰다. 그 결과가 2007년 애매모호한 기초노령연금의 도입과 국민연금급여의 획기적인 삭감이다.

다른 나라의 연금정치를 보면 2007년 한국의 경우처럼 공적연금급여를 60%에서 40%로 한번에 삭감하는 경우, 유사한 개혁에 대중이 잠잠했던 경우를 찾아보기는 쉽지 않다. 대중이 국민연금급여 삭감의 내용을 아는 경우도 많지 않았고, 이를 안다고 하더라도 어쩔 수 없는 것으로 생각했다. 시민사회운동과 노동운동은 연금개혁을 저지하고자 했으나 정부와 의회의 움직임에 비해 한발 뒤늦은 것이었고, 대중적 동력을 얻지 못했다.

복지 삭감의 정치뿐만 아니라 확대의 정치 역시 유사한 측면이 있다. 국민기초생활보장급여의 도입은 최종적으로 대통령의 의지에 의해 추진되었음을 간과할 수 없다. 새로운 공공부조제도가 포함하는 수급자들의 권리성 증진은 과거 「생활보호법」과의 결정적 단절과 발전의 지점이었으나 대중, 좁게는 수급자들에게 충분히 인지되지 못했다.

정리하면 민주화 이후 한국 복지정치의 절차가 보완되었다. 시민운동의 정책 투입은 일부 성공 사례를 남겼다. 건강보험 통합개혁과 국민기초생활보장제도 도입이 그 사례로 꼽힌다. 그러나 노동운동의 복지정치, 즉 복지를 매개로 한 조직화와 복지정책의 제도정치로의 투입에는 실질적인 성과가 별로 없었다. 정당도, 사회적 합의기구도 노동운동과 시민운동의 정책 투입 통로로 작동하지 않았다. 민주화운동과 사회적 합의에 호의적인 정부 집권기에도 그러했다. 즉, 한국의 사회운동이 자신들의 사회정책 방향을 대중적으로 유통하고, 정책결정의 장

당장의 연금급여 삭감으로만 이 문제에 대응할 수 있는 것처럼 선전했다.

에서 능동적 행위자가 되는 경험은 흔치 않았고, 그 과정은 입법 성과를 이루어 내는 데까지 이어지지 못했다. 대통령 직선제 쟁취라는 수준의 민주화로는 한국 복지정치에서 민주주의가 제대로 작동하지 않았다. 대표적으로 기존 연금개혁 과정에서 사회적 공론화와 숙의가 수반되는 민주주의는 충분히 작동하지 않았다.

(2) 이명박 정부 집권기부터 최근까지의 복지정치[7]

복지보다는 경제성장과 경쟁을 내세운 이명박 정부하에서 복지국가가 대중의 논의거리로 부상한 것은 역설적이다. 그러나 달리 보면 민주화로 정치적 공간이 열린 가운데, 경제위기 이후 신자유주의적 정책 전환으로 삶의 조건이 척박해진 상황에서 복지가 핵심 정치 이슈로 부상한 것은 자연스럽다.

이명박 정부 시기 복지정책은 희망 스타트, 기초노령연금, 바우처 방식의 사회서비스 확대 등 참여정부 후반기의 것들을 이어가는 것이 대부분이었다. 획기적인 복지정책의 새로운 도입 사례는 찾아보기 어렵다. 청년실업, 빈곤, 불안정하고 불평등한 노동 문제가 더욱 심각해지는 상황에서 이명박 정부의 소극적인 복지 행보는 대중의 요구에 전혀 부응하지 못하는 것이었다.

그 결과 이명박 정부 시기 집권정당인 새누리당[8]은 2010년 지방선거, 2011년 재보선, 서울시 무상급식 주민투표, 서울시장 선거에서 연속 패배를 맛보았다. 앞서 언급한 것처럼 복지가 선거의 주요 쟁점으로 떠오른 가운데 새누리당을 비롯한 우파 진영은 선거에서 위력을 발휘한 '무상복지' 담론에 대항하는 동시에, 다른 한편으로는 다시금 복지를 통해 국민적 이익을 대표하고 있다는 보편성을 획득할 필요성이 커졌다. 무상복지 담론에 대항하기 위해 집권세력과 보수언론

---

7   이 부분은 주은선(2013)을 참조했다.
8   한나라당은 당명이 바뀌어 현재 새누리당이지만 분석 대상이 되는 기간 동안 당명은 한나라당이었다. 정치세력이 연속적이라는 점, 또 논의의 현재성을 강조할 필요가 있기에 이 글에서는 시기에 무관하게 새누리당으로 지칭한다.

은 정당에서의 복지 논의를 포퓰리즘으로 폄하했지만, 야권과 시민사회에서는 복지동맹, 사회연대국가 등을 내세워 복지와 정치의 적극적인 연계를 모색했고 이것이 복지의 정치화라는 성과를 거둔 것이다.

초기에 무상급식으로 시작된 복지논쟁은 보편주의와 선별주의의 논쟁으로 전화되었고, 이 논쟁은 포괄적 주제를 담은 것이자 비전에 관한 것이었기에 분야별 논점들을 포함하여 이루어졌다. 흥미로운 것은 보편-선별 논쟁을 중심으로 의회에서 복지를 둘러싼 정당 간 대립의 논점이 형성되었고, 일시적으로라도 각 정치세력 간 복지정책 비교가 이루어질 수 있었다는 것이다. 이 논쟁에서는 정당과 시민사회운동의 각 분야별 복지정책안들이 대상 범위, 재원 등과 함께 공개되었다. 그런데 이 과정에서 새누리당은 보편주의와 선별주의를 둘러싼 복지논쟁에서 소위 '70% 복지'와 '능동적-맞춤형 복지' 사이를 오가며 일관된 비전을 보여주지 못했다. 적어도 복지에 관해 새누리당은 수세에 몰려 있었다. 당시 새누리당의 유력 대선후보였던 박근혜 진영은 '한국형 복지국가'라는 이름하에서 참여정부 시기에 나온 사회투자국가와 사실상 유사한 정책 내용을 담은 사회보장법안 개정안을 내놓았고, 관련 비전을 제시했다. 이는 보편주의와 선별주의라는 쟁점에 대한 뚜렷한 대답을 피해가는 것이었고, 내용은 상당히 추상적이었다. 그럼에도 새누리당은 2012년 선거를 앞두고 박근혜 후보의 한국형 복지국가 모형을 지지하는 것으로 입장을 정리하면서 보편-선별 대립의 수세적 국면에서 벗어나게 되었다.

다른 한편 참여정부 말기 사회투자국가를 주장한 바 있는 민주당은 과거 민주노동당 안과 유사한 복지정책을 내놓았다. 무상보육, 무상의료, 무상교육, 반값 등록금 등이 그것이다. 민주당에서는 대상의 보편성을 강조하고, 복지국가로의 도약을 주장하는 보고서들이 나왔으며, 당론으로 채택되었다. 정책안들 중 상당 부분은 민주당 자체적으로 생산한 정책이라기보다는 시민사회운동에서 주장한 바들을 집대성한 성격이 강했다. 갑자기 복지논의의 공간이 열리면서 정세와 민주당의 정치적 고려에 의해 시민사회와 정당의 정책적 고리가 강화되었다. 여타 야당들과 시민사회의 운동의 연결 고리 역시 복지를 매개로 강화되었다.

보편-선별 논쟁 이후 2라운드로 접어든 복지논쟁은 재정 이슈로 확산되었다. 감세와 증세, 정부지출구조 개선 등 복지재정 확보 방안이 파편적으로 언급되는 가운데, 보수우파 진영은 남유럽 경제위기 등 각국 재정위기론을 통해 복지논쟁의 주도권을 되찾아오려는 반전의 계기를 모색했다. 이는 기존의 경제 우선주의에 부합하는 논리였고, 또 보수언론들의 지원을 받은 논리이기도 했다(주은선, 2013). 중도 및 진보 진영에서는 보편주의 이후 추가적인, 확장성 있는 복지 쟁점을 제시하지 못했다. 물론 이는 이제 복지국가와 관련된 논쟁이 추상적인 비전에 관한 것에서 노후소득보장, 의료보장, 보육, 노인요양, 장애인 복지, 재정조달 등 각 분야별로 구체화되어야 하는 국면이기 때문이다. 복지담론 정치와 복지논쟁에서 현실정치에서 지배적인 보수 헤게모니가 일시적으로 억제되어 한때 헤게모니 구도가 역전된 것처럼 보이기도 했으나 끝내 역전은 이루어지지 않았다. 현실정치에서 보수우파의 총선 및 대선 승리가 있었고, 이는 현재 기로에 서 있는 한국 복지정치의 기본적인 조건을 형성한다.

2) 정리: 미완의 민주주의와 한국 복지정치의 한계

한국은 1987년 민주화 대투쟁 이후 급속히 민주주의 제도를 도입했다. 문제는 민주화 이후 한국 복지정치가 정말로 변화했는가 하는 것이다. 한국의 복지정책 형성과 정책결정 과정에서 보통 사람들은 실질적 참여와 영향력 행사를 할 수 있었는가, 아니면 역시 여전히 소수의 이해관계와 영향력에 의해 폐쇄적인 결정이 내려졌는가?

1990년대 후반부터 최근까지 많은 복지제도의 형성과 개혁이 이루어졌다. 건강보험 통합, 「생활보호법」의 「국민기초생활보장법」으로의 전환, 노령, 산재,

실업, 건강보장 적용의 확대, 바우처 제도 도입, 국민연금 축소, 퇴직연금 도입, 기초연금 도입, 장기요양보험제도의 도입 등이 그것이다. 이러한 한국의 복지발전은 많은 경우 민주화의 성과로 언급된다. 특히 1998년 경제위기 이후 여러 가지 제약에도 불구하고 복지제도 도입과 확산이 꾸준히 이루어진 것은 바로 정치적 민주화의 영향이라는 주장이 존재한다(성경륭, 2002; Wong, 2004).

1970~1980년대 사회보험 입법이 권위주의적인 발전국가가 대기업 노동자를 중심으로 포섭과 통제의 차원에서 일방적으로 실시된 것에 비해, 시민사회단체가 정책 이니셔티브를 가졌던 1999년「국민기초생활보장법」제정은 민주화 이후 한국 복지정치에 근본적인 변화를 보여준다. 게다가 최초로 야당이 집권한 김대중 정부하에서 정책 네트워크의 획기적인 변화가 있기도 했다. 성경륭(2002)은 민주화로 인해 지배 엘리트가 변화했고 시민운동이 더 많은 공간을 확보하게 되면서 시민운동과 지배 엘리트의 수직적 결합이 이루어졌다고 한다. 이는 직접선거로서 최초로 정권교체를 통해 집권한 김대중 정부하에서 정책 네트워크의 획기적인 변화가 있었음을 의미한다. 왕(Wong, 2004)은 민주화 덕분에 시민권으로서의 복지, 재분배를 목적으로 한 사회정책으로의 전환이 가능했고, 정치적 민주화로 인해 지구화 국면에서도 복지축소가 아닌 확대가 가능했다고 한다.

그러나 민주화 이후에도 상당 기간 시민들의 삶의 문제와 직결된 이슈, 즉 사회보장 적용, 급여 수준, 조세부담이나 사회보장자격 확보 등과 같은 복지이슈들은 바로 정치화되지 못했다. 독재 철폐, 권위주의 극복이란 차원에서의 민주화가 복지정치 민주화를 이끌어내고 있다는 주장은 마치 한국을 비롯한 발전국가가 서구 민주주의에 대한 학습을 통해 서구 복지국가를 따라잡고 있다는 것으로 들리기도 한다. 즉, 발전국가의 복지정책 전개를 기존 후발국가의 경제발전 논리를 그대로 적용하여 설명하는 것이다. 그러나 아쉽게도 탈권위주의란 의미의 민주화가 자연스럽게 바로 복지정치의 민주화로 귀결되지는 않았다. 1990년대 후반 건강보험 통합과「국민기초생활보장법」도입 당시 시민사회의 영향력이 부각되었으나 이후 사회복지사업 지방 이양, 사회보험 적용범위 확대(전 국민 연금 달성), 근로장려세제 도입, 사회적 일자리 사업, 의료급여제도 개혁, 노인장기요양보험제도 도입과 바우처 제도 도입을 비롯한 사회서비스 확대 등은 아래로부터의 이니셔티브는커녕 시민사회에서의 논의조차 드물었다(2007년 국민연금 개혁은 오히려 예외에 가깝다). 즉, 사회복지정책은 대부분 사회성원들의 삶의 내용과 직접 관련된 문제임에도 불구하고 이것이 한국사회에서 '공론화'된 사례는 많지 않다.

복지정책이 주요한 사회적인 쟁점이 되고, 이에 대한 이해에 기반을 두고 사회적 균열이 형성되고, 그에 따른 논쟁이 충분히 전개되고 합의된 결과가 정책에 반영된 사례는 거의 없다. 정당들이 자신들의 노선과 지지 계층의 이해에 걸맞는 복지정책을 당론으로 명시하는 경우도 거의 없었다. 복지정책에 대한 정당의 입장은 간혹 표명되더라도 이에 대한 책임성은 크지 않았다. 여전히 대부분 복지정책은 정부가 담당하는 '사업'일 뿐이었다. 국민 '참여'를 명분으로 참여정부 시기 수많은 위원회들이 작동했지만 이는 전문가 그룹의 의견청취 기능을 했다는 것이 더 정확하다.

따라서 탈권위주의를 핵심으로 하는 일반적 의미의 민주화, 다시 말하면 선거를 통한 권력위임이 가능해졌다는 의미에서의 민주화와 사회정책 결정에서 민주주의가 갖는 의미를 구분할 필요가 있다. 복지정치에서 민주주의의 의미는 정당 간 경쟁, 탈권위주의에서 그치지 않는다. 이는 제도정치의 변화와 주체 두 가지 측면에서 말할 수 있다.

제도정치 측면에서 한국 복지정치의 민주화의 요체는 복지정책을 둘러싼 사회경제적 균열이 제도정치에서 정치적 경쟁의 형태로 반영되는 것이라 할 수 있다(최장집, 2005). 민주주의가 작동하는 상황에서는 정책 아이디어 투입과 아이디어 간의 경쟁이 사회적으로 진행되며 이는 정당이나 사회적 협의기구 등에서의 제도화된 정책결정 과정에 반영된다. 이에 복지정치에서의 민주주의는 정책

결정 과정에서 국가와 사회의 소통 및 상호작용의 원활함, 사회 내부의 공론화 수준, 공론의 균열을 매개하는 정당의 기능과 역할 등에서 발견할 수 있다. 즉, 국가가 사회를 지배하지 않으며, 국가와 사회의 소통이 원활한 상태이다.

그러나 지금 한국사회의 국가는 사회영역에 대한 지배력이 과거에 비해 크지 않되, 이를 보완할 만한 조정능력, 소통능력을 갖추고 있지 않다. 이를 가능하게 하는 사회와 국가 사이의 조정과 소통을 담당하는 정당과 사회적 협의 모두 제대로 작동하고 있지 못하다. 정책 비전 없는, 정부에 종속된 정당의 문제는 이미 널리 알려져 있기에 사회적 합의기구의 문제를 살펴보자.

한국의 의회 및 정당이 갖는 시민사회 대표성의 한계를 보완하기 위해 김대중 정부 때부터 활용된 사회적 합의기구는 그 취지에도 불구하고 아직 성공적으로 기능한 적이 없다. 저출산고령사회위원회에서 이루어진 공보육시설 확충(전체 대비 30%) 등과 같은 시민사회단체의 합의사항은 아무런 강제력이 없을 뿐 아니라 제대로 입법화된 적도 없다. 관료집단에서도 국회에서도 사회적 합의기구의 논의는 하등 고려할 이유가 없는 것이기도 했다. 이런 사회적 합의의 형식화는 민주화 이후 한국 복지정치가 민주주의 면에서 여전히 한계를 보이는 중요한 이유 중 하나이기도 하다. 심지어 사회적 합의기구는 정부가 정치적 정당화의 절차로 활용하기도 한다. 2013년에 기초노령연금 개혁을 논의한 국민행복연금위원회는 사회적 합의를 도모하기보다 빠르게 추상적 원칙만을 도출해내어, 행정부에 의사결정 권한을 넘겨주고 개혁에 대해 쏟아질 비난을 분산시키는 장치였다.

요컨대 민주화 이후에도 대통령을 정점으로 하는 행정부의 일방적 추진력이 시민사회영역의 목소리를 누르는 형태의 복지정책 개혁을 볼 수 있다. 즉, 의회와 사회적 협의기구를 통한 국가와 사회의 복지정책을 둘러싼 소통은 대부분 일방적이었거나 무시되었다. 물론 복지국가 정치의 한계는 민주화 이전과는 다른 차원에서 존재한다. 그러나 국가가 시민사회와의 소통능력을 갖추지 못한 것은 여타 사회영역에서와 마찬가지로 복지 면에서의 퇴행을 가져올 가능성이 크다.

이제 주체 측면에서 복지정치의 민주주의를 생각해보자. 이런 시각에서는 1987년 대투쟁으로 공민권과 정치적 시민권을 자각한 시민이 형성된 이후에 한국 복지정치에서 '사회권 확보에 능동적이며, 복지국가를 위한 연대 의지가 있는 시민'이 발견되는지 여부가 핵심이다. 이는 복지정치에서의 민주주의 작동의 핵심을 정책결정에 대한 시민사회의 실질적 영향력 행사 여부로 판단하는 관점에 의한다. 이는 이명박 정부 시기부터 크게 부상한 미조직 대중일 수도 있으나 시민운동, 노동운동 등 조직된 대중일 수도 있다. 문제는 이들이 복지국가를 둘러싼 연대와 사회권 확보를 과제로 인식하며, 이를 위해 얼마나 능동적인 활동을 벌이며, 또 궁극적으로 얼마만큼의 성과를 거두느냐 하는 것이다.

우선 일반 대중의 인식과 참여는 복지국가에 관한 언급이 크게 증가하고 복지논쟁의 공간이 크게 열린 2012년 이전과 이후에 상당히 달라졌을 것으로 감지된다. 2000년대 중반 참여정부 말기의 사회서비스 확대와 복지국가를 생산적 의미에서 정당화시키는 '사회투자국가'라는 비전에 대해 대중은 그다지 많은 관심을 갖지 않았다. 복지정책 방향에 대한 소통은 거의 이루어지지 않았다. 조직된 대중, 즉 노동운동과 시민운동의 복지정책에 대한 투여 역시 2012년 이후 상당히 증가한 것으로 보인다. 노동운동의 복지정책에 대한 관심과 이해관계는 점점 더 명료해지고 있다. '복지국가'를 전면에 내세운 시민사회운동 조직 – 복지국가 소사이어티, 내가 만드는 복지국가, 서울복지시민연대 – 들이 나타난 것은 새로운 현상이다. 또한 청년유니온, 노인유니온, 은퇴자협회 등 세대의 이해관계를 대표하기 위한 조직들이 만들어져 복지정책을 둘러싼 논쟁에 참여하고자 하고 있다. 문제는 앞서 언급한 바와 같이 정당과 사회적 협의기구를 위한 민주적 소통과 공론화와 영향력 행사의 통로가 매우 협소한 상태에서 이들이 얼마나 이러한 한계를 극복해낼 수 있을 것인가 하는 것이다. 여하튼 기존의 복지정책 결정이 정부의 일방적 추진력에 기대고 있었다면 이제는 조직, 미조직 대중이란 다양한 행위자들이 결정과정에 개입하기 시작했다. 이들은 복지국가를 지지하는, 그리고 연대하는 주체로 발전할 수 있을 것인가? 이것이 다음 절의 주제이다.

3. 한국 복지동맹의 현재와 전망

　복지국가를 향한 발전을 저변에서 추동하는 복지동맹 형성 가능성은 현실로부터 살펴볼 필요가 있다. 최근 주요 복지이슈를 둘러싼 갈등과 연대의 구조에 대한 조망이 필요하다. 이 글에서는 시민사회의 조직된 행위주체들과 시민사회와 국가의 연결 고리인 정당을 중심으로 그 가능성을 살펴본다. 2010년 무상급식 논쟁은 시민사회에서 시작되었지만 지난 몇 년 간 한국에서 복지국가 발전을 이끄는 주체로 정당이 부상했다. 의회정치가 정상화될수록 이는 당연한 현상이나 대선을 비롯한 주요 선거가 끝난 후 복지국가 논의의 장은 다시 시민사회로 열리고 있다. 새 정부의 다양한 복지정책이 현실화되면서 친복지 세력들 사이의 연결 고리가 강화될 가능성도 있다. 많은 쟁점들이 존재한다. 정당 주도 복지논쟁에서 주변화되었던 시민운동과 노동운동은 복지동맹의 일부로 어떤 역할을 할 수 있을 것인가? 사회운동과 정당정치는 복지국가 비전을 매개로 서로 연계될 수 있을 것인가? 시민사회운동은 민주화 이후 열린 공간에서 성취한 참여와 연대의 성과를 복지국가 정치에서도 이어갈 수 있을 것인가? 새로이 부각되는 복지를 둘러싼 세대 간 갈등을 넘어 세대 간 연대의 정치는 형성될 수 있을까?

1) 정당

(1) 새누리당

　새누리당의 전통적인 복지노선은 전형적인 자유주의에 입각한 것으로서 성장우선론에 종속된 최소한의 복지를 추구하는 것으로 요약된다. 그러나 2010~

2012년 일련의 선거 국면에서 한때 '망국적 포퓰리즘'으로 폄하하던 무상복지론을 일부 끌어안는 당의 복지노선 변화가 있었다. 그 결과가 무상보육, 4대 중증질환 완전보장, 반값 등록금, 기초연금 확대정책의 수용이었다. 그러나 최근의 공약수정 사태로 볼 때 새누리당의 친복지 지향이 강화되었다는 것이 의미하는 바가 무엇인지 그 본질을 파악할 필요가 있다. 그 본질에 따라 복지정치 지형과 복지동맹에 대한 판단이 달라질 수 있다.

복지논쟁 초기에 새누리당의 복지정책에 대한 입장은 초기에는 이명박 대통령이 설파한 '맞춤형 복지', 즉 선별적 복지에 대한 옹호와 박근혜 후보가 내놓은 한국형 복지국가에 대한 옹호가 뒤섞여 있는 상태였다. 당 대표는 한때 70% 복지를 옹호하고 나서기도 했다. 2010년 12월 「사회보장법」 전부 개정을 위한 공청회에서 박근혜 의원이 제시한 한국형 복지국가는 참여정부 시절의 사회투자국가에 관한 내용을 상당 부분 차용하고 있다는 점에서 보편주의적 복지국가론의 일부를 공유하는 것처럼 보이기도 했다. 소위 '따뜻한 보수'를 기치로 내걸었을 때, 박근혜의 복지정책이 이명박 정부의 신자유주의적 복지정책 기조와 구분되는 노선임을 선언한 것이었다.

"아버지의 꿈은 복지국가"였다는 언급은 당시 박근혜 후보가 기반을 둔 가치가 신자유주의와는 다른 온정주의적 국가개입주의에 가깝다는 것을 내세우기 위한 것이다. 그러나 「사회보장기본법」 개정안 발표에서 드러난 한국형 복지국가 노선의 실체는 전형적인 보수주의 복지국가 노선과는 차이가 있는 것이었다. 한국형 복지국가 구상에서 보수주의는 복지에 대한 국가개입의 필요성을 인정하는 기반이 되었을 뿐이다. 이는 국가가 국민(주로 노동자)에 대한 높은 수준의 소득보장을 제공하는 주체가 되어 사회통합을 구현하고 시민사회를 통제하고자 하는 통상적인 보수주의 복지국가 구상과는 무관하다. 특히 한국형 복지국가 구상에서는 보수주의 복지국가에서 흔히 도입하고 있는 관대한 소득보장을 철저하게 경계하고 이를 의도적으로 내용에서 제외하고 있다.

한국형 복지국가는 사회투자형 생활보장국가로 규정되었다.[9] 이는 기존 복지국가를 비용 발생형 소득보장국가로 규정하고 이를 비판하며 현금급여 억제와 서비스 보장을 중심으로 새로이 복지국가 틀을 구성한 것이다. 주요 비판대상은 기존 복지국가의 관대한 소득보장이다. 이 지점에서 소득보장이 복지병과 효율 저하를 가져왔다는 전형적인 복지국가 비판 논리가 반복된다. 이에 소득보장과 대조되는 '생활보장'을 위해 소득보장 억제와 사회서비스 중심의 발전전략이 강조된다. 여전히 재원과 서비스 제공의 공공성은 관심대상이 아니며 이 부분에 대한 언급은 결여되어 있다. 이는 복지병과 도덕적 해이에 관한 비판, 기회의 평등 추구, 작은 정부, 민영화 혹은 공사역할 분담 등에 관한 복지국가 비판 주장을 받아들여 대폭 수정된 복지국가전략이라 할 수 있다.

박근혜 후보의 한국형 복지국가의 주요한 내용 중 하나인 생활보장국가가 기존의 소득보장 중심의 복지국가에 대해 갖는 차이는 기존 복지국가가 노인세대 중심, 빈곤층 중심, 현금이전 중심, 국가의 시장대체 역할을 특징으로 한다면, 소위 생활보장국가라는 것은 생애주기별 균형, 전 국민 대상의 수혜 균형, 현금이전과 사회서비스의 균형, 공사역할 분담을 지향한다는 것이다.[10] 한국형 복지국가에서 강조하는 공사역할 균형이란 '시장대체적인 국가역할에서 공사역할 분담의 균형을 창출하고 규제자보다는 통합관리자로서의 국가역할을 강화하는 것'을 의미한다(박근혜의원실, 2010).

이는 보수주의 복지국가 이념의 핵심인 국가주의나, 온정주의와는 크게 다르

---

9 이하 내용은 박근혜의원실(2010) 참조.
10 이러한 한국형 복지국가 구상내용 일부는 참여정부 시기에 나온 '사회투자국가' 전략과 유사하다. 이 구상은 이미 참여정부 후반기, 유시민 전 보건복지부 장관 시절에 복지부에 '지속가능한 한국의 복지국가 비전과 전략'이라는 보고서로 제출된 바 있다. 한국형 복지국가 구상에서 제출된 많은 내용은 이전 보고서 내용과 상당 부분 중복된다. 예를 들면 한국형 복지국가의 복지시장을 적극적으로 활용한다는 내용은 참여정부의 후기 복지정책 기조와 일치한다.

다. 오히려 이명박 정부가 추구한 '능동적 복지'에서의 작은 국가와, 복지시장 중심에 대한 주장과 사실상 크게 다르지 않다. 복지국가의 역할에서는 신자유주의 국가론과 유사하다. 직접적인 복지서비스 제공자에서 국가역할을 축소하고 대신 시장의 복지 제공을 관리하고 규제하는 주체로서 국가를 규정하며, 이 작은 국가가 무엇을 해야 할 것인가를 상세하게 규정하는 것으로 해석된다. 특히 한국형 복지국가가 강조하는 사회서비스 공급에서 국가의 역할은 규제자이자 조정자라는 점에서 지금의 시장 중심적 요양서비스, 의료서비스 공급체계의 그 근본적인 구조는 개혁 대상이 아니다. 서비스 대부분을 시장을 통해 제공하는 모델이 상정되어 있기도 하다. 사회서비스가 마땅히 가져야 할 사회적 성격은 조정과 규제를 통해 제한적으로 실현될 뿐이다. 다층적 사회보장 안전망 체계 원칙 역시 '국가책임 축소'를 지향하며, 나아가 '연금보장 및 의료보장을 위한 보험시장' 육성을 지향한다. 결국 큰 틀에서 집권당의 오랫동안의 자유주의적 복지노선은 새롭다고 하는 한국형 복지국가 노선에도 혼재되어 있는 것으로 보인다.

보수주의적 기반 위에서 복지국가 구상과 신자유주의적 복지국가 비판을 차용해 형성된 한국적 복지국가전략은 상당한 내부 모순과 균열을 안고 있을 수밖에 없다. 이에 2012년 대선공약에서도 사회투자, 인적자본 향상 등의 내용을 차용하되 감세와 규제완화 기조를 유지하는 한국형 복지국가 구상은 보육, 기초연금, 의료보장, 그리고 결정적으로 재정조달을 위한 조세체계 개편안에서 불일치와 혼란을 보여주고 있다. 여러 원칙들을 혼합한 국민행복연금 구상은 이런 혼란상을 반영한다. 이에 집권당이 어느 쪽으로 중심을 잡느냐 하는 것, 즉 업그레이드된 보수주의적 개발국가에 부합하는 복지정책을 추구할지, 아니면 신자유주의 영향 안에서 과거 한나라당 시절 복지정책과 대동소이한 정책으로 귀결될지 귀추가 주목된다.

대선 당시 새누리당 복지정책의 비전이었던 '한국형 복지국가'는 한때 사회민주주의 복지국가의 낮은 버전을 추구하는 것으로 이해되기도 했다. 이는 미래

복지국가 발전의 전망을 내포하는 것이었다. 집권 이후 정부는 강한 선별성을 가지는 복지정책들을 내놓고 있고 새누리당은 이를 이견 없이 옹호하는 입장이다. 이에 정권과 새누리당의 핵심 복지구상인 '한국형 복지국가'는 복지에 관해 독자적 정책 비전을 결여하고 있던 한국 보수우파가 신자유주의하에서 변형된 복지국가 구상 일부를 수용한 것이었다고 할 수 있다.

(2) 민주당

2011년 이후 민주당의 복지정책 노선은 무상복지론으로 표현되는 보편주의적 복지국가로 전환했다. 이는 김대중 정부와 노무현 정부 시기 민주당은 초기에는 생산적 복지, 후기에는 사회투자국가가 슬로건이었던 것과는 대비된다. 향후 한국의 복지동맹에서 중요한 문제는 민주당에서 이러한 보편주의적 복지국가로의 지향이 지속적으로 강화되어 주류 노선으로 자리 잡을 것인가, 아니면 과거의 생산적 복지, 혹은 사회투자국가 노선으로 복귀할 것인가 하는 것이다.

민주당이 여당이던 10년 동안 민주당의 복지정책 노선 역시 '복지국가의 자유주의적 변형'의 흐름 속에 있었다. 민주당의 복지노선은 성장우선주의라는 테두리 안에서 복지 확대를 추구하는 것이었다. 슬로건으로는 생산적 복지를 내세웠지만 현실에서는 권리성을 강조한 「국민기초생활보장법」 제정, 국민연금 대상범위 확대, 장기요양보험 도입, 사회서비스 확대 등 사회보장 확충이 이루어지기도 했다. 그러나 두 정부가 내내 견지한 생산적 복지의 자조, 시장, 선별이란 요소는 이명박 정부가 추구한 능동적 복지노선과 중첩되는 부분이 있었다. 더욱이 두 정부는 기본 철학으로 결과의 평등을 배제하고 기회의 평등을 채택했다. 민주당 집권기에 실행된 국민연금 대폭 축소는 보험산업 발전을 통한 금융시장 팽창 논리와 결합되어 있었다. 이렇게 1990년대 말부터 2000년대 중반까지 민주당은 경제위기 이후 한국사회의 복지욕구 팽창에 부응하는 사회보장 확충을 주도했지만, 우파적인 복지국가 수정 논리에 따라 사회보장 축소와 시장지향적 복지개혁을 주도했다.

2011년 이후 복지정책에 관한 민주당의 변신은 획기적이었다. 2011년 정책의총을 통해 손학규 대표가 내놓은 민주당의 무상복지론에서는 과거 빈번하게 사용되던 '투자', '시장', '선별', '효율' 대신 보편주의 원칙에 따른 대상 선정과 보장수준 향상을 핵심으로 하는 복지국가로의 진입이 강조되고 있다. 핵심 정책은 무상보육, 무상의료, 무상급식, 반값 등록금이었다. 2010년 지방선거에서 무상급식이 정책 이슈로 급부상하면서 시민사회가 제기한 보편주의 복지론을 민주당이 적극적으로 수용한 결과이다. 2011년 민주당의 무상복지론은 과거 민주당이 여당이었을 때 가졌던 복지에 대한 유보적 태도와는 매우 달랐다.

민주당의 무상복지정책은 보편적 지원정책 테두리 아래 대상 범위와 수준 면에서 대선까지 변화를 거듭한다. 민주당의 초기 무상복지론은 '무상'이라는 이름에 비해 내용 전반이 그다지 급진적이지 않았다. 복지공급체계 등에서의 공공성, 탈시장 문제보다는 대상 적용의 '보편성'을 확보하는 것이 내용의 핵심이었다. 2011년 당시 제시된 무상복지안은 기존의 보육료 감면정책의 개선과 기초노령연금 대상 범위의 약간 확대(70% → 80%) 등 점진적 개혁의 성격을 가진 것이 많았다.[11] 그러나 2012년 대선에서 발표된 공약집의 내용은 기존 복지공급체계의 개편과 매우 넓은 범위의 보편주의를 담고 있는 획기적인 것이었다. 이러한 정책 전환은 한편으로는 시민사회운동 진영의 정책 내용 일부가 민주당에 투입된 결과였고, 다른 한편으로는 '보편주의' 담론이 중산층까지의 지지를 확보하는 데 용이할 것이라는 정치적 효과에 대한 기대에서 비롯된 것으로 보인다.

보편주의적 복지국가는 정치적 통합의 대의가 되었다. 민주당은 무상복지정

---

11 보육 정책은 사실 정부의 만 5세 아동 무상보육정책(기준보육료 10만 원 지원)의 확대판이었다. 즉, 이미 시행하고 있는 보육료 감면 및 지원 정책의 확대판에 해당하는 것이었다. 보육시설 미이용 아동에 대해서는 20만 원 수준의 양육수당을 구상하고 있는데 양육수당 구상은 현 정부에서도 오락가락하기는 하지만 이미 시도된 바 있다.

책을 내놓음으로써 보수 진영으로부터는 집중 공격을 받았지만 현 진보정의당, 통합진보당, 노동운동, 시민사회단체 등과 접점을 넓혀 연합 가능성을 확대하는 효과를 거두었다. 특히 '무상복지'를 주장함으로써 사실상 복지국가 소사이어티와 여타 시민단체 등이 내세우는 복지국가전략과 '보편주의'라는 핵심을 공유해 연합, 나아가 통합 논의에 불을 지피는 동시에 다양한 방식의 진보-중도 세력 통합에서 중심을 확보할 수 있게 되었다. '2012년 선거를 겨냥한 다양한 통합의 흐름 속에서 민주당은 복지국가 이니셔티브 확보의 성과를 거둔 것이다.

그러나 민주당의 복지국가 구상은 외부적인 연합의 구성에 유리하게 작용했지만, 당 내부로부터의 반발을 가져오기도 했다. 이는 복지와 성장, 자유와 평등에 관한 철학, 가치관 차이를 반영한다. 민주당 내 경제관료 출신을 중심으로 한 일부 의원들이 예산확보문제를 중심으로 무상복지론에 반론을 제기한 바 있다. 대선 패배 이후에는 정당 노선을 다시 우로 돌리려는 시도도 있었다. 이는 다양한 성향의 자유주의 세력이 모인 민주당의 성격, 우파 정당으로서 근본적인 사회·경제·노동정책의 전환 없이 복지국가를 거론하는 것의 한계를 반영한다. 그러나 민주당의 복지국가 노선이 선거 국면에서 시민사회로부터의 요구를 빠르게 반영한 결과로, 민주당과 시민사회운동 진영의 정책 연합이 지속된다면 내부의 이견에도 불구하고 기존의 보편적 복지국가론이 쉽게 폐기되기는 어려울 것이다. 게다가 박근혜 정부하에서 복지공약 후퇴가 계속 이슈가 되는 한, 복지정책의 차이를 통해 정치적 선명성을 부각하고자 하는 한, 대선 시기에 제출한 복지노선을 쉽게 후퇴시킬 수는 없다. 다만 민주당과 시민사회진영과 복지를 매개로 한 연대는 민주당의 입장에 달려 있는 느슨한 정책 투입을 내용으로 한다는 점에서 서구의 좌파정당과 노동운동 간의 체계적이고 긴밀한 연대와는 다르다.

(3) 좌파정당

한국의 좌파정당은 2000년대 초에 보편주의적 복지국가에 대한 대중적 담론화를 최초로 시도한 바 있다. 민주화 이후 최초로 의회에 진출한 좌파정당인 민주노동당은 한국정치에서 최초로 무상의료, 무상보육 등을 통해 무상복지를 슬로건으로 내걸었고, 계급정치가 아닌 서민정치를 상징으로 내세우면서 대중성을 가진 바 있다. 현재의 좌파정당들은 민주노동당에서 분리된 것인 만큼, 복지국가 노선에서는 큰 차별성을 보이지 않는다. 진보정의당이 사회민주주의 복지국가 노선에 생태 등의 이슈를 더해 강조한다는 점이 다르지만 복지제도별 구체적 대안은 크게 다르지 않다. 통합진보당의 '노동 중심 평화복지'는 얼마 전까지 '사회연대 복지모형'으로 불리던 것이다.

양당 모두 복지국가의 핵심 담론은 '사회연대'이다. 통합진보당의 사회연대 복지모형은 전통적인 사회민주주의 복지국가 발전전략과 유사하다. 사회연대 복지모형은 첫째, 현금 중심의 사회보험과 공공부조, 둘째, 보편적 서비스, 셋째, 실업부조, 공공부문 일자리 창출, 적극적 노동시장정책으로 구성되어 있다. 먼저 사회보험제도에서는 누진적 보험료 체계의 도입과 사회보장급여의 평등성 강화가 핵심이다. 서비스 영역에서는 공공 사회서비스 강화가 핵심이다. 전 국민을 대상으로 의료·주거·보육 및 간병 등을 보편주의 원리에 따라 가정, 시장이 아닌 공공 중심으로 제공한다는 것이다. 노동시장정책으로는 실업부조·직업훈련·공공부문 일자리 창출을 강조한다.

정의당(구 진보신당) 역시 민주노동당으로부터 분기된 정당으로 당시부터 추구한 사회연대 복지국가를 표명한다. 이는 사회민주주의의 현대화 전략에 가깝다. 이들의 복지구상의 세 가지 목표는 보편적 복지, 노동연대, 생태사회로의 전환으로서 생태와 휴식의 문제, 복지를 아울러 좀 더 포괄적인 틀에서 복지국가를 논한다는 데 의의가 있다. 정의당은 연대노동시장의 형성과 공공 중심 복지체계 두 가지를 중심으로 복지국가를 추구한다. 연대노동시장 형성은 노동시간 상한제 도입(노동시간 단축)을 통한 일자리 나누기, 공공부문 복지서비스 일자리 창출, 비정규직의 정규직 전환, 청년 및 영세자영업자를 위한 실업수당 도입 등을 그 내용으로 한다. 공공복지체계로의 전환은 보편적 사회권 실현, 당사자 참여권이 보장된 아래로부터의 사회복지, 생애주기를 포괄하는 통합적 사회복지체계 구축을 내용으로 한다. 여기에는 국공립 보육 확대, 친환경 무상급식, 건강보험 개혁, 1억 서민주택, 아동수당과 기초연금 등이 포함된다(진보신당, 2011 참조).

양당 모두 복지정치전략으로 계급 중심 접근보다는 '복지동맹'을 추구한다. 즉, 사회연대복지를 달성하기 위한 각 계층별 친복지동맹 구성을 주장한다. 복지동맹 형성을 위한 핵심은 이해관계 조정과 합의이며, 중산층 이상에게 재원 누진성을 보완할 만한 동맹의 기제는 급여와 서비스 제공의 '보편주의'이다. 이러한 복지동맹 구상은 좌파정당들이 여타 시민사회단체, 나아가 민주당과 연합할 수 있는 여지를 넓혀준다.

두 좌파정당은 보편적 복지와 노동시장에서의 1차 분배, 무엇보다도 공공 중심의 복지서비스 공급을 강조한다는 점에서도 유사하다. 보편적 복지는 두 당끼리뿐만 아니라 여타 중도 성향의 정당과도 중첩되는 내용이다. 두 진보정당 모두 복지국가를 기치로 내걸고 (준)계급정당이기보다는 국민정당으로의 정체성 강화를 추구했다. 보편주의적 복지를 통한, 소위 복지동맹(?) 형성의 주체가 될 수 있는 상황이다. 좌파와 노동계급의 힘에 의해 발달한 유럽 복지국가의 원칙인 '보편주의' 채택은 그것이 함의하는 시민권과 사회민주주의적 복지에 대한 이상을 일부 수용하는 것을 의미한다는 점에서 이들 정당의 성격에 부합한다.

그러나 문제는 한국 좌파정당 중 한 정당은 고질적으로 발목을 잡아온 대북이슈로 인해 박근혜 정권 초기에 정치적 불능 상태에 빠졌고, 다른 한 정당은 원내에서 입지가 매우 좁은 소수 정당으로 캐스팅 보트로서 힘을 발휘하기 어려운 상태라는 것이다. 민주당은 복지정책의 접점이 있다고 하더라도 야권연대전략을 포기한 지 오래이다. 시민사회운동 입장에서는 민주당과 좌파정당을 오가면서 연대의 대상을 선택할 수 없는 상황이다. 이는 복지동맹 형성에서 좌파정당의 입지가 모호할 수 있음을 의미한다. 좌파정당 스스로 시민사회영역과 적극적인 연대를 모색해나갈 필요가 있다.

2) 노동운동

권력자원론은 복지국가 발전의 동력으로서 노동자계급의 역할, 노동조합과 정당의 연계를 강조하며, 복지국가 재편 국면에서도 계급을 주축으로 하는 복지정치가 여전히 유효함을 강조한다(Korpi, 1998). 즉, 복지국가 발전에는 민주주의 정치제도 속에서 제도화된, 투표권자로서의 노동자 역할과 노동조합의 좌파정당에 대한 조직적인 지지가 중요하다는 것이다. 따라서 노동운동이 한국 복지정치에서 영향력을 갖기 위해서는 북유럽 국가와 같은 수준의 노조조직률과 좌파정당의 의석 수라는 세력과 관련된 요인과 함께 보통선거권을 핵심으로 하는 민주주의 정치제도의 유지, 노동조합과 좌파정당의 결합, 노조의 정치사회적 주도권을 뒷받침하는 사회적 대화의 구조라는 제도적 조건이 필요하다고 할 수 있다.[12]

그러나 한국에서 노동조합과 좌파정당은 각각 조직력이 약했고, 사회적 대화는 형식화되는 경우가 다반사였다. 다수결 원칙이 지배하는 의회 민주주의하에서 노동조합은 제대로 영향력을 가지지 못했고, 정당에 정책을 투입하는 것조차 어려운 상황이었다. 노동법 개안 반대투쟁 이후 노동운동은 조직된 대중을 제대로 동원하지 못했다. 이에 한국 노동운동의 취약성은 한국 복지국가 저발전의 이유로 거론되곤 한다.

이렇게 노동을 중심으로 하는 권력자원 동원이 일천한 상황 아래, 한국에서 노동운동은 복지동맹에서 어떤 역할을 해야 하며, 할 수 있을까? 그동안 건강보험 통합 등의 복지이슈에 민주노총에서는 기존의 제도화되지 않은 사회운동을

---

12 노동조합이 자본주의 국가 내에 보편적으로 제도화된 정당정치와 코포라티즘 정치질서에 참여하는 것을 강조한다는 점에서 권력자원론은 제도적 요소를 고려한다.

통한 참여를 시도했다. 민주화 이후에는 각종 사회보장 관련 위원회에 노동운동의 참여 기회가 열리면서 노동조합은 정치적 지분을 가지고 사회적 대화 기구에 참여했다. 2000년대 이후 노동운동은 건강보험 보장성 강화, 기초연금 도입, 국민연금 삭감 반대 등에 대해 정책적 관심을 가지고 운동의 이슈로 삼기 시작했다.

노동운동이 사회복지 이슈에 눈을 돌린 것은 임금인상 투쟁이 갖는 정치적 한계와 불평등의 심화를 더 이상 외면할 수 없는 상태였기 때문이다. 노동시장의 불안정성이 심화되면서 노동운동의 의제로 고용안정 이슈를 후순위로 미룰 수 없지만, 보편적 복지와 관련된 사회보장 이슈를 정규직과 비정규직, 대기업과 중소기업, 산업 간의 차이를 넘어 노동자들을 하나로 모을 수 있는 이슈로서 상정해 전향적으로 접근할 필요가 있다. 실제로 노동자들에게 사회적 임금은 시장임금을 보완하는 중요한 아이템이다. 또한 복지는 노동운동과 국민 대중과의 인식 격차를 좁힐 수 있는 이슈로 대중으로의 확장성을 가질 수 있다. 이와 관련하여 노동운동의 공공성 투쟁에 대한 논의에 주목할 필요가 있다. 소위 사회운동 노조주의(social movement unionism)에 따르면 "사회 전체의 변혁을 위해 노사관계를 벗어난 이슈들, 즉 제도 틀 내의 경제적 요구 중심의 전통적인 노동운동과 달리 공공서비스, 교통, 빈곤, 여성 차별, 환경, 복지, 인종 차별 등을 사회운동과 연대하여 해결해나가는 것"이 노동운동이 지향해야 할 공공성이다(Moody, 1997). 노동운동의 의제를 넓힘으로써 자본주의 국가에 대항하여 국민의 권리와 복지를 증진시킨다는 것이다. 이에 노동운동은 사회복지 이슈를 매개로 기존에 개량세력으로 각각 분리된 영역에서 활동하던 여성운동, 시민운동과의 사안별 연대에 나서기도 했다.

그러나 정작 민주노총과 한국노총이 연금개혁에 대해 어떤 입장인지는 외부에서도 잘 모를 뿐만 아니라 산하 조합원들도 잘 알고 있지 못했다. 일반 노동자들은 조직 차원의 입장과 달리 국민연금과 같은 사회보장 관련 이슈에 오랫동안 무관심했다.[13] 국민이 전반적으로 무관심한 상황에서 노조 조합원들만 이 이슈에 관심을 가지기는 어렵기 때문이다. 물론 조직 자체가 이 이슈에 충분히 관심을 가지지 못했던 것, 즉 노동조합이 조직 내부에서의 토론과 교육, 관련 전문가 양성 등을 그리 활발하게 하지 않은 것도 사실이기 때문이다. 민주노총은 정부 위원회 참여를 통해 최소한의 활동을 했지만, 조직 전체가 연금, 건강보장, 사회서비스 등의 이슈에 관심을 기울이고 목적을 가지고 활동한 적은 거의 없다.

이는 상황에 순응한 결과로 보인다. 21세기 진입 이후 경제 전반의 저숙련 확대, 노동시장에서의 비정규직 중심 단기고용이 확대되고 임금 격차가 커지는 상황에서 한국 노동운동은 고용, 정리해고 이슈에 우선 역량을 집중할 수밖에 없는 상황이었다. 또한 취약한 기업별 노동운동체계가 조직률 하락 속에서 그 존립을 위협받고 있는 상황이라는 것으로 설명될 수 있다. 특히 최근 몇 년 간 노동운동은 정리해고 이슈 속에서 막다른 곳에 다다른 노동자의 '생존'에 집중해야만 했다. 쌍용자동차 해고와 파업, 청소노동자 투쟁, 기간제 교사 투쟁, 기륭전자, 재능교육, 홈플러스 등이 그 대표적 사례이다. 가장 취약한 불안정한 노동자들이 노동운동 주체로 나서되, 기업별 노조를 기반으로 조직된 민주노총과 한국노총의 지원은 충분치 못한 상황이다. 게다가 산별노조로의 진전은 더디게 이루어지고 있으며 이들 불안정 노동자들과 정규직 노동자들 사이의 간극을 메우는 것은 여전히 쉽지 않다. 노동운동조직은 역량 면에서 또 관심 면에서 사회정책 이슈의 중심에 서지 못한 것이다.

더욱이 비정규직이나 영세중소기업 취약 노동자들은 노동운동조직뿐만 아니라 사회보험에서도 배제되어 있기에 사회보장 이슈에서 그저 보장성 강화만을 목표로 단결된 역량을 모으기는 어렵다. 산재, 실업, 노후보장의 위험이 가장 높은 소기업, 저임금·비정규직 노동자의 국민연금 가입률, 고용보험 가입률이 현

---

13 이성균의 연구(2002)는 복지태도가 노조가입 여부, 파업참여 경험 등 '계급적 행위'와 상관이 없음을 보인 바 있다. 노조에 가입하고 파업에 참여한 경험이 많다고 해서 국가의 복지책임 확대를 더 강하게 지지하지는 않는다는 것이다.

저히 낮고 이들은 고용주가 보험료 기여를 회피하여 사업장 가입자가 아니라 지역가입자로서 연금보험료 전액을 개인이 부담한다. 이러한 고용지위에 따른 사회보험 가입과 적용의 구조적 차이는 한국에서 사회보장제도를 둘러싼 노동운동의 탄탄한 사회적 연대와 지지가 형성되지 않은 이유를 일부 설명한다. 더욱이 2010년부터 이어진 무상복지 등 복지국가 담론의 중심이 시민사회에서 정당으로 옮겨지면서 노동운동은 복지국가 논의에서 더욱 주변화되었다.

이런 상황 아래 사회정책 이슈를 논하는 중심에서 민주노총은 상당히 중심으로부터 밀려나 있는 것이 사실이다. 이미 언급한 바대로 민주주의 제도의 참여 형식만 남아 있고, 여전히 행정부와 관료가 제도화된 정책결정 구조로부터 주도권을 갖는 상황에서 노동운동은 정당과 연결 고리를 갖지 못하여 아래로부터의 실질적인 정책을 투입하는 것이 오랫동안 불가능했다. 사회적 대화기구와 각종 위원회에 참여하는 것만으로는 부족하다는 것을 노사정위원회와 2006년 저출산고령사회위원회, 최근에는 2013년 국민행복연금위원회를 통해 경험한 바 있다.

그러나 신자유주의 시기 자본의 공격이 집중된 노동부문을 대변하는 목소리가 한국의 집권세력과 보수정당 주도의 정치에 묻혀버린다면 노동부문의 문제는 적극적으로 해결되기 어렵다. 노동부문의 불평등과 불안정성이 심화되는 경우에 보편주의를 핵심으로 하는 한국 사회복지 확대 전략은 그 기반이 약화되고 지나친 부담을 떠안게 된다. 이런 이유에서 노동정치와 결합된 복지정치전략에 대한 고민이 필요하다. 특히 고용형태에 따른 사회보장의 차별을 줄이기 위해서는 신자유주의 시대 자본의 힘을 제어할 만한 노동조합의 목소리와 국가의 조정 기능이 필요하다. 즉, 소위 탈산업화 사회라고 해도 노동과 자본, 국가의 역관계는 여전히 복지국가 정치에서 중요하다. 일례로 한국에서 사회서비스의 확대, 시장화는 낮은 질의 사회서비스 노동의 문제, 사회서비스 노동자들의 조직화와 옹호의 문제를 안고 있다. 게다가 노동운동의 입장에서도 사회보장 내부 격차의 정치적인 의미, 특히 그 분열이 갖는 보수적인 의미에 경각심을 가질 필요가 있다.

이러한 이유에서 한국 복지국가 정치에서 노동운동은 여전히 중요하다. 더욱이 복지에 대한 대중적 관심이 커지고 보수정당들이 경쟁적으로 복지 확대를 제시하는 국면을 넘어서서 보육, 연금, 의료보장, 등록금 문제 등에 대해 구체적이고 복잡한 내용을 가지고 대립하는 상황에서, 노동자계급의 입장에서 각 복지이슈에 대해 어떻게 접근할지를 정리하는 노동운동조직의 역할은 더욱 중요해졌다.[14] 게다가 노동운동 진영이 오랫동안 지속해온 복지이슈에 대한 참여연대, 여성단체연합, 경실련 등 시민운동과의 연대는 소중한 자산이다. 시민사회운동의 입장에서도 대중적 조직력을 가진 노동운동과의 연대는 운동의 동력이자 대중성을 확보하는 소중한 자산이다. 게다가 노동운동은 노사정의 한 주체로서 사회적 협의의 과정에서 지분을 갖고 있다는 것 역시 복지국가운동에서 긍정적으로 작용하며 복지동맹에서 노동운동이 핵심적인 일부로서 작동할 수 있는 근거이다. 노동운동과 여타 사회운동은 복지국가운동에서 서로를 반드시 필요로 한다. 최근 사회복지를 둘러싼 투쟁은 노동운동이 고립되지 않고, 전 사회적인 연대를 형성하는 데 기여하고 있다.

일례로 노동운동과 시민운동 사이의 연합은 최근 기초연금 개혁을 둘러싼 연금정치 국면에서 비교적 원활하게 작동하면서 노동자와 시민의 입장에서 정부 개혁안을 분석하고 나아가 연금에 관한 담론 투쟁을 하는 데 성과를 거두고 있다. 이제 중요한 것은 복지국가를 둘러싼 광범위한 연대와 저항에 노동운동이 스스로의 일반 성원들을 교육과 설득을 통해 동원하는 것이다. 이는 한국 복지국가 정치를 다시 아래로부터 일으키는, 복지정치 민주화 과정의 일부이다.

---

14 김영순과 여유진(2011)은 복지와 관련하여 노동조합연맹이나 영향력 있는 진보정당이 노동계급의 객관적 계급이익을 호명(interpellation)하고 결집하여 정리된 틀로 제시해(framing)주는 기능, 그리고 장기적 계급이익을 위한 사회적 연대의 필요성을 설득하고 조정하는 기능을 강화할 필요가 있다고 주장한다.

3) 시민운동

한국에서 시민운동은 노동운동에 앞서 1990년대 중후반에 복지정책 수립과 개혁에 중요한 역할을 했다. 이 한국 복지발전에서 노동운동의 역할 공백을 마치 시민운동이 메우는 것처럼 보였다. 당시 참여연대, 경실련, 보건의료단체연합 등은 민주화와 노동해방과 같은 큰 담론이 지배한 기존 사회운동 흐름과는 달리「국민기초생활보장법」, 의료보험 통합과 같은 구체적인 사회복지제도 개혁 이슈에 집중하여 성과를 거두었다. 특히 참여연대는 시혜적이며 전근대적인 성격의「생활보호법」을 1998년에 근대적 권리성을 강조하는「국민기초생활보장법」으로 바꾸는 데 상당히 주도적인 역할을 하여 복지국가운동에 상당한 기여를 했다. 이런 사례들에서 시민사회운동 조직들이 당시 정당들이 결여하고 있는 정책 역량을 보완해주는 역할을 수행한 것을 볼 수 있다. 그러나 참여연대를 비롯한 시민사회운동 조직들은 기존 정당과의 직접적인 연계보다는 시민사회영역에서의 활동에 집중했고, 각 이슈별로 민주노총과 한국노총, 그리고 여타 분야별 시민단체들과의 연합을 통해 복지이슈에 대해 발언했다. 다만 2000년대 참여연대를 비롯한 시민단체들은 각 분야별 이슈에 대응하는 데 역량을 집중했고 복지국가 비전을 의제로 삼지 않았다. 이는 현실 개혁을 추구하는 시민운동의 특징으로 볼 때 자연스러운 것이기도 하다.

2010~2012년 사이 지방선거, 총선, 대선이 이어진 복지논쟁 국면에서 여러 시민사회단체들은 꽤 능동적이었다. 2011년 지방선거에서 무상급식 이슈로 표의 결집이 이루어지면서 지역 시민사회단체가 외형적인 성과를 거둔 것이 그 시작이다. 이어서 시민사회운동은 시민정치행동 등을 구성해 야권 연합 혹은 통합을 압박하는 정치적 역할에 나선 바 있다. 소위 민주대연합론, 진보대연합론을 추구하는 '복지국가와 진보대통합을 위한 시민회의', '희망과 대안', '시민정치행동' 등이 그것이었다. 시민사회단체들은 선거 국면에서는 독자적인 비전의 형

성과 대중과의 소통보다는 '보편적 복지'의 수용을 중심으로 스스로 정치적 통합의 매개고리 역할을 하고자 했다. 그리고 보편적 복지는 그렇게 정치적으로 기능했으나 기존 시민단체들은 이 시기 복지논쟁의 중심에 서지는 못했다.

2010~2012년 사이 복지논쟁 기간을 거치면서 복지국가운동 자체를 지향하는 시민운동단체들이 만들어졌다.[15] 이전의 시민운동이 여러 의제를 다루면서 복지를 하나의 분야로 다룬 것에 비해 복지국가를 목표와 의제로 명확히 내건 시민운동단체가 만들어진 것은 분명 새로운 변화이다. '복지국가 소사이어티', '내가 만드는 복지국가' 등이 그것이다. 이들 복지국가운동 단체들은 북유럽식 사민주의 복지국가의 노동, 복지정책 내용을 정책대안으로 제시하는 경우가 많지만, 사회민주주의를 이념 노선으로 명시하는 경우는 거의 없다. 즉, 사회민주주의 복지국가의 이념적·정치적 기반이었던 사회민주주의에 대해서는 특정한 선호를 내보이지 않으면서 사회민주주의 복지국가의 성과를 지향하는 실용적 태도를 보이고 있다. 이는 중도, 좌, 우의 구분을 무너뜨리는 탈이념적 접근과는 다르다. 이는 우파의 사회경제정책을 거부하는 중도 및 좌파의 범연대에 가깝다. 이들 복지운동단체들은 사회민주주의와 같은 추상 수준이 높은 지향 대신 모두 '복지국가', '보편주의'를 대표 슬로건으로 내걸었다(참여연대, 2011 참조).

---

15 그 대표적인 사례가 복지국가 소사이어티인데, 이는 사실 시민운동단체라기보다는 복지국가 담론 확산을 목표로 한 지식인들의 운동단체로 보는 것이 더 적절하다. 담론 형성과 정치권에 대한 정책 투입을 목표로 한다는 점에서 과거 페이비안 소사이어티(Fabian Society)의 활동과 유사하다. 복지국가 소사이어티는 북유럽 복지국가 모형에 가까운 내용을 지향점으로 명시하고 있다(www.welfarestate.net). 보편주의적 복지제도에 그치지 않고, 북유럽 복지국가 모형의 정치, 경제, 노동시장적 요소를 사회정책 전반에 걸쳐 비전으로 제시한다. 보편적 복지뿐만 아니라 조정된 경제정책, 공공고용 확충 등 노동시장에 대한 국가의 개입과 조정, 적극적 노동시장정책, 교육정책 들을 대안으로 지향한다. 북유럽식 복지국가를 한국사회의 정답으로 보고 있는 것이다. 복지국가 소사이어티는 '복지국가'라는 지향하에서 보편주의적인 복지국가 발전에 동의하는 여러 세력이 이념적 차이를 넘어 보편주의 복지로 결집하자는 주장을 전개했다.

이러한 복지국가운동 단체들의 분야별 복지정책 대안과 국가비전들은 기존 시민단체들이 제시한 내용과 크게 다르지 않았다. 이는 기존 시민운동과 새로운 복지운동이 연대할 수 있는 기본 토양이 존재하고 있음을 의미한다. 그러나 이러한 연대가 구체적으로 작동하고 있는 증거는 아직 뚜렷하지 않다. 일례로 최근 집권세력의 복지공약 후퇴 사태에 대해 시민운동단체와 신생 복지국가운동 단체들은 홈페이지와 기관지에서 유사한 입장을 표명하고 있으나 교육, 토론, 선전 등을 통한 공론화는 여전히 따로 이루어지고 있다.

4) 여성운동

한국에서 과연 여성은 복지국가를 지향하는 데 지지집단으로 자리매김할 수 있을까? 서구의 경험은 복지국가 정책들이 여성의 노동시장 진출과 일-가정 양립 지원을 지원함으로써 노동에 대한 권리와 양육에 대한 권리를 모두 증진시켰음을 보여준다. 물론 이러한 정책들이 여성에게만 유리한 것은 아니며 가족 성원 모두에게 기여하지만, 특히 여성의 삶에 다양한 기회를 증진시키고 일과 가정의 균형을 이루도록 한다는 점에서 복지국가정책은 여성 친화적이라 할 수 있다. 특히 스웨덴의 복지국가정책은 인구 증가와 더불어 여성의 노동시장 진출 자체를 목적으로 하기도 했다.

한국의 경우 여성의 고용률은 약 48%로 절반에 못 미치며 여성의 일에 대한 노동시장정책 지원은 미약하다. 산전 후 휴가, 육아휴직 등 일-가정 양립을 지원하는 정책들은 존재하기는 하나 활성화되어 있지 못했다. 즉, 한국사회에서는 복지국가가 보장하는 노동권과 사회권에 대한 지원이 미미했기 때문에, 여성이 복지를 체험함으로써 경험에 의해 지지를 형성할 것을 기대하기는 어렵다. 이에 서구의 경우 계층을 막론하고 여성의 복지국가 지지가 남성보다 높게 나타나는 반면에 한국은 그렇지 않다는 것(백정미·주은선·김은지, 2008)을 이해할 만하다.

그렇다면 복지국가의 돌봄지원 프로그램이 확충되고 지출이 증가한 2000년대 중반 이후는 어떨까? 2006년 바우처 사업 시작과 노인장기요양보험, 장애인 활동보조제도 도입 등 통해 노인, 장애인, 산모, 아동 대상의 돌봄지원 서비스가 확대되었고, 이는 주로 여성에게 부과된 돌봄 부담을 경감시켜준다. 즉, 한국에서도 돌봄의 사회화가 이루어지기 시작했다. 이에 더해 사회적 돌봄(social care)을 위한 일자리들이 만들어지면서 이것이 여성의 일자리가 되었다. 요컨대 복지와 여성의 사회진출이 연결 고리를 갖기 시작했다.

그러나 한국 사회서비스 확대를 통해 만들어진 것은 주로 민간영리기관들의 일자리이다. 즉, 한국에서 돌봄의 사회화는 공공성 확대가 아닌 복지시장 지원을 통해 이루어졌기에 이것이 바로 복지국가와 공공복지 자체에 대한 선호를 제고하고 있는지 의문스럽다. 특히 이들 일자리가 저임금과 불안정 고용, 낮은 사회보험 가입률 및 「근로기준법」 미적용의 문제가 집중된 곳으로 이러한 일자리 제공이 곧 공공복지에 대한 지지로 이어질지는 불확실하다. 오히려 사회복지서비스 자체에 대한 염증과 가족의 역할에 대한 복고적이고 보수적인 지지로 반전될 가능성을 내포한다. 유럽 복지국가에서와 같이 여성이 복지국가 프로그램의 집중적인 수혜자이지도 않고, 또 공공복지 일자리의 주체가 되고 있지도 못한 상황에서 여성이 '이해관계'의 측면에서 복지국가를 지지하는 세력이 될지는 회의적이다. 또한 김은지·안상훈(2010)이 지적하는 바와 같이 여성 피용자의 3분의 2가 사회보험의 사각지대에 놓여 있는 비정규직 노동자라는 사실은 여성이 남성보다 훨씬 국가복지의 효과를 체험하기 어렵게 만든다. 요컨대 한국복지의 협소함과 저발전으로 인해 복지와 여성의 이해관계가 강력한 연관성을 형성하고 있지 못하다.

그러나 이해관계라는 것이 복지국가에 대한 지지를 공고화하기는 하지만 복지국가에 대한 지지가 반드시 '이해관계'를 통해 형성되는 것은 아니다.[16] 이는 '결핍 혹은 욕구'의 강렬함의 문제일 수도 있다. 여성들의 학력 신장과 노동시장

진출 확대는 좋은 일자리와 일-가정 양립 지원에 대한 욕구를 증대시키는 이유가 된다. 게다가 경쟁 심화와 양극화로 인해 한국여성이 처해 있는 삶의 조건이 갈수록 열악해지는 상황에서, 온전한 노동권과 사회권에 대한 요구는 더욱 거세질 수 있다. 이명박 정부 시기 유모차 부대로 대표되는 여성들은 수차례 열렸던 시위에서 일상생활의 이슈로부터 출발하여 가지게 된 비판의식과 진보성을 보인 바 있다. 이러한 이유에서 새로운 사회정책에 대한 여성의 욕구, 진보적인 형태의 복지국가에 대한 여성의 열망을 강렬하게 만들 수 있다. 현 집권세력이 추진한 바 있는 소위 1.5모델, 즉 여성에게 파트타임 일자리를 확산시킴으로써 노동시장정책을 보장하는 불완전한 노동권으로 이를 감당하기는 어려울 것이다. 이제 문제는 여성이 처한 삶의 조건으로 인한 자생적 열망이 복지국가에 대한 조직적·연대적 지지로 나아갈 수 있느냐 하는 것이다.

한국에서 여성 대중이 복지국가를 요구하는 주체로 나서고 있지 못하다. 미국산 쇠고기 수입과 무상급식과 같은 이슈에 부분적으로 여성이 정치적 능동성을 보인 바 있지만 보육, 출산휴가, 출산크레딧 등의 이슈에 대해서는 전혀 그렇지 않다. 여성단체연합 등과 같은 일부 여성운동단체가 기초연금을 비롯한 복지이슈에 대해 여타 시민사회운동 및 노동운동과 연대를 형성하여 발언을 하지만 그 목소리는 그리 크게 전달되고 있지 않다.

여성이 복지동맹의 일부가 되기 위해서는 복지국가로의 진전이 여성의 노동권과 사회권을 온전하게 보장할 수 있을 것임을 여성에게 보여줄 필요가 있다. 소위 보육수당, 무상보육은 여성 다수를 수혜자로 만드는 것으로 보이지만 직접적인 공보육 제공과 보육의 질에 대한 제고 없이는, 여성이 삶의 조건 변화와 권리의 증진을 체감하도록 할 수 없다. 한국사회에서 복지국가의 실현은 사실상

---

16 고소득 고학력층의 공공복지에 대한 지지, 조세부담 의사가 저소득 저학력층보다 높다는 것은 이를 보여주는 사례이다.

전통적인 가부장적 가족과는 다른 형태의 가족을 지원하고, 여성에게 더 많은 삶의 기회를 제공하는 사회로의 발전을 의미한다. 한국사회 복지동맹의 축으로서 여성은 필수적이다.

5) 세대

고령화가 진전되고 있는 가운데 세대 간 연대의 유지와 재구성은 복지국가 발전에 필수적이다. 복지국가 프로그램 중 가장 비중이 큰 공적연금은 부과방식(pay-as-you-go)으로 운영되어 세대 간 연대를 그 존립 근거로 한다. 복지국가 재정조달 메커니즘 역시 세대 간 연대에 의존할 수밖에 없다. 한 사회에서 아동기 빈곤과 은퇴 이후 닥쳐오는 대규모 빈곤을 없애고, 전 생애과정에 걸쳐 포괄적인 형태의 보장을 하기 위해서는 세대 간 의존의 메커니즘이 유지될 필요가 있다.

그럼에도 불구하고 한국 복지국가 논쟁 과정에서 보수언론 등이 부각시킨 것은 후세대 부담과 세대 간 갈등이다. 초기에 시민사회 진영과 야당이 주도한 복지국가 논쟁에 뒤늦게 뛰어들어 헤게모니를 확보하고자 했던 보수언론은 소위 망국적 포퓰리즘론에 더해 세대 간 갈등을 부각시키고자 했다. 주요한 내용은 청년세대와 노년세대의 일자리, 복지 등을 둘러싼 경쟁, 그리고 복지국가 발전의 결과인 조세부담 등의 재정적 부담 증가이다. 특히 일자리를 둘러싼 청년세대와 노년세대의 경쟁은 사실 진출하는 일자리 자체가 다름에도 그 실재 여부와 무관하게 단정적으로 제시되었다. 2011년 이후에야 비로소 언론은 청년세대가 갖고 있는 지나치게 높은 교육비 부담, 그리고 신자유주의 시대 노동시장에서 청년세대가 갖고 있는 불안정성과 높은 장벽을 부각시켰다. 노동세대의 복지재정 부담 증가 문제를 단순화된 논리로 강조했다. 그러나 이들은 복지국가 발전이 이들 세대에 심화된 노동시장 문제 개선을 내포하는 의제라는 것에 대해서는 침묵한다. 또한 사회보장제도 강화라는 것이 불안정성이 심화된 사회에서 생애 전반에 걸쳐 안정성을 높여주고, 양극화 시대에 재분배를 강화시켜주는 것임을 언급하지 않는다. 요컨대 세대 간 갈등의 심화는 반복지국가 흐름과 밀접하게 연관되어 있다. 그럼에도 세대 간 갈등론은 신자유주의 시대 심화되고 있는 노동시장 문제에 어느 정도 현실적인 근거를 두고 있기에 확산성을 가졌다.

한편 양극화가 심화되는 가운데 교육, 취업 등에서의 경쟁이 격화되는 현실에 구조적인 비판을 하는 것은 불가피하다. 오랫동안 한국사회에 존재하지 않았던 세대정치의 주체가 서서히 형성되기 시작한 것이다. 새로운 형태의 노조인 청년유니온의 설립은 삶의 위기가 깊어지는 상황에서 나온 대응 중 하나이다. 청년세대에게 사회보장과 노동시장정책을 비롯한 사회적 대책의 필요성이 강조되는 것은 자연스럽다. 그뿐만 아니라 노년세대의 빈곤과 사회적 소외가 지속되고, 또 과거 사회운동의 주체가 노인이 되면서 대한노인회와 같이 기존 노년세대 대표 조직들과는 다른 성향의 노년유니온과 대한은퇴자협회 등이 조직되었다. 이에 청년유니온과 노인유니온 등의 사회운동조직은 정작 보수언론에서 부각시킨 세대 간 갈등을 부각시키기보다는 노동시장정책을 비롯한 사회정책의 강화를 추구하고 있다. 일례로 최근의 기초연금 논쟁에서 청년유니온과 노년유니온은 박근혜 정부가 내놓은 기초연금안에 대항하는 연대체에 함께 들어가 활동하고 있다. 청년유니온에 이어 알바연대와 같은 세대의 노동 특성을 짚어낸 조직이 만들어지고 있다. 이들 시민사회의 청년세대 운동조직은 기존 정당의 청년위원회가 정당 하부조직에 머물면서 기성정치인의 이미지 메이킹에 동원되고, 대학교 학생회들이 학내복지문제에 집중하는 것에 비해 청년세대의 삶과 노동의 문제를 부각시키는 역할을 했다.

그러나 기존 사회운동 속에서 이들 세대를 대표하는 조직들의 위상과 활동영역은 모호하다. 아직 이들이 세대 간 연대의 주체로 등장하기에는 자체 역량이 크지 않다. 또한 복지국가 의제들과 관련해 이들 조직은 정책대안에 역량을 집중하고 있지 않으며, 복지를 전면에 내세우고 있지 않다. 복지국가를 위한 시민사회의 연대체에서 이들 조직은 아직 명확한 자기 자리를 잡고 있지 못하다. 아직 세대정치, 세대 간 연대의 주체는 불분명하다. 한국 복지국가의 장기적 발전에 필수인 세대 간 연대가 제대로 형성되지 않은 것이 사실이지만, 적어도 조직 수준에서는 최소한의 연대 경험과 토양이 형성되고 있는 중이라 할 수 있다.

앞서 언급한 바와 같이 복지국가의 존립 근거는 세대 간 연대이다. 소위 세대 간 이해관계 상충론을 넘어서서 복지국가에 대해 노년세대의 요구를 이끌어내고, 청년세대 일반의 지지를 확보하는 것이 중요하다. 향후 한국사회에서 세대 간 연대가 어떻게 될 것인지는 세대 간 연대와 갈등담론의 전개, 기초연금, 등록금 인하를 비롯한 구체적 이슈에 대한 청년세대와 여타 시민사회조직들과 정당들의 구체적인 연대활동 경험에 달려 있다. 특히 복지국가 의제에 친화적인 사회운동조직 중 가장 새로운 청년조직이 지금 어떤 태도를 보이느냐는 한국 복지국가의 장기적 전망과 관련하여 매우 중요하다.

4. 결론

불평등과 빈곤이 구조적으로 심화되고 있는 상황에서, 한국사회가 더 이상 신자유주의적 양극화 노선과 결합된 최소주의적 복지국가 지향을 유지하기는 어렵다. 이러한 복지만으로 한국사회의 전망을 열기 힘든 것이다. 삶의 구조를 바꿔내는 복지가 필요하다. 신자유주의로부터 벗어난 한국 복지국가 전망의 내용과 비전은 복지국가 발전을 지향하는 사회세력들 사이의 복지동맹이 어떤 모습으로 만들어지며, 어떠한 정치적 기반 위에서 작동하는가에 따라 달라질 것이다.

정부의 일방적 추진능력에 의존하는 복지정책 결정 패턴이 민주화 이후에도 연속성을 가지고 있었던 것이 민주화 이후 한국 복지정치가 보여준 특징이었다. 의회민주주의와 사회적 대화 모두 이런 면에서는 명확히 한계를 노정했다. 한국의 민주주의는 권위주의의 유산 속에서 복지정책에 관한 시민사회, 정당, 정부 사이의 소통에 많은 문제를 보여준 바 있다. 이러한 제도적·구조적 한계를 넘어서는 다양한 주체들 사이의 소통과 연대가 있을 때, 지난 2010~2012년 사이 전 사회적 복지논쟁은 일회적인 것에 끝나지 않고 복지국가 발전의 동력으로 작용할 수 있다. 특히 복지국가 논쟁이 초기에 시민사회운동 진영으로부터 시작되어 정당 간의 논쟁으로 전화된 것은 시민사회 진영과 정당 사이의 복지국가 의제에 관한 연대 가능성을 높였다.

지금 복지동맹 논의는 이러한 변화를 전제로 해야 한다. 대선이 끝난 직후 복지국가 논쟁의 열기가 식은 것처럼 보였지만, 선거기간에 씨를 뿌린 수많은 복지이슈는 향후 몇 년에 걸쳐 싹을 틔우고 현실 속에서 구체적인 모습을 드러낼 것이다. 이미 이 중 보육, 연금, 의료 공공성 등의 이슈는 집권층의 공약파기 논란과 함께 이슈화된 바 있다. 이러한 복지개혁 혹은 복지정책 방향 전환에 관한 정치들 속에서 복지동맹이 형성되고 작동할 수 있다. 구체적 이슈를 매개로 한 시민사회, 노동운동, 여성운동, 세대운동 등의 친복지동맹이 구축되고 있다.

복지동맹은 이해관계만으로, 혹은 가치만으로 형성되고 유지되기 어렵다. 두 가지 모두 필요하다. 일례로 보편주의는 높은 수준의 복지국가가 추구하는 가치 중 하나이기는 하지만, 복지동맹 형성 문제를 보편주의에 지나치게 의존하게 할 필요는 없다. 보편주의 슬로건은 보편적 수혜구조 형성을 통해 중산층까지 복지국가에 동의하게 만드는 면에서 의미 있는 전략이었고, 또 사회통합적인 의미를 가졌다. 그러나 사회정의의 문제는 모두에게 동일한 것을 제공하는 것으로 단순화될 수는 없고 이제 더 나아간 형태의 슬로건을 통해 다양한 집단들을 묶는 작업이 필요하다. 복지정책 대안의 형성은 보편주의와 선별주의의 결합을 필요로 하며, 특수성을 인정하는 보편적 복지발전의 전략은 다양한 집단의 복지동맹 참여를 가능하게 한다.

한국에서 아직 조직을 넘어서는 복지에 대한 대중의 지지 연합을 구축해내는 데는 어려움이 많다. 또한 오랫동안의 한국 정당정치의 역사와 특성으로 볼 때 한국 정당과 시민사회운동이나 노동운동은 서구의 것보다 느슨한 연대일 수밖에 없다. 또한 공통된 이해관계를 설명해 복지에 대한 지지를 공고화하는 것은 현실에서 어려운 일이다. 많은 경우 복지국가 발전을 늦추려는 집단들은 복지국가 확대를 억제하기 위해 이해관계 분할의 정치를 구사하는 경우가 많기 때문이다.

이에 복지는 좋은 사회에 대한 신념과 가치의 문제이기도 하다는 것을 상기할 필요가 있다. 이해관계가 복지에 대한 지지를 모두 설명하지 않는다. 사회연대, 평등, 자율성 등에 대한 가치를 공유하는 경우에야 복지국가로 가는 지난한 과정에서 지지가 공고화될 수 있다. 정책 전환은 급진적일 수도 있지만 또 흔히 점진적으로 이루어진다. 복지동맹은 모두가 같은 이해관계를 가진 세력들 사이에서만 형성될 수 있는 것이 아니다. 사실 노동계급과 중산층이 복지에 대해 같은 이해관계를 갖기는 어렵고, 한국 복지정치에서 행위자들의 관계는 동맹보다 갈등이 두드러졌던 것이 사실이다. 복지동맹 형성을 위해서는 여전히 강력한 성장 우선론을 넘어, 복지국가의 기반이 되는 사회연대, 평등, 자율성 등에 대한 가치가 사회적으로 공유되는 과정이 필요하다. 이는 조직된 주체들, 즉 시민사회운동과 정당들의 중요한 역할 중 하나이다.

마지막으로 중요한 것은 다중심성이다. 복지동맹은 사안마다 중심 주체가 달라질 수밖에 없다. 대중 동원력에도 불구하고 기존 노동운동과 정당 중심의 운동이 항상 핵심에 있을 수는 없다. 오래전에 복지운동에서 핵심적인 역할을 한 시민사회운동 조직들 역시 마찬가지이다. 한국의 복지운동은 다양한 주체들을 아우르고 영역별로 주도권을 분산시키는 것이 전문성과 대응력을 높이고 복지국가 이념을 대중에게 전파하는 데 더 유리해 보인다. 아직 초기 단계이기는 하지만 청년유니온 등 신생 노조, 다양한 부문별 운동, 소수자 운동, 지역운동이 복지동맹으로 결합하여 사안별로 중심적 역할을 할 수 있을 때 복지동맹의 확산성이 높아질 것이다.

참고문헌

김영순. 2010. 「비정규직 여성노동자의 사회권을 통해 본 한국의 젠더체제」. ≪사회보장연구≫, 26권 1호.
김영순·여유진. 2011. 「한국인의 복지태도: 비계급성과 비일관성 문제를 중심으로」. ≪경제와 사회≫, 제91호.
김은지·안상훈. 2010. 「한국 복지정치의 젠더메커니즘: 태도의 성별차이와 복지지위 매개효과를 중심으로」. ≪사회복지연구≫, 제41권 2호.
박원석. 2011. 「복지국가 실현을 위한 사회연대운동의 전략」. ≪복지동향≫, 4월호.
백정미·주은선·김은지. 2008. 「복지인식구조의 국가 간 비교: 사민주의, 보수주의, 자유주의 복지국가와 한국」. ≪한국사회복지학≫, 제37호.
성경륭. 2002. 「민주주의의 공고화와 복지국가의 발전: 문민정부와 국민의 정부 비교」. 김연명 편. 『한국 복지국가 성격논쟁 1』. 인간과 복지.
신진욱. 2011. 「한국에서 복지국가 운동의 조건과 전략」. ≪시민과 세계≫, 제19호.
이성균. 2002. 「한국사회 복지의식의 특성과 결정요인: 국가의 복지책임 지지도를 중심으로」. ≪한국사회학≫, 제36집 제2호, 205~228쪽.
조희연. 2001. 『한국민주주의와 사회운동의 동학』. 나눔의 집.
주은선. 2013. 「한국 보수언론의 복지담론 전략과 기술: 대칭, 재맥락화, 주체 형성의 담론 기술」. ≪한국사회복지학≫, 제65권 2호, 357~384쪽.
진보신당. 2011. 「진보정치가 복지다: 사회연대 복지국가 구상」. 비공식 자료.
참여연대. 2011. 「진보의 미래, 보편주의 복지국가의 원칙과 전략」. 토론회 자료집.
최장집. 2005. 『민주화 이후의 민주주의: 한국 민주주의의 보수적 기원과 위기』. 후마니타스.
Esping-Andersen, Gøesta. 1985. *Politics against Markets*. Princeton University.
Joo, Eunsun. 2010. "Pension Politics in Korea after Democratization: The Failed Attempts of Party Politics and Social Dialogue." *Korea Journal*, Vol.50 No.4 Winter 2010, pp.186~211.
Korpi, Walter. 1983. *The Democratic Class Struggle*. London: Routledge and Kegal Paul.
_____. 1989. "Power, Politics, and State Autonomy in the Development of Social Citizen-ship: Social Rights during Sickness in Eighteen OECD Countries since 1930." *American Sociological Review*, 54(3), pp.309~328.
Moody, Kim. 1997. *Workers in a Lean World*. New York: Verso(킴 무디. 『신자유주의와 세계의 노동자』. 1999. 사회진보연대 옮김. 문화과학사).
Pierson, Paul(ed.). 2001. "Coping with Permanent Austerity: Welfare State Restructuring in

Affluent Democracies." edited by Paul Pierson, *The New Politics of the Welfare State*. London: Oxford University Press, pp.410~456.

Wong, Joseph. 2004. *Healthy Democracies: Welfare Politics in Taiwan and South Korea*. Cornell University Press.

www.welfarestate.net

보론
유럽연합 가입 15년과 스웨덴 복지 모델*

유아킴 팔메(Joakim Palme) | 스웨덴 웁살라 대학교 정치학과 교수

스웨덴의 경우 유럽연합 가입 이후 15년은 비단 경제적 사항뿐 아니라 여러 가지 면에서 매우 극적인 시기였다. 1990년대의 대량실업, 정부재정위기 그리고 사회정책의 축소에 이어, 21세기의 첫 10년간에 비로소 경제회복이 이루어졌으나 이 회복은 동시에 많은 문제를 안고 있었다. 이 시기의 경제성장은 같은 기간에 발생한 일련의 국제적 사태에 의해 많은 영향을 받았는데, 예를 들어 2000년대 초반의 IT산업의 위기, 그리고 2008년 이후의 세계금융위기와 같은 것들을 들 수 있다.

사회적 측면에서는 사회적 불평등이 증가했고 인구는 계속적으로 노령화되었으며 취업률의 증가에도 불구하고 새로 도착한 이민자 집단들의 실업률은 여전히 높은 상태로 남아 있었다. 보건의료, 사회적 돌봄, 사회보험 그리고 교육의 질에 관한 의문 역시 사라지지 않았다. 세계화된 경제는 개별 국민국가의 정치

---

* 이 글은 2011년 8월 23일 국회의원회관에서 경제사회포럼(대표 이종오)과 민주정책연구원(원장 박순성)의 공동주최로 개최된 '스웨덴 복지국가의 현재와 미래'의 발제문을 이종오 대표가 번역한 것이다.

적 권한의 한계를 설정하는 듯한 양상을 보였다. 이 논문에서 아래에 제기된 문제는 유럽연합 가입 이후 15년 이상의 세월이 스웨덴 복지 모델에 과연 어떤 영향을 끼쳤는가에 관한 것이다.

유럽연합 가입이 스웨덴 복지 모델에 끼친 영향에 대한 분석은 우선 스웨덴과 여타 유럽 국가 복지 모델의 주요한 양상에 관한 서술로부터 시작한다. 그 다음은 유럽연합과의 경제적·사회적 통합과정에서 발생하는 변화를 강제하는 힘의 본질에 관한 것이다. 마지막으로 유럽연합 가입 이후 사회보험, 복지서비스 그리고 노동시장 및 복지국가의 재정에 관한 스웨덴 정책의 변화와 발전에 관한 분석으로 끝을 맺고자 한다.

1. 스웨덴과 유럽의 복지 모델

스웨덴 복지 모델은 스웨덴의 정치적 정체성의 가장 두드러지는 요소이며 국민국가 복지정책을 어떻게 조직하느냐에 관한 논의에 있어서 국제적으로 하나의 준거점을 이룬다.

1) 스웨덴 모델(Swedish model)

1930년 이래 국제적 그리고 국내적으로 스웨덴 사회 모델의 예외성을 주장하는 강력한 의견이 있어왔다. 스웨덴 모델을 규정하는 기준은 ① 의사결정과정, ② 사회정책과 기타 사회제도의 설계, ③ 국민들의 생활상이 어떻게 나타나느냐이다. 1930년대 이래 스웨덴 사회가 근본적으로 변화했음에 불구하고 스웨덴 모델에 관한 이해는 큰 틀에서 유지되어왔다.

스웨덴 모델은 점점 더 크고 강력한 복지국가를 의미하는 것이 되어버렸다.

보편적 보육정책과 연금은 소득비례 사회보험과 현대적 가족정책 그리고 포괄적 사회서비스 섹터에 의해 보완되어졌다. 하지만 여러 번에 걸쳐서 이 모델의 성취와 독특한 성격에 관해서 스웨덴 자체 내에서 문제제기가 있어왔다. 스웨덴 외부에서는 1990년대의 금융위기와 그 결과 발생한 복지개혁과 사회지출의 축소는 곧 스웨덴 모델의 몰락의 시작으로 받아들여졌다. 하지만 최근에 이루어진 경제성장과 사회발전은 스웨덴 모델뿐 아니라 좀 더 광범하게 북구 모델에 관한 국제적 관심을 다시 불러일으켰다. 이러한 관심은 유럽연합 국가 내에서 특히 강하지만 빠른 경제성장과 동시에 사회통합이라는, 얼핏 보아 상충되는 목표에 직면하고 있는 중국과 라틴아메리카 국가 등에서도 일어나고 있다.

사회·정치적 모델에 관한 논의에 있어서 수단과 의도한 결과는 종종 혼동되기 쉽다. 이와 같은 문제는 상이한 사회·정치적 모델이 예를 들어 사회적 불평등과 빈곤에 대응하여 거둔 실제의 효과를 분석하는 데 있어서 나타난다. 스웨덴 모델은 일반적으로 낮은 빈곤율, 낮은 불평등도, 높은 고용률, 양성평등을 의미하며 또한 장애인이나 편모와 같은 불이익을 겪는 집단의 상대적 다수가(다른 국가에 비해) 여타 사회의 대다수 집단과 동일한 조건 속에서 생활하는 것을 의미한다. 스웨덴 모델의 여러 제도가 이런 결과를 가져왔다고 믿을 만한 충분한 근거가 있지만 그렇다고 하여 이를 당연한 사실로 받아들여서는 안 된다. 하지만 어떻게 평등한 생활조건이 스웨덴 모델의 일부가 되었는가를 이해하기 위해서 우리는 노동시장관계와 교육제도의 중요성을 알아야 한다(Sapir, 2003; Nelson and Stephens, 2009).

사회·경제적 모델의 모든 단계는 재정에 관한 다양한 전략과 연관되어 있다. 20세기가 시작되면서 발생한 연금과 기타 국가적 사회정책 프로그램은 재정책임이 지방에서 국가로 옮겨가는 것과 동시에 일어났는데, 이로 인해 구빈적 성격의 사회정책에서 벗어날 수 있었다. 전후의 국민기초연금 개혁은 비록 형식적으로는 특별국민기초연금세가 있었지만 일반회계 속의 직접소득세를 통한 재정에 의하여 이루어졌다. 일반직업연금(ATP)을 포함하는 소득비례 사회보험은 1950년대 이래 근로소득세에 의하여 유지되었다. 그와 동시에 복지서비스 섹터의 팽창은 비록 사회적 돌봄서비스와 보건의료의 대부분이 기초(돌봄서비스)와 광역(보건의료) 자치단체의 세수에 의하여 집행되었음에도 불구하고 복지재정의 국가에 대한 의존도를 심화시켰다. 2차 세계대전 이후에 소비세를 통한 간접조세는 조세수입을 증대시킬 수 있는 새로운 경로로 간주되었다. 노인, 아동, 실업자와 같은 수요자 집단의 증가 및 새로운 사회정책적 목표설정으로 인하여 증세가 이루어졌다.

노동시장의 행위자들 사이의 관계에서 비롯되는 스웨덴 모델은 흔히 통상적으로 이루어지는 합의와 동의에 맞춰져 있다. 하지만 이렇다고 해서 기본적인 사회적 갈등이 사라졌다는 것은 아니고 경제성장을 촉진시키기 위하여 공개적 갈등을 줄이는 수단으로서 타협이 선택되었다는 것이다(Korpi, 1981).

지난 100년간 스웨덴 노동시장은 입법활동과 아울러 사회적 동반자들, 즉 노조와 사용자 사이에 이루어진 집단적 합의에 의하여 규제되어졌다. 이 영역에서의 스웨덴 모델의 토대는 사용자에게 노동을 관리하고 통제할 수 있는 권리를 인정하고, 노조에게 조직권과 단체협약 체결권을 인정하는 내용을 포함하는 사회적 타협이었다. 2차 세계대전 이전에 이 분야에서 이루어진 입법들은 이 질서를 잘 설명해준다. 이는 민간분야에서의 공장노동자뿐 아니라 사무직 노동자들에게도 해당된다. 하지만 공공분야 종사자들에게는 1960년대 중반에 이르러서야 마찬가지의 협약이 적용되었다. 1980년대 초반에 임금기금펀드(wage-earner's fund)를 둘러싼 분쟁이 발생했고 이때 사용자단체가 중앙임금교섭 모델을 거부한 것은 그간 수십 년간 유지되었던 살트셰바덴 정신(Saltsjöbadsanda)의 이탈이라고 볼 수 있다.

1970~1980년대를 걸쳐서 추가적 입법이 이루어졌는데, 예를 들어 이사회에 이사파견을 통한 공동결정권과 고용보호책을 통한 노동자 권익의 증진을 내용

으로 하고 있다. 이 신규 입법들은 추후 많은 개정을 겪었는데 그중 일부는 이미 1980년대 초기에 이루어졌다. 1990년대에도 계속하여 이런 개정이 이루어졌는데, 예를 들어 임시고용에 관한 것과 연공서열제에 관한 것들이 있다.

스웨덴 모델의 중요한 한 부분은 스웨덴노동자총연맹(LO) 경제학자 괴스타 렌(Gøsta Rehn)과 루돌프 마이드너(Rudolf Meidner)에 의하여 제안된 소위 '연대임금제'의 독특성과 구조에 있다. 이 제도는 중앙임금협상에서 동일노동 동일임금의 원칙을 실현하는 것이다. 따라서 연대임금을 지불할 수 없는 업종 내의 비효율적인 기업은 사라지게 되었으며 연대임금보다 더욱 많은 고임금을 지불할 여력이 있는 효율적인 기업은 연대임금의 결과 더욱 많은 이윤축적이 가능해졌다. 연대임금제의 전략은 이러한 초과이윤이 새로운 생산분야에 투자되도록 하여 사라진 기업을 대체하여 새로운 일자리를 창출하고 소득기회를 만드는 것이다. 이 전략의 상당히 중요한 부분은 '적극적 노동시장정책'인데, 이는 실업자에게 적절한 교육과 훈련을 제공함과 동시에 일자리가 있는 곳으로 이주하는 데 따르는 재정적 지원을 포함하고 있다. 간단히 말해서 구조조정 과정에서의 패자는 공공투자에 의한 교육과 지리적 이동성에 힘입어 다시 승자로 태어나게 되는 것이다. 1990년대의 심각한 불황기까지 구조조정은 성공적으로 진행되었으며 완전고용은 유지되었다. 그러나 스웨덴 모델의 이 측면은 현재는 더 이상 존재하지 않는다.

스웨덴 모델의 양성평등성은 여성과 남성 간 고용률의 차이가 사라지고 있다는 사실에 근거하고 있으며 이는 다양한 요소의 상호작용에 의한 것이다. 이러한 발전상은 여성교육의 증가와 아울러 노인과 아동에 대한 돌봄서비스의 확대에 따른 것이다. 이를 통해 노인과 아동의 돌봄에 대한 주된 책임을 지고 있는 여성들로 하여금 경제적 대가를 받는 노동과 돌봄노동의 양립을 가능하게 했던 것이다. 또한 부부합산제에서 개인별로 소득세제를 변화시킨 것이 여성의 노동시장 참여를 촉진시키는 경제적 인센티브가 된 것도 중요한 의미를 지닌다. 하지만 민간부문과 공공부문에서의 노동에 대한 수요가 팽창되지 않았다면 세제와 사회정책 프로그램의 변화만으로 이러한 눈에 띄는 변화를 가져올 수는 없었을 것이다.

스웨덴 모델에 관한 하나의 해석은 사회질서 자체보다도 제도변화 과정을 강조하는 것이다. 여기에서 개혁이란 현대화 과정의 일환이며, 사회변화는 합리적이고 정확한 고려에 의해서 유도되는 것으로 여겨진다. 스웨덴정부의 조사와 공식보고서는 변화를 위한 중요한 수단일 뿐 아니라 핵심적인 개혁사안에 관한 합의를 도출하는 데 도움을 준다. 이러한 방식은 1930년대의 대량실업과 인구 문제의 위기상황이 있던 1930년대로 거슬러 올라가는데, 당시에 포괄적인 조사가 행하여졌고 실업과 가족 문제에 관한 적극적 정책이 고안되었다. 1950년대의 ATP 연금개혁도 같은 맥락으로 이해될 수 있다(Heclo, 1974).

2) 유럽 모델

스웨덴 모델은 흔히 다른 유럽 국가의 지배적인 복지 모델과 비교된다(Palme et al., 2009).

유럽대륙에서는 19세기 말 비스마르크(Otto von Bismarck)가 주도한 사회입법과 관련된 '국가-코포라티즘 모델(state-corporatist model)'이 지배적이다. 여기에서 사회정책은 노동시장에서의 상이한 직업(결사)별로 형성된다. 영국에서 주로 이루어지는 기초보장 모델(basic-security model)은 윌리엄 베버리지(William Beveridge)라는 이름과 밀접히 연관되어 있다. 지중해 연안의 남유럽 국가들은 별도의 집단으로 보여지기도 하나 '국가-코포라티즘 모델'의 지배적 영향력하에 놓여 있다. 유럽대륙 국가들에 비해 남유럽 국가들은 가족정책이 발달되지 못했으며 사회보험 자격을 갖추지 못한 사람들에 대한 보장이 불충분하다. 중동부 유럽의 신생국가들(현실사회주의 붕괴 이후)은 분류하기가 더욱 어렵다. 이 집단에 속하는 국가들은 과거 1차 세계대전과 2차 세계대전 사이의 기간에 강한 '국가-코포라티즘 모델'의 뿌리를 가졌던 나라들로 이루어져 있다. 하지만 여기에는 과거 소련을 구성했던 공화국들처럼 취약하거나 혹은 전혀 사회정책적 역사를 갖지 못한 나라들도 있다. 이런 나라들의 공통점은 공산주의 정권 몰락 이후에 유럽연합의 제도뿐 아니라 세계은행(World Bank)과 같은 국제기구 그리고 이웃 유럽 국가의 영향력 앞에 노출되어 있다는 점이다. 이것이 의미하는 바는 사회정책적 과제와 아울러 국가건설의 과제에 직면한 이들 나라에 상이한 이념의 교차적 압력이 이루어지고 있음을 의미한다.

사회서비스 분야에서는 여러 가지 모델 속에 다양한 자산이 존재한다는 것을 강조하고 싶다. '국가-코포라티즘 모델'에서는 일반적으로 (사회)보험적 원칙이 현금급여와 돌봄에 다 같이 적용된다. 가족정책에 있어서는 '남성부양자 모델(male breadwinner model)'이라고 불릴 수 있는 유형이 유럽의 광범한 지역에서 지배적이다. 이 유형의 국가들에서는 많은 사회적 권리가 직업을 가졌거나 사회보장적 지출(사회보험료)을 행하는 사람에게 귀속되어 있다. 또한 세금이나 복지혜택의 시스템이 1인(가장)이 일하는 가정을 특별히 선호하게 되어 있다. 게다가 이러한 나라들에서는 복지서비스가 일반적으로 미발달되어 있다. 이런 현상은 특히 남유럽 국가들에서 나타난다. 중동부 유럽의 신생국가들에서는 소련의 붕괴가 일반적으로 '남성부양자 모델'의 발전을 가져왔다. 또한 이 지역은 일반적으로 여타 유럽 국가에 비해 복지서비스 부문이 미발달했다는 특징을 보여준다.

'기초보장 모델' 국가들은 사회정책의 영역에서 행정적으로 또 재정적으로 사회이전지출(social transfer)과 서비스를 흔히 분리해왔으며, 보건의료는 북유럽 국가들과 마찬가지로 보편적이며 세금에 의해서 유지된다. 서구의 기초보장 국가들은 미발달된 가족정책을 가졌으며 이는 현금급여 그리고 예를 들어 부모보험이나 복지서비스에서 나타난다. 따라서 이러한 국가들을 가리켜 시장 모델(market model)이라고 한다(Ferrarini, 2006).

세계의 부유한 지역에서 노동시장이 어떻게 조직되었는가에 관한 최근의 연구는 생산 모델(models of production)의 다양성을 보여준다. 세계에서 가장 발전된 국가들의 사회제도의 상이점을 이해하기 위한 연구 중점은 복지 모델에서 생산 모델로 이동했다. 하지만 노동시장과 복지국가제도는 상호 의존적이라는 사실은 명백하다. 이 방면에 대한 기존 연구성과의 빈약함으로 인하여 앵글로색슨 세계의 비조율화된 노동시장(uncoordinated labour markets)과 유럽의 여타 지역에서의 조율화된 노동시장(coordinated labour markets)의 차이에 관한 관심이 크게 증대되었다. 또한 북유럽 국가와 조율화된 노동시장의 범주에 들어가는 대륙국가들 사이의 차이에 관한 관심 역시 증대되었다. 그러나 아직까지는 노동시장에서의 집단적 합의의 중요한 역할이 돋보이는 스웨덴이 위치한 북유럽 지역 자체 내에서 존재하는 조절메커니즘의 큰 차이에 관한 세부적 연구도 충분하지 않다. 이 중에서 스웨덴은 노동시장에서의 단체협약의 중요한 역할이 두드러진다.

결론적으로 다음과 같은 독특한 면모를 갖춘 스웨덴 모델을 이야기하는 것이 가능하다. 적극적 노동시장 프로그램에 관한 투자를 포함하는 노동시장에 관한 단체협약, 노동시장 내의 상이한 집단에 의해서 운영되는 소득비례 사회연금과 보편적 수급권의 조합, 분권화된 행정과 재정에 기반을 둔 보편적 복지서비스 부문, 그리고 이인부양자 가구(two-earner households)를 지원하기 위한 가족정책과 같은 것들이다.

2. 유럽연합에의 경제적·사회적 통합

유럽연합 가입이 스웨덴 모델에 미친 영향에 관한 질문에 답하려면 유럽연합의 정책이 회원국가 내의 복지정책 운영에 어떤 영향을 줄 수 있는지 분석해야만 한다. 중요한 점은 유럽연합의 사회정책은 특정한 기구나 절차에 의해서 설계된 것이 아니고, 개별 국가의 복지정책을 보완하기 위한 필요성에서 그리고 증대되는 경제통합에 대한 반응으로 서서히 출현했다는 것이다. 유럽연합의 사회정책과 경제적·사회적 통합과정이 스웨덴 모델에 끼치는 개혁압력을 이해하기 위해서는 여러 개의 상이한 과정을 점검하는 것이 필요하다.

이런 상황에서는 직접 메커니즘과 간접 메커니즘 그리고 각각의 효과를 구분하는 것이 중요하다. 직접적인 메커니즘이라 함은 조약에 의한 결정사항인 유럽연합으로부터의 공식적 요구사항 그리고 복지정책에 영향을 미치는 경제적·사회적 영역에서의 지시와 규제를 의미한다. 여기에서 유럽연합집행위원회(European Commission)는 기준의 설정자로서, 그리고 유럽연합사법재판소(The European Court of Justice: ECJ)는 공통된 규칙의 해석자로서 중요한 역할을 한다. 이러한 직접 메커니즘은 유럽연합이 배타적 혹은 공동의 권능을 가진 영역에서 발생하는데, 예를 들어 공정경쟁에 관한 정책, 내부시장 그리고 사회보험시스템을 조율하는 사회정책에 관한 것들이다.

간접 메커니즘은 아이디어의 전파, 유럽 내에서의 상호 비교와 학습과 같은 것을 의미한다. 이러한 일은 종종 개별 국가 수준의 복지정책에 영향을 미치는 유럽연합기구에 의하여 주도된다. 이러한 간접 메커니즘은 가족정책, 조세 그리고 사회보험급여와 같이 아직까지 그 권한이 개별 국가 수준에 머물러 있는 영역이나 혹은 유럽연합이 고용정책과 같이 개별 국가의 조치를 지원하도록 되어 있는 분야에서 나타난다.

1957년의 로마조약은 유럽의 경제통합에 관해서는 명확한 목표를 설정했지만 우리가 스웨덴 복지 모델과 관련하여 고찰하는 부분에서는 온건한 목표를 내세웠다. 이 조약의 주된 목표는 '4개의 자유'를 증진시키고자 하는 것이었다. 즉, 재화, 서비스, 노동 그리고 자본의 자유로운 이동이다. 실질적으로 이것이 의미하는 사회적·정치적 목표는 노동의 자유로운 이동이었다. '4개의 자유'의 출발점은 따라서 유럽의 협력방식에 있어서 시장의 역할이 무엇보다 중요하다는 것을 의미한다(Scharpf, 2009).

유럽 안에서의 이주노동력이 그들 고유의 사회권을 유지하는 것을 보장하는 규제는 유럽연합 사회체제의 핵심 사안이 되었다. 이에 관한 규제는 세월이 지남에 따라 일정한 변화를 겪게 된다. 하나의 중요한 계기는 1970년대 초반에 이루어진 규정 1408/71이다. 이 규정의 목적은 과거에 그리고 지금에 있어서도 한 국가에서 직업을 가지고 사회적 부담금(사회보험료 등)을 납부한 이주노동자는 타국에 가더라도 그들이 원래 가지고 있는 사회적 권리를 상실하지 않고 유지하게 만드는 것이었다.

1987년의 「단일유럽의정서(Single European Act: SEA)」와 함께 매우 중요한 최초의 입법상의 변화가 닥쳐왔다. 이는 내부시장을 작동시키는 힘을 강화시키고자 하는 것이었다. 내부시장을 강조하는 「단일유럽의정서」는 결과적으로 1993년의 마스트리히트 조약(Maastricht Treaty)의 체결이라는 반작용을 낳았는데, 여기에서 유럽연합은 최초로 명확한 사회경제적 야심찬 목표를 적시했다. 소위 말하는 사회조항(social protocol)에서 마스트리히트 조약은 고용, 근로조건, 사회적 보호의 개선 그리고 노동시장 참여자 사이의 대화라는 유럽연합의 목표를 제시했다. 그와 동시에 마스트리히트 기준이 제시되었는데 이는 궁극적으로 단일통화로 가기 위하여 개별 회원국가가 충족하여야 할 경제적 요구를 적시한 것이었다. 이러한 기준은 몇몇 논자들로부터는 경기순환에 대응하는 거시경제적 정책 수단과 사회경제적 타협의 여지를 감소시킬 수 있다는 비판에 직면했다.

따라서 스웨덴이 1995년 1월 1일 유럽연합에 가입했을 때 유럽통합의 사회정책은 이미 몇십 년간에 걸쳐 진행 중이었고 많은 입법적 조치가 시행되고 있었다. 계속 더 많은 국가가 유럽연합의 여러 가지 정책 영향권 내에 들어갔다. 사회정책적 관점에서 볼 때 유럽연합의 초기 6개국 사이에도 비록 국가-코포라티즘 모델이라는 공통점에 불구하고 개별적인 차이가 존재했다. 유럽연합 내의 상이한 차이점은 이후 감소한 것이 아니라 증대되었다. 유럽연합의 신규가입국이 증가함에 따라 사회정책적 구조는 더욱 복잡해졌다. 초기의 회원국들과 같은 국가-코포라티즘 모델로의 수렴 현상은 나타나지 않았다(Montanari, 2006). 유럽연합 가입에 관한 스웨덴 국민투표 당시에 스웨덴 모델을 유럽연합 기준에 맞추는 문제가 중요한 이슈가 되었는데 그중에서도 특히 양성평등 문제가 중요시되었다.

유럽연합사법재판소는 유럽연합의 사회체제 발전에 있어서 시간이 갈수록 중요한 역할을 수행하게 되었다. 스웨덴 가입 이전에 유럽연합사법재판소는 회원국가 내의 평등권에 대한 강력한 주창자였던 것이 분명하다. 스웨덴 가입 당시에 유럽연합사법재판소는 규정 1408/71호에 대한 견해를 수정하는 데 역할을 했다. 법원의 판결에 의하면 사회권이란 단지 사회보험만을 의미하는 것이 아니라 보건의료에 대한 권리를 포괄하는 것인데 이는 국가-코포라티즘 모델에서의 사회보험과 건강보험 작동방식의 논리적 귀결이라고 할 수 있다. 1990년대 말에 유럽연합사법재판소는 여러 개의 중요한 판결을 내렸다. 콜/데커트(Kohl/Dekkert) 사건에서 법원은 서비스 자유이동의 원칙에 입각하여 어느 한 국가의 시민은 다른 국가에서 비록 그가 이주하지 않았더라도 동일한 의료혜택을 받을 수 있다고 언명했다. 와츠(Watts) 사건은 동일한 원칙이 세금에 의한 보험이나 국가-코포라티즘적 보험에 다 같이 적용됨을 보여준다. 유럽연합집행위원회가 취한 보건의료 통합정책은 그러나 정치적 저항에 직면했다. 2009년 가을 스웨덴이 의장국을 맡을 당시에 환자의 권리를 증진시키려는 시도는 실패했다.

1999년의 암스테르담 조약에서는 정치적 의제에 스웨덴식의 이슈를 포함시키는 데 성공했다. 이는 주로 고용조항이라고 불리는 것으로 현재 노동시장 내에서 개별 국가의 권한이 작동하고 있는 상황에서 유럽 차원에서의 고용정책의 조정방식을 발전시킨 것이었다. 새로운 입법안은 이로써 2000년의 리스본 선언으로 가는 길을 닦았는데 이는 내부 시장과 유럽연합의 사회정책 목표 사이에 조화를 유지하는 정책을 수립하는 것이었다. 리스본 선언의 야심찬 목표는 다음과 같다.

즉, 유럽은 세계에서 가장 경쟁력 있는 경제권을 이루며 늦어도 2010년까지 완전고용을 이룬다는 것이었다. 리스본 선언의 사회부문은 인적자본에의 투자와 사회적 배제를 배격하여 유럽사회모델(European Social Model: ESM)을 현대화하자는 것이었다. 여기에 더하여 회원국가는 지식기반경제로의 이행을 위하여 교육투자를 확대하고 적극적 고용정책을 실시할 것을 권고했다.

그러나 이러한 목표는 형식적으로는 유럽연합의 권능 밖에 있는 정치적 영역에 있기 때문에 암스테르담 조약의 고용조항을 모델로 하는 특별한 협력방식이 만들어졌는데 이를 열린 협력방식(Open Method of Cooperation: OMP)이라고 한다. 이제까지의 구속적 성격을 가진 유럽연합 입법안과 달리 이 방식은 유연한 (soft) 협력적 조치들로 구성되어 있다(Larsson, 2008). 하나의 중요한 부문은 사회적 벤치마킹인데 공동의 목표를 향한 회원국들의 수렴 정도를 다수의 지표를 통하여 계량화하는 것을 말한다. 칭찬과 비난을 수단으로 하여 현저히 부족한 부분을 개선하기 위한 정치적 압력을 조성하자는 것이 이의 목표라 할 수 있다.

열린 협력방식은 고용 문제에 관하여 최초로 사용되었고 연금, 사회통합 그리고 보건의료 문제로 확대되었다. 이 방식에 놓인 전제는 사회정책, 고용정책 그리고 조세는 개별 국가의 권능 내에 있지 유럽연합의 소관 밖이라는 사실이었다. 오늘날 열린 협력방식은 많은 영역에서 공동의 사회세력을 확보하기 위한 폭넓은 전략을 구사하고 있다. 이의 일환으로 유럽연합집행위원회는 평등한 기회와 사회통합을 내용으로 하는 유럽사회모델을 출범시켰다. 열린 협력방식은 아직까지 공론의 장에서 알려지지는 않았지만 장기적으로 보아 중요한 하나의 과정을 시작한 것이라고 볼 수 있다.

2004년과 2007년에 이루어진 유럽연합의 27개국으로의 확대는 유럽연합의 사회정책의 방향에 관한 의문을 제기하게 만들었다. 이른바 사회적 덤핑(social dumping, 고용비용을 줄이고 외자를 유치하기 위한 방안으로 사회적 조치를 삭감하는 것)에 대한 불안감이 발생한 것이다. 2009년에 나온 SNS 민주평의회(SNS Democratic Council)의 보고서에 의하면 이러한 의구심은 현실화되지는 않았다(Talberg et al., 2009). 아래와 같은 서술은 이러한 결론을 문제삼는 것이 아니라 이 해에 이루어진 과제별 접근방식에 대한 보완이라고 볼 수 있다.

1995년의 가입 이후 스웨덴은 얼마나 회원국으로서 유럽연합의 사회체제의 발전에 영향력을 행사했는가? 유럽연합에 참가하는 것은 스웨덴이 핵심적 결정과정에 참여하여 정책형성에 영향을 미칠 수 있는 중요한 기회를 얻었음을 의미한다. 핀란드와 오스트리아가 유럽연합에 가입한 것은 매우 중요한 의미를 지니는데, 이들 국가는 많은 부분에서 사회정책적 목표를 공유하고 있기 때문이다. 유럽연합집행위원회 고용·사회 문제·기회균등국(局)의 사무총장으로서 알란 라르손(Allan Larson)의 위치는 복지정책에 있어서 특별히 중요한 의미를 지니고 있다. 1990년대 중반에 「단일유럽의정서」와 마스트리히트 조약에 대한 정치적 반작용으로서 사회정치적 문제를 제기하려는 정치적 의지가 존재했다. 이러한 분위기 속에서 스웨덴은 암스테르담 조약의 고용조항에 대한 가장 강력한 주창자로 나섰다. 유럽연합의 새로운 접근방식에 대한 또 다른 예는 1997년 집행위원회가 제기한 세 가지 유형의 구조적 변화에 대응하기 위한 필요성을 제기한 것이다. 이 세 가지는 인구노령화, 직업생활의 변화 그리고 새로운 양성 균형(gender balance)에 관한 것이다. 장기적으로 보아 리스본 선언은 부분적으로는 스웨덴 복지정치 개입의 결과라고 해석할 수 있으며, 이것이 가장 확연히 드러난 것은 암스테르담 조약의 고용조항이다.

3. 복지정치의 변화

어떻게 그리고 얼마나 유럽연합의 일반정책이 그리고 유럽연합의 사회체제가 스웨덴 복지 모델에 영향을 행사했는가? 스웨덴 복지체제가 많은 영역에서 변화하고 있다는 것은 분명하다. 그러나 이는 조직체로서의 유럽연합에 의해서 혹은 다른 유럽 국가에 의해서 이루어진 것만은 아니며 전 세계적 변화의 맥락에서 보아야 할 것이다.

1) 연금과 사회보험

유럽연합은 스웨덴의 가입 이전에 스웨덴 연금입법에 이미 영향을 미쳐왔다. 유럽경제협정(European Economic Agreement)에 의해 스웨덴의 기초고용연금에의 가입이 가능해진 것은 스웨덴 거주 수요를 증대시켰다. 이는 유럽 각국의 연금제도와 연금재정방식의 차이에서 비롯된 것이다. 스웨덴 기초고용연금이 부분적으로 고용부담금(employment fee)에 의존하고 있기 때문에 유럽연합의 입법안은 스웨덴에서 이동하는 유럽연합 시민과 함께 연금이 따라오기를 권고하고 있다. 은퇴 직전에 스웨덴에 이주한 사람들에게 연금을 지불하는 일을 피하기 위하여 거주기간에 대한 요구가 강화되었다. 결과적으로 이는 비유럽계 거주민에게 비록 그들이 평생 스웨덴에 거주하지 않았더라도 적당한 기초연금을 수취하게 되는 특권을 부여한 셈이 되었다.

1994년 6월에 이루어진 포괄적 스웨덴 연금개혁안에 관한 스웨덴 의회의 표결은 유럽연합 정식가입 이전에 이루어졌다. 하지만 이것은 결코 유럽연합 가입 간접효과를 의식해서 이루어진 것은 아니다. 흥미롭게도 이탈리아 역시 스웨덴과 같은 시기에 확정기여형 연금개혁을 실시했으나 양국 간에 어떤 협의나 조정도 없었다. 이보다는 세계적 추세가 양국 간의 공통분모라고 여겨지는데, 즉 직종별 연금과 사적 노후보장책이 진화하여 확정기여형 연금제도로 발전하는 현상이다. 인구노령화가 진행되는 데 따른 비용통제의 필요성이 사적·공적연금제도에서 개혁을 추동하는 힘이었다. 라트비아와 폴란드는 이들 국가가 유럽연합에 가입하기 이전 스웨덴과 유사한 연금개혁을 이루어냈다. 확정기여형 연금은 이주하는 노동력을 보호해야 한다는 필요성에 대응할 수 있다는 점에서 그 자체로(규정 1408/71) 또 하나의 이점을 갖고 있다고 할 수 있다.

그러나 보조금이 주어지는 법정 연금인 프리미엄 연금과 관련해서는 유럽연합 가입이 직접적 영향을 미쳤다.

결국 스웨덴 연금제도는 제도 모델이라는 점에서는 영향을 받지 않았다고 할 수 있으며 계속하여 기초보장 요소와 소득보장 요소를 제공해왔다.

사회보험제도에서 많은 변화가 발생했다. 그러나 연금개혁과 같은 변화를 가져온 것은 아니었다. 스웨덴 질병보험은 수없이 많은 작은 변화를 거쳐 왔지만 기본 모델의 변화는 없었다. 단지 흔히 변화라는 것이 의미하듯이 이 제도를 좀 더 엄격하게 만들었을 뿐이다. 장애인연금수급권을 재검토함에 있어 스웨덴은 네덜란드 상병수당 개혁에서 일정한 영감을 얻었다고 볼 수 있다.

실업보험은 유럽의 복지제도 중에서 가장 큰 변화에 직면했다. 이 부문에서는 질병보험보다 더 자주 감축이 발생했다(Korpi and Palme, 2003). 몇몇 국가는 장기실업자에게 일자리를 만들어주기 위해 낮은 대체율을 적용했는데, 이는 어느 정도는 스웨덴에서의 이 부문의 변화를 추동한 것으로 보인다.

점증하는 장기실업, 대량이민 그리고 사회보험 혜택의 감소에 직면하여 유럽연합 내에서 공공부조가 최후의 '사회안전망'으로 떠오르게 되는 것은 당연하다. 공공부조의 규모는 경기순환과 밀접한 관련이 있지만 시간이 지남에 따라 계속 증가하는 추세를 보였다(Palme et al., 2009).

하지만 이런 현상의 근저에는 통상적인 근로임금과 달리 최후의 '사회안전망'의 소멸이라는 또 다른 숨겨진 그러나 흔한 경향이 놓여 있다. 이 점에서 유럽 국가 간에는 상당한 차이가 존재하며 비록 가장 관대한 편에 속하긴 하지만 그럼에도 불구하고 스웨덴 역시 예외는 아니다. 하지만 이것이 일반적으로 유럽화, 그중에서도 사회적 투어리즘(social tourism)의 위협에 의한 결과라고 밝혀진 바는 없다.

2) 가족정책과 복지서비스

두 개의 강력한 흐름이 가족정책 영역의 발전에 영향을 미치고 있다. 하나는 인구구조의 노령화이고 다른 하나는 노동시장에서의 여성참여의 증가이다. 전자는 전제된 것으로 여겨지는 반면에 후자에 대해서는 명확한 장벽이 존재한다. 모든 유럽연합 회원국가가 이러한 시대적 도전에 공통적으로 직면하고 있지만 이를 대응하는 방식에는 각각의 국가가 발전시켜온 모델에 따른 차이가 있다. 스웨덴을 위시한 북유럽 국가들은 이 분야에서 선두를 달리고 있다고 볼 수 있다.

복지서비스 섹터 중 노령인구 부문에 관해서는 몇 개의 패턴이 존재한다. 독일과 오스트리아는 점증하는 노인인구의 돌봄서비스를 해결하기 위하여 국가-코포라티즘적 노인요양보험을 도입했다. 남부 유럽에서는 공공시스템의 부족으로 인하여 이민자들이 노인을 돌보는 방식이 광범위하게 퍼지게 되었다. 이들 중의 다수는 불법적으로 체류하며 노동한다. 이러한 현상은 이탈리아와 스페인 같은 나라에서 지난 10년간 이루어진 불법이민의 포괄적 사면과 관련이 있다. 국가-코포라티즘적 노인요양보험의 사례는 스웨덴에서 이에 관한 논쟁을 일정하게 불러일으켰지만 그 이상의 장기적 영향을 미치지는 못했다. 스웨덴 역시 불법이민 노동력이 존재하며 가사서비스 노동에서 절세수단으로 사용되고 있지만 남부 유럽과는 성격을 달리한다. 돌봄서비스의 주요 부분이 가족성원에 의한 서비스와 아울러 공공재원에 의해서 지출되는 보건의료와 사회서비스에 의해서 구성되어 있는 것이 스웨덴의 지배적 형태이며, 유럽연합 가입이 직접적이든 간접적이든 여기에 영향을 미쳤다는 흔적은 보이지 않는다.

가족정책의 영역은 유럽연합 내에서 전통적인 사회보험 프로그램이 축소와 정체의 패턴을 보이는 것과 구별된다. 부모휴가보험은 가장 뚜렷한 확장의 한 예이다. 그러나 이러한 확장은 상이한 방향에서 일어났다. 독일은 놀랍게도 스웨덴 모델에 따른 부모휴가보험을 도입했으나 영국은 남성생계부양자 모델에 따른 설계를 선택했다. 스웨덴은 핀란드를 따라 가정돌봄수당(home care allowance)을 도입했으며 따라서 부모휴가제도와 일일돌봄센터(day care center)의 확장과 병행하여 남성생계부양자 모델을 채택한 것이다. 중동부 유럽에서의 신생 회원국들의 정책은 대단히 전통적이다. 유럽의 다른 지역에서 일일돌봄시설의 확장은 많은 나라에서 정치적 의제가 되었으며 스페인에서 보듯 빠른 속도로 발전하고 있다. 스웨덴의 지평에서 볼 때 양성평등 문제는 낮은 수준에서 출발하고 있지만 15년 전의 상황을 볼 때 그간의 변화는 의미심장하다고 하겠다.

복지서비스 분야에서 새로운 조직 이데올로기(new organizational ideology)가 영향력을 얻고 있다. 복지 모델 분석에 관한 발전을 해석하는 것은 직선적인 것은 아니다. 1980년대 초반에 도입된 구매자-공급자 모델은 사적주체라는 개념의 확장으로 이어졌다. 1992년에 도입된 법률은 전체 복지서비스 분야를 민간기업에 개방했다. 1993년 이래 스웨덴에서 비록 사적시설이든 공적시설이든 간에 서비스를 행하는 결정은 기초지자체(municipality)에 있지만 복지서비스 분야 중 사적서비스가 차지하는 비중은 배로 증가했다. 이러한 발전은 스웨덴의 유럽연합 가입 이후의 현실이나 민간주체에 복지 분야를 개방하는 결정은 가입 이전에 이미 이루어졌으며 그 배경에는 스웨덴 정당정치가 있다.

소위 말하는 서비스 지침(Services Directive)에 관해서는 큰 기대와 우려가 동시에 존재한다. 이를 이해하기 위해서는 문서화된 협정을 넘어 소위 볼켄슈타인 지침(Bolkenstein Directive)이라고 불리는 원래의 입장이 어떻게 이루어졌는가를 검토해야 한다. 이것은 오랜 역사를 가지고 있으며 복지서비스 분야를 포괄하도록 설계되었다. 어떤 상황이든 간에 우리는 복지 분야 말고도 포괄적인 서비스 분야의 유럽화를 이미 가지게 되었다. 이러한 발전은 스웨덴이 유럽연합의 회원이 되기 이전에 공공분야의 개혁담론을 지배했던 경쟁력 담론과 연관되어 있다(Lundqvist, 2003).

3) 노동시장과 임금구조

스웨덴의 유럽연합 가입 이후의 상황은 1990년대 초반의 고실업, 노동시장 프로그램 질의 저하를 수반했던 고용위기와는 대조적으로 파악되어져야 한다. 1990년대 말에 와서 실업률이 저하되었을 뿐 아니라 고용률 역시 상승했다. 노동시장정책에서 이것이 의미하는 바는 선별적 노동시장 조치(targeted labour market activity)에 등록된 인원수의 극적인 감소이다. 그와 동시에 실행된 노동시장 프로그램의 질은 향상되었다. 1990년대 말과 2000년대 초의 2년간의 반짝 회복에 이어 2002년에 다시 상황은 역전되었다. 이는 다시 2000년대 중반까지의 느린 상승세로 이어졌는데 혹자는 이를 고용 없는 성장(jobless growth)이라고 부른다. 고용상황의 악화는 2006년 총선에서의 사회민주당 패배의 주요 원인이 되었다. 2006년 가을 고용상황은 다시 극적으로 호전되었는데 고용을 겨냥한 정부의 감세와 보조금 정책은 이를 더욱 촉진시켰다. 장기고용계약 건수는 약간의 하강조절을 거쳐 다시 상승했다.

중도우파 정부의 '노동기조'는 다른 유럽 국가와 마찬가지로 미국식 개혁에 강한 영향을 받아 노동유인을 강조하는 것이었다. 정부는 특수한 형태의 근로장려세제(EITC)를 도입했다. 이에 의한 세금감면이 의미하는 바는 실업상태에서 고용상태로 전환되었을 때 금전적 혜택이 주어진다는 것이다. 이러한 근로유인 효과는 다양한 형태의 실업수당의 삭감책으로 더욱 높아졌다. 이에 더하여 실업보험기간을 연장할 수 있는 조항들이 삭제되었다. 그러나 유럽연합 가입이 이러한 정치적 변화에 영향을 끼쳤다는 증거를 발견하기는 어렵다.

유럽연합의 여타 지역에서도 2008년에 이르기까지 고용률은 상승되었다. 최근 10여 년 동안에 있었던 노동시장정책의 가장 뚜렷한 추세는 '활성화'라는 주제하에 행해지는 노동시장 내에서의 노동력의 활성화 정책이 점점 중요해졌다는 것이다. 그러나 신규가입 국가들에 있어서 실제 집행은 이러한 언술에 비해서는 무척이나 뒤처져 있었다(Jacobsson, 2009). 스웨덴 모델 역시 여타 유럽 국가들과 마찬가지로 노동시장을 포함하는 전체 복지서비스 영역에서 예외는 있지만 전반적으로 분권화의 경향이 존재했다. 이는 유럽연합의 직접적 정책이라기보다 행정책임을 지방 수준으로 이양하는 공통의 경향의 반영이라고 할 수 있다. 그러나 그 집행절차에 있어서는 개별 국가별로 매우 상이하다고 할 수 있다.

2008년에 노동시장의 상승추세는 금융위기에 의하여 꺾였으며 2009년의 하강추세는 진정한 경제위기로 전화하여 고용사정이 극적으로 악화되었다. 경제위기를 맞이하여 유럽연합은 매우 높은 청년실업과 같은 심각한 과제들에 직면하게 되었다. 스웨덴 금융정책협의회(정부에 의하여 임명)는 적극적 노동시장정책을 강화할 필요성을 제기했다. 1990년대의 긴급한 위기상황에서 발생한 노동시장정책의 질적 저하가 다시 재발할 위험성이 있었다(SOU, 2001).

노동력의 자유이동은 2004년과 2007년의 유럽연합의 확대와 관련하여 의미가 있다. 신규 빈곤국가를 회원국으로 받아들이는 유럽연합의 확대가 사회적 투어리즘으로 연결될지 모른다는 것은 전 수상 여란 페르손(Göran Persson)에 의하여 제기된 문제였다. 이러한 우려는 신규회원국으로부터 유입되는 시민들에 관한 잠정적 조치에 관한 결정으로 인하여 야기되었다. 결국 잠정적 조치에 관한 어떤 결정도 스웨덴에서는 내려지지 않았다. 이 논쟁은 라발 사건에 관한 박스홀름 판결이라고 불리는 유럽연합사법재판소의 결정에 의해서 재연되었다. 이 점에서 유럽연합의 2개의 핵심 지침은 서비스 지침과 노동자 지침이었다.

서비스 지침은 2006년 유럽연합위원회와 유럽연합의회에서 채택되었으며 유럽연합 내부에 진정한 서비스 시장을 조성하려는 목적을 가졌다. 이는 유럽연합 내부시장과 4대 자유권의 논리적 귀결이었다. 이러한 지침들을 재화의 생산에 관한 규정과 비슷하게 서비스 생산부문에 적용하려는 것이었고 이러한 구조적 변화를 통하여 복지가 증진될 것이라는 기대가 있었다. 이 지침의 현재 형태는 스웨덴 모델과 양립이 가능하나 스웨덴에서의 적용은 단체협약 체결의 불확실성에 관한 노조의 비판을 받은 바 있다. 노동자 지침의 적용은 타국에서 근로하는 노동자를 보호하고 몇 개의 최소기준을 충족시키려는 목적을 지니고 있다. 이는 스웨덴 이외의 어떤 국가의 최저임금이나 단체협약을 스웨덴에 적용할 가능성을 열어놓는 것으로 임금경쟁 혹은 임금하락을 야기할 수 있다. 이것이 바로 박스홀름 사건의 근원이었다. 라발이라는 라트비아 회사가 박스홀름에 학교를 지으면서 스웨덴 노사 간 단체협약보다 싼 임금을 지불했던 것이다. 스웨덴 건축노조는 유럽연합사법재판소의 판결 이후 스웨덴 법원에 의하여 과도한 투쟁수단을 사용했다는 이유로 벌금형에 처해졌다. 이는 다시 스웨덴정부로 하여금 의회에서 법률 개정을 시도하게 했는데 이는 정치적 분쟁으로 이어졌다.

다른 유럽연합의 노동시장 모델에 비교해볼 때 스웨덴 모델의 예외성은 명백하다. 법률적으로 최저임금제가 없는 것이 상황을 더욱 복잡하게 만들었다. 2009년 3월의 스웨덴노동자총연맹과 스웨덴경영자총연맹 사이의 단체교섭은 근로자의 권리와 단체협약의 적용에 관한 견해 차이로 결렬되었다. 보수당(The Moderate Party) 출신의 재무장관은 노조의 편을 들어 근로자권리에 관한 규정은 좀 더 유연하게 적용되어야 한다고 주장했다. 중앙당 지도부는 주로 중소기업에 관하여는 노동자 권리를 과도하게 적용하지 않기를 주장했고 자유당도 2009년 당 대회에서 유사한 성명을 발표했다.

결론적으로 스웨덴 노동시장 모델은 유럽연합사법재판소와 비사회주의 중도정당들 사이에서의 일종의 교차압력에 놓여 있다고 할 수 있다. 스웨덴 내에서는 단체협약 모델은 사민당뿐 아니라 보수당에 의해서도 지지되고 있다. 이 제도는 분명히 비교우위를 지니고 있으며 국제적 전문가들도 이 모델이 지닌 유연성을 최근에 더욱 높이 평가하고 있다. 그러나 청년이나 외국 출신자 같은 불이익을 받는 집단의 이해득실에 관해서는 아직 명확하지 않다. 라발사건 평결에 관한 평가는 속한 집단에 따라 확연히 갈라진다. 이는 노조의 역할과 관련된 권력 차원의 문제를 보여주는데, 평결의 결과로 인한 불확실성이 증대했고 스웨덴에서는 이와 관련된 법률의 변화가 이루어졌다. 이 문제가 많은 국제적 관심을 얻었다는 사실이 의미하는 바는 이 문제가 스웨덴 밖에서도 영향을 미칠 수 있다는 점이다.

4) 복지국가의 재원조달

유럽연합 가입이 스웨덴 복지국가 모델에 끼친 결과에 관한 토론은 비용지출 측면을 넘어서 수입 측면(세금, 부담금)을 고려하지 않으면 안 될 것이다. 스웨덴은 1991년에 이루어진 '세기의' 조세개혁 이후에 유럽연합 회원국이 되었다. 이 개혁은 세원을 확대하고 그러나 세율에 있어서 누진방식을 완화하는 것이었다. 개혁의 방향은 유럽과 서방세계의 일반적 추세를 따라 이루어졌다.

유럽연합 가입 당시의 스웨덴 세정의 흐름을 이해하려면 1990년대 금융위기 당시 세금과 관련하여 무슨 일이 있었는가를 살펴보아야 한다. 당시에 집권했던 2개의 서로 다른 정부는 문제에 직면하여 상이한 대처방법을 구사했다. 중도우파 소수파 정부는 일반적으로 그리고 유일하게 재정적자를 줄이기 위한 지출삭감책을 실시했으며, 사민당 정부는 지출삭감과 증세를 거의 같은 비중으로 실시했다. 그러나 1992년의 금융-이자율 위기와 관련하여 고정환율에서 변동환율로 전환하기 이전에 2개의 초당적 합의가 이루어졌고 세 번째 합의가 진행 중이었음을 보아야 한다.

1998년에 예산은 흑자를 보였으며 이는 위기의 종식으로 해석되었다. 경제와 임금은 성장했으나 고용사정은 1999년에 이르러서야 호전되기 시작했다. 그럼에도 불구하고 조세를 감면하는 결정은 쉽게 내려지지 않았다. 경제회복과 아울러 고용률이 증가하면서 조세부담률은 당연히 내려갔다. 그뿐만 아니라 소득세 체계에 몇 가지 변화가 있었으며 이는 조세율의 하락을 가져왔다. 이로 인하여 기본공제가 높아졌을 뿐 아니라 조세율의 국제 순위에 변화가 발생했다.

스웨덴 조세부담률은 평균적 유럽연합 국가들의 평균에 비해 높은데, 소득세, 소비세, 사회보장 부담률에서 그러하다. 비록 덴마크에는 못 미치지만 조세에 의해 부담되는 사회복지지출은 매우 높다. 다만 스웨덴 법인세는 상대적으로 높지 않다. 법인세는 국제화의 결과에 가장 민감하게 반응하는 성질을 가지고 있다는 사실을 주의해야 한다. 많은 유럽연합 국가에서 법인세가 낮춰진 것이 스웨덴 정부로 하여금 2008년에 법인세율을 28%에서 26.3%로 낮추게 만들었다.

1990년대의 위기는 사회보장비용의 증대를 가져왔는데, 이는 사회보장의 범위가 확대되어서가 아니라 국민들 중에 사회보장에 의지할 수밖에 없는 사람들이 증가했기 때문이었다. 이로 인해 몇몇 사회보장 프로그램은 사회보험 부담금을 추가로 부가하기 시작했다. 기타 유럽연합 국가에서는 이는 이미 제도화된 사항을 스웨덴이 뒤늦게 도입함으로써 보험 부담금의 범위는 더욱 광범위해졌다. 그러나 이를 추동한 가장 명백한 배경은 1990년대의 위기 당시에 사회보장 제도를 유지하기 위한 비용이 더욱 많이 필요했기 때문이었다.

현 정부의 집권기간에 재산세는 극적인 변화를 겪었는데 가장 고가의 재산에 대하여 최대의 감세조치가 이루어졌다. 사민당의 발의에 의하여 상속세 및 증여세가 폐지되었으며 이는 여타 유럽 국가와 스웨덴을 구분하는 차이점이 되었다. 그러나 부유세에 관해서는 스웨덴 이전에 이미 몇몇 유럽 국가가 이를 철폐한 것이 간접적으로라도 영향을 미쳤을 것이라는 점은 분명하다.

지난 20년간 조세분야에서 발생한 변화는 국제적 환경변화의 소산이라는 점은 명백하다. 그러나 유럽연합 가입이 이에 관해 직접적 영향을 미친 것인지는 불확실하다. 1995년의 부가세 하향조치는 유럽연합 가입이 이에 관한 국내 토론에 영향을 미친 명백한 사례이나 국내 정치적 협상에서 이를 전략적 구실로 사용한 것이 아니냐는 의문이 남아 있다. 법인세는 기타 유럽지역에서 발생했던 사례에 특히 영향을 받은 것이 사실이다. 지출부문보다 재정수입부문은 여타 세계, 특히 유럽의 상황에 영향을 받았다고 보아야 한다. 그와 동시에 유럽연합 가입 이후 조세제도의 변화는 국내 정당정책의 기조에 의하여 주로 결정되었다는 것은 확실하다.

4. 결론

　유럽연합 가입의 효과는 15년 전에 예상했던 것보다는 크지 않았다는 서술은 일리가 있다. 그뿐만 아니라 이후 나타난 결과들은 주로 간접적인 것이며 직접적인 것은 아주 소수에 지나지 않는다.

　공동의 확장적 거시경제정책을 추진하여 고용과 복지에 긍정적 효과를 거둔다는 기대는 빗나갔다. 독일통일이 유럽연합 전체에 걸쳐서 상당 기간 경제발전을 둔화시켰다는 것은 명백하다. 여기에 더하여 몇몇 회원국가들은 거시경제적 규율을 준수하는 데 실패했으며 이는 좀 더 확장적 정책을 조율하는 것을 방해하는 결과를 낳았다. 안정화 정책은 이로부터 단지 가격안정만 일방적으로 추구한다고 비판받아왔다. 그와 동시에 경제통합의 고용효과가 있어야 한다는 점이 주장되었다.

　유럽연합 가입이 가져올 부정적 효과에 대한 우려 역시 발생하지 않았다. 이는 사회보장제도의 보편성에 관한 문제인데 이에는 변함이 없었다. 이보다 더 중요하게는 양성평등의 문제가 있다. 우리는 유럽연합사법재판소가 양성평등의 문제에 있어서 후퇴가 아니라 좀 더 진전된 입장을 가져온 것을 확인할 수 있다. 또한 많은 회원국에서 좀 더 진전된 양성평등에 기초한 사회정책이 출현하는 것을 볼 수 있다. 뒤돌아보건대 유럽연합이 스웨덴의 양성평등을 위협한다는 우려는 과장된 것이었다. 복지 투어리즘이 발생하지 않을까 하는 비관론자의 예상도 빗나갔다. 하지만 회원국가 간의 다양한 재정구조로 인하여 이주노동력을 보호할 수 있는 사회보호제도에 관한 한 긴장은 계속되고 있다. 이주노동자의 권리를 보호하고자 하는 의지가 있다면 관련 당사자들 사이에 '제3자'가 이를 부담하는 방식으로 다양한 재정적 방식을 구상할 수 있을 것이다.

결론적으로 스웨덴 사례는 유럽의 사회제도와 복지 모델이 통합될 것이라는 가설에 대한 일치된 합의는 있을 수 없음을 보여준다. 통합가설은 유럽통합뿐 아니라 경제세계화에 힘입어 주장되었다. 통합가설에 관한 경험적 지지는 유럽뿐 아니라 전 세계적 맥락에서도 사라지고 있다(Montanari, Nelson and Palme, 2007, 2008).

끝으로 사회정책과 노동시장정책에 관한 스웨덴 모델에 있어서 리스본 조약이 가져올 효과에 관해 생각해보는 것이 필요하다. 이 조약에서는 유럽연합의 경제적 목표에 대한 '복지 결핍'을 비판하는 소리에 대응하여 유럽통합이 가져올 사회적 목표가 특히 강조되었다. 이러한 '복지 결핍'의 모양새가 리스본 조약이 있기 전 2005년 프랑스에서 헌법조약에 관한 국민투표가 부결된 주요한 이유였다.

리스본 어젠다는 2010년에 끝났으며 일반적으로 회원국가들은 목표달성에 실패했다. 여기에서 많은 질문이 제기된다. 달성되지 못한 목표를 계속 유지하는 것이 타당한가, 목표를 달성하기 위한 수단은 어떻게 개선되어야 하는가, 유럽연합의 규정과 제도가 가져온 결과를 어떻게 평가하며 이상적 사회에 관한 순수한 창립정신은 무엇인가에 관한 물음은 스웨덴이 회원자격을 어떻게 행사하여야 하느냐는 물음과 부분적으로 관련된다. 정치적 차원에서의 목표는 다음의 핵심 개념으로 요약할 수 있는데 효율성, 재분배 그리고 영향력이다. 물론 이러한 목표는 서로 상충되는 측면이 있을 수 있다. 예를 들어 사회정책의 설계와 노동시장제도의 축소라는 상이한 정책 목표 사이의 충돌을 해소하는 문제와 같은 것이다. 어떻게 유럽 국가들의 상호 협력이 이 과정을 도울 수 있을 것인가?

2009년 가을 유럽연합집행위원장 조제 마누엘 바호주(José Manel Barroso)는 미래의 어젠다로서 EU 2020을 제시했는데, 이는 재선 캠페인의 일환이었으며 유럽연합의 공통된 미래상에 관한 토론을 불러일으켰다(Barosso, 2009). 모든 이해당사자를 만족시키고자 하는 이런 종류의 문서를 평가하기는 어려우나 이 문서는 사회적 차원에 상당한 비중을 두고 있다. 기업가정신과 혁신은 핵심 개념이라고 할 수 있다. 유럽연합의 사회적·경제적 목표 역시 적시되어 있다. 교육제도는 미래의 지식기반사회의 중심 제도로서 자리 잡았다. 2000~2010년에 이르는 리스본 전략을 대체할 새로운 미래 어젠다에 관한 논의가 이로부터 시작되었다(European Commission, 2009).

2010년 6월 유럽연합 각료회의는 최종적으로 EU 2020에 관한 결정을 내렸다. 바롯소 안의 주요한 대강은 여기에 담겨 있다. 하지만 사회 문제에 관한 약간의 변화된 내용은 주목할 필요가 있다. 사회통합에 관하여 수정된 문건은 빈곤감소에 특히 초점을 두고 있다. 또한 이 문건은 회원국가들이 사회적 문제를 완화시킬 수 있는 절대적인 기준을 포함하는 빈곤선을 규정하도록 하고 있다. 그와 동시에 새로운 문건이 이를 위한 재정수입을 증대시키는 방안에 관하여 언급하고 있지 않으며 지출을 통제하는 데 역점을 두고 있음을 주목하여야 한다.

미래에 관하여 우리는 현재까지의 스웨덴 경험에 근거하여 유럽연합 가입효과에 대하여 지나치게 긍정적 결론은 내리는 것은 주의할 필요가 있다. 이를 뒷받침하는 상호 연관된 몇 가지 요소가 있다. 우선 우리는 유럽연합 조약의 결과로 인한 사회적·경제적 목표 사이의 균형에 관하여 알지 못한다. 물론 사회적 차원의 향상이 이루어진 것은 사실이지만 유럽화의 결과로서 시민권이 과연 더욱 증진되었는지는 알 수 없다. 두 번째로 우리는 미래의 어젠다인 EU 2020이 어떻게 현실화될 수 있을지를 모른다. 우리는 라발 평결 이후에 단체협약 모델이 어떻게 존속할 수 있을지, 스웨덴 사법체계에 어떤 변화가 발생할지, 그리고 라발 평결이 유럽 정책에 미칠 후유증에 관해서도 아직 모른다. 2010년 1월 유럽의회의 신규 집행위 청문회에서는 정치적 의제에 올라 있는 문제들에 관한 입장이 정리된 바 있다. 복지서비스 분야에 관한 많은 과도기적 절차에 관해서도 같은 상황이 일어날 수 있다. 사회적 덤핑과 복지 투어리즘에 의한 사회보장제도의 계속적인 훼손은 묵과할 수 없다. 노동자 지침의 설계는 중요한 역할을 해야만 한다. 이 모든 문제의 향배는 스웨덴과 다른 회원국의 결정에 달려 있다. 이러한 결정들은 금융위기의 그늘 속에서 유럽연합의 경제적·사회적 상황의 회복을 위하여 과감히 내려져야 한다.

유럽연합의 구조에는 내적 긴장이 존재하고 있음을 부정할 수는 없다. 우리는 이주노동자를 보호하기 위하여 설계된 규정과 개별 회원국가가 그들의 제각기 다른 사회보험을 충당하는 방식의 비대칭성에 주의를 기울였다. 이러한 비대칭성이 존재하는 한 긴장은 피할 수 없다. 좀 더 발전된 자발적 협력방식을 만들어내는 것은 가능한가 혹은 이러한 긴장을 해소하기 위하여 좀 더 많은 초국적주의(supranationalism)가 필요한 것인가?

법인세는 자발적 협력을 대체하는 초국적주의의 한 예이다. 그러나 이런 것이 항상 가능하며 항상 필요한 것인가? 또 다른 하나의 미래의 문제는 세계적 금융위기를 맞이하여 유럽연합 차원의 좀 더 강력한 조치를 수반하게 될 좀 더 많은 규제가 필요하다는 요구이다.

마지막으로 스웨덴 가입으로 인한 미래효과는 정치에 달려 있다는 점이다. 새롭게 확장된 유럽연합은 새로운 규제를 통해 유럽과 개별 국가 차원에서의 정치적 행위자들의 새로운 장을 이루어냈다. 미래를 위한 어젠다로서의 EU 2020이 실제 정책수단으로 전화되느냐의 여부는 유럽 차원의 그리고 개별 회원국가 차원의 상이한 정치세력 간의 상대적 힘의 관계에 달려 있다. 그러나 2010년 9월 총선에서 정당들이 유럽정책에 관해 거의 주의를 기울이지 않았다는 사실은 스웨덴이 유럽연합에 접근하는 방식과 스웨덴 복지 모델의 적응이 어떻게 이루어질 것인가에 관한 불확실성을 보여주었다고 할 수 있다. 이제 시민, 정치적 여론지도자 그리고 정치인들이 유럽연합에서의 사회적 의제를 스웨덴 정치토론에서 좀 더 활성화시켜야 한다는 데는 충분한 민주적인 이유가 있다고 하겠다.

참고문헌

신필균. 2011. 『복지국가 스웨덴: 국민의 집으로 가는 길』. 후마니타스.

Barroso, Josée Manuel. 2009. "Political guidelines for the next Commission." Talk to the EU Parliamentet 3 September.

Blomqvist, Paula and Jakob Larsson. 2009. "Towards common European health policies." Working Paper 13. Institute for Futuresstudies.

Esping-Andersen, Gøsta. 1996. *Welfare States in Transition: Social Security in a Global Economy*. Sage.

EU Commission. 1997. *Modernising and Improving Social Protection in the European Union*, [COM (97) 102].

_____. 2009. *Commission Working Document: Consultation on the Future "EU 2020" Strategy*.

Ferrarini, T. 2006. *Families, States and Labour Markets - Institutions, Causes and Consequences of Family Policy in Post War Welfare States*. Cheltenham: Edward Elgar Publishing.

Hall, P. A. and D. Soskice(eds.). 2001. *Varieties of Capitalism. The Institutional Foundations of Comparative Advantage*. Oxford: Oxford University Press.

Heclo, Hugh. 1974. *Modern Social Politics in Britain and Sweden*. London.

Jacobsson, Kerstin. 2009. "Achievements and Non-achievements of the European Employment Strategy." in *What Future for Social Investment?*, edited by Nathalie Morel, Bruno Palier och Joakim Palme. Stockholm: Institute for Futures Studies, Research Report 2009/2.

Korpi, Walter. 1981. *Den demokratiska klasskampen*. Stockholm: Tiden.

Korpi, Walter and Joakim Palme. 2003. "New Politics and Class Politics in the Context of Austerity and Globalization: Welfare State Regress in 18 Countries 1975-1995." *American Political Science Review*, 97, pp.426~446.

Larsson, Jakob. 2008. "Den öppna samodningsmetoden: EU: samordningsmetod av medlemsländerns välfärdssystem." Working Paper 8. Institutet för Framtidsstudier.

Lundkvist, Thorbjörn. 2003. "Konkurrensvisionens framväxt." [The Emergence of the Vision of Competition]. Research Report No.5/2003. Stockholm: Institute for Futures Studies.

Montanari, Ingalill. 1995. "Harmonization of social policies and social regulation in the European Community." *European Journal of Political Research*, 27, pp.21~45.

Montanari, Ingalill, Kenneth Nelson and Joakim Palme. 2007. "Convergence Pressures and Responses: Recent Social Insurance Development in Modern Welfare States." *Comparative*

Sociology, 6, pp.295~323, 325.

_____. 2008. "Towards a European Social Model? Trends in Social Insurance among EU Countries 1980-2000." *European Societies*, 10, pp.787~810.

Nelson, Moira and John D. Stephens. 2009. "Human Capital Policies and the Social Investment Perspective: Explaining the Past and Anticipating the Future." in *What Future for Social Investment?*, edited by Nathalie Morel, Bruno Palier och Joakim Palme. Stockholm: Institute for Futures Studies, Research Report 2009/2.

Palme, Joakim. 1997. "Social Policy Regimes, Financing and Co-ordination." pp.111~130, in 25 Years of Regulation(EEC) No.1408/71 on Social Security of Migrant Workers. Stockholm: Swedish National Social Insurance Board and European Commission.

Palme, Joakim, Kenneth Nelson, Ola Sjöberg and Renate Minas. 2009. *European Social Models, Protection and Inclusion*. Stockholm: Institute for Futures Studies, Research Report 2009/1.

Sapir, André. 2003. *An Agenda for a Growing Europe*. Brussels.

Scharpf, Fritz. 2009. "The Double Asymmetry of European Integration: Or: Why the EU Cannot be a Social Market Economy." MPIfG Working Paper 09/12.

SOU. 2001. *Välfärdsbokslut för 1990-talet*. Stockholm: Fritzes. p.79.

Tallberg, Jonas, Nicholas Aylott, Carl-Fredrik Bergström, Åsa Casula Vifell and Joakim Palme. 2010. *Europeiseringen av Sverige*. [Europeanization of Sweden]. (Demokratirådets rapport.) Stockholm: SNS Förlag.

지은이(수록순)

이종오
경제사회포럼 이사장을 맡고 있다. 계명대학교 사회학과 교수와 명지대학교 사회학과 교수를 지냈으며, 한국산업사회연구회장, 학술단체협의회 공동대표, 민교협 공동의장을 역임한 바 있고, 대통령자문정책기획위원장(2003)과 국무총리 산하 경제인문사회연구회 이사장(2006~2008)으로 활동했다. 지은 책으로『한국의 개혁과 민주주의』(2000),『한국노동운동의 이념』(1988, 공저) 등이 있고, 옮긴 책으로『프로테스탄티즘과 자본주의정신: 막스 베버』(1998) 등이 있으며, 주요 논문으로는「광복 61년, 한국의 국가와 시민사회」(2006),「분단과 통일을 다시 되돌아보며」(1993),「반제반일민족주의와 6·3운동」(1988),「60~70년대 공업화과정에서의 사회구조의 변화와 사회운동」(1986) 등이 있다.

이정우
경북대학교 경제통상학부 교수이다. 한국경제발전학회 회장을 역임했으며, 참여정부 시절 대통령 정책실장, 대통령 자문 정책기획위원장을 지냈다. 지은 책으로『경제민주화: 분배친화적 성장』(2012, 공저),『박정희의 맨얼굴』(2011, 공저),『대한민국 복지: 7가지 거짓과 진실』(2011, 공저),『노무현이 꿈꾼 나라』(2010, 공저),『불평등의 경제학』(2010) 등이 있다.

장지연
한국노동연구원 연구위원이다. 여성노동에 관한 관심을 시작으로 복지국가의 노동·사회정책 그리고 이러한 정책을 탄생시키는 사회세력관계에 대한 관심으로 연구영역을 넓혀왔다. 지은 책으로『OECD 주요국의 고용보호와 사회적 보호』(2012, 공저),『산업사회의 이해』(2012, 공저),『노동시장 구조와 사회보장체계의 정합성』(2011, 공저),『글로벌화와 아시아 여성: 노동과 삶』(2007, 공저) 등이 있다.

신필균
복지국가 여성연대 대표, 서울특별시 시정고문을 맡고 있다. 사회투자지원재단 이사장, 녹색교통운동 이사장, 사회복지공동모금회 사무총장, 한국아동청소년그룹홈협의회 회장, 한국장애인고용공단 이사장, 대통령비서실 시민사회비서관, 한국크리스찬아카데미 사회교육원 원장, 지구를 위한 세계운동 한국본부장(GAP)을 지냈으며, 국외에서는 스웨덴 사회보험청 책임연구원, 스톡홀름광역시정보센터 컨설턴트와 스톡홀름광역시의회 전문위원 등을 역임했다. 지은 책으로『복지국가 스웨덴, 국민의 집으로 가는 길』(2011) 등이 있고, 옮긴 책으로는『빼드비치 할머니와 슈퍼뽀뽀』(2009) 등이 있다.

김용일
한국해양대학교 교직과 교수이다. 사단법인 한국교육연구네트워크 소장을 역임했으며, 서울교육발전계획 T/F 위원장(서울특별시교육청), 대통령자문정책기획위원회 교육문화팀장, 교육부 정책자문위원회와 사학분쟁조정위원회 위원을 지냈다. 지은 책으로『새로운 사회를 여는 교육혁명』(2012, 공저),『교육의 계급화를 넘어』(2010),『지방교육자치의 현실과 '이상'』(2009) 등이 있다.

최영기
경제사회발전노사정위원회 상임위원으로 일하고 있다. 한국노동연구원장, 한국노사관계학회 회장, 대통령자문 국민경제자문회의 위원, 정책기획위원회 위원 등을 지냈다. 지은 책으로『한국 노사관계 시스템 진단과 발전방향』(2013, 공저),『양극화 고령화 속의 한국』(2011, 공저),『한국형 노사관계 모델의 탐색』(2004, 공저),『한국의 노사관계와 노동정치: '87년 이후 사회적 합의를 중심으로』(1999, 공저) 등이 있다.

은수미
민주당 국회의원이다. 한국노동연구원에 재직했으며 30년 가까이 노동인권 등 사회적 권리를 정착시키기 위해 노력했다. 지은 책으로『새로 고침』(2013, 공저),『날아라 노동』(2012),『대선 독해 매뉴얼』(2012, 공저),『리영희 프리즘』(2010, 공저),『좌우파사전』(2010, 공저) 등이 있다.

석재은
한림대학교 사회복지학부 교수이다. 한국보건사회연구원 연구위원, 한국개발연구원 연구원을 역임했으며, 연금개혁과 장기요양제도 도입을 위한 다수의 정부위원회에 참여해왔다. 지은 책으로『노인돌봄의 경험과 윤리: 좋은 돌봄을 위하여』(2011, 공저),『국가, 젠더, 예산』(2011, 공저),『한국 복지국가 성격논쟁 2』(2009, 공저),『한국사회의 신빈곤』(2006, 공저) 등이 있다.

조흥식
서울대학교 사회복지학과 교수이며, 한국사회복지학회 회장, 농어촌복지포럼 공동대표, (사)관악사회복지이사장 등을 맡고 있다. 참여사회연구소 소장, 서울대학교 사회과학연구원 원장, 한국사회정책학회 회장, 참여연대 사회복지위원회 위원장 등을 지냈다. 지은 책으로『한국 사회복지실천의 고유성』(2013, 공저),『우리는 한배를 타고 있다』(2012, 공저),『대한민국, 복지국가의 길을 묻다』(2012, 공저),『한국 복지국가의 전망』(2010, 공저),『서울대 명품강의』(2010, 공저), *Job Supports for Japanese and Korean Underclass Single Mothers in a Risk Society*(2010, 공저),『사회복지실천론』(2009, 공저),『인간생활과 사회복지』(2008),『비교빈곤정책론』(2005, 공저) 등이 있다.

정해구
성공회대학교 사회과학부 교수이다. 한국정치연구회 회장과 민주화운동기념사업회 연구소장을 역임했다. 현대 한국정치를 전공하고 있으며, 지은 책으로『전두환과 80년대 민주화운동』(2011), 『6월항쟁과 한국의 민주주의』(2004, 공저), 『10월인민항쟁 연구』(1988) 등이 있다.

김호균
명지대학교 경영정보학과 교수이다. 경실련 상임집행위원장을 맡고 있으며 한독경상학회 회장을 역임했다. 지은 책으로 『한국의 꼼수경제학 비판: 경제민주화와 복지국가를 위하여』(근간), 『제3의 길과 지식기반경제』(2001), 『신정치경제학개론』(1993) 등이 있고, 옮긴 책으로는 『정치경제학 비판 요강』(2000) 등이 있다.

김윤태
고려대학교 사회학과와 대학원 사회복지학과 교수이다. 고려대학교와 영국 캠브리지 대학교를 졸업하고 런던정치경제대학(LSE)에서 사회학 박사학위를 받았다. 고려대학교 공공정책연구소 사회정책연구센터 소장과 한국사회복지정책학회 부회장으로 활동하고 있다. 주요 연구분야는 복지국가, 사회적 기업, 복지태도, 시민권, 민주주의, 사회이론 등이다. 지은 책으로 『빈곤: 어떻게 싸울 것인가』(2013), 『한국의 재벌과 발전국가』(2012), *Entrepreneurs and Bureaucrats*(2008), 『자유시장을 넘어서』(2007) 등이 있고, 함께 엮은 책으로는 『세계의 정치와 경제』(2011), 『한국 복지국가의 전망』(2010), 『한국의 새로운 진보』(2009), 『사회적 기업과 사회적 경제』(2007) 등이 있다.

배선휘
고려대학교 공공정책연구소 연구원이다. 호주 퀸즈랜드 대학교 사회사업학과를 졸업한 후 고려대학교에서 사회복지학 석사학위를 받았다. 주요 연구 분야는 사회서비스, 사회복지 전달체계, 노인복지, 복지정책 등이다.

주은선
경기대학교 사회복지학과 교수이다. 주요 논문으로 「한국 보수언론의 복지담론 전략과 기술」(2013), 「사회적 시간체제의 재구축」(2012), 「국민연금기금의 사회복지 부문 투입 방안과 사회적 효용」(2012), 「신자유주의 시대의 연금개혁」(2009) 등이 있고, 지은 책으로는 『21세기 노동의 대안 복지연구』(2012, 공저), 『연금개혁의 정치』(2006) 등이 있다.

유아킴 팔메(Joakim Palme)
스웨덴 웁살라 대학교 정치학과 교수이다. 미래연구소(IFS)의 CEO(2003~2009), 스톡홀름 대학교와 스웨덴 사회조사연구소(SOFI) 교수를 역임했고, 스웨덴 사민당 지도자이며 총리를 역임한 올로프 팔메(Olof Palme)의 아들로, 현재 세계에서 가장 주목받는 복지학자 중 한 명이다. 주요 논문으로 "The Nordic model and the modernisation of social protection in Europe" (1999/2000), "Pension Rights in Welfare Capitalism. The Development Old-Age Pensions in 18 OECD Countries 1930~1985"(1990), "The Paradox of Redistribution and Strategies of Equality: Welfare State Institutions, Inequality and Poverty in the Western Countries"(1998, co-authorship) 등이 있다.

한울아카데미 1620

어떤 복지국가인가?
한국형 복지국가의 모색

ⓒ 이종오·조흥식, 2013

지은이 | 이종오·이정우·장지연·신필균·김용일·최영기·은수미·석재은·조흥식·정해구·김호균·김윤태·
　　　　배선휘·주은선·유아킴 팔메
펴낸이 | 김종수
펴낸곳 | 도서출판 한울
편집 | 배유진

초판 1쇄 인쇄 | 2013년 10월 23일
초판 1쇄 발행 | 2013년 11월 6일

주소 | 413-756 경기도 파주시 파주출판도시 광인사길 153(문발동 507-14) 한울시소빌딩 3층
전화 | 031-955-0655
팩스 | 031-955-0656
홈페이지 | www.hanulbooks.co.kr
등록번호 | 제406-2003-000051호

Printed in Korea
ISBN 978-89-460-5620-6 93330 (양장)
ISBN 978-89-460-4779-2 93330 (학생판)

* 책값은 겉표지에 표시되어 있습니다.
* 이 도서는 강의를 위한 학생판 교재를 따로 준비했습니다. 강의 교재로 사용하실 때는 본사로 연락
　해주십시오.